ANNUAIRE VIE/CAPITALISATION 1997

TOME 1

Le manuel du producteur

Secrétaires générales d'édition
Mireille WEINBERG
Anne-Marie LABOUZE

PUBLICATIONS PROFESSIONNELLES VALMY
L'ASSURANCE FRANÇAISE
187-189, QUAI DE VALMY – 75010 PARIS

ISSN 0982-4073

ISBN 2-9021-8973-7 (Vol. 1)
ISBN 2-9021-8976-1 (éd. complète)

LE MANUEL DU PRODUCTEUR

Livre I – Les contrats individuels
Marc Bertrand

Livre II – Les contrats groupes
Malika S. Barzic
Direction commerciale du GAN

Livre III – Le droit de l'assurance vie/capitalisation
Guy Courtieu

Livre IV – L'Europe
Jean-Louis Bellando
Commissaire Contrôleur Général
de la Commission de Contrôle des Assurances

SOMMAIRE DE L'ANNUAIRE VIE CAPITALISATION 97

INTRODUCTION

Les données de base

Les données techniques

Les données sociales

Marc Bertrand
Malika S. Barzic

1

Les données de base

Le petit lexique de l'assurance vie/capitalisation

Accident	Dommage corporel provenant de l'action d'une cause extérieure.	*I1 « mécanisme »*
Annuité	Versement périodique. – Si elle est certaine, elle est qualifiée « annuité financière ». – Si elle est aléatoire, elle est appelée « annuité viagère ».	*I1 « mécanisme »*
Assuré	Personne physique sur laquelle repose le risque.	*L. 132-2, L. 132-3 L. 132-4*
Avance	Remise à l'assuré contractant d'une partie de l'épargne gérée par l'assureur, qui permet de ne pas interrompre le contrat.	*L. 132-21, et I2 « les incidents »*
Avenant	Document additionnel constatant et entérinant une modification du contrat.	*L. 112-3*
Bénéficiaire	Personne physique ou morale susceptible de recevoir la prestation de l'assureur.	*L. 132-8 et 9 L. 132-12 à 17*
Capitalisation	Système dans lequel les droits sont déterminés par une génération de contrats. En conséquence, les cotisations sont fixées et les prestations minimales garanties.	
Chargement	Partie de la cotisation affectée aux frais d'exploitation et de distribution de l'organisme d'assurance.	*I1 « la prime »*
Contractant	Personne physique ou morale qui signe la police et paie les cotisations. On dit aussi souscripteur.	*L. 132-1 L. 132-19*
Cotisation	Somme d'argent que le souscripteur doit payer en contrepartie des prestations promises par l'assureur.	*I1 « la prime »*
Contre-assurance	Clause par laquelle l'assureur s'engage, en cas de décès de l'assuré avant l'échéance du contrat, à rembourser aux ayants droit les sommes versées pour alimenter l'assurance en cas de vie.	*I1 « les produits »*
Échéance	Terme du contrat. En présence d'une garantie en cas de vie, l'échéance entraîne l'exécution de la prestation de l'assureur.	

Exclusion	Clause restreignant l'étendue de la garantie de l'assureur. En assurance décès, il existe des exclusions légales.	*L. 132-7 et L. 132-24*
Fractionnement	Facilités accordées par l'assureur au souscripteur de payer sa cotisation par trimestres, mois ou semestres.	*I1« la souscription »*
Incapacité	Inaptitude monentanée à exercer les activités habituelles, entraînant un arrêt ou une réduction d'activité.	*I1 « mécanisme »*
Invalidité	Atteinte corporelle durable, voire permanente, entraînant un arrêt ou une réduction substantielle de la capacité physique ou mentale.	*I1 « mécanisme »*
Maladie	Altération constatée médicalement de la santé de l'assuré.	*I1 « mécanisme »*
Note de couverture	Document délivré par l'assureur ou son représentant constatant l'engagement de l'assureur et de l'assuré.	*L. 112-3 et « la souscription »*
Nullité	Mise à néant, intégrale et rétroactive, du contrat d'assurance.	*L. 113-8*
Options	Le bénéficiaire a le choix entre plusieurs formes de prestations : règlement en capitaux, en rentes, etc.	*I1« les produits »*
Participation	Les sociétés d'assurance vie et de capitalisation doivent faire participer les assurés à leurs résultats (techniques et financiers).	*L. 331-3 « la participatioin »*
Prime	Voir cotisation.	
Proposition	Document par lequel une personne présente son risque à l'assureur, qui doit permettre à ce dernier de se faire une idée sur le risque proposé.	*L. 112-3, L. 113-2 et « la souscription »*
Provision mathématique	Sommes que les entreprises d'assurance sur la vie doivent être en mesure de justifier et qui correspond à la différence entre les valeurs actuelles des engagements pris par l'assureur et ceux pris par l'assuré.	*« la provision mathématique »*
Rachat	Rupture totale du contrat et paiement par anticipation de la provision acquise.	
Réduction	Réduction du capital garanti en cas de cessation du paiement des primes. L'assureur demeure cependant engagé pour un capital résultant du calcul d'une valeur de réduction.	*L. 132-20 à L. 132-23*
Répartition	Système dans lequel les droits sont compensés entre plusieurs générations d'individus. En conséquence, il peut exister, dans le temps, des variations de cotisations et/ou de prestations.	
Souscripteur	Voir contractant.	

SECTION I

LE MARCHÉ

Le chiffre d'affaires

Le chiffre d'affaires de l'assurance de personnes a représenté approximativement 480 milliards de francs en 1995.

Le chiffre d'affaires de l'assurance vie-capi en France la situe au 2e rang européen et au 4e mondial, derrière le Japon, les États-Unis et la Grande-Bretagne.

Le poids des placements en assurance, qui correspondent aux provisions techniques, n'a cessé d'augmenter depuis 10 ans. Il représentait 10 % du total des placements des ménages en 1980 et a atteint 55 % en 1995, devançant nettement les autres flux.

Poids respectif des modes de distribution

En partant des cotisations nouvelles émises en 1995, les modes de distribution sont les suivants.

Les guichets bancaires et postaux (45 000 guichets) ont représenté pratiquement 65 %.

Les réseaux d'assurances atteignent 25 %. Il faut distinguer 2 types de distribution :

- les réseaux salariés pour 25 000 collaborateurs ;
- les Agents Généraux (18 000) et les Courtiers (2 000).

La vente directe fournit une quantité négligeable.

Enfin, les nouveaux distributeurs (conseillers financiers, gestionnaires de patrimoine) font leur apparition parmi les opérateurs de la vente d'assurance vie et de capitalisation.

Pendant le 1er trimestre 1995, l'assurance vie a subi la concurrence d'autres actifs financiers qui bénéficient de rendements élevés (comptes à terme par exemple).

On continue de noter un fort développement des réseaux associatifs de gestion de l'épargne, qui présentent des avantages certains : fonds cantonné, distribution décentralisée, coût allégé de frais généraux.

La législation communautaire

Sur le plan européen, il est intéressant de signaler d'une part les remarques de fond du Comité européen des assurances (CEA) et d'autre part l'évolution de la législation communautaire.

Certaines tendances lourdes se dessinent dans le continent : le vieillissement de la population et l'assurabilité des personnes séropositives ; l'évolution des rapports banque-assurance touche les structures et les produits. L'association banque-assurance est vécue différemment selon la stratégie choisie : il existe le concept de bancassurance et celui d'assurfinance. Un nombre important de compagnies d'assurances ont été restructurées et on assiste au renforcement des sociétés vie, filiales de banques.

Sur le plan réglementaire, les nouvelles législations préparent les marchés aux contraintes des directives (contrôle *a posteriori*, allégement des règles de placement, application plus souple de la règle de congruence, etc.). Sauf exception, le droit du contrat sera celui de la résidence principale du souscripteur.

■ L'évolution des principaux indicateurs

L'évolution des indicateurs sur les 5 dernières années (1991-1995) est importante pour les assureurs vie.

Le taux d'épargne en pourcentage du revenu disponible :

1991	1992	1993	1994	1995
13,2	13,7	13,8	13,2	14,1

Le taux à court terme en pourcentage :

1991	1992	1993	1994	1995
9,49	10,35	8,75	5,69	6,39

Le taux à long terme (obligations d'État) en pourcentage :

1991	1992	1993	1994	1995
9,05	8,60	6,91	7,35	7,55

L'espérance de vie des femmes à la naissance (en années) :

1991	1992	1993	1994	1995
81,1	81,4	81,4	81,8	81,9

SECTION II

ORGANISATION DE L'ASSURANCE VIE

Organismes de Contrôle

Le service des Assurances du ministère de l'Économie intervient au niveau de la législation et de la réglementation. Il opère, en outre, pour l'agrément des entreprises, les transferts de portefeuille. Ce service a été créé au sein de la Direction du Trésor par la loi du 31 décembre 1989. Les assurances de personnes dépendent de la sous-direction b) « Épargne prévoyance et marché financier » rattaché au service des « affaires monétaires et financières ».

La Commission de contrôle des assurances (54, rue de Châteaudun – 75009 Paris) veille au respect par les entreprises de la législation et la réglementation ; elle effectue donc un contrôle sur pièces et sur place de l'ensemble des documents comptables, de la marge de solvabilité, des placements. Il existe environ une quarantaine de commissaires agissant pour le compte de l'État dans l'intérêt des assurés.

Le visa d'agrément de chaque nouveau produit a été remplacé par une nouvelle procédure. L'assureur est tenu de fournir au service des Assurances et à chaque assurable une note type d'information conformément aux articles L. 132-5-1 et A. 132-4 du Code.

Fédération française des sociétés d'assurance

(26, boulevard Haussmann, 75009 Paris – Tél. : 01 42 47 94 98)

La Fédération française des sociétés d'assurances (Syndicat professionnel, constitué conformément au livre III, titre I, du Code du travail), a pour but d'étudier et de défendre les intérêts professionnels des sociétés d'assurances opérant en France et dans les départements et territoires d'outre-mer et de coordonner à cet effet l'action des groupements adhérents.

Groupement des assurances de personnes

(26, boulevard Haussmann, 75009 Paris – Tél. : 01 42 47 94 98)

Ce groupement, à effet du 1er janvier 1990, réunit les activités de la Réunion vie, celles consacrées par le Groupement technique accidents aux assurances de personnes autres que la vie (maladie, accident) et enfin les études générales de l'assurance groupe effectuées par le Bureau commun des assurances collectives.

Il est le seul groupement technique des études et des actions professionnelles concernant le secteur des assurances de personnes et de capitalisation.

Areper
Association de recherche et d'étude pour l'épargne et la retraite
(9, rue de Saint-Petersbourg, 75008 Paris – Tél. : 01 43 87 45 89)

L'objet de l'Areper (Association de 1901) est d'une part d'engager une réflexion commune sur les questions techniques, juridiques, fiscales ou autres, ayant trait à l'assurance vie, l'épargne et la retraite et d'autre part de favoriser et d'assurer un dialogue permanent avec les pouvoirs publics et le reste de la profession sur ces thèmes.

Créée le 17 décembre 1987 avec l'appui du Gema, elle regroupe 14 sociétés d'assurance vie et/ou de capitalisation : ARF Vie, Euromut, GMF Vie, Maaf Vie, Mutavie, Parnasse Maif, SMA Vie, Soravie, ACM Vie, Suravenir, MEPM Vie, MAVPS, SMAP (Belgique) et Mutex.

2

Les données techniques

Valeur acquise par un versement unique de 100 F
(capitalisation à intérêts composés)

Après/ans	4 %	4,5 %	5,5 %	6 %	8 %	8,5 %	9 %	9,5 %	10 %
1	104,00	104,50	105,50	106,00	108,00	108,50	109,00	109,50	110,00
2	108,16	109,20	111,30	112,36	116,64	117,72	118,81	119,00	121,00
3	112,49	114,12	117,42	119,10	125,97	127,73	129,50	131,29	133,10
4	116,99	119,25	123,88	126,25	136,05	138,59	141,16	143,77	146,41
5	121,67	124,62	130,70	133,82	143,93	150,37	153,86	157,42	161,05
6	126,53	130,23	137,88	141,85	158,69	163,15	167,71	172,38	177,15
7	131,59	136,09	145,47	150,36	171,38	177,01	182,80	188,76	194,87
8	136,86	142,21	153,47	159,38	185,09	192,06	199,26	206,69	214,35
9	142,33	148,61	161,91	168,95	199,90	208,39	217,19	226,32	235,79
10	148,02	155,30	170,81	179,08	215,89	226,10	236,74	247,82	259,37
11	153,95	162,29	180,21	189,83	233,16	245,32	258,04	271,37	285,31
12	160,10	169,59	190,12	201,22	251,82	266,17	281,27	297,15	313,84
13	166,51	177,22	200,58	213,29	271,96	288,79	306,58	325,37	345,22
14	173,17	185,19	211,61	226,09	293,72	313,34	334,17	356,29	379,74
15	180,09	195,53	223,25	239,66	317,22	339,97	364,25	390,13	417,72
16	187,30	202,24	235,53	254,04	295,22	368,87	318,08	427,19	342,59
17	194,79	211,34	248,48	269,28	370,00	400,23	432,76	467,78	505,44
18	202,58	202,85	262,15	285,43	399,60	434,25	471,71	512,82	555,99
19	210,68	230,79	276,56	302,56	431,57	471,16	514,16	560,88	611,59
20	219,11	241,17	291,78	320,71	466,10	511,20	560,44	614,16	672,74
21	227,88	252,02	307,82	339,96	503,38	554,66	610,88	672,51	740,02
22	236,99	263,37	324,75	360,35	543,65	601,80	665,86	736,39	814,02
23	246,47	275,22	342,62	381,97	587,15	652,96	725,79	806,35	895,43
24	256,33	287,60	361,46	404,89	634,12	708,46	791,11	882,96	984,97
25	266,58	300,54	381,34	429,19	684,85	768,67	862,31	966,94	1 083,47
26	277,25	314,07	402,31	454,94	739,64	834,01	939,91	1 058,69	1 191,81
27	288,34	328,20	424,44	482,23	798,81	904,90	1 024,50	1 159,26	1 310,99
28	299,87	342,97	447,78	511,17	862,71	981,82	1 116,71	1 269,39	1 442,09
29	311,87	358,40	472,41	541,84	931,73	1 065,28	1 217,21	1 389,98	1 586,30
30	324,34	374,53	498,40	574,35	1 006,27	1 155,83	1 326,76	1 522,03	1 744,94

Valeur acquise par un versement annuel de 100 F

(capitalisation à intérêts composés)

Après/ans	4 %	4,5 %	5,5 %	6 %	8 %	8,5 %	9 %	9,5 %	10 %
1	104,00	104,50	105,50	106,00	108,00	108,50	109,00	109,50	110,00
2	212,16	213,70	216,80	218,36	224,64	226,22	227,81	229,40	231,00
3	324,65	327,82	334,23	337,46	350,61	353,95	357,31	360,71	364,10
4	441,63	447,07	458,11	463,71	486,66	492,53	498,47	504,46	510,51
5	563,30	571,69	588,81	597,53	633,59	642,90	652,33	661,89	671,56
6	689,83	701,92	726,09	739,38	792,28	806,05	820,04	834,26	848,71
7	821,42	838,00	872,16	889,75	963,66	983,06	1 002,84	1 023,02	1 043,59
8	958,28	980,21	1 025,63	1 049,13	1 148,76	1 175,12	1 202,10	1 229,71	1 257,95
9	1 100,61	1 128,82	1 187,54	1 218,08	1 348,66	1 383,51	1 419,29	1 456,02	1 493,74
10	1 248,64	1 284,12	1 358,35	1 397,16	1 564,55	1 609,61	1 656,03	1 703,85	1 753,12
11	1 402,58	1 446,40	1 538,56	1 586,99	1 797,71	1 854,92	1 914,07	1 975,22	2 038,43
12	1 562,68	1 615,99	1 728,68	1 788,21	2 049,53	2 121,09	2 195,34	2 272,36	2 352,27
13	1 729,19	1 793,21	1 929,26	2 001,51	2 321,49	2 409,89	2 501,92	2 597,74	2 697,50
14	1 902,36	1 978,41	2 140,87	2 227,60	2 615,21	2 723,23	2 836,09	2 954,02	3 077,97
15	2 082,45	2 171,93	2 364,11	2 467,25	2 932,43	3 063,20	3 200,34	3 344,16	3 494,97
16	2 269,75	2 374,17	2 599,64	2 721,29	3 275,02	3 432,07	3 597,37	3 771,35	3 954,47
17	2 464,54	2 585,51	2 848,12	2 990,57	3 645,02	3 832,30	4 030,13	4 239,13	4 459,92
18	2 667,12	2 806,36	3 110,27	3 276,00	4 044,63	4 266,54	4 501,84	4 751,35	5 015,91
19	2 877,81	3 037,14	3 386,83	3 578,56	4 476,20	4 737,70	5 016,00	5 312,22	5 627,50
20	3 096,92	3 278,31	3 678,61	3 899,27	4 942,29	5 248,91	5 576,44	5 926,38	6 300,25
21	3 324,80	3 530,34	3 986,43	4 239,23	5 445,68	5 803,56	6 187,32	6 598,89	7 040,27
22	3 561,79	3 793,70	4 311,18	4 599,58	5 989,33	6 405,37	6 853,18	7 335,28	7 854,30
23	3 808,26	4 068,92	4 653,80	4 981,56	6 576,48	7 058,32	7 578,97	8 141,64	8 749,73
24	4 064,59	4 356,52	5 015,26	5 386,45	7 210,59	7 766,78	8 370,08	9 024,59	9 737,71
25	4 331,17	4 657,06	5 396,60	5 815,64	7 895,44	8 535,46	9 232,39	9 991,42	10 818,18
26	4 608,42	4 971,13	5 798,91	6 270,58	8 635,08	9 369,47	10 172,30	11 050,12	12 609,99
27	4 896,76	5 299,33	6 233,35	6 752,81	9 433,88	10 274,37	11 196,80	12 209,38	13 320,99
28	5 196,63	5 642,30	6 671,14	7 263,98	10 296,59	11 256,19	12 313,51	13 478,77	14 763,09
29	5 508,49	6 000,71	7 143,55	7 805,82	11 228,32	12 321,47	13 530,72	14 868,75	16 349,40
30	5 832,83	6 375,24	7 641,94	8 380,17	12 234,59	13 477,30	14 857,78	16 390,78	18 094,34

Table de mortalité Insee 1988 – 1990

Sexe masculin

Source : Insee– Table TD homologuée au JO du 2.6.1993 (C. Assur., art. A. 335-1)

Âge	LX	Âge	LX
0	100 000	50	90 778
1	99 129	51	90 171
2	99 057	52	89 511
3	99 010	53	88 791
4	98 977	54	88 011
5	98 948	55	87 165
6	98 921	56	86 241
7	98 897	57	85 256
8	98 876	58	84 211
9	98 855	59	83 083
10	98 835	60	81 884
11	98 814	61	80 602
12	98 793	62	79 243
13	98 771	63	77 807
14	98 745	64	76 295
15	98 712	65	74 720
16	98 667	66	73 075
17	98 606	67	71 366
18	98 520	68	69 559
19	98 406	69	67 655
20	98 277	70	65 649
21	98 137	71	63 543
22	97 987	72	61 285
23	97 830	73	58 911
24	97 677	74	56 416
25	97 524	75	53 818
26	97 373	76	51 086
27	97 222	77	48 251
28	97 070	78	45 284
29	96 916	79	42 203
30	96 759	80	39 041
31	96 597	81	35 824
32	96 429	82	32 518
33	96 255	83	29 220
34	96 071	84	25 962
35	95 878	85	22 780
36	95 676	86	19 725
37	95 463	87	16 843
38	95 237	88	14 133
39	94 997	89	11 625
40	94 746	90	9 389
41	94 476	91	7 438
42	94 182	92	5 763
43	93 868	93	4 350
44	93 515	94	3 211
45	93 133	95	2 315
46	92 727	96	1 635
47	92 295	97	1 115
48	91 833	98	740
49	91 332	99	453

LX : nombre de vivants à l'âge X sur 100 000 nés vivants.

Table de mortalité Insee 1988 – 1990

Sexe féminin

Source : Insee– Table TD homologuée au JO du 2.6.1993 (C. assur., art. A. 335-1)

Âge	LX	Âge	LX
0	100 000	50	95 752
1	99 352	51	95 488
2	99 294	52	95 202
3	99 261	53	94 892
4	99 236	54	94 560
5	99 214	55	94 215
6	99 194	56	93 848
7	99 177	57	93 447
8	99 161	58	93 014
9	99 145	59	92 545
10	99 129	60	92 050
11	99 112	61	91 523
12	99 096	62	90 954
13	99 081	63	90 343
14	99 062	64	89 687
15	99 041	65	88 978
16	99 018	66	88 226
17	98 989	67	87 409
18	98 955	68	86 513
19	98 913	69	85 522
20	98 869	70	84 440
21	98 823	71	83 251
22	98 778	72	81 936
23	98 734	73	80 484
24	98 689	74	78 880
25	98 640	75	77 104
26	98 590	76	75 136
27	98 537	77	72 981
28	98 482	78	70 597
29	98 428	79	67 962
30	98 371	80	65 043
31	98 310	81	61 852
32	98 247	82	58 379
33	98 182	83	54 614
34	98 111	84	50 625
35	98 031	85	46 455
36	97 942	86	42 130
37	97 851	87	37 738
38	97 753	88	33 340
39	97 648	89	28 980
40	97 534	90	24 739
41	97 413	91	20 704
42	97 282	92	16 959
43	97 138	93	13 580
44	96 981	94	10 636
45	96 810	95	8 118
46	96 622	96	6 057
47	96 424	97	4 378
48	96 218	98	3 096
49	95 995	99	2 184

LX : nombre de vivants à l'âge X sur 100 000 nés vivants.

L'inflation en France

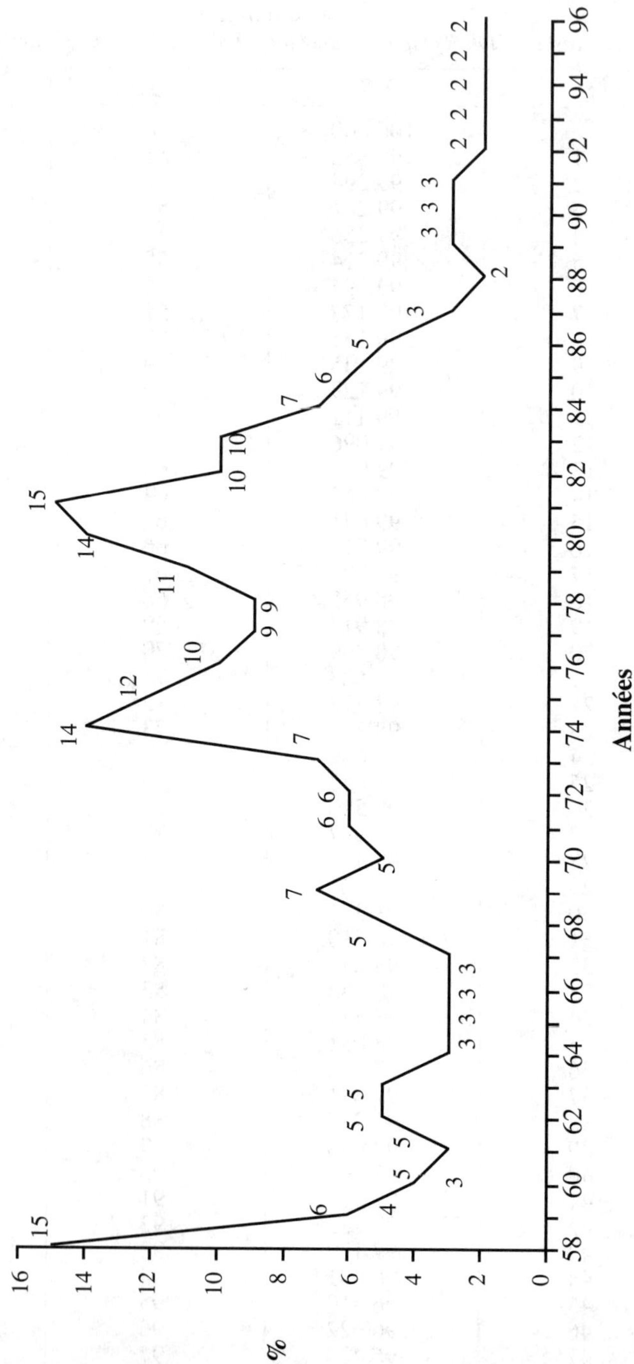

3

Les données sociales

SECTION I

CHARGES SOCIALES ET FISCALES SUR SALAIRES

Régimes	*Taux global %*	*Répartition %*		*Assiettes et observations*
		Employeur	*Salarié*	
Urssaf				Totalité du salaire
Assurance maladie	19,6	12,8	6,8	
Assurance veuvage	0,1	–	0,1	
Allocation familiale	5,4	5,4	–	Salaire > 1,3 Smic
Aide logement	0,4	0,4		– Plus de 9 salariés
Accident du travail	–	–		– Taux variable
Assurance vieillesse	1,6	1,6	–	
Assurance vieillesse	14,75	8,2	6,55	Salaire 1 plafond SS
Aide logement	0,1	0,1		
CSG	2,4		2,4	95 % du salaire
RDS	0,5		0,5	95 % du salaire
Assedic				
Chômage	6,6	4,18	2,42	Salaire 1 plafond SS
ASF	1,96	1,16	0,80	
Chômage	7,15	4,18	2,97	Entre 1 et 4 plafonds SS
ASF	2,18	1,29	0,89	
FNGS	0,35	0,35		Limité à 4 plafonds SS
Retraites complémentaires				Limité à 3 plafonds SS
Non-cadres : Arrco	5,625*	3,375	2,25	* Taux minimum
Cadres :				
Ass. décès obligatoire	1,5	1,5		Limité à 1 plafond SS * Taux minimum
Arrco	5,625*	3,375	2,25	

Régimes	*Taux global %*	*Répartition %*		*Assiettes et observations*
		Employeur	*Salarié*	
Agirc Apec*	16,25* 0,06	10,625 0,036	5,625 0,024	Salaire compris entre 1 et 4 plafonds SS * Taux minimum * Apec : + Cotisation forfaitaire annuelle (1995 : 96,80 F dont 38,72 F à la charge du salarié)
Agirc Tranchec	16,25*	10,625	5,625	Salaire compris entre 4 et 8 plafonds * Taux mimimum
Taxes Apprentissage Construction* Formation continue : - de 10 salariés + de 10 salariés	 0,5 0,45 0,15 1,5	 0,5 0,45 0,15 1,5		 * Au moins 10 salariés Totalité du salaire
Taxe sur les salaires*	 4,25 8,50 13,60			* Entreprises non assujetties à la TVA – Pour la fraction des salaires individuels comprise entre 40 010 F et 79 970 F – Pour la fraction excédant 79 970 F

SECTION II

LES RETRAITES

Évolution des tranches de salaires des régimes de retraite à partir de 1950

Années	*Limite inférieure (Sécurité sociale)*	*Limites supérieures*	
		C.C. des cadres (caractère obligatoire) tranches A et B	*Régime obligatoire au 1.1.92 des cadres supérieurs tranches A, B et C*
1950	2 640	10 560	21 120
1951	3 450	13 800	27 600
1952	4 440	18 120	36 240
1953	4 560	18 240	36 480
1954	4 560	19 200	38 400
1955	4 740	21 030	42 060
1956	5 280	22 800	45 600
1957	5 280	25 800	51 600
1958	6 000	29 040	58 080
1959	6 600	32 040	64 080
1960	6 840	34 200	68 400
1961	8 100	36 960	73 920
1962	9 600	40 800	81 600
1963	10 440	45 000	90 000
1964	11 400	49 800	99 600
1965	12 240	52 200	104 400
1966	12 960	55 080	110 160
1967	13 680	58 200	116 400
1968	14 400	61 800	123 600
1969	16 320	69 600	139 200
1970	18 000	75 600	151 200
1971	19 800	83 160	166 320
1972	21 960	90 120	180 240
1973	24 480	99 000	198 000
1974	27 840	111 360	222 720
1975	33 000	132 000	264 000
1976	37 920	151 680	303 360
1977	43 320	173 280	346 560
1978	48 000	192 000	384 000
1979	53 640	214 560	429 120
1980	60 120	240 480	480 960
1981	68 760	275 040	550 080

Années	*Limite inférieure (Sécurité sociale)*	*Limites supérieures*	
		C.C. des cadres (caractère obligatoire) tranches A et B	*Régime obligatoire au 1.1.92 des cadres supérieurs tranches A, B et C*
1982	82 020	328 080	656 160
1983	91 680	366 720	733 440
1984	99 600	398 640	797 280
1985	106 740	426 960	853 920
1986	112 200	448 800	897 600
1987	116 820	467 280	934 560
1988	120 360	481 440	962 880
1989	125 280	501 120	1 002 240
1990	131 040	524 160	1 048 320
1991	137 760	551 040	1 102 080
1992	144 120	576 480	1 152 960
1993	149 820	599 280	1 198 560
1994	153 120	612 480	1 224 960
1995	155 940	623 760	1 247 520
1996	161 220	644 880	1 189 760

Retraite complémentaire des salariés

Valeur du point – Salaire de référence

Institutions ou régimes	Valeur du point de retraite (en F) au 1.10.95	Salaire de référence (en F) 1995
I. – Agirc	2,303	20,03
II. – Arrco		
1. Régimes adhérant à l'Arrco		
AGRR	2,442	21,7
Anep	18,49	166,86
Cace	3,61	31,02
Canarep	0,81012	7
Capricas	2,1298	18,19
Carcept	39,04	47,91
CARGSMA	0,9156	197,33
Carpilig	2,091	17,95
CBTP	1,556	13,868
CGIS	25,96	32,65
CGRR	0,89506	7,53
Cipca	4,715	42,53
Circo	2,566	21,86
CIRPS	2,3538	21,42
CMGRR	0,888	7,17
CNRO	2,6052	23,42
CPM	2,6746	23,173
Cre	2,327	21,75
Crep	1,095	9,14
Cri	2,768	23,08992
Crip	3,2796	28,3310
Crisa	2,6088	21,8389
CRPBTP	0,89506	7,53
CRR	0,54	4,50
FNIRR	2,5624	22,44
Caisse Gutenberg	1,6496	14,22
Ipris	2,8372	24,34
Ircem	2,2764	19,04
IRCOPSPM	1,017	8,87
Ireps	29,42	36,26
IRPC	2,6192	22,3651
IRPSIMMEC	2,8666	23,71
Irrep	2,431	21,28
Isica	3,6254	30,74
Resurca	2,6544	22,62
RIPS	2,1456	19,78
Unirs	2,4548	22,4
UPS	2,647	22,012
2. Régimes liés à l'Arrco par convention		
Camarca	3,0152	26,4
CPCEAA	1,22	10,94
Crepac	2,4436	20,82
Cria-Irca	3,0372	26,6565
3. Régimes n'utilisant pas un système par point		
Capaves	0,50 %	–
Carco	3,45 %	–
Cresp	2,19 %	–

SECTION III

LA PRÉVOYANCE

Données générales

Pourcentages de remboursement

Les maladies remboursées à 100% par la Sécurité sociale

Depuis le 1er janvier 1987 peuvent bénéficier de l'exonération du ticket modérateur, mais seulement pour les soins du traitement de ladite affection, les assurés atteints de l'une des 30 maladies suivantes (liste établie par décret du 31.12.86, JO 1.1.87).

– accident vasculaire cérébral invalidant ;
– aplasie médullaire ;
– artériopathie chronique et évolutive (y compris coronarite) avec manifestations cliniques eschémiques ;
– bilharziose compliquée ;
– cardiopathie congénitale mal tolérée, insuffisance cardiaque grave et valvulopathie grave ;
– cirrhose du foie décompensée ;
– déficit immunitaire primitif grave nécessitant un traitement prolongé et déficit immunitaire acquis grave (syndrome immuno-déficitaire acquis) ;
– diabète insulino-dépendant ou non insulino-dépendant ne pouvant être équilibré par le seul régime ;
– forme grave d'une affection neuro-musculaire (dont myopathie) ;
– hémoglobinopathie homozygote ;
– hémophilie ;
– hypertension artérielle sévère ;
– infarctus du myocarde datant de moins de six mois ;
– insuffisance respiratoire chronique grave ;
– lèpre ;
– maladie de Parkinson ;
– maladies métaboliques héréditaires nécessitant un traitement prolongé spécialisé ;
– mucoviscidose ;
– néphropathie chronique grave et syndrome néphrotique pur primitif ;
– paraplégie ;
– périartérite noueuse, lupus érythémateux aigu disséminé, sclérodermie généralisée évolutive ;
– polyarthrite rhumatoïde évolutive grave ;

– psychose, trouble grave de la personnalité, arriération mentale ;
– recto-colite hémorragique et maladie de Crohn évolutives ;
– sclérose en plaques invalidante ;
– scoliose structurale évolutive (dont l'angle est égal ou supérieur à 25 degrés) jusqu'à maturation rachidienne ;
– spondylarthrite ankylosante grave ;
– suites de transplantation d'organe ;
– tuberculose active ;
– tumeur maligne, affection maligne du tissu lymphatique ou hématopoïétique.

Remboursement en %	*Du tarif de responsabilité*		
Soins	*Régime général SS* (1)	*RO TNS* (2)	*Régime local ALS/MOS*
Traitement ambulatoire (sans hospitalisation)			
Honoraires			
Consultations et visites	70	50	90
Analyses et examens de laboratoire	60	50	90
Soins d'infirmiers	60	50	90
Soins d'autres auxiliaires médicaux (sage-femme, kiné)	60	50	90
Soins et prothèses dentaires	70	50	90
Électroradiologie	70	50	90
Frais de transport (ambulance)	65	50	90
Prestations sanitaires			
Produits pharmaceutiques sauf :	65	50	90
– médicaments de confort	35	35	90
– médicaments reconnus irremplaçables et particulièrement coûteux (plasma...)	100	50	100
Lunettes et petit appareillage	65	50	100
Grand appareillage	100	100	100
Traitement hospitalier (3)			
Avec intervention chirurgicale < K 50 (ou sans intervention) :			
– hospitalisation du 1er au 30e jour	80	80	100
– hospitalisation à compter du 31e jour	100	100	100
Avec intervention chirurgicale ≥ K 50 :			
– à compter du 1er jour	100	100	100
Cure thermale			
Prestations légales : forfait d'honoraires médicaux	70	50	90
forfait thermal	65	50	90
Prestations supplémentaires : forfait d'hébergement	65	50	90

Remboursement en %	*Du tarif de responsabilité*		
Soins	*Régime général SS* (1)	*RO TNS* (2)	*Régime local ALS/MOS*
Maternité Examens pré et postnataux, forfait d'accouchement, frais de séjour et honoraires pour hospitalisation hors durée normale	100	100	100
Affection longue et coûteuse Petit appareillage, analyses, cures thermales	100	80	100
Tous autres frais sous réserve d'ententes préalables pour certains postes	100	100	100

(1) *Régime des travailleurs non salariés.*
(2) *Régime en vigueur dans les départements d'Alsace-Moselle.*
(3) *Un forfait hospitalier est laissé à la charge de l'assuré social. Il était fixé pour 1996 à 70 F par jour.*

Honoraires médicaux
Praticiens conventionnés

Tarif des consultations, visites au 1.1.1996

Praticiens	Consultation	Visites	Majorations	
			Nuit	Week-end
Biologistes	–	–	150	110
Chirurgiens-dentistes	105	110	150	110
Infirmiers	–	–	60	50
Masseurs-kinésithérapeutes	–	–	40	40
Médecins – omnipraticien	110	110	165	
– spécialiste	150	135		
– neuropsychiatre	225	205		
Orthophonistes	–	–	–	
Orthoptistes	–	–	60	50
Pédicures	–	–	5	4
Sages-femmes – soins maternité	85	76	145	110
– soins infirmiers	–	–	60	50

Honoraires médicaux
Praticiens conventionnés

Tarif des consultations, visites au 1.1.1996

	Lettres-clés	Indemnité déplacement	Accouchement
Biologistes	B : 1,80 KB : 12,60 ZB : 8,10	–	–
Chirurgiens-dentistes	D : 12,40 DC : 13,50 SCP : 14,95 Z : 8,50	de 22 F à 31 F	
Infirmiers	AMI : 16,50 AIS : 14,30	8,20	
Masseurs-kinésithérapeutes	AMK : 12,75 AMC : 12,75	11	
Médecins – omnipraticien	K : 14,60 KC : 13,70 SPM : 14,70 Z : 8,70	Paris, Lyon, Marseille : 35 Autres : 25	
– spécialiste – neuropsychiatre	– électroradiologistes gastroentérologues : 10,35 – rhumatologues pneumophtisiologues : 9,50 – autres : 8,10		Simple : 1 000 Gemellaire : 1 160
Orthophonistes	AMO : 13,30	9,50	–
Orthoptistes	AMY : 13,45	9,50	–
Pédicures	AMP : 4,15	3,30	–
Sages-femmes – soins maternité	SF : 14,90	–	Simple : 8,30 Gemellaire : 985
– soins infirmiers	SFI : 14,30	7,80	–

Conséquences sociales et fiscales

(Contrats souscrits dans le cadre de l'article 83-1 CGI)

	Sécurité sociale	Fiscalité
I. Sécurité sociale		
• Indemnités journalières	Exclues de l'assiette des cotisations de la Sécurité sociale	Imposables (1)
• Majoration pour enfants	*id.*	Imposable
• Rente d'invalidité	*id.*	Imposable (2)
• Majoration pour tierce personne	*id.*	Non imposable
• Indemnités journalières et rente d'invalidité consécutives à un accident du travail	*id.*	Non-imposable
II. Prestations servies par un organisme de prévoyance		
a) Le contrat de travail n'étant pas rompu		
• Allocations complémentaires aux indemnités journalières de la Sécurité sociale	À inclure dans l'assiette des cotisations de la Sécurité sociale pour la fraction correspondant à la participation financière de l'employeur	Imposables
• Rente complémentaire d'invalidité versée après suppression des indemnités journalières de la Sécurité sociale	Exclue de l'assiette des cotisations de la Sécurité sociale	Imposable
• Majoration pour enfants	Traitement des prestations dont elle constitue l'accessoire	Imposable si elle s'applique à des allocations complémentaires aux indemnités journalières, non-imposition si elle porte sur une rente complémentaire
• Allocations complémentaires à des indemnités journalières d'accident du travail	À inclure dans l'assiette des cotisations de la Sécurité sociale pour la fraction correspondant à la participation financière de l'employeur	Imposable
• Rente complémentaire à une rente d'accident du travail	Exclue de l'assiette des cotisations de la Sécurité sociale	Imposable
b) Après rupture du contrat de travail		
• Allocations complémentaires à des indemnités journalières de la Sécurité sociale	Exclues de l'assiette des cotisations de la Sécurité sociale	Imposables
• Rente complémentaire d'invalidité versée après suppression des indemnités journalières de la Sécurité sociale	*id.*	Imposable
• Majoration pour tierce personne	*id.*	Non imposable
• Majoration pour enfant à charge	*id.*	Non imposable
• Allocations complémentaires à des indemnités journalières d'accident du travail	*id.*	Imposables
• Rente complémentaire à une rente d'accident du travail	*id.*	Imposable

(1) Non-imposition lorsqu'elles reviennent à des personnes astreintes à un traitement prolongé comportant une thérapeutique particulièrement coûteuse, ou lorsque le revenu net du foyer est inférieur à la deuxième tranche du barème fiscal.

(2) Non-imposition lorsque la rente n'atteint pas le niveau de l'AVTS et sous condition d'un plafond de ressources.

Honoraires

Praticiens non

Métropole : tarif des

Praticiens non conventionnés	Consultations	Visites	Majorations	
			Nuit	Week-end
Biologistes	–	–	–	–
Chirurgiens-dentistes				
– Paris (– 77), Lyon, Marseille	2,60	3,40	4,85	2,60
– Autres	2,10	2,50	3,50	1,95
Infirmiers, masseurs-kinésithérapeutes, pédicures				
– Paris, Lyon, Marseille	–	–		
– Agglomérations de + de 100 000 h.	–	–	0,95	0,60
– Autres	–	–		
Médecins (1)				
Zone A	4	5,20	Zone A	
Zone B	3,50	4,40	6,80	3,60
– omnipraticien Zone C	3,20	4		
Zone D	2,80	3,60	Zone B	
Zone A	8	10,40	6,10	3,10
Zone B	7	8,80		
– spécialiste Zone C	6,40	8	Zone C	
Zone D	5,60	7,20	5	3
Zone A	12	15,60		
Zone B	10,50	13,20	Zone D	
– neuropsychiatre Zone C	9,60	12	4,40	2
Zone D	8,40	10,80		
Sages-femmes				
– soins maternité				
– Paris (– 77), Lyon, Marseille	1,70	2	3	1,40
– autres	1,30	1,60	2,35	1,20
– soins infirmiers	–	–	Voir infirmiers	

(1) Zone A : ex-Seine et Seine-et-Oise (partie).
Zone B : Lyon et Marseille.
Zone C : dépt. 77, ex-Seine-et-Oise (partie), Nord, villes + 100 000 habitants.
Zone D : autres.

médicaux

conventionnés

honoraires en vigueur

Indemnités déplacement	Lettres-clés	Accouchement simple	Accouchement gemellaire	Idemnités kilométriques plaine	Idemnités kilométriques montagne	Idemnités kilométriques ski ou pied
–	B : 0,50 KB : 2	–	–	0,20	0,25	0,28
	D R 1,50 1,60 1,40 1,60	–	– –	0,25	0,30	0,35
0,50 0,50 0,40	AMM AMI AMP 1,60 1,40 1,45 1,40 1,30 1,35 1,50 1,20 1,25	– –	– –	0,20	0,25	0,28
– – – Zone D : 1,85	K : 2 R : 1,60 PC Zone A : 2,40 Zone B : 2,05 Zone C : 1,95 64	Zone A 96 Zone B 80 Zone C 70 Zone D 76	 104 94 82	0,30	0,35	0,40
– –	SF SFI – 1,40 – 1,20 0,75 1,05	60,75 40,50 –	68 47,25 –	– – 0,19	– – 0,23	– – 0,26

LIVRE I

LES CONTRATS INDIVIDUELS

La vie à adhésion individuelle

La capitalisation

Marc Bertrand

1 LA VIE À ADHÉSION INDIVIDUELLE

La conception

La gestion

La fiscalité de l'assurance vie non PEP

La fiscalité de l'assurance vie PEP

1

La conception

SECTION I

LE MÉCANISME

Le fait générateur

Les assureurs couvrent un risque, c'est-à-dire un événement imprévisible et indépendant de la volonté de l'assuré.

Contrairement à l'opinion souvent répandue dans le public, le décès n'est pas un risque mais une certitude. L'imprévu est représenté par la date du décès. Le risque est de mourir avant la normale ou, au contraire, d'avoir une longévité supérieure à la « vie moyenne ».

Les faits générateurs principaux sont donc :

La mort prématurée, dans cette hypothèse, ceux qui survivent, en particulier les membres de la famille proche, auront à faire face à un certain nombre de besoins financiers tant en capitaux qu'en rentes.

La mort économique, dans cette hypothèse, l'intéressé, quelquefois accompagné de son conjoint, devra faire face à sa survie économique après la cessation de son activité.

Il est utile, après avoir planté le décor, de préciser les engagements des deux partenaires principaux (l'assureur et le client) en nous limitant aux deux faits générateurs essentiels.

L'assureur s'engage à verser soit un capital soit une rente à la suite du décès et autres faits ou en cas de vie au terme du contrat, ce qui donne quatre éventualités :

– capital en cas de décès ou en cas d'incapacité/invalidité ;
– capital en cas de vie ;
– rentes en cas de décès ou en cas d'incapacité/invalidité ;
– rentes en cas de vie.

L'allocation d'une rente

La rente peut être allouée selon des modalités différentes.

- Elle peut être viagère, c'est-à-dire servie au rentier pendant la totalité de sa survie. Par définition, la durée de service est aléatoire même si elle repose sur deux têtes.
- Elle peut être « certaine » ou « financière ». Dans ce cas, elle est servie pendant une durée fixée contractuellement, par exemple 5 ans, 10 ans, 15 ans, etc.
- Elle peut être « viagère avec minimum garanti ». Il s'agit de la combinaison des deux premières. Le bénéficiaire perçoit viagèrement sa rente, mais s'il décède par exemple avant les 10 premières années (si le minimum garanti est de 10 ans), l'assureur s'engage à continuer à payer d'autres bénéficiaires pendant le reliquat de durée.

La date de service de la rente

La rente peut être allouée selon des époques différentes.

Elle peut être servie immédiatement :
- rente viagère immédiate ;
- rente certaine immédiate ;
- rente viagère immédiate avec minimum garanti.

Elle peut être servie après un certain laps de temps plus ou moins long appelé « période de différé » ou « différé » :
- rente viagère différée.

La prime d'assurance

De même que l'assureur, le client assuré peut se libérer de son engagement en une ou plusieurs fois.

Dans le premier cas, il s'agit d'une prime ou d'une cotisation unique.

Dans le second cas, il s'agit de primes ou de cotisations périodiques. Si en théorie actuarielle, la cotisation est fixe, dans la réalité le versement est en progression, soit contractuelle (5 % par an par exemple), soit indexée, soit revalorisée selon la répartition des bénéfices, que nous analyserons plus loin. La fréquence de versement par le client peut être soit annuelle soit semestrielle ou trimestrielle ou mensuelle. La durée du paiement des primes peut être égale à la durée du contrat, par exemple la « Vie entière à primes viagères » ou inférieure à la durée du contrat, par exemple la « Vie entière à primes limitées ou temporaires ».

En bref, le mécanisme de l'assurance vie individuelle est d'une grande rigueur logique : chaque partenaire doit respecter ses engagements, qui sont toujours soit une somme (capital ou prime unique), soit une succession de sommes (rentes ou primes périodiques).

La finalité des produits

Les principaux produits sur le marché, correspondent à deux finalités.

Les produits de prévoyance : combinaisons décès, garanties annexes, frais d'obsèques, assistance, assurance dépendance, assurance des maladies redoutées.

Les produits d'épargne : combinaisons vie, combinaisons mixtes, produits financiers, produits associatifs, produits tontiniers.

La souscription individuelle ou collective

Toutes les garanties peuvent être souscrites soit dans le cadre d'un contrat individuel pur, soit dans le cadre d'un contrat collectif à adhésion individuelle facultative baptisé aussi assurance « groupe ouvert ». Selon la finalité et le type juridique, il existe donc quatre familles de contrats.

	Individuelle	**Groupe Ouvert**
Prévoyance	X	X
Épargne	X	X

En quoi consiste l'assurance « groupe ouvert » ?

Ce sont des contrats collectifs à adhésion individuelle facultative, que nous baptisons « produits associatifs ».

Les particularités des produits associatifs

Une association sans but lucratif se crée et réunit, moyennant un droit d'entrée modeste, des adhérents dans le but de les défendre et de les conseiller et informer sur les régimes sociaux.

Cette association souscrit auprès d'un ou plusieurs assureurs un contrat d'assurance collective à adhésion individuelle auprès de ses adhérents. Le fonctionnement technique, administratif et financier est fondé sur un système de gestion paritaire entre l'assureur et l'association. Il faut noter plusieurs caractéristiques qui sont de réels atouts pour la diffusion du produit :

- L'indépendance de l'association. En effet, si le contrat prévoit que l'assureur ne peut demander la résiliation, l'association peut mettre fin au contrat chaque année, l'actif accumulé pouvant soit être géré par l'ancien assureur soit transféré au nouveau ;
- Le frais ou chargements sont réduits pour une double raison : d'une part, le nombre d'adhérents est important et d'autre part, il s'agit d'un contrat « groupe ouvert » ;
- La rémunération pour l'épargnant est très satisfaisante. Tous les versements nets de frais sont réunis dans un fonds « cantonné ». L'intégralité des revenus et des plus-values éventuellement dégagées est rapportée à la masse de l'actif géré pour dégager un taux brut de rémunération. Ce taux brut, amputé de frais de gestion financière au profit de l'assureur, permet d'obtenir le taux net, c'est-à-dire le résultat réel de l'épargne de l'adhérent ;
- Les bénéfices techniques obtenus dans les contrats de prévoyance permettent de réévaluer les prestations sans contrepartie de l'adhérent.

- L'information de l'adhérent est complète. En dehors des assemblées locales, il reçoit périodiquement une publication de l'association sur la gestion, la comptabilité et la vie de l'association. En outre, pour les associations les plus importantes, il existe des correspondants sur place à la disposition des adhérents.

Le législateur est intervenu pour améliorer la protection des rapports avec adhérents (L. 140-6). L'association est réputée vis-à-vis de l'adhérent, de l'assuré et du bénéficiaire être mandataire de l'assureur.

Elle est donc soumise à la Commission de contrôle des assurances ; en cas de disparition de l'association (dissolution ou liquidation), le contrat se poursuit entre l'assureur et les adhérents antérieurs.

Ces règles s'appliquent aux contrats collectifs d'épargne-retraite et non aux contrats collectifs de prévoyance, pour lesquels une loi du 31 décembre 1989 prévoyait déjà des protections similaires.

SECTION II

LES PRODUITS DE PRÉVOYANCE

Les combinaisons « décès »

La *temporaire ordinaire :* la société s'engage à payer un capital au décès de l'assuré, si ce dernier a lieu avant le terme du contrat.

La *temporaire quinquennale :* il s'agit d'une temporaire ordinaire, dont les engagements réciproques sont renouvelables de cinq ans en cinq ans.

La *temporaire variable :* il ne s'agit plus de modalités concernant la durée, mais de l'engagement de l'assureur. Contractuellement, les différentes sommes sont indiquées aux conditions particulières du contrat. Le capital peut être :

- décroissant de façon régulière ou irrégulière (couverture d'un prêt) ;
- croissant selon les mêmes principes (couverture d'un plan d'épargne accumulatif) ;
- variable, c'est-à-dire croissant puis décroissant ou l'inverse ; toutes les possibilités sont permises et peuvent intéresser certaines assurances d'affaires.

La *rente éducation :* si le décès de l'assuré arrive avant le terme du contrat, l'Assureur s'engage à verser périodiquement (année, semestre, trimestre ou mois) une rente temporaire pour que le bénéficiaire, généralement l'épouse, puisse faire face à la période critique qui sépare l'enfant de ses 20 ans ou de sa majorité.

La *vie entière :* la société s'engage à payer un capital au décès de l'assuré quelle qu'en soit l'époque.

Les garanties de prévoyance

S'il est vrai que la mort prématurée et la vieillesse sont les deux principaux risques pour chacun d'entre nous, l'accident, la maladie et le chômage sont des faits générateurs pouvant compromettre notre niveau de vie.

Les entreprises d'assurance vie peuvent réaliser directement (C. assur., art. R. 321-5) des assurances complémentaires ou s'associer avec une entreprise d'assurance accidents.

Dans ce dernier cas, pour l'assuré, c'est l'assureur vie qui reste le cocontractant ; il gère les risques pour le compte de la société accidents qui lui donne un mandat général ou spécial.

Les principaux types de garanties sont les suivants.

Le *décès par accident :* l'assureur paie aux bénéficiaires un capital supplémentaire généralement égal au montant du capital de la combinaison de base. Ainsi, ce bénéficiaire touche-t-il deux fois le capital, d'où le terme usuel de « doublement accident » donné à cette clause additionnelle.

Le *décès par accident de la circulation :* l'assureur règle un second capital supplémentaire en cas d'accident sur une voie publique ou privée ainsi que comme passager d'un moyen de transport. Cette garantie est aussi baptisée, pour la même raison que la précédente, « triplement accident ».

L'*exonération du paiement des primes :* à la suite d'événements corporels définis de façon claire dans les conditions générales, le client peut bénéficier d'une exonération totale ou partielle du paiement de ses cotisations périodiques ; les garanties principales, et quelquefois annexes, restent en vigueur. Il s'agit d'une facilité pour la clientèle.

L'*invalidité permanente :* en cas d'invalidité permanente et définitive, l'assureur s'engage à verser une prestation soit sous forme d'un capital soit sous forme de rente. Le montant de la prestation varie souvent en fonction des facteurs suivants :

- le fait générateur qui entre en jeu : accident ou maladie ;
- le degré d'invalidité, c'est-à-dire le taux retenu après accord entre les parties ;
- le barème de référence (accidents du travail du régime général de la SS, l'invalidité fonctionnelle, l'invalidité professionnelle ou un barème pratiquant la double entrée de ces taux).

Le capital ou la rente permettent la reconversion et le maintien du niveau de vie.

L'*incapacité temporaire :* l'accident ou la maladie peuvent entraîner un arrêt temporaire d'activité préjudiciable économiquement à l'intéressé (salaire ou revenu). L'assureur s'engage, avec ou sans franchise, à verser une allocation journalière dont le montant est fixé aux conditions particulières du contrat.

Les garanties à la suite d'un arrêt de travail correspondent à des besoins précis :

- maintenir le salaire ou le revenu pour les non salariés après l'événement ;
- pour les travailleurs indépendants, faire face aux frais généraux permanents (loyer, cotisations obligatoires, salaire de l'assistant, assurances, coût de remplacement).

Le *double effet :* l'assureur s'engage à payer une deuxième fois le capital si après le décès ou l'invalidité permanente totale de l'assuré le conjoint meurt à son tour ou devient invalide avant le terme du contrat et avant son 65ᵉ ou 70ᵉ anniversaire.

Le *chômage :* en cas de chômage reconnu par les organismes officiels, l'assureur s'engage à servir un certain nombre de prestations précisées dans les conditions du contrat, le plus souvent après une franchise absolue et pendant une durée forfaitaire.

Les *frais de santé :* garanties forfaitaires ou sur mesure de cet aléa très particulier.

L'assurance des frais d'obsèques

Certaines entreprises d'assurance sur la vie semblent s'orienter vers le développement du marché de la prévoyance des personnes désireuses de prévoir de leur vivant le financement des obsèques. Plusieurs formules sont déjà proposées à la clientèle (contrats spécialisés ou contrats d'assurance vie traditionnels). Il s'agit quelquefois d'une « vie entière » et le plus souvent d'un versement unique correspondant à la somme estimée nécessaire d'un capital différé avec contre-assurance à durée indéfinie. Le préfinancement des obsèques par le biais d'un contrat

« groupe ouvert » est devenu très courant. Cette activité a fait l'objet d'une lettre de la direction des Assurances du 2 décembre 1987 (lettre III – A1 n° 5471) qui en fixe quelques principes de nature déontologique :

« ... Je ne vois naturellement pas d'objection à ce que se développe cette catégorie de contrats qui répond à un besoin. Elle me semble cependant devoir faire l'objet d'une attention toute particulière tenant au fait que ces produits nouveaux s'adressent, le plus souvent, à des personnes âgées ou peu averties des mécanismes juridiques et financiers qui sont à la base de ces contrats.

C'est pourquoi les orientations suivantes, qui ont été étudiées avec la Réunion vie dans un esprit de concertation que j'ai plaisir à souligner me paraissent de nature à répondre aux préoccupations que soulève ce type de produit.

1. La plupart de ces contrats prévoient que le capital garanti sera versé, au décès de l'assuré, à une entreprise de pompes funèbres, désignée comme seule bénéficiaire.

Cette disposition, qui répond à la philosophie de ce type de contrat pourrait être complétée par la désignation d'une autre entreprise pouvant se substituer à la première et, dans tous les cas, d'un bénéficiaire de second rang, expressément désigné par l'assuré pour prendre en considération les cas où l'entreprise désignée (éventuellement les entreprises), pour une raison indépendante ou non de sa volonté, n'effectuerait pas ses prestations.

Il serait en effet difficilement acceptable que le contrat permette à un prestataire de service de percevoir les sommes afférentes aux prestations envisagées, alors qu'il ne serait pas en état de les fournir.

Par ailleurs, dans la mesure où l'entreprise de pompes funèbres peut être bénéficiaire acceptante et empêcher de ce fait l'exercice du droit à rachat par l'assuré, il me paraît utile que les documents remis à celui-ci l'informent clairement des possibilités de sortie de ce contrat.

2. Afin qu'au décès de l'assuré le capital corresponde autant que possible aux frais d'obsèques, la solution la plus appropriée consisterait – du moins dans les schémas comprenant un contrat de prestation de service – à prévoir un ajustement annuel des sommes assurées au coût réel de la prestation.

Dans le cas d'un refus de cet ajustement ou du non-paiement d'une prime périodique, ou si, de façon plus générale, le capital s'avérait au moment du décès de l'assuré inférieur au montant de la prestation, l'entreprise de pompes funèbres procéderait à une rétrogression de la classe d'enterrement ou ferait appel aux ayants droit pour compléter la prestation.

Une autre solution consisterait, dans le cas d'un refus de l'ajustement ou du non-paiement de la prime de la part de l'assuré, à prévoir la rupture du contrat de prestation différée passé entre l'assuré et l'entreprise de pompes funèbres. L'assuré aurait alors la possibilité soit de résilier son adhésion au contrat d'assurance et d'obtenir la valeur de rachat, soit de maintenir son assurance au bénéfice de la personne désignée à l'adhésion comme bénéficiaire de second rang.

Afin que l'assuré puisse effectuer son choix en toute connaissance de cause, il conviendrait, au moment où ces circonstances interviendraient que lui soient clairement rappelées les conséquences du non-paiement de la prime ou du refus de l'ajustement.

Il va de soi que dans le cas où la capital assuré serait supérieur au coût des obsèques, le surplus serait versé aux ayants droit ou au bénéficiaire de second rang.

3. Dès lors que l'objet de ces contrats est de prévoir le financement des obsèques de l'assuré, il me paraît opportun que celui-ci soit sensibilisé à l'importance pour l'assureur ou l'entreprise de pompes funèbres d'être rapidement et par des moyens adéquats informé de son décès pour organiser les obsèques... »

Le Code des communes a été modifié (loi du 8 janvier 1993) :

– C'est le règlement des pompes funèbres qui détermine les conditions de financement en prévision d'obsèques ;

– Hormis les obsèques proprement dites, il est interdit de démarcher pour des prestations liées à un décès ;

– Les informations médicales contenues dans le certificat de décès ne peuvent être utilisées que par l'État.

L'article 10 du décret du 9 mai 1995 prévoit que les formules de financement sont des contrats dépendant de la vie humaine et soumis au Code des assurances.

Assistance aux personnes

Contrairement à l'assurance qui intervient après sinistre et qui offre *a posteriori* des prestations financières, l'assistance intervient *a priori* au moment et au lieu du sinistre afin de prendre en charge les soins consécutifs à des dommages corporels.

Pour les garanties des personnes dans le contrat d'assistance, il s'agit de mobiliser les moyens médicaux face à l'urgence.

De la notion d'urgence, les assisteurs proposent de plus en plus des garanties fondées sur la notion de confort. Il s'agit de l'assistance domestique, c'est-à-dire la protection permanente au quotidien des personnes du 4e âge par exemple : soins et aide ménagère à domicile, informations pratiques, télé assistance par télécommande relié à un transmetteur. Dans le même ordre d'idée, il est proposé des prestations aux parents pour la scolarité ou les vacances des enfants.

Revenons aux garanties le plus souvent proposées en cas d'urgence. On y trouve :

- le rapatriement du corps en cas de décès ;
- le rapatriement du blessé ou des malades par des moyens rapides de transport (avion, train, ambulance) après avis du docteur de l'assisteur ;
- le rapatriement des enfants et de certaines autres personnes suite aux deux premiers cas ;
- à titre d'avance, la prise en charge des frais de santé (hôpital, chirurgie, médical) avec souvent une franchise ;
- les billets aller et retour pour le rapatriement urgent à domicile ou pour le proche parent en cas de long séjour médicalisé ou de décès du souscripteur ;
- les honoraires d'avocat pour assistance juridique urgente ;
- le paiement de la caution pénale pour incident de droit commun non répréhensible ;
- l'envoi éventuel de matériel ou de produits médicaux.

Le contrat d'assistance se propose soit seul, soit de façon incluse ; dans ce dernier cas, il s'agit d'intégrer l'offre d'assistance dans le crédit à la consommation, le contrat d'acquisition d'un véhicule, la police d'assurance. De même, il existe soit des produits individuels soit des produits collectifs ; dans ce dernier cas, il peut s'agir de contrats signés entre l'assisteur et un tour-opérateur ou avec une personne morale (association, assureur, société anonyme, comité d'entreprise, ...).

En outre, la durée du contrat d'assistance peut être annuelle avec reconduction comme un abonnement ou sur une période plus courte correspondant aux besoins ponctuels du client (séjour de vacances par exemple, ...).

Les sociétés françaises d'assistance les plus importantes en terme de chiffre d'affaires se situent en tête en Europe. Ce secteur est fort dynamique et représente un développement certain d'année en année, d'autant plus qu'il ne date que d'une trentaine d'années.

L'organisation de l'assisteur pour faire face aux aléas est très importante. Elle comprend notamment :

– un centre de soins (docteurs, infirmiers, matériel adapté) ;
– des équipes mobiles médicales et paramédicales ;
– des moyens de transport (hélicoptères, avions, ambulances, ...) ;
– des unités logistiques (central téléphonique, téléfax, standards surdimensionnés, outil informatique sophistiqué).

Assurance dépendance

Pour les retraités en particulier, le besoin consiste dans les frais supplémentaires liés à la « dépendance », c'est-à-dire la perte d'autonomie et l'assistance d'une tierce personne dues à une détérioration physique et/ou mentale.

Le futur « dépendant » choisit une rente mensuelle modulée selon le degré d'autonomie reconnu par des experts médicaux. L'assurance est proposée aux personnes valides âgées de 50 à 70 ans. La rente viagère s'éteint au décès de l'invalide.

L'engagement de l'assuré est fonction de son âge et de son état de santé. Un mécanisme de revalorisation des cotisations en cours et des rentes servies est prévu contractuellement.

L'appréciation du risque est difficile sur deux plans : les bases statistiques sont imprécises et l'état réel de dépendance est délicat à mesurer.

À la demande des institutions AGIRC et ARRCO, les assureurs proposent une assurance collective à adhésion facultative pouvant être souscrite par chaque caisse auprès de l'assureur de son choix.

Créée aux États-Unis, l'assurance dépendance se développe en France, en Grande-Bretagne et en Allemagne. Ce produit est destiné aux actifs en bonne santé susceptibles d'avoir besoin de soins (toilettes, habillement, médicaments) dans la phase terminale de leur vie.

L'invalidité est souvent définie par une liste de 6 ou 7 activités appelées « actes ordinaires de la vie ». L'incapacité d'en effectuer un certain nombre prévu au contrat donne droit à la prestation promise.

Assurance des maladies redoutées

Il s'agit du versement immédiat d'une somme forfaitaire au moment du diagnostic d'une maladie « grave » contractuellement énoncée ; après ce paiement anticipé, l'autre partie du capital est versé au décès ou en cas d'invalidité permanente. Le montage est une combinaison « temporaire » de groupe, souscrite par une association loi de 1901, avec en annexe des garanties éventuelles d'assistance.

Dans le produit, on trouve quatre maladies principales :
- attaque cardiaque ;
- cancer ;
- chirurgie des artères coronaires ;
- accident cardio-vasculaire.

Souvent, d'autres maladies sont citées : sclérose en plaques, paralysie, cécité, insuffisance rénale, greffe d'organes vitaux, maladies incurables comme le sida. Se posent inévitablement des problèmes de sélection et de réassurance.

Indépendamment des aléas qui doivent être définis de façon très précise, un questionnaire médical détaillé, suivi éventuellement d'un rapport médical complet est exigé.

Pour l'évaluation du tarif, des tableaux de survenance des différentes maladies selon l'âge et le sexe ont été réalisés. La survenance du risque entraîne des contrôles rigoureux.

Le réassureur est un partenaire obligé de l'assureur. Il l'assiste à différents niveaux : taux de réassurance de base, formulation des garanties, manuels de sélection, approche individualisée des sinistres, etc.

SECTION III

LES PRODUITS D'ÉPARGNE

Les combinaisons « vie »

La *rente viagère immédiate :* l'assureur s'engage à payer d'avance ou à terme échu la rente aussi longtemps que l'assuré est vivant et selon une périodicité préétablie (année, semestre, trimestre ou mois). La prime unique n'est ni plus ni moins que le *« capital constitutif »* de la rente.

Le *capital différé :* l'assureur s'engage à verser un capital au terme du contrat, si l'assuré est vivant à ce terme. Le risque réel pour le client est de ne pas atteindre ce terme, c'est-à-dire ne pas survivre à l'échéance. C'est pourquoi les organismes proposent deux modalités différentes. Dans le capital différé avec contre-assurance, en cas de décès avant le terme, l'assureur rembourse soit la totalité des primes ou des cotisations qui lui ont été confiées soit l'épargne acquise.

La *rente viagère différée :* l'assureur s'engage à verser une rente à l'expiration d'un délai déterminé jusqu'à ce que l'assuré décède. En cas de disparition pendant ce délai, l'assureur s'engage à rembourser un capital, si le contrat comporte la clause de « contre-assurance ».

Les combinaisons « mixtes »

La *mixte :* l'assureur s'engage à verser un capital soit en cas de décès avant le terme du contrat, soit ce même capital en cas de vie au terme.

La *combinée :* c'est une variante de la mixte dans laquelle le capital en cas de vie est différent du capital en cas de décès. Souvent le 1er nombre indique le montant du capital prévoyance et le second le montant du capital retraite.

Ainsi, « 50/100 » veut simplement dire 50 en cas de décès et 100 en cas de vie. De même, 300/100 signifie que le capital décès est trois fois supérieur au capital de survie.

La *terme fixe :* l'assureur s'engage à verser un capital au terme fixé, que l'assuré soit vivant ou non. Ainsi, l'engagement de l'assureur est certain et il s'agit là d'une opération purement financière. C'est pourquoi l'engagement de l'assuré ne peut être qu'en primes périodiques, ce qui représente le caractère aléatoire de la combinaison. La prime unique est interdite ; c'est la seule exception aux modalités des produits d'assurance vie individuelle.

Produits financiers

Pour concurrencer les produits bancaires, quelques assureurs ont promu des produits à montage financier.

- Le premier est un contrat à versement unique et à capital variable. Il est basé sur l'indice Cac 40 de la Bourse de Paris, indice de référence de la Bourse française (Base 1 000 au 31.12.87 – Actuellement l'indice est de 2023 au 2 août 1996). Le souscripteur choisit entre une assurance vie ou un titre de capitalisation.

Le suivi de cet indice est limité à 24 % l'an pour chaque période triennale ; à la fin de la 3e et de la 6e année, un système de « cliquet » protège les gains acquis, même en cas de baisse ultérieure de l'indice ; il s'agit ainsi d'un capital variable plancher.

Les pourcentages et les fréquences sont cités à titre d'exemple.

- Le second est un contrat libellé en obligations à réinvestissement optionnel du coupon (OROC). L'assureur n'attend pas les investissements amenés au fur et à mesure par la clientèle ; il achète un actif réel préplacé composé de valeurs émises par des institutions financières. Il s'agit d'un produit d'échange de taux comme le swap ; le swap est une opération dans laquelle deux partenaires conviennent de s'échanger des flux financiers pendant une durée prédéterminée ; ils se prêtent et s'empruntent mutuellement à des conditions différentes : taux fixe pour l'un, taux variable pour l'autre.
- Chaque année, l'assureur peut demander soit :
  - la capitalisation du coupon au taux nominal d'origine (en cas de baisse des taux) ;
  - l'investissement du coupon dans une autre obligation (en cas de hausse des taux) ;

Le produit est à prime unique pour une durée bien déterminée.

Produit tontinier

Ce sont des associations de personnes physiques mettant en commun des sommes pour une échéance à l'avance.

Les fonds capitalisés sont répartis entre les survivants s'il s'agit d'une « tontine en cas de survie » ou entre les ayants droit des personnes décédées s'il s'agit d'une « tontine décès ». Le Code des assurances a prévu une réglementation spécifique : constitution à partir de 200 membres ; interdiction de prévoir une somme déterminée à l'avance ; fonds d'établissement supérieur à 1 million de francs ; répartition sur l'intégralité de l'avoir. Toutes les associations sont regroupées au sein d'une société à forme tontinière. Actuellement, il existe deux tontines : l'une est libellée en francs français, l'autre en unités de compte. La durée choisie dans les deux cas a été de 20 ans pour la survie. La fiscalité est celle de l'assurance vie ; ainsi, une tontine peut être éligible au plan d'épargne populaire (PEP).

L'actif de répartition d'une tontine de survie comprend :

- la totalité des bénéfices de placement ;
- la totalité des bénéfices de plus-values amputés des moins-values ;
- les bénéfices de mutualité.

Ces derniers se composent des versements capitalisés des adhérents disparus, des cotisations des adhérents ayant cessé leur versement avant la fin de la deuxième année. Les absences de possibilité de rachat et d'avance permettent donc d'améliorer le rendement global de chaque adhérent survivant au terme de l'association ; vu sous un autre angle, l'opération tontinière en cas de vie est un pari que l'adhérent fait sur sa propre chance personnelle de survie à long terme.

Toutes les valeurs détenues par les tontines (article R. 332-30) sont inscrites pour leur valeur de réalisation ; ceci est non seulement dérogatoire au droit commun, mais même au droit particulier des assurances.

Les tontines sont connues du grand public, car historiquement elles sont les ancêtres de l'assurance vie. Le nom provient d'un financier italien, Lorenzo Tonti, qui travaillait pour le compte du roi de France au XVIIe siècle.

Produits fonds dédiés

L'unité de compte peut reposer sur un seul titre depuis le 11 septembre 1992. Le contrat est dit « à fonds dédiés » et il est possible d'introduire ainsi un seul bien mobilier ou immobilier ; dès lors, allié à l'exonération fiscale pour les droits de mutation, l'opération devient *a priori* une simple gestion patrimoniale comme un compte-titres.

La tentation de transformer l'assurance vie en produit de transmission matrimoniale et successorale est grande d'autant que le produit peut être fermé.

Pour éviter cette dérive, le Gap a fixé par circulaires du 11 février 1993 et du 26 janvier 1994 des règles déontologiques précises :

- l'assureur est propriétaire et gestionnaire de l'actif ;
- les valeurs non cotées ne sont pas admises pour éviter la transmission aux descendants d'un propriétaire d'une entreprise familiale par actions ;
- les cotisations doivent être réglées en numéraire.

Conclusion

Les contrats d'assurance vie sont d'une grande simplicité. En fait, tout technicien sait fort bien qu'il n'existe que deux produits de base : la Temporaire et le Capital Différé sans contre-assurance.

Prenons quelques exemples pour illustrer notre propos :

- la combinée proposant comme garantie *« 100 000 F en cas de décès ou 250 000 F en cas de vie »* – est l'adjonction d'une temporaire de 100 000 F et d'un capital différé de 250 000 F ;
- la vie entière est une temporaire allant jusqu'aux limites de la table de mortalité utilisée ;
- la « vie universelle » est une mixte souple. Chaque année le client choisit le montant de son engagement (versement libre) et le montant de sa garantie (décès et/ou vie).

Pour tous les commerciaux, la connaissance parfaite de ces deux garanties de base ainsi que des garanties de la branche individuelle « accident-maladie » permet de faire face à toutes les situations même marginales posées par la clientèle.

À nos yeux, il ne s'agit pas de proposer des combinaisons sophistiquées, mais de découvrir les contrats qui s'adaptent le mieux aux désirs, aux moyens, aux besoins de chaque interlocuteur. Le client étant, par définition, notre partenaire privilégié, son approche nécessite plus des qualités d'homme ou de femme de communication que des qualités de technicien d'actuariat.

SECTION IV

LES BASES TECHNIQUES

Prévoyance

Le principal facteur des risques de prévoyance est l'âge. Cependant, d'autres éléments permettent d'affiner cette analyse :

Le *sexe :*	Par exemple, la différence d'espérance de vie entre les hommes et les femmes est toujours en faveur de ces dernières quel que soit le pays, la race ou l'âge.
La *catégorie socio-professionnelle :*	Les risques sont plus grands pour un manœuvre que pour un professeur d'université.

Cependant, très souvent, les assureurs fixent le coût à partir d'une table démographique en calculant la probabilité de réalisation du risque.

On définit la probabilité d'un événement comme le rapport entre le nombre de cas favorables (A) au nombre de cas possibles (N) :

$$P = \frac{A}{N}$$

De même, les probabilités viagères, qui nous intéressent, s'expriment en fonction du nombre de vivants à chaque âge. Ces nombres nous sont fournis par une table de mortalité (2 tables sont en introduction).

Cette table est un tableau donnant les nombres fictifs de vivants et par différence de décès à chaque âge x. Le symbole est le x. Ainsi $l40$ donne le nombre de vivants à 40 ans par rapport à une population initiale arbitraire (Le nombre de vivants à la naissance donc $l0$ peut être de 100 000 ou un autre nombre).

Depuis le 1er juillet 1993, les entreprises peuvent utiliser, sous le contrôle d'un actuaire indépendant, des tables reflétant la mortalité de leur portefeuille d'assurés ; ces tables sont dénommées « tables d'expérience ».

Elles peuvent utiliser aussi des tables établies sur la base de données publiées par l'Insee. C'est pourquoi, nous avons annexé, dans la partie technique de notre introduction, les tables 88/90.

Toutes ces tables sont des tableaux résultant d'observations statistiques antérieures supposées valables dans l'avenir.

La probabilité pour qu'une tête d'âge x soit morte avant d'atteindre l'âge x + n est le résultat suivant :

Cas favorables : les têtes disparues entre l'âge x et l'âge x + n soit $lx - lx + n$

Cas possibles : tous les vivants à l'âge x, c'est-à-dire lx

d'où $${}_{n}Q_{x} = \frac{lx - lx + n}{lx}$$

Exemple :
Probabilité pour qu'un homme de 40 ans soit décédé avant 50 ans, c'est-à-dire avant une durée de 10 ans :

$${}_{10}Q_{40} = \frac{l40 - l50}{l40} = \frac{94\,746 - 90\,778}{94\,746} = 0{,}042$$ *(Table Insee 1988-1990) (sexe masculin)*

C'est-à-dire 42 pour 1 000.

Ces probabilités permettront de réaliser les calculs a priori, donc le coût initial des primes.

La notion de « fréquence » est au contraire l'analyse des résultats passés.

Reprenons 100 hommes de 40 ans, puis 1 000, puis 10 000, etc., et observons les résultats :

– sur 1 000 nombre de décès avant 50 ans : 48 et non 42
– sur 10 000 nombre de décès avant 50 ans : 428 et non 420

On constate donc que les valeurs successives de ces fréquences sont de plus en plus voisines de 0,042 c'est-à-dire de la probabilité théorique.

Le résultat issu de l'expérience est confirmé par un théorème baptisé « théorème de Bernoulli » qui peut se résumer ainsi : lorsque le nombre de cas augmente indéfiniment, la différence entre la fréquence observée et la probabilité théorique tend à devenir nulle (loi des grands nombres).

Cependant, il y a actuellement et il y aura toujours des écarts avec la réalité pour de nombreuses raisons :

– écarts dus à la plus ou moins grande ancienneté de la table ;
– écarts entre la population de la table et la population des assurés ;
– écarts entre la population de l'ensemble des assurés et celle des assurés de la société ;
– écarts aléatoires au sens mathématique du terme.

Ces écarts peuvent peuvent être importants. Prenons l'exemple du quotient de mortalité dans l'année d'un individu âgé de 60 ans (exprimé pour mille) :

Table d'expérience (source Gap) :	homme	15,95
	femme	8,17
Table démographique 1988-1990 :	homme	15,66
(source Insee)	femme	5,73

En conséquence, ces écarts ne sont pas toujours en faveur de l'assureur. Dans certains produits, l'écart lui est favorable ; dans d'autres, il lui est défavorable.

■ En incapacité et en invalidité, les paramètres d'appréciation sont les suivants :
– le métier : l'absentéisme des cadres ou des médecins est moins important que celui des employés ou des infirmières ;
– le sexe : l'absentéisme des femmes est plus lourd que celui des hommes ;
– la franchise imposée contractuellement par l'assureur ;
– la durée de la garantie.

■ En assurance « dépendance », la pesée du risque est rendue complexe en raison de l'absence de données nationales. Les assureurs s'appuient donc sur les statistiques étrangères en particulier américaines et nippones.

■ En « affections redoutées », les taux de morbidité relatifs à chaque affection sont déterminés à partir du matériau statistique de l'OMS (Organisation mondiale de la santé). En général, les taux sont proportionnels aux taux décès ; donc le facteur âge est déterminant.

Dans le domaine des « maladies redoutées », les statistiques internationales sont fiables. D'ailleurs, les assureurs garantissant ce type de risques ont une sinistralité moyenne proche des probabilités utilisées.

■ À la suite de la nouvelle rédaction du Code pénal, une polémique « sexiste » risquait de naître à propos des sociétés opérant un traitement différencié au niveau homme ou femme.

Le ministre de la Justice considère qu'une telle distinction ne s'analyse pas comme une discrimination selon le sexe, mais comme une différenciation selon les risques, se traduisant par des différences de prix ne rentrant pas dans le champ de l'article 225-2 du Code pénal.

Épargne

■ Les bases financières

Les capitaux en assurance vie sont fixés contractuellement dès la souscription. D'autre part, ces capitaux sont payables au terme de délais souvent longs (moyen et long terme).

La masse des assurés va donc profiter d'un taux d'intérêt imposé par le législateur. Un placement est dit à intérêt composé, quand à la fin de chaque année, l'intérêt obtenu au cours de cette période est ajouté au capital pour produire à son tour intérêt pendant l'année suivante. Appelons le capital C et le taux d'intérêt i.

Au bout d'un an, le capital devient $C + Ci = C\ (1 + i)$.

À la fin de la seconde année, on obtient $C\ (1 + i) \times (1 + i)$ soit $C\ (1 + i)^2$ et ainsi de suite.

En conséquence, la valeur acquise par un capital C placé au taux i pendant n années est

$$C\ (1 + i)^n$$

À l'opposé de la valeur acquise se trouve la valeur *actuelle* : c'est la somme qu'il faut placer pendant n années au taux i pour obtenir le capital C au bout de n années. Appelons V cette somme que nous cherchons.

Par définition, nous avons $V\ (1 + i)^n = C$

$$\text{donc } V = \frac{C}{(1 + i)^n} \quad \text{qui s'écrit } C\ (1 + i)^{-n}$$

Les tables financières donnent les différentes valeurs en lecture directe à des taux différents pour des durées différentes (voir tables en introduction).

Une somme de 5 000 F placée pendant 20 ans au taux de 4,5 % va devenir

$$5\,000 \times \frac{241{,}2}{100} = 12\,060 \text{ F} \quad \text{(tableau valeur acquise)}$$

Il faut verser 100 000 F dans 10 ans. Le taux d'intérêt étant de 6 % il faut disposer aujourd'hui de :

$$V = \frac{100\,000}{179{,}08/100} = 55\,841 \text{ F}$$

L'assureur est-il sûr de placer à un taux d'intérêt élevé toutes les sommes qui seront dues à long terme ? Non, bien sûr... C'est pourquoi le législateur a imposé des contraintes prudentes pour fixer ce taux, appelé justement taux maximum ou taux technique, à un niveau bas.

■ La réglementation des taux d'intérêt

• Le taux *technique* (C. assur., art. A. 335-1-1) de droit commun est désormais limité à 60 % du TME. Ce TME est le taux moyen des emprunts de l'État français ; on retiendra le plus élevé des TME sur le marché primaire (à l'émission) ou sur le marché secondaire (transaction sur anciens emprunts).

Pour tous les contrats à primes périodiques et tous les contrats en unités de compte, le 60 % du TME sera plafonné à 3,5 % ; ce même plafond de 3,5 % sera applicable aux contrats à prime unique de durée supérieure à 8 ans.

Les mêmes principes seront appliqués pour les contrats libellés en devises ou en écus à propos des primes uniques sur produits de durée égale ou inférieure à 8 ans soit :

- 75 % du taux moyen des emprunts d'État étranger pour les devises ;
- 75 % du taux moyen des emprunts libellés en écus pour les produits libellés en écus.

Ainsi, pour les contrats à primes périodiques, le taux technique sera de 3,5 % ou de 60 % du taux moyen des emprunts de l'État concerné.

• Le taux garanti pour *l'année suivante,* c'est-à-dire le taux incorporant le taux technique plus la participation aux bénéfices, sera au maximum égal à 85 % de la moyenne des taux de rendement des actifs de l'assureur pour les deux derniers exercices. Par exemple, une société vie obtenu dans les deux dernières années un taux de rendement global de 7,9 % puis de 6,7 % ; le taux garanti annuel sera de 6,20 %, soit 85 % de 7,3 %.

• Le taux garanti *pluriannuel* dans la limite des 8 années à venir. Ce taux est référencé soit au marché monétaire, soit au marché des obligations, soit au marché de l'épargne réglementée comme l'intérêt des livrets de Caisse d'épargne. Le taux garanti sur plusieurs années ne peut dépasser 75 % de la moyenne des taux de rendement de l'actif de la société des deux derniers exercices (C. assur., art. A. 132-8).

Reprenons notre assureur dont les taux moyens de rendement sont 7,9 % et 6,7 % successivement. Son contrat peut-il promettre le taux du livret A plus un point ? Non, car la moyenne des taux est de 7,3 % et les trois quarts de 7,3 % égalent 5,47 % donc supérieurs à 4,5 = 3,5 % (livret A) + 1 %.

• En conclusion, les dernières années ont vu les taux d'obligations atteindre un niveau particulièrement bas, de l'ordre de 6 %. Il est légitime de penser que si ce niveau de baisse continuait, les 60 % maxima deviendraient inférieurs à 3,5 %.

Si on se place sur les 6 dernières années (1990-1995) les principales sources d'information qui sont l'OCDE, l'Insee et le ministère de l'Économie convergent sur des constats identiques :

a) le solde du budget de l'État s'est dégradé ; ce solde a toujours été négatif : de 93 milliards en 1990 à 323 milliards en 1995 ;
b) les prélèvements obligatoires en pourcentage du PIB sont passés de 43,7 % à 44,2 % ;
c) les dépenses de santé se sont gonflées de façon ininterrompue ;
d) le chômage est en progression faible mais régulière ;
e) les taux à court terme au jour le jour en pourcentage sont passés de 9,85 % à 6,39 % ;
f) les taux à long terme des obligations d'État ont été successivement de 9,96 % en 1990, de 7,55 % en 1995 et de 6,50 au milieu de 1996.

En moyenne arithmétique, le taux mensuel du TME sur les 6 premiers mois de 1996 est de 6,34 %.

En y appliquant les nouvelles règles du Code des assurances, le taux technique maximal est donc de 3,80 % (60 % de 6,34), soit un taux très proche de celui de la Caisse d'épargne.

Rente viagère

La rente viagère est la combinaison de deux éléments :

– la durée viagère qui est donc aléatoire ;

– le taux d'intérêt qui est la rémunération du capital aliéné géré par l'assureur.

Reprenons chacun de ces deux paramètres.

■ Pour la durée, l'assureur se base sur une espérance de vie, qui est une durée « moyenne » de survie à un âge donné. Jusqu'à maintenant, les assureurs ont utilisé des tables démographiques qui sont des constats statistiques toujours basés sur le passé (recensement français de 1975 puis de 1989). Grâce à l'allongement continu de la survie, les écarts étaient toujours défavorables à l'assureur.

La nouvelle réglementation a voulu aller plus loin. Pourquoi ?

Les assureurs proposent le plus souvent des rentes viagères différées correspondant aux besoins des futurs retraités, alors que l'épargnant est un actif âgé actuellement de 25 à 55 ans. Le problème à résoudre consiste à anticiper les améliorations probables des durées de vie des futurs rentiers retraités.

Une table par génération (TPG) a été constituée ; pour chaque année de naissance une table est utilisable d'où l'utilisation pratique d'une centaine de tables. L'idéal mathématique est atteint mais la contrainte est lourde en raison de la manipulation d'un ensemble très important de statistiques (JO du 30.7.1993).

Les assureurs ont donc conçu une table prospective de rentes viagères (TPRV) tous âges confondus en y intégrant des correctifs pour être le plus près possible de la réalité.

Prenons l'exemple d'un homme de 73 ans aujourd'hui.

Son espérance « moyenne » de vie est de 10 ans si on utilise la table démographique de 1989 et de 14,3 ans si on utilise la table par génération.

À taux 0 %, c'est-à-dire sans aucune rémunération de la part de l'assureur gestionnaire, il percevra une rente annuelle de 10 000 F pour un capital de 100 000 F

(100 000/10) ou une rente annuelle de 7 000 F pour le même capital de 100 000 F (100 000/14,3).

■ Intervient alors le second élément, car le capital confié à l'assureur par l'épargnant est placé dans des actifs mobiliers selon des règles prudentielles. L'assureur va donc obtenir une rémunération qui lui permet d'anticiper sur les résultats financiers futurs. Mais ce taux escompté ne peut dépasser 4,5 % voire 3,5 % par an. Il est d'usage de dénommer ce taux escompté « taux technique ».

Il est possible que le taux d'intérêt réel puisse être supérieur à ce taux garanti. Dans ce cas, l'assureur est tenu de faire participer le rentier assuré à la différence entre ce taux réel et le taux garanti. Toutefois, il faut préciser que cet excédent souhaitable est aléatoire pour deux raisons fondamentales :

– il est impossible de prévoir les taux de rendement d'avance sur une période aussi longue ;
– malgré l'établissement de tables prospectives, il est difficile de prévoir l'allongement continu de l'espérance de vie. Il n'est pas impossible que l'assureur soit amené à payer plus longtemps que prévu la rente et qu'il subira en conséquence des pertes dites « techniques » parce que liées à la statistique utilisée. Ces pertes peuvent alléger ou même annuler le différentiel positif entre le taux réel de placement et le taux « technique » escompté par anticipation.

En conclusion, nous reprendrons l'exemple de notre assuré âgé actuellement de 73 ans. En combinant la table démographique TPRV 1993 et un taux technique de 4,5 % pour un capital de 100 000 F, notre rentier percevra immédiatement une rente annuelle viagère de 9 514 F.

Si notre assuré, âgé actuellement de 38 ans veut prendre sa retraite à 73 ans, soit dans 35 ans (en 2031), le même capital de 100 000 F lui allouera une rente viagère annuelle de 8 270 F payable par trimestre échu ; le calcul est obtenu par la même table TPRV et le même taux d'intérêt de 4,5 %.

Dans tous les cas de figure, il y a une solidarité entre les rentiers : ceux qui survivent très longtemps profitent des malchanceux, dont la vie moyenne a été écourtée.

L'aliénation du capital constitutif est un frein à l'adhésion à une rente viagère. Les assureurs ont résolu le problème en présentant plusieurs solutions :

a) la rente est réversible au profit d'un second bénéficiaire ; en cas de décès du premier, la rente continue à être versée totalement (100 %) ou partiellement (50 ou 60 %) selon le schéma suivant :

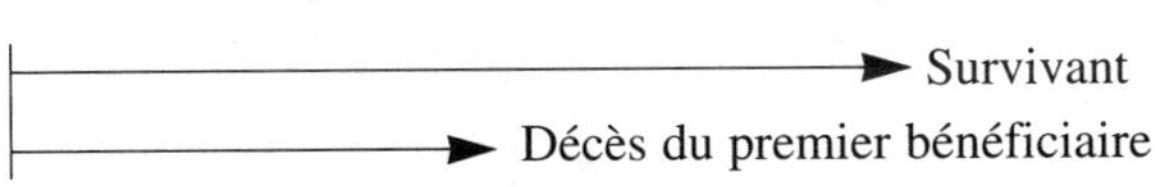

b) la rente est certaine, financière. Elle est garantie pendant 10 ans par exemple quoiqu'il arrive.

c) la rente est versée avec un minimum d'années garanties. Il s'agit tout simplement de faire succéder à une rente certaine une rente viagère.

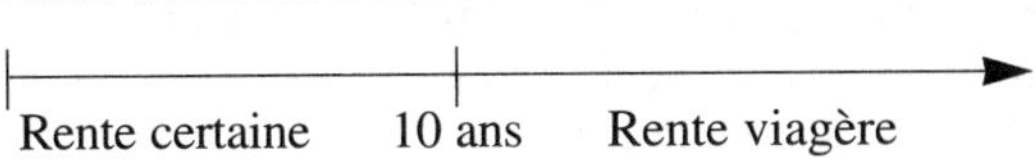

Dans ce schéma, dans les dix premières années, il existe à la fois une sécurité en cas de décès mais aussi une liquidité réelle par les possibilités de retrait total ou partiel.

SECTION V

LA PRIME

La prime pure couvre uniquement le coût de l'opération, calculé sur les deux bases tarifiables. Il est nécessaire de majorer cette prime pour obtenir la prime demandée à l'assuré dite « prime commerciale ». Le taux de la prime commerciale est celui qui figure dans les tarifs distribués au réseau commercial et à la clientèle. De plus en plus, les assureurs parlent de « cotisation » au lieu de « prime » pour employer une terminologie plus proche de celle utilisée dans la protection sociale.

Les chargements

Les chargements représentent donc la différence entre la prime pure et la prime commerciale.

Ces chargements servent à payer les frais suivants :

- le chargement de sécurité qui est destiné à couvrir les écarts « aléatoires » pouvant survenir entre la fréquence réelle et la probabilité théorique ;
- le chargement de gestion qui sert à couvrir les frais de fonctionnement de l'entreprise : masse salariale et charges sociales du personnel administratif, impôts et taxes, travaux, fournitures services extérieurs, frais divers de gestion, informatisation, etc. ;
- le chargement de distribution qui sert à couvrir la rémunération des vendeurs (commission d'acquisition, commissions d'encaissement, commission de stabilité, etc.). Ces frais correspondent aux efforts de prospection, de vente et de service après vente, absolument nécessaires au développement de l'assurance vie.

La législation tarifaire

Le Code des assurances permet à l'administration de tutelle des contrôles à plusieurs niveaux du tarif commercial proposé au public.

La tutelle est autorisée à fixer les règles de calcul actuariel applicables aux contrats (C. assur., art. L. 331-4 et A. 335-1).

Comme nous l'avons vu, les primes pures (uniques et périodiques) sont imposées par la réglementation. Les chargements sont-ils réglementés ?

Depuis 1974, le volume des chargements doit permettre à l'assureur la récupération d'un « montant de frais justifiable et raisonnable » conformément à l'article A. 335-1 du Code des assurances. Nous sommes donc dans une situation de liberté surveillée et le tarif serait encore trop lourd pour le client, si le législateur n'avait prévu de faire participer les assurés aux bénéfices techniques et financiers de l'Entreprise (C. assur., art. A. 132-1, que nous analyserons plus loin).

Il est maintenant possible de prélever des frais pour rachat (C. assur., art. R. 132-1). Cependant, les contrats en cas de vie ou de capitalisation, en bref les contrats d'épargne doivent indiquer les frais prélevés par l'entreprise, libellés dans la monnaie du contrat ou calculés en % des primes, des provisions, du capital ou du rachat (C. assur., art. R. 132-3). Il existe donc une véritable transparence des contrats et une réelle information des souscripteurs.

Le législateur, les associations de consommateurs, les médias de la presse écrite et parlée, le pouvoir de tutelle encouragent les entreprises d'assurance vie à limiter au maximum le niveau des chargements permettant ainsi un tarif commercial moins élevé ; l'opinion publique ne peut être que favorable à cette évolution.

Cependant un certain nombre de problèmes complexes se posent aux entreprises :

- sur le plan interne, l'informatisation de toutes les tâches permettrait de réduire le coût administratif... à condition de réduire parallèlement le nombre de collaborateurs, ce qui n'est pas socialement envisageable ;
- sur le plan externe, toute diminution du niveau des commissions entraîne, à juste titre, le désaccord des intermédiaires indépendants (courtiers et agents généraux) comme des producteurs salariés (conseillers et corps d'inspection).

Il est donc très difficile de trouver un équilibre parfait entre les désirs des preneurs d'assurance et les besoins des collaborateurs de l'assurance vie.

La tarification

Le calcul de la prime peut tenir compte :

- de l'âge de l'assuré ;
- de la durée du contrat ;
- de la combinaison choisie ;
- du montant des garanties ;
- éventuellement, des activités professionnelles ou autres.

Beaucoup d'organismes, pour simplifier le travail des producteurs, emploient l'âge millésimé : quelqu'un né en 1937 a 60 ans en 1997.

La prime est payable annuellement et d'avance ; toutefois, la société accorde aux assurés la faculté de la payer par fractions moyennant une majoration de 2 % ou 3 % ou 5 % suivant que le paiement est semestriel, trimestriel ou mensuel.

Dans les produits modernes d'épargne-investissement, seul compte le versement du client. L'âge, la durée, la combinaison ne sont pas pris en compte.

Les versements

Les versements réalisés par le client sont de différents types.

– Le *versement libre*, qui consiste à payer à l'assureur quand on veut. Le montant du premier versement ou du versement ultérieur est très souvent d'un certain minimum pour éviter une gestion trop importante.

– Le *versement régulier :* la périodicité est au choix du contractant (mois, trimestre, semestre ou année). Dans certains produits, l'assureur exige le prélèvement automatique comme mode de règlement.

– Le *versement organisé :* il s'agit d'une suite de cotisations annuelles, dont le contractant fixe le montant et la répartition pour réaliser une synergie avec ses recettes. Ainsi pour un montant annuel de 10 000 F par an, il demande l'échéancier suivant : 3 500 F en mars, 2 000 F en juin, 2 000 F en août et 2 500 F en décembre. Le mode de règlement est celui du prélèvement automatique.

– Le *versement unique :* il s'agit d'une cotisation unique avec le plus souvent un minimum à la souscription.

La durée

Pour les contrats de la famille « temporaire », il est nécessaire de fixer une durée, car l'assureur doit pouvoir calculer avec exactitude la probabilité de décès.

Pour les contrats d'épargne, d'investissement ou de retraite, de plus en plus d'assureurs font choisir à leur clientèle deux types de durée :

– soit une durée ferme, fixée contractuellement : 8 ans – 20 ans, etc. ;

– soit une durée viagère, c'est-à-dire indéfinie ou libre.

Dans ce dernier cas, le contractant peut cesser de payer quand il le désire. Les possibilités de retraits anticipés (rachat) dans les produits modernes permettent une souplesse réelle, d'autant plus que, comme nous venons de le voir, il en est de même pour l'engagement du client.

SECTION VI

LA SOUSCRIPTION

Le réseau commercial doit pouvoir répondre à deux questions primordiales examinées dans cet ordre :

– quelles sont les formalités exigées par l'assureur ? *(souscription)* ;
– le risque proposé est-il assurable en cas de couverture décès ? *(sélection).*

Les formalités

L'article L. 112-2 du Code des assurances a été complété pour améliorer l'information de l'assuré sur les éléments du contrat avant la conclusion de celui-ci :

« L'assureur doit obligatoirement fournir une fiche d'information sur le prix et les garanties avant la conclusion du contrat. »

« Avant la conclusion du contrat, l'assureur remet à l'assuré un exemplaire du projet de contrat et de ses pièces annexes ou une notice d'information sur le contrat qui décrit précisément les garanties assorties des exclusions, ainsi que les obligations de l'assuré. »

■ La note d'information

Cette note d'information doit respecter un modèle prévu par l'arrêté du 21 juin 1994 qui crée un nouvel article A. 132-4 dans le Code des assurances.

Indépendamment de l'entreprise, de son adresse et du nom commercial du produit concerné, cette note comprend les éléments suivants qui nous paraissent les plus importants :

Sur les caractéristiques du contrat

– définition contractuelle des garanties offertes ;
– durée du contrat ;
– modalités de versement des primes ;
– délai et modalités de renonciation au contrat et sort de la garantie décès en cas de renonciation ;
– formalités à remplir en cas de sinistre ;
– frais et indemnités de rachat prélevés par l'entreprise ;
– capital variable : énumération des valeurs de références et nature des actifs entrant dans leur composition ;
– contrat groupe : formalités de résiliation et de transfert.

Rendement minimum garanti et participation

– taux d'intérêt garanti et durée de cette garantie ;
– indication des garanties de fidélité, des valeurs de réduction et de rachat ; dans la mesure où celles-ci ne peuvent être établies exactement à la souscription, indication du mécanisme de calcul ainsi que des valeurs minimales ;
– modalités de calcul et d'attribution de la participation aux bénéfices.

En outre, la note doit prévoir la loi applicable, des indications générales sur la fiscalité et la procédure d'examen des litiges.

Ce nouvel article A. 132-4 apporte un éclairage assez complet des engagements et permet donc d'améliorer encore la transparence des relations entre assuré et assureur.

Les contrats doivent indiquer les frais prélevés par l'entreprise, comme nous l'avons vu dans la législation tarifaire.

– L'article L. 112-2 dans son 4e alinéa reste classique : *« La proposition d'assurance n'engage ni l'assuré ni l'assureur ; seule, la police ou la note de couverture constate leur engagement réciproque. »*
– De même, la présentation du contrat et la déclaration du risque par l'assuré sont précisées (C. assur., art. L. 112-3) :

« Le contrat d'assurance est rédigé par écrit, en français, en caractères apparents. Lorsque, avant la conclusion du contrat, l'assureur a posé des questions par écrit à l'assuré, notamment par un formulaire de déclaration du risque ou par tout autre moyen, il ne peut se prévaloir du fait qu'une question exprimée en termes généraux n'a reçu qu'une réponse imprécise. »

– Si l'assureur pose des questions imprécises, il ne pourra pas se retourner contre l'assuré qui a fait des déclarations vagues.
– L'obligation de rédaction en français se révèle utile à l'heure de l'ouverture du marché européen, surtout pour les particuliers ; de plus, c'est une contribution à la francophonie.
– En cours de contrat, qu'il soit exprimé en francs ou en unités de compte, la loi du 16 juillet 1992 prévoit que l'assuré soit être informé annuellement de certains montants : rachat, réduction, garanties, primes, valeur de l'unité de compte (C. assur. art. L. 132-22).
– L'autre exclusion légale est le cas où *« l'assuré se donne volontairement et consciemment la mort au cours des deux premières années du contrat »* (article L. 132-7). La justification n'est pas morale mais technique : la personne mettant fin à ses jours supprime l'aléa, base de l'assurance prévoyance de risque. Un député a déposé une proposition de loi pour supprimer l'article L. 132-7. Le ministre n'est pas favorable à cette proposition qui *« viserait à rendre obligatoire l'assurance du suicide »*.
– Enfin, pour des raison de transparence complète vis-à-vis du public, les entreprises doivent délivrer à toute personne qui en fait la demande un compte rendu annuel de la société comprenant :
    - le compte d'exploitation générale ;
    - le compte général des pertes et profits ;
    - le compte de répartition et d'affectation des résultats ;
    - le bilan ;
    - les états comptables, financiers et statistiques dits états A.

Ces informations sont prévues par l'article R. 342-18 du Code des Assurances.

La note de couverture est un véritable contrat

Un certain nombre de sociétés vie proposent à la clientèle une note de couverture qui permet d'obtenir immédiatement une garantie décès en attendant la régularisation du contrat.

En effet, la *« fabrication »* des conditions particulières peut durer de huit jours minimum à trois mois, dans le cas de complication au niveau de la sélection.

La note de couverture est ainsi un véritable contrat temporaire, avec double engagement.

L'assureur s'engage à payer la prestation initiale en cas de décès par accident ou de certaines maladies durant un ou deux mois ; si ce délai est insuffisant, il faut renouveler la note couverture.

L'assuré s'engage à verser un acompte à valoir sur la prime de souscription (prime au comptant).

Si l'assureur ou l'assuré refuse le contrat, la fraction de prime correspondant à la couverture du risque couru sera déduite du remboursement de l'acompte ou non selon les assureurs.

Enfin, la note de couverture est datée ; elle est signée par l'assuré et le représentant de la société vie.

Les conséquences d'une mauvaise rédaction sont nombreuses

Conformément au 2e paragraphe de l'article L. 113-2, l'assuré est obligé de *« répondre exactement aux questions posées par l'assureur, notamment dans le formulaire de déclaration du risque par lequel l'assureur l'interroge lors de la conclusion du contrat, sur les circonstances qui sont de nature à faire apprécier par l'assureur les risques qu'il prend en charge »*.

Le risque est-il assurable ou non ?

Cette question n'intéresse que les contrats de prévoyance.

Si le risque est assurable, est-il normal ou anormal ?

La prime étant fonction de l'âge, de la combinaison, de la durée, du montant du capital ou de la rente, etc., seul le formulaire donne tous ces éléments au tarificateur de l'actuariat ou du service de production.

Si les réponses de l'assuré aux questions posées par l'assureur dans la proposition sont inexactes et faites de mauvaise foi, le contrat peut être frappé de nullité (C. assur., art. L. 113-8). Seule, l'erreur sur l'âge n'entraîne pas la nullité du contrat, sauf exceptions (C. assur., art. L. 132-26).

Enfin, le délai traditionnel de prescription de deux ans est porté à dix ans dans certains cas ; c'est l'objet du 6e paragraphe de l'article L. 114-1 :

« La prescription est portée à dix ans dans les contrats d'assurance sur la vie lorsque le bénéficiaire est une personne distincte du souscripteur et, dans les contrats d'assurance contre les accidents atteignant les personnes, lorsque les bénéficiaires sont les ayants droit de l'assuré décédé. »

La sélection

Nous avons vu que la différence entre la fréquence réellement observée et la table statistique utilisée pouvait provoquer des écarts favorables ou défavorables à l'assureur.

De plus, le marché est très concurrentiel et la souscription de l'assurance vie est toujours facultative.

En conséquence, tous les contrats décès « mixtes » et de prévoyance sont soumis à une sélection ; y échappent les contrats « vie », car c'est l'assuré qui court le risque et non la société. Dans ce dernier cas, il est d'usage de parler d'auto-sélection par l'assurable.

Nous analyserons, tout d'abord les moyens et ensuite les conséquences.

La sélection médicale se pratique soit sous forme de questionnaire de santé, soit sous forme d'examens médicaux. Dans ce dernier cas, il existe trois types de médecins :

- d'abord, le *médecin-examinateur* dont le rôle est de constater et non de juger. Le rapport médical, établi par ses soins, trace un tableau objectif et complet du candidat à l'assurance décès. Ce rapport exact et précis doit être envoyé au siège social ;
- ensuite, le *médecin-conseil de la compagnie d'assurances*, au vu du rapport, s'informe et sélectionne le risque ;
- enfin, le *médecin-conseil du réassureur* apprécie les cas douteux et fixe la surmortalité dont les principales conséquences sont l'augmentation de la prime, le refus ou l'acceptation.

Dans quel cas l'affaire est-elle soumise ou non à des examens ?

Le principe de base est logique : plus le risque est léger, moins la sélection est sévère ; au contraire, plus le risque est lourd, plus la sélection est sévère.

Le poids du risque en décès dépend de quatre facteurs :
- l'âge de l'assuré ;
- le montant du capital décès (ou de la rente) ;
- la surface financière de l'entreprise vie (les « pleins ») ;
- les accords contractuels avec son ou ses réassureurs.

La sélection professionnelle est relative à l'activité de l'assurable.

Le métier principal exercé par le candidat peut avoir une importance primordiale pour la sélection.

Certaines professions sont malheureusement dangereuses ou fatigantes (bâtiment et travaux publics, police).

Certains sports pratiqués à titre professionnel entraînent, de même, une surmortalité (boxeurs, cyclistes, etc.).

Les conséquences de la sélection sont importantes.

Prenons deux groupes homogènes de 10 000 assurés de 50 ans.

Si nous constatons par hypothèse 100 décès « normaux » dans l'année ; 175 décès dans le groupe atteint d'un souffle cardiaque bien déterminé ; les statistiques disent que la surmortalité moyenne est de 75 %.

Cet exemple très simple nous permet de montrer les écarts.

En conséquence, sur le plan pratique, l'assureur, après avoir ou non soumis le dossier au réassureur, appliquera une des décisions suivantes :
- acceptation au tarif normal ;
- ajournement ;
- vieillissement ;
- surprime (fixe, annuelle ou temporaire) en fonction de la combinaison de l'âge de souscription et de la durée (contrat et paiement de prime) ;
- refus.

Pour des raisons commerciales et humaines, le refus n'existe quasiment plus. Le cas du sida est un exemple concret de ce principe.

À l'occasion de l'examen par le parlement de la loi contre les discriminations, le ministre des Affaires sociales et de la Solidarité a mis en place en 1990 un groupe de travail sur le sida et l'assurance ; dans ce groupe étaient représentés les administrations concernées (finances, santé, justice) ainsi que les médecins et les assureurs.

Le rapport du groupe de travail a été remis aux ministres concernés (Finances et Affaires sociales) début 1991. Au vu des propositions du groupe de travail, les ministres soucieux de préserver mieux encore les droits des personnes et d'éviter les exclusions, ont décidé d'édicter deux principes clairs :
- interdiction dans les questionnaires médicaux de toute référence au caractère intime de la vie privée et notamment à la sexualité ;
- interdiction absolue de tout test de dépistage du sida en-dessous d'un capital garanti de 1 000 000 F.

Les autres recommandations du rapport répondent aux demandes du Conseil national du sida et des associations :
- la preuve de la fraude est à la charge de l'assureur (loi Évin du 31.12.1989) ;
- rappel des règles strictes concernant le secret médical et la déontologie des médecins des entreprises d'assurance ;
- recommandations sur la circulation de l'information médicale ;
- un groupe de suivi fournira au secteur de l'assurance le nombre de personnes contaminées ainsi que l'évolution de la maladie et les progrès des thérapeutiques ;

Il a été signé le 3 septembre 1991 entre le ministre de l'Économie, celui de la Santé et les représentants de la profession une convention sur l'assurabilité des personnes séropositives et les règles de confidentialité des informations médicales. Pour les personnes séropositives emprunteurs en vue d'un logement, un « Code de bonne conduite » est applicable depuis le 1er janvier 1992. La répartition des risques est réalisée par un groupement de réassurance mutuelle auquel participent 47 assureurs et 6 réassureurs,

La convention a été étendue depuis octobre 1993 à l'acquisition de locaux et de matériel professionnels,

Il est envisagé d'étendre la convention aux crédits à la consommation.

Le cas particulier du sida est exemplaire des rapports entre assureur et assuré. En effet, le « secret médical » est sanctionné par le Code pénal. La Commission nationale de l'informatique et des libertés (Cnil) préconise un contenu normalisé de questionnaire défini en concertation entre les assureurs et les pouvoirs publics. Car la sélection n'est que le contrôle a priori ; au moment du sinistre l'assureur réalise le contrôle a posteriori. Mais le problème n'est pas résolu pour autant, car la

Cnil estime que la demande par le médecin de l'assureur du dossier médical hospitalier est une dérive grave, même après accord de l'assuré qui désigne son propre médecin pour l'accès aux informations.

Conclusion

Dans tous les cas d'aggravation du risque, l'amélioration des sélections *a priori* c'est-à-dire des procédures de souscription comme des sélections *a posteriori* c'est-à-dire des procédures de règlement, peut être mise en place grâce au mécanisme de réassurance.

Parmi les deux grandes familles de contrat de réassurance, proportionnelle ou non proportionnelle, l'assurance décès individuelle utilise surtout la première soit en quote-part soit en plein de conservation.

Dans le premier cas, sur une année donnée, l'assureur transfère un pourcentage du capital garanti et de la cotisation correspondante. Si les risques sont aggravés, il peut céder selon le traité jusqu'à 90 % ou plus des engagements réciproques.

Dans le second cas, sur une année donnée, l'assureur transfère au-delà de son plein de conservation (par exemple 500 000 F) : il gardera tous les contrats inférieurs à 500 000 F et se réassurera pour les dépassements ; ainsi pour une affaire de 1 200 000 F, il gardera 500 000 F et transférera 700 000 F.

2

La gestion

SECTION I

AVANT-PROPOS

Pour un conseiller auprès de la clientèle, il est du plus grand intérêt d'avoir quelques notions élémentaires sur l'épargne des ménages.

Les deux affectations de cette épargne sont les actifs réels (épargne non financière destinée à l'acquisition en direct des biens immobiliers) et les actifs financiers.

Les derniers se composent de différents avoirs mobiliers :
- valeurs mobilières, en particulier actions et obligations ;
- épargne liquide (livrets, comptes) ;
- épargne monétaire, en particulier les billets et les comptes chèques ;
- assurance vie.

Selon que l'État intervient ou n'intervient pas au niveau de la rémunération de cette épargne financière, il est intéressant de classer les placements en 3 familles :

Épargne réglementée :
- livrets (A et B) ;
- compte pour le développement industriel (Codevi) ;
- livret d'épargne entreprise (LEE) ;
- livret d'épargne populaire (LEP) ;
- épargne logement (Compte et Livret).

Épargne contractuelle :
- action et titre assimilé ;
- obligation et titre assimilé ;
- parts d'OPCM (organisme de placement collectif en valeurs mobilières) ;
- parts de « pierre papier » : SCI/SCPI/SII/Sicomi ;
- assurance-vie ou « Capi » en « unités de compte ».

Épargne à la fois réglementée et contractuelle :
- assurance vie ou « Capi » en francs français.

La durée des opérations d'épargne est un élément bien connu à la fois des économistes et des boursiers. Au sens des investissements, certaines opérations sont classées en trois durées : court terme, moyen terme, long terme.

Ainsi, il est dit que l'épargne liquide est placée à court et moyen terme (moins de sept ans) et que l'assurance vie est une opération à long terme (plus de sept ans). Les valeurs mobilières ainsi que les parts de « pierre papier » ne peuvent intégrer cette répartition car il est possible de les conserver un mois ou vingt ans.

■ Les provisions

Les assureurs sont tenus de mettre en réserve les sommes versées par la clientèle afin de respecter leurs obligations contractuelles vis-à-vis des bénéficiaires des contrats.

Voici la liste des provisions en contrats d'épargne :

– *provision mathématique :* la plus importante. Nous y consacrons plus loin un chapitre ;

– *provision pour participation aux excédents :* montant des participations aux bénéfices quand ces bénéfices ne sont pas payables immédiatement mais distribués plus tard ;

– *réserve de capitalisation :* réserve destinée à parer à la dépréciation des valeurs comprises dans l'actif de l'entreprise et à la diminution de leur revenu ;

– *provision de gestion :* destinée à couvrir les charges de gestion future des contrats, lorsque ces charges excédent les chargements ou prélèvements prévus ;

– *provision pour aléas financiers :* destinée à compenser la baisse de rendement de l'actif, dans le cas des intérêts techniques d'un niveau trop élevé.

Dans le cadre des contrats de prévoyance, les principales provisions exigées sont les suivantes :

– *provision mathématique :* elle sert essentiellement à niveler le coût du risque en décès, invalidité. Dans les contrats, où la durée et la cotisation sont supérieures à un an, le coût est trop élevé au début et pas assez élevé au terme de cette durée ;

– *provision pour sinistres à payer :* à la suite d'un sinistre décès ou invalidité, l'engagement de l'assureur est de servir des rentes. Il est essentiel que le paiement futur de ces rentes devenues certaines soit provisionné dans l'exercice de survenance du sinistre.

■ Les comptes et les états des entreprises vie

Sans se perdre dans un détail comptable quasi inextricable pour le non-spécialiste, il est important pour le conseiller auprès d'une clientèle de plus en plus avertie de connaître d'une part les grandes « masses » comptables et d'autre part les documents pouvant intéresser cette clientèle. La réglementation comptable a été modifiée en juin 1994. Il nous apparaît qu'il s'agit plus d'une réforme de présentation que de fond.

Le bilan, à la fin d'un exercice, est l'expression de la situation patrimoniale de l'entreprise vie.

Le compte technique vie représente l'activité de l'entreprise pendant l'exercice. Il faut y ajouter les états modèles exigés par la réglementation qui intéressent nos clients :

– *état des placements :* la liste détaillée des placements de l'assureur. Ce sont tous les placements représentant ses engagements vis-à-vis de ses clients ;

– *état de la participation :* on y trouve la participation des assurés sur la vie ou des porteurs de contrats de capitalisation aux résultats techniques et financiers. Le document reflète l'évolution sur les cinq dernières années.

Sur simple demande moyennant une somme qui ne peut dépasser trois francs, l'assureur est tenu de délivrer :

– le bilan,
– le compte de résultat ou compte technique,
– l'annexe comprenant notamment l'état des placements.

La situation patrimoniale d'une entreprise vie

(Bilan)

Avoirs (actif)	Dettes (passif)
• Patrimoine immobilier • Valeurs mobilières et prêts • Participation des réassureurs • Valeurs réalisables ou disponibles	• Dettes légales • Provisions techniques • Titres déposés par les réassureurs • Dettes autres

Dettes légales :	Capital social ou fonds d'établissement. Réserves statuaires et réserves réglementées.
Provisions techniques :	Engagements envers les souscripteurs, en particulier la provision mathématique.
Titres déposés par réassureurs :	Dettes envers les réassureurs.
Dettes autres :	Coassureurs, partenaires, assurés, personnel, État, actionnaires.
Participation des réassureurs :	Part des cessionnaires dans les provisions techniques.
Valeurs réalisables ou disponibles :	Créances sur assurés, personnel, État, actionnaires. Chèques à encaisser, banques, chèques postaux, caisse.

L'activité d'une entreprise vie

(Compte technique)

1	Primes	+
2	Produits des placements	+
3	Ajustement plus-values sur Acav (assurance à capital variable)	+
4	Autres produits techniques	+
5	Charges des sinistres : prestations payées et provision pour sinistre	–/+
6	Charges des provisions techniques	–/+
7	Participation aux résultats	–
8	Frais d'acquisition et d'administration	–
9	Charges des placements	–
10	Ajustement moins-values sur Acav (assurance à capital variable)	–
11	Autres charges techniques	–
12	Produits des placements transférés	–

Résultat technique de l'assurance vie

Bien entendu, le signe « plus » signifie recettes et le signe « moins » dépenses. D'autre part, il faut noter que pour chaque ligne, ce compte distingue les opérations brutes, les cessions et rétrocessions auprès des réassureurs, et enfin la différence en opérations nettes.

Une colonne est prévue pour indiquer les opérations nettes de l'année écoulée, ce qui permet une instructive comparaison d'évolution entre un exercice et le précédent.

Pour concrétiser l'évolution de l'activité des entreprises d'assurance vie et de capitalisation, voici quelques éléments en pourcentage des ressources et des emplois en 1994 :

Sur 100 de ressources,	les cotisations représentent	80
	les produits financiers nets	20
Sur 100 d'emplois,	les prestations payées	32,4
	l'accroissement des provisions hors participation	50,3
	les participations aux résultats	8,8
	les commissions et autres charges	7,3
	le solde créditeur net	1,2

Depuis six ans, il faut noter deux évolutions incontournables :

- la baisse réelle des produits financiers
- la baisse légère mais continue des coûts de commercialisation et de gestion (commissions et autres charges).

SECTION II

LA PROVISION MATHÉMATIQUE

Objectifs

L'existence de la provision mathématique et son calcul partent de la constatation que la prime reçue est supérieure au risque couvert pendant l'année d'assurance : ce phénomène est appelé le « nivellement des primes ». Par ailleurs intervient le mécanisme de « capitalisation » des excédents accumulés pour constituer la provision : ce phénomène est la constitution progressive d'une épargne, qui devra être versée, dans tous les cas de figure, au moins au terme du contrat (produits en cas de vie ou produits « mixtes » ou même la « vie entière » puisqu'il y a certitude de paiement).

La prime peut être décomposée en deux parties distinctes :
- la fraction nécessaire à la constitution du capital financier : prime d'épargne ;
- la fraction nécessaire à la constitution du capital risque : prime de risque.

La compréhension de la provision mathématique est fondamentale. Elle conditionne la compréhension des incidents du contrat (réduction, rachat, transformation), de la participation aux résultats et de tous les systèmes de réévaluation.

Le plan technique

À l'origine du contrat, l'engagement de l'assureur (A) et celui de l'assuré (a) sont équivalents.

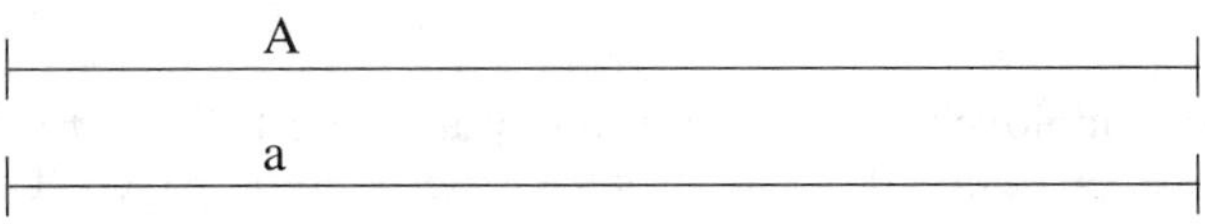

Dès que le contrat s'exécute, l'équilibre est rompu ; l'engagement de l'assuré est supérieur à celui de l'assureur.

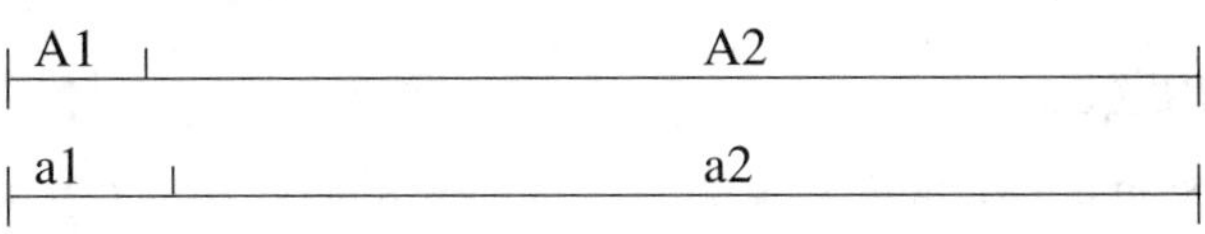

Il existe deux principales méthodes pour calculer la provision mathématique à un moment donné, qui donnent des résultats exactement équivalents :
- la méthode rétrospective basée sur le passé : a1 — A 1 ;
- la méthode prospective basée sur le futur : A2 — a2.

La méthode prospective, qui est la plus employée, présente deux avantages :
– sur le plan économique, elle correspond à l'idée de charges futures donc de « *provision* »;
– sur le plan pratique, elle aboutit à des calculs plus simples.

Nous pouvons illustrer sur le plan pratique la constitution de la provision mathématique en reprenant l'exemple de la prime annuelle d'un capital différé sans contre-assurance.

Le montant de la prime unique est de 50 430 F pour 100 000 F de capital au terme ; le calcul de la prime annuelle est le résultat de la division de cette prime unique par l'annuité temporaire, tenant compte à la fois du taux d'intérêt de 4,5 % et de la probabilité de survie au moment du paiement par le client : cette prime annuelle est de 4 530 F.

Âge successif	*Provision en début d'année*	*Prime*	*Facteur capitalisation viagère*	*Provision atteinte en fin d'année*
30	0 F	4 530 F	1,046	4 738 F
31	4 738 F	4 530 F	1,046	9 694 F
32	9 694 F	4 530 F	1,046	14 878 F
33	14 878 F	4 530 F	1,046	20 301 F
34	20 301 F	4 530 F	1,046	25 973 F
35	25 973 F	4 530 F	1,046	31 906 F
36	31 906 F	4 530 F	1,046	38 112 F
37	38 112 F	4 530 F	1,046	44 624 F
38	44 624 F	4 530 F	1,047	51 463 F
39	51 463 F	4 530 F	1,047	58 694 F
40	58 694 F	4 530 F	1,047	66 201 F
41	66 201 F	4 530 F	1,047	74,051 F
42	74 051 F	4 530 F	1,047	82 370 F
43	82 370 F	4 530 F	1,047	91 775 F
44	91 775 F	4 530 F	1,047	100 000 F

La méthode employée dans cet exemple pratique est dite « de récurrence » ; on a ajouté à la provision de l'année précédente la prime payée et ce cumul est capitalisé viagèrement. La capitalisation viagère est naturellement l'inverse de l'escompte viager que nous avons déjà analysé.

Le plan juridique

Si la provision individuelle de chaque client est fondée sur la capitalisation viagère, les provisions mathématiques globales sont basées sur une capitalisation financière. Ces dernières provisions sont représentées par des actifs, qui doivent respecter un certain nombre de caractéristiques :
– sécurité pour maintenir la valeur réelle de l'argent ;
– rendement du placement sans risque de spéculation ;

– diversité des placements pour diviser les risques financiers.

C'est pourquoi le Code des assurances a prévu un certain nombre de contraintes imposées à tous les assureurs quelle que soit leur forme juridique.

Toutefois, il faut distinguer les contrats libellés en francs (FF) et les contrats libellés en unités de compte (UC).

■ Contrats en FF

La liste des actifs représentant les engagements est la suivante :

– Obligations émises ou garanties par un État OCDE,
– Fonds commun de créance dans un État membre OCDE,
– Titres de créance négociables OCDE,
– Parts de Sicav ou de FCP,
– Actions cotées dans un État OCDE,
– Actions d'assureur et réassureur,
– Fonds commun de placement à risque,
– Droits réels immobiliers sur territoire d'un État membre OCDE,
– Parts de « pierre papier », sociétés ayant leur siège social dans un État OCDE,
– Prêts (collectivités publiques, personne et hypothécaire) dans un État membre OCDE,
– Dépôts.

Pour leur répartition, il est fait appel à des maximums (C. assur., art. R. 332-3) :

– plafond de 65 % pour les actions,
– plafond de 40 % pour l'immobilier,
– plafond de 10 % pour le sous-ensemble « prêt + trésorerie »,
– plafond de 5 % pour les « fonds communs de placement à risques » (FCPR) et actions non cotées.

De même, une dispersion par ligne est exigée. Il s'agit du maximum possible par émetteur (C. assur., art. R. 332-3-1) :

– 5 % pour valeurs et prêts (10 % sous condition),
– 0,5 % pour FCPR et actions non cotées,
– 10 % pour un immeuble.

Nous rappelons que l'OCDE (Organisation de coopération et de développement économique) comprend les États européens, y compris la Suisse, ainsi que le Japon, les États-Unis, le Canada, l'Australie et la Nouvelle-Zélande, et quelques nouveaux pays « émergents ».

■ Contrats en UC

La liste des actifs est identique, sauf pour les fonds commun de placement à risque, les droits réels immobiliers, les prêts et dépôts qui ne sont pas autorisés.

De plus, les règles de répartition et de dispersion n'existent pas ; l'article R. 332-5 du Code des assurances sur les contrats à capital variable permet ainsi par exemple de libeller l'unité de compte uniquement en actions cotées sur le territoire d'un État membre de l'OCDE.

Le plan financier

Reprenons la liste des actifs pour les définir plus en détail.

■ Les titres de créance

– *Obligation classique :* un État ou entreprise émet un emprunt donnant un droit pour l'épargnant à un titre de créance moyennant un intérêt fixe annuel.

– *Obligation convertible :* quand il le souhaite, l'épargnant échange son obligation contre des actions pour une quantité déterminée à l'avance.

– *Obligation à coupon zéro :* le paiement de l'intérêt est remplacé par un prix de remboursement au terme capitalisant tous les intérêts qui auraient dû être payés pendant la durée de vie de l'emprunt.

– *Obligation indexée :* le capital initial uniquement ou l'intérêt ou ces deux éléments sont liés à un indice précis : prix du kilomètre SNCF, cours du Napoléon, cours de l'écu, etc.

– *Obligation à taux variable :* l'intérêt annuel dépend soit du marché monétaire (T4M ou TAM), soit du marché obligataire (TMO, TME...) qu'il soit primaire ou secondaire. Le TME est donc le taux moyen des emprunts d'État à une date déterminée.

– *Obligation participative :* pour le porteur, ce sont des obligations sur le plan fiscal. Pour l'organisme émetteur, ce sont des actions avec double rémunération : partie fixe référencée au marché monétaire ou obligataire et partie variable dépendant des résultats de la société émettrice.

– *OAT (Obligation assimilable du Trésor) :* chaque tranche est assimilée pour la durée restant à courir au même taux nominal que les tranches précédentes.

– *Oroc (Obligation à réinvestissement optionnel du coupon) :* opération où deux partenaires (établissement financier ou entreprise d'assurance) conviennent de s'échanger des flux financiers pendant une durée déterminée. Le même montant est prêté et emprunté pour la même durée, l'un par exemple à taux fixe et l'autre à taux variable. L'objectif est de profiter des différences.

– *ORT (Obligation renouvelable du Trésor) :* émise par l'État, elle est renouvelable, car il est possible de la changer au bout de trois ans avec de nouvelles ORT.

– *Euro-obligations :* le capital et l'intérêt sont libellés en monnaie étrangère (Deutsche Mark, Yen, Dollar, Sterling...).

– *Euro-franc :* obligation libellée en francs, mais émise hors de France.

– *Fonds commun de créance* (FCC) est un fonds qui acquiert des créances bancaires et émet en contre partie des parts représentatives de ces créances.

– *Titres de créance négociable* (TCN) sont des emprunts à court terme réservés aux professionnels et donnant droit à un intérêt fixe. Sont des TNC les placements suivants :

- *Billet de Trésorerie :* les grandes entreprises du secteur public ou privé empruntent à court terme (sept ans maximum) sur le marché des capitaux sans passer par les banques.
- *BIFS :* les institutions financières pour leurs besoins à moyen terme et long terme se refinancent par des bons, qui sont des emprunts à court terme sur le marché de l'argent (marché monétaire).
- *Bons du Trésor :* ce sont des bons émis par l'État à l'attention d'organismes bancaires ayant soumission lors des adjudications régulièrement lancées.

- *Certificat de dépôt :* ce sont des titres émis par les établissements de crédit, réservés aux professionnels et d'une durée inférieure à six ans. Les principaux émetteurs sont le Crédit foncier, le Crédit national et le Crédit d'équipement des PME.

– *Sicav* et *FCP* sont des portefeuilles collectifs de valeurs mobilières. Ces deux placements se regroupent sous le terme d'OPCVM (Organisme de placement collectif de valeurs mobilières).

■ Les actions et assimilées

– *Action :* titre de copropriété d'une société donnant droit à un dividende en cas de distribution de bénéfice.

– *Action accumulante :* action dont les dividendes sont réinvestis d'office en action.

– *Sicav (société d'investissement à capital variable) :* portefeuille collectif de valeurs mobilières, où le porteur de parts est copropriétaire d'actions et/ou d'obligations.

– *Certificat d'investissement :* titre émis par les entreprises publiques, les sociétés par actions, les coopératives et donnant droit à un dividende classique en cas de distribution de bénéfices.

– Le *Fonds commun de placement à risque* (FCPR) est un portefeuille collectif d'au moins 40 % de valeurs mobilières non cotées.

– Les parts de « pierre papier » sont les parts des sociétés immobilières suivantes :

- *SCI* : société civile immobilière non cotée propriétaire d'un patrimoine immobilier.
- *SCPI* : la société civile de placement immobilier achète et loue des immeubles. La SCPI fait appel à l'épargne publique mais n'est pas cotée.
- *Sicomi* : la société immobilière pour le commerce et l'industrie achète des immeubles à usage industriel et commercial. Elle propose aux entreprises soit leur location simple, soit un crédit-bail pour une durée moyenne de quinze ans. Certaines Sicomi sont cotées en Bourse.
- *SII* : la société immobilière d'investissement achète et loue des immeubles d'habitation.

Panorama des produits individuels

En francs Taux d'intérêt technique Taux d'intérêt minimum garanti pluriannuel ***En devises*** Taux d'intérêt minimum garanti contractuellement selon la devise	Actif général Actif cantonné Actif cantonné en valeurs mobilières libellées selon la devise	Participation obligatoire aux résultats
En unités de compte (UC) UC mobilières (FCP/Sicav, etc.) UC immobilières (SCI/SCPI, etc.) ***Multi UC***	Actif en UC mobilières Actif en UC immobilières Actif en UC mobilières et immobilières	Participation contractuelle aux résultats

SECTION III

LA MARGE DE SOLVABILITÉ

Objectifs

Malgré l'obligation de faire figurer tant à l'actif qu'au passif des provisions très contrôlées, en particulier la provision mathématique, il peut exister encore des écarts positifs et négatifs pour des motifs variés :

- certains placements se déprécient quelquefois, en particulier en raison des moins-values ;
- les réserves peuvent être sous-évaluées ;
- les tarifs peuvent être calculés de façon insuffisante.

Dans ce cadre, pour protéger au maximum les souscripteurs et les bénéficiaires, la réglementation européenne de la CEE a imposé une « marge de solvabilité » proportionnelle au volume total des affaires réalisées.

À la suite d'une directive européenne de 1979, cette marge a été instaurée en 1984 et incorporée au Code des assurances (chapitre IV, Titre III du Livre III).

« Les entreprises doivent justifier de l'existence d'une marge de solvabilité suffisante » (C. assur., art. R. 334-1).

Pour son application, la Commission de contrôle des assurances pour le calcul de cette marge notifie la contre-valeur de l'unité de compte de la CEE à retenir : celle à prendre en considération est celle du dernier cours de l'écu pour le mois d'octobre de l'année écoulée (C. assur., art. R. 334-2).

La couverture de cette marge est assurée par les fonds propres de l'entreprise d'assurance vie ainsi que par certaines de ses réserves réglementaires. Sur autorisation, sont également acceptés des éléments implicites, tels que les plus-values latentes.

Nous allons donc analyser brièvement :

- les éléments qui constituent cette marge ;
- le montant minimal réglementaire de cette marge ;
- le fonds de garantie.

Constitution

Selon l'article R. 334-11 du Code des assurances, les éléments qui constituent la marge sont les suivants :

1 – Capital social versé ou fonds d'établissement constitué.

2 – Moitié de la fraction non versée du capital social ou de la part restant à rembourser sur emprunt pour fonds d'établissement.

3 – Toutes les réserves ne correspondant pas aux engagements.

4 – Les bénéfices reportés.

5 – Moitié des bénéfices futurs. Ces bénéfices sont calculés à partir de la moyenne mathématique des bénéfices réalisés les cinq dernières années multipliée par la durée résiduelle moyenne.
6 – Les plus-values latentes provenant soit de sous-estimation de l'actif, soit de la sur-estimation du passif, dans la mesure où ces plus-values n'ont pas un caractère exceptionnel.
7 – Les fonds effectivement encaissés provenant de l'émission de titres ou emprunts subordonnés.

Montant minimal

Le montant minimal réglementaire est prévu par l'article R. 334-13 du Code des assurances. Il est différent selon deux critères croisés :
– la branche exercée par l'organisme ;
– l'existence ou l'absence de couverture de risque de mortalité.

■ Assurance vie et décès en francs

Le montant est la somme de deux résultats a) + b) :

a) 4 % des PM (sans réassurance) $\times \dfrac{\text{PM après cession de réassurance}}{\text{PM brute de réassurance}}$

PM veut dire la provision mathématique plus la provision de gestion.

La division du rapport des deux provisions mathématiques ne peut être inférieure à 85 %.

b) 0,3 % des capitaux sous risque $\times \dfrac{\text{Capitaux sous risque après réassurance}}{\text{Capitaux sous risque brut de réassurance}}$

La division de rapport des deux capitaux ne peut être inférieure à 50 %.

Le capital sous risque est le capital décès garanti moins la provision mathématique du risque principal.

■ Capitalisation en francs

Étant donné qu'il s'agit d'une opération purement financière, la marge minimale ne prévoit que la formule a) que nous venons de voir sans tenir compte des capitaux sous risque partie b) car ils n'existent pas par définition.

■ Vie et Capitalisation en « unités de compte »

La suppression de l'exigence d'une garantie plancher en cas de décès (loi du 16 juillet 1992) a modifié en conséquence les minima de marge :

1) Si l'entreprise assume un risque de placement, il suffit de remplir les formalités a) ci-dessous ;

2) Si l'entreprise n'assume pas le risque de placement, la formule a) est 1 % des provisions mathématiques multiplié par le rapport étudié ci-avant.

Naturellement, si l'entreprise assume un risque de mortalité, il faut ajouter à ces 4 ou 1 % les 0,3 % des capitaux sous risque.

■ Associations tontinières

Le minimum est égal à 1 % des avoirs des associations tontinières.

En dessous de tous ces planchers, l'entreprise française d'assurance vie doit produire et exécuter un plan de redressement à long terme ; c'est l'objet de l'article R. 323-2 du Code des assurances, sinon des sanctions d'emprisonnement ou d'amendes sont imposées aux dirigeants (P-DG, DG, administrateurs, directeurs, membres de conseil, gérant, mandataire général). Ces pénalités sont prévues aux articles R. 328-1 et 2.

Fonds de garantie

Ce fonds est égal au tiers du montant de la marge de solvabilité, sans être inférieur à :

– 800 000 unités de compte de la CEE s'il s'agit d'une société anonyme ;
– 600 000 unités de compte de la CEE s'il s'agit d'une société à forme tontinière ou à forme mutuelle ;
– 100 000 unités de compte de la CEE s'il s'agit d'une tontine dont l'encaissement est inférieur à 500 000 unités de compte.

En dessous de ces planchers, la Commission de contrôle des assurances exige de l'entreprise d'assurance un plan de financement à court terme (C. assur., art. R. 323-4). Si les dirigeants ne produisent pas ou n'exécutent pas ce plan, ils sont passibles des sanctions prévues à l'article R. 328-1 : emprisonnement ou amendes.

SECTION IV

LES INCIDENTS DU CONTRAT

L'assurance vie est une opération à long terme. Si l'assureur est obligé de tenir ses engagements après avoir opéré une sélection à la souscription du contrat il n'en est pas de même pour le client, qui peut cesser ses engagements quand il le désire.

Cette facilité, tout à fait logique pour un contrat facultatif couvrant les besoins les plus personnels d'un individu, entraîne un certain nombre d'incidents, dont les principaux sont les suivants :

– rupture unilatérale du contrat : l'assuré cesse de payer ses cotisations périodiques et l'assureur continue de garantir. Il s'agit de la réduction ;

– rupture totale du contrat : l'assuré cesse de payer ces cotisations et l'assureur cesse de garantir. Il s'agit du retrait des deux partenaires : c'est le rachat total. Il existe la possibilité de rachat partiel ;

– le client veut continuer ses engagements, mais il a besoin temporairement d'argent liquide. Il s'agit de l'avance ;

– l'assuré demande de modifier son contrat initial en un autre produit. Le mécanisme s'appelle la transformation ou l'arbitrage.

Dans les quatre hypothèses que nous avons énumérées, l'assureur va tenir compte de la provision mathématique atteinte *individuellement* par l'effort d'épargne de chaque client.

La réduction

En assurance vie, le paiement des primes n'est pas obligatoire (C. assur., art. L. 132-20).

Quatre conditions essentielles sont nécessaires pour qu'il y ait réduction.

■ Le contrat doit être à l'origine à cotisations périodiques

■ Au moins deux primes annuelles payées ou plus de 15 % des primes

Règle applicable à tous les contrats car ce délai est nécessaire pour couvrir l'ensemble des frais liés à l'établissement du contrat (frais d'acquisition : rémunération des agents et inspecteurs ; frais administratifs).

S'il y a moins de deux primes annuelles payées, ou moins de 15 % des primes, le contrat est résilié.

■ La durée initiale doit être fixée selon un terme

En effet, beaucoup de contrats récents ont une durée dite « viagère », c'est-à-dire indéfinie.

■ Une provision mathématique suffisante

Nous avons vu que la provision mathématique est constituée à partir des primes versées par l'assuré. Dans les contrats présentant un caractère d'épargne, une partie importante des primes est mise en provision pour constituer le capital prévu au contrat – cette provision constitue une somme appartenant à l'assuré et gérée par l'assureur. De ce fait la réduction est obligatoire pour ces contrats (C. assur., art. L. 132-23).

En revanche, dans les contrats où il n'y a que l'aspect « garantie du risque » qui joue, la prime versée chaque année par l'assuré ne sert qu'à couvrir ce risque comme dans les assurances IARD ; exemple des assurances temporaires en cas de décès pour lesquelles la réduction est donc interdite (C. assur., art. L. 132-23). Il existe, bien sûr, une petite provision due au nivellement des primes de risques, mais celle-ci est beaucoup trop faible pour permettre la réduction.

La réduction nécessite le respect préalable des formalités de l'article L. 113-3 relatif au paiement de la prime (lettre recommandée dix jours après l'échéance et réduction après un délai de quarante jours).

Le calcul de la valeur de réduction est déterminé par un règlement général mentionné dans la police après accord de l'autorité administrative (C. assur., art. L. 132-21).

Le règlement est à la disposition du contractant, qui peut le demander à tout moment à l'assureur. Chaque année, ce dernier doit communiquer au client le montant de la valeur de réduction et préciser en termes intelligibles ce que signifie cette opération. Aucune formule obligatoire n'étant imposée par la loi, nous pouvons l'illustrer par un exemple concret et simple :

La méthode consiste à calculer le rapport du nombre de primes payées au nombre de primes stipulées.

Ainsi, dans une « mixte » de durée de 20 ans et d'un capital de 100 000 F, la réduction au bout de 3 ans sera égale à

$$\frac{3}{20} \times 100\,000 \text{ F} = 15\,000 \text{ F}$$

Actuellement, à chaque échéance annuelle, l'assureur est tenu d'indiquer sur l'avis ou sur la quittance le montant atteint par la valeur de réduction.

Quand le contrat participe aux résultats, la participation affectée au contrat réduit ne peut être inférieure de 25 % à celle qui aurait été affectée (C. assur., art. A. 132-11) à un contrat en cours de paiement de prime de la même catégorie.

Le rachat

Sauf dans le cas de force majeure constaté par décret rendu sur le rapport du ministre de l'Économie et des Finances, le rachat, sur la demande de l'assuré, est obligatoire (L. 132-22) après deux années de versement ou 15 % du montant total des primes.

- C'est le versement anticipé du capital réduit dans la proportion des primes payées ; donc le rachat *met fin définitivement au contrat,* quand ce rachat est total naturellement.
- Les modalités du rachat sont déterminées par un règlement général de l'assureur soumis à l'approbation de la direction des Assurances.

- Les conditions de rachat doivent être indiquées dans la police.
- Le souscripteur peut à tout moment s'informer de cette valeur.
- Le souscripteur seul, peut demander la valeur de rachat (exclusion des créanciers et du bénéficiaire).
- À la souscription du contrat, le montant des valeurs de rachat des huit premières années doit être indiqué (C. assur., art. L. 132-5-1).

Si la demande est ferme et que l'assuré décède avant paiement de la valeur de rachat, le bénéficiaire ne pourra prétendre qu'à cette valeur et non au capital.

Les contrats ne comportant pas de valeur de rachat (C. assur., art. L. 132-23) sont :

Temporaire décès – car on ne peut pas verser par anticipation un capital qui n'est possible que par la compensation des risques obtenus dans le cadre de la mutualité des assurés en cas de décès. De plus on ne peut pas payer de capital dans un contrat où l'arrêt du paiement des primes entraîne la résiliation du contrat.

Capitaux de survie ou rente de survie – assurance en cas de vie sans contre-assurance – rentes viagères différées sans contre-assurance. Toutes ces catégories ont pour caractéristique que la rente ou le capital ne sont versés que si le bénéficiaire ou l'assuré sont vivants à une certaine époque. Ce sont des assurances dites *« conditionnelles »* car l'assureur n'est pas certain de payer un capital ou une rente. Le rachat est donc exclu car cela aboutirait à une anti-élection dangereuse. Les assurés voyant leur santé décliner ou atteints d'une maladie grave demanderaient le rachat et l'assureur ne garderait que les « mauvais » risques.

Les pièces exigées de l'assuré sont les suivantes :
- le contrat et ses différents avenants ;
- une fiche d'état civil ;
- sur remise de ses pièces l'assureur versera la valeur de rachat. Souvent, par une clause de la police, l'assureur se réserve un délai pour régler cette somme.

Comme pour la réduction, la valeur est déterminée par un règlement général à la disposition du client. L'assureur doit communiquer le montant de la valeur de rachat chaque année et préciser l'opération en termes intelligibles (C. assur., art. L. 132-22).

- L'indemnité maximale en cas de rachat est limitée à 5 % de la provision mathématique et doit être nulle après dix ans.
- Si la valeur de réduction est inférieure à la moitié du montant brut mensuel du salaire minimum de croissance, l'assureur peut substituer le rachat d'office à la réduction. Cette mesure est légitime, car la valeur très faible de réduction est illusoire.

Dans la pratique, peu importe la méthode, la valeur de rachat n'est que le capital escompté de la valeur de réduction, donc toujours naturellement inférieure à cette dernière.

En prime unique, la valeur de rachat est le plus souvent supérieure au versement du client.

Les assurances dont *« les prestations sont versées lors de la cessation d'activité professionnelle »* sous forme de groupes ouverts ne peuvent être rachetées (loi du 16 juillet 1992).

Sur le plan juridique, quand le bénéficiaire est acceptant, c'est lui qui a droit à la valeur de rachat, même si le rachat a été demandé par le souscripteur-assuré.

L'avance

■ Principe

L'assureur accepte de faire à l'assuré une avance d'argent imputable sur la provision mathématique ; en contrepartie l'assuré paiera des intérêts car l'assureur doit compenser les intérêts qu'il aurait normalement perçus par le placement de ses provisions puisque le taux d'intérêt réel des placements est toujours supérieur au taux minimum du tarif. Dans les formules les plus récentes, l'assuré ne paie pas d'intérêt ; dans cette hypothèse, le montant de l'avance est déduit de la provision ; seul, le reliquat de la provision continue d'être placé.

■ Caractéristiques

L'avance sur police ne met pas fin au contrat, ce qui présente un avantage réel par rapport au rachat.

- L'article L. 132-22 selon lequel « *l'assureur peut consentir des avances dans la limite de la valeur de rachat* » rend l'avance facultative, alors que le rachat est obligatoire.
- L'assureur doit établir un règlement soumis à l'approbation du ministère des Finances.
- La nature juridique de l'avance, longtemps controversée, a été reconnue par la Cour de cassation comme une remise à l'assuré d'une partie de sa provision mathématique, ne compromettant pas l'exécution normale du contrat.
- L'assuré peut rembourser l'avance, à n'importe quel moment. S'il ne l'a pas remboursé à l'échéance ou lors de la réalisation du risque, elle est imputée ainsi que les intérêts échus non payés sur le capital réglé.

■ Conditions de l'avance

- L'avance est souvent limitée à la valeur de rachat ou au moins 90 % ou 95 % de cette dernière.
- Un acte de versement à valoir est signé par l'assuré
- Par cet acte il s'engage à payer les intérêts ; s'il ne le fait pas l'assureur pourra racheter d'office le contrat.

Le taux d'intérêt sur avance varie non seulement selon chaque assureur, mais aussi et surtout selon l'époque. Ainsi, quand le marché obligataire procurait un taux moyen de 6 à 8 %, les assureurs demandaient ce niveau de taux. Nous rejoignons ainsi la logique, puisque la totalité des avances est sous-traitée de la masse des provisions, qui sont placées, en majorité, en valeurs mobilières à revenu fixe.

Enfin, les combinaisons, qui n'ont pas de valeur de rachat, n'ont pas de possibilités d'avances.

Une circulaire du Gap du 11 mai 1995 recommande que les avances doivent revêtir un caractère exceptionnel. Cette règle déontologique permet d'éviter les abus dans les huit premières années d'assurance, motivés par des raisons fiscales.

L'arbitrage

En cours de contrat l'assuré peut demander que l'on fasse subir à son contrat certaines modifications :

– augmentation ou diminution de capital ;
– rapprochements ou prorogations d'échéance ;
– substitution de l'ancien produit par un nouveau contrat.

L'assureur examinera d'abord si la transformation demandée n'entraîne pas une anti-sélection à l'avantage de l'assuré ; si c'est le cas l'assureur peut demander à l'assuré de se soumettre à une sélection médicale qui pourra éventuellement entraîner l'application d'une surprime.

Les transformations entraînent toujours des problèmes de gestion interne (commissionnement, réassurance, participation aux résultats...) parfois difficiles à résoudre.

Bien qu'il existe plusieurs méthodes de calcul pour opérer les transformations, les techniciens tiennent souvent compte de la provision atteinte sur l'ancien contrat.

Ainsi, un client célibataire ayant souscrit un capital différé pour sa retraite désire contracter une mixte pour protéger sa nouvelle famille après son mariage.

Sur le nouveau produit, la provision acquise sur l'ancien divisée par la prime unique d'inventaire au nouvel âge pour la nouvelle durée dégagera une partie du capital nouveau ; les actuaires appellent cette somme le capital « libéré ».

Ainsi, le client marié au lieu de régler la prime commerciale sur son capital souhaité ne paiera que sur un capital inférieur au nouveau capital souscrit.

La transformation des contrats est une caractéristique de disponibilité et de souplesse de l'assurance vie individuelle. Pour éviter une fuite dans un portefeuille de combinaisons bien déterminées, certains assureurs interdisent la transformation d'un produit dans un autre.

SECTION V

LES RÉÉVALUATIONS

Les principes

L'inflation, ennemi n° 1 de l'assurance vie, pose deux problèmes différents à chaque partenaire concerné :

– pour le client, c'est celui du pouvoir d'achat des épargnes confiées, celles-ci étant représentées par les provisions mathématiques. L'assuré souhaite que les capitaux et les rentes correspondant à ses besoins réels d'aujourd'hui représentent à long terme au moment de la réalisation des sommes en francs « constants » et non en francs nominaux ou francs courants ;
– pour l'assureur, c'est celui des frais d'exploitation. Pour la même raison, la partie des primes qui sert à régler ces frais est exprimée en francs courants : or, toutes les dépenses principales (masse salariale, fonctionnement, informatique, travaux, services extérieurs, etc.) augmentent progressivement en raison de l'inflation annuelle.

En outre, l'assurance épargne est en concurrence avec les produits d'épargne réglementée ou liquide et l'épargne contractuelle.

Il n'existe que deux procédés pour résoudre ces problèmes :

1. Investir la provision mathématique en créances réelles (valeurs mobilières, immeubles) dont les revenus et les valeurs ne sont pas fixes. Ce sont les assurances en « unités de compte » (UC) dites assurances à capital variable.

2. Investir la provision mathématique en créances nominales. Ce sont les assurances en francs, assurances classiques fondées sur un actif général ou cantonné.

Le grand problème de l'assurance-vie est de préserver le mieux possible et de maintenir la valeur réelle des épargnes confiées ; ces épargnes constituent la provision mathématique.

Revenons donc sur cette provision mathématique (PM).

L'article R. 331-3 au Code des assurances dans son premier paragraphe en donne la définition précise, c'est la *« différence entre les valeurs actuelles des engagements respectivement pris par l'assureur (A) et par les assurés (a) »*.

Cette équation fondamentale peut s'écrire :

PM = A – a
soit A = PM + a

ou Valeur actuelle des engagements de l'assureur =
PM + Valeur actuelle des engagements de l'assuré.

ou encore Avantages futurs = PM + Primes futures

Prenons l'exemple d'un capital de 15 530 F dans 10 ans à 4,5 % d'intérêt composé.

■ À prime unique ou à versement libre

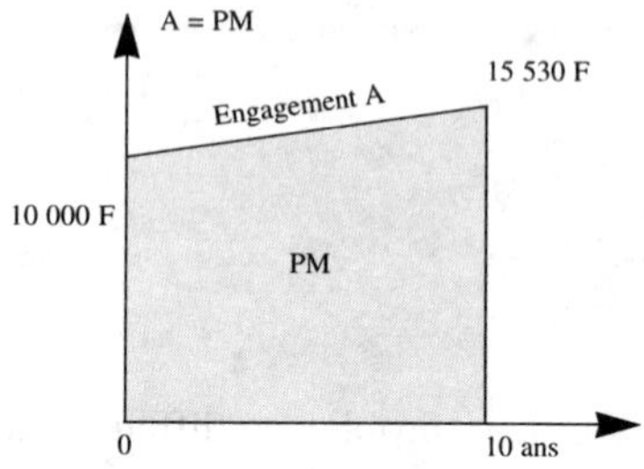

■ À prime périodique pendant 10 ans

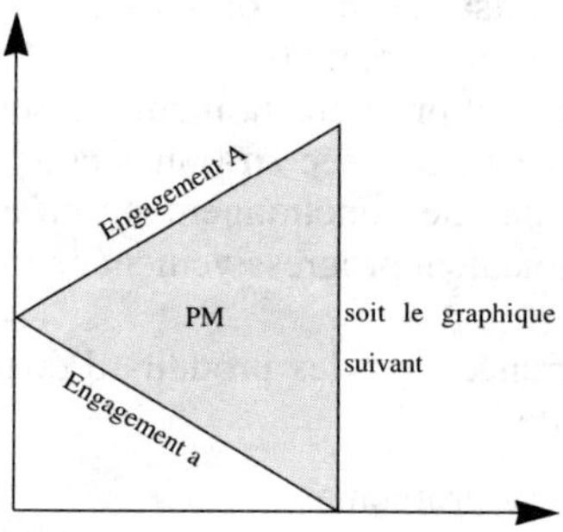

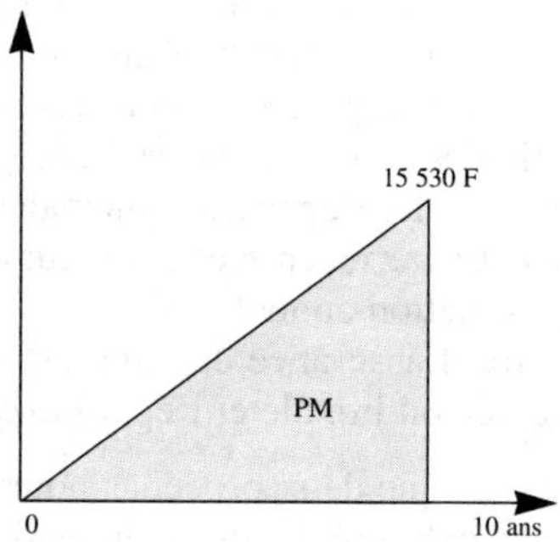

Les quatre grandes familles de placement (liquidités, immobilier, actions, obligations) ont des rendements différents selon des phases liées à deux paramètres : l'économie et la monnaie. La première est influencée par la croissance ou la récession, la seconde par l'inflation ou la désinflation.

Schématiquement, à chaque type de conjoncture, correspond un placement optimal selon le cadre suivant :

	Désinflation	**Inflation**
Récession	obligations	liquidités
Croissance	actions	immobilier

Tout l'art consiste à effectuer des arbitrages et prendre son bénéfice après avoir encaissé les revenus (dividende, intérêt, loyer). Faut-il encore savoir anticiper la conjoncture et avoir un marché étoffé ou actif.

À titre d'exemple, si on se penche sur le 1er semestre 1996, période à la fois de désinflation et de début timide de reprise, les actions sont le meilleur placement.

L'épargne en unités de compte

■ Le mécanisme

L'argent investi par le client est transformé immédiatement dans l'achat du total ou d'une partie d'unité de compte (UC) selon la formule :

A en UC = PM en UC + a en UC

Ainsi, par construction si l'UC est une sicav « japonaise », on obtient :

A en sicav « japonaise » = PM en sicav « japonaise » + a en sicav « japonaise »

De même, si l'UC est une SCPI « anglaise », on obtient :

A en SCPI « anglaise » = PM en SCPI « anglaise » + a en SCPI « anglaise »

L'unité de compte doit pouvoir jouer en hausse comme en baisse.

■ La réglementation des contrats en UC

- Les actifs doivent représnter une *« protection suffisante de l'épargne investie »* (C. assur., art. L. 131-1).

La garantie plancher en cas de décès n'est plus obligatoire ; cependant, le contrat peut prévoir un minimum en cas de décès comme en cas de vie.

- La participation aux bénéfices n'est pas obligatoire (C. assur., art. A. 132-1). Il n'existe pas de règles de répartition et de dispersion pour les actifs : ceci est logique, puisque le client acquiert des créances réelles et non nominales. Tous les produits prévoient néanmoins une participation contractuelle aux résultats ; dans ce contexte, l'affectation de la participation suit les mêmes règles que celles des contrats en francs.
- Le contrat doit préciser certaines dates : date de conversion de l'argent confié en unités de compte et date de réévalutation périodique (C. assur., art. R. 132-4).
- Les valeurs de rachat doivent être libellés en unités de compte (décret du 12 avril 1995).
- Pour les UC cotées, comme les titres et les parts d'OPCVM comme les UC évaluées au jour le jour comme une devise, le problème d'évaluation ne se pose pas.

Pour les « unités immobilières non côtées » comme les parts de « pierre papier », les décrets et arrêtés du 11 septembre 1992 ont prévu des fixations de règle d'évaluation : l'expertise du parc immobilier une fois tous les cinq ans et une réévaluation annuelle forfaitaire de la part. L'immeuble n'est pas admis en « unité de compte ».

■ La déontologie

Le Groupement des assureurs de personnes a communiqué aux assureurs un certain nombre de recommandations, dont les principales sont les suivantes :

- L'assureur doit être propriétaire des actifs et le souscripteur n'a pas à participer directement ou indirectement à la gestion des actifs.

– L'information complète doit porter sur la nature, la composition, la variation des actifs.
– L'avance doit toujours être libellée en francs.
– Si l'actif est représenté par un nombre réduit de valeurs, ces dernières doivent être suffisament liquides.

De plus, une circulaire du Gap du 24 janvier 1994 a énoncé les principes applicables.

■ La répartition des résultats

Les contrats en unités de compte sont souvent baptisés à l'étranger « contrats liés à des fonds d'investissement » ou « contrats indexés ».

Ce sont des contrats à capital variable.

Dans ces contrats, le risque de placement est supporté par le souscripteur assuré. Il est donc tout à fait normal que la participation aux résultats ne soit pas obligatoire, comme dans les contrats en francs.

Il est tout à fait logique que le taux technique n'existe pas. Néanmoins, le Trésor considère que le contrat en UC à taux zéro pourrait ne pas être considéré comme un contrat d'assurance vie. En conséquence, la profession semble s'engager vers une solution, où le taux serait symbolique mais non nul c'est-à-dire 0,5 % ou 1 % au maximum.

Quels sont les résultats financiers sur une unité de compte ?

Ce n'est pas la valeur qui monte ou qui baisse selon les époques, mais le rendement de l'actif concerné :
– dividende sur les actions et titres assimilés ;
– intérêt sur les obligations et titres assimilés ;
– revenus sur les parts de « pierre papier ».

Dans la quasi-totalité des cas, le contrat prévoit une participation de 50 à 100 % de ces revenus nets qui sont réinvestis dans l'actif.

L'ensemble distribué au client représente donc sur une période donnée :
– soit les plus-values et les revenus nets totaux ou partiels ;
– soit les moins-values et les revenus nets totaux ou partiels.

Nous obtenons donc une réévaluation variable selon le schéma suivant :

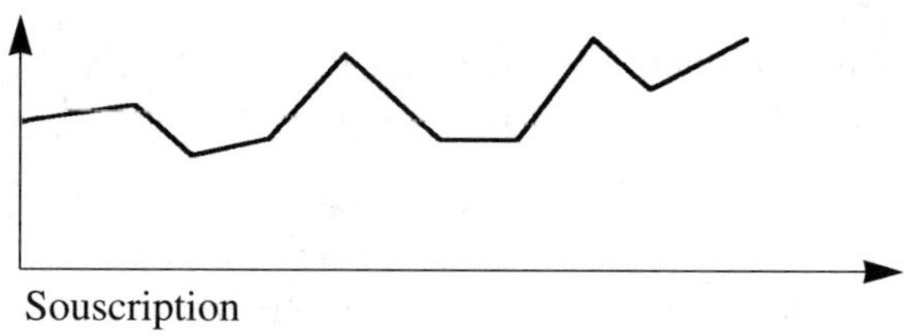

Le rendement des actifs

Les actifs autorisés les plus employés sont :
– l'*unité mobilière individuelle :* obligations et actions sont des valeurs mobilières ;
– l'*unité mobilière collective :* parts d'organismes de placement collectif en valeurs mobilières (OPCVM), c'est-à-dire Sicav et FCP ;

– l'*unité immobilière :* parts de sociétés immobilières (SCI, SCPI, SII, Sicomi...), et

– l'*unité monétaire :* devise des États membres de l'OCDE.

■ Obligation à taux fixe

L'obligation est une reconnaissance de dette ou créance. Son acquéreur, l'obligataire, devient le créancier de l'émetteur de la dette, que ce soit une entreprise ou l'État.

L'obligation procure un revenu régulier à l'obligataire : il s'agit d'un intérêt, dont le taux est fixe ou variable. À l'échéance, l'émetteur rembourse la somme prêtée. On baptise les obligations des instruments de taux, car elles sont pour les assureurs des « machines à intérêt » qui peuvent être conservées de façon durable, éventuellement jusqu'à leur remboursement.

- Les émissions d'obligations constituent le « marché primaire » (marché du neuf). Les obligations, une fois émises, sont ensuite cotées en Bourse ; les échanges sur le marché boursier constituent le « marché secondaire » (marché de l'occasion).
- Le taux d'intérêt versé, le coupon, subit un prélèvement ; on distingue ainsi le taux brut et le taux net.
- Au moment des négociations, il existe des frais (courtage et impôts). À l'achat, le prix de revient est le prix d'achat majoré des frais ; de même, à la vente, le produit de la vente est le prix de vente diminué des frais.
- En schématisant, le coût de l'argent à « court terme » est influencé par les taux directeurs des banques centrales. Ces taux varient selon les objectifs fixés à la politique monétaire : taux de change souhaité et nécessité de stimuler l'activité ou de la freiner. En cette époque, la Banque de France réduit ses taux directeurs parce que l'Allemagne le fait aussi : la parité franc/mark n'est ainsi pas menacée.
- Le loyer de l'argent à « long terme » résulte des taux pratiqués sur le marché des obligations où s'échangent des titres à long terme (10/15 ans). Ces taux dépendent d'une part de la situation financière de l'État et de son économie. Si les deux paramètres risquent d'être contestés, les taux montent. Le relèvement des taux longs risque de se répercuter sur les prêts à long terme pour les entreprises ou les particuliers, ce qui peut nuire à une reprise économique.
- Les taux varient et le cours aussi.

Prenons l'exemple d'un emprunt de l'État français long terme émis en 1986 au taux fixe de 10 %. Le taux d'inflation était de 5 % donc inférieur au taux de 10 %. L'inflation baisse à 2 % en 1994. L'émetteur d'un emprunt obligataire pourra se contenter d'offrir un intérêt de 6 à 7 %.

Les obligations antérieures offrant des rendements supérieurs seront recherchées, ce qui fera monter les cours, de manière que le jeu de l'offre et de la demande soit respecté. De même, si l'inflation monte à 12 %, les nouvelles obligations proposées le seront à 16 ou 17 % : il s'agit d'une hypothèse pédagogique.

D'où cette courbe d'impact des évolutions de cours :

– si les taux d'intérêt baissent, le cours des obligations d'origine monte ;

– si les taux d'intérêt montent, le cours des obligations d'origine baisse.

Exemple : à la séance boursière du 26 juillet 1996, l'OAT 10 % mai 2000 a coté 116,29 % du nominal soit 2 361,42 F.

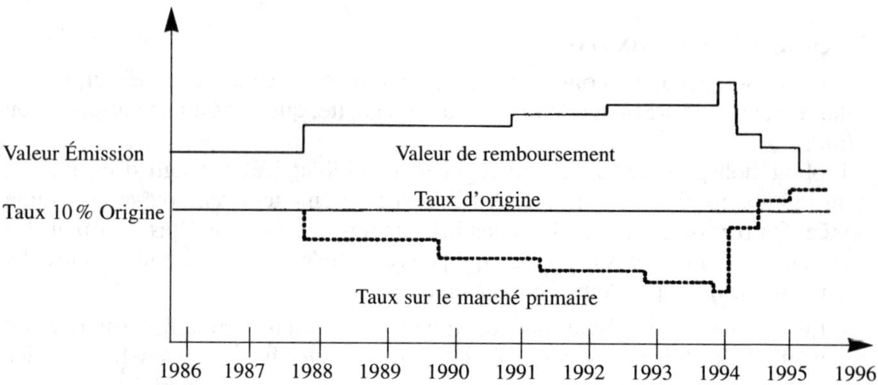

Depuis 1988, il est constaté une convergence des taux à 10 ans sur les marchés français, américain et allemand.

Pour la décennie à venir, les économistes pronostiquent des taux longs de 5 à 8 % pour une inflation de 2 à 4 % soit des taux réels de 3 à 4 %.

■ Obligation à taux variable

Comme nous venons de le voir, les obligations à taux fixe présentent l'inconvénient de subir des variations de cours non négligeables. L'assureur qui détient ce type de valeurs dans son portefeuille se trouve soit en présence d'une masse de plus-values ou d'une masse de moins-values selon le flux de ses enregistrements d'actifs.

Pour résoudre ce problème de marché, il y avait deux solutions :

– soit réduire la « vie moyenne » des emprunts ;

– soit ne plus prendre d'engagement ferme sur les taux.

Ainsi est née l'obligation à taux variable, dont le montant des coupons futurs est lié à une référence et n'est pas connu avec exactitude.

– L'émetteur prend le risque de voir la charge de sa dette s'accroître. En cas d'anticipation d'une baisse des taux, l'émetteur est protégé ; au contraire, en cas d'anticipation de hausse des taux, l'émetteur a intérêt à émettre à taux fixe.

– Pour l'épargnant, la sécurité est sans conteste la stabilité relative du cours, ce qui réduit la perte éventuelle en capital. Cependant, dans la réalité, on aura tendance à observer une surcote en période de hausse attendue des taux et inversement une décote en période de baisse attendue des taux.

Quelles sont les principales références ?

Ce type d'obligation est libellé soit :

– en taux monétaire

Taux moyen mensuel (T4M) ou annuel (TAM) du marché monétaire.

– *en taux obligataire*
TMO : taux du marché obligataire.
TME : taux moyen mensuel du rendement des emprunts d'État à long terme établi par la Caisse des dépôts.

– *en taux révisable*
Par exemple, la révision a lieu chaque année et le taux est fixe entre deux périodes.
TRA : taux TMO.
TRE : taux TME.

Les coupons versés peuvent comporter un écart positif ou négatif en valeur absolue ou en pourcentage par rapport à la référence, par exemple 110 % du T4M ou bien TMO – 0,2 %.

Un taux minimal peut être garanti sur tout ou partie de la durée de l'emprunt. Étant donné l'importance du TME sur le taux technique en assurance vie, nous montrons ci-après l'évolution de ce taux depuis plus d'une décennie.

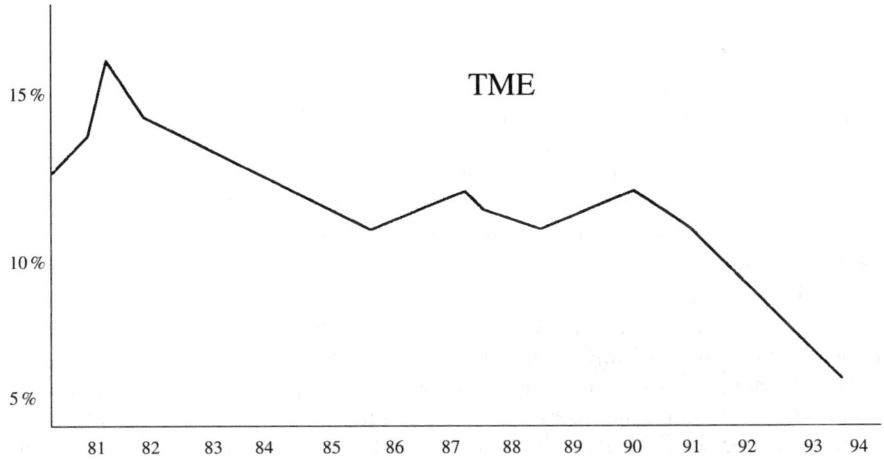

Taux des emprunts d'État 7/10 ans (source Crédit Lyonnais)

À titre d'exemple concret d'obligation à taux variable, voici la cote boursière à la séance du 26 juillet 1996 : OAT 1988-1998 référencé sur le TME a coté 120,2 % soit 2 104,12 F.

■ Obligation convertible

Une obligation convertible est une obligation comprenant un droit de conversion, à un moment donné ou à tout moment, en actions de la société émettrice.

On appelle « taux de conversion » le rapport du nombre d'actions pouvant être obtenu par remise d'une obligation.

On appelle « prime de conversion » la différence entre le prix de l'obligation (à l'émission ou sa valeur sur le marché secondaire) et le prix de l'action. Cette prime est normalement positive : le revenu fixe de l'obligation est généralement supérieur au dividende de l'action.

L'obligation convertible est à la fois :
– une obligation classique avec revenus et remboursement minimum garanti ;
– une action « en puissance ».

Ce titre « mixte » permet au souscripteur d'obtenir un revenu fixe et de conserver son pouvoir d'achat. En effet, quand la valeur de l'action est supérieure au montant du remboursement, il opte pour la conversion de son obligation en action.

Ce sont les sociétés côtées qui interviennent sur ce marché. Elles ne subissent pas la concurrence de l'État et des entreprises publiques.

Le taux d'intérêt des obligations convertibles est souvent inférieur à celui des obligations à taux fixe ; la raison est simple : il s'agit du « prix » de la possibilité d'arbitrage. Le cours de l'obligation convertible est indexé sur celui de l'action en cas de hausse du titre concerné et indexé sur celui d'une obligation si l'action est en dessous de sa valeur nominale.

Nous prenons l'exemple de la séance boursière du 26 juillet 1996. L'obligation convertible Alcatel a été émise en avril 1990 avec un taux de 6,50 %. Le nominal était de 680 F ; le cours de cette valeur est de 730 F, le 26 juillet 1996.

■ Obligation assimilable du Trésor (OAT)

Nous venons de voir à différentes reprises que les obligations suivent des fluctuations de cours sur le marché secondaire.

Cette sensibilité dépend de deux facteurs :
– si la durée est importante, la fluctuation est forte et réciproquement ;
– si le taux d'intérêt d'origine est important, à durée de vie égale, la fluctuation est faible et réciproquement.

L'assimilation de l'OAT facilite la gestion administrative d'un même émetteur (État par exemple) qui fait appel à l'épargne publique de façon continue. Chaque tranche émise est « assimilée » pour la durée restant à courir aux tranches précédentes de même taux nominal, l'ajustement se faisant par le prix d'émission.

À partir de 1985, les multiples lignes d'emprunts d'État ont progressivement été remplacées par des OAT. Périodiquement, l'État restructure sa dette en regroupant ses emprunts sur les mêmes échéances ; on dit qu'il assimile les obligations en matière d'échéances.

D'autre part, dès 1984 se sont créées des obligations à zéro coupon. Ce type d'obligation ne rapporte aucun intérêt annuel et en contrepartie de cette absence, le prix de souscription est faible. Cette opération consiste à substituer une plus-value en capital au revenu normal.

Les OAT à coupon zéro permettent d'émettre ultérieurement des nouvelles tranches du même emprunt à des conditions identiques (nominal, échéance, taux, amortissement...) à l'exception du prix d'émission. Les OAT sont émises à taux fixe ou variable et sont devenues le moyen privilégié de la gestion de la dette publique à long terme.

Les OAT sont cotées en pourcentage par rapport au nominal remboursé à l'échéance.

Ainsi, l'OAT à coupon zéro à échéance du 25 avril 2005 cotait successivement 42,98 % le 15 juin 1993 et 49,63 %, le 15 octobre 1993. Pourquoi le cours a-t-il progressé de 15 % en quatre mois ? Tout simplement en raison de la baisse des taux d'intérêt pendant cette période. L'unité de compte suit à tout moment la valeur de la cotation de l'OAT choisie par le souscripteur. Cette valeur aura tendance à monter en cas de baisse des taux et réciproquement.

Ce qui est certain, c'est la somme que le souscripteur touchera le 25 avril 2005, ce qui lui permet de connaître le taux garanti annuel sur les 11 ans qui le séparent de sa souscription le 25 avril 1994 par exemple. On pourrait dire qu'il s'agit d'un taux garanti à long terme *in fine*.

■ Obligation à réinvestissement optionnel du coupon (Oroc)

Le capital confié par le client est investi en Oroc.

Nous avons vu précédemment l'inconvénient de fluctuation de valeur pour les obligations classiques à taux fixe.

L'obligation à réinvestissement optionnel du coupon permet à l'échéance annuelle de la perception de l'intérêt de choisir entre :

– le réinvestissement au taux d'origine du coupon ;

– le réinvestissement du coupon dans une autre obligation du marché.

Le choix de la seconde solution est intéressant lorsqu'il y a hausse des taux.

Pour mieux comprendre, analysons le comparatif de deux obligations de 100 000 F émises en 1992 pour une durée de 8 ans au taux de 9 %.

On suppose que les taux du marché sont en baisse en 1993 et 1994 pour remonter en 1995 et de nouveau s'affaiblir en 1996.

Système classique :

Années	Capital départ	Taux contractuel	Capital obtenu
n + 1	100 000 F	9 %	109 000 F
n + 2	109 000 F	9 %	118 810 F
n + 3	118 810 F	9 %	129 503 F
n + 4	129 503 F	9 %	141 158 F

Système Oroc :

Années	Capital départ	Taux contractuel	Taux marché	Capital obtenu
n + 1	100 000 F	*9 %*	8 %	109 000 F
n + 2	109 000 F	*9 %*	6 %	118 810 F
n + 3	118 810 F	9 %	14 %	135 443 F
n + 4	135 443 F	*9 %*	6,5 %	147 633 F

Le second résultat de 147 633 est le meilleur ; il correspond à un taux d'intérêt composé de 10,23 % et non de 9 %. Notons que l'exemple cité est théorique.

■ Titre de créance négociable (TCN)

Ce sont des titres émis au gré de l'émetteur, négociables sur un marché réglementé et représentant un droit de créance pour une durée déterminée.

Ce produit financier, légalisé en 1985, permet aux entreprises de se financer directement en dehors des circuits traditionnels : émission d'emprunts ou d'actions, marché monétaire.

Ce sont des titres au porteur, inscrits en compte tenu par un intermédiaire.

La famille des TCN comprend les catégories suivantes :

- les certificats de dépôt d'une durée de deux ans au maximum émis par des établissements de crédit ;
- les bons des institutions et sociétés financières de deux ans au maximum ;
- les billets de trésorerie (un an de durée maximale) émis par les entreprises faisant appel public à l'épargne ;
- les bons à moyen terme négociables de durée supérieure à un an émis par l'ensemble des émetteurs de TCN.

Pour ces deux derniers produits, les entreprises doivent avoir au moins deux années d'existence et avoir établi deux bilans certifiés. De plus, ce sont obligatoirement soit des sociétés par actions d'un capital libéré d'au moins 1 500 000 F, soit une entreprise publique faisant appel à l'épargne.

L'ensemble des TCN est sous la tutelle de la Banque de France pour l'émission.

De même, la Commission des opérations de Bourse (Cob) veille au respect des obligations d'information.

Dans les comptes des sociétés d'assurance, on distingue logiquement les TCN court terme dont la durée est inférieure à un an et les TCN long terme dont la durée à la souscription est supérieure à un an.

Par exemple :

Libellé	Taux facial d'intérêt	Valeur comptable	Maturité
Immofice	9,75 %	09/98	20 000 000

Les TNC ne sont pas des valeurs mobilières et ne sont pas cotées. Il est donc logique que la valeur comptable corresponde à la valeur d'acquisition.

■ Fonds commun de créances (FCC)

Les établissements de crédit consentent des prêts à la clientèle moyennant principal et intérêts. Dans un second temps, ces établissements de crédit cèdent leurs crédits à une entité distincte qui émet des titres négociables représentatifs des créances acquises.

L'entité juridique est le Fonds commun de créances (FCC).

– Le cadre réglementaire du FCC est le suivant (loi 23 décembre 1988 et loi 4 janvier 1993).

Le FCC est une copropriété de parts de créances spécialisée par type de créances.

La chose cédée doit être un crédit bancaire non immobilisé, non douteux et non litigieux.

Le FCC n'a pas le droit d'emprunter.

Le porteur de parts ne peut pas racheter.

Un gérant et un dépositaire établissent le règlement du fonds.

Ce règlement est soumis à l'accord de la Cob après consultation de la Banque de France.

Chaque part de FCC est au minimum de 5 000 F.

Le FCC doit se couvrir contre les risques de défaillance des débiteurs.

Le capital minimum des sociétés de gestion de FCC est fixé à 1,5 million de francs.

Le FCC peut être un actif d'un contrat d'assurances en unités de compte.

Dans ce cas, le FCC doit être coté en Bourse dans la limite de 5 % pour l'ensemble des valeurs émises par un même organisme. Le ratio de 5 % peut être de 10 % avec le respect de contraintes spécifiques.

La majorité des FCC sur le marché étaient destinés aux particuliers sous forme de parts à coupon zéro d'une durée approximative de 3 ans ou de parts amortissables d'une durée 4 ans ou 8/10 ans.

Il est important d'analyser le taux de défaillance d'une catégorie de crédits car les données disponibles sur la masse des crédits sont insuffisantes. Néanmoins, quelques assureurs se sont lancés dans l'assurance dite des risques financiers.

Un schéma simple permet de mieux comprendre le mécanisme des FCC.

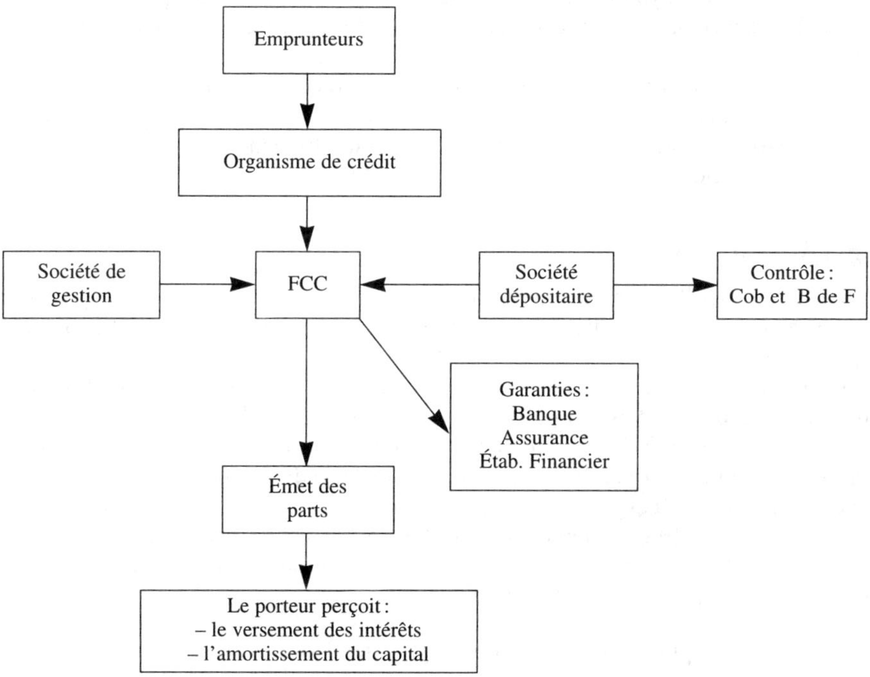

■ Actions

L'action est un titre de propriété d'une société anonyme. Le propriétaire d'une action, l'actionnaire, peut percevoir un revenu variable appelé le dividende ; il est associé à la marche, à la croissance et aux bénéfices de l'entreprise, mais il supporte les pertes. La plupart des actions ne sont pas cotées en Bourse. La réglementation d'assurance vie exige qu'il s'agisse d'actions cotées sur une place boursière d'un État membre de l'OCDE soit New York, Montréal, Londres, Tokyo, Bâle, Zurich, Genève, Francfort, Madrid, Milan, Sydney mais non les places boursières du Sud-Est asiatique comme Hong Kong ou Singapour.

La société anonyme émet sur le marché primaire un certain nombre d'actions. Ces dernières sont cotées en bourse sur le marché secondaire.

La cotation dépend de trois facteurs :
- le rendement de l'entreprise (dividende) ;
- le ratio cours/bénéfice ;
- la valeur de l'actif net.

En pratique, les influences capitales de détermination du cours sont les perspectives de la société et les taux d'intérêt.

Les principales catégories d'actions sont :
- l'action classique avec dividende et droit de vote ;
- l'action sans droit de vote ;
- l'action « accumulante » où les dividendes sont réinvestis d'office ;
- les titres participatifs réservés aux entreprises publiques ou nationalisées.

Il y a alors deux niveaux de rémunération : d'une part, une partie fixe le plus souvent le taux moyen du marché obligataire (TMO) et d'autre part, une partie variable indexée par un élément d'activité comme le chiffre d'affaires ou les bénéfices ;

– des certificats d'investissement, formule intermédiaire entre l'action et l'obligation. Ce produit hybride procure un dividende sans droit de vote. Le certificat d'investissement privilégié (CIP) donne droit à un dividende prioritaire supérieur à celui de l'action.

■ Les OPCVM

La gestion collective en valeurs mobilières présente l'avantage de pouvoir investir en Bourse avec des moyens modestes tout en bénéficiant du travail des spécialistes.

Le terme OPCVM (Organisme de placement collectif en valeurs mobilières) regroupe les organismes qui proposent des placements collectifs essentiellement en Sicav ou en FCP. La distinction entre les Sicav et les FCP n'existe qu'en France ; c'est pourquoi cette distinction est appelée à disparaître en raison du marché européen de l'épargne.

Le cadre législatif et réglementaire des OPCVM a été transformé par l'adoption de la loi du 23 décembre 1988 qui préparait l'ouverture du marché européen des OPCVM à compter du 1er octobre 1989.

Les points les plus nouveaux sont les suivants :
- le renforcement de la Cob (Commission des opérations de Bourse) qui est l'organisme unique pour l'agrément et le retrait d'agrément des Sicav et FCP ;
- le dépositaire d'une Sicav ou d'une FCP doit s'assurer de la régularité des opérations.

Il est important de noter que tout souscripteur éventuel de parts de Sicav ou FCP doit se voir remettre un document d'information ; la Cob a élaboré une fiche signalétique selon un modèle type sous une forme standardisée aussi claire et synthétique que possible ; les principaux éléments de cette fiche permettent :
- d'identifier l'OPCVM pour voir s'il est adapté à ses objectifs ;
- de procéder à des comparatifs entre OPCVM différents.

En dehors du document d'information destiné à être remis au moment de la souscription, les OPCVM doivent régulièrement publier un ensemble de documents : rapport annuel et semestriel (trimestriel quand l'actif net est supérieur à 500 millions). Ces documents ont pour objet de retracer la politique suivie, de présenter des informations sur la gestion et la comptabilité.

Les Sicav

Les Sicav (Société d'investissement à capital variable), créées en 1963, sont des portefeuilles de titres détenus en commun et répartis entre un certain nombre de parts dont chacune est représentative d'une fraction du capital de la Sicav. La valeur de la part est appelée « valeur liquidative » qui représente la valeur de revente du portefeuille divisée par le nombre de parts. Le capital est variable en raison du portefeuille divisée par le nombre de chaque titre donc la valeur totale de l'ensemble des titres et d'autre part les transactions (achat et vente) sur la Sicav elle-même.

Ainsi, pour une période donnée, le rendement d'une Sicav dépend de deux paramètres :
- les revenus (dividende des actions et intérêts des obligations) ;
- l'évolution du cours des titres (plus-value ou moins-value).

La diversification du portefeuille est due à des contraintes réglementaires pour garantir à l'investisseur un minimum de sécurité :
- les fonds gérés par une Sicav doivent représenter au moins 50 millions de francs ;
- une Sicav ne peut détenir que 10 % au maximum du capital d'une entreprise.

Sur le vaste marché des Sicav, on trouve aujourd'hui principalement :
- des Sicav d'actions françaises permettant d'investir sur le marché français ;
- des Sicav obligataires, exclusivement composées d'obligations ;
- des Sicav diversifiées (portefeuille mixte « actions/obligations ») ;
- des Sicav spécialisées soit en actions d'un même pays (américaines, japonaises), soit dans un secteur d'activité (bâtiment et travaux publics par exemple) ou dans une catégorie de valeurs données (mines d'or...).

En outre, depuis le 1er octobre 1989, les gérants de Sicav peuvent réintégrer les revenus perçus sans être obligés de les redistribuer aux porteurs de parts. Ainsi, les coupons viennent s'ajouter au capital constituant un revenu différé perceptible sous forme de plus value hors de la vente des parts. Cette réforme des Sicav de « capitalisation » met la France a égalité en matière de gestion collective avec ses principaux concurrents que sont la Grande-Bretagne et le Luxembourg.

Sur le plan juridique et technique, le contrat d'assurance Sicav est soumis à la législation et à la réglementation de l'assurance.

Sur le plan fiscal, le client de ce type de produit bénéficie d'un double avantage : il a un régime privilégié en tant que porteur de parts et en tant qu'assuré sur la vie.

Les FCP

Les Fonds communs de placement (FCP) sont des copropriétés de valeurs mobilières. Ils ont été ouverts au public en 1979. Leur taille est beaucoup moins importante que celle des Sicav : les fonds gérés doivent être compris entre 2,5 et 500 millions de francs.

Les FCP sont soumis à des contraintes de gestion ; ils ne doivent pas :
– détenir plus de 20 % d'actions non cotées,
– posséder plus de 10 % du capital d'une entreprise,
– investir plus de 10 % dans un même titre,
– disposer de plus de 20 % des avoirs en liquidités.

Le marché est aussi hétérogène. On trouve des FCP spécialisées dans des valeurs françaises ou sur un marché étranger ou même sur un secteur d'activités particulier (mines d'or, valeurs technologiques). Il existe aussi des FCP obligataires, parfois eux-mêmes spécialisés dans des obligations convertibles, dans des emprunts d'État.

Enfin, créés en 1983, les FCP « à risques » doivent investir au moins 40 % de leur actif en parts ou actions de sociétés non admises à la cote officielle ou au second marché. L'objectif poursuivi est d'aider au développement de PME n'ayant pas directement accès au marché financier par des prises de participation significatives dans leur capital ; les FCP à risques n'ont pas obtenu grand succès. Les conditions de ce type de support en assurance-vie sont fixées par un arrêté du ministre de l'Économie et des Finances. Le contrat d'assurance FCP est régi sur le plan juridique et technique par la réglementation du Code des assurances.

Sur le plan fiscal, le client bénéficie du double avantage : porteur de part FCP et assuré vie.

Instaurée en 1985, la grille de classification des OPCVM était devenue obsolète, pour une double raison : le critère principal était la nature juridique des titres détenus dans lesquels ne figuraient pas les OPCVM garantis ou assortis d'une protection.

La Cob a donc institué pour le 1er janvier 1994 une nouvelle classification en tenant compte beaucoup plus de la référence de l'exposition au risque, c'est-à-dire le concept de sensibilité et en intégrant des nouveaux produits.

Ancienne classification	**Nouvelle classification**
Actions et autres titres en capital : – actions françaises, – actions étrangères, – actions françaises et étrangères.	OPCVM actions : – actions françaises, – actions internationales.
Actions et obligations diversifiées : – françaises, – étrangères, – françaises et étrangères.	OPCVM diversifiées.
Obligations à moyen et long terme : – obligations françaises, – obligations étrangères, – obligations françaises et étrangères.	OPCVM obligations et autres titres de créance, – obligations et autres titres de créances français, – obligations et autres titres de créances internationaux.
Court terme – court terme sensible, – court terme régulier, – court terme monétaire.	OPCVM monétaires – monétaires francs, – monétaires à vocation internationale.

Ancienne classification	Nouvelle classification
	OPCVM garantis ou assortis d'une protection.

■ Les devises

Pour préserver notre monnaie et en particulier pour éviter des transferts d'épargne à l'étranger, il était prohibé depuis 1942 de libeller des contrats en monnaie étrangère.

Depuis le 1er juillet 1990 (C. assur., art. L. 160-3) les personnes physiques résidentes en France et les personnes morales peuvent souscrire des contrats en devises. Sur le plan actuariel, les trois variables (primes, prestations et prévisions) doivent être émises sur la même « unité » : par exemple les trois en Deutsche marks. La nécessité réglementaire comptable vient renforcer cette première contrainte ; le principe de congruence exige de représenter les passifs en devises par des actifs émis dans la même devise afin tout simplement d'éviter des risques de change, conformément à l'article R. 332-1 du Code des assurances.

Une dérogation est prévue par l'article R. 322-1-1 : *« les entreprises d'assurance peuvent, à concurrence de 20 % de leurs engagements, ne pas couvrir ceux-ci par des actifs congruents »*.

Si l'assureur propose ce nouveau service en prime unique, il pourra de plus proposer un taux minimum contractuel à sa clientèle. En effet, il suffit alors de placer l'intégralité de l'argent confié immédiatement sur le marché primaire des obligations à taux fixe du pays concerné.

Exemple :

Je place 60 000 F en prime unique en dollars. Les hypothèses sont les suivantes :

- Le dollar est échangé à 6 F le 1/6/94.
- Le dollar est échangé à 6,20 F le 1/6/95.
- Les obligations d'État de durée 10 ans à taux fixe de 6 %.
- La participation aux résultats est de 90 % des revenus nets ; la différence entre le revenu brut et net est de 5 %.

Voici les résultats :

Au départ 60 000 F représentent 10 000 $.

Le rendement réel est de 5,13 % (6 % × 0,95 x 0,90).

Ce rendement est donc de 513 $.

Le capital obtenu le 1.06.1995 est 10 513 $ × 6,20 F = 65 180 F.

■ Pierre papier

L'unité de compte est une part de société immobilière.

Les sociétés immobilières admises sont les SCI, les SII, les SCPI et les Sicomi.

SCI

La société civile immobilière, créée en 1938, est une société non commerciale qui possède et achète des immeubles de toute nature (habitations, bureaux, locaux commerciaux) dans le but de les louer. Le capital de la SCI est divisé en parts, c'est-à-dire en titres de copropriété de l'ensemble du patrimoine. Les SCI sont régies par les articles 1832 et suivants du Code civil. Le loyer sert, d'une part, à amortir les immeubles et à assurer la gestion, d'autre part, à distribuer un dividende aux porteurs de parts. Les plus-values constatées sur la valeur de la part reviennent en totalité aux assurés sous forme d'augmentation de leurs garanties.

SII

Les sociétés immobilières d'investissement ont été créées en 1958 pour attirer l'épargne vers la construction de logements. Leur activité essentielle réside dans la construction et la location d'immeubles situés en France et affectés à concurrence de 75 % au moins de leur superficie à l'habitation, le restant étant investi en général dans les bureaux. En tant que société commerciale à forme anonyme, les SII sont tenues de distribuer leurs bénéfices à leurs actionnaires.

SCPI

Les sociétés civiles de placement immobilier, nées aux environs de 1965, sont des sociétés civiles regroupant des épargnants en vue d'achat d'immeubles destinés à la location. Le capital social ne peut être inférieur à 1 million de francs divisé en parts non nominatives d'au moins 1 000 F ; un document d'information visé par la COB doit être joint à tout bulletin de souscription.

Sicomi

Les sociétés immobilières pour le commerce et l'industrie, nées en 1967, achètent ou font construire des immeubles à usage professionnel. Propriétaires des locaux industriels et commerciaux, elles mettent à la disposition de leurs clients trois formules :

- location simple indexée ;
- crédit-bail qui est un bail de longue durée assorti d'une promesse de vente au terme ;
- cession bail : achat d'un immeuble appartenant à une entreprise, puis revente à cette même entreprise de son immeuble en crédit-bail.

La Sicomi est soumise au Conseil national du crédit et au contrôle des établissements financiers. Elle bénéficie d'un certain nombre d'avantages fiscaux et doit posséder un minimum de capital social. Elle doit distribuer une grande partie de ses bénéfices nets aux porteurs de parts (85 % au minimum). Les Sicomi peuvent être cotées en Bourse.

■ Sociétés civiles forestières

Réglementation spécifique

Les caractéristiques principales des supports étant décrites brièvement, il est important de citer les points clefs de la réglementation spécifique assurance des contrats Acavi :

- La vente d'immeuble fait l'objet d'une information et n'est plus soumise à une autorisation préalable de la direction des Assurances.
- Le patrimoine immobilier doit comprendre au moins cinq immeubles.
- Tous les cinq ans, une expertise doit être réalisée par une filiale du Crédit foncier, la SEIEF (Société études immobilières et d'expertise foncière).
- Une évaluation du patrimoine, c'est-à-dire une actualisation de cette expertise quinquennale, doit être faite au moins une fois par an.

- La valeur du patrimoine de la société immobilière doit atteindre 100 millions de francs.
- La loi de finances rectificative pour 1989 a prévu un nouveau régime d'imposition de la plus-value de cession d'un immeuble d'une SCI, support de contrats Acavi : l'imposition de la plus-value sera désormais effectuée sous déduction des réévaluations des parts de la SCI.
- Si l'unité de compte est non cotée, ce qui est très souvent le cas en Acavi, il faut fixer une fois par an la valeur de l'unité de compte, c'est-à-dire la valeur de la part.
- Interdiction de référencer un contrat uniquement sur des parts non cotées de sociétés civiles à objet strictement foncier.

Comme pour les autres produits financiers exprimés en « unités de compte », sur le plan juridique et technique, le contrat Acavi est soumis à la législation générale des assurances. Sur le plan fiscal, le client bénéficie du double avantage : porteur de parts de la société immobilière et souscripteur d'assurance vie.

■ Le rôle de la Cob

La Commission des opérations de Bourse (Cob) est une institution indépendante de caractère public. Grâce à un budget autonome, elle a une triple mission :
- protéger l'épargne en valeurs mobilières et autres placements (SCPI...) ;
- informer les investisseurs, que ce soient des entreprises ou des particuliers ;
- veiller au bon fonctionnement de la Bourse ou des marchés à terme.

La Cob est seule habilitée à agréer la constitution, la transformation, la fusion, la scission ou la liquidations des OPCVM ; en outre, elle peut retirer l'agrément. Elle délivre un « visa » sur les notes d'information dès lors qu'il y a appel public à l'épargne. Elle vérifie les « fiches signalétiques » et les documents périodiques diffusés par les OPCVM.

Elle peut également saisir les instances judiciaires.

Il est évident que la sécurité des investisseurs repose sur la qualité de l'information financière des épargnants individuels confrontés à des techniques ou des produits financiers de plus en plus complexes.

Un aspect moins connu de la Cob est la publication d'un certain nombre de données statistiques sur les Sicav, les FCP, l'indice général de référence de la Bourse de Paris (indice Cac) et le volume des transactions.

L'épargne en francs

■ Le mécanisme

L'idée d'une participation qui devient régulière permet d'ajuster les garanties. Cet ajustement ne peut provenir :
- ni d'une majoration de la cotisation seule, car l'épargne constituée n'est pas revalorisée ;
- ni d'une majoration de la provision mathématique seule, car les cotisations à venir ne suivent pas.

D'où l'idée de valoriser en même temps et dans la même proportion la provision mathématique par participation et la cotisation contractuellement. Nous retrouvons l'équation fondamentale expliquée précédemment dans la partie « Les principes » :

$$A = PM + a$$

c'est-à-dire :

Prestations futures = Provision mathématique + Cotisations futures

Chaque partenaire est avantagé : le client reste assuré correctement et l'assureur augmente son chiffre d'affaires sans supporter de nouveaux frais.

Il existe donc une règlementation commune.

Conformément à l'article L. 331-3 du Code des assurances, les entreprises d'assurance sur la vie doivent faire participer les assurés aux bénéfices dans les conditions fixées par les articles A. 132-1 à A. 132-10 du même code.

Cette obligation s'applique à tous les produits exprimés en francs mais non aux contrats libellés en unités de compte.

L'affectation de la participation aux résultats est prévue dans l'état B26.

Cet état se concrétise par une série de tableaux comptables.

Il s'agit de l'état justificatif de la participation des assurés sur la vie ou des porteurs de contrats de capitalisation aux résultats techniques et financiers.

■ La répartition des résultats

Nous rappelons à notre lecteur le chapitre « Bases techniques » de la première partie « La conception ».

Les calculs théoriques de confection de la prime intègrent des *hypothèses* qui sont :

- les tables démographiques de mortalité ;
- les chargements forfaitaires ;
- le taux d'intérêt et en particulier le taux technique.

Dans la pratique, les comptes des entreprises (compte d'exploitation, bilan...) vont enregistrer la *réalité* constatée. Cette réalité s'écartera des hypothèses en donnant des résultats positifs ou négatifs.

Ces écarts doivent être successivement constatés puis affectés.

Les résultats techniques

Ces résultats peuvent provenir de plusieurs sources :

- les écarts de mortalité dus à l'utilisation de mauvaises tables ou/et à une insuffisante sélection des risques en prévoyance ;
- les écarts entre les valeurs de rachat payées et les provisions mathématiques des contrats rachetés ;
- les frais d'acquisition tenant au rythme d'amortissement des frais.

Prenons un exemple sur le poste des chargements. Ceux-ci, qui correspondent aux dépenses de commercialisation et de gestion, sont estimés au départ à 10 % des cotisations dans la société A. Cette société dans son tableau de bord « Ressources » prévoit que les cotisations en représentent 80 %, aussi, le chargement escompté est de 8 %. Il ressort de son compte annuel que les commissions et les autres charges réelles sont de 7,3 % ; pour la société A, il existe un écart positif de 0,7 %.

En général, étant donné la prudence des assureurs à l'égard des bases techniques, il ressort des écarts positifs.

Les résultats financiers

Dans les contrats libellés en francs, la réglementation impose un taux d'intérêt maximum. Actuellement, il est dans la majorité des contrats, soit 3,5 %, soit 60 %

du TME (voir le chapitre « Bases techniques » dans la partie « La conception ») ; cette base étant prudente, les placements réels obtiennent des taux « moyens » supérieurs.

Il existe donc aussi des écarts entre l'*hypothèse* et la *réalité*. Ces écarts sont toujours positifs contrairement aux écarts techniques, qui peuvent être négatifs. Au niveau des constats, se posent trois problèmes :

1. En dehors des contrats en unités de compte, le bilan d'une société comprend à l'actif les placements et au passif les fonds propres, les provisions mathématiques des contrats en francs et des contrats collectifs décès.

La réglementation va donc utiliser deux clefs de répartition pour corriger cet inconvénient. L'un qui consistera à un quota en pourcentage entre les deux provisions (contrats individuels et contrats collectifs) ; l'autre qui déterminera le pourcentage de 85 % pour ne pas pénaliser les propriétaires des fonds propres.

2. Le deuxième problème est lui aussi double :

Les plus-values réelles sur réalisation doivent être amputées des moins-values réelles.

De même, un tableau comptable de l'état modèle intègre les résultats latents. Ces résultats sont obtenus par estimation sans être réalisés réellement. On obtiendra donc ainsi la masse des plus-values « latentes » amputée de la masse des moins-values « latentes ».

3. Le troisième problème est celui du produit des placements.

Un tableau analyse le montant des produits financiers (recettes) et les frais financiers (dépenses). La différence toujours positive représente le produit net des placements.

La réglementation des résultats globaux

Le montant minimal réglementaire est un des deux formules suivantes :
– soit 85 % du solde créditeur financier + 90 % solde créditeur technique ;
– soit 85 % solde créditeur financier - 100 % du solde débiteur technique.

Dans les deux formulations, les 15 % sont affectés aux propriétaires des fonds propres, en bref les actionnaires. Dans le cas de sociétés non commerciales ou dans le cas de produits associatifs, il est de règle d'attribuer 100 % des résultats financiers. Dans la première formulation, le législateur veut, à juste titre, encourager l'entreprise ayant une bonne gestion en lui donnant la possibilité de garder 10 % de ses bénéfices techniques ; dans la seconde, le client est défavorisé car les bénéfices financiers même s'ils sont attribués à 100 % sont amputés des mauvais résultats techniques. Le montant réglementaire semble complexe, mais il est à la fois logique et moral.

Dans un exercice donné, il existe un montant effectif de la participation. Ce montant peut être affecté immédiatement ou de manière différée.

Dans ce dernier cas, l'entreprise peut et doit constituer une provision pour participation aux excédents. Le nouvel article A. 132-7 du Code des assurances stipule que ce délai de report ne peut excéder huit ans.

Dans le premier cas, la solution la plus employée par les assureurs est l'injection de cette participation dans la provision mathématique, ce qui a pour conséquence de majorer parallèlement les engagements futurs du client et de l'assureur ; c'est le système de la revalorisation totale.

Mais cette affectation immédiate peut être attribuée de façon différente :
– bonus, ristourne de prime ;
– augmentation des prestations ; on ne change rien au montant des primes futures ; l'excédent est affecté en prime unique pour la durée restant à courir. Ainsi, les prestations futures de l'assureur seront réévaluées de façon moindre que la provision mathématique.
En conclusion, il s'agira d'une revalorisation partielle.
L'augmentation progressive et régulière de l'épargne permettra de visualiser les schémas suivants :

Constitution de capital

1) Versement unique
2) Versements périodiques

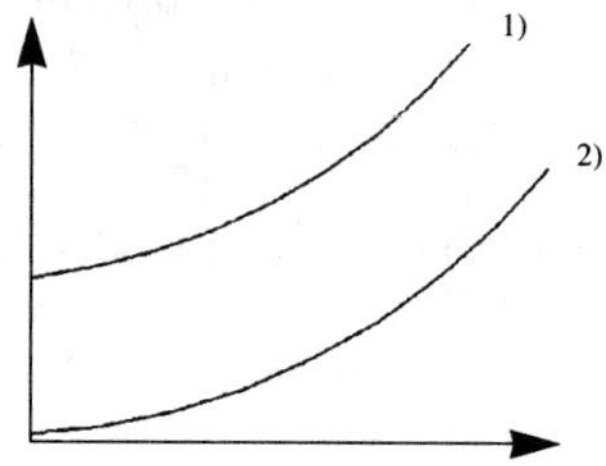

Restitution de capital, c'est-à-dire mécanisme de la rente viagère en francs

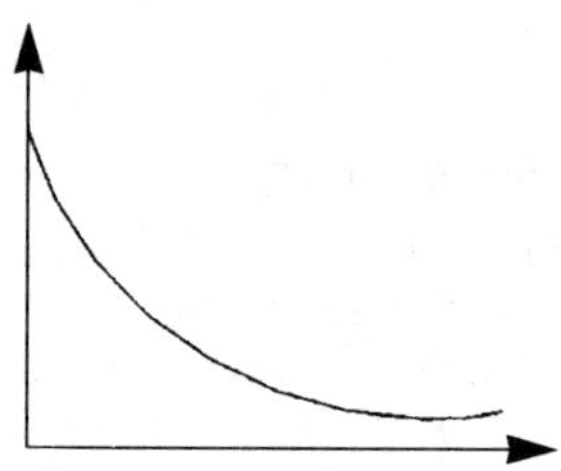

■ Les actifs

Les entreprises d'assurance vie et de capitalisation font appel à deux sortes d'actifs pour les engagements correspondant à leur produit.

L'actif général

Conformément à l'article R. 332-2 du Code des assurances, les actifs autorisés sont :
- titres collectifs et individuels de créances (obligations, TNC, FCC et OPCVM obligations...) ;
- titres individuels et collectifs de propriété (actions, OPCVM actions... , parts FCPR) ;
- Immobilier en direct (droits réels) ;
- Immobilier indirect (parts de pierre papier) ;
- prêts et dépôts.

Ne sont pas autorisées les opérations traitées par le Matif, les produits dérivés, l'or, les placements divers (biens d'équipement, matières premières, etc.), et le foncier (terrains, forêts, terres agricoles).

En respectant les limitations par catégorie et la dispersion des placements, un certain nombre de produits sont investis dans cet actif général donc diversifié.

L'actif cantonné

Les assureurs vie offrent souvent des contrats en francs placés en actif cantonné sur le plan juridique et comptable.

L'exemple le plus connu est celui des produits « associatifs », contrat collectif à adhésion facultative individuelle, où le portefeuille se constitue uniquement de valeurs mobilières avec une dominante prépondérante de titres de créances c'est-à-dire obligations et TCN. Il existe d'autres applications pratiques comme un produit investi intégralement en Oroc ou en OAT.

Prévoyance

L'ensemble des contrats « prévoyance » possède une caractéristique spéciale : la provision mathématique est faible, négligeable puisque au terme, si le risque ne s'est pas réalisé (décès, invalidité, incapacité), l'assureur ne verse rien.

Ces combinaisons sont plus proches de l'assurance multirisque ou de l'assurance auto. Il ne s'agit donc plus de rendement, mais de réévaluation. Le système le plus adapté est l'indexation.

L'engagement de l'assureur comme celui de l'assuré varie en fonction d'un indice.

Lequel ? La réglementation n'impose qu'une seule contrainte : « l'indice doit être en rapport avec le bien ou le service concerné ».

Depuis trente ans, les indices les plus usités sont :
- plafond annuel de rémunération soumis aux cotisations de la Sécurité sociale ;
- valeur du point de retraite cadre Agirc ;
- valeur du point de retraite non cadre Unirs ;
- valeur en francs de la lettre C de la Sécurité sociale.

Il nous faut reconnaître que le premier et le dernier indice sont liés à la politique sociale menée par l'État ; les deux autres (Agirc, Unirs) sont liés à la bonne santé des régimes complémentaires de retraite par répartition.

En un mot, ils ne reflètent pas la perte réelle du pouvoir d'achat, mais représentent tout de même un effort pour concrétiser approximativement l'inflation.

Conclusion

Depuis quelques années, nous assistons à une multiplication des produits nouveaux qui garantissent tous une réelle protection contre l'inflation. Cette nette amélioration est due à des facteurs externes et internes :
- la déréglementation du marché financier ;
- l'environnement boursier international ;
- la bonne tenue générale de la Bourse française ;
- l'accroissement des besoins des émetteurs : État, entreprises publiques et privées ;
- les incitations fiscales pour les investissements à moyen et long terme ;
- la défense des assurés par une réglementation plus ouverte ;
- l'innovation des services « marketing » des entreprises d'assurance vie ;

– l'ouverture européenne du marché de l'épargne.

Sur une courte période, entre un an et cinq ans, il est toujours possible de trouver un meilleur placement. En sachant que l'assurance vie est un investissement à moyen ou long terme, nos clients ont la possibilité de choisir en des supports différents selon leurs motivations :

– la Bourse : contrats Sicav/FCP ou autres supports assimilés (action, obligation, etc.) ;
– la pierre : contrats Acavi (parts de société immobilière) ;
– la devise : contrats libellés en devises ;
– la diversité à long terme : contrats en francs.

L'intégralité de ces produits sur le marché répond à trois critères : sécurité importante, fiscalité favorable, gestion facile.

La presse grand public, en particulier les périodiques à dominante financière, publie régulièrement des tableaux comparatifs. Ces tableaux (banc d'essai ; grille ; Hit parade ; tests ; argus) présentent selon nous quelques zones d'ombre.

Certains n'indiquent que le rendement net d'une année, ce qui ne veut rien dire pour un investissement à long terme ; d'autres parlent de taux de valorisation ou de performance sans définir les termes ; la clause de « participation aux résultats » devient « clause de participation aux bénéfices » ; enfin, le coût indirect (entrée, chargement, gestion) est exprimé en pourcentage sans préciser si celui-ci porte sur la cotisation, la provision ou/et la prestation. Il faut donc apporter une importance relative à ces classements. La transparence des chargements rendra peut être plus facile les comparatifs.

Dans ce domaine, il nous semble plus utile et plus honnête de présenter les études du GAP (Groupement des assurances de personnes). Chaque année, ce groupement effectue un sondage sur entreprises représentant plus de 80 % du marché. Ce sondage permet de chiffrer une synthèse des taux de revalorisation et de rendement sur une période longue.

Voici les résultats de 1985 à 1995 pour les contrats individuels (en pourcentage).

	1985	1986	1987	1988	1989	1990	1991	1992	1993	1994	1995
Contrats revalorisables (1)	10,8	11,2	10,2	9,4	8,8	8,9	9,0	8,53	7,0	7,1	7,2
Contrats épargne (2)	12,0	10,8	9,6	9,3	9,1	9,0	9,04	8,89	–	8,36	7,73
Contrat Sicav (3)	27,0	27,3	- 9,0	19,4	12,3	- 7,5	8,87	3,50	–	25,7	-9
Contrats Acavi (3)	9,7	11,7	12,6	12,1	12,8	12,4	8,54	5,83	–	1,20	-3,3
Contrats Devise écu	–	–	–	–	–	–	7,70	8,24	–	9,3	7,1

(1) Contrats prévoyant l'intégration de la participation dans les primes et les garanties. Il s'agit de la moyenne des taux globaux de rémunération des provisions y compris le taux technique.

(2) Contrats en cas de vie dont le mode de paiement est souple. Il s'agit de la moyenne des taux de rendement.

(3) Le pourcentage exprime la moyenne des taux de réévaluation y compris la participation contractuelle aux bénéfices.

■ Rendement hors fiscalité

Pour tout particulier épargnant, le rendement d'un placement est un élément, sinon l'élément fondamental de sa décision.

Pour n'importe lequel des très nombreux produits financiers proposés sur le marché, le *profit net en francs constants* est égal à l'opération suivante, le tout corrigé de l'évolution du pouvoir d'achat du franc français :

Revenu plus « plus-value » moins frais, impôt et « moins-value ».

Citons quelques exemples simples pour illustrer ces termes :

Revenu	Taux d'intérêt fixe ou variable – dividende d'action – loyer de l'argent – loyer provenant d'un bien immobilier.
Plus-value	Différence positive entre le prix de vente et le prix d'achat d'un bien ou d'un service.
Moins-value	Différence négative entre le prix de vente et le prix d'achat d'un bien ou d'un service.
Fiscalité	Indirecte (TVA) ou directe sur les revenus et sur le capital.
Frais	À l'acquisition, en cours et à la réalisation du bien ou du revenu analysé.

Nous n'intégrerons pas la fiscalité. Les « moins-values » existent souvent dans la plupart des placements : la valeur de réalisation d'une obligation peut être inférieure à sa valeur d'acquisition ; il en est de même et quelquefois dans des proportions importantes, pour les actions ; l'immobilier a connu à certaines époques une stagnation voire une régression, entraînant des moins-values.

Les frais « chargements » sont très faibles en cotisation unique et très variables dans les contrats à cotisations échelonnées.

Le revenu, étant par définition réintégré et non distribué, vient améliorer encore la plus-value.

En conclusion, la réglementation est rigoureuse à tous les niveaux :

– sur le plan de la technique : tarifs, chargements dans un régime de liberté surveillée ;
– sur le plan de l'information au départ et en cours de contrat ;
– sur le plan comptable et financier : contrôle sévère de la comptabilité et répartition obligatoire d'un minimum de bénéfices à la clientèle ;
– sur le plan des garanties accessoires.

Tout cet ensemble mis en place par le législateur dans l'intérêt des souscripteurs et des porteurs de contrats de capitalisation permet d'affirmer que la branche capitalisation et la branche vie répondent à trois préoccupations de l'épargnant : *sécurité, transparence et simplicité.*

Comment réagissent les marchés face aux différentes situations économiques ?

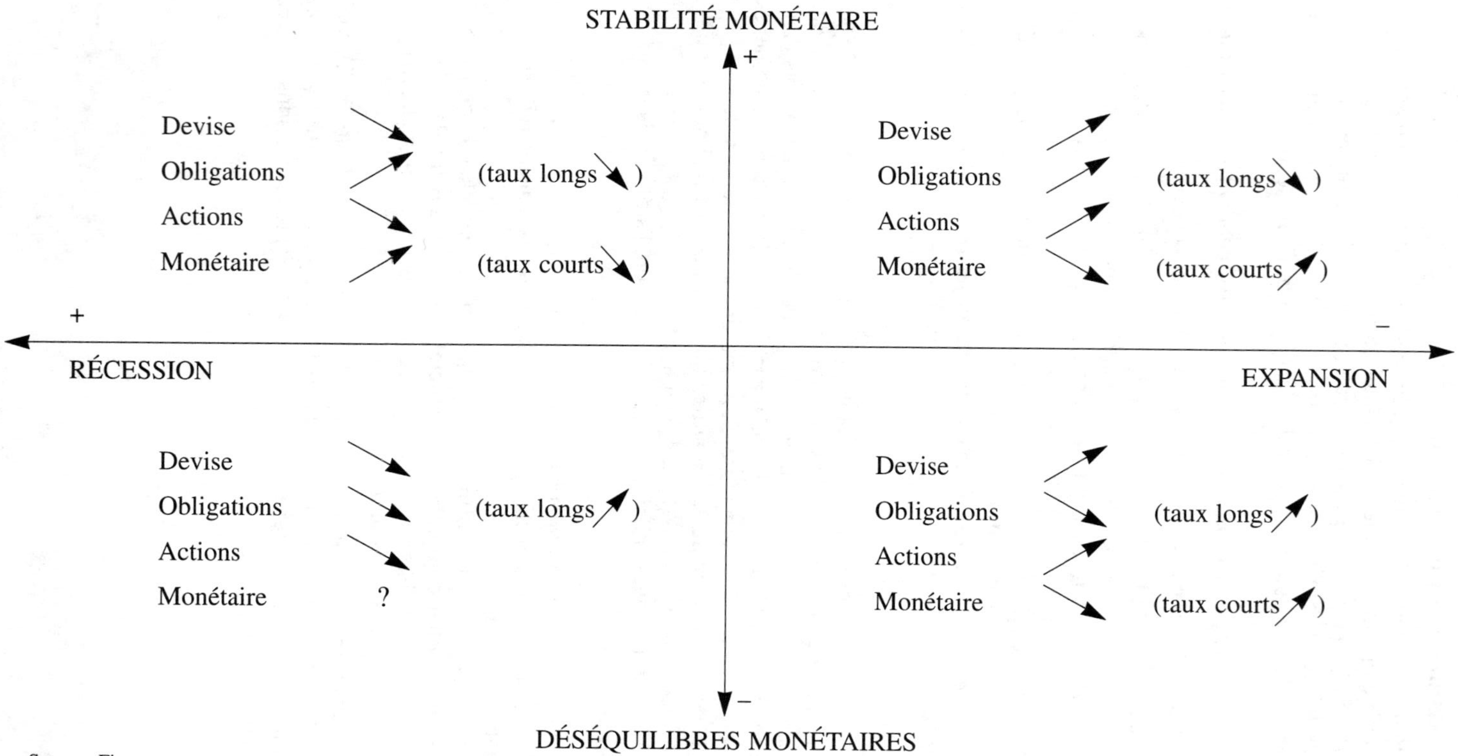

Source : Fimatex

Produits en francs français

Actifs autorisés	Obligations et actions cotées dans État OCDE ainsi que TCN Parts OPCVM dans État OCDE Droits réels immobiliers situées dans État OCDE Pierre papier dont le patrimoine immobilier se situe dans État OCDE Prêts et liquidités
Taux	% du TME lissé ou % Minimum garanti chaque année : % des taux du rendement de l'actif
Écarts techniques et financiers	Deux sources : – Techniques : dus au coût des frais, du rythme des rachats et du décès – Financiers : plus-values nettes et excédents réels sur taux nets
Participation résultats	Quotas minimaux sur écarts soit au minimum : – 85 % du solde financier moins 100 % technique (si négatif) – 85 % du solde financier plus 90 % solde technique (si positif)
Marge de solvabilité	Comprend les fonds propres et les plus-values latentes Montant minimal est égal à 4 % au moins des provisions techniques

Produits en unités de compte

Actifs autorisés	Obligations et actions cotées dans les États de l'OCDE ainsi que TCN Parts OPCVM dans les État de l'OCDE FCC et parts de pierre papier
Taux	Ni taux garanti ni taux technique sauf exceptions La garantie minimale est contraire au mécanisme de l'unité de compte : le capital est variable, car l'unité de compte joue à la hausse comme à la baisse ; c'est l'assuré qui court le risque financier.
Écarts financiers	Deux sources principales : – revenus (dividendes, intérêts, loyers) donnent un écart positif ; – masse des plus-values moins masse des moins-values donnent des écarts positifs ou négatifs selon la période considérée.
Participation résultats	La participation est facultative et non obligatoire. Contractuellement, les assureurs accordent le plus souvent 100 % des plus-values nettes et 50 % à 100 % des revenus nets. Cette participation est prévue dans les conditions du contrat.
Marge et solvabilité	Deux cas de figure : – le plus courant, l'assureur n'assume pas le risque de placement et la marge minimale est égale à environ 1 % des provisions techniques ; – quelquefois, l'assureur assume le risque de placement et la marge minimale est égale à environ 4 % des provisions techniques.

Assurance épargne et marché de l'épargne

Forme de l'épargne	Taux	Durée	Nature du taux	Type de produit
Épargne liquide	Taux réglementé	Court et Moyen terme	Le taux est fixé par l'État	Livret A Livret Bleu LEP Codevi Épargne Logement
ÉPARGNE FINANCIÈRE		Moyen terme	Le taux est libre	Compte à terme Bons de caisse
	Taux contractuels	Long terme	Le rendement est variable	Actions et titres assimilés Obligations et titres assimilés OPCVM actions OPCVM obligations Parts de pierre papier
	Taux contractuel et réglementé	Long terme	Le rendement est garanti	Assurance épargne en francs français

3

La fiscalité de l'assurance vie (non PEP)

Principes

L'assurance vie est un placement à long terme selon la technique de capitalisation. Permettant une croissance régulière des garanties, elle est très bien adaptée aux besoins des épargnants, qui recherchent un processus d'accumulation de capital sans avoir besoin de percevoir des revenus. En outre, l'intérêt de cette technique est aussi d'ordre fiscal en raison des différences d'imposition entre plus-values et revenus ; en cas de capitalisation, les revenus non distribués se transforment en accroissement de la garantie et leur perception effective est renvoyée au moment de la sortie (terme ou rachat) en la transformant alors en plus-value de cession. L'impôt soit disparaît (pays n'imposant pas les plus-values), soit se trouve reporté à la date de perception de l'engagement de l'assureur par l'assuré.

Notre fiscalité doit répondre à trois niveaux de cohérence :
- au niveau de l'Europe, la modification de la réglementation permet des placements en devises et valeurs étrangères ; les responsables financiers des entreprises rechercheront naturellement sur les différentes places financières les placements les plus rentables pour les assurés français. En outre, l'État français doit harmoniser l'assurance-vie française avec les partenaires étrangers ;
- au niveau de la solidarité. Sur le plan national, la charge fiscale ne doit pas reposer exclusivement sur les revenus du travail et les revenus fonciers mais également sur les revenus du capital mobilier : les cas de la contribution sociale généralisée (CSG) et du remboursement de la dette sociale (RDS) sont deux exemples ;
- au niveau des produits. Les très nombreuses catégories de valeurs mobilières et les non moins nombreuses formes d'épargne ont des régimes fiscaux différents. L'État doit veiller à la cohérence fiscale afin de limiter les arbitrages sur le marché, qui n'ont d'autre but que d'exploiter les distorsions fiscales.

Il découle de ce qui précède les objectifs de la fiscalité française :

1. Unifier les taux d'imposition des intérêts, que le placement soit négociable ou non, que le produit soit long ou court, que l'épargne soit avec ou sans risque. Il faut favoriser la simplicité du système.

2. Supprimer ou réduire le traitement fiscal différent entre les intérêts et les plus-values mobilières.

3. Privilégier l'épargne stable c'est-à-dire l'épargne contractuelle réellement longue, que sont les assurances vie et les assurances retraite. Il s'agit d'engagements de longue durée, où le retrait anticipé entraîne des sanctions financières.

4. Réduire ou supprimer les taxes sur les transactions afin de favoriser le développement des marchés : les souscripteurs sont exonérés de la taxe sur les conventions d'assurance sur la vie et de rente viagère depuis le 1er juillet 1990.

Réductions d'impôt

Il suffit de répondre à trois questions.

■ Qui en bénéficie ?

Toutes les personnes dont la cotisation d'impôt est inférieure à 7 000 F.

Pour les personnes dont l'impôt sur le revenu est supérieur à 7 000 F, le droit de réduction dépend de la nature du versement de l'assuré et de la date du 20 septembre 1995 :

- pour les contrats conclus ou prorogés avant le 20 septembre 1995 et souscrits à primes périodiques, la réduction s'applique ;
- pour les contrats conclus ou prorogés depuis le 20 septembre 1995 souscrits à primes périodiques, la réduction ne s'applique pas ;
- pour les contrats conclus ou prorogés depuis le 20 septembre 1995 à prime unique ou à versements libres, la réduction ne s'applique pas.

■ Combien ?

À condition d'avoir une durée effective de 6 ans, la réduction se calcule sur la fraction de prime représentative d'épargne, c'est-à-dire la prime pure sans les chargements. Elle est égale à 25 % de la prime dans la limite de 4 000 F par an et par foyer fiscal plus 1 000 F par enfant à charge ; ainsi, la réduction maximale sera pour un couple avec deux enfants de 1 500 F (25 % de 4 000 F + 2 000 F).

■ Comment ?

L'assureur fournit un certificat précisant le montant de la prime représentative d'épargne. L'assuré contribuable doit joindre ce certificat à sa déclaration.

Le cas particulier des infirmes et des invalides.

Les combinaisons « rente de survie » et « épargne-handicap » bénéficient d'un régime spécifique. Au préalable, il faut en connaître les définitions :

– « Rente de survie » : l'assureur s'engage à verser, en cas de décès, un capital ou une rente à « l'enfant handicapé » ;

– « Épargne handicap » : l'assuré, atteint au moment de la souscription d'une infirmité l'empêchant de se livrer à une activité professionnelle, contracte une assurance de durée d'au moins 6 ans lui garantissant le versement d'un capital ou d'une rente viagère.

La réduction d'impôt est de 25 % de la cotisation « rente survie » ou de 25 % de la fraction de prime représentative de l'opération d'épargne pour « épargne-handicap ». La limite est de 7 000 F par an plus 1 500 F par enfant à charge.

L'assuré contribuable doit joindre le certificat d'assurance pour la justification.

Droits de succession

Le capital ou la rente stipulés payables lors du décès de l'assuré à un bénéficiaire déterminé ou à ses héritiers ne font pas partie de la succession de l'assuré. L'origine de cette disposition remonte à plus de 50 ans (loi du 13 juillet 1930). Jusqu'au 1er janvier 1960, les sommes étaient cependant soumises aux droits de mutation à titre gratuit ; pour favoriser le développement de l'assurance vie, cette imposition a été supprimée le 31 décembre 1959.

Depuis longtemps, il y a donc convergence complète entre le droit civil et le droit fiscal. L'exonération totale de ces droits de mutation suppose certaines conditions. Il faut en particulier que les sommes en cause soient payables lors du décès de l'assuré à un bénéficiaire déterminé.

Est considérée comme réalisée au profit d'un bénéficiaire déterminé, la clause conclue au profit :

- d'une personne nominativement désignée ;
- de la femme ou du mari sans indication de nom ;
- des enfants nés ou à naître même sans les désigner ;
- des héritiers ;
- des ayants droit ;
- des personnes physiques juridiquement déterminables : père, oncle, neveux, etc.

Si le bénéficiaire n'est pas désigné, le capital assuré fait partie du patrimoine de l'assuré. Il est alors soumis aux droits de mutation par décès. Ce dernier cas étant extrêmement rare, on peut affirmer que cette exonération est un avantage fiscal important. Il s'agit donc d'un argument en réserve pour les assureurs conseils. Cependant, pour l'État, il existe un risque réel de détournement abusif du paiement des droits de mutation.

Ci-joint les extraits du Journal officiel du 31 décembre 1991 concernant ce problème :

Art. 26. Les I et II de l'article 757 B du Code général des impôts sont ainsi rédigés :

I. – Les sommes, rentes ou valeurs quelconques dues directement ou indirectement par un assureur, à raison du décès de l'assuré, donnent ouverture aux droits de mutation par décès suivant le degré de parenté existant entre le bénéficiaire à titre gratuit et l'assuré à concurrence de la fraction des primes versées après l'âge de soixante-dix ans qui excède 200 000 F.

II. – Lorsque plusieurs contrats sont conclus sur la tête d'un même assuré, il est tenu compte de l'ensemble des primes versées après le soixante-dixième anniversaire de l'assuré pour l'appréciation de la limite de 200 000 F.

L'article 885 F du Code général des impôts est ainsi rédigé :

Art. 885 F, les primes versées après l'âge de soixante-dix ans au titre des contrats d'assurance non rachetables souscrits à compter du 20 novembre 1991 et la valeur de rachat des contrats d'assurance rachetables sont ajoutées au patrimoine du souscripteur.

III. – Les dispositions du I s'appliquent aux contrats souscrits à compter du 20 novembre 1991. Les dispositions du II s'appliquent à compter de la période d'imposition s'ouvrant le 1er janvier 1992.

(La nouvelle législation étant sans rétroactivité, les cas antérieurs seront résolus par un décret du Conseil d'État).

Quelques exemples illustrent ce dispositif.

- Paiement annuel de 50 000 F pour un assuré âgé de 65 ans. À son décès à 75 ans, le montant imposable sera de 50 000 F (5 × 50 000 F - 200 000 F).
- Paiement unique de 700 000 F pour un assuré âgé de 71 ans. À son décès à 77 ans, le capital sera de 1 100 000 F. Le montant imposable sera de 500 000 F (700 000 F - 200 000 F).
- L'âge de l'assuré à la souscription est de 72 ans. Cette souscription est de 500 000 F et le capital acquis au décès est de 900 000 F. Les droits de succession ne portent que sur 300 000 F (500 000 F - 200 000 F).
- Des notes des services fiscaux ont été fournies pour expliquer le calcul de l'assiette quand il y a eu des mouvements sur le contrat. Un souscripteur de plus de 70 ans verse 800 000 F. Au jour du décès, le capital n'est que de 600 000 F en raison de retrait. L'assiette des droits de mutation à titre gratuit sera limitée à 400 000 F (600 000 F - 200 000 F).

Quand le contractant et l'assuré sont deux personnes différentes, le ministre du Budget rappelle que le fisc est fondé à apporter la preuve d'une donation indirecte. En effet, cette dernière opération est un acte du Code civil ; ainsi, la fiscalité de la donation est très différente de la fiscalité favorable de l'assurance vie.

Pour contourner l'imposition, les parties intéressées font le montage suivant : assuré de moins de 70 ans et souscripteur de plus de 70 ans. Il s'agit d'un abus de droit, car l'exonération est basée sur l'âge de l'assuré et non celui du contractant.

La procédure pratique prévoit une double déclaration :

- Le bénéficiaire doit fournir à l'assureur une attestation fiscale de paiement ou de non paiement des droits de succession.
- L'assureur doit donner une déclaration à l'administration fiscale avec le numéro de contrat, les noms de l'assuré et du bénéficiaire, la date d'effet, les sommes versées après 70 ans.

Les assureurs ne peuvent se libérer des sommes dues que sur présentation d'un certificat des services fiscaux.

L'impôt de solidarité sur la fortune (ISF)

L'ISF est dû sur l'ensemble des biens, droits ou valeurs qui, au 1er janvier, composent le patrimoine fiscal. Comment se positionne l'assurance vie ?

- Les contrats d'assurances en cas de vie ou en cas de décès, dès lors qu'ils prévoient une valeur de rachat, doivent être inclus pour leur phase d'épargne dans le patrimoine.
- Le capital constitutif de la rente viagère est également inclus. Un arrêt de la chambre commerciale de la Cour de cassation du 26 avril 1994 confirme cette idée : la valeur en capital des rentes viagères doit être incluse dans l'assiette de l'ISF et non celle des seuls arrérages annuels. Cependant sont exonérées les rentes viagères assimilées à des retraites, c'est-à-dire dans le cadre de l'activité professionnelle auprès d'organismes moyennant le versement de cotisations périodiques pendant 15 ans au moins et dont la jouissance est subordonnée à la cessation d'activité.
- Pour les contrats non rachetables souscrits après le 20 novembre 1991, les primes versées après 70 ans sont comprises dans l'assiette.

Pour les personnes physiques, seules sont taxées celles dont le patrimoine imposable excède 4 610 000 F.

La valeur nette du patrimoine taxable est soumise à un barème progressif (de 0,5 % à 1,5 % au-delà de 44 730 000 F).

Le montant de l'ISF après application du barème est réduit de 1 000 F par personne fiscalement à charge (enfants, enfant infirme, personne invalide).

Il existe un mécanisme de plafonnement de l'ISF quand cet impôt ajouté à l'impôt sur le revenu excède 85 % des revenus annuels imposables du redevable.

Retraits anticipés

Afin de favoriser l'épargne des particuliers et de limiter les risques de délocalisation de l'épargne liés à la libéralisation des mouvements de capitaux le 1er juillet 1990, les taux de prélèvements sur les produits de placement sont réduits pour les contrats souscrits à partir du 1er juillet 1990.

Pour s'aligner sur le plan d'épargne populaire (PEP) la durée au-delà de laquelle les contrats sont exonérés totalement est portée à 8 ans.

Les produits taxables sont constitués par la différence entre les sommes remboursées au bénéficiaire et le montant des primes versées ; il s'agit donc de la plus-value. Cette plus-value doit être comprise dans la déclaration d'ensemble des revenus mais peut toutefois sur option du contribuable être soumise lors du versement à un prélèvement libératoire de l'impôt sur le revenu.

Le montant du taux varie selon la durée courue :
– durée du contrat inférieure à 4 ans : 39,9 % (35 % + 4,9 %) ;
– durée du contrat comprise entre 4 et 8 ans : 19,9 % (15 % + 4,9 %).

Dans les deux cas, les 4,9 % de majoration sont pris au titre d'une contribution sociale exceptionnelle de 1 % et au titre du prélèvement social exceptionnel de 1 % au profit de la Caisse nationale d'assurance vieillesse des travailleurs salariés, au titre de la contribution sociale généralisée (CSG) pour 2,4 % et enfin au titre du remboursement de la dette sociale (RDS) pour 0,5 %.

Quelle que soit la date de souscription, les produits sont exonérés lorsque le dénouement du contrat résulte du licenciement, de la mise à la retraite anticipée ou de l'invalidité 2e et 3e catégorie du bénéficiaire ou du conjoint.

Cette nouvelle fiscalité correspond non seulement à la cohérence au niveau européen, mais aussi à la cohérence au niveau des produits similaires.

En outre, il faut signaler une modification de l'interprétation concernant la durée du contrat pouvant faire l'objet d'une incorporation au revenu ou d'un prélèvement forfaitaire durant les 8 années qui suivent la conclusion. Pour les contrats souscrits depuis le 1er janvier 1990, la durée moyenne pondérée a été abandonnée ; c'est la durée effective du contrat qui est retenue.

Enfin, pour l'avance, une circulaire du ministère du Budget datée du 8 février 1994 est venue préciser la position de l'administration :

« La perception d'avances gratuites permet d'obtenir la disposition de sommes équivalentes au rachat total ou partiel du contrat, tout en laissant substituer celui-ci jusqu'au terme de 8 ans où jusqu'à une période où le taux de prélèvement libératoire est plus faible. Dans ce cas, l'administration peut requalifier l'opération en un rachat en démontrant que, sous couvert d'avances, le contribuable a entendu disposer définitivement de tout ou partie de la valeur de rachat en échappant à la taxation ou en bénéficiant d'une taxation réduite. »

Prenons des exemples illustrant la fiscalité des retraits dans les 8 premières années :

Versement : 800 000 F.

Capital atteint après 3 ans : 1 000 000 F.

Rachat total :

La plus-value est de 200 000 F soit 20 % du capital atteint.

Deux options sont possibles :

1. Incorporation des 200 000 F dans le revenu imposable.
2. Prélèvement libératoire de 39,9 % de 200 000 F soit 79 800 F. Dans ce dernier cas l'assureur versera 79 800 F au Trésor public et 120 100 F à l'assuré sur la plus-value restante.

Rachat partiel de 50 000 F :

$$\text{La plus-value est de } 50\,000 \text{ F} \left(1 - \frac{800\,000}{1\,000\,000}\right) = 50\,000 \text{ F} \times 20\,\% = 10\,000 \text{ F.}$$

Deux options sont possibles :

1. Incorporation des 10 000 F dans le revenu imposable.
2. Prélèvement libératoire de 39,9 % de 10 000 F soit 3 990 F. Pour cette dernière option, l'assureur versera au fisc 3 990 F et au souscripteur 46 010 F.

Rentes viagères

Les rentes viagères bénéficient d'une exonération fiscale et d'une revalorisation légale.

■ Exonération fiscale

Ces rentes comprises dans la déclaration servent de base au calcul de l'impôt sur le revenu (IRPP) pour une fraction du montant selon l'âge du crédit rentier au moment de l'entrée en jouissance :

- 70 % si l'intéressé est âgé de moins de 50 ans.
- 50 % .... de 50 à 59 ans inclus.
- 40 % .... de 60 à 69 ans inclus.
- 30 % .... de plus de 69 ans.

En ce qui concerne l'âge du bénéficiaire « crédit rentier » il est admis que pour les rentes viagères deux têtes avec réversion, il convient de retenir, aussi bien pendant la vie des deux époux qu'après le décès de l'un deux, l'âge qu'avait atteint le plus âgé des conjoints lors de l'entrée en service de la rente.

Sur la fraction de rente imposable, il est prélevé 0,5 % au titre de la contribution au remboursement de la dette sociale (RDS).

■ Revalorisation légale

Le législateur estime que les rentes viagères doivent être revalorisées afin de protéger leur pouvoir d'achat.

La loi de finances 1996 a ainsi prévu ce qui suit :

Période au cours de laquelle est née la rente originaire	*Taux de la majoration %*
Avant le 1er août 1914	79 671,2
Du 1er août 1914 au 31 décembre 1918	45 485,3
Du 1er janvier 1919 au 31 décembre 1925	19 097,4
Du 1er janvier 1926 au 31 décembre 1938	11 674,5
Du 1er janvier 1939 au 31 août 1940	8 398,9
Du 1er septembre 1940 au 31 août 1944	5 074,2
Du 1er septembre 1944 au 31 décembre 1945	2 454,3
Années 1946, 1947 et 1948	1 134,4
Années 1949, 1950 et 1951	604,5
Années 1952 à 1958 incluse	433,1
Années 1959 à 1963 incluse	344,8
Années 1964 et 1965	320,8
Années 1966, 1967 et 1968	301,3
Années 1969 et 1970	241,5
Années 1971, 1972 et 1973	204,7
Année 1974	132,2
Année 1975	120,4
Années 1976 et 1977	101,5
Année 1978	86,4
Année 1979	70,6
Année 1980	51,2
Année 1981	34,3
Année 1982	24,4
Année 1983	18,4
Année 1984	14,7
Année 1985	12,8
Année 1986	11,7
Année 1987	10,1
Année 1988	8,7
Année 1989	7,1
Année 1990	5,2
Année 1991	3,7
Année 1992	2,2
Année 1993	1,0

Ces majorations ne s'appliquent qu'aux rentes viagères de contrats souscrits ou d'adhésions reçues avant le 1er janvier 1987.

La moindre revalorisation prévue pour les rentes constituées dans la période récente se justifie par le fait que les contrats souscrits depuis une quinzaine d'années donnent lieu au versement par les organismes de participation aux bénéfices ; en outre, depuis 1974, une rémunération minimale de capital investi est assurée. Ces éléments compensent à eux seuls, tout ou partie des effets de l'érosion monétaire.

Enfin, pour les contrats souscrits depuis le 1er janvier 1979, la majoration est appliquée sous conditions de ressources :

- 90 360 F pour une personne seule,
- 169 424 F pour un ménage.

Une circulaire du service des Assurances du 20 janvier 1992 a complété les informations sur le caractère « majorable » des rentes :

- pour être majorables, les rentes d'invalidité doivent avoir un caractère viager et le taux un caractère définitif ;
- les rentes « éducation » dont le versement est limité dans le temps ne sont pas majorables ;
- le calcul des majorations légales devrait se faire au prorata en tenant compte de la date d'effet du contrat.

Contrat société

La disparition prématurée de l'animateur d'une entreprise peut provoquer un ralentissement d'activité et une baisse du chiffre d'affaires. Le remplacement, le recrutement et la formation du remplaçant atteindra un coût très important.

Une instruction de l'administration fiscale du 7 mars 1994 précise le sort des cotisations payées par l'entreprise.

Les cotisations constituent des charges d'exploitation déductibles de l'exercice en cours à la date de leur échéance sous double condition :

- la combinaison doit être à fonds perdu, donc une temporaire et non une autre combinaison ;
- le montant du capital doit refléter la réelle « perte d'exploitation » par exemple le taux de marge brute et non un capital forfaitaire.

Le capital versé, c'est-à-dire la prestation promise par l'assureur, est considéré par le fisc comme un profit. À ce titre, l'entreprise bénéficiaire doit intégrer son capital dans ses comptes de résultats... et sera imposée comme un bénéfice acquis (CGI, art. 38-2).

Il est donc très souhaitable de majorer le montant du capital correspondant aux besoins réels de l'entreprise. Ainsi, si l'entreprise est imposée à 39 % et que le besoin de trésorerie est de 500 000 F, il faut prévoir un capital plus important soit :

$$\frac{500\,000}{0{,}61} = 819\,672 \text{ F, environ } 820\,000 \text{ F}$$

Le coefficient 0,61 est tout simplement 1,00 - 39 % de 1,00.

En effet, ce capital étant intégré aux bénéfices, il supportera une imposition de 820 000 × 0,39 = 319 800 F d'impôt. Il restera donc après imposition 500 000 F, à quelques centaines de francs près.

Contrat collaborateur

Une entreprise a parfois intérêt à offrir des garanties personnelles, en cas de décès comme en cas de vie, à un collaborateur particulier sans assurer toute une catégorie de personnel. Dans ce type de contrat, généralement une mixte ou une combinée, la société est contractante et le collaborateur est assuré, bénéficiaire lui-même en cas de vie, et ses proches en cas de décès.

Pour l'entreprise, la cotisation étant un « sur salaire » passe en frais généraux (CGI, art. 82) dans la mesure où la rétribution globale (salaire plus cotisation) n'excède pas la redistribution normale des fonctions exercées dans l'entreprise, ceci afin d'éviter une redistribution déguisée de bénéfices. La cotisation est soumise aux charges sociales mais un décret du 23 juillet 1985 stipule que ce type de prime ne rentre pas dans l'assiette des cotisations de Sécurité sociale jusqu'à concurrence de :

- 85 % du plafond SS quand les prestations sont définies sous forme de rentes (aucune option en capital) ;
- 19 % du plafond SS quand les prestations peuvent être versées sous forme de capital ou de rentes.

Pour le collaborateur, la cotisation entre dans la déclaration de ses revenus en lui permettant de bénéficier de la réduction d'impôt. Sur le plan social, elle supporte sa partie de charges. La prestation en rente viagère est exonérée totalement dans le cadre du PEP et partiellement dans le cadre de l'assurance vie non PEP.

Contrat associés

Chaque associé est assuré-contractant d'une combinaison décès au profit du ou des coassociés survivants ; le nombre de contrats est donc fonction du nombre d'associés. L'assurance permet d'acquitter le prix de cession des parts d'une société lorsque les associés survivants doivent ou veulent racheter les parts de l'associé décédé.

Il s'agit de régler les problèmes de transmission de patrimoine et d'éviter l'ingérence des héritiers du défunt ; ce type de solution intéresse les sociétés en nom collectif, les SARL, les sociétés civiles professionnelles.

Ces contrats sont conclus dans l'intérêt personnel des associés. La conséquence est évidente : les cotisations constituent des dépenses personnelles non déductibles des charges professionnelles. De même, le capital versé à l'associé survivant est en dehors du patrimoine de l'entreprise. Il est exonéré des droits de succession dans les limites légales, en particulier si le souscripteur à moins de 70 ans au départ du contrat.

Conclusion

Dans le domaine fiscal, il est nécessaire de distinguer les deux conceptions de l'opération principale, sur les plans juridique et technique :

- assurance « prévoyance » avec une quasi-absence de la provision mathématique c'est-à-dire l'absence d'une accumulation capitalisée des cotisations ;
- assurance « épargne » avec présence de provision mathématique donc d'engagement futur à long terme de l'assureur.

D'où le tableau à double entrée suivant, selon l'application des données précédentes :

	Prévoyance	**Épargne**
Crédit d'impôt	Non	Oui (dans certains cas)
Droits de succession exonérés	Oui (sauf exceptions)	Oui (sauf exceptions)
Impôt de solidarité sur la fortune	Non (sauf primes versées après 70 ans)	Oui
Retraits anticipés	Non	Oui
Rentes viagères		Oui

4

La fiscalité de l'assurance vie PEP (Plan d'épargne populaire)

Principes

Le plan d'épargne retraite (PER) créé courant 1987 (décret et arrêté du 10 novembre 1987) répondait à un double objectif :

- augmenter l'effort d'épargne des français pour financer l'investissement national ;
- encourager une épargne supplémentaire en complément des régimes de retraite.

Les nombreuses souscriptions durant les années 1988 et 1989 ont été un succès relatif, car le PER avait quelques inconvénients ; d'une part les règles fiscales étaient assez complexes et d'autre part il s'est révélé que les avantages fiscaux n'intéressaient que des personnes physiques acquittant des impôts ; ce système a été considéré beaucoup plus comme un produit d'épargne que comme un produit de retraite.

Pour ces raisons, les pouvoirs publics ont souhaité la création d'un nouvel ensemble répondant aux mêmes objectifs collectifs et individuels, en gardant la souplesse du premier système : pas de versement minimal ni d'obligation de verser chaque année. Seul, un plafond a été fixé.

En conséquence, le conseil des ministres du 19 juillet 1989 a décidé de créer un plan d'épargne populaire (PEP) simple, c'est-à-dire une capitalisation stable de longue durée en franchise d'impôt, juste, accessible et attrayante pour les ménages modestes.

Au titre des mesures en faveur de l'épargne, l'article 109 de la loi de finances pour 1990 (JO 30 décembre 1989) a légalisé le nouveau plan.

Enfin, les textes d'application sont sortis début février 1990 : décret et arrêté du 5 février 1990 (JO des lundi et mardi 6 février 1990).

Sur le plan pratique, que représente le PEP ?

Le PEP n'est ni une combinaison nouvelle, ni un produit ou un support nouveau... Le PEP est une *enveloppe fiscale* dans laquelle il est possible d'intégrer la plupart des contrats d'assurance vie.

Comme il s'agit d'accumulation d'épargne, les besoins sont ceux qui correspondent à une consommation différée de moyen et de long terme.

Souscription

Nous regroupons l'essentiel réglementaire sous forme de réponses à quatre questions.

■ Que peut-on souscrire ?

Il s'agit soit d'un compte dépôt en numéraire, soit d'une opération d'assurance. Ces dernières autorisées dans le cadre du PEP sont les opérations comportant une valeur de rachat ou de réduction et une garantie en cas de vie qui relèvera des branches d'activité 20 (vie-décès), 22 (assurances liées à des fonds d'investissement), 23 (opérations tontinières), 26 (prévoyance collective) et 28 (épargne) de l'article R. 321-1 du Code des assurances.

Sont donc exclus :
- les contrats de capitalisation ;
- les PEP « mixtes » (compte dépôt et contrat d'assurance vie) ;
- les contrats de famille « temporaire » et les opérations tontinières en cas de décès.

En outre, les versements sont limités à 600 000 F par plan.

■ Qui peut souscrire ?

Tout contribuable peut souscrire. Comme il est précisé qu'on ne peut détenir qu'un seul PEP par personne, un PEP par époux est possible mais non un PEP au nom des deux époux.

De même, les enfants à charge même majeurs ne peuvent détenir eux-mêmes un plan.

■ Auprès de qui peut-on souscrire ?

Le législateur a repris la liste des organismes autorisés par l'article 1 de la loi du 17 juin 1987 comme intermédiaires qualifiés pour proposer des PEP :
- les organismes relevant du Code des assurances ;
- les organismes relevant du Code de la mutualité ;
- les établissements de crédit ;
- les établissements visés par la loi du 24 janvier 1984 ;
- la Banque de France ;
- les services financiers de La Poste ;
- les services financiers du Trésor ;
- les institutions de prévoyance prévues par le Code de la Sécurité sociale et le Code rural ;
- les sociétés de Bourse (ex-agents de change).

Les PEP « assurance vie » seront contrôlés à la fois par la Direction du Trésor et l'Inspection des finances ainsi que la Direction de la comptabilité publique.

■ Comment souscrire ?

Il s'agit d'un contrat écrit, dont la date d'ouverture est le premier versement.

L'organisme doit informer le souscripteur sur un certain nombre de points essentiels :
- les principales dispositions des textes réglementaires ;
- la précision au départ des conditions de rémunération ;

– les conditions du transfert du PEP sur un autre PEP et notamment les frais découlant ce transfert ;
– l'ouverture ou la non-ouverture de l'option en rente viagère.

La loi n'impose rien au sujet des versements. Comme l'assurance, il peut exister soit des versements uniques ou libres, soit des versements échelonnés ; il n'est pas interdit de panacher ces deux types d'engagements. Bref, nous retrouvons ici les cotisations uniques et périodiques de l'assuré vie.

De même, il n'y a pas de durée minimale mais les contraintes fiscales de sortie imposent une durée continue de 8 ans pour optimiser le PEP.

Fiscalité en phase d'épargne

Il est nécessaire de distinguer la fiscalité en cours de contrat et en particulier celle qui concerne les versements de la fiscalité en cas de sortie. La loi de finances pour 1994 a supprimé le versement de la prime d'État pour tous les plans ouverts après le 21 septembre 1993.

■ Les versements

– dès le 1er janvier 1990, les versements bénéficient de l'exonération de la taxe d'assurance ;
– les conditioons requises et les modalités d'application de la réduction d'impôt sont identiques à celles de l'assurance vie individuelle (cf. chapitre « La fiscalité de l'assurance vie non PEP ») ;
– si le souscripteur est soumis à l'impôt de solidarité sur la fortune (ISF), il doit inclure le montant de la valeur de rachat de son contrat au 1er janvier de l'année d'imposition : la valeur à déclarer est la valeur de rachat au 31 décembre précédent.

Sur ces trois points, nous retrouvons la fiscalité traditionnelle de l'assurance vie.

Les titulaires du PEP non imposables peuvent retirer par anticipation leurs fonds et bénéficier du versement immédiat de la prime d'État sans perdre les avantages fiscaux.

Cette mesure s'applique aux retraits effectués entre le 2 septembre 1993 et le 30 juin 1994 pour les seuls plans ouverts avant le 2 août 1993.

Fiscalité de sortie

Il faut distinguer le cas de décès d'une part et la demande de la prestation par le souscripteur d'autre part selon la période courue depuis le départ du plan.

■ Le décès

La somme versée aux bénéficiaires désignés en cas de décès de l'adhérent est exonérée des droits de succession sous réserve des dispositions de l'article 757 B du Code général des impôts. L'aspect particulier de ce dernier article a été analysé dans le chapitre consacré à la fiscalité de l'assurance vie.

■ Le retrait les huit premières années

Le désengagement du souscripteur est différent, selon qu'il choisit le versement unique ou le versement sous forme de rente viagère.

- Le rachat remet en cause certains avantages fiscaux.

En effet, les produits perçus (différence entre les sommes versées par l'assureur et le montant des cotisations payées) seront soumis à l'impôt sur le revenu soit au prélèvement libératoire dont le taux est fonction de l'ancienneté du contrat :

– 39,9 % si la durée a été inférieure à 4 ans
– 19,9 % si la durée a été comprise entre 4 et 8 ans.

Voir la fiscalité de l'assurance vie dans le sous-chapitre « Retraits anticipés ».

Cependant, il convient de noter que les produits perçus sont exonérés dans les cas de force majeure suivants :

– à l'expiration des droits aux allocations chômage du titulaire ou de son conjoint ;
– lors de la cessation d'activité non salariée à la suite d'un jugement de liquidation judiciaire du titulaire ou de son conjoint ;
– en cas d'invalidité 2e ou 3e catégorie du titulaire ou de son conjoint.

- Si le retrait est demandé sous forme de rente viagère, il y aura une défiscalisation partielle. Elle sera soumise à l'impôt du régime des rentes à titre onéreux, c'est-à-dire sur une fraction de son montant.

Cette fraction est déterminée selon l'âge au moment de l'entrée en jouissance de la rente :

– 70 % si cet âge inférieur à 50 ans ;
– 50 % si cet âge est compris entre 50 et 59 ans inclus ;
– 40 % si cet âge est compris entre 60 et 69 ans inclus ;
– 30 % si cet âge est supérieur à 69 ans.

■ Le retrait après huit ans

Les revenus « capitalisés » ont majoré l'épargne acquise en totale franchise d'impôt : la durée de 8 ans a permis d'optimiser le plan.

Le titulaire du plan peut choisir à partir de ce terme soit un capital soit une rente :

– le capital constitué par l'épargne accumulée y compris les intérêts capitalisés et la prime d'État éventuelle est totalement exonéré fiscalement,
– il en est de même si ce capital est versé sous forme de fractions annuelles,
– dans l'hypothèse du choix par le titulaire d'une rente viagère, cette dernière peut être sur une ou plusieurs têtes avec réversion.

Dans tous les cas, la rente viagère est totalement exonérée de l'impôt sur le revenu mais soumise au RDS.

En conclusion, le PEP par rapport à l'assurance vie présente l'avantage supplémentaire d'être une rente presque entièrement défiscalisée après une durée de 8 ans.

Transfert inter-plan

L'article 11 du décret du 5 février 1990 a prévu la possibilité de transférer un PEP sur un autre.

Quelques points essentiels peuvent être notés :
- en cas de transfert inter-PEP, la date d'ouverture est celle du premier PEP ;
- les deux organismes doivent se communiquer les informations indispensables ;
- le capital transféré est le montant de la provision mathématique atteinte sur le premier plan.

Fiscalité comparative

	Assurance vie (non PEP)	*Assurrance vie PEP*
À la souscription	Réduction d'impôt	Réduction d'impôt
En phase d'épargne : *– avant 8 ans* *– après 8 ans*	 de 0 à 4 ans : 39,9 % de 4 à 8 ans : 19,9 % Exonération revenus et plus-values.	 de 0 à 4 ans : 39,9 % de 4 à 8 ans : 19,9 % Exonération revenus et plus-values.
Décès	Exonération droits de succession sauf si souscription après 70 ans.	Exonération droits de succession sauf si souscription après 70 ans.
Rentes	Exonération partielle selon l'âge de départ du rentier à la jouissance.	Exonération partielle si sortie en rente avant 8 ans et totale si sortie après 8 ans mais RDS.

2 LA CAPITALISATION

SECTION I

MÉCANISME

La « *capitalisation* » est une opération purement financière.

C'est un contrat par lequel, en échange de cotisation(s), la société s'engage à remettre au porteur un capital déterminé à une échéance fixée à l'avance. À ce terme, la société restitue les sommes nominales versées, augmentées des intérêts capitalisés ; en effet, les revenus issus des versements des clients sont réinvestis et par conséquent eux-mêmes productifs d'intérêts. D'autre part, à tout ceci s'ajoute la participation du client aux résultats techniques et financiers de l'entreprise soit réglementaire, soit contractuelle.

Nous voudrions, dès maintenant, attirer l'attention de nos lecteurs sur un problème de terminologie. Les noms de baptême des engagements réciproques sont différents mais totalement synonymes : contrat de capitalisation, bon de capitalisation, titre de capitalisation.

Il peut être souscrit soit en prime unique, soit en primes périodiques, soit en versements libres.

Un contrat de capitalisation est nominatif ou au porteur ; dans ce dernier cas, sa détention vaut propriété. L'anonymat est la possibilité pour le porteur de garder l'anonymat au moment du règlement de la valeur de son contrat.

Les différents types de produits sont :

– les contrats en francs ou en devises ou en unités de compte ;
– les contrats avec ou sans tirage au sort.

SECTION II

HARMONISATION VIE/CAPITALISATION

Comme nous venons de le voir, le contrat de capitalisation ne fait pas intervenir la notion de risque.

Subsistaient des différences au niveau des deux contrats dans leur partie législative. La loi du 1er juillet 1992 a unifié les règles des deux systèmes.

En conséquence, les dispositions relatives à l'assurance-vie s'appliquent désormais à la « capitalisation ». Cette loi a donc abrogé purement et simplement le titre V du premier livre du Code des assurances relatif au contrat de capitalisation.

Le chapitre II du Titre III du Livre I s'intitule désormais « Les assurances sur la vie et les opérations de capitalisation ».

Cependant, il reste quelques caractères spécifiques de cette branche ; ils seront analysés après ce passage consacré à l'harmonisation. Il s'agit essentiellement du tirage au sort (C. assur., art. R. 150-4 à R. 150-16) et de l'anonymat.

Pour le lecteur, il est important de retrouver rapidement tous ces points communs.

La souscription

Les facultés de dénonciation et de renonciation sont parfaitement identiques à celles de l'assurance vie.

La tarification, les chargements, la législation tarifaire ont été traités dans le chapitre « Prime » de la partie Les Contrats Individuels (La Vie-conception) ; nous renvoyons nos lecteurs à tous ces passages.

La sécurité des engagements

L'organisme qui diffuse des contrats de capitalisation doit respecter des règles très strictes concernant les engagements pris envers les clients et les bénéficiaires. Il suffit de relire les deux chapitres « Provision mathématique » et « Marge de solvabilité » *supra*.

Les contrats de capitalisation peuvent être libellées soit en francs, soit en unités de compte : il existe donc des différences de liste de placements selon cette dualité.

Quant à la marge de solvabilité, elle est aussi différente selon cette même dualité : francs/unités de compte.

Les incidents du contrat de rachat

Le paiement des cotisations est facultatif, comme en assurance vie.

En conséquence, l'article L. 132-20 du Code des assurances a été ainsi complété : *« Le défaut de paiement d'une cotisation due au titre du contrat de capitalisation ne peut avoir pour sanction que la suspension ou la résiliation pure et simple du contrat et, dans ce dernier cas, la mise à disposition du porteur de la valeur de rachat que ledit contrat a éventuellement acquise ».*

Ainsi, en cas de non-paiement de primes sur un contrat à cotisations périodiques, il existe soit la résiliation, soit le rachat de contrat, et jamais la réduction qui reste une facilité réservée à l'assurance vie.

De plus, *« les modalités de calcul de la valeur de rachat et, le cas échéant, de la valeur de réduction sont déterminées par un règlement général mentionné dans la police et établi par l'entreprise d'assurance ou de capitalisation ».* Ce texte est celui du nouvel article L. 132-21 du Code des assurances ; le rachat intervient sans réduction en branche capitalisation, d'où la mention « cas échéant ». Enfin, l'organisme ne peut refuser le rachat quand 15 % des cotisations prévues au contrat ont été versées ou quand deux primes annuelles ont été acquittées.

Le contrat doit indiquer les frais prélevés par l'entreprise (C. assur., art. R. 132-3).

La participation

Conformément au nouvel article L. 331-3 du Code des assurances, *« Les entreprises d'assurance vie ou de capitalisation doivent faire participer les assurés aux bénéfices techniques et financiers qu'elles réalisent... ».*

Ceci n'est évidemment valable que pour les contrats libellés en francs. Le montant minimal est égal à 85 % du compte financier. Le montant diminué du montant des intérêts crédités aux provisions mathématiques définit le montant minimal annuel.

Les réévaluations

Comme en assurance vie, il faut distinguer les contrats en francs, où la réévaluation est automatique en raison de l'obligation de la participation aux bénéfices et ceux en unités de compte, où cette participation est contractuelle, donc facultative. Il est vrai que dans la quasi-totalité des produits en UC (unités de compte), cette participation est reconnue ; elle permet donc une réévaluation périodique des garanties.

Les mécanismes de réévaluation ont été explicités *supra ;* nous demandons au lecteur de s'y reporter.

L'information

La transparence pour le client est garantie, comme en assurance vie, par le texte de l'article L. 132-22 du Code des assurances dont voici le résumé : les entreprises d'assurance ou de capitalisation doivent communiquer chaque année au contractant les montants respectifs de la valeur de rachat, des capitaux garantis et de la prime du contrat.

Ces montants ne peuvent tenir compte des participations non attribuées à titre définitif, ceci pour les produits libellés en francs.

Pour ceux en unités de compte, souscrits ou transformés depuis le 1er janvier 1992, l'organisme doit communiquer les valeurs de ces unités de compte et leur évolution annuelle à compter de la souscription du contrat.

Dans tous les cas, il doit préciser clairement et précisément dans cette communication les opérations de rachat et quelles sont leurs conséquences légales et contractuelles.

Une note d'information normalisée est prévue par le nouvel article A. 132-4 du Code des assurances.

SECTION III

PARTICULARITÉS DU CONTRAT DE CAPITALISATION

Les mentions du contrat

Il est tenu d'indiquer dans le contrat (C. assur., art. R. 132-4) :
- la date de la prise d'effet ainsi que la date d'échéance ;
- le montant du capital remboursable à l'échéance ou par anticipation ;
- le montant et la date des versements par le client ;
- les modalités de règlement du capital.

La discrétion

Le contrat au porteur signifie qu'il est transmissible sans formalité ni frais de la main à la main comme un billet bancaire. Cette discrétion est un argument majeur pour la commercialisation des produits de capitalisation ; cependant, comme nous le détaillerons dans la partie fiscale, si le porteur opte pour l'anonymat au moment du versement, la pression fiscale sera alourdie et le rendement réel diminué proportionnellement. Le contrat, étant au porteur, comporte un risque non négligeable de perte, de vol ou de simple disparition. Le Code des assurances a prévu une procédure permettant de réduire au maximum ces événements aléatoires. Nous pouvons citer les articles les plus significatifs de ces mécanismes de prévention, qui s'appliquent aussi si le contrat est nominatif.

- Le souscripteur doit déclarer la disparition par lettre recommandée au siège social (C. assur., art. L. 160-1) en indiquant son identité et les circonstances.
- Si le contrat frappé d'opposition est présenté, l'entreprise s'en saisit et en demeure séquestre jusqu'à la décision de justice (C. assur., art. L. 160-2).
- Les oppositions sont enregistrées sur un registre spécial et l'entreprise doit tenir un répertoire (C. assur., art. A. 160-1).
- Si un tiers se manifeste, l'entreprise en avise l'opposant et le souscripteur par lettre recommandée avec avis de réception (C. assur., art. R. 160-4).
- Dans le mois qui suit, l'opposant doit saisir la juridiction compétente et le notifier à l'entreprise (C. assur., art. R. 160-5).
- Si deux années sont passées depuis l'opposition, l'opposant peut demander au président du tribunal d'instance l'autorisation de se faire délivrer un duplicata qui est substitué à l'original (C. assur., art. R. 160-6).

Le tirage au sort

Lorsque le contrat de capitalisation prévoit le remboursement anticipé du capital *« terme »* en cas de tirage, ce qui n'est pas toujours le cas dans tous les contrats, une procédure législative rigoureuse est prévue.

Avec cette garantie annexe, le contrat de capitalisation redevient une opération d'assurance. Le coût est déterminé mathématiquement par une probabilité de sortie au même titre que le coût de la probabilité décès dans la formule « temporaire » des assurances vie individuelles : si le numéro de son titre sort, le client obtiendra tout de suite le remboursement du bon à sa valeur nominale au terme. Il est certain que, pour les clients dont les titres sont tirés au sort, la rentabilité devient considérable, comme dans toutes les opérations aléatoires assimilables aux jeux et aux paris.

Revenons aux contraintes imposées aux assureurs capitalisation pour ce tirage. Nous citerons les plus importantes (C. assur., art. R. 150-4 et à R. 150-16) :

- la somme remboursée par anticipation ne peut être supérieure au capital à l'échéance ;
- la fréquence du tirage ne peut être supérieure au mois ;
- les tirages doivent s'effectuer publiquement en présence d'huissier, qui établit un procès verbal à l'issue du tirage ;
- après chaque tirage est établie une liste complète des numéros ou combinaisons de lettres, que les entreprises doivent publier ;
- en cas de sortie d'un titre, la société doit adresser par la poste une lettre informant le bénéficiaire que son contrat a pris fin et qu'il sera payé sans aucune retenue ni obligation de sa part ;
- tout document relatif au tirage doit indiquer : le nombre, la date, les mécanismes des tirages, la proportion de titres remboursés par anticipation, les conditions pour participer au tirage et les ressources qui alimentent les tirages quand ils ne sont pas garantis.

Une polémique a opposé l'UFC (Union française des consommateurs) et la profession concernant ce tirage au sort. La Cour de cassation (9 février 1994) a rejetté la thèse de l'UFC selon laquelle le remboursement anticipé en cas de sortie du titre à l'un des tirages au sort est contraire à la loi sur les loteries.

La loi du 21 mai 1836 ne prohibe que les opérations où la voie du sort est la condition de l'acquisition d'un gain et non celles où le gain étant déjà contractuellement déterminé, le sort n'intervient que pour fixer la date de son règlement.

Le cas particulier du PEA

Dans un marché financier où la faveur du public s'est orientée principalement vers les produits monétaires à court terme et les produits obligataires à long terme fournissant tous deux des taux élevés de rémunération, le gouvernement a voulu réagir en promulguant un produit nouveau parallèle au PEP, dont la finalité est un investissement en actions, c'est-à-dire orienté directement sur les besoins des entreprises. Le « Plan d'épargne en actions » (PEA) a ainsi été créé par la loi du 16 juillet 1992. Une seconde motivation est à l'origine de cette création : le rapprochement de la fiscalité des actions avec celle applicable aux autres produits d'investissement, car le CEA (compte d'épargne en actions) a pris fin en 1988, sauf pour les personnes nées avant 1932.

Les organismes autorisés comme intermédiaires financiers sont les mêmes que ceux qui proposent des PEP sauf les organismes relevant du Code de la mutualité et les institutions de prévoyance prévues par le Code de la Sécurité sociale (CSS, art. L. 131-1) ou du Code rural (C. rur., art.1050).

■ Le plan juridique

Conformément au troisième alinéa de l'article 1er de la loi du 16 juillet 1992, le socle doit être un contrat de capitalisation.

Ce contrat de capitalisation doit être libellé en unités de compte. Il s'agit des valeurs suivantes :

- actions ou certificats d'investissement cotés de sociétés françaises. Le hors-cote est admis si le titre fait l'objet de transactions suffisantes ;
- actions de Sicav détenant au moins 60 % de titres français ;
- parts de FCP détenant au moins 75 % de titres français.

L'unité de compte du contrat PEA de capitalisation doit à la fois respecter l'article 2 de la loi du 16 juillet 1992 mais aussi le nouvel article L. 131-1 du Code des assurances et son texte d'application (décret du 11 septembre 1992).

L'organisme gestionnaire doit fournir un certain nombre d'informations à l'administration (article 8 du décret), au fisc (article 6) et à l'organisme professionnel (article 7).

Le transfert d'un PEA dans un autre organisme est-il possible ?

Oui, en cours de contrat, si le titulaire fournit un certificat d'identification du second organisme au premier ; celui-ci communique au second la date d'ouverture, le montant cumulé des versements ainsi que les renseignements sur la désignation et la valeur des titres figurant sur le plan initial.

En cas de clôture d'un plan avant la 5e année, le titulaire doit ajouter au montant global des cessions la valeur de rachat à la date de clôture.

Pour les plans souscrits chez les assureurs, la plus-value réalisée lors de la cession de ces titres hors du plan peut bénéficier d'un report d'imposition, même d'une exonération, sous réserve que la cession soit immédiate dans un contrat de capitalisation en unités de compte.

Sur le plan économique et commercial, un certain nombre de sociétés relevant du Code des assurances ont promu un contrat de capitalisation PEA en unités de compte. Ces produits, faisant souvent appel à la gestion indicielle, il nous paraît opportun, pour mieux appréhender le mécanisme, d'analyser brièvement les indices boursiers, puis la gestion indicielle et enfin les produits panachant les systèmes fiscaux.

■ Le plan financier

Les indices boursiers existent sur toutes les grandes places financières internationales. L'échantillon pour le nombre de titres retenus est variable : soit un indice large avec un nombre élevé (SP 500 aux États-Unis, Topix au Japon, SBF et Insee en France), soit avec un nombre limité des valeurs « phares » (Dow Jones aux États-Unis, Nikkei au Japon et Cac en France). L'indice Cac correspond à 40 valeurs représentatives de la Bourse de Paris, ces valeurs étant cotées au règlement mensuel. Les personnes chargées de la constitution de l'échantillon sont objectives et l'adaptent aux évolutions.

- Le Cac 40, pondéré par la capitalisation boursière de chaque titre, est calculé pendant la séance d'ouverture deux fois par minute.
- Comme tout indice, la base du Cac 40 est arbitraire : elle correspond à 1 000 au 31 décembre 1987. L'indice n'intègre pas les dividendes donc n'intègre pas le rendement, mais seulement les fluctuations des cours : plus-values ou moins-values.

Le Cac 40 est évidemment libellé en francs français.

Pour connaître l'évolution d'un portefeuille indicé en valeur étrangères, il est nécessaire d'opérer deux calculs : d'une part, la variation intrinsèque de l'indice considéré mais aussi les variations du cours de la devise par rapport au franc.

L'indice boursier permet d'éliminer le risque spécifique d'une action liée à une entreprise mais aucunement le risque du marché influencé par l'évolution générale.

■ La gestion indicielle

Les Sicav et FCP interviennent sur le marché d'indices boursiers.

La gestion « indicielle » consiste soit :

- à appliquer l'indice où le portefeuille est quasiment identique à l'échantillon ;
- à battre l'indice où l'opérateur choisit des investissements éloignés de l'indice et utilise des programmes informatiques complexes pour réaliser des arbitrages.

Les entreprises d'assurance vie et de capitalisation ont promu des formules de fonds boursiers garantis : le capital initial est garanti ou indexé ; le revenu est toujours indexé. Si on veut obtenir à la fois un capital garanti et un revenu indexé, il faut placer le capital en obligations avec options sur indice.

La formule avec cliquet permet d'améliorer la sécurité à des échéances précisées à l'avance (trimestre, année, etc.) ou à des paliers précisés à l'avance (l'indice atteint x% de progression). La formule « cliquet » permet d'éviter les baisses d'indice postérieures à la date ou sur palier.

Prenons l'exemple d'un capital garanti et revenu indexé avec une limite de 60 % sur hausse tous les 3 ans.

Examinons les 3 uniques hypothèses avec un versement initial de 100 :

a. L'indice a réellement progressé de 40 %	: Le client recevra 140, soit un gain de 40 %.
b. L'indice a progressé de 75 %	: Le client recevra 160, soit un gain de 60 %.
c. L'indice a chuté de 10 %	: Le client recevra 100, soit ni gain, ni perte en valeur nominale. En pratique, il aura perdu le pourcentage correspondant au cumul des inflations annuelles.

■ Les produits panachés

Certaines entreprises ont promu des contrats mixtes répondant à un double objectif :

- allier la performance de la gestion indicielle à la sécurité de l'assurance vie en francs ;
- cumuler les avantages fiscaux du PEA et du PEP.

La partie en assurance vie permet la rémunération du taux actuariel annuel de 3,5 % et la garantie du capital à l'échéance des 100 % du capital initial.

La partie en contrat de capitalisation permet de jouer sur un certain pourcentage de la hausse de l'indice Cac 40 par exemple 120 % de cette hausse sur 8 ans.

SECTION IV

FISCALITÉ DU CONTRAT DE CAPITALISATION (NON PEA)

Comme pour l'assurance vie, la fiscalité doit répondre à deux niveaux de cohérence ; d'une part au niveau européen pour éviter les risques de délocalisation de l'épargne et d'autre part au niveau d'une famille de produits afin d'éviter les arbitrages sur le marché de l'investissement à long terme.

La capitalisation est une épargne contractuelle et stable. En conséquence, elle fait l'objet de la part du pouvoir politique d'un certain nombre d'avantages.

Avant d'aborder les aspects spécifiques, il faut noter quelques facteurs de l'environnement fiscal et sa comparaison avec l'assurance vie :

- le versement des cotisations n'ouvre pas droit à la réduction d'impôt ;
- en cas de décès, c'est le droit commun de la succession qui est applicable, c'est-à-dire que le titre entre dans l'actif successoral et n'est pas exonéré des droits de mutation.

Retraits anticipés

Il s'agit de la taxation de la plus-value, différence entre le montant versé par l'assureur et le montant des cotisations versées par le souscripteur ; bref, la différence entre ce que l'on perçoit et ce que l'on a versé.

Les taux en vigueur depuis le 1er janvier 1990 sont différents selon deux cas de figure.

■ Le souscripteur décline son identité et son domicile fiscal

Il choisit de déclarer la différence soit directement en IRPP, soit en prélèvement libératoire.

Pour les contrats émis depuis le 1er janvier 1992, les taux de prélèvement sont :

- 39,9 % pour les durées de 0 à 4 ans.
- 19,9 % pour les durées de 4 à 8 ans.
- à partir de 8 ans, uniquement le RDS de 0,5 %.

Pour les nouveaux contrats, il y a donc alignement de la capitalisation sur l'assurance vie et le plan d'épargne populaire.

■ Le souscripteur choisit l'anonymat

Quand le porteur ne décline pas son identité, le contrat supporte une double imposition :

- la première sur les plus-values ;

– la seconde sur le capital.

Sur la plus-value, l'imposition s'élève à 54,9 % quelle qu'ait été la durée courue. Sur le montant nominal du contrat, il est prélevé autant de fois 2 % par an que la durée entre la souscription et le retrait. Dans le cas de cotisations périodiques, l'assiette à prendre en considération au titre de chaque année est égale à la valeur cumulée des cotisations versées antérieurement à ladite année.

Prenons l'exemple d'une cotisation unique de 100 000 F. Au bout de 7 ans, la valeur acquise est de 171 382 F (capitalisation à 8 %). L'imposition forfaitaire sera de :

$$(171\ 382\ \text{F} - 100\ 000\ \text{F}) \times 54{,}9\,\% = 39\ 189\text{F}$$
$$100\ 000 \times 2\,\% \times 7 = 14\ 000\ \text{F}.$$

L'assureur va donc prélever la somme de 53 189 F (39 189 F + 14 000 F) qu'il va verser directement au Trésor public. Le porteur ne percevra donc que 118 193 F soit un taux réel de capitalisation à intérêts composés de 2,5 % en dessous du taux de 3,5 % de la caisse d'épargne.

Impôt de solidarité sur la fortune (ISF)

Si le porteur déclare chaque année l'existence de son contrat (hors anonymat), le rachat de son contrat est pris en compte ; si le contrat n'est déclaré qu'au moment de son remboursement, l'assiette est le versement initial.

Les options de rentes au terme

Dans la mesure où le porteur bénéficiaire choisit de percevoir des rentes à la place du capital constitutif, le principe est relativement simple :

- les rentes certaines ou financières sont assimilées par le fisc au capital. Elles sont donc exonérées ;
- les rentes viagères sur une ou deux têtes bénéficient d'une exonération partielle au titre de l'IRPP. Comme pour les rentes servies par les assureurs vie, une fraction du montant est déclarable (entre 70 % et 30 % selon l'âge du rentier au moment de l'entrée en jouissance).

SECTION V

FISCALITÉ DU CONTRAT DE CAPITALISATION (PEA)

Le plan d'épargne en Action (PEA) ayant pour objectif de consolider et de développer les besoins des entreprises industrielles et commerciales françaises, la fiscalité doit être cohérente au niveau du support de l'investissement du client et au niveau de la stabilité de cette épargne contractuelle.

Tout d'abord, il s'adresse aux contribuables domiciliés en France.

Il ne peut être ouvert qu'un seul plan par personne physique ; les contribuables mariés peuvent ouvrir un PEA au nom de chaque époux. Mais, on ne peut ouvrir un PEA au nom d'un enfant fiscalement à charge des parents.

Les versements sont limités à un plafond global de 600 000 F par plan, soit 1,2 million de francs pour un couple ayant ouvert deux plans.

Comme pour les autres contrats de capitalisation, il faut noter quelques points importants :

- les versements ne supportent jamais la taxe sur les conventions d'assurance ;
- les versements ne donnent pas droit à la réduction d'impôt ;
- en cas de décès, le capital atteint entre dans la masse successorale. Le droit commun est applicable et il n'existe pas d'exonération des droits de succession.

Retraits anticipés

Il faut distinguer le retrait par rapport à la souscription initiale, c'est-à-dire celle du premier versement.

■ Retrait avant cinq ans

L'État reprend l'avantage fiscal dont a bénéficié le titulaire du plan. Le gain net réalisé est soumis à l'IRPP selon le régime de cessions des valeurs mobilières : l'imposition n'intervient que si la limite d'imposition est franchie : 200 000 F en 1996 pour les valeurs mobilières hors PEA.

La plus-value réalisée sur le plan d'épargne en actions est égale à la différence entre la valeur du PEA à la date de clôture et le total des versements.

Le montant de la taxe sur le gain net imposable est de :

- 26,4 % avant l'expiration de la 2e année ;
- 19,9 % entre la 2e et la 5e année.

Dans les deux cas, sont ajoutés aux taux classiques de 22,5 et 16 %, les prélèvements sociaux de 1 % pour la Caisse nationale d'assurance vieillesse, 2,4 % de

CSG (contribution sociale généralisée) et de 0,5 % de RDS (remboursement de la dette sociale).

La clôture du plan n'entraîne aucune imposition sur le gain net dans les cas de force majeure suivants :

– décès du titulaire du plan ;
– rattachement à un autre foyer fiscal d'un invalide titulaire d'un PEA ;
– transfert à l'étranger du domicile du titulaire du plan.

■ Retrait après cinq ans

Le client est totalement défiscalisé sauf pour la partie RDS. Le rachat partiel entre 5 et 8 ans entraîne la clôture du plan.

Cependant, la plus-value réalisée depuis le retrait partiel sera imposable lors du retrait total.

■ Retrait après huit ans

Il y a exonération fiscale du gain net, c'est-à-dire des produits, des plus-values, des avoirs fiscaux et crédits d'impôt.

Les retraits ou rachats au-delà de 8 ans n'entraînent pas la clôture du plan, mais aucun versement n'est possible après le premier retrait.

Contrairement au contrat de capitalisation hors PEA, il n'existe pas d'anonymat possible.

Ainsi, il est impossible de transmettre manuellement un PEA.

Impôt de solidarité sur la fortune (ISF)

N'étant jamais anonyme, le PEA « contrat de capitalisation » doit être déclaré dans le patrimoine global de l'assujetti, si ce patrimoine excède 4 610 000 F.

Le montant à déclarer est le montant de la valeur de rachat au 1er janvier.

Les options de rente au terme

Lorsque le PEA se dénoue après 8 ans par le versement d'une rente viagère, cette dernière est exonérée de l'impôt sur le revenu, mais soumise au RDS.

Fiscalité comparative
Capi (non PEA) / Capi (PEA)

	Contrat Capitalisation (non PEA)	*Contrat Capitalisation (PEA)*
À la souscription	Aucune réduction d'impôt	Aucune réduction d'impôt
En phase d'épargne	*Après 8 ans hors anonymat :* exonération des revenus et plus-values 19,9 % de 4 à 8 ans 39,9 % de 0 à 4 ans	*Après 5 ans :* exonération des revenus et plus-values 19,9 % de 2 à 5 ans 26,4 % de 0 à 2 ans
Décès	Aucune exonération des droits de succession	Aucune exonération des droits de succession
Exonération des rentes	Aucune	Totale après 8 ans de plan d'épargne

LIVRE II

LES CONTRATS GROUPES

Les principaux régimes sociaux

Les régimes complémentaires d'assurance de groupe

Malika S. Barzic

Quelques considérations générales

Le contrat d'assurance de groupe répond, selon la définition légale (C. assur., art. L. 140-1) aux caractéristiques suivantes :

1. il est souscrit par une personne morale ou un chef d'entreprise ;
2. il a pour objet l'adhésion d'un ensemble de personnes répondant aux conditions fixées au contrat ;
3. il couvre les risques suivants :

– ceux dépendant de la durée de la vie humaine,
– ceux portant atteinte à l'intégrité physique de la personne, ou
– ceux liés à la maternité, ou
– ceux d'incapacité de travail, ou
– d'invalidité, ou
– de chômage.

Cette forme d'assurance occupe une place importante dans l'activité des sociétés vie et accidents. Il est, en outre, permis de supposer un développement encore plus important de cette activité, notamment en ce qui concerne les formules de capitalisation. Le regain d'intérêt qui commence à se manifester pour l'assurance vie se justifie par plusieurs raisons, parmi lesquelles la reconnaissance de la précarité des retraites servies selon le système de répartition par les caisses de retraite complémentaire est sans doute la plus importante. On sait que le rapport d'équilibre de ce fonctionnement est d'un retraité pour trois cotisants. Or, selon les estimations, ce rapport devrait se rompre au plus tard d'ici à trente ans. Différentes solutions sont à l'étude, l'épargne individuelle ou collective dans le cadre de l'entreprise peut en être une. Cette dernière possibilité est d'autant plus envisageable qu'elle permet à un chef d'entreprise à une époque de blocage des salaires de maintenir un bon climat social en apportant à ses collaborateurs un avantage qui semble correspondre davantage aux préoccupations actuelles.

Cette vue prospective montre que l'on ne peut dissocier l'assurance de groupe de son environnement social et économique. Aussi allons-nous énoncer sommairement les éléments qui ont contribué à son développement.

L'assurance de groupe a été créée aux États-Unis où elle a connu un essor considérable. Elle s'est développée en France au lendemain du vote de la loi du 30 avril 1930 sur les assurances sociales, entrée en vigueur le 1er juillet 1930.

Cette loi obligeait les entreprises à assurer les salariés du commerce et de l'industrie dont la rémunération était inférieure à 18 000 F de l'époque contre le risque décès, maladie, invalidité et vieillesse en prenant en charge la moitié des cotisations.

Le nombre de salariés concernés était relativement restreint ; c'est la raison pour laquelle les assureurs ont étudié et mis en œuvre des régimes analogues en faveur des collaborateurs exclus du régime d'assurance sociale.

Ces régimes entraient dans le cadre de l'assurance groupe puisque déjà, le 23 mai 1929, un décret du ministre du Travail autorisait les compagnies d'assurance sur la vie à utiliser, pour la couverture du risque de décès dans l'assurance « groupe », un tarif spécial inférieur au tarif minimum légal des assurances sur la vie individuelles. Le 17 juin 1930, un nouveau décret fixait à 100 000 anciens francs le maximum du capital assuré sur une seule tête ; les conditions d'application étaient doubles : le groupe devait comprendre au moins 50 adhérents et 75 % des membres du personnel ou du groupement.

Toutefois, et malgré ces privilèges, l'essor de l'assurance groupe ne fut pas immédiat ; sa réalisation comportait en effet de la part des entreprises un sacrifice qui parut inopportun au moment où une crise économique sévissait.

Les mouvements sociaux importants de 1936 aboutirent à la signature de nombreuses conventions collectives qui entraînèrent un développement des opérations d'assurance groupe, accentué par la nouvelle application de la loi des assurances sociales à certaines catégories de travailleurs, tels les représentants de commerce. Cette loi souligna encore la nécessité, surtout pour les entreprises importantes, de créer des régimes de prévoyance similaires.

On peut donc dire que c'est à partir de 1937 que l'assurance groupe commença à se généraliser ; son principe fut copié sur celui des assurances sociales : garantie en cas de décès et d'invalidité, constitution de retraite et couverture assurée par deux primes égales (employeur et salarié) initialement fixées à 4 % du salaire.

En septembre 1939, la mobilisation de la plupart des assurés groupe suspendait, en général, l'effet de contrats, mais si les retraites ne furent plus alimentées par les cotisations, en revanche, de nombreuses sociétés continuèrent à payer la prime du risque décès de leurs collaborateurs mobilisés, surtout si les contrats prévoyaient antérieurement la couverture du risque de guerre, ce qui était souvent le cas, avec une clause de réduction de retraite.

C'est pendant la guerre, et notamment à partir de 1942, que fut créée l'assurance maladie collective : les compagnies d'assurances furent, en effet, entraînées à couvrir ce risque, du fait que les assurances sociales le prenaient en charge et que certains des salariés non assujettissables voulaient bénéficier de prestations pour les frais médicaux, pharmaceutiques, chirurgicaux, d'hospitalisation et dentaires, concernant eux-mêmes ou les membres de leur famille.

Les primes qui de 4 % étaient passées à 5 % furent alors portées à 6 % pour chaque partie, employeur et salarié, soit une cotisation totale de 12 % sur le montant des salaires, 7 % au moins sur ce total étant affectés à la constitution des retraites.

Il faut d'ailleurs souligner que la part des entreprises était plus élevée que celle des salariés, car le contrat prévoyait la constitution d'une rente garantie, d'où une prime variable et progressivement majorée pour l'entreprise.

C'est aussi au cours de la dernière guerre qu'en raison de sa situation financière, le régime de retraite des assurances sociales fut transformé de régime de capitalisation en régime de répartition.

La nécessité urgente de venir en aide aux vieux travailleurs, dont les retraites du fait de l'inflation se révélaient insuffisantes pour une vie décente, justifia cette décision. Il fut donc alors décidé que les retraités ne recevraient plus comme retraite la rente obtenue par la capitalisation de leurs versements, mais que les sommes versées chaque année par les assujettis en activité seraient réparties, selon certaines modalités, entre les retraités, afin d'assurer aux plus défavorisés d'entre eux un minimum de ressources.

Cette importante modification de structure et l'ordonnance du 19 octobre 1945 posant le principe de l'immatriculation obligatoire aux assurances sociales pour tous les salariés, quels que soient leurs salaires, mais avec un plafond de cotisation, obligèrent, d'une part les compagnies d'assurance, d'autre part les organisations professionnelles et les syndicats, à reconsidérer la structure des assurances groupe.

Le 1er janvier 1947 prit effet l'affiliation obligatoire aux assurances sociales, avec effet différé au 1er avril 1947 pour la couverture des risques des titulaires d'assurance groupe. Puis, le 1er avril 1947, entra en vigueur la convention des cadres du 14 mars 1947.

Depuis ces deux dates, un travail considérable de création et de refonte a été accompli.

Par ailleurs, la loi n° 48-101 du 17 janvier 1948 et le décret n° 48-1756 du 19 novembre 1948 ont organisé un régime d'assurance groupe pour les non-salariés.

Le décret n° 56-139 du 24 janvier 1956 a complété le décret du 30 décembre 1938 (C. assur., art. R. 140-1 à R. 140-8), en lui ajoutant un chapitre relatif aux assurances de groupe, intégralement couvertes par des provisions mathématiques et pratiquées par les entreprises d'assurance sur la vie, tandis que l'année 1957 marqua la naissance d'un régime de retraite pour les salariés non cadres, rendu obligatoire en décembre 1961.

Enfin, ce foisonnement d'initiatives a incité le législateur à réglementer tous les régimes de prévoyance, notamment afin d'en mieux assurer les bases techniques. Tel fut l'objet de l'ordonnance n° 59-75 du 7 janvier 1959 ainsi que du décret n° 64-537 du 4 juin 1964 modifié par le décret n° 68-252 du 8 mars 1968. Mais il faudra attendre deux lois – toutes deux du 31 décembre 1989 – pour voir apparaître le cadre législatif de l'assurance de groupe. Il s'agit de la loi n° 89-1014 « portant adaptation du Code des assurances à l'ouverture du marché européen » qui inscrit dans la partie législative du Code des assurances les dispositions relatives à l'assurance de groupe (C. assur., art. L. 140-1 à L. 140-4) et de la loi n° 89-1009, dite loi Évin, qui renforce les garanties offertes aux personnes assurées contre certains risques. Ces textes sont reproduits dans la partie III du présent ouvrage.

Nous nous trouvons donc en présence d'une multitude de régimes collectifs, régime de Sécurité sociale, régimes complémentaires de retraites, régimes complémentaires de prévoyance et de retraite, d'assurance collective...

Cet ouvrage se voulant essentiellement pratique, il nous a paru opportun, avant de procéder à l'étude approfondie des différentes couvertures proposées par les assureurs groupe, d'analyser les principaux régimes de base afin de mettre en évidence leurs limites et d'apporter les solutions adaptées aux besoins de chaque catégorie de personnes, salariés non cadres, salariés cadres, non-salariés.

Le producteur pourra ainsi jouer son rôle de conseil et proposer la meilleure protection dans le cadre des opérations d'assurances collectives.

1 LES PRINCIPAUX RÉGIMES SOCIAUX

La Sécurité sociale

Le régime de retraite des cadres

Le régime des non-cadres

Les régimes complémentaire de prévoyance

Les régimes des non-salariés

La retraite progressive

1

La Sécurité sociale

Au cours des siècles passés, certains groupes sociaux avaient cherché à se protéger contre les aléas de la vie en créant des structures particulières de protection sociale, sous la forme de sociétés d'entraide mutuelle, de corporation, de groupements professionnels, religieux ou autres...

C'est en 1930 par la loi du 30 avril qu'a été réalisé le premier système de protection sociale à caractère général et obligatoire destiné à couvrir une catégorie de la population.

En 1945, date de la création de la Sécurité sociale, est posé le principe d'un régime unique auquel doit progressivement être rattaché l'ensemble de la population. L'instauration de ce régime unique a échoué devant l'hostilité de certaines catégories sociales qui souhaitaient conserver leur protection particulière, sa gestion et les avantages qu'elle accordait.

Ainsi au cours des 35 dernières années ont été créés des régimes autonomes distincts du régime général, notamment :

- loi du 25 janvier 1961 : création du régime d'assurance maladie des exploitants agricoles ;
- loi du 12 juillet 1966 : création du régime d'assurance maladie des travailleurs non salariés non agricoles.

Plusieurs textes législatifs intervenus en 1975 confirment le principe de la généralisation de la Sécurité sociale à l'ensemble de la population et l'étendent à certaines catégories de personnes telles que les salariés à l'étranger, les détenus et leur famille, les jeunes à la recherche d'un premier emploi, etc.

La loi du 2 janvier 1978 portant création de l'assurance personnelle concrétise les principes posés par les textes de 1975 : *« toute la population doit pouvoir bénéficier des avantages de Sécurité sociale sans condition d'activité professionnelle si la justification des versements des cotisations est faite »*.

S'affirmait une tendance vers l'harmonisation des prestations et des cotisations dans le sens d'un alignement sur le régime général. C'est d'ailleurs l'objectif qui a prédominé, adjoint à des préoccupations économiques visant à favoriser l'exportation, lors de la dernière réforme portant sur la situation sociale des travailleurs français expatriés.

Cependant, actuellement, la Sécurité sociale comporte encore différents régimes. Nous examinerons succinctement ceux qui nous paraissent les plus importants à connaître. Compte tenu du cadre nécessairement limité de cet ouvrage, les régimes agricoles n'ont pas été examinés, du fait, notamment, de la spécificité des organismes intéressés.

Le régime général est applicable à tous les salariés des professions industrielles et commerciales et, d'une manière générale, par adhésion volontaire à toute personne, y compris celle n'exerçant pas d'activité professionnelle.

Le régime général comprend quatre branches qui assurent :
- le service des prestations en cas de maladie, maternité, invalidité et décès ;
- le service des prestations accidents du travail et maladie professionnelles ;
- le service des prestations familiales à toutes les personnes ayant des enfants à charge ;
- le service des prestations vieillesse ainsi que les allocations de veuve.

Cotisations

Les ressources du régime sont constituées, indépendamment des contributions de l'État, par les cotisations suivantes :
- assurance maladie, maternité et décès : 19,60 % du salaire non plafonné, dont 6,80 % à la charge du salarié et 12,80 % à la charge de l'employeur ;
- assurance accidents du travail : de 0,5 % à 25 % du salaire déplafonné depuis le 1er janvier 1991 selon la nature de l'activité de l'entreprise et le nombre de salariés. La cotisation est entièrement à la charge de l'employeur.
- prestations familiales : 5,4 % (depuis le 1er février 1991) du salaire exclusivement à la charge de l'employeur.
- assurance vieillesse : 14,75 % du salaire limité au plafond de la Sécurité sociale, dont 8,20 % à la charge de l'employeur + 1,60 % du salaire déplafonné à la charge de l'employeur.
- du fait de la CSG, une remise forfaitaire de 42 F a été pratiquée du 1er février 1991 à septembre 1995.

À noter que 0,10 % du salaire total est versé exclusivement par le salarié au titre de l'assurance veuvage.

Rappelons que dans les départements du Haut-Rhin, Bas-Rhin et de la Moselle, le salarié verse une cotisation supplémentaire d'assurance maladie calculée sur la totalité du salaire. Elle est due au taux de 1,95 %.

Prestations

Les prestations de la Sécurité sociale sont de deux sortes :
- les prestations en nature, c'est-à-dire les remboursements de frais médicaux, chirurgicaux, pharmaceutiques, etc.

Elles sont indépendantes du salaire et déterminées en pourcentage des tarifs de la Sécurité sociale ;
- les prestations en espèces, qui sont fonction du salaire limité au plafond de la Sécurité sociale, sauf en ce qui concerne celles découlant de l'assurance accidents du travail.

Les interventions sont décrites ci-après.

SECTION I

L'ASSURANCE MALADIE

Prestations en nature

À ce titre, la Sécurité sociale rembourse les frais médicaux, chirurgicaux, pharmaceutiques, etc., engagés par l'assuré et ses ayants droit à l'occasion d'un accident ou d'une maladie.

Est laissée à la charge de l'assuré une partie des dépenses appelée « ticket modérateur ».

Les remboursements sont déterminés à partir des différents « tarifs de responsabilité » (voir en introduction les données sociales).

Prestations en espèces

Versement d'indemnités journalières en cas d'arrêt de travail dû à un accident ou une maladie à compter du 4e jour et pendant 365 jours, portés à 3 ans en cas d'affection de longue durée.

Le montant est égal à 50 % du gain journalier plafonné, porté à 66 % à partir du 31e jour d'arrêt de travail si l'assuré a au moins 3 enfants.

SECTION II

INVALIDITÉ

Est invalide l'assuré qui se trouve totalement ou partiellement inapte au travail. Cette inaptitude doit entraîner une incapacité de gain d'au moins 66 %.

Prestations en nature

L'assuré titulaire d'une pension d'invalidité a droit aux prestations de l'assurance maladie et maternité sans versement de cotisation et sans application, pour lui seul, du ticket modérateur. S'il est atteint d'une des 30 maladies fixées par décret du 31 décembre 1986 mais seulement pour les soins du traitement de ladite affection *(voir en introduction Les données sociales).*

Prestations en espèces

Les invalides sont classés en trois catégories :

1re catégorie : invalide capable d'exercer une activité partielle - 30 % du salaire plafonné ;

2e catégorie : invalide absolument incapable de se livrer à l'exercice d'une activité professionnelle – 50 % du salaire plafonné, soit au maximum 76 080 F/an en 1994 ;

3e catégorie : invalide incapable d'exercer une profession quelconque et, en outre, dans l'obligation d'avoir recours à l'assistance d'une tierce personne pour effectuer les actes ordinaires de la vie. La pension est égale à celle des invalides de la deuxième catégorie, majorée de 40 %.

La pension d'invalidité cesse lorsque la capacité de gain devient supérieure à 50 %.

Elle cesse à 60 ans pour être remplacée par la pension vieillesse. Toutefois, l'assuré invalide de 1re catégorie peut renoncer à la liquidation de la pension vieillesse à 60 ans.

SECTION III

MATERNITÉ

Prestations en nature

Les prestations en nature entrant dans le champ d'application de l'assurance maternité ne donnent pas lieu à l'application du ticket modérateur.

Prestations en espèces

Les indemnités journalières versées à la femme assurée sociale pendant les 16 semaines de congé légal de maternité, portées à 26 semaines à partir du 3e enfant, sont fixées à 84 % du gain journalier plafonné.

SECTION IV

DÉCÈS

En cas de décès de l'assuré social, il est versé à ses ayants-droit une allocation fixée à 90 fois le gain journalier avec un maximum de 3 plafonds mensuels de la Sécurité sociale.

SECTION V

ACCIDENTS DU TRAVAIL

Définition : L'accident du travail est celui survenu par le fait ou à l'occasion du travail. L'accident de trajet est celui survenu pendant le trajet aller et retour entre la résidence et le lieu du travail de l'assuré ou entre le lieu de travail et celui ou l'assuré prend ses repas.

Prestations en nature

Pour les frais médicaux et chirurgicaux exposés à la suite d'un accident du travail ou d'une maladie professionnelle, il n'est pas fait application du ticket modérateur. Le taux de remboursement est fixé à 100 % des tarifs. Le système du tiers payant est pratiqué : les praticiens sont remboursés directement par la caisse de Sécurité sociale.

Prestations en espèces

■ Indemnités journalières

Versement d'indemnités journalières à compter du 1er jour suivant la date d'arrêt de travail dû à un accident du travail ou une maladie professionnelle, jusqu'à la guérison complète ou la consolidation de la blessure. Dans ce dernier cas, elles sont remplacées par le service d'une rente d'incapacité.

Le montant des indemnités journalières est fixé à 50 % du salaire journalier limité à 1 % du plafond annuel de la Sécurité sociale.

À compter du 29e jour d'arrêt de travail, les indemnités sont portées à 66 %.

■ Rente d'incapacité permanente

La rente est attribuée à compter de la consolidation des blessures.

Elle est calculée en fonction :

1. du salaire utile, soit le salaire réel pris à 100 % jusqu'à 179 533,86 F au 1er janvier 96 et ensuite pour un tiers jusqu'à 4 fois ce plafond ;

2. du taux d'incapacité corrigé de la façon suivante :
- taux réduit de moitié pour la fraction égale ou inférieure à 50 %,
- taux augmenté de moitié pour la fraction supérieure à 50 %.

La rente est égale au salaire utile multiplié par le taux corrigé. Elle peut être majorée de 40 % – avec un minimum de 66 362,27 F au 1er janvier 1996 en cas d'incapacité nécessitant l'assistance d'une tierce personne. Son montant est susceptible d'être révisé en fonction de de l'évolution de l'état de la victime. La rente est viagère et peut se cumuler avec un salaire en cas d'activité, une pension d'invalidité ou la retraite.

Une fois attribuée, la rente peut être, au terme d'un délai de cinq ans, partiellement rachetée à la demande de la victime, ou réversible sur la tête du conjoint pour moitié ou plus. Ces possibilités diffèrent selon que le taux d'IPP est inférieur ou supérieur à 50 %. Pour les rentes dont le taux est inférieur à 10 % la rente est versée sous forme de capital.

■ Décès

En cas d'accident mortel ou de maladie professionnelle entraînant le décès, les prestations suivantes sont versées :

- Rente viagère du conjoint survivant : le conjoint, sous réserve que le mariage ait duré deux ans, à moins qu'un ou plusieurs enfants en soient issus, perçoit une rente d'un montant égal à 30 % du salaire utile.

Ce taux est porté à 50 % lorsque le conjoint atteint l'âge de 55 ans ou est atteint d'une incapacité de travail d'au moins 50 % pendant trois ans au minimum. Il est réduit à 20 % si le conjoint est divorcé ou séparé de corps avec pension alimentaire. Il est fixé à 15 % en cas de remariage.

- Rentes temporaires d'orphelins : en cas d'existence d'enfants à charge au décès de l'assuré, il est versé une rente fixée à 15 % du salaire utile par enfant dans la limite de deux, et de 10 % au-delà.

Cette rente est portée à 20 % par orphelin de père et de mère. Elle est versée jusqu'à 16 ou 18 ans en cas d'apprentissage ou 20 ans en cas de poursuite d'études.

- Rentes viagères d'ascendants : chaque ascendant à charge a droit à une rente viagère de 10 % du salaire utile dans la limite globale de 30 %. Les rentes d'ayants droit ne peuvent excéder 85 % du salaire de base du défunt.
- Frais funéraires : ces frais funéraires sont remboursés dans la limite de 1/24 du plafond annuel de la Sécurité sociale. Cette indemnité est déduite du capital de l'assurance décès.

SECTION VI

L'ASSURANCE VIEILLESSE ET VEUVAGE

La pension d'assurance vieillesse

Depuis le 1er janvier1994, une nouvelle règlementation modifie les éléments de calcul de la pension d'assurance vieillesse. La retraite de la Sécurité sociale peut être liquidée dès l'âge de 60 ans.

La pension est égale au salaire moyen (Sam) × par le taux × par le nombre de trimestres acquis limité à 150.

Le Sam est égal au salaire limité au plafond de la Sécurité sociale déterminé :

- sur une période de référence égale aux 10 meilleures années cotisées pour les assurés nés avant le 1er janvier 1934.
- sur une période de référence progressivement relevée pour les assurés nés à partir de 1934 à raison d'une année par génération jusqu'à atteindre les 25 meilleures années cotisées en 2008.

Le taux dit plein est de 50 %. Il est attribué à partir de 60 ans pour les assurés qui ont totalisé un nombre de trimestres de cotisations progressivement relevé.

Le relèvement d'un trimestre par génération soit 151 pour les assurés nés en 1934, 152 pour ceux nés en 1935 et ainsi de suite jusqu'à atteindre 160 trimestres pour tous en 2003.

À défaut, la retraite est prise à 65 ans.

Si le nombre de trimestres requis n'est pas atteint, la pension est réduite de 1,25 % par trimestre manquant.

■ Maximum

La pension est limitée à 50 % du salaire moyen des meilleures années requises soit au maximum 79 980 F l'an au 1er janvier 1996 pour un assuré justifiant les trimestres requis.

■ Minimum

Dans les mêmes conditions le minimum est fixé à 38 069,09 F.

■ Majorations

Il existe une bonification de 10 % pour l'assuré qui a eu 3 enfants.

Par ailleurs, il y a une majoration pour conjoint à charge âgé de plus de 65 ans, non titulaire d'un avantage vieillesse à titre personnel, fixée depuis le 1er juillet 1976 à 4 000 F par an avec un plafond de ressources personnelles porté à 37 692 F au 1er janvier 1996 pour les pensions pleines, et, réduite proportionnellement pour les assurés ne comptant pas les trimestres requis.

Toutefois, si les conditions de ressources personnelles du conjoint à charge sont remplies et si celles du ménage n'excèdent pas 73 028 F par an, la majoration pour conjoint à charge est portée à 16 943 F au 1er janvier 1996.

Pension de réversion

À l'âge de 55 ans, le conjoint survivant non remarié bénéficie d'une pension de réversion égale à 52 % de celle dont bénéficiait ou aurait bénéficié l'assuré. Son montant ne peut être inférieur à celui de l'AVTS.

Le conjoint doit remplir certaines conditions relatives à :

- la durée du mariage : 2 ans avant le décès ;
- ses ressources personnelles : au maximum 2 080 fois la valeur du Smic, les ressources personnelles sont appréciées à la date de la demande de pension (sont exclus les avantages de réversion et les revenus des biens mobiliers et immobiliers acquis du chef du conjoint décédé ou en raison de son décès).

Si les conditions de ressources ne sont pas remplies à la date de la demande de réversion, elles sont alors appréciées à la date du décès.

- la règle du cumul : lorsque le conjoint survivant bénéficie d'un droit à un avantage vieillesse à titre personnel, il peut le cumuler avec la pension de réversion dès lors que ce cumul est inférieur soit à 52 % du total des deux droits propres, soit à 73 % du montant maximal de la pension pleine. Si le cumul est supérieur à l'une de ces deux limites, c'est la limite la plus avantageuse pour le conjoint survivant qui est retenue.

Assurance veuvage

Le conjoint survivant âgé de moins de 55 ans, ayant élevé au moins 1 enfant, peut bénéficier de l'assurance veuvage à condition que le montant de ses ressources ne dépasse pas 2 080 Smic au cours des 3 mois précédant soit la demande, soit le décès.

Entre 50 et 55 ans, l'allocation mensuelle de la 3e année est prolongée jusqu'à 5 ans.

L'allocation de veuvage est dégressive dans la limite du plafond précisé par trimestre (ressources personnelles + allocation).

Les personnes titulaires d'un avantage vieillesse peuvent prétendre, si leurs ressources n'excèdent pas, au 1er janvier 1996, 40 707 F par an ou 73 028 F par ménage, à l'allocation supplémentaire du Fonds national de solidarité.

2

Le régime de retraite des cadres

La loi du 30 avril 1930 portant création des assurances sociales avait exclu de son champ d'application les salariés dont la rémunération était supérieure à un certain plafond.

Les cadres se sont donc organisés pour financer le paiement de retraites décentes à leurs collègues retraités. De leur côté, les employeurs, conscients de la lacune législative et désireux de s'attacher une main d'œuvre qualifiée, ont participé au financement des retraites du personnel non assujetti aux assurances sociales, dans le cadre de caisses patronales ou mutualistes ou dans celui de sociétés d'assurance. Un décret du 25 juillet 1930 avait admis la création de tels systèmes particuliers de protection sociale.

C'est d'ailleurs leur existence qui provoquera chez les cadres une vive opposition lors de la création du régime de retraite obligatoire de la Sécurité sociale. Intégrés à leur corps défendant aux assurances sociales, les cadres posèrent comme condition à leur ralliement qu'ils organiseraient eux-mêmes leur régime de prévoyance et que celui-ci resterait en dehors de la Sécurité sociale.

Les pouvoirs publics donnèrent leur accord à cette volonté d'indépendance sous réserve d'approbation et de contrôle du ministère du Travail.

Cette indépendance est à l'origine de la création d'une commission paritaire composée de représentants du CNPF et des centrales syndicales représentatives des cadres.

Il fut alors décidé que les cadres seraient assujettis à la Sécurité sociale à partir du 1er janvier 1947 et qu'ils bénéficieraient d'un régime complémentaire pour la partie des salaires excédant le plafond de la Sécurité sociale.

C'est ainsi que fut créé le régime de retraite et de prévoyance des cadres qui résulte de la convention collective du 14 mars 1947, rendue obligatoire à tous les cadres du commerce et de l'industrie le 1er avril 1947.

SECTION I

L'AGIRC

Alors que les régimes de retraite en place fonctionnaient selon la technique de capitalisation, le système retenu pour le régime de retraite des cadres fut celui de la *répartition*, permettant ainsi la solidarité entre les générations.

La masse annuelle des ressources constituées par les cotisations des actifs est répartie, après prélèvement des frais de gestion et constitution de certaines réserves, entre les retraités au prorata des droits reconnus à chacun, ces droit étant exprimés en un certain nombre d'unités appelées « points de retraite ». Ces points expriment, en une valeur conventionnelle stable, la valeur relative, dans la hiérarchie des salaires, de l'ensemble des années d'activité de chaque intéressé.

En application de la convention, il s'est constitué, en France, plusieurs dizaines de caisses professionnelles et interprofessionnelles ; les entreprises, après consultation de leurs cadres, ont pu s'adresser à la caisse de leur choix.

Pour pouvoir fonctionner, les caisses doivent faire l'objet d'un décret d'agrément du ministre du Travail publié au Journal officiel. Ces institutions de retraite indépendantes les unes vis-à-vis des autres, ne peuvent toutefois être agréées qu'à condition d'adhérer à une association générale garantissant aux bénéficiaires une allocation minimale et opérant une compensation des charges entre les caisses. L'association générale en cause est l'Agirc (Association générale des institutions de retraites des cadres), dont les statuts ont été agréés par arrêté du ministre du Travail du 30 avril 1947.

Depuis sa création, l'Agirc n'a cessé de développer son autorité sur les institutions de retraites, sur lesquelles elle exerce maintenant un pouvoir de contrôle.

Chaque caisse possède un conseil d'administration composé, en nombre égal, de représentants employeurs et cadres : il appartient à chaque conseil de veiller à l'organisation matérielle de l'institution, à l'encaissement des cotisations, au paiement des arrérages, à la constitution des dossiers, à l'emploi des fonds non répartis. Chaque institution a le devoir de signaler à l'Agirc toute initiative qui lui paraîtrait intéressante pour l'ensemble des cadres ; il entre aussi dans ses attributions de répartir, en faveur de cas spécialement intéressants, des sommes du fonds social.

En outre, la loi n° 72-1223 du 29 décembre 1972 (JO 30 décembre) a posé le principe que tous les salariés assujettis à l'assurance vieillesse du régime général de la Sécurité sociale doivent bénéficier d'une retraite complémentaire.

Elle a prévu d'autre part que l'extension des régimes complémentaires de retraite à des secteurs non encore compris dans de tels régimes devait être effectuée par arrêtés des ministres du Travail et des Finances. Pris les 24 et 26 décembre 1973 pour le régime de retraites des cadres, ces arrêtés ont pris effet au 1er janvier 1974.

Champ d'application

■ Professionnel

Aujourd'hui toutes les entreprises dont le personnel relève du régime général de la Sécurité sociale sont obligatoirement soumises aux dispositions de la convention collective du 14 mars 1947, sous réserve des principales exceptions suivantes :
- banques ;
- organismes régis par le Code de la mutualité ;
- entreprises dont le personnel bénéficie d'un régime de retraite complémentaire institué par voie législative ou réglementaire ;
- entreprises dont le personnel bénéficie d'un régime de retraite complémentaire établi par une convention collective qui ne peut entrer en application qu'après agrément ministériel.

■ Territorial

La convention collective des cadres est applicable à toutes les entreprises exerçant leur activité sur le territoire métropolitain, quelle que soit la nationalité des participants.

Le régime est applicable de plein droit depuis le 1er avril 1975 aux départements d'outre-mer.

Pour les cadres exerçant leur activité à l'étranger le régime est applicable de façon obligatoire, lorsqu'ils ont le statut de « détachés ». Ce qualificatif s'applique aux cadres exerçant une activité « temporaire » à l'étranger pour le compte d'une entreprise française, lorsque le contrat de travail est conclu en France.

L'entreprise française ou étrangère peut obtenir de l'Agirc une extension territoriale pour ses cadres expatriés envoyés à l'étranger pour une période de longue durée.

À défaut, le cadre a la possibilité d'obtenir une extension individuelle auprès de l'Ircafex.

Bénéficiaires

■ À titre obligatoire

Le régime s'applique obligatoirement aux catégories entrant dans le champ d'application des articles suivants :
- article 4 de la Convention collective nationale : les ingénieurs ; cadres ; P-DG et directeurs généraux de SA ; gérants minoritaires de SARL, VRP ;
- article 4 bis de la CCN : assimilés cadres, c'est-à-dire les employés et techniciens dont la « cote » hiérarchique, telle qu'elle résulte des arrêtés de mise en ordre des salaires, est égale ou supérieure à 300 ;
- les ex-Ircacim depuis 1984.

■ À titre facultatif

Ce régime s'applique au titre de l'article 36 de l'annexe I : les Etam, soit les collaborateurs dont la « cote » hiérarchique est supérieure à 200.

L'exercice de cette option entraîne l'inscription obligatoire de toutes les personnes répondant à cette définition.

Cotisations

■ Assiette

Elle est fondée sur la « tranche B » (ou T2) des salaires, c'est-à-dire sur la partie du salaire comprise entre le plafond de la Sécurité sociale et la limite supérieure du régime de retraite des cadres. Cette dernière limite est fixée semestriellement. Elle est égale à quatre fois le plafond de la Sécurité sociale.

Toutefois aux termes de l'accord du 24 mars 1988 et afin d'assurer la pérennité des avantages obtenus dans le cadre des régimes de répartition, le plafond de la convention collective nationale des cadres est porté de 4 à 8 fois le plafond de la Sécurité sociale.

L'obligation pour les entreprises de respecter cette nouvelle assiette prend effet :

- au 1er janvier 1988 pour les entreprises entrant dans le champ d'application de la Convention collective nationale du 14 mars 1947 et relevant des régimes gérés par la CCSBTP, l'Ircasup et l'Iricase,
- au 1er janvier 1991 pour les entreprises entrant dans le champ d'application de la Convention collective du 14 mars 1947, ne relevant pas de régimes de cadres supérieurs ou en relevant mais n'ayant pas demandé leur rattachement.

■ Taux

Tranche B

Le taux de cotisation est choisi librement par l'entreprise. Le minimum était de 8 %, le maximum de 16 %. Aujourd'hui le choix peut être exercé entre trois taux, 12, 14 ou 16 % de la tranche B des salaires. Mais, pour les entreprises créées depuis le 1er janvier 1981, le taux minimal est de 12 %.

L'entreprise peut s'engager à ce que les cotisations versées annuellement par participant ne soient pas inférieures à un minimum fixé soit à 1,76 % du plafond de la Sécurité sociale plus 12 % de la tranche B ou 2,65 % du plafond plus 12 % de la tranche B.

Jusqu'à 8 %, la cotisation est payée par l'employeur à hauteur de 6 %, les 2 % restants sont à la charge du salarié. Au-delà, la répartition est de 50 % à la charge de l'employeur et de 50 % à celle du salarié (soit pour le minimum de 12 %, 8 % pour l'entreprise et 4 % pour le cadre).

Pour assurer l'équilibre entre les ressources et les charges, la commission paritaire, au titre de l'annexe I à la convention, a décidé d'affecter le taux choisi d'un taux d'appel. Il était fixé depuis le 1er janvier 1979 à 103 % (96 % pour les ex-participants à l'Ircacim). La commission paritaire a décidé de porter ces taux d'appel à 121 % en 1994 et 125 % en 1995.

D'autres majorations non productives de points de retraite, peuvent être mises à la charge de l'employeur, notamment en cas de retard.

Tranche C

À compter du 1er janvier 1988 les entreprises jusqu'alors adhérentes à l'un de ces régimes doivent cotiser au régime de retraite des cadres sur la tranche C, au taux qui était le leur auprès du régime de cadres supérieurs ; ce taux ne peut être inférieur à 8 % à compter du 1er janvier 1991.

Il faut noter que les caisses de retraite des cadres sont chargées de procéder au recouvrement des cotisations au financement de l'Apec, organisme d'études et d'action pour le reclassement des cadres en chômage (CNCC, art. 4 et 4 bis).

Les cotisations correspondent à 0,06 % du salaire tranche B (0,036 à la charge de l'employeur, 0,024 à la charge du salarié), avec un versement forfaitaire de 58,08 F à la charge de l'employeur et 38,72 F à celle du cadre.

Le taux contractuel minimal de cotisation sur les tranches B et C des rémunérations, est porté à :

- 10 % à compter du 1er janvier 1994
- 12 % 1995
- 13 % 1996
- 14 % 1997

Lors de l'examen de l'équilibre en 1997, le taux minimal au-delà de 14 % sera arrêté dans la limite d'un passage à 16 % en 2003.

Calcul des droits

La retraite des cadres n'est pas, comme dans certains autres régimes de retraite, calculée sur les traitements de quelques années seulement d'activité. Hormis certaines périodes de reconstitution de carrière validées de façon forfaitaire, la retraite est calculée d'après le montant des cotisations versées qui sont déterminées en fonction des appointements du cadre déclarés au titre des traitements et salaires et du taux de cotisation de l'entreprise. Elle correspond donc à l'apport de chaque participant et de ses employeurs durant toute une carrière.

La retraite est exprimée en points. Le nombre de points acquis pour une année est égal au quotient de la cotisation par le salaire de référence de la même année. Le salaire de référence est déterminé annuellement par la commission paritaire du régime. Il est en quelque sorte le prix d'achat d'un point de retraite *(Voir en introduction les données sociales)*.

La valeur du point de retraite est fixée annuellement au 1er juillet de chaque année – avec révision possible au 1er janvier – par le conseil d'administration de l'Agirc. Elle est égale au rapport des ressources, en francs, de l'exercice précédent, à la moyenne des charges en points. Pour éviter les à-coups d'une année à l'autre, cette moyenne annuelle est effectuée sur les charges escomptées dans l'avenir pour une durée de dix ans y compris l'exercice en cours.

Sont comprises dans les charges non seulement les retraites proprement dites, mais les pensions de réversion servies aux ayants droit (conjoint survivant, orphelin).

La valeur du point est identique pour tous les participants.

Il en résulte que la valeur réelle du point est appelée à évoluer dans le rapport des ressources et des charges, ces deux éléments étant par nature fonction des circonstances économiques et démographiques.

Dans certains cas bien déterminés, les points sont inscrits sans contrepartie de cotisations.

Certaines de ces situations sont d'ordre transitoire. Il s'agit des reconstitutions de carrière antérieure au 1er avril 1947, date d'entrée en vigueur du régime de retraites des cadres (ou à la date d'effet de l'extension si l'entreprise n'était pas liée dès l'origine par la Convention collective nationale du 14 mars 1947). C'est la technique de la répartition qui a permis de prendre en charge – dans la limite de trente années – les services passés dans les mêmes conditions que s'ils avaient donné lieu à cotisations.

D'autres dispositions sont appelées à recevoir des applications à titre permanent. Elles intéressent les participants qui doivent interrompre leur activité en raison de leur état de santé, les chômeurs indemnisés par les Assedic, les cadres ayant travaillé dans les entreprises dont les cotisations n'ont pas été versées et sont irrécouvrables. Les intéressés relevant de l'une ou l'autre de ces catégories, bénéficient, sous certaines conditions, de l'inscription des points qu'ils auraient pu acquérir par le versement des cotisations.

En outre lorsqu'une entreprise relève son taux de cotisation, il en résulte une revalorisation des points acquis avant la date du versement des cotisations majorées.

Liquidation des droits

On sait que l'ordonnance du 26 mars 1982 abaissant l'âge de la retraite à compter du 1er avril 1983 permet aux salariés du régime général (et agricole) de la Sécurité sociale, de faire valoir leurs droits à *la retraite à taux plein à partir de 60 ans* dès lors qu'ils ont totalisé *150 trimestres de cotisations*, relevés d'un trimestre par an pour atteindre 160 en 2003 (voir l'assurance vieillesse de la Sécurité sociale).

Les régimes de retraite complémentaire ont donc dû s'adapter à cette ordonnance.

Ainsi, au terme de négociations, un accord a-t-il été signé le 4 février 1983 par les différents partenaires sociaux comportant, à compter du 1er avril 1983, *la même faculté de liquidation des droits à la retraite complémentaire* relevant tant des régimes Agirc qu'Arrco, *entre 60 et 65 ans sans application de coefficients d'abattement.*

Ce même accord a créé une structure financière temporaire ayant pour but de financer le coût supplémentaire qu'entraînent ces mesures.

Ainsi, *au titre du régime Argic, dès lors qu'il a cotisé pendant 150 trimestres, (voir ci-dessus) le cadre peut faire valoir ses droits à la retraite à compter de 60 ans.*

Il peut également bénéficier dans ces conditions de la retraite progressive *(voir à ce titre la fin de partie).*

En revanche, en ce qui concerne les retraites T3 ou TC et faute de financement spécifique elles continueront malgré transfert à l'Agirc à subir un abattement en cas de liquidation avant 65 ans.

Le montant de la retraite est égal au nombre de points acquis ou attribués multiplié par la valeur du point au moment de la liquidation, puis lors de chaque échéance.

Si le cadre a eu au moins trois enfants, le total des points inscrits au compte du participant est majoré de 10 % pour 3 enfants, plus 5 % par enfant supplémentaire jusqu'à 7, soit au maximum 30 %.

Ouvrent droit à ces majorations les enfants élevés pendant au moins 9 ans par l'allocataire, s'ils ont été adoptés ou s'ils sont issus du conjoint avec lequel le cadre s'est remarié.

Le participant a toujours la faculté de demander sa retraite à partir de 55 ans. Un coefficient d'abattement est alors appliqué sur le total des points.

Pour les salariés qui atteignent l'âge de 60 ans, mais qui ne totalisent pas le nombre de trimestres requis, le montant de la retraite est minoré.

Réversion

Les conjoints survivants ont droit à une pension de réversion calculée sur la base de 60 % des points acquis par le participant à la date de son décès.

Si le conjoint survivant a deux enfants à charge ou est invalide, cette allocation est versée dès le décès du participant. L'allocation est suspendue lorsque cesse l'état d'invalidité.

Dans le cas contraire, l'allocation est servie à l'âge de 60 ans pour le conjoint survivant.

L'allocation cesse en cas de remariage.

Les orphelins de père et de mère ont droit chacun à une pension temporaire calculée sur la base de 30 % des points acquis par le participant à la date de son décès. Cette allocation cesse à l'âge de 21 ans sauf pour les orphelins infirmes.

Action sociale

Le régime de retraite des cadres a créé des fonds sociaux alimentés par prélèvement sur les cotisations et sur les produits financiers des placements.

Ces fonds sociaux permettent de régler des cas particuliers qui n'entrent pas dans le cadre général et d'attribuer des aides exceptionnelles ou renouvelables aux participants actifs ou retraités.

SECTION II

L'ARRCO

En dehors de la retraite complémentaire portant sur la tranche B des salaires, les cadres sont inscrits obligatoirement en application du protocole d'accord du 6 juin 1973 au régime Arrco pour la tranche A de leurs salaires.

Afin d'éviter des redondances, le régime Arrco des cadres sera étudié dans le chapitre relatif aux régimes obligatoires des non-cadres.

La tranche dite « T3 » ou C

Il existe plusieurs institutions de retraite s'adresssant aux cadres supérieurs : l'Iricase, l'Iricasup, la CCSBTP et l'Ipricas. Ces régimes sont à effet du 1er janvier 1988 intégrés à l'Agirc avec maintien des taux de cotisation prévus.

L'Iricase, Institution de retraite interprofessionnelle des cadres supérieurs d'entreprises, a été créée le 1er janvier 1975. C'est la plus importante de ces institutions.

Étaient affiliables, à l'une de ces caisses, à titre facultatif, les salariés dont le salaire dépasse quatre fois le montant du salaire plafond de la Sécurité sociale. Depuis le 1er janvier 1991, l'affiliation est obligatoire.

Le caractère facultatif de l'adhésion rendait ces régimes vulnérables. De plus, les plus hauts salaires ont tendance, ces dernières années, à stagner, ce qui entraîne, par le relèvement du plafond de la Sécurité sociale, une réduction de l'assiette des cotisations.

Par ailleurs, cette vulnérabilité se trouve accentuée par la durée relativement brève de l'affiliation due au fait que les niveaux élevés de salaires ne sont souvent atteints qu'en milieu ou en fin de carrière.

Un accord du 24 mars 1988 a étendu à la tranche C du salaire la compétence obligatoire de l'Agirc, auparavant limitée à la seule tranche B. À terme, cela se traduira par une extension presque intégrale à la tranche C des normes applicables à la tranche B, tant en ce qui concerne les cotisations que les prestations.

Pour les entreprises membres des régimes de cadres supérieurs, l'intégration est réalisée.

Pour les autres entreprises, l'intégration est obligatoire au 1er janvier 1991.

Le taux de cotisation sur la tranche C peut être différent de celui pratiqué sur la tranche B, le taux d'appel est le même. Depuis le 1er janvier 1991, le taux doit être au moins de 8 %.

Sous réserve de nombreuses exceptions ou modalités d'application, on peut dire schématiquement que, à partir de la date d'intégration, la tranche C ouvre des droits à retraite Agirc dans des conditions identiques à celles applicables à la tranche B.

3

Le régime des non-cadres

Pour pallier l'insuffisance des retraites servies par la Sécurité sociale, différentes conventions, accords professionnels nationaux ou régionaux, ont obligé les entreprises visées à affilier leur personnel à l'un des régimes de retraite créés sur le modèle de celui des cadres.

Ce n'est que le *8 décembre 1961* qu'est intervenu un accord collectif national et interprofessionnel entre le Conseil national du patronat français et les grandes centrales syndicales des salariés.

Cet accord a généralisé, en la rendant obligatoire, l'affiliation des salariés non cadres à des régimes de retraite complémentaires, gérés en répartition.

Le même accord a institué l'A*ssociation des régimes de retraites complémentaires (Arrco),* dont le rôle consiste à assurer la pérennité des régimes en cause et à organiser entre ceux-ci une compensation et une coordination.

La *loi du 29 décembre 1972* a imposé aux entreprises dont l'activité était encore exclue l'obligation d'affilier leur personnel à un régime complémentaire de retraite entrant dans le cadre de l'Arrco.

SECTION I

L'ARRCO

La pension de retraite Arrco

Les caisses de retraite gèrent les opérations de retraites complémentaires dans deux sections distinctes.

Un secteur est géré dans le cadre du régime obligatoire de l'Arrco. Le second, dit « hors Arrco », gère le régime facultatif complémentaire.

L'Arrco regroupe une trentaine d'institutions de retraite, dont les plus importantes sont l'Unirs (Union nationale des institutions de retraites des salariés) créée par accord du 15 mai 1957 entre syndicats patronaux et de salariés, la CNRO (Caisse nationale de retraite des ouvriers du bâtiment et des travaux publics) résultant de la convention collective nationale du 13 mai 1959, et l'AGRR (Association générale de retraites par répartition) instituée le 6 août 1951 par accords entre employeurs et syndicats de travailleurs de l'industrie du papier.

Ces institutions de retraites assurent la gestion administrative de chaque régime, la gestion financière étant parfois confiée à des entreprises d'assurance vie.

■ Champ d'application

Le champ d'application professionnel et territorial de l'Arrco est le même que celui des opérations relevant de l'Agirc.

Pratiquement toutes les entreprises relevant du régime général de Sécurité sociale adhèrent... à l'exception des banques.

De la même façon, les non-cadres, pour leur activité à l'étranger, peuvent bénéficier d'une extension territoriale ou d'une adhésion individuelle.

■ Bénéficiaires

- Les cadres (article 4, 4 bis et 36) ;
- Tous les salariés non cadres ;
- Ouvriers, mensuels et agents de maîtrise ne bénéficiant pas de l'extension de l'annexe I de la CCN au titre de son article 36.

■ Assiette des cotisations

Elle est basée sur le salaire limité à trois fois le plafond de la Sécurité sociale pour les non-cadres et au plafond de la Sécurité sociale pour les cadres.

■ Taux de cotisation, section Arrco

La cotisation obligatoire est fixée à 4,50 %.

Initialement, l'accord du 8 décembre 1961 avait prévu un taux de cotisation égal à 2,50 % des salaires, dans la limite du triple du plafond de la Sécurité sociale.

Un avenant du 18 novembre 1965 a porté ce taux à 4 %, dont 2,40 % pour l'entreprise et 1,60 % pour le salarié. Ultérieurement, un avenant du 17 juin 1970 a prévu un accroissement progressif du taux, atteignant 4,40 % en 1974, et fixé au même niveau pour les années suivantes ; cette augmentation, contrairement à celle de 1965, n'entraîne pas l'attribution de droits nouveaux, mais représente un financement complémentaire visant à maintenir le niveau des arrérages.

La cotisation minimale s'élève à 5 % dont 3 % à la charge de l'employeur et 2 % à la charge du salarié. La cotisation sera portée progressivement à un taux obligatoire de 6 % en 1999.

Le taux d'appel : 125 %, soit 5 % depuis le 1er janvier 1992 jusqu'en 1995.

■ Section « hors Arrco »

Les entreprises ont la possibilité d'octroyer à leur personnel des avantages supérieurs à ceux que procure le régime obligatoire. Les opérations facultatives doivent être réalisées, auprès de l'institution qui gère le régime obligatoire, dans le cadre de la « section hors Arrco ».

Depuis le protocole d'accord du 1er octobre 1976, les taux peuvent être compris (cotisation obligatoire incluse) :

- entre 4 et 8 % du salaire limité au plafond de la Sécurité sociale ;
- entre 4 et 12 % du salaire tranche B, soit du salaire compris entre une fois et trois fois le plafond de la Sécurité sociale, pour les non-cadres exclusivement.

Depuis 1991, il est appliqué à ces cotisations supplémentaires le même taux d'appel que celui de la cotisation obligatoire.

■ Calcul des droits

La retraite est exprimée en points. Le nombre de points acquis pour une année déterminée est égal au quotient de la cotisation par le salaire de référence de ladite année.

Il faut savoir que chaque institution fixe sa valeur du point et son salaire de référence *(Voir en introduction les données sociales et le tableau des valeurs de points et salaires de références).*

■ Liquidation des droits

L'Arrco, comme l'Agirc, a dû adapter ses régimes de retraite à l'ordonnance du 26 mars 1982 portant abaissement de l'âge de la retraite.

Ainsi l'adhérent relevant de l'Arrco a, depuis le 1er avril 1983, la faculté de liquider sa retraite sans abattement dès l'âge de 60 ans à condition d'avoir cotisé au moins 37 ans et demi. Il peut également bénéficier de la retraite progressive *(Voir à ce titre la fin de la partie).*

L'allocation servie est égale au moins au montant des droits acquis. Toutefois l'Arrco s'est engagée, sur la base du taux obligatoire de cotisations, à assurer la garantie d'une retraite complémentaire égale à 20 % du salaire moyen de la carrière pour 37 ans et demi validés.

Selon l'institution concernée, les pensions sont majorées pour certaines situations, familiales, d'âge, d'ancienneté...

Des pensions de réversion peuvent être prévues pour le conjoint ainsi que pour les enfants.

Devant les différents règlements des régimes entrant dans le cadre de l'Arrco, les partenaires sociaux ont examiné les disparités de conditions d'attribution des droits de réversion au profit des veuves, veufs et orphelins des différents régimes.

Des mesures d'harmonisation ont été adoptées. Elles sont exposées dans le bulletin de l'Arrco d'octobre 1979, dont nous publions ci-dessous un extrait :

Conditions d'attribution des droits à réversion au profit des veuves

■ Conditions d'ouverture des droits

Ayant constaté qu'une veuve d'un participant décédé relevant de plusieurs régimes pouvait se voir traitée différemment d'un régime à l'autre en matière de conditions d'ouverture des droits, le conseil d'administration a estimé opportun de demander aux institutions de modifier leurs dispositions réglementaires de manière :

- à ramener l'âge normal d'ouverture des droits de réversion au profit de la veuve à 50 ans ;
- à permettre à la veuve, en dehors de l'âge normal d'ouverture des droits, de bénéficier d'une retraite immédiate quel que soit son âge, dès lors qu'à la date du décès de son conjoint :
  - elle est (ou devient ultérieurement) invalide au sens de la législation de la Sécurité sociale ;
  - elle a deux enfants de moins de 21 ans à charge ;
  - elle a deux enfants à charge, l'un âgé de moins de 21 ans et l'autre invalide au sens de la législation de la Sécurité sociale, quel que soit son âge ;
  - elle a deux enfants de plus de 21 ans invalides au sens de la législation de la Sécurité sociale.

■ Conditions de maintien des droits

Lorsque dans les conditions signalées ci-dessus, les droits sont ouverts à un âge inférieur à 50 ans, ceux-ci restent maintenus même si la condition justifiant l'ouverture de ces droits n'est plus remplie.

■ Niveau des droits

Le taux de réversion applicable à la veuve est fixé à 60 % des droits du conjoint décédé déterminé sans qu'il soit tenu compte du coefficient d'anticipation dont ces droits ont pu être éventuellement affectés.

Cette mesure est sans effet à l'égard des institutions qui, à la date de la signature du protocole du 3 juillet 1978, ont prévu un taux de réversion supérieur à 60 %.

En tout état de cause, les institutions ne peuvent augmenter leur taux de réversion au-delà du niveau atteint à cette date.

Conditions d'attribution des droits à réversion au profit des veufs

■ Conditions d'ouverture des droits

Il a été jugé opportun de permettre au veuf de bénéficier d'une retraite de réversion immédiate quel que soit son âge, dès lors qu'au décès de sa conjointe :
- il est (ou devient ultérieurement) invalide au sens de la législation de la Sécurité sociale ;
- il a deux enfants de moins de 21 ans à sa charge ;
- il a deux enfants à sa charge, l'un âgé de moins de 21 ans et l'autre invalide au sens de la législation de la Sécurité sociale, quel que soit son âge ;
- il a deux enfants de plus de 21 ans invalides au sens de la législation de la Sécurité sociale.

En dehors des dispositions rappelées ci-dessus, le conseil d'administration de l'Arrco n'a pas cru devoir décider une harmonisation des conditions de réversions au profit des veufs, sans conditions particulières. Il a laissé au conseil d'administration de chaque institution la possibilité de fixer les dispositions qui lui conviennent à cet égard.

■ Conditions de maintien des droits

L'allocation de réversion au profit du veuf est supprimée :
- dès la cessation de l'état d'invalidité de l'intéressé ;
- dès le 21e anniversaire du dernier enfant à charge ;
- dès la cessation de l'état d'invalidité du dernier enfant invalide à charge.

Elle est ensuite reprise normalement dans les conditions prévues par les règlements des institutions, dès lors que ces dernières attribuent cet avantage sans conditions particulières.

■ Niveau des droits

Le taux de réversion applicable aux veufs, remplissant les conditions visées au ci-dessus, est fixé à 60 % des droits de la conjointe décédée, déterminés sans qu'il soit tenu compte du coefficient d'anticipation dont ces droits ont pu être éventuellement affectés.

Conditions d'attribution des droits à réversion au profit des orphelins de père ou de mère

Les conditions d'octroi et le montant des droits attribués à ces orphelins ont fait l'objet des dispositions suivantes :

■ Conditions d'ouverture des droits

Tout orphelin de père et de mère, âgé de moins de 21 ans au décès du dernier parent, a droit à une pension de réversion.

■ Conditions de maintien des droits

Le service de l'allocation de réversion au profit de l'orphelin de père et de mère est maintenu :

- jusqu'à 21 ans ;
- jusqu'à 25 ans si l'orphelin poursuit ses études ou est en apprentissage ;
- jusqu'à la cessation de l'état d'invalidité de l'orphelin si ce dernier a été reconnu invalide avant 21 ans et incapable de subvenir à ses besoins.

À cet égard, le conseil d'administration de l'Arrco a estimé que les orphelins incapables de subvenir à leurs besoins et qui sont susceptibles de bénéficier, au-delà de 21 ans, des dispositions de la présente circulaire, sont les handicapés titulaires de la carte d'invalidité ou ceux qui se sont vu reconnaître par la Commission technique d'orientation et de reclassement professionnel (Cotorep) une incapacité permanente d'au moins 80 % ou, si celle-ci n'atteint pas 80 %, une impossibilité de se procurer un emploi.

Le conseil n'a pas jugé souhaitable de réglementer les conditions de cumul de l'allocation de réversion avec d'autres avantages de Sécurité sociale ou d'aide sociale, laissant aux institutions le soin de se déterminer en la matière.

Le conseil a tenu, cependant, à attirer l'attention des institutions sur les conséquences du maintien éventuel de l'allocation de réversion sur le niveau global des ressources des intéressés.

Cette allocation, en effet, est susceptible d'entraîner une diminution des autres avantages auxquels les intéressés peuvent prétendre auprès de la Sécurité sociale ou de l'aide sociale, lorsque ces avantages sont accordés sous conditions de ressources. Il en est ainsi par exemple de :

- l'allocation d'orphelin de guerre (C. pens. mil., art. L. 57) ;
- l'allocation aux adultes handicapés (article 35-1 de la loi d'orientation du 30 juin 1975) ;
- l'allocation compensatrice prévue par la loi du 30 juin 1975 et versée par l'aide sociale pour les handicapés nécessitant l'aide effective d'une tierce personne.

Ces impossibilités de cumul doivent être signalées aux personnes concernées.

■ Niveau des droits

Quel que soit le nombre d'orphelins susceptibles de bénéficier de la pension de réversion dans les conditions définies au paragraphe ci-dessus, le taux est fixé, par orphelin, sur la base de 50 % des droits de l'allocataire direct décédé, déterminés sans qu'il soit tenu compte du coefficient d'anticipation dont ces droits ont pu être éventuellement affectés.

Il n'a pas semblé nécessaire au conseil d'administration de l'Arrco que cet avantage soit uniformément prévu par tous les régimes, dès lors que dans la plupart des cas, le parent survivant a des droits au titre de la réversion.

À noter, enfin, que pour les affiliés ne justifiant pas 37 ans et demi de cotisation, un taux d'abattement est appliqué.

4

Les régimes complémentaires de prévoyance

Il importe de distinguer le régime (rudimentaire) de prévoyance obligatoire des cadres issu de la Convention collective nationale, des nombreux régimes complémentaires mis en place par les diverses conventions collectives.

SECTION I

LE RÉGIME DE PRÉVOYANCE OBLIGATOIRE DES CADRES

L'article 7 de la Convention collective nationale des cadres fait obligation à l'employeur d'acquitter une prime d'au moins 1,50 % calculée sur la tranche de salaire inférieure au plafond de la Sécurité sociale.

Cette cotisation doit être utilisée en priorité à la couverture du risque décès. Elle peut être affectée à une garantie uniforme ou modulée en fonction des charges de famille.

Il faut savoir que l'employeur qui ne satisfait pas à cette obligation est tenu de verser aux héritiers du cadre décédé un capital fixé à trois fois le plafond de la Sécurité sociale.

C'est la raison pour laquelle, en toute logique, les assureurs ont été amenés à prévoir le versement de ce capital minimal lorsque la cotisation est affectée en priorité au risque décès.

SECTION II

LES RÉGIMES COMPLÉMENTAIRES DE PRÉVOYANCE, CADRES ET NON-CADRES

Sur le plan national et interprofessionnel les salariés non cadres, contrairement à leurs collègues cadres, ne sont pas obligatoirement couverts par un régime de prévoyance.

Certaines conventions collectives imposent cependant aux employeurs, appartenant au secteur d'activité concerné, la couverture du risque décès, souvent complété par une garantie en cas d'arrêt de travail.

Les garanties et leur niveau varient considérablement selon les conventions et les catégories auxquelles elles s'appliquent (cadres, non-cadres, agents de maîtrise...). Il arrive que les conventions fixent le montant de la cotisation afférente aux garanties obligatoires et la répartition entre employeur et employés.

SECTION III

QUELQUES EXEMPLES DE GARANTIES IMPOSÉES

■ En faveur des ouvriers et des « Etam » relevant de la convention collective des « carrières et matériaux et granitiers »

Décès

Célibataires, veufs, divorcés, sans enfant à charge .... 75 % du salaire,
Mariés, sans enfant à charge .... 100 % du salaire,
Assurés avec 1 enfant .... 115 % du salaire,
Par enfant supplémentaire .... 15 % du salaire,
Décès par accident .... 100 % du capital décès.

Indemnités journalières

À l'issue de la période de paiement intégral du salaire prévu par la convention collective et au plus tôt au 46e jour, il est versé 30 % du salaire.

Invalidité :

– *2e et 3e groupe (selon la Sécurité sociale) :* 30 % du salaire ;
– *1er groupe :* 22,50 % du salaire.

Les rentes sont revalorisées en fonction du point Unirs.

Elles cessent d'être versée à la date de liquidation de la pension vieillesse de la Sécurité sociale et au plus tard à 60 ans.

Chômage

La garantie décès est maintenue pendant 3 mois.
La cotisation est de 1,50 % des salaires (répartie 2/3 - 1/3).

■ En faveur des membres du personnel des sociétés adhérentes de la fédération des centres de gestion agréés

Base des prestations

12 fois le salaire du mois précédant l'arrêt de travail.

Garanties

– Décès ou IAD, quelle que soit la situation de famille : 100 %.
– Incapacité temporaire - Invalidité permanente :

À compter du 31e jour d'arrêt continu de travail jusqu'au 180e jour : 90 % du traitement de base, sous déduction des prestations de Sécurité sociale.

À compter du 181e jour jusqu'à la liquidation de la pension vieillesse de la Sécurité sociale : 80 % du traitement de base, sous déduction des prestations de Sécurité sociale.

■ En faveur des cadres relevant des conventions du bâtiment et des travaux publics

Le salaire pris en considération pour le calcul des cotisations et des prestations est limité au plafond de la Convention collective nationale des cadres.

Les garanties sont les suivantes :

Capital décès ou IAD

Célibataires, veufs ou divorcés sans enfant .... 200 %
Mariés sans enfant et célibataires, veufs ou divorcés avec enfants .... 200 %
Majoration par enfant de moins de 21 ans .... 40 %
portée à 60 % à partir du 3e enfant.

Allocations d'orphelins de moins de 21 ans
Allocation annuelle :
– 8 745 F si le salaire est inférieur ou égal au plafond de la Sécurité sociale ;
– 17 490 F si le salaire est supérieur au plafond de la Sécurité sociale.

Cette allocation est doublée pour les orphelins de père et de mère.

Décès par accident et maladie professionnelle

Capital complémentaire égal à 100 % du traitement de base porté à 125 % en cas d'accident du travail ou maladie professionnelle pour les participants dont le salaire de l'exercice précédent a été supérieur à 160 % du plafond de la Sécurité sociale.

Décès par accident du travail ou maladie professionnelle (facultatif)

Capital supplémentaire (se cumulant avec le précédent) égal à 300 % du traitement de base.

Double effet

Capital égal à 100 % du capital décès par maladie.

Incapacité (Terme de la garantie : 65 ans)

– du 31e au 90e jour, allocation journalière égale à 100 % du traitement de base sous déduction des prestations de la Sécurité sociale (l'employeur peut prendre lui-même en charge ces prestations) ;
– du 91e au 1 095e jour éventuellement, 85 % de la tranche B du traitement de base + 8,50 % (soit 10 % de l'indemnité journalière) par enfant de moins de 21 ans. Maximum 100 % de la tranche B.

Invalidité (Terme : liquidation pension vieillesse Sécurité sociale et au plus tard 60 ans)

Rente égale à 85 % de la tranche B du traitement de base, portée à 100 % si l'assuré a besoin de l'assistance d'une tierce personne.

Majoration de la rente de 10 % par enfant de moins de 21 ans. Rente maximale 100 % de la tranche B.

Accidents du travail

Versement de la différence entre le traitement de base et le montant des prestations accordées au titre de la législation sur les accidents du travail.

Exonération

À partir du 31e jour ou du 91e jour suivant l'option retenue.

Remboursements complémentaires

Frais chirurgicaux : pour le participant son conjoint et ses enfants de moins de 21 ans et indemnité forfaitaire pour la maternité égale à 40 % du plafond mensuel de la Sécurité sociale au 1er janvier de l'année précédente.

■ En faveur des vendeurs, ouvriers et employés du négoce et de la réparation pneumatique, dont le « classement hiérarchique s'établit à partir du 2e échelon du niveau III »

Traitement de base

Salaire plafond de la Sécurité sociale (forfait indépendant du salaire réel).

Garanties

En cas de décès (ou IAD) : 500 % du traitement de base quelle que soit la situation de famille.

En cas d'arrêt de travail :

- Incapacité temporaire, à partir du 181e jour d'arrêt de travail, indemnité journalière égale à 25 % du traitement de base ;
- Invalidité, rente de 25 % du traitement de base, payable jusqu'à la liquidation de la pension vieillesse de la Sécurité sociale et au plus tard jusqu'à 65 ans.

Cette liste est volontairement limitative. Il appartient au producteur de déterminer, par l'utilisation du « Code APE », qui indique l'activité principale exercée par l'entreprise, si la convention collective concernée impose des garanties de prévoyance.

La plupart des assureurs ont mis en œuvre des contrats spécifiques dits « types » qui, soit reprennent strictement les garanties imposées, soit comblent, moyennant une cotisation supplémentaire, les lacunes de couverture.

5

Les régimes des non-salariés

SECTION I

LE RÉGIME D'ASSURANCE MALADIE MATERNITÉ DES TNS

Le régime d'assurance maladie et maternité des travailleurs non-salariés des professions non agricoles a été créé par la loi du 12 juillet 1966.

Sont obligatoirement affiliés à ce régime les travailleurs non salariés – employeurs ou travailleurs indépendants – relevant des professions artisanales, libérales, industrielles et commerciales.

Le fonctionnement du régime d'assurance maladie maternité des TNS est assuré sous le contrôle de la Caisse nationale d'assurance maladie et maternité, par des caisses mutuelles, ou sociétés d'assurances ou groupements de compagnies d'assurance.

Cotisations

Les charges de ce régime sont couvertes par différentes contributions notamment par la contribution de solidarité à la charge de certaines entreprises et par des cotisations versées par les intéressés selon les taux suivants, applicables à la période allant du 1er avril de chaque année au 31 mars de l'année suivante, et payable au 1er octobre de l'année en cours. Pour les assurés actifs, le taux de cotisation est actuellement fixé à 12,90 % des revenus professionnels, dont :

– 3,10 % dans la limite du plafond Sécurité sociale ;

– 9,75 % dans la limite de cinq fois le plafond.

Une cotisation supplémentaire de 0,50 % pour 1996 est due par les artisans, afin d'assurer le financement des indemnités journalières, créées au 1er juillet 1995.

La cotisation annuelle donne lieu au versement d'un acompte payable au plus tard le 1er avril de chaque année.

Les revenus pris en considération sont les gains professionnels non salariés, revalorisés, de l'avant-dernière année ou, le cas échéant, des revenus évalués forfaitairement.

Quelle que soit la base retenue, la cotisation minimale est égale à celle qui serait due sur le revenu égal à 40 % du plafond de la Sécurité sociale.

La cotisation, versée à titre provisionnel, peut faire l'objet d'une régularisation lorsque le revenu professionnel de la période considérée est définitivement connu.

Prestations

Les prestations servies peuvent être très variables selon les groupes professionnels. Il existe toutefois des prestations de base communes à l'ensemble des groupes de non-salariés.

■ Prestations de base en nature

À ce titre, sont partiellement remboursés les frais médicaux, d'hospitalisation, pharmaceutiques, etc., engagés par l'assuré et ses ayants droit à l'occasion d'une maladie, de la maternité ou d'un accident.

Les remboursements sont établis sur la base du tarif de responsabilité de la Sécurité sociale. La participation de l'assuré est fixée, sauf exceptions, à :

- 50 % pour les frais médicaux et pharmaceutiques,
- 20 % pour l'hospitalisation.

Toutefois la participation de l'assuré diffère, pour certains postes, de celle demandée aux assurés du régime général *(Voir en introduction les données sociales).*

■ Prestations de base en espèces

Depuis le 1er janvier 1983, il est prévu pour les femmes relevant à titre personnel du régime d'assurance maladie et maternité des non salariés et du régime d'assurance obligatoire des praticiens et auxiliaires médicaux conventionnés, le versement d'une allocation de repos maternel, fixée forfaitairement à 6 665 F, au 1er janvier 1996. Cette allocation peut être complétée par une allocation journalière lorsque l'assurée fait appel à du personnel salarié pour effectuer ses travaux professionnels et ménagers. Elle est fixée à :

- 6 665 F pour 30 jours en cas de maternité ;
- 6 665 F pour 30 jours en cas d'adoption ;
- 9 975,5 F pour 45 jours en cas de grossesse pathologique ;
- 13 330 F pour 60 jours en cas de naissances multiples.

Ces prestations sont indexées sur le Smic.

■ Prestations supplémentaires

Sous réserve de l'équilibre financier et du versement de cotisations supplémentaires, certains groupes professionnels peuvent bénéficier de prestations supplémentaires choisies parmi celles du régime général et non servies par le régime de base.

Lorsqu'il s'agit d'une réduction de la participation de l'assuré aux frais médicaux ou chirurgicaux, celle-ci ne peut pas être inférieure à celle du régime général de la Sécurité sociale.

SECTION II

LES RÉGIMES DE RETRAITE ET DE PRÉVOYANCE DES INDUSTRIELS ET COMMERÇANTS

L'Organic, organisme de tutelle de différentes caisses départementales régionales et professionnelles, est chargée de compenser et de coordonner l'ensemble des régimes obligatoires et facultatifs des non-salariés du secteur industriel et commercial.

Les régimes concernant ce groupe professionnel sont les suivants.

L'assurance vieillesse de base

Ce régime obligatoire de base est aligné, depuis le 1er janvier 1973, sur le régime général de la Sécurité sociale. Pour les périodes antérieures à 1973, l'ancien système est appliqué pour le calcul de la liquidation et le service de la retraite.

Les droits se cumulent avec ceux acquis au titre du nouveau régime.

Le système de fonctionnement qui était utilisé entraînait l'acquisition de points au moyen de cotisations forfaitaires fixées par classe. Il ouvre droit au conjoint coexistant à 65 ans à une retraite égale à 50 % de celle de l'assuré.

■ Cotisations

Le régime applicable depuis le 1er janvier 1973 tient compte du revenu fiscal du commerçant ou de l'industriel.

Toutefois ce revenu ne pouvant être connu qu'après deux années d'activité, l'assiette de cotisation est déterminée de la façon suivante :

1re année d'activité : revenu forfaitaire égal à 1/3 du plafond Sécurité sociale en vigueur au 1er janvier, avec ajustement ultérieur éventuel (en moins uniquement).

2e année d'activité : revenu forfaitaire égal à 1/2 du plafond Sécurité sociale en vigueur au 1er janvier, avec ajustement ultérieur éventuel (en moins uniquement).

Après deux ans d'activité : revenu fiscal non salarié de l'avant-dernière année, avec ajustement ultérieur éventuel (en plus ou en moins).

Le minimum est égal à 200 fois le Smic horaire en vigueur au 1er janvier. Le maximum est fixé au montant du plafond Sécurité sociale au 1er janvier.

Le taux de cotisation applicable de ces différentes bases est fixé à 16,35 %.

■ Montant de la pension

Dorénavant la retraite des commerçants est calculée comme celle des salariés. La retraite progressive est donc applicable *(Voir à ce titre en fin de partie).*

Elle est liquidée dans les mêmes conditions. Pour les années d'activité postérieures à 1973 la pension est calculée à partir du revenu professionnel moyen ayant servi de base au calcul des cotisations pour les dix meilleures années.

Elle est réduite proportionnellement au nombre de trimestres d'activité commerciale retenu depuis le 1er janvier 1973. Pour les périodes antérieures à cette date la minoration est de 2,5 % par trimestre manquant. Les inaptes au travail et anciens combattants peuvent prétendre, sous certaines conditions, à bénéficier à 60 ans à la pension qu'ils auraient acquise à 65 ans.

Elle est majorée :
- de 10 % pour les assurés ayant élevé au moins 3 enfants pendant 9 ans avant leur 16e anniversaire ;
- de deux années par enfant pour les femmes assurées ayant élevé un ou plusieurs enfants pendant au moins 9 ans avant leur 16e anniversaire.

La valeur du point retraite était de 61,24 F au 1er janvier 1994.

■ Réversion

À l'âge de 55 ans, le conjoint survivant bénéficie d'une pension de réversion (si la durée du mariage a été de deux ans, à moins qu'un enfant soit né de cette union).

Les ressources personnelles, appréciées à la date de la demande ou du décès, sont au maximum de 2 080 fois le Smic horaire.

Le montant est fixé à 52 % de la retraite de l'assuré.

Les industriels et commerçants peuvent, sous certaines conditions de ressources et de durée d'activité, prétendre aux allocations des vieux travailleurs non salariés.

Le régime de retraite complémentaire facultatif

Un régime complémentaire facultatif a été institué à effet du 1er janvier 1978 par décret n° 78-321 du 14 mars 1978 et est géré comme le régime de base, par les caisses rattachées à l'Organic.

Peuvent adhérer à ce régime les commerçants qui remplissent les conditions suivantes :
- être âgé de moins de 65 ans ;
- relever à titre obligatoire ou volontaire du régime de base vieillesse ou d'assurance invalidité des professions industrielles et commerciales ;
- avoir versé toutes les cotisations dues depuis le 1er janvier 1973 au titre des régimes obligatoires d'assurance vieillesse et d'assurance invalidité décès.

■ Cotisations

L'assiette des cotisations est déterminée par la classe, librement choisie par l'adhérent, sans pouvoir excéder 10 % des revenus déclarés pour la fixation de la cotisation prévisionnelle du régime de base afférente au même exercice, ni être inférieure à 3 % de ce montant sous peine d'application d'une réduction du nombre de points. Dans ces limites, le changement de classe est autorisé.

Classes	Coefficients	Cotisations 1996
Réduite	2/3	2 958
A	1	4 434
B	4/3	5 912
C	5/3	7 390
D	2	8 868
E	8/3	11 824
F	10/3	14 780
G	4	17 736

Au cours des deux premières années d'assurance, l'adhérent est classé en A, ses revenus n'étant pas connus.

■ Prestations

Chaque cotisation versée donne droit à un certain nombre de points en fonction de l'âge et de la classe choisie. Le montant de la retraite est le produit du nombre de points par la valeur du point.

En cas de décès du titulaire le conjoint survivant a droit à 65 ans à une réversion sur la base de 60 % des points acquis. Une minoration de 5 % par année d'anticipation est appliquée si l'exercice de ce droit est réalisé à 60 ans.

Nombre de points acquis par an

Age au versement	Classes							
	Réduite	A	B	C	D	E	F	G
- de 45 ans	200	300	400	500	600	800	1 000	1 200
de 45 à 48 ans	190	286	381	476	571	762	952	1 143
de 48 à 52 ans	182	273	364	455	545	727	909	1 091
de 53 à 56 ans	167	250	333	417	500	667	833	1 000
de 57 à 60 ans	154	231	308	385	461	615	769	923
de 61 à 64 ans	143	214	286	357	429	571	714	857
66 ans et +	133	200	267	333	400	533	667	800

	1984	1985	1986	1987	1988	1989	1990	1991	1992	1993	1994	1995	1996
Valeur du point	1,00	1,07	1,134	1,168	1,208	1,256	1,306	1,371	1,426	1,483	1,527	1,545	1,576

Régime complémentaire obligatoire de retraite du conjoint

Un régime complémentaire obligatoire a été institué en faveur du conjoint coexistant ou survivant de l'assuré. Il est financé par une cotisation additionnelle à celle du régime de base et assise sur le même revenu professionnel. Le taux de la cotisation est fixé à 0,50 % du revenu dans la limite du tiers du plafond de la Sécurité sociale et à 1,82 % de la part de revenus comprise entre le tiers et le montant du plafond.

Le conjoint âgé de 65 ans (ou de 60 ans en cas d'inaptitude) perçoit une pension fixée à 50 % de celle de l'assuré, si ce dernier est vivant.

En cas de décès de l'assuré, le conjoint perçoit au titre du régime de base et du régime complémentaire une pension égale à 75 % de celle de l'assuré.

Régime de prévoyance invalidité-décès

Institué par décret, le 8 janvier 1975, ce régime concerne les travailleurs non salariés relevant de l'assurance vieillesse des industriels et commerçants ou les personnes cotisant à titre volontaire à cette assurance vieillesse.

■ Cotisations

Pour 1996, les cotisations s'élèvent à 680 F pour l'invalidité et 32 F pour l'assurance décès. La cotisation relative à l'invalidité cesse d'être due à partir de 60 ans.

La cotisation invalidité-décès est prélevée en même temps que la cotisation d'assurance vieillesse.

■ Prestations

En cas d'invalidité définitive (type 2e catégorie de Sécurité sociale) survenant avant le 60e anniversaire et après 6 mois au moins de cotisation, l'assuré perçoit une rente annuelle non réversible de 40 600 F au 1er janvier 1996 payable trimestriellement à terme échu. Le service de la pension cesse à 60 ans. À cette rente peut s'ajouter l'allocation supplémentaire du Fonds national de solidarité si les conditions de ressources sont remplies.

Cette pension peut être complétée par la majoration pour tierce personne.

En cas de décès, ce régime prévoit le versement, par priorité aux personnes à charge, d'un capital de 18 700 F en 1996.

Régime d'assurance vieillesse volontaire des conjoints collaborateurs non salariés

Depuis 1973, le régime d'assurance vieillesse volontaire permet au conjoint participant aux travaux de l'entreprise – sans être salarié et sans exercer une autre activité – de se constituer dans le cadre du régime de base une retraite personnelle liquidée dans les mêmes conditions que celle du chef d'entreprise. L'adhésion à ce régime implique en outre celle aux deux régimes complémentaires obligatoires et rend possible l'adhésion au régime complémentaire de retraite facultatif.

La cotisation est également fixée à 16,35 % depuis le 1er février 1991. L'assiette des cotisations est fixée, au choix, à un tiers du plafond de la Sécurité sociale ou au tiers du revenu du chef d'entreprise.

SECTION III

LE RÉGIME DE RETRAITE ET DE PRÉVOYANCE DES ARTISANS

La Cancava est l'organisme de tutelle chargé de coordonner et d'effectuer les compensations entre les caisses professionnelles et interprofessionnelles des artisans.

Le régime de retraite de base

Le régime de base des artisans est, depuis le 1er janvier 1973, identique à celui des commerçants et industriels *(cf. supra).*

De la même façon, il sera fait application des règles de l'ancien régime lors de la liquidation de la retraite pour les périodes d'assurance antérieures à 1973.

Le régime complémentaire obligatoire de retraite

Un régime complémentaire obligatoire fonctionne depuis le 1er janvier 1979, selon le système par répartition. Il est géré, comme le régime de base, par les caisses rattachées à la Cancava. Il est aligné sur celui de l'Arrco.

■ Cotisations

Elles sont assises sur le revenu fiscal provenant de l'activité professionnelle non salariée de l'avant-dernière année civile avec un minimum de 200 fois le montant horaire du SMIC au 1er janvier de l'année considérée et un maximum égal à 3 plafonds de la Sécurité sociale en vigueur au moment où la cotisation est due.

Le taux de cotisation est fixé à 4,50 % dont 0,10 % ne donne pas lieu à acquisition de points.

■ Prestations

La retraite est calculée en points. Le nombre de points acquis chaque année s'obtient en divisant la cotisation par le revenu de référence de l'année considérée. Une reconstitution de carrière est prévue pour les artisans en activité comme pour les retraités. Les années antérieures à 1973 sont validées gratuitement à raison de 64 points par an. Pour les artisans en activité, les années comprises entre 1973 et 1979 sont également validées gratuitement sur la base du nombre de points acquis pendant l'année 1979.

La retraite complémentaire a été conçue pour constituer, pour une carrière pleine (trente-sept ans et demi) environ 20 % du revenu d'activité. La retraite progressive est également applicable *(Voir à ce titre la fin de la partie).*

■ Réversion

60 % des points acquis à 55 ans pour la veuve et à 65 ans pour le veuf (durée de mariage : 2 ans au minimum). Cumulable avec pension de retraite personnelle.

Le régime complémentaire obligatoire invalidité-décès

Institué par décret du 16 octobre 1975, ce régime concerne les travailleurs non salariés relevant de l'assurance vieillesse artisanale ou les personnes cotisant à titre volontaire à l'assurance vieillesse.

■ Cotisations

Elle est fixée annuellement à 2 % du revenu servant d'assiette à la cotisation provisionnelle d'assurance vieillesse.

■ Prestations

Elles sont servies en cas d'invalidité totale temporaire, d'invalidité totale définitive d'incapacité totale d'exercer son métier ou 3 ans en cas d'incapacité professionnelle et de décès.

Invalidité totale temporaire. Service à compter du 91e jour d'une rente payable jusqu'au décès de l'assuré et, au maximum, pendant 2 ans.

Invalidité totale définitive (type 2e catégorie Sécurité sociale). À l'expiration de ce délai de 2 ans, si l'invalidité est devenue définitive, service d'une rente payable jusqu'au décès de l'assuré sans pouvoir excéder ses 60 ans et maintien de la garantie décès.

Le montant de ces deux rentes est égal à 50 % du revenu servant de base aux cotisations, sans pouvoir être inférieur au montant de l'AVTNS, ni supérieur à 50 % du plafond de la Sécurité sociale.

Depuis le 1er janvier 1982 les assurés du régime vieillesse des artisans peuvent bénéficier d'une majoration pour tierce personne suivant certaines conditions.

Décès. Ces prestations sont différentes suivant que le bénéficiaire est cotisant ou allocataire, c'est-à-dire titulaire d'une rente ou d'une pension de retraite.

Cotisants : capital égal à 20 % du plafond de la Sécurité sociale ;
Allocataires : capital égal à 8 % du plafond de la Sécurité sociale ;

Les orphelins à charge de moins de 16 ans, ou de moins de 20 ans s'ils poursuivent leurs études, perçoivent un capital égal à 5 % du plafond de la Sécurité sociale.

Le régime d'assurance vieillesse volontaire des conjoints collaborateurs non salariés

Ce régime facultatif est identique à celui des conjoints de commerçants. Nous vous prions de bien vouloir vous y reporter.

SECTION IV

LE RÉGIME DE RETRAITE ET DE PRÉVOYANCE DES PROFESSIONS LIBÉRALES

Les personnes exerçant une profession libérale sont réparties par sections professionnelles financièrement autonomes. Une caisse nationale est cependant chargée d'assurer une compensation financière entre les différentes sections.

Le régime vieillesse de base

Ce régime est obligatoire pour l'ensemble des professions libérables, à l'exception des assujettis considérés comme créateurs. Ces derniers regroupés en une seule section bénéficient depuis le 1er janvier 1977 du régime général de la Sécurité sociale. En revanche, la section continue à gérer le régime complémentaire de retraite.

■ Cotisations

Selon l'article L. 642-1 du Code de la Sécurité sociale, la cotisation est constituée de :

- une cotisation forfaitaire uniforme, égale pour tous les assujettis à une même section professionnelle, fixée chaque année par décret, et
- à compter de 1993, d'une cotisation de 1,4 % du revenu professionnel libéral de l'avant-dernière année, limitée à 5 fois le plafond de Sécurité sociale au 1er janvier.

La cotisation forfaitaire de base est variable selon les professions. Elle est fixée, en francs, pour 1996 à :

Agents généraux d'assurances	13 504
Architectes, ingénieurs et conseils	11 200
Auxiliaires médicaux	8 232
Chirurgiens-dentistes	13 082
Experts-comptables	11 300
Notaires	13 192
Géomètres-experts	13 516
Médecins	10 200
Musiciens, professeurs de musique, artistes non créateurs	9 400
Officiers ministériels	12 600
Sages-femmes	11 300
Pharmaciens	11 450
Vétérinaires	12 396

Ces cotisations peuvent être réduites, sur demande, en fonction du revenu.

■ Prestations

L'allocation vieillesse de base est fixée par la loi. Elle ne peut pas être inférieure à l'allocation des vieux travailleurs salariés (AVTS), pour 15 années d'assurance.

Si la durée d'assurance est inférieure à 15 ans, l'allocation est égale à 1/60e du montant de l'AVTS par trimestre cotisé.

Lorsque la durée d'assurance est supérieure à 15 ans, l'allocation est majorée de 1/60e du montant de l'AVTS par trimestre cotisé, dans la limite de 90/60e. Elle est, en outre, majorée de 5 % au-delà de 65 ans.

L'allocation est servie à 65 ans – ou 60 ans en cas d'inaptitude.

La retraite progressive est également applicable *(Voir à ce titre en fin de partie).*

Des conditions de ressources sont imposées par certaines sections professionnelles.

Le conjoint, survivant ou coexistant, âgé de 65 ans – ou 60 ans en cas d'inaptitude – ne bénéficiant d'aucun avantage vieillesse, perçoit une allocation égale à 50 % de celle de l'assuré dans la limite de 50 % de l'AVTS.

Les régimes complémentaires obligatoires

Chaque section professionnelle a créé son régime autonome. Ainsi selon l'activité exercée, l'intéressé, qui est obligé d'adhérer, verse une cotisation et perçoit une allocation complémentaire selon le règlement de chaque caisse.

Ces régime complémentaires obligatoires – qui présentent souvent des structures très différentes – sont instituées par décrets pris à la demande du conseil d'administration de la Caisse nationale.

On peut schématiquement les présenter ainsi :

En dépit de leurs structures différentes, ces régimes présentent quelques traits communs, notamment :

- il s'agit de régimes obligatoires ;
- ils fonctionnent selon un système mixte « répartition-capitalisation » ;
- la retraite est servie dans la plupart des cas à partir de 65 ans, sauf possibilité statutaire d'anticipation ou en cas d'inaptitude au travail.

Sections professionnelles	Régimes complémentaires obligatoires			
	Retraite (vieillesse)		Prévoyance (invalidité-décès)	
Agents généraux d'assurances	oui	Décret 22-12-67	non	
Architectes, agréés en architecture, ingénieurs, techniciens, experts et conseils	oui	Décret 21-03-79	oui	Décret 21-03-79
Artistes graphiques et plastiques, professeurs de musique, musiciens, auteurs et compositeurs	oui	Décret 11-04-62 modifié	non	
Infirmiers, masseurs-kinésithérapeutes, orthophonistes et orthoptistes (1)	oui	Décret 22-02-84	oui	Décret 10-10-68
Chirurgiens-dentistes (1)	oui	Décret 6-01-50 modifié	oui	Décret 28-12-61
Experts-comptables et comptables agréés	oui	Décret 21-05-53 modifié	oui	Décret 20-05-74
Géomètres et experts agricoles et fonciers	oui	Décret 27-04-62 modifié	oui	Décret 21-07-83
Médecins (1)	oui	Décret 22-04-49	oui	Décret 18-10-55
Notaires	oui	Décret 22-04-49	non	
Officiers ministériels, officiers publics et des compagnies judiciaires	oui	Décret 27-03-79	oui	Décret 3-08-81
Pharmaciens	oui	Décret 22-04-49 modifié	oui	Décret 4-07-60
Sages-femmes (1)	non		oui	Décret 4-09-70
Vétérinaires	oui	Décret 21-10-50	oui	Décret 23-12-65

(1) Les praticiens et auxiliaires médicaux conventionnés relèvent en outre d'un régime supplémentaire obligatoire (CSS, art. L. 645-1).

SECTION V *(section réalisée par Mireille Weinberg)*

LOI MADELIN

La loi n° 94-126 du 11 février 1994, dite « loi Madelin » [1] a permis d'harmoniser le régime de pretection sociale complémentaire des travailleurs non salariés non agricoles avec celui des salariés. Les professionnels indépendants peuvent désormais déduire de leur bénéfice imposable les cotisations qu'ils versent au titre de leur retraite ou prévoyance complémentaire. La perte d'emploi est également visée par ce dispositif.

Après la parution de la loi, il a fallu attendre le décret d'application [2] de septembre 1994 et surtout les instructions fiscales [3] de décembre 1994, pour y voir un peu plus clair.

Par ailleurs, la FFSA, après avoir longuement tenté d'obtenir du ministère un assouplissement du régime pour les conjoints collaborateurs, a fini par avoir gain de cause.

Qui peut bénéficier des contrats Madelin ?

La liste des titulaires potentiels du régime fiscal avantageux de la loi Madelin, a été progressivement étendue.

■ Les dispositions initiales

Artisans, commerçants, professions libérales, associés et gérants de certaines sociétés (associés de sociétés en nom collectif ou sociétés à commandite simple, gérants de sociétés à commandite simple, gérants majoritaires de SARL ou d'EURL).

■ Première extension à certains gérants ou associés

La loi du 8 août 1994 [4] étend le bénéfice du dispositif fiscal des contrats « Madelin » aux gérants et associés des sociétés relevant de l'article 62 du CGI.

1. Articles 24 et 41 de la loi n° 94-126 du 11 février 1994, relative à l'initiative et à l'entreprise individuelle.
2. Décret n° 94-775 du 5 septembre 1994.
3. Instr. 26 décembre 1994, BOI 4 F-1 95 (TNS imposables au régime des BIC) et Instr. 26 décembre 1994, BOI 5G-1 95 (TNS imposables au régime des BNC).
4. Art. 64 de la loi n° 94-679 du 8 août 1994.

Une instruction du 29 juin 1995 [1] commente cette extension. Sont concernés : les gérants majoritaires de SARL, les gérants (commandités) des sociétés en commandite par actions, les associés de sociétés de personnes, les associés de sociétés en participation ou de fait et les associés des EURL et EARL soumises à l'impôt sur les sociétés.

■ L'extention du dispositif aux conjoints collaborateurs

La date d'effet de l'extension

À compter du 1er janvier 1996 [2], les cotisations versées par les conjoints collaborateurs, au titre de leur retraite ou prévoyance complémentaire, sont admises en déduction du bénéfice imposable du chef de famille TNS.

Cette mesure ne pourra cependant être prise en compte que dans la déclaration d'impôts remplie en février 1997 pour les revenus de 1996.

Les conditions requises

Pour bénéficier du dispositif, le conjoint collaborateur doit être affilié aux régimes obligatoires de base et complémentaire, ce qui suppose de sa part une adhésion volontaire.

L'appréciation des plafonds

Par ailleurs, le fait pour un conjoint collaborateur d'adhérer à un contrat « Madelin » ne lui ouvre pas des limites propres de déductibilité. Pour l'appréciation des plafonds fiscaux, ce sont les cotisations versées tant pour le conjoint collaborateur que pour le TNS principal qui doivent être prises en considération.

Quelles sont les conditions de déductibilité des primes versées ?

Outre les conditions légales et réglementaires de déductibilité, l'administration a précisé le régime des autres conditions de déduction. Les contrats qui ne répondent pas à toutes les conditions posées ne pourront pas bénéficier du régime Madelin. Les contrats d'épargne retraite pourront en revanche faire l'objet de la réduction fiscale traditionnelle accordée aux contrats d'assurance sur la vie [3].

■ Les conditions légales et réglementaires de déductibilité

Les trois conditions légales et réglementaires de déductibilité

– le passage obligé par une association composée d'au moins 1 000 membres ;
– la régularité du versement et des rachats de cotisations ;
– l'impossibilité de racheter le contrat (sauf liquidation judiciaire ou invalidité).

1. Instruction du 29 juin 1995, n° 5H-1-95, BOI du 11 juillet 1995.
2. Art. 26 de la 2e loi de Finances rectificative pour 1995, JO du 31 décembre 1995, page 19088.
3. Ne pourront bénéficier de la réduction d'impôts que les contrats qui ne sont pas soumis au régime fiscal Madelin. Les deux régimes ne sont pas cumulables.

Les difficultés d'application quant à la régularité des cotisations

Aucun texte n'envisage les conséquences du non-paiement de la cotisation régulière en retraite. Le décret d'application pose le principe d'une périodicité des versements, au plus, annuelle. Mais, l'assureur ne dispose en assurance vie d'aucune action pour exiger le paiement de la prime (C. assur., art. L. 132-20).

Ce vide juridique n'a pas manqué d'attirer l'attention de la profession et la question a été posée lors d'une réunion organisée par les professionnels aux membres du cabinet du ministre Madelin et du Trésor public. Selon ces derniers, *« la sanction devrait être uniquement fiscale, mais les instructions ne précisent rien sur ce point. Il convient de se référer à la procédure de l'abus de droit*[1]*. L'administration fiscale devrait prendre en compte le caractère subi ou involontaire de l'interruption de paiement. S'il y a reprise de la déduction fiscale, elle s'exerce dans les limites du délai de prescription (3 ans) »*. Il a par ailleurs été précisé qu'il devrait *« être possible de reprendre les versements sur un contrat mis en réduction précédemment »*.

Une réponse ministérielle du 22 janvier 1996[2] entérine cette position. Après avoir rappelé que la condition de versements réguliers *« a été prévue afin d'exclure les contrats offrant une couverture sur plusieurs années mais stipulant un versement unique à une date déterminée »*, le ministre précise qu'il *« appartient à l'administration fiscale d'apprécier au cas par cas la solution, en fonction de la situation de chaque assuré »*.

■ Les conditions complémentaires

Le paiement des cotisations obligatoires

Moyen de preuve

Pour justifier du paiement des cotisations aux régimes obligatoires, l'adhérent devra produire une attestation délivrée par les caisses d'assurance maladie et vieillesse concernées.

Un régime transitoire a été institué pour les contrats conclus avant le 1er janvier 1995 :

- pour l'assurance maladie : produire sa carte d'assuré social ;
- pour l'assurance vieillesse : une déclaration sur l'honneur est suffisante pour les contrats souscrits en 1994, sous réserve que l'attestation normalement exigée soit produite, au plus tard, le 31 décembre 1995.

Sanctions fiscales et pénales

Lorsque ces conditions ne sont pas remplies à l'adhésion, le contrat est fiscalement entaché de nullité et les cotisations afférentes à celui-ci automatiquement réintégrées dans le bénéfice imposable.

Cette sanction fiscale prévue par les instructions ne semble pas être exclusive des sanctions pénales prévues par l'article L. 652-4 nouveau du Code de la Sécurité sociale auquel il est expressément fait référence à l'article 41 de la loi Madelin.

---

1. Art. L. 64 du Livre des Procédures Fiscales.
2. Rep. min. Delaroux, n° 31147, JOANQ 22 janvier 1996, p. 402.

Le proposant (assureur, courtier, etc.), l'adhérent et plus généralement toute personne faisant souscrire ce type de convention sont passibles d'une amende de 10 000 F au plus, lorsque le contrat est conclu par un TNS qui n'est pas à jour de ses cotisations obligatoires (CSS, art. R. 652-1). En outre, ces personnes seront tenues solidairement responsables des cotisations obligatoires qui auraient dû être versées par l'assuré depuis la date de souscription desdites clauses ou conventions (nouveau CSS, art. L. 652-4).

La nature des garanties couvertes

La garantie retraite

Le principe de la sortie en rente est réaffirmé par les instructions qui admettent néanmoins un tempérament : une contre-assurance en cas de décès. Pour les assureurs, une contre-assurance était indispensable à la viabilité de leurs produits de retraite. Cependant, ni la loi ni le décret d'application ne prévoyaient une quelconque mesure en cas de décès de l'assuré pendant la période de constitution de sa retraite.

C'est désormais chose faite. Le contrat peut donc comporter une contre-assurance en cas de décès de l'assuré, si ce décès survient avant la date d'entrée en jouissance de sa pension vieillesse de la Sécurité sociale ou au plus tard avant son 65e anniversaire [1]. Pour que les primes afférentes à cette contre-assurance soient déductibles, seul le versement sous forme de rente viagère (ou le cas échéant temporaire) au profit du conjoint survivant, des enfants ou du bénéficiaire désigné au contrat est admis.

Le versement d'un capital décès est également prévu mais il doit correspondre au seul montant des primes ou cotisations versées par l'assuré, à l'exclusion notamment des produits générés par ces primes. Toutefois, les primes afférentes à cette garantie plancher ne seront pas admises en déduction des bénéfices imposables. Pour l'application pratique de cette mesure, les assureurs ou organismes de retraite doivent ventiler la prime ou cotisation due (part déductible et part non déductible) lors de l'adhésion comme de chaque nouvel appel de prime ou cotisation.

En tout état de cause, l'intégration dans les bénéfices imposables de la part de cotisation relative à la garantie plancher ne devrait pas être trop pénalisante : si le coût d'une contre-assurance peut être conséquent, celui d'une contre-assurance limitée aux cotisations perçues devrait être très faible voire même gratuit.

S'agissant de mesures dérogatoires au droit commun, les modalités de la contre-assurance sont d'application stricte. En cas de non-respect, la totalité de la cotisation ou de la prime sera réintégrée au bénéfice.

Les garanties de prévoyance

Les contrats assurant le versement d'un capital en cas de réalisation du risque sont formellement exclus du nouveau régime de déduction des charges sociales. C'est là une différence notable avec le régime des salariés [2].

1. C'est en tout cas ce que nous comprenons à la lecture des articles 14 (BNC) et 26 (BIC) des instructions fiscales, qui ne se révèlent pas d'une grande limpidité ! L'administration a validé notre analyse.

2. Prévoyance cadres et non-cadres : art. 83-2° du CGI.

Le but recherché est en effet de drainer une épargne nouvelle ; or, admettre la déductibilité aurait pu donner lieu à des transferts de fonds des contrats d'assurance vie classiques vers les contrats « loi Madelin ».

La perte d'emploi subie

Il est simplement rappelé que seules peuvent être déductibles, les cotisations afférentes à la perte d'emploi subie. À la condition que les prestations soient servies sous forme de revenus de substitution à l'exclusion de tout versement de capital.

L'exigence d'une clause de transférabilité

Les contrats de rente viagère, pour être éligibles aux dispositions fiscales de la loi Madelin, doivent comporter une clause de transférabilité.

Cette exigence avait déjà été posée pour les contrats d'assurance collective par la loi assurance et crédit du 16 juillet 1992, les assureurs n'en seront donc pas surpris. Le Code de la mutualité ne prévoit, en revanche, aucune disposition équivalente. C'est donc la présente circulaire qui étend le principe de la transférabilité aux contrats Madelin proposés par la mutualité.

Comment calculer la déduction ?

Les cotisations sociales versées au titre de certains risques sont désormais soumises à un plafond de déduction (nouveau CGI, art. 154 bis). Les organismes de retraite et d'assurance pourront établir une attestation (dont les instructions fournissent un modèle), permettant de justifier du paiement et de la déduction des primes ou cotisations. Seules les cotisations obligatoires d'assurance maladie et de maternité ainsi que les cotisations d'allocations familiales et d'invalidité-décès restent déductibles sans aucune limitation.

■ Les cotisations dont la déduction est plafonnée

Les cotisations aux régimes obligatoires (de base et complémentaires) d'assurance vieillesse ainsi que les cotisations versées au titre des contrats d'assurance groupe (retraite, prévoyance complémentaire et perte d'emploi) ou des régimes mis en place par les organismes de Sécurité sociale sont déductibles dans la limite de 19 % d'une somme égale à huit fois le plafond annuel de la Sécurité sociale.

A l'intérieur de cette limite :
- la déduction des cotisations versées au titre des régimes de prévoyance complémentaire ne peut pas excéder 3 % de la valeur de référence ;
- la déduction des cotisations versées au titre de la perte d'emploi subie est limitée à 1,5 % de cette même valeur.

■ L'appréciation des plafonds

L'ensemble des versements effectués au titre tant, des cotisations courantes que des rachats de cotisations doit être pris en compte. En outre, les limites s'appliquent en incluant à la fois, les cotisations de l'exploitant individuel et celles du conjoint collaborateur non rémunéré.

Pour les associés qui exercent leur activité professionnelle dans le cadre d'une entreprise soumise au régime fiscal des sociétés de personnes, les plafonds sont appréciés distinctement pour chacun des associés. Les cotisations qui excèdent une ou plusieurs de ces limites ne sont déductibles ni du bénéfice professionnel, ni du revenu global du contribuable.

Les cotisations entrant dans le calcul du plafond :

Pour la vieillesse

- les cotisations dues par le travailleur indépendant et son conjoint collaborateur au titre du régime obligatoire de base ;
- les cotisations dues par le travailleur indépendant et son conjoint collaborateur au titre des régimes complémentaires facultatifs ou obligatoires ;
- les contrats d'assurance groupe « loi Madelin », pour le TNS comme pour son conjoint collaborateur.

Pour la prévoyance et la perte d'emploi subie

- les cotisations dues par le travailleur indépendant qu'il s'agisse de contrats d'assurance de groupe ou de régimes facultatifs mis en place par des organismes de Sécurité sociale ;
- les cotisations à un régime complémentaire facultatif couvrant les risques maladie du conjoint et des enfants.

Quel est le régime d'imposition des prestations versées ?

En contrepartie de la déductibilité des primes versées au titre des contrats d'assurance groupe facultatifs, les prestations servies sont imposables (art. 24 de la loi Madelin). L'administration ajoute que la totalité du montant des prestations servies est imposable, alors même qu'une fraction des cotisations a été exclue des charges déductibles en raison du dépassement de l'un des plafonds de 19 %, 3 % ou 1,5 %.

■ Les rentes

Les rentes servies au titre du décès, de la retraite complémentaire ou des indemnités de chômage seront imposées dans la catégorie des retraites, pensions et rentes viagères (abattement supplémentaire de 10 %).

■ Les indemnités journalières

Les indemnités journalières ou pensions d'invalidité seront imposées dans la catégorie des BIC ou BNC si l'activité se poursuit, ou dans celles des pensions et rentes viagères en cas de cessation d'activité.

■ Les capitaux

Seules sont exonérées les prestations en nature et les capitaux versés en cas de liquidation judiciaire ou d'invalidité.

DISPOSITIF MADELIN : CE QU'IL FAUT RETENIR

■ Effet rétroactif du dispositif

Les cotisations versées entre la date de publication de la loi (13 février 1994) et celle de son décret d'application (6 septembre 1994) sont admises en déduction du bénéfice imposable. À la condition toutefois que ces contrats soient en totale conformité avec le décret d'application. Les instructions laissent pour cela une large marge de manœuvre aux assureurs qui ont jusqu'au 31 mars 1995 pour modifier par avenant les contrats non conformes, avec effet rétroactif au 13 février 1994.

■ Les conditions de déductibilité de l'ensemble des cotisations versées

- l'adhésion à une association d'au moins 1 000 TNS ou TNS retraités ;
- la justification du paiement des cotisations aux régimes obligatoires ;
- la régularité dans le montant et la périodicité des cotisations versées ;
- la sortie exclusive en rente ;
- pour la retraite, la contre-assurance en cas de décès possible sous forme de rente ;
- le rachat du contrat exclusivement en cas de liquidation judiciaire ou d'invalidité.

■ Les garanties autorisées mais dont les cotisations ne sont pas déductibles

- la contre-assurance servie sous forme de capital égal au montant des cotisations versées ;
- l'assurance contre la perte d'emploi résultant d'un acte volontaire de l'exploitant.

■ Les contrats sont totalement exclus du dispositif s'ils prévoient

- le service d'un capital décès au titre de la prévoyance ;
- une contre-assurance en capital représentant non seulement, les cotisations versées mais aussi, les produits générés par ces cotisations ;
- le rachat du contrat pour des événements autres que l'invalidité et la liquidation judiciaire.

■ Quid du versement d'un capital en cas de perte d'emploi subie ?

Pénalisation de l'ensemble des cotisations versées ou uniquement celles relatives à la garantie perte d'emploi ? Les instructions qui sont muettes sur ce point autorisent cependant un tel versement en cas de cessation d'activité résultant d'un jugement de liquidation judiciaire.

Exemples de réintégration des cotisations excédentaires

	Cas 1	Cas 2	Cas 3	Cas 4	Cas 5
Bénéfices de l'exercice 1996	100 00	500 000	800 000	800 000	800 000
Cotisations dues Assurance viellesse obligatoire	16 350	25 035	25 035	25 035	25 035
Complément retraite	100 00	135 000	130 000	210 000	180 000
Prévoyance complémentaire	35 000	50 000	50 000	17 000	50 000
Perte d'emploi subie	15 000	15 000	20 000	15 000	20 000
Total	166 350	225 035	225 035	267 035	275 035
Cotisations déductibles Assurance viellesse obligatoire	16 350	25 035	25 035	25 035	25 035
Complément retraite	100 000	135 000	130 000	188 019	161 981
Prévoyance complémentaire	35 000	38 692	38 692	17 000	38 692
Perte d'emploi subie	15 000	15 000	19 346	15 000	19 346
Total	166 350	213 727	213 073	245 054	245 054

■ Plafonds annuels 1996

– Plafond général : 245 054 F ;
– Prévoyance complémentaire : 38 692 F ;
– Perte d'emploi : 19 346 F.

• Cas 1

Les plafonds de 19 %, de 3 % et de 1,5 % ne sont pas dépassés, la totalité des cotisations versées est donc déductible.

- **Cas 2**

Seul le plafond de 3 % est dépassé (sans dépassement du plafond général de 19 %), la réintégration dans le bénéfice imposable s'opère donc uniquement sur les cotisations versées au titre de la prévoyance complémentaire.

- **Cas 3**

Les deux plafonds de 3 % et 1,5 % sont dépassés (sans dépassement du plafond général de 19 %), la réintégration intéresse donc uniquement les postes qui sont à l'origine de ce dépassement, à savoir la prévoyance complémentaire et la perte d'emploi subie.

- **Cas 4**

Le plafond général de 19 % est dépassé, sans que le soient les plafonds de 3 % et 1,5 % ; une partie des cotisations versées au titre de la retraite complémentaire est réintégrée.

- **Cas 5**

Les trois plafonds sont dépassés. Sont redressées les cotisations relatives à la prévoyance complémentaire et à la perte d'emploi, ainsi que celles afférentes à la vieillesse complémentaire.

- **Pour mémoire**

Plafonds annuels 1995 :
- Plafond général : 237 029 F ;
- Prévoyance complémentaire : 37 426 F ;
- Perte d'emploi : 18 713 F.

6

La retraite progressive

S'inspirant d'une recommandation du comité des sages, la loi du 5 janvier 1988 a mis en place un dispositif permettant aux salariés qui le veulent d'obtenir la liquidation de leur pension vieillesse, tout en continuant d'exercer une activité à temps partiel.

Ce dispositif s'applique à effet du 1er juillet 1988 aux pensions liquidées après cette date par la Sécurité sociale (régime général, régime des travailleurs non salariés, des professions libérales, artisanales et de l'industrie et du commerce pour ce qui intéresse cet ouvrage).

Suite à deux accords signés les 6 et 22 juin 1988 le dispositif de retraite progressive est également applicable aux régimes complémentaires de retraites Agirc et Arrco.

Conditions

L'article L. 351-15 du Code de la Sécurité sociale prévoit que l'assuré qui exerce une activité à temps partiel au sens de l'article L. 212-4-2 du Code du travail peut demander la liquidation de sa pension de vieillesse et le service d'une fraction de celle-ci à condition :

1° d'avoir atteint 60 ans ;

2° de justifier d'une durée déterminée d'assurance et de périodes reconnues équivalentes dans un ou plusieurs des régimes d'assurance vieillesse dont relèvent respectivement les salariés du régime général, les salariés agricoles et les personnes non salariées des professions artisanales, industrielles et commerciales, des professions libérales et des professions agricoles. La durée d'assurance et de périodes reconnues équivalentes est fixée à 150 trimestres ;

3° d'exercer son activité à titre exclusif.

Cette demande entraîne la liquidation et le service de la même fraction de pension dans chacun des régimes mentionnés au 2°.

La fraction de pension qui est servie varie dans des conditions fixées par voie réglementaire en fonction de la durée du travail à temps partiel ; en cas de modification de son temps de travail, l'assuré peut obtenir la modification de cette fraction de pension au terme d'un délai déterminé.

Justificatifs

L'article L. 351-40 du Code de la Sécurité sociale fixe les justificatifs qui doivent être produits par l'assuré qui demande la liquidation de sa pension.

Toutefois par mesure d'encouragement un arrêté du ministre chargé de la Sécurité sociale daté du 17 août 1988 fixe d'une part le modèle de la « demande de retraite progressive » (référencé S. 5131, enregistré par le Cerfa sous le numéro 60-3788) et d'autre part le modèle de l'imprimé « retraite progressive – attestation d'employeur » (référencé S. 5205, enregistré par le Cerfa sous le numéro 60-3789). Le modèle de ces imprimés peut être obtenu auprès de la Caisse nationale d'assurance vieillesse des travailleurs salariés (CNAVTS 110-112, rue de Flandre, 76951 Paris Cedex 19).

Montant de la pension Sécurité sociale

La fraction de pension vieillesse qui est servie à l'assuré variera en fonction de la durée du travail à temps partiel exercé par rapport à la durée du travail à temps complet exercé dans l'entreprise ;

1. 30 % lorsque la durée de travail à temps partiel est au plus égale à 80 % et au moins égale à 60 % de la durée de travail à temps complet ;
2. 50 % lorsque la durée de travail à temps partiel est inférieure à 60 % et au moins égale à 40 % de la durée de travail à temps complet ;
3. 70 % lorsque la durée de travail à temps partiel est inférieur à 40 % de la durée de travail à temps complet.

Montant des retraites complémentaires Agirc et Arrco

Depuis le 1er janvier 1988, les salariés qui exercent une activité à temps partiel dans le cadre de la loi n° 88-16 du 5 janvier 1988 et ont fait liquider une partie de leur retraite du régime général peuvent également bénéficier d'une partie de leur retraite complémentaire.

Ils peuvent ainsi cumuler un salaire avec le prorata de retraite servi par le régime obligatoire d'assurance vieillesse de base et celui servi par les régimes complémentaires.

Taux de la fraction de retraite

Le taux de la fraction de retraite versée ainsi que le caractère réduit de l'activité sont fixés par référence au taux retenu par le régime général de la Sécurité sociale.

2 LES RÉGIMES COMPLÉMENTAIRES D'ASSURANCE DE GROUPE

Principes généraux

Les risques couverts

La tarification

Aspects fiscaux et sociaux

La contribution sociale généralisée

Nouveaux prélèvements liés à la réforme de la Sécurité sociale

1

Principes généraux

SECTION I

DÉFINITION DE L'ASSURANCE DE GROUPE

Cette définition, on la trouve depuis la loi n° 89-1014 du 31 décembre 1989, à l'article L. 140-1 du Code des assurances. Quelles en sont les caractéristiques ?

Le contrat d'assurance de groupe répond aux critères suivants :

- il est souscrit par une personne morale (société, association, syndicat, etc.) ou un chef d'entreprise ;
- en vue de l'adhésion d'un ensemble de personnes répondant *« à des conditions définies au contrat »*. Il est intéressant de constater que cette condition est différente de celle inscrite à l'ancien article R. 140-1 dudit code qui faisait référence aux caractères communs et aux mêmes conditions techniques d'assurance. La définition légale ne fait référence qu'aux conditions contractuelles. Tout dépendra donc – sous réserve des observations relatives à la loi n° 89-1009 du 31 décembre 1989, dite « Loi Évin » – du point de savoir si l'adhérent répond aux conditions fixées au contrat ;

– pour la couverture des risques
– dépendant de la durée de la vie humaine,
– portant atteinte à l'intégrité physique de la personne (maladie, accident), ou
– liés à la maternité, ou
– d'incapacité de travail, ou
– d'invalidité, ou
– de chômage.

Il est en outre ajouté que les adhérents doivent avoir *« un lien de même nature avec le souscripteur »*. L'expression *« de même nature »* signifie que l'adhérent et le souscripteur doivent avoir un lien juridique commun (contrat de travail, contrat de prêt, contrat de vente, association, etc.). Et l'expression est si compréhensive que sont également concernés les groupes d'assurance vie dits « ouverts ».

SECTION II

LES DOMAINES D'APPLICATION DE L'ASSURANCE DE GROUPE

La prévoyance collective – les assurances des salariés

Traditionnellement, les régimes de prévoyance collective sont souscrits par des entreprises en faveur de leurs salariés. Le plus souvent, ils répondent aux obligations mises à leur charge par des accords d'entreprise ou des conventions collectives. C'est le cas, notamment, pour l'assurance décès obligatoire des cadres et les différents accords de mensualisation.

De ce fait les obligations et avantages qui en découlent deviennent des éléments du contrat de travail.

Ces régimes sont réalisés sous forme de contrats à adhésion obligatoire à l'égard du personnel ou d'une catégorie homogène de celui-ci.

■ Contrats ouverts

Afin de répondre aux obligations légales et d'accorder aux petites ou moyennes entreprises des avantages de garanties et de tarifs qu'elles n'auraient pu espérer obtenir seules en raison de la faiblesse de leurs effectifs, les assureurs ont élaboré des contrats dits « ouverts ».

Bien souvent, ce type de convention est souscrit par une institution de retraite ou un organisme professionnel en faveur des sociétés adhérentes.

La convention est négociée et conclue entre l'organisme souscripteur et l'assureur. Les sociétés y adhèrent de façon obligatoire ou facultative par voie d'avenant sans possibilité de modification.

■ Contrats standards

On trouve également des formules dites « contrats types » pour lesquelles des études particulières peuvent être réalisées mais dont les résultats sont fusionnés. Cette mutualisation permet, par la compensation, de réaliser des bénéfices, lesquels alimentent le plus souvent un fonds assurant la revalorisation de prestations.

Enfin, pour les entreprises importantes, des contrats particuliers et autonomes peuvent être réalisés. Ils n'intéressent alors qu'une seule entreprise ou un groupe d'entreprises. Cette convention aura son compte de résultats propre, assorti d'une réserve de stabilité destinée à écrêter les risques. Ainsi est-il possible de prélever sur cette réserve les sommes nécessaires à l'équilibre s'il s'avère qu'au cours d'un exercice les résultats sont particulièrement déficitaires. Cette formule est, on le comprend, relativement précaire. Aussi n'est-elle proposée qu'aux entreprises ou groupes de taille suffisamment importante pour garantir à eux seuls la pérennité du régime et la revalorisation des prestations.

Le caractère social de ces contrats de groupe, la diversité des organismes compétents (sociétés d'assurance, institutions de prévoyance relevant du Code de la Sécurité sociale, caisses agricoles, mutuelles relevant du Code de la mutualité), et la disparité de traitements, de pratiques et de modalités de gestion en résultant, ont conduit le législateur à intervenir. C'est essentiellement l'objet de la loi n° 89-1009 du 31 décembre 1989 *« renforçant les garanties offertes aux personnes assurées contre certains risques »*, dite communément « Loi Évin ».

L'assurance des non-salariés

Nous avons vu que le régime de protection sociale des non-salariés était pour le moins succinct. L'assurance de groupe peut apporter des solutions à ces lacunes.

Toutefois le problème réside dans le fait que même si la convention est conclue par un organisme professionnel, les garanties ne peuvent que rarement être imposées à chacun des membres.

Le caractère facultatif de l'adhésion emportera des conditions tarifaires différentes de celles des salariés afin de pallier la détérioration des résultats due à l'antisélection.

Les mêmes problèmes se retrouvent dans les groupes que constituent les associations, professionnelles ou non, qui peuvent souscrire en faveur de leurs membres des garanties liées à leur activité commune.

Ces difficultés peuvent cependant disparaître si l'association fait de l'adhésion au contrat une condition statutaire.

Nous verrons que certaines dispositions de la loi Évin sont applicables à ce type de contrat d'assurance de groupe.

L'assurance groupe à caractère économique

Les contrats liés à des opérations de prêt sont souscrits par des banques, des organisations de crédit, des caisses d'épargne, etc.

Ils garantissent le maintien du patrimoine ou l'exécution d'un engagement contractuel en cas de décès ou d'arrêt de travail de l'emprunteur. On comprend aisément que cette couverture intéresse les organismes prêteurs puisqu'elle constitue un transfert d'une partie des risques d'insolvabilité de leurs clients. C'est la raison pour laquelle ils subordonnent généralement, dans leurs rapports contractuels avec les emprunteurs, l'octroi d'un prêt à l'adhésion à un régime d'assurance groupe déjà en place.

L'affiliation doit être obligatoire, car elle permet le renouvellement du groupe constitué, renouvellement d'autant plus nécessaire que la durée de l'assurance doit coïncider avec celle du prêt. L'adhésion facultative entraînerait en effet, outre le risque d'antisélection, celui du vieillissement du groupe, inévitable dans le domaine des prêts immobiliers notamment, étant observé que l'amortissement est ici de très longue durée.

D'autres contrats à caractère économique peuvent être mis en œuvre. Les caractères en sont multiples. Certains sont liés à des opérations d'épargne. L'assureur se substituera au débiteur frappé d'incapacité pour effectuer les versements périodiques prévus par le plan d'épargne.

D'autres auront pour objet de faire bénéficier leurs clients d'un organisme de dépôt (actions, compte courant...), d'une couverture décès équivalente aux droits de mutation ou au montant des dépôts.

Les contrats groupe peuvent revêtir beaucoup d'autres aspects. Il est cependant important de poser la question de savoir quels sont les liens entre le souscripteur et l'assuré.

En outre, il conviendra de s'interroger sur la conformité du produit aux règles de l'assurance de groupe.

2

Les risques couverts

Sous ce chapitre nous examinerons successivement :

■ La prévoyance sociale

- les garanties ;
- le régime fiscal des cotisations et des prestations ;
- le régime social des cotisations et des prestations.

■ La retraite

- les données du problème ;
- les solutions proposées et leurs implications fiscales et sociales.

Selon la nature des risques garantis, la société d'assurance vie, du fait de la spécificité des activités pour lesquelles elle a reçu l'agrément, devra faire appel à une société d'assurance accidents pour la couverture des risques « non vie », tels la maladie, le décès par accident, l'invalidité, etc.

Ces garanties, qu'elles soient « vie » ou « non vie », sont contenues dans un seul et même contrat, pour lequel l'assureur vie effectue au lieu et place de l'assureur accidents toutes les opérations et formalités, au titre d'un accord de coassurance.

L'article R. 321-5 du Code des assurances stipule à ce propos que le contrat doit préciser que les garanties complémentaires prennent fin au plus tard en même temps que la garantie principale.

Compte tenu du caractère essentiellement pratique de cet ouvrage, l'énumération des risques couverts ne saurait être exhaustive. Par ailleurs, il va sans dire que les conditions présentées résultent d'une observation générale du marché.

SECTION I

LA PRÉVOYANCE SOCIALE

Décès

L'assurance décès garantit le paiement d'un capital ou d'une rente temporaire ou viagère aux bénéficiaires.

On sait que, en particulier pour des raisons fiscales, le bénéficiaire doit être désigné.

Aussi bien les assureurs rédigent-ils une clause type aux termes de laquelle *« à défaut de bénéficiaires désignés expressément, les sommes dues reviendront au conjoint ou à défaut aux ayants droit de l'assuré ».*

Tous les risques de décès, quels qu'en soient les circonstances, la cause et le lieu, sont couverts, sauf bien sûr les exceptions légales, à savoir :

– le suicide volontaire et conscient, dans les deux premières années de l'adhésion ;
– le meurtre de l'assuré par le bénéficiaire ;
– les risques de guerre.

Les prestations assurées dans le cadre d'un « régime obligatoire de salariés » sont en principe déterminés à partir du salaire et de la situation de famille de l'assuré avec, éventuellement, des majorations par enfant ou personne à charge.

Le salaire retenu sera celui qui aura servi de base au calcul des cotisations des quatre trimestres ayant précédé le décès ou du dernier trimestre multiplié par quatre ou encore plus rarement du dernier mois multiplié par douze.

Il peut être limité au montant du salaire plafond de la Sécurité sociale *(tranche A)* ou à celui de la convention collective des cadres *(tranche B)* ou encore au double de ce plafond *(tranche C).*

La situation de famille sera appréciée au moment du décès, y compris les enfants nés moins de 300 jours après le décès de l'assuré.

La garantie décès est maintenue tant que le salarié exerce son activité. Elle cesse donc normalement à 60 ou 65 ans. Cependant, il arrive que des cadres poursuivent leurs activités au-delà de cet âge. Dans cette hypothèse, les assureurs prévoient pour des nécessités techniques une diminution des garanties à compter de 65 ans.

Pour les régimes de « non-salariés », les garanties sont d'une façon générale définies de manière forfaitaire (une à quatre fois le plafond de la Sécurité sociale), à défaut d'une connaissance exacte du niveau de leurs revenus.

Quant aux contrats liés à des « opérations de crédit » c'est le solde des comptes de l'assuré au jour du sinistre qui sert de base à la garantie.

Pour d'autres opérations financières, le capital fixé, soit à l'origine soit annuellement à chaque renouvellement, sera versé en priorité à l'organisme souscripteur à concurrence des sommes dues au moment du décès, le solde revenant au conjoint de l'assuré ou à ses héritiers.

Décès par accident

Cette garantie est souvent adjointe à celle du décès quelle qu'en soit la cause. À ce titre l'assureur verse un capital complémentaire si le décès est accidentel.

Le capital est fixé à 50 ou 100 % – parfois plus – du capital de la garantie principale.

Selon la définition classique, on entend par accident *« une atteinte corporelle non intentionnelle de la part de l'assuré et provenant de l'action soudaine d'une cause extérieure »*.

Il appartient au bénéficiaire d'apporter la preuve de l'accident et de la relation de cause à effet entre l'accident et le décès.

Généralement les assureurs limitent le temps écoulé entre l'accident et le décès à 6 ou 12 mois.

Sont exclues les conséquences :
- du fait intentionnel de l'assuré ;
- de l'ivresse ou de l'abus de stupéfiants ;
- de la guerre, des émeutes, rixes, etc. ;
- de la participation de l'assuré à certains sports considérés comme dangereux.

Peuvent être également couverts les décès par accident du travail (cette garantie est imposée par la convention collective du bâtiment) ou de la circulation ou encore de transport aérien.

Ces garanties cessent au plus tard à 65 ans.

Invalidité absolue et définitive (IAD)

L'assuré est considéré atteint d'une invalidité absolue et définitive lorsque, avant l'âge de 60 ans, il est reconnu définitivement incapable d'exercer une profession quelconque et, en outre, dans l'obligation d'avoir recours à l'assistance d'une tierce personne pour effectuer les actes ordinaires de la vie.

Lorsque cet état est reconnu par l'assureur, par expertise s'il y a lieu, l'assuré perçoit, par anticipation, le montant du capital décès.

C'est le plus souvent à l'appui des pièces justificatives du classement par la Sécurité sociale dans les invalides du 3e groupe que la garantie sera mise en jeu.

Les risques exclus sont les mêmes qu'en ce qui concerne la garantie décès.

Les contrats relatifs aux non-salariés et ceux liés à des opérations de crédit prévoient, eux aussi, la garantie « invalidité absolue et définitive » assimilée à la garantie décès.

Il arrive que certaines sociétés adoptent une définition plus étendue de l'état d'invalidité, en se référant notamment à la définition de la deuxième catégorie d'invalidité de la Sécurité sociale. Le versement du capital décès dans ces conditions de classement ne va pas cependant sans soulever des difficultés. C'est ainsi que dans certaines régions particulièrement touchées car la récession économique, des caisses de Sécurité sociale ont été parfois conduites à reconnaître en état d'invalidité des salariés d'entreprises en difficulté qui, compte tenu de leur âge, avaient peu ou pas de possibilités de retrouver un emploi.

Ce classement conjoncturel, qui opère un glissement des charges de l'assurance chômage vers la Sécurité sociale, aggrave les risques couverts par les assureurs. Il en résulte en effet que le versement du capital dans de telles conditions peut être davantage considéré comme une indemnité de licenciement ou de fin de carrière que comme la compensation des conséquences d'une maladie ou d'un accident.

Enfin, on notera que le capital versé au titre de l'invalidité *« absolue et définitive »* peut, comme en cas de décès, être doublé lorsqu'elle est consécutive à un accident.

L'application et l'interprétation des clauses relatives à l'invalidité sont génératrices d'un lourd contentieux. Leur mise au point ainsi que leur rédaction doivent faire l'objet d'un soin particulier.

Ainsi, par exemple, la cour d'appel de Lyon (28 mars 1991, RGAT 1991, 900) a estimé que la clause du contrat d'assurance invalidité prévoyant le paiement du capital en cas d'invalidité totale et définitive, médicalement constatée pendant la durée de la garantie, est abusive au sens de l'article 35 de la loi du 10 janvier 1978, car elle confère un avantage excessif à l'assureur qui, par sa faculté de résiliation annuelle, peut résilier le contrat lorsqu'il a connaissance d'une atteinte corporelle de nature à entraîner une invalidité, l'assuré étant soumis à la puissance économique de l'assureur.

Que penser, par ailleurs, d'une clause d'« invalidité absolue et définitive », prévoyant que « si l'état d'invalidité prend fin, le paiement... cesse de plein droit... ? ». Peut-elle être « définitive » si elle est susceptible de prendre fin ? Cette incohérence a été censurée par la Cour de cassation (7 avril 1992, RGAT 1992, 592, note J. Kullmann) qui a estimé que l'invalidité absolue et définitive, au sens de la clause, n'exclut pas une amélioration de l'état de santé de l'assuré qui, en conséquence, a droit à la garantie.

Que penser, encore, d'une clause faisant référence à la classification des invalidités selon la Sécurité sociale alors que l'assuré est fonctionnaire et ne peut donc pas être classé dans l'une des catégories déterminées par l'article L. 310 du Code de la Sécurité sociale ? Autre incohérence censurée par la Cour de cassation (28 octobre 1991, RGAT 1992, 154).

Enfin, quelle portée attribuer à une notice d'information qui omet de préciser que la garantie d'« invalidité absolue et définitive fonctionnelle ou professionnelle » est liée à la condition d'assistance d'une tierce personne, condition qui figure dans le contrat de groupe ? Résultat : cette condition est inopposable à l'assuré (Cour de cassation, 14 janvier 1992, RGAT 1992, 343, note J. Kullmann).

Sur l'importance de la notice, se référer au livre III de l'ouvrage.

Double effet

La garantie dite « double effet » a pour objet de reporter la garantie décès, en tout ou partie, sur la tête du conjoint de l'assuré décédé.

La garantie joue si le conjoint décède simultanément ou postérieurement à l'assuré, à condition qu'il existe à cette date un ou plusieurs enfants à charge.

Cette clause est relativement courante dans les contrats souscrits au bénéfice des salariés.

Décès du conjoint

Contrairement à la garantie présentée précédemment, par cette clause, le conjoint est couvert tant que l'assuré est en vie.

Le capital assuré est au plus équivalent à celui de la garantie principale. Il peut aussi être fixé, par exemple, à un montant correspondant aux frais d'obsèques. Cette garantie peut être étendue au décès d'un enfant ou encore d'un ascendant à charge.

En réalité, l'objet de cette garantie est surtout de permettre à l'assuré de faire face aux différents frais engagés à l'occasion du décès d'un membre de la famille proche.

Cette couverture est liée à la garantie de l'assuré. Elle cesse dans les mêmes conditions.

Exonération

À proprement parler, « l'exonération » n'est pas une véritable garantie d'assurance. Il s'agit en effet de dispenser la société contractante du paiement des primes pour le compte d'un assuré atteint d'une incapacité de travail.

Cette exonération intervient de façon variable, selon les contrats, comme par exemple : au 31e jour d'arrêt de travail, à la date d'entrée en jouissance des indemnités journalières prévues au contrat, ou encore dès la date de reconnaissance de l'invalidité par l'assureur ou par la Sécurité sociale, etc.

Par cette clause, les garanties sont maintenues tant que dure l'état d'incapacité de travail ou d'invalidité... au plus tard jusqu'à 65 ans.

Accident corporel

Cette assurance a pour objet le paiement d'une indemnité lorsque la personne assurée a été victime d'un accident corporel survenu au cours tant de sa vie privée que de ses activités professionnelles.

Le montant de l'indemnité est fixé en pourcentage soit du salaire, soit du capital décès. Il est intégralement versé lorsque la victime est atteinte d'une incapacité permanente totale évaluée selon un barème forfaitaire.

Si l'incapacité n'est que partielle, l'assuré a droit à une fraction de l'indemnité proportionnelle au degré d'incapacité retenu, sauf application d'une franchise absolue ou relative.

Les infirmités sont énumérées au contrat et le taux affecté à chacune d'elles est fixé en fonction de leur gravité.

Différents barèmes peuvent être choisis à la souscription du contrat :

- le barème conventionnel le plus utilisé fait abstraction de l'âge et de la profession ;
- pour certaines professions, il est possible de concevoir des barèmes spéciaux dans lesquels les taux affectés aux infirmités seront déterminés en tenant compte de leur gravité au regard de la profession exercée ;
- le pourcentage peut être également fixé d'après la nature de l'infirmité par référence au barème des accidents du travail.

En cas d'infirmités multiples, on utilise en principe la formule dite de Balthazar. L'infirmité principale est d'abord évaluée selon les conditions du contrat, les autres infirmités sont ensuite estimées successivement proportionnellement à la capacité restante.

Incapacité temporaire

Un assuré est réputé en état d'incapacité temporaire lorsque, par suite de maladie ou d'accident, il se trouve dans l'incapacité physique de continuer momentanément son activité professionnelle.

Très généralement, le versement des indemnités journalières est subordonné à l'ouverture des droits aux prestations de l'assurance maladie de la Sécurité sociale.

Les indemnités journalières sont souvent versées à l'expiration d'un délai de carence dont la durée est extrêmement variable selon les contrats.

Il faut à cet égard distinguer deux possibilités d'intervention.

La première, dite « mensualisation », consiste pour l'assureur à prendre en charge les prestations que l'employeur est tenu de verser, en vertu de la convention collective, en cas d'arrêt de travail d'un salarié.

À ce titre, l'assureur peut, selon la convention, indemniser l'arrêt de travail, à compter du 4e jour – voire du premier jour en cas d'accident du travail – ou d'une façon générale du 11e jour, comme le prévoit l'accord interprofessionnel portant généralisation de la mensualisation.

Le montant de l'intervention peut atteindre 100 % du salaire sous déduction des prestations servies par la Sécurité sociale et, éventuellement, en cas d'accident, des indemnités versées par le tiers responsable au titre de l'incapacité temporaire de travail [1].

Peut-on, à propos de ce genre de garanties, parler d'opération d'assurance ? À vrai dire il s'agit plus d'une sorte de contrat de gestion qui offre à l'entreprise contractante un service complémentaire.

Certaines sociétés d'assurance, d'ailleurs, isolent ces opérations pour mieux en apprécier les résultats et, s'il y a lieu, obtenir de l'entreprise souscriptrice soit un redressement des cotisations, soit diverses actions tendant à freiner l'absentéisme (contrôle médical, par exemple).

La seconde intervention possible semble mieux correspondre à une opération d'assurance. Elle consiste à indemniser l'assuré soit à l'expiration de « la période de mensualisation », soit après une franchise fixée à un, deux ou trois mois (consécutifs ou cumulés) d'arrêt de travail. Le montant de l'indemnité journalière peut être égal au plus à 100 % du salaire sous déduction des prestations servies par la Sécurité sociale [2].

La durée de la garantie est très variable. Selon les contrats, le versement des indemnités pour incapacité de travail peut cesser au bout d'un an, ou plus, ou dès la date de reconnaissance de l'état d'invalidité par la Sécurité sociale. Mais, dans tous les cas, les prestations cessent d'être servies lorsque l'intéressé atteint 65 ans. Elles peuvent en outre être remplacées par le service d'une pension d'invalidité.

---

1. Cette procédure est peu utilisée par les assureurs en raison notamment du coût de sa mise en place. De plus ce risque en principe « accident » est géré par un assureur vie qui ne peut pas être subrogé dans les droits des bénéficiaires contre les tiers responsables. Aussi bien ce recours, fondé en droit, est-il rarement exercé.

2. Si, légalement, le principe indemnitaire ne s'applique pas aux assurances de personnes, il est ici en vigueur. On peut en effet difficilement imaginer qu'une entreprise souscrive des garanties permettant à ses collaborateurs en arrêt de travail de percevoir un salaire supérieur à celui qu'ils reçoivent en activité !

Invalidité

L'état d'invalidité qui, pour la Sécurité sociale, consiste dans une perte de capacité de gain d'au moins 66 %, peut être défini d'une façon différente par les assureurs, en combinant par exemple la notion d'incapacité professionnelle et celle d'incapacité fonctionnelle.

Toutefois les clauses les plus généralement employées retiennent les critères et le classement (1re 2e, 3e catégories d'invalidité) de la Sécurité sociale.

Le montant de la pension différera en fonction de ce classement.

On trouve, par exemple, les garanties suivantes :

1. pour un assuré incapable d'exercer une profession quelconque et classé dans la 2e catégorie de la Sécurité sociale :
   - 50 % de la tranche A du salaire ;
   - 100 % de la tranche B du salaire.

2. pour un assuré invalide dans l'obligation d'avoir un recours à l'assistance d'une tierce personne et classée dans la 3e catégorie :
   - majoration de x%.

3. pour un invalide capable d'exercer une activité rémunérée et classé en 1re catégorie :
   - la rente est réduite de 25 %, ou 50 %, ou 75 %... selon les contrats.

Les garanties incapacité, voire invalidité, peuvent également être souscrites par des groupes de « non-salariés » puisque, nous l'avons vu, cette catégorie de personnes ne perçoit aucune indemnité journalière.

Les prestations seront versées en cas d'arrêt de travail dûment justifié – voire contrôlé – à l'issue d'un délai de carence. Elles seront calculées à partir du salaire forfaitaire retenu pour les autres garanties souscrites.

L'invalidité du non-salarié sera appréciée en fonction d'un barème à double entrée indiquant les taux résultant des degrés d'incapacité fonctionnelle et professionnelle.

En ce qui concerne les contrats à caractère économique, l'assureur se substituera à l'assuré en arrêt de travail pour verser à l'organisme prêteur les traites venant à échéance après le délai de carence prévu.

Dans le cadre d'un contrat lié à un plan d'épargne, les sommes versées seront celles prévues par le plan permettant ainsi à l'assuré de poursuivre la constitution du capital avec tous les avantages financiers que cela suppose.

Revalorisation

Le plus souvent, les prestations dues au titre des contrats d'assurances de groupe sont déterminées sur la base ayant servi au calcul des cotisations.

Le montant de ces prestations est arrêté au moment de leur liquidation et devrait normalement être le même pendant la durée du service.

On imagine alors aisément quelle incidence peut avoir l'inflation, particulièrement lorsque les sommes fixées au contrat ont pour objet de compenser une perte de revenus.

Maintenir les prestations à leur niveau d'origine est dans ces conditions notoirement insuffisant. Il convient donc de prévoir des mécanismes de revalorisation.

Les modalités de revalorisation sont très diverses. Elles diffèrent selon les systèmes de fonctionnement utilisés par les sociétés d'assurance.

Le procédé rencontré le plus souvent consiste à créer un fonds alimenté soit par les bénéfices techniques réalisés ou une partie de ceux-ci, soit par une fraction déterminée des cotisations.

Le fonds ainsi constitué permettra, par prélèvement, de revaloriser certaines prestations, telles que, par exemple, le capital décès, la rente d'orphelin, la rente viagère ou temporaire de veuve, l'indemnité journalière, la rente d'invalidité.

La revalorisation s'effectue, dans les limites du fonds, en fonction d'un indice, qui, généralement, est le plafond de la Sécurité sociale ou encore la valeur du point Agirc ou Unirs, qui ont, conformément à l'ordonnance de 1958, un rapport direct avec la convention principale.

La maladie

La garantie « *maladie* » a pour objet de venir en complément (total ou partiel) des prestations servies par les organismes sociaux en remboursement des frais exposés à l'occasion d'une maladie ou d'un accident par l'assuré, pour lui-même, son conjoint ou ses enfants à charge.

Certaines sociétés d'assurance acceptent de compléter les remboursements de frais exposés par le conjoint exerçant lui-même une activité professionnelle et par les enfants assujettis de leur propre chef à la Sécurité sociale, sous réserve que ces derniers soient considérés à charge au sens fiscal.

Les frais pris en considération sont en général les suivants :
- frais pharmaceutiques ;
- optique : montures et verres acceptés par la Sécurité sociale ;
- consultations et visites de l'omnipraticien ou du spécialiste ;
- actes de pratique médicale courante ;
- actes d'auxiliaires médicaux ;
- frais de déplacement du médecin acceptés par la Sécurité sociale ;
- frais d'analyses, travaux de laboratoires ;
- frais d'orthopédie, de prothèse... ;
- actes d'électroradiologie, de neuropsychiatrie, d'obstétrique ;
- frais de transport du malade acceptés par la Sécurité sociale ;
- frais de soins et prothèses dentaires acceptés par la Sécurité sociale ;
- hospitalisation médicale : frais de transport du malade, journée d'hospitalisation médicale ;
- hospitalisation chirurgicale, actes de chirurgie, actes d'anesthésie, actes de radiothérapie, interruption volontaire de grossesse... ;
- frais de séjour en établissement de repos ;
- frais de transport du malade.

Les montants de remboursement sont très variables. Ils vont du simple ticket modérateur à 100 % des frais réellement exposés, sous déduction des prestations servies par la Sécurité sociale.

Toutefois, dans ce dernier cas, les assureurs fixent certaines limites de remboursement. C'est notamment le cas lorsque l'assuré ou ses ayants droit s'adressent à un praticien ou à un établissement non conventionné.

Pour les frais de prothèse, d'orthopédie, d'optique et de soins dentaires, le « bureau commun » recommande aux sociétés de s'en tenir strictement aux normes de la Sécurité sociale et de prévoir des garanties exprimées en pourcentage du remboursement de la Sécurité sociale.

Il ne s'agit là que d'une simple recommandation, à laquelle il peut être dérogé, notamment par exemple en prenant en charge les prothèses refusées par la Sécurité sociale. La difficulté consiste à évaluer le coût supplémentaire que peuvent entraîner des garanties renforcées, sachant que la fréquence d'utilisation peut varier considérablement selon les catégories socio-professionnelles, et le lieu de résidence. De plus, l'observation montre que l'augmentation des montants de remboursement entraîne celle de la fréquence d'utilisation.

C'est la raison pour laquelle les assureurs se montrent prudents en limitant leur intervention en ce domaine.

Quoi qu'il en soit, les remboursements doivent répondre au principe indemnitaire en ne procurant aucun bénéfice aux assurés. Ils sont donc limités aux frais réellement exposés, déduction faite des prestations de la Sécurité sociale et de celles de tout autre régime de prévoyance.

Il est possible d'adjoindre à ces prestations des garanties forfaitaires non indemnitaires, de maternité ou d'adoption, de cure thermale, etc.

Les assureurs peuvent également mettre en œuvre des systèmes de *« tiers payant »* qui permettent aux assurés de ne pas avancer le montant des frais dans les limites des remboursements prévus au contrat et sous réserve bien entendu d'accords conclus entre les établissements ou les praticiens et les assureurs.

D'une façon générale, sont exclus de l'assurance :

- les maladies ou accidents causés intentionnellement par les personnes garanties, y compris les conséquences des tentatives de suicide ainsi que les maladies ou accidents résultant de l'éthylisme ou de l'usage de stupéfiants ;
- les maladies ou accidents consécutifs à une guerre étrangère ou civile, à la présence des personnes assurées dans les forces armées, à un mouvement populaire ou à une émeute ;
- les accidents causés par la participation à une rixe sauf les cas de légitime défense ou d'obligation légale ;
- les frais de séjour dans les hospices de vieillards, maisons de retraite, homes d'enfants, etc. ;
- les cures, soins, achats de produits alimentaires et tous les frais non pris en charge par la Sécurité sociale.

Les garanties maladie sont généralement acquises dès l'affiliation. Cependant, pour les contrats à adhésion facultative ou ceux à adhésion obligatoire comportant un faible effectif, un délai de carence est souvent imposé, ceci afin de limiter le risque d'antisélection.

Elles cessent normalement à la date de liquidation de la retraite. Il est cependant possible de les maintenir au bénéfice des retraités sous certaines conditions et dans certaines limites.

SECTION II

LA RETRAITE

On se souvient de certaines déclarations fracassantes et alarmistes à propos de l'avenir des régimes de retraite par répartition.

On se souvient aussi des réactions vives des représentants des régimes sur « les intentions de ceux qui prédisaient l'Apocalypse... ».

Aujourd'hui les propos sont plus modérés. Il ne s'agit plus d'opposer au système de répartition, celui de la capitalisation. C'est dans un climat plus serein, voire « cohabitationniste » que chacun s'attache à trouver des solutions aux problèmes posés.

Qu'est-ce que la répartition ?

C'est la technique utilisée, dès l'origine, par l'ensemble des régimes obligatoires. Elle repose sur le principe de la solidarité entre les générations : les cotisations versées par les actifs sont redistribuées aux retraités. On comprend que l'impératif de ces organismes est d'assurer l'équilibre entre les ressources et les dépenses. Or cet équilibre est de plus en plus précaire. Plusieurs éléments défavorables se conjuguent, rendant ainsi délicate la période actuelle et surtout future.

■ La démographie

La baisse de la natalité entraîne un vieillissement inéluctable de la population française. Le nombre d'enfants est, depuis 13 ans, demeuré en dessous du seuil qui assure le renouvellement d'une génération. Le taux de fécondité constaté en 1986 est de 1,84 enfant par femme. Il était de 1,62 en 1985 et 1,79 en 1983 alors qu'il devrait être de 2,1. Les experts estiment que c'est à partir de 2005 que cette situation aura des conséquences significatives.

À cela s'ajoute l'allongement de la vie humaine, le nombre de personnes de 60 ans et plus est aujourd'hui de 10 millions, soit 13 % de la population. Les spécialistes estiment que le nombre passera de 12 millions en l'an 2000 à plus de 15 millions en 2020, soit un quart de la population.

■ Les comportements

L'allongement de la scolarité, le retrait des femmes du marché du travail dû en grande partie au chômage, l'incitation au départ anticipé, rendent les prélèvements plus « douloureux » pour les actifs.

■ La situation économique

La dégradation de la situation a été la cause de la disparition de nombreuses entreprises avec, pour conséquence immédiate l'accroissement du chômage. Les chômeurs, non cotisants, sont plus de 3 millions. Cet élément pèse considérablement sur l'équilibre des régimes. De plus, la baisse de l'activité économique entraîne une moindre progression des salaires, ce qui représente un manque à gagner certain.

■ La législation

La retraite à 60 ans a provoqué un flux important de demandes de liquidation, portant sur 5 classes d'âges pleines, nées entre 1920 et 1925, correspondant au « baby boom » suivant la première guerre mondiale.

L'ensemble de ces facteurs rend la situation préoccupante.

Chacun connaît, par exemple, les différentes évaluations des déficits de la Sécurité sociale, malgré les diverses mesures de redressement adoptées. Il est significatif que Philippe Seguin, alors ministre des Affaires sociales et de l'Emploi, ait déclaré : *« le seul point réellement vulnérable de la Sécurité sociale, c'est le régime vieillesse... »*.

Des mesures de redressement ont été prises depuis plusieurs années. Elles ont consisté principalement en des augmentations successives des cotisations vieillesse et par des prélèvements sur les pensions de la Sécurité sociale et des retraites complémentaires. Aujourd'hui, ont été instaurés la CSG et le RDS qui diversifient les sources de financement de la Sécurité sociale (voir p. 253 et 257 du présent ouvrage). Les caisses Agirc et Arrco ont augmenté parallèlement le taux d'appel de leurs cotisations, aujourd'hui fixé, respectivement à 117 % et 125 %.

Reste à savoir jusqu'où iront les transferts sociaux ? L'augmentation des cotisations en période de stagnation des salaires entraînera inéluctablement des réactions de la part des salariés et des entreprises. C'est pourquoi plusieurs commissions d'experts ont été chargées d'étudier la situation et d'avancer des solutions.

Parmi ces solutions, on peut noter : la baisse graduelle du rendement, le recul de l'âge de la retraite, la retraite « à la carte », l'indexation des pensions sur les prix plutôt que sur les salaires... ce qui fût adopté en 1993 (voir retraite de base).

Certains experts vont plus loin en suggérant que le système ait pour vocation non pas de procurer aux personnes âgées l'équivalent – ou presque – de leurs ressources mais d'assurer un minimum, le complément pouvant résulter des efforts d'épargne individuels entrepris par les futurs retraités pendant leur vie active ou encore dans le cadre des entreprises.

Il est vrai que cette solution pourrait présenter des avantages en ce qu'elle permettrait de sauvegarder l'équilibre des régimes et qu'elle aurait des répercussions importantes pour l'économie française. La capitalisation est en effet, moins inflationniste, elle draine l'épargne à long terme qui peut être investie dans l'industrie, ce qui permet des investissements productifs qui, à leur tour, favorisent l'emploi et qui, par conséquent, alimentent les systèmes par répartition, etc.

Qu'est-ce que la capitalisation ?

La capitalisation consiste à affecter chaque année des cotisations versées à un compte individuel et à les capitaliser à intérêts composés.

On reconnaît aux assureurs, en matière de capitalisation et de retraite, un savoir-faire tant technique que de gestionnaire financier. Afin de répondre aux besoins de la clientèle, les assureurs vie ont mis sur pied de nombreuses formules.

Cette prolifération de contrats s'explique évidemment par le souci des assureurs vie de répondre le mieux possible aux besoins.

Quels sont, schématiquement, les besoins des entreprises et/ou de leurs collaborateurs ?

1. Offrir au personnel la possibilité de se constituer un complément de retraite ;
2. favoriser une catégorie du personnel ou améliorer la situation d'un ou de plusieurs collaborateurs ;
3. satisfaire aux obligations d'une convention collective ou d'un accord d'entreprise ;
4. maintenir la stabilité financière de l'entreprise en cas de départs en retraite.

Les formules proposées pour répondre à ces attentes peuvent être classées en quatre grandes familles :

- contrats à compte individuel de retraite à adhésion facultative ;
- contrats à compte individuel de retraite à adhésion obligatoire ;
- contrats à fonds collectifs ;
- contrats d'indemnité de fin de carrière.

Capitalisation et répartition

Est-il opportun ou possible de substituer la capitalisation aux systèmes de répartition ?

Dans la préface du livre blanc sur les retraites publié en 1991, Michel Rocard précisait :

« ... *Je le dis donc avec une tranquille assurance, ceux qui, pour des gains politiques à courte vue, croiraient flatter l'opinion en niant le problème, programmeraient sûrement une guerre des générations.*

Je ne crois pas non plus qu'une réforme radicale du système actuel puisse être envisagée. La substitution, même progressive, de la capitalisation à la répartition qui évoquée ici ou là ne correspond pas aux principes d'équité sociale ; elle amènerait, en outre, beaucoup plus d'inconvénients que d'avantages. »

Plus loin dans le corps de l'ouvrage, on peut lire :

« *Ce débat prend souvent dans notre pays un tour passionnel, probablement parce qu'au-delà de considérations sur les avantages et inconvénients de ces deux techniques s'y greffe la question de savoir si les droits à la retraite doivent être constitués pour l'essentiel dans un cadre collectif et obligatoire mettant donc en jeu diverses formes de solidarité ou s'il doivent l'être d'abord dans un cadre facultatif, chaque individu prenant en charge par un effort d'épargne individuel sa propre retraite.* »

Ainsi apparaît-il clairement que nos gouvernements successifs n'ont pas eu l'intention d'abandonner le système de répartition. Mais lorsqu'il est question des aménagements possibles ou souhaitables de ce système, la capitalisation apparaît

au titre des *« mesures d'accompagnement économique »* selon deux formules :
- la mise en place, dans un cadre professionnel, de fonds d'épargne collective ;
- la constitution de réserves au sein de régimes par répartition.

Les formules de garanties offertes

■ Contrats à compte individuel de retraite à adhésion facultative

Une entreprise peut utiliser l'assurance de groupe comme un outil de stratégie sociale et de management.

Elle peut souhaiter permettre à ses collaborateurs de se constituer un complément de retraite, par leurs propres moyens, mais aux meilleures conditions.

Elle peut aussi souhaiter accorder à un ou plusieurs salariés des avantages de retraite au financement desquels elle participera en tout ou partie.

Quels en sont les avantages ?

Pour l'entreprise :
- aucune participation financière n'est exigée ;
- lorsque la participation de l'employeur est prévue, la formule est attrayante en ce que, d'une part elle s'accorde avec la politique sélective des rémunérations en vigueur dans de nombreuses entreprises, et d'autre part elle répond à la demande de certains salariés de bénéficier d'autres avantages qu'une augmentation de salaire lourdement fiscalisée ;
- le plan répond aux préoccupations des salariés sans pour autant s'appliquer à titre obligatoire à l'ensemble du personnel ou d'une catégorie ;
- le cadre juridique de l'entreprise permet de bénéficier d'un tarif « groupe ».

Pour le salarié :
- il bénéficie d'une tarification plus avantageuse que s'il avait souscrit seul ;
- il peut, selon ses capacités financières, se constituer un complément de retraite à sa mesure ;
- il bénéficie d'un crédit d'impôt ;
- la retraite n'est imposable que partiellement ;
- une reversion peut être prévue sur la tête du conjoint survivant ;
- en cas de décès, l'épargne constituée est capitalisée et versée aux bénéficiaires ;
- le capital est exonéré de droits de mutation.

Quelles formules utiliser ?

La formule « rente viagère différée » répond le mieux aux besoins en matière de retraite.

Le contrat est souscrit par l'entreprise, ce qui permet – sous les conditions examinées précédemment – de bénéficier de l'exonération de la taxe d'assurance.

Les cotisations – mensuelles, trimestrielles ou annuelles – peuvent être exprimées en francs ou en pourcentage du salaire. Elles sont généralement prélevées automatiquement sur le salaire par l'entreprise.

Chaque assuré a la possibilité d'effectuer des versements exceptionnels.

Lorsqu'elles sont exprimées en francs (et non en pourcentage) les cotisations sont revalorisées chaque année.

Les chargements – ce qui permet de couvrir les frais d'émission de création et de gestion – sont exprimés souvent en pourcentage de la cotisation. Ils peuvent aussi être fonction, pour partie, de l'épargne gérée.

L'individualisation des droits

Les cotisations sont versées au compte de chaque participant. Ce compte est crédité d'un intérêt avec un minimum technique de 3,5 %.

Les techniques propres à l'assurance vie et la qualité de la gestion financière ont jusqu'à présent permis de rémunérer l'épargne constituée à des taux supérieurs à 10 %, par le jeu de la participation aux bénéfices. La moyenne tourne aujourd'hui autour de 7,5 % (source : Gap).

L'individualisation de l'épargne permet au cotisant de disposer de son épargne, notamment en cas de départ de l'entreprise, en demandant le rachat anticipé ou une avance. C'est d'ailleurs pour cette raison que l'épargne acquise est versée aux bénéficiaires en cas de décès de l'assuré.

Les garanties

Le type de régime prévoit le versement d'une rente viagère à la date de départ en retraite choisie par l'intéressé : 60 ans, etc. Cette rente peut être réversible sur la tête du conjoint survivant.

Certaines options, telles que, par exemple, le versement d'un capital au terme, peuvent être prévues.

Aspects fiscaux et sociaux

Pour l'entreprise :

Dans le cas d'une participation de l'entreprise, la cotisation versée par elle entre dans les frais généraux au titre des salaires.

En ce qui concerne les cotisations sociales, l'Acoss considère que *« tous les contrats d'assurance vie, qu'il s'agisse de contrats de groupe ou individuels, de caractère obligatoire ou facultatif, à fonds perdus où à capitalisation, entrent bien dans le cadre du décret n° 85-783 du 23 juillet 1985 (art. D. 242-1 du Code de la Sécurité sociale), les termes très généraux de ce texte ne permettant pas de les exclure de son champ d'application »*. Nous attirons l'attention du lecteur sur le fait qu'apparaissent sur ce point certaines divergences comme le financement d'un avantage complémentaire de retraite. Alors que la plupart des contrats prévoient des possibilités de rachat et de sortie en capital, les prestations versées sous forme de rentes, sont assujetties aux prélèvements de 3,6 % prévus en faveur de la Sécurité sociale, ainsi que de 2,40 % pour la CSG et de 0,50 % pour le RDS.

Ainsi la part patronale des primes versées serait-elle exclue de l'assiette des cotisations de Sécurité sociale, dans la mesure où ajoutée aux contributions patronales afférentes :

- aux différents régimes de retraite et de prévoyance complémentaire, elle n'excède pas 85 % du plafond de la Sécurité sociale,
- aux régimes complémentaires de prévoyance, elle ne dépasse pas 19 % du plafond de la Sécurité sociale.

Pour le salarié :

La part de l'employeur constitue un avantage, donc un revenu, imposable au titre de l'IRPP.

Sous réserve que la durée du contrat soit au moins égale à 6 ans ou à 8 ans pour les contrats souscrits après le 1er janvier 1990, l'assuré pourra bénéficier d'un crédit d'impôt sur la part « retraite » de sa cotisation.

Le crédit est égal à 25 % de la partie épargne de chaque cotisation, dans la limite de 4 000 F + 1 000 F par enfant à charge.

Sous la même condition de durée, les intérêts générés par l'épargne constituée ne sont pas assujettis à l'imposition.

Enfin la retraite servie ne sera considérée comme revenu pour l'application de l'impôt que pour une fraction de son montant, soit :

- 70 % si l'assuré a moins de 50 ans,
- 50 % si l'assuré a entre 50 et 59 ans,
- 40 % si l'assuré a entre 60 et 69 ans,
- 30 % si l'assuré a plus de 69 ans.

La rente peut, en outre, bénéficier, sous certaines conditions de ressources, d'une majoration légale.

■ Contrats à compte individuel de retraite à adhésion obligatoire

Comme dans la précédente formule, il s'agit de constituer une retraite par versements de cotisations aux comptes individuels des salariés d'une entreprise.

Mais, le cadre réglementaire, fiscal et social, dans lequel s'inscrit ce type de régime, est assez strict. Les conditions de mise en place et de fonctionnement sont donc très délimitées.

Quels avantages ?

Pour l'entreprise :

- sur le plan social, la mise en œuvre d'un tel régime constitue un élément de motivation et de stabilité du personnel ;
- sur le plan fiscal, les cotisations prises en charge par l'entreprise sont déductibles – dans certaines limites – au même titre que les cotisations patronales dues à la Sécurité sociale et aux caisses de retraite complémentaire.

Pour le salarié :

Le choix de cette formule entraîne une participation obligatoire de l'employeur.

La part mise à la charge du salarié – si elle est prévue – est déduite de l'IRPP.

Les chargements sont moindres dans le cadre d'un régime collectif obligatoire.

Enfin le salarié a la certitude de pouvoir bénéficier d'un revenu supplémentaire dès son départ en retraite.

Quelle formule ?

La loi du 11 juillet 1985 et l'instruction du 5 décembre 1985 fixent les conditions cumulatives que doivent remplir les contrats afin de bénéficier des dispositions de l'article 83 du Code général des impôts.

Première condition

Le contrat doit revêtir la forme d'une assurance de groupe. Le contrat doit nécessairement être souscrit par l'entreprise au profit de ses salariés.

Deuxième condition

Le régime doit avoir un caractère obligatoire pour une ou plusieurs catégories objectives du personnel.

Cette obligation revêt deux aspects.

Il faut d'abord que l'employeur soit obligé en application d'une convention collective (nationale, régionale, etc.) ou d'un accord d'entreprise à constituer un régime de retraite. Il peut s'obliger unilatéralement, mais, dans ce cas, l'instruction précise que le régime doit intéresser l'ensemble du personnel.

L'obligation concerne aussi les salariés appartenant à la catégorie à l'égard de laquelle l'employeur est obligé. Le régime doit s'appliquer à l'ensemble de telle ou telle catégorie de personnel, voire à la totalité de l'effectif.

Troisième condition

Il doit s'agir d'un véritable régime de retraite. Autrement dit, la formule « rente viagère » est la seule qui puisse être retenue. Elle ne peut donc pas comporter d'option « versement d'un capital ». Le dénouement du contrat est nécessairement le versement d'une rente viagère (qui peut néanmoins être réversible).

Il faut également que le point de départ de la rente soit l'âge normal du départ en retraite.

Enfin, il faut qu'existe une relation directe entre le salaire perçu pendant la période d'activité et les droits ouverts à la retraite après cette période.

Quatrième condition

Les cotisations doivent comporter une participation de l'employeur. Cette participation peut en représenter la totalité.

Cinquième condition

Les cotisations doivent être fixées à un taux uniforme à l'égard de toutes les personnes appartenant à une même catégorie de personnel. Le taux de cotisation est exprimé en pourcentage de tout ou partie du salaire. Le taux et l'assiette retenus peuvent être différents selon les catégories de personnel d'une même entreprise.

Régime fiscal des cotisations

Depuis la loi du 11 juillet 1985, l'article 83 du Code général des impôts est ainsi rédigé :

« Le montant net du revenu imposable est déterminé en déduisant du montant brut des sommes payées et des avantages en argent ou en nature accordés :

1. les cotisations de Sécurité sociale ;

2. les cotisations ou les primes versées aux organismes de retraite et de prévoyance complémentaire auxquels le salarié est affilié à titre obligatoire.

Lorsque le total des versements du salarié et de l'employeur tant aux caisses de Sécurité sociale au titre de l'assurance vieillesse qu'aux organismes de retraite et de prévoyance excède 19 % d'une somme égale à huit fois le plafond annuel moyen retenu pour le calcul des cotisations de Sécurité sociale ou lorsque, à l'intérieur de cette limite, les versements aux seuls organismes de prévoyance dépassent 3 % de la même somme, l'excédent est ajouté à la rémunération ».

À noter qu'à compter de l'imposition des revenus de 1990, les limites de 19 % et 3 % s'appliquent sur un montant égal à huit fois le plafond de Sécurité sociale (loi n° 89-935 du 29 décembre 1989, art. 95).

L'instruction du 5 décembre 1985 qui fixe notamment les conditions de déductions précise les taux de cotisations à retenir pour la mise en œuvre de la réduction. Seront donc pris en considération : *« les taux réels des cotisations effectivement versées »* (contre 10,25 % pour l'ancien régime). Il en est de même pour les régimes complémentaires et supplémentaires de retraite et de prévoyance pour lesquels les cotisations peuvent être appelées à un niveau supérieur ou inférieur au taux d'origine.

Enfin l'instruction met en évidence le mécanisme des limites et ses conséquences.

Ainsi les sommes versées pour le rachat des cotisations des régimes complémentaires et supplémentaires obligatoires sont déduites également. Toutefois c'est l'année où le paiement a été réalisé que la limite des 19 % s'applique. Cette disposition ne concerne pas le rachat des cotisations aux régimes de base autorisé par l'article 83-1° du CGI.

Les derniers paragraphes déterminent le sort des cotisations excédentaires en cas de dépassement des limites de 19 % et/ou de 3 %. C'est le régime le plus élevé des excédents répartis au prorata du montant des cotisations supportées respectivement par l'employeur et par le salarié, qui est retenu.

Les cotisations patronales excédentaires constituent un complément de salaire à inclure dans la rémunération brute du salarié soumis à cotisations sociales et à l'impôt sur le revenu entre les mains du salarié et par voie de conséquence soumise à la CSG depuis le 1er février 1991 et au RDS depuis 1996. Les cotisations salariales ne sont pas déductibles de la rémunération.

Régime social des cotisations

Au titre de l'article 16 de la loi du 28 janvier 1979 les contributions des employeurs destinées au financement de prestations complémentaires de retraite et de prévoyance devraient être exclues de l'assiette des cotisations de Sécurité sociale et ce dans une limite fixée par décret.

Ce texte tant attendu a été publié au Journal officiel le 27 juillet 1985 et a fait ensuite l'objet d'une lettre ministérielle du 6 août 1985 ainsi que d'une instruction de l'Acoss n° 85-1 du 20 août 1985.

Ce nouveau dispositif s'inscrit dans la droite ligne des nouvelles mesures fiscales.

Ainsi à compter du 12 août 1985 *« sont exclues de l'assiette des cotisations du régime général de Sécurité sociale, les contributions patronales destinées au financement de toutes prestations complémentaires de retraite et de prévoyance dont le montant n'excède pas 85 % du plafond de la Sécurité sociale. À l'intérieur de cette limite les cotisations patronales afférentes au financement de prestations de prévoyance bénéficient de cette exclusion dans la limite de 19 % »*.

À noter que les subventions d'équilibre, lorsqu'elles font l'objet d'un versement global non individualisé, ne sont pas concernées par ces dispositions.

L'excédent éventuel comme la part salariale est à réintégrer dans l'assiette des cotisations de la Sécurité sociale.

■ Contrats à fonds collectifs

Le principe de cette formule diffère fondamentalement des deux précédentes tant au point de vue technique que sur le plan fiscal.

Il s'agit pour l'entreprise de constituer un fonds collectif dans lequel sera prélevé, au fur et à mesure des départs en retraite, le montant du capital constitutif d'une rente viagère dont le montant est déterminé.

Quand on connaît le poids que représente le capital constitutif d'une rente viagère – assortie souvent d'un engagement de réversion – il est permis de penser que ce type de régime est réservé à des entreprises de taille importante.

Quels avantages ?

Pour l'entreprise :

Les primes ou cotisations versées au fonds sont considérées comme des charges d'exploitation, donc déductibles des résultats imposables et ne supportent aucune charge sociale.

Pour le salarié :

La certitude d'un supplément de retraite lors de sa cessation d'activité, à condition bien sûr qu'il soit salarié de l'entreprise au moment de son départ.

La cotisation est payée intégralement par l'entreprise. Elle n'est pas considérée comme un avantage en nature et n'est donc pas réintégrée au revenu imposable.

Articulation du régime

La structure d'accueil de ces régimes est constituée de deux fonds, voire trois : un fonds d'entreprise, un fonds de retraite et, le cas échéant, un fonds de revalorisation, les deux derniers fonds pouvant être fusionnés.

Le fonds collectif est identifié par l'entreprise et alimenté par des cotisations exprimées en pourcentage de la masse salariale.

À chaque liquidation de retraite, les capitaux constitutifs sont prélevés sur le fonds collectif de l'entreprise et versés au fonds de retraite.

Il est donc important, voire essentiel, pour assurer la pérennité du régime d'estimer le plus précisément possible les charges prévisionnelles sur 10 à 15 ans, afin que le fonds d'entreprise soit suffisamment alimenté pour permettre d'en extraire les capitaux constitutifs des pensions au fur et à mesure des départs en retraite.

Expressions des retraites

D'une façon générale, le régime complète les pensions de retraite acquises au titre des régimes obligatoires (Sécurité sociale, Arrco, Agirc et « tranche C ») ou facultatifs auxquels peuvent prétendre les membres du personnel.

Le mode de calcul le plus utilisé est : 1,5 %, 1,75 % ou 2 % au maximum du dernier salaire d'activité par année d'ancienneté dans l'entreprise, sous déduction des retraites acquises. Il est généralement prévu un minimum d'ancienneté dans l'entreprise.

Ce calcul peut être assorti de plusieurs limites, comme, par exemple à 80 % du salaire, ou 70 % du dernier salaire d'activité.

Le montant de la retraite peut également être fixé de façon forfaitaire à x % du dernier salaire (10 % par exemple) et payable en complément des retraites acquises. Il existe d'autres possibilités répondant aux besoins spécifiques de certaines catégories de salariés.

Cotisations

La cotisation est déterminée après une étude actuarielle qui évalue, selon le mode de retraite retenu, le montant des droits acquis et futurs des retraites et la rente différentielle à servir.

Les charges ainsi déterminées sont « lissées » dans le temps et s'appuient sur la masse salariale de la catégorie intéressée.

Il est évident qu'en raison des variations inhérentes à la vie de l'entreprise de nouvelles études devront être réalisées afin de réactualiser les charges des retraites futures au regard du montant du fonds déjà constitué et, donc à nouveau procéder à un « lissage » de ces charges et déterminer un nouveau taux de cotisation.

L'entreprise peut, en outre, prévoir une « cotisation de sécurité » susceptible, le cas échéant, de compenser une dérive des retraites complémentaires.

Conditions et fiscalité

Les opérations doivent être réalisées dans le cadre d'un contrat de travail, d'un accord d'entreprise ou d'une convention collective et appliquées obligatoirement à la catégorie concernée.

Le mode de calcul de la retraite doit être le même pour tous les membres du groupe.

Les cotisations sont à la charge de l'employeur.

À l'inverse des formules précédentes, ici le salarié n'acquiert des droits que s'il fait partie de l'entreprise à la date de son départ en retraite. En cas de départ anticipé ou de décès, il ne possède aucun droit.

Enfin l'entreprise perd la propriété et la disposition des sommes versées au fonds.

Dans ces conditions, les primes semblent pouvoir être regardées, depuis les arrêts du Conseil d'État du 2 décembre 1983 « comme exposées dans l'intérêt de l'entreprise et déductibles de ses résultats imposables ». Elles entrent donc dans les charges normales d'exploitation et, par conséquent, bénéficient d'une complète déduction fiscale (CGI, art. 39).

■ Contrats d'indemnité de fin de carrière

À vrai dire, il ne s'agit pas exactement d'un système de retraite.

On sait que la plupart des conventions collectives – ou à défaut l'accord interprofessionnel de 1977 – prévoient le versement d'une indemnité au salarié partant en retraite.

Cette obligation – notamment pour les entreprises de faible taille – peut conduire à des difficultés de trésorerie.

Quels avantages ?

Pour l'entreprise :

Les cotisations versées au fonds sont considérées comme des charges d'exploitation déductibles du résultat imposable, ce qui n'est pas le cas lorsque l'entreprise constitue elle-même des provisions pour faire face à ses obligations.

Le système est un outil de gestion puisqu'il permet de répartir les charges financières dans le temps et d'éviter ainsi les à-coups financiers préjudiciables à la bonne marche de l'entreprise.

Pour le salarié :

Le salarié est certain de recevoir l'indemnité, quel que soit l'état de la trésorerie de l'entreprise au moment de son départ.

Montage du système

L'entreprise crée un fonds collectif qui est confié à un assureur. Ce fonds est alimenté par des cotisations versées par l'employeur et exprimées en pourcentage de la masse salariale.

Le taux des cotisations est déterminé en fonction de l'âge, de l'ancienneté des salariés, du statut de chacun et des engagements de l'employeur.

Afin que les cotisations soient adaptées aux engagements réels de l'entreprise, des études doivent être réalisées périodiquement, pour tenir compte de l'évolution de l'effectif.

Les indemnités dues lors des départs en retraite sont prélevées sur le fonds constitué dans la limite de ses disponibilités.

Régime fiscal et social

Fiscalité des cotisations

Dès lors que l'entreprise perd la propriété des sommes versées au fonds, les cotisations sont déductibles des résultats imposables (application de l'article 39 du CGI).

Il était admis que, dans la mesure où les conditions de l'article 998-1 du Code général des impôts étaient réunies, les cotisations étaient exonérées de la taxe d'assurance... encore que l'administration fiscale ait exigé le versement de la taxe au motif que les régimes « indemnités de fin de carrière » constituaient des moyens de se prémunir contre des « pertes pécuniaires ».

Aujourd'hui la question est réglée. L'article 65 de la loi de finances rectificative pour 1992 a ajouté un 3° à l'article 998 qui exonère de taxe *« la convention d'assurances souscrite par une entreprise afin de garantir aux membres de son personnel salarié des indemnités de fin de carrière lors de leur départ en retraite, à condition :*

- *que l'entreprise ne puisse disposer pour toute autre utilisation de la valeur acquise au contrat ;*
- *que la société ou compagnie d'assurances s'engage à verser à l'entreprise employeur les seules prestations dues aux salariés au titre de l'indemnité de fin de carrière. Lorsque l'entreprise a fait l'objet d'une procédure de redressement judiciaire, la société ou compagnie d'assurances peut, en cas de cession ou de liquidation judiciaire, être autorisée par le tribunal qui a ouvert la procédure à verser les prestations aux salariés et à apurer ainsi leurs créances ».*

Il résulte de ce texte qu'afin de pouvoir bénéficier de l'exonération de taxe, la convention passée entre l'assureur et l'entreprise doit être nécessairement un contrat d'assurance et non pas un simple compte de dépôt ou un contrat de capitalisation. Ce contrat doit donc comporter, à tout le moins, un élément aléatoire. Quant à la stipulation pour autrui, elle est clairement mentionnée dans le premier alinéa : les membres du personnel salarié.

Par ailleurs, l'entreprise ne doit pas pouvoir disposer de la valeur acquise du contrat pour une autre utilisation, ce qui revient à exclure les clauses de rachat ou de remboursement pour disparition de l'obligation de verser des indemnités de fin de carrière.

Le contrat, en outre, ne doit pas prévoir d'autres versements que ceux d'indemnités de fin de carrière ; ce qui exclut, par exemple, la prise en charge d'indemnités de licenciement. L'absence de référence à un nombre minimal de salariés ou une forme d'engagement de l'employeur fait que toutes les entreprises qui se sont engagées à verser des indemnités de départ en retraite quelles que soient l'étendue et la raison de l'engagement sont concernées.

À noter, enfin, une curiosité de ce texte fiscal : alors qu'il a pour objet l'exonération de taxe, il règle le sort des engagements en cas de cession ou de liquidation judiciaire de l'entreprise souscriptrice.

Fiscalité de l'indemnité

La loi du 30 juillet 1987 a instauré un nouveau régime juridique de la rupture du contrat de travail. L'article L. 122.14.13. du Code du travail détermine le régime fiscal et social de l'indemnité selon que la retraite est volontaire ou due à l'initiative de l'employeur.

En cas de départ volontaire, l'indemnité est soumise à l'IRPP (déduction faite d'une franchise de 20 000 F). Le salarié peut cependant demander l'étalement de l'indemnité imposable. Au point de vue social, l'indemnité étant considérée comme un salaire, elle donne lieu aux retenues sur salaire.

En cas de mise à la retraite par l'employeur, il est stipulé que – sous réserve d'une disposition plus favorable en matière d'indemnité de retraite – c'est le montant de l'indemnité de licenciement qui sera dû. Il en résulte que cette indemnité obéira aux règles relatives au licenciement, autrement dit elle sera exonérée des cotisations sociales et de l'impôt sur le revenu.

Règles fiscales et sociales des cotisations de retraite

	Article 83 CGI	Article 39 CGI	Article 82 CGI
Adhésion Cotisation	Obligatoire Patronale et/salariale	Obligatoire Patronale	Facultative Patronale
Déduction fiscale	19 % de 12 plafonds SS	Complète	Considéré comme un salaire
Exonération sociale	85 % du plafond SS	Complète	85 % du plafond SS
Engagement	Envers le salarié	Envers le retraité	Envers le salarié

3

La tarification

Aborder ce sujet n'est pas chose aisée. Nous allons cependant tenter de démonter le mécanisme qui conduit, en passant par l'étude technique et l'observation, à déterminer la tarification commerciale.

Nous avons vu au titre des « particularités de l'assurance de groupe » que les assureurs doivent calculer une prime provisionnelle payable d'avance et procéder en fin d'exercice à la « pesée » des risques couverts.

Les charges ainsi déterminées doivent donner lieu au paiement d'une prime correspondant à l'ajustement opéré. Or ce même texte, s'il rend obligatoire l'ajustement, laisse cependant aux assureurs la faculté d'attribuer à titre de participation les bénéfices de mortalité réellement constatés. Il en résulte que les assureurs ne sont pas vraiment contraints d'utiliser rigoureusement la procédure de l'ajustement. Ce fait semble avoir d'ailleurs été implicitement admis par l'administration en ce sens que les états comptables sont, avec son accord, établis à partir des cotisations effectives, lesquelles sont généralement payables à terme échu.

La pratique courante est donc quelque peu éloignée de la réglementation.

SECTION I

GARANTIES DE PRÉVOYANCE DES SALARIÉS ET NON-SALARIÉS

Le « Bureau commun » a édité une brochure technique qui, en l'absence de tarif réglementaire détermine un tarif dit « légal » par référence aux bases de l'article A. 335-1 du Code des assurances.

Il admet toutefois que *« la participation aux bénéfices autorisée par l'article R. 140-6 justifie que les cotisations soient calculées suivant des taux inférieurs à ceux du tarif légal »* et précise que *« ce tarif ne constitue donc qu'un maximum à portée pratique réduite, notamment dans les contrats des salariés »*.

Les assureurs établissent donc leurs tarifs en tenant compte des bénéfices prévisibles par référence à l'observation et la connaissance qu'ils peuvent avoir des risques.

C'est à partir de ces tarifs et d'une situation type moyenne, à savoir *« un groupe masculin de 45 ans d'âge moyen et de situation de famille marié avec un enfant »* que les sociétés d'assurance déterminent les cotisations de leurs « produits types ».

Il arrive que les nécessités du marché et les demandes des souscripteurs conduisent les assureurs à créer des contrats « sur mesure », soit que les garanties des contrats standard ne soit pas adaptées, soit que l'importance ou la particularité de l'affaire proposée l'exige.

La mise en place d'une convention spécifique à une entreprise ou à un groupe d'entreprises ne peut être envisagée que dans la mesure où elle permet de maintenir dans le cadre de la société d'assurance une certaine cohérence au regard de la politique commerciale générale, des résultats techniques et des coûts d'élaboration et d'émission.

D'une façon générale les grandes entreprises fixent leurs besoins en matière de prévoyance sociale. Ces exigences ne doivent pas dispenser les producteurs de réaliser une étude préalable à la pesée, portant sur la conformité du produit demandé d'une part à la législation d'autre part, s'il y a lieu, à la convention collective applicable au secteur d'activité de l'entreprise.

Cet examen permettra de déterminer si les garanties demandées correspondent aux obligations minimales légales et de mettre en forme le cahier des charges sur la base duquel la tarification devra être établie.

Il existe différentes procédures de tarification. La plus simple, mais la moins sûre, consiste à raisonner sur des moyennes arithmétiques portant sur l'âge du groupe, la situation de famille moyenne, le salaire moyen, etc.

Les résultats d'une telle pesée peuvent se révéler très éloignés de la réalité. En effet, les estimations supposent que chaque individu a le même salaire (ce qui est loin d'être le cas pour une population de cadres et de non-cadres). Par ailleurs, l'âge actuariel, qui doit être pris en considération pour déterminer le niveau tarifaire, varie sensiblement – de 3 à 5 voire plus – par rapport à « l'âge arithmétique ». Ces raisonnements par estimations entraînent les assureurs à vieillir, par prudence, le groupe en cause.

Pour effectuer et affiner une tarification dans les meilleures conditions, il est nécessaire d'avoir une connaissance approfondie du groupe à assurer.

La plupart des informations utiles sont contenues dans le bilan social des entreprises. Mais il faut savoir que ce bilan n'est obligatoire que dans les entreprises de taille importante.

Il est cependant possible de dresser une liste – non exhaustive – des éléments qu'il conviendrait de prendre en considération pour l'appréciation du risque et la détermination du tarif.

Renseignements généraux portant sur l'entreprise :

- nom et siège social ;
- activité, par le n° APE ;
- situation (société mère, filiale, etc.) ;
- son niveau d'autonomie.

Renseignements portant sur les personnes à garantir et le cadre obligatoire ou facultatif de l'adhésion :

- la ou les catégories concernées (cadres, non-cadres, non-salariés, etc.) ;
- l'âge de chaque individu ;
- la situation de famille ;
- le salaire (ou le forfait choisi pour les non-salariés) ;
- le sexe ;
- l'ancienneté.

Renseignements portant sur l'ensemble de la population à assurer :

- le « turn over » ;
- la mortalité ;
- l'absentéisme.

Renseignements portant sur les garanties à assurer, leur montant et les conditions d'ouverture des droits.

Renseignements d'ordre commercial, social, économique, géographique, portant sur l'entreprise et son environnement.

Et, enfin, tous autres renseignements, tels que les garanties déjà existantes, les chances de réalisation, la qualité de l'interlocuteur, de l'introduction, la concurrence, etc.

SECTION II

GARANTIES LIÉES À DES OPÉRATIONS DE CRÉDIT

Compte tenu de la diversité des activités en cause, il est nécessaire d'avoir une bonne connaissance des opérations liées aux contrats de prêt. Les éléments suivants paraissent essentiels :

- durée des prêts ;
- montant maximal et minimal des prêts ;
- montant moyen ;
- taux d'intérêt ;
- nature des prêts (logement, consommation, etc.) ;
- nombre d'opérations réalisées par an ;
- segments de clientèle ;
- engagements de remboursement de l'emprunteur (mensuel, différé, etc.) ;
- assiette des cotisations (capital emprunté, capital restant dû, etc.) ;
- mode de règlement des cotisations (prime unique, primes annuelles constantes, primes dégressives, etc.).

SECTION III

GARANTIES DE RETRAITE

Pour déterminer la charge annuelle des retraites à servir dans le cadre d'un régime « chapeau », il est nécessaire de recueillir les informations suivantes :

- la liste des personnes susceptibles de liquider leur retraite dans les dix ans voire quinze ans, avec indication pour chacune d'elles de :
  - sa date de naissance et celle de son conjoint en cas de réversion,
  - sa situation de famille,
  - son ancienneté dans l'entreprise,
  - son salaire ;
- l'inventaire des régimes sociaux et les taux de cotisation aux régimes Arrco, Agirc, Iricase ou autre ;
- la nature de l'intervention souhaitée ;
- la masse salariale, en pourcentage de laquelle la cotisation sera exprimée.

SECTION IV

ANALYSE DES INFORMATIONS PAR RISQUE

Décès

Le coût des garanties décès est d'abord déterminé par utilisation du tarif de l'assureur pour chaque individu, en fonction de son âge, de sa situation de famille et de son salaire. L'ensemble des capitaux assurés et des primes de chaque individu permet de déterminer le coût technique moyen applicable à l'ensemble du groupe.

C'est alors que d'autres éléments d'appréciation seront pris en considération pour fixer la cotisation.

On sait que l'outil de travail que constituent les tables de mortalité reflètent les statistiques moyennes de l'ensemble de la population française. Or on constate des écarts importants selon les catégories socio-professionnelles et les différents secteurs d'activité (un cadre supérieur à 35 ans a une mortalité inférieure de 60 % par rapport à la moyenne française. Un manœuvre du même âge a une mortalité de plus de 60 % par rapport à la moyenne...). La tarification pourra donc être affinée en fonction de la catégorie socio-professionnelle et l'activité du groupe considéré.

Par ailleurs, on sait que la mortalité féminine est inférieure à la mortalité masculine. Le pourcentage de population féminine dans le groupe influera donc sur la tarification.

Le but de l'étude étant de coller au plus près à la réalité du risque, on tiendra également compte des performances de l'entreprise et de son degré de compétitivité.

En effet une entreprise en expansion en principe recrute. Cet apport de personnel entraîne normalement un certain rajeunissement du groupe, donc une marge de manœuvre intéressante.

À l'inverse une entreprise en difficulté est appelée à vieillir, ce qui est de nature à dégrader les résultats.

Il importe aussi de se prémunir contre les pointes de risques qui peuvent provoquer un grave déséquilibre. C'est en partie le rôle de la réassurance.

La cotisation commerciale est déterminée en pourcentage du salaire ou du forfait utilisé pour le calcul des garanties.

En ce qui concerne les contrats souscrits dans le cadre d'un régime facultatif, le Bureau commun proscrit le taux moyen unique qui suscite l'antisélection et recommande un système de cotisation par tranches d'âge.

La tarification des contrats de prêt peut également être fixée par tranches d'âge. Elle est, selon la demande, exprimée en fonction du capital emprunté, du capital restant dû ou du total des traites. Elle peut être, pour les contrats à court terme, versée en une seule fois.

Décès par accident et autres risques de décès

Les facteurs énoncés pour la garantie décès serviront également à l'appréciation du coût de cette garantie.

En outre, les activités sportives, par exemple, ou les déplacements fréquents pourront entrer en ligne de compte.

Arrêts de travail

Les garanties « arrêts de travail » peuvent amener l'assureur à intervenir dans de nombreux cas, comme par exemple, au titre des accords de mensualisation, de l'incapacité temporaire de travail, de l'invalidité, etc.

Les contrats standard des compagnies prévoient dans la plupart des cas une franchise fixe (sauf pour les contrats correspondant aux obligations des conventions collectives).

Pour mieux adapter les garanties aux besoins, les assureurs sont conduits à réaliser des études permettant aux salariés d'une entreprise importante de bénéficier d'un régime de mensualisation, suivi d'un régime de prévoyance en relais de l'obligation.

On sait que les périodes d'indemnisation peuvent varier en fonction de l'ancienneté de l'assuré : on sait aussi que les niveaux d'indemnisation peuvent être différents.

C'est ainsi par exemple que l'accord interprofessionnel prévoit pour le personnel comptant trois ans d'ancienneté :

- du 11e au 41e jour : 90 % du salaire, sous déduction des prestations de la Sécurité sociale,
- du 42e au 72e jour : 66 % du salaire, sous déduction des prestations de la Sécurité sociale.

Ces périodes sont majorées de 10 jours pour cinq ans d'ancienneté supplémentaire avec un minimum de 90 jours pour chaque période.

Plusieurs cas de figure sont envisageables. Qu'il nous suffise d'en retenir un seul à titre d'exemple.

L'employeur peut décider de conserver à sa charge l'indemnisation de ses salariés en arrêt de travail durant la période de « mensualisation » obligatoire.

Dans ce cas, le rôle de l'assureur va consister à compléter l'insuffisance d'indemnisation, à l'expiration de la première période, au titre de la garantie incapacité de travail.

Il sera donc nécessaire de connaître, dans un premier temps l'ancienneté des individus composant le groupe afin de déterminer la moyenne d'intervention et le niveau.

La tarification des risques « arrêt de travail » est déterminée en fonction de différents critères parmi lesquels on relèvera :

- la franchise. Il va sans dire que plus le délai de carence est court, plus la probabilité d'intervention est importante ;
- le montant des salaires. On sait qu'à l'exclusion des accidents du travail, la Sécurité sociale n'indemnise pas au-delà d'un certain plafond. Les assureurs supporteront le montant total de la tranche supérieure. Les cotisations seront en conséquence différentes selon les tranches de salaires ;

– la catégorie socio-professionnelle. Par exemple, l'absentéisme des cadres est en effet inférieur à celui des non-cadres ;
– le sexe. À l'inverse de ce qui se passe en risque décès, ici la prime devra être plus élevée pour des groupes à fort pourcentage féminin, puisqu'il est admis que l'absentéisme est plus important chez les femmes non-cadres ;
– l'âge (qui est susceptible d'entraîner des arrêts de travail de longue durée) ;
– le mode de calcul des rentes d'invalidité par référence au classement de la Sécurité sociale ou par détermination de taux d'incapacité professionnelle et fonctionnelle.

Accidents du travail

Ce risque est, on le sait, fortement conditionné par l'activité en cause. Pour en évaluer le coût, on utilise un système de classification.

Observations :

La tarification peut être affinée au vu des statistiques portant notamment sur l'absentéisme dans l'entreprise, et en fonction d'autres critères plus subjectifs se rapportant aux conditions de travail dans l'entreprise concernée.

Enfin, et c'est là qu'apparaissent des différence importantes de tarifs entre compagnies, le mode de gestion utilisé joue de façon considérable.

Le système de répartition autorise des taux de primes inférieurs qui trouvent leur justification dans la non-consolidation des prestations.

Le recours à la capitalisation, lui, oblige l'assureur à constituer, à la survenance du sinistre, une provision suffisante pour faire face à ses engagements aussi longtemps que les conditions sont réunies. Ainsi la pérennité des prestations est-elle assurée, quel que soit le sort du contrat.

Ce service, non négligeable, est peu – ou mal – connu des entreprises et donc des assurés. Il est important de le vendre au même titre que les garanties.

Maladie

La tarification du risque *« maladie »* est déterminée poste par poste, en fonction des montants de remboursement prévus.

Les différentes bases sont établies essentiellement d'après les fréquences observées dans le cadre du régime général de la Sécurité sociale.

Le coût global est déterminé en pourcentage du plafond de la Sécurité sociale pour une famille type composée de l'affilié (pour 3/8), de son conjoint (pour 3/8) et d'un enfant (pour 2/8). Lorsque la composition du groupe est inférieure à ce schéma, le taux est affecté d'un coefficient familial réducteur.

L'âge du groupe devrait être normalement pris en considération.

Toutefois, l'augmentation du risque résultant de l'âge est généralement compensée par la diminution des charges de famille. On peut donc admettre que ce critère soit écarté.

La cotisation peut être divisée entre adultes et enfants. Ainsi un assuré ayant deux enfants réglera deux cotisations d'adultes et deux cotisations enfants. Outre la gestion complexe pour l'appel des cotisations, cette méthode va à l'encontre de l'objectif de mutualisation.

SECTION V

LA SURVEILLANCE DES RISQUES

Nous venons de suivre la démarche qui, s'appuyant sur des critères objectifs et subjectifs, permet aux études de coller au mieux à la réalité.

Il ne s'agit cependant que d'une approche avec la part d'incertitude que cela comporte. Aussi bien les sociétés d'assurance sont-elles amenées à surveiller attentivement l'évolution de leur portefeuille.

La mise en place de ce « suivi », favorisée par l'utilisation de l'informatique, permet de mesurer l'incidence des tarifs effectivement pratiqués sur les résultats, et de procéder, s'il y a lieu, à certains redressements.

Cette surveillance est d'autant plus utile que le marché de l'assurance groupe est ouvert à des organismes de statuts, réglementations et fiscalités différents. Cette coexistence entraîne une vive concurrence et donc des baisses tarifaires sensibles qu'il importe de maîtriser.

4

Aspects fiscaux et sociaux

SECTION I

LA TAXE D'ASSURANCE

À compter du 1er juillet 1990, les contrats d'assurance sur la vie y compris les contrats de rente viagère sont exonérés de la taxe d'assurance (art. 17 de la loi de finances pour 1990 n° 89-935 du 29 décembre 1989).

Déjà, depuis la loi de finances pour 1983, les assurances de groupe bénéficiaient d'une exonération, figurant à l'article 998 du Code général des impôts ainsi rédigé :

« Sont exonérées de la taxe spéciale :

Les assurances de groupe souscrites par une entreprise ou un groupe d'entreprises au profit de leurs salariés ou par un regroupement professionnel représentatif d'entreprises au profit des salariés de celle-ci ou par une organisation représentative d'une profession non salariée ou d'agents des collectivités publiques au profit de ses membres ou dans le cadre de régimes collectifs de retraite organisés conformément aux dispositions des articles R. 140-1 et R. 441 du Code des assurances et gérés paritairement par les assurés et les assureurs et dont 80 % au moins de la prime ou de la cotisation globale sont affectés à des garanties liées à la durée de la vie humaine, à l'invalidité, à l'incapacité de travail ou au décès par accident, à l'exclusion des remboursements des frais médicaux, chirurgicaux, pharmaceutiques ou dentaires. Dans le cas des assurances souscrites par une entreprise ou pour son compte, l'exonération n'est applicable qu'aux assurances constituant un moyen de satisfaire à une disposition prévue par une convention collective ou un accord d'entreprise ou résultant du contrat de travail de l'ensemble ou d'un nombre significatif de salariés de l'entreprise. »

SECTION II

RÉGIME FISCAL ET SOCIAL DES COTISATIONS

Fiscal

Pour la détermination du revenu net, il y a lieu de déduire du revenu brut les retenues faites par l'employeur au titre de la cotisation salariale en vue de la constitution de pensions ou de retraite (CGI, art. 83-1°).

Selon l'article 83-2° du Code général des impôts, les cotisations ou primes versées aux organismes de retraite et de prévoyance complémentaires auxquels les salariés sont affiliés à titre obligatoire sont déductibles du salaire imposable.

Afin de pouvoir bénéficier des dispositions de l'article 83 du Code général des impôts, les contrats doivent répondre aux conditions suivantes :

- le régime doit être rendu obligatoire par la loi, une convention collective ou un accord d'entreprise, etc., à l'ensemble des salariés d'une catégorie bien définie du personnel,
- les primes et garanties doivent être fixées à un taux uniforme pour chacune des catégories,
- elles doivent être payées pour tout ou partie par l'employeur,
- le contrat doit revêtir la forme d'un contrat d'assurance de groupe.

Mais la déduction de ces cotisations est limitée.

Lorsque le total des versements du salarié et de l'employeur tant aux caisses de Sécurité sociale au titre de l'assurance vieillesse qu'aux organismes de retraite et de prévoyance complémentaires excède 19 % d'une somme égale à huit fois le plafond annuel moyen retenu pour le calcul des cotisations de Sécurité sociale ou lorsqu'à l'intérieur de cette limite, les versements aux seuls organismes de prévoyance dépassent 3 % de la même somme, l'excédent est ajouté à la rémunération.

Au titre de 1996, le plafond annuel de la Sécurité sociale étant de 161 220 F, le plafond de déduction des cotisations de retraite et de prévoyance est égal à 245 054 F.

La seule part « prévoyance » ne doit pas excéder 38 693 F par salarié au titre des revenus de 1995.

En cas de dépassement d'une des deux limites (19 % - 3 %), la part salariale des cotisations excédentaires n'est pas déductible du salaire imposable et la part patronale doit être ajoutée au salaire imposable à l'impôt sur le revenu dû par le salarié.

Social

Qu'ils soient obligatoires ou facultatifs, les régimes comportant une contribution patronale destinée au financement des prestations complémentaires de prévoyance, bénéficient des dispositions de l'article D. 242-1 du Code de la Sécurité sociale.

Ainsi la part patronale versée à ce titre est-elle exclue de l'assiette des cotisations de la Sécurité sociale lorsqu'elle n'excède pas 19 % du plafond de la Sécurité sociale et que, cumulée aux contributions patronales de retraites complémentaires, elle n'excède pas 85 % du plafond de la Sécurité sociale.

L'excédent d'une des deux limites ou le plus fort excédent en cas de dépassement des deux limites est alors ajouté à la rémunération brute du salarié.

SECTION III

RÉGIME FISCAL ET SOCIAL DES PRESTATIONS

Nous avons vu que le traitement fiscal des cotisations d'assurance groupe est différent selon que l'adhésion au contrat est obligatoire ou facultative.

Les contrats facultatifs doivent en principe être considérés comme des contrats individuels et suivre des règles identiques. Il en résulte que les prestations perçues à ce titre sont exclues du champ d'application de l'impôt sur le revenu. C'est la contrepartie de l'interdiction des primes de ce type de contrat du revenu professionnel imposable.

Aussi, puisque l'aspect fiscal de ces derniers contrats a été traité par ailleurs, limiterons-nous notre propos aux *assurances collectives à adhésion obligatoire.*

Pour déterminer le traitement fiscal des prestations, il est essentiel de connaître celui des cotisations. Le principe qui semble ressortir est de considérer imposables les prestations répétitives, dès lors que les cotisations correspondantes n'ont pas été incluses dans le revenu imposable de l'assuré, il en résulte que :

Les *indemnités journalières* versées par les assureurs en complément de celles servies par la Sécurité sociale ont le caractère de salaires et sont donc imposables à l'impôt sur le revenu des personnes physiques.

Les *rentes temporaires d'incapacité* ou d'invalidité ont le caractère de pensions et sont imposables comme telles. En revanche, les rentes temporaires et les allocations en capital versées dans le cadre d'un régime facultatif échappent à l'impôt.

La *rente éducation,* servie en application d'un régime de prévoyance obligatoire, a le caractère d'une pension imposable.

Les *retraites* des régimes obligatoires sont imposées comme un revenu d'activité, alors que les retraites complémentaires facultatives versées par les sociétés d'assurance sont soumises à l'impôt sur le revenu selon les règles des rentes constituées à titre onéreux.

Les pensions de retraite sont imposables à l'impôt sur le revenu dans la catégorie des « traitements, salaires, pensions et rentes viagères ». Elles donnent lieu à un abattement de 10 %. Elles font l'objet au surplus d'un abattement de 20 %.

Les *capitaux* en cas de décès et en cas de vie. On sait que les capitaux versés à un bénéficiaire désigné sont exonérés de droits de mutation et ne sont pas considérés comme des revenus. Il ne sont donc pas assujettis à l'impôt sur le revenu.

5

La contribution sociale généralisée

Il est instauré une contribution sociale au taux de 1,10 % passé à 2,40 % au 1er juillet 1993 dont sont redevables les personnes physiques domiciliées en France. L'institution de la CSG, fixée par la loi n° 91-73 du 18 janvier 1991, a pour objet de diversifier les sources de financement de la Sécurité sociale.

SECTION I

CHAMP D'APPLICATION

La CSG est due :
- sur les revenus d'activité et de remplacement perçus à compter du 1er février 1991,
- sur les revenus du patrimoine perçus en 1990 ;
- sur les produits de placement soumis à prélèvement libératoire à compter du 1er janvier 1991.

Les *revenus d'activité et de remplacement* comprennent les rémunérations des salariés et assimilés, les revenus tels que les pensions de retraite, allocations chômage, rente d'invalidité, indemnités journalières ainsi que les revenus des professions non salariées, non agricoles et agricoles.

La contribution est assise sur le montant brut de ces bases avec toutefois une déduction forfaitaire de 5 % pour frais professionnels des revenus salariaux.

Les *revenus du patrimoine*. Parmi les revenus concernés figurent les revenus fonciers, les rentes viagères à titre onéreux, les revenus de capitaux mobiliers, les plus values résultant de cession de valeurs.

La contribution est assise sur le montant net de chacun des revenus.

Les *produits de placement soumis à prélèvement libératoire*. Les produits de placement à revenu fixe sur lesquels sont opérés des prélèvements libératoires sont soumis à la CSG.

SECTION II

INCIDENCES CONCERNANT LES COTISATIONS ET LES PRESTATIONS D'ASSURANCES ET DE SÉCURITÉ SOCIALE

Les assurances

Les cotisations versées dans le cadre de l'article 82 du CGI entrent dans l'assiette de la CSG après application de l'abattement de 5 %.

Les allocations journalières complémentaires à la Sécurité sociale servies par un assureur consécutivement à une maladie, un accident, une maternité entreront dans l'assiette de la CSG à hauteur de la part patronale de financement du régime tant que le contrat de travail est maintenu (CSS, art. L. 242-1 et circulaires Acoss des 30 mars 1972 et 20 août 1973) mais après application de l'abattement forfaitaire de 5 %.

La CSG, tout comme les cotisations de Sécurité sociale, devra être précomptée par l'employeur.

Les allocations journalières complémentaires à la Sécurité sociale versées après rupture du contrat de travail et les pensions d'invalidité (y compris les majorations pour enfants mais à l'exception de la majoration pour tierce personne) sont assujetties pour leur montant intégral à la CSG qui sera précomptée par l'organisme débiteur.

Les arrérages de pensions de retraite issues de contrats collectifs à adhésion obligatoire financés totalement ou partiellement par l'employeur qui sont assujetties à cotisations de Sécurité sociale au titre de l'assurance maladie au taux de 3,60 % (CSS, art. L. 242-2 et D. 242-8) seront également soumis à la CSG.

Le montant des arrérages des rentes viagères perçus en 1990, soumis à l'impôt sur le revenu issus de contrats collectifs d'assurance vie à adhésion facultative ou de contrats d'assurance individuels.

Le montant des produits perçus en 1990 assujettis à l'impôt sur le revenu qui a été soumis à prélèvement libératoire (125 A et 125 OA du CGI) ou pas, c'est-à-dire les produits d'assurance dont le dénouement a eu lieu avant 6 ou 8 ans selon la date de souscription.

La Sécurité sociale

Depuis le 1er février 1991, date d'entrée en vigueur de la CSG sur les revenus d'activité et de remplacement, les cotisations d'assurance vieillesse et d'allocations familiales de la Sécurité sociale sont modifiées pour le régime des salariés et des non-salariés de la façon suivante :

■ Assurance vieillesse

Il est instauré une cotisation d'assurance vieillesse déplafonnée à la charge exclusive de l'employeur, dont le taux est de 1,6 %.

La cotisation salariale d'assurance vieilllesse est en revanche réduite à 6,55 % (au lieu de 7,6 %).

■ Allocations familiales

Le taux de la cotisation d'allocations familiales est réduit à 5,4 % (au lieu de 7 %).

À noter que les indemnités journalières de maladie servies par la Sécurité sociale ainsi que les prestations servies au titre de l'assurance accident du travail sont exclues de la CSG.

Précisons enfin que cette contribution ne remet pas en cause le prélèvement social « exceptionnel » de 1 % prévu par la loi n° 87-516 du 10 juillet 1989. Cette mesure, successivement prorogée est reconduite.

6

Nouveaux prélèvements liés à la réforme de la Sécurité sociale

Deux nouveaux prélèvements sociaux sont institués en 1996 par voie d'ordonnances :

- à compter du 1er février 1996 : la contribution au remboursement de la dette sociale (RDS) au taux de 0,50 % ;
- à compter du 1er janvier 1996 : une taxe sur la contribution des employeurs au financement des prestations complémentaires de prévoyance, au taux de 6 %.

SECTION I

CONTRIBUTION AU REMBOURSEMENT DE LA DETTE SOCIALE (RDS)

Champ d'application

Le RDS est dû sur les revenus de toute nature même non imposables exceptés les minima sociaux.

L'assiette du RDS est plus large que celle de la CSG. Nous demandons donc au lecteur de se reporter au titre CSG que nous complétons ci-après.

Revenus soumis au RDS

Tous les revenus déjà soumis à la CSG sont également soumis au RDS.

Toutefois l'assiette est élargie à toutes les sommes suivantes.

■ Pour les revenus d'activité et de remplacement

- les contributions patronales aux régimes de prévoyance et de retraite supplémentaires à l'exclusion de celles versées aux caisses de retraites complémentaires ;
- les indemnités de licenciement ou de mise à la retraite excédant le montant légal ;
- les allocations contributives de chômage, de retraite ou d'invalidité exonérés d'impôt ;
- les indemnités journalières de maladie, de maternité et d'accident du travail ainsi que les allocations de logement ;
- les allocations parentales :
- les allocations et prestations familiales en 1997.

Demeurent exonérées les rentes d'accidents du travail ainsi que certaines prestations familiales et de minima sociaux (RMI, chômeurs en fin de droit...).

■ Revenus du patrimoine

Sont retenus tous les revenus du patrimoine au 1er franc, y compris pour les contribuables non imposables.

■ Produits de placement

S'agissant des produits de placement, outre ceux déjà soumis à la CSG, l'ordonnance assujettit au RDS les revenus de l'épargne exonérés d'impôt sur le revenu à l'exception des livrets A ou assimilés (sont donc concernés entre autres, l'assurance vie, PEL, PEA, PEP...).

■ Autres applications

Le RDS est également applicable à toutes cessions de métaux précieux, de bijoux et d'objet d'art.

Il en est de même pour la part redistribuée aux gagnants des sommes engagés sur les jeux (casino, paris hippiques, loto, etc.).

Montant du prélèvement

Le RDS dont le taux est fixé à 0,50 % s'applique sur la base de 95 % des rémunérations brutes.

S'agissant des droits constitués au titre de la participation ou des sommes et valeurs portées sur un plan d'épargne d'entreprise, le revenu soumis au RDS est constitué par la différence entre le montant de ceux résultants de la répartition de la réserve spéciale de participation ou celles versées dans le plan.

SECTION II

TAXE SUR LES COTISATIONS DES EMPLOYEURS AU FINANCEMENT DES PRESTATIONS COMPLÉMENTAIRES DE PRÉVOYANCE

Il est institué à la charge des employeurs et au profit du fond de solidarité vieillesse une taxe de 6 % sur les contributions des employeurs et des organismes de représentation collective du personnel versées au bénéfice des salariés pour le financement de prestations complémentaires de prévoyance.

Le dispositif concerne les prestations venant en complément de celles qui sont servies pour la Sécurité sociale au titre des assurances maladie (prestations en nature et en espèces), maternité, invalidité, décès et accident du travail.

Cette taxe est recouvrée et contrôlée par l'Urssaf. Elle devrait constituer une charge déductible des résultats de l'entreprise.

LIVRE III

LE DROIT DE L'ASSURANCE VIE/CAPITALISATION

Le particulier

L'entreprise

La législation de l'assurance vie/capitalisation

Guy Courtieu

1

Le particulier

L'assurance vie et le Code civil

Le lecteur trouvera ci-après quelques pages concernant les questions matrimoniales et successorales, questions toujours mal connues du public et qui risquent souvent d'embarrasser le producteur non averti. Celui-ci ne doit jamais oublier qu'il sera souvent un guide pour les assurés à qui il aura su inspirer confiance. Il devra donc posséder ces notions parfaitement. Il trouvera d'ailleurs des conseils judicieux auprès des services juridiques de sa société chaque fois qu'il aura un cas particulièrement épineux à résoudre.

Nous évoquons également ci-dessous certains cas où l'assurance sur la vie se révèle d'une particulière efficacité.

Le législateur a organisé les rapports des individus entre eux en vue du bien public. Il n'a pu considérer que les situations les plus fréquentes et n'a pu, fatalement, se pencher sur les situations particulières. Il peut en résulter des inégalités, même des iniquités, notamment en matière matrimoniale et en matière successorale.

Afin de corriger ces inégalités, le législateur a laissé aux intéressés une certaine liberté d'action, en leur permettant de prendre des mesures de nature à apporter quelque tempérament à la rigidité de la loi. Parmi ces mesures, la seule qui s'est révélée efficace est l'assurance sur la vie, application originale de la stipulation pour autrui.

Pour juger pleinement de l'efficacité de celle-ci, il importe de posséder quelques notions sur les régimes matrimoniaux et les successions.

SECTION I

LES RÉGIMES MATRIMONIAUX

La loi laisse aux parties le droit d'adopter le régime matrimonial qui leur plaît, parmi ceux dont elle a tracé le cadre et décrit les effets.

Ces divers régimes ne constituent pas autant de systèmes rigides ou intangibles qu'il faille adopter ou rejeter en bloc. Les futurs époux ont, au contraire, le droit de les combiner entre eux, et même de les modifier à la condition que ces combinaisons et modifications ne soient pas contraires à l'ordre public et aux bonnes mœurs et ne portent pas atteinte à l'autorité parentale.

Les régimes matrimoniaux sont de deux sortes : le régime de droit commun ou régime légal, et les régimes conventionnels.

Depuis la promulgation de la loi du 13 juillet 1965 portant réforme des régimes matrimoniaux, on se trouve maintenant en présence de deux catégories de personnes : celles qui se sont mariées antérieurement au 1er février 1966, date d'entrée en vigueur de ladite loi, et celles dont le mariage est postérieur.

Le régime matrimonial légal

Le régime matrimonial légal est le régime auquel se trouvent soumises les personnes qui se marient sans avoir fait précéder leur union d'un contrat de mariage, ou dont le contrat serait déclaré nul, ou bien encore qui ont déclaré par contrat vouloir se soumettre à ce régime.

■ Époux mariés avant le 1er février 1966

Ils continuent d'avoir pour régime matrimonial la communauté de meubles et d'acquêts, c'est-à-dire l'ancienne communauté légale de biens, telle qu'elle était régie par les dispositions antérieures du Code civil, avec toutefois les restrictions ci-après :

- les époux reprennent la jouissance de leurs propres et supportent les charges usufructuaires correspondantes, ainsi que les intérêts de leurs dettes personnelles ;
- ils sont soumis au droit nouveau en ce qui concerne l'administration des biens communs et leurs biens propres.

Néanmoins, les époux qui auraient souscrit avant le 1er août la déclaration prévue par l'article 16 de la loi du 13 juillet 1965, précisant vouloir se placer sous le nouveau régime matrimonial légal, se trouveraient soumis aux règles de celui-ci.

Biens communs

La communauté n'ayant plus, contrairement à ce qui se passait dans le régime antérieur, l'usufruit des biens propres des époux, son actif se compose donc :

– de tous les biens meubles possédés par les époux au jour de leur mariage, ainsi que de tous ceux qui pourront leur advenir par la suite, par successions, donations ou testaments, à l'exception toutefois de ceux qui leur seraient donnés ou légués avec stipulation qu'ils ne tomberaient pas dans la communauté. Par biens meubles, il faut entendre tout ce qui est considéré comme tel par la loi, c'est-à-dire non seulement les objets mobiliers, bijoux, vêtements, mais également les créances, valeurs mobilières, espèces, comptes en banque, livrets de caisse d'épargne, fonds de commerce, rentes perpétuelles ou viagères ;

– des biens de toute nature, meubles ou immeubles, acquis à titre onéreux par les époux ou l'un d'eux, pendant le mariage, y compris les biens acquis par la femme avec le produit de son travail ou de son industrie.

Biens propres

Sous ce régime, les époux ne conservent comme biens propres que :

– leurs biens immeubles, soit qu'ils les aient possédés au jour de leur mariage, soit qu'ils les aient recueillis par la suite, par successions, donations ou testaments, ainsi que ceux qui seraient acquis au cours du mariage, en remploi du prix de l'aliénation d'un bien propre à l'un d'eux ;

– les biens meubles qui leur seraient donnés ou légués avec stipulation qu'ils ne tomberont pas en communauté ;

– les biens propres par leur nature, c'est-à-dire ayant un caractère personnel accentué (vêtements et linge par exemple) ;

– le bénéfice de l'assurance vie (C. assur., art. L. 136-16).

■ Époux mariés depuis le 1er février 1966

Ils se trouvent soumis aux règles édictées par la loi du 13 juillet 1965, qui a institué la communauté réduite aux acquêts comme régime légal.

Acquêts

L'actif de la communauté se compose :

– de tous les biens meubles et immeubles acquis par les époux, ensemble ou séparément, pendant le mariage, avec des fonds provenant tant de leur industrie personnelle que des économies faites sur les revenus de leurs biens propres ;

– des économies faites sur les fruits et revenus de leurs biens propres.

Biens propres

Sous ce régime, chaque époux conserve la propriété de tous ses biens propres, que ceux-ci soient meubles ou immeubles, qui lui appartenaient au jour du mariage ou qui lui sont advenus par la suite par successions, donations – même avec charges si elles émanent d'un ascendant – ou legs, à l'exception toutefois de ceux donnés ou légués avec stipulation qu'ils tomberont dans la communauté.

Constituent également des biens propres :

- le bénéfice de l'assurance vie (C. assur., art. L. 136-16) ;
- les biens acquis à titre d'accessoire à un bien propre, sauf récompense à la communauté le cas échéant, notamment en cas d'investissement dans un fonds propre des bénéfices provenant de son exploitation, ainsi que les accroissements des valeurs mobilières propres, ce qui signifie non seulement les plus-values enregistrées sur des valeurs propres mais encore les actions distribuées gratuitement et les droits de souscription afférents à des actions propres, les actions souscrites à la fois avec des droits propres et des deniers communs étant propres à charge de récompense à la communauté ;
- les créances et indemnités qui remplacent des propres ;
- les biens acquis en emploi ou en remploi du prix d'une aliénation de biens propres, à la condition que l'emploi ou le remploi soit constaté dans l'acte d'acquisition ;
- ceux acquis en échange d'un propre. S'il y a soulte à la charge de l'époux, il devra être tenu compte à la communauté de la somme qu'elle aura payée, mais si la soulte est supérieure à la valeur du bien cédé, le bien acquis en échange ne constituera pas un bien propre mais tombera dans la communauté ; à ce moment-là, il est dû récompense à l'époux ;
- les biens acquis par un époux qui en était propriétaire indivisément avec d'autres personnes ; dans ce cas, il est dû à la communauté récompense de la somme qu'elle a pu fournir pour le compte de cet époux (prix et frais) ;
- les biens propres par leur nature, biens affectés à la personne de l'un des époux ou exigeant de leur titulaire certaines qualités personnelles (parts d'intérêts par exemple, leur valeur pécuniaire tombant toutefois en communauté s'il s'agit d'acquêts).

Administration de la communauté

Les règles traditionnelles en matière d'administration de la communauté ont été très profondément modifiées par la loi du 13 juillet 1965 et celle du 23 décembre 1985.

Chacun des époux a le pouvoir d'administrer seul les biens communs et d'en disposer (C. civ., art. 1421). Mais ils ne peuvent l'un sans l'autre :

- aliéner ou grever de droits réels (hypothèque par exemple) les immeubles, les fonds de commerce et autres exploitations, les droits sociaux non négociables, les meubles corporels dont l'aliénation est soumise à la publicité (navires par exemple), dépendant de la communauté. Ils ne peuvent, non plus, sans l'accord de leur conjoint, percevoir les capitaux provenant de telles opérations ;
- donner à bail un fonds rural ou un immeuble à usage commercial. Quant aux autres baux, ils peuvent être passés par un seul conjoint, leur effet est limité dans le temps selon les règles prévues par les baux consentis par l'usufruitier ;
- disposer entre vifs, à titre gratuit, même pour l'établissement des enfants communs, des biens de la communauté ;
- procéder au partage des biens devant tomber dans la communauté ;
- faire un legs excédant leur part dans la communauté.

Si l'un des époux se trouve hors d'état de manifester sa volonté d'une manière durable, si sa gestion fait ressortir son inaptitude, ou encore s'il y a fraude, l'autre époux peut demander à lui être substitué.

Dans le cas où l'un des époux a outrepassé ses pouvoirs, l'autre époux peut demander l'annulation du ou des actes ainsi passés.

Dettes communes

La femme ne pouvant plus maintenant renoncer à la communauté, les biens acquis par elle avec le produit de son travail constituent un actif commun ; elle ne peut en aucun cas en faire la reprise ; de ce fait, s'il existe des créanciers communs, ces biens entrent dans leur gage.

La femme commune en biens, mariée antérieurement au 1er février 1966, qui n'a pas opté pour le nouveau régime, peut toujours renoncer à la communauté.

En outre, chacun des époux a désormais la faculté, s'il fait inventaire, d'évoquer le bénéfice d'émolument selon lequel il n'est pas tenu des dettes de la communauté nées du chef de l'autre époux au-delà de l'actif qu'il recueille.

Les régimes conventionnels

Ce sont ceux dont l'adoption ne peut résulter que d'un contrat de mariage. Ici encore, il importe de distinguer la situation des conjoints selon qu'ils se sont mariés avant ou après le 1er février 1966.

■ Époux mariés avant le 1er février 1966

Les règles du régime qu'ils ont adopté continuent à les régir. Ces régimes sont :

La communauté de biens réduite aux acquêts

Ici l'actif ne comprend que les biens de toute nature, meubles ou immeubles, acquis à titre onéreux au cours du mariage par les époux ou l'un d'eux (à l'exception de ceux acquis à titre de remploi du produit de l'aliénation d'un bien propre). Les époux conservent à titre de bien propre, non seulement leurs immeubles, mais aussi tous leurs biens meubles, soit qu'il les aient possédés avant le mariage, soit qu'ils les aient recueillis depuis par successions, donations ou legs ; il en sera de même de tout bien acquis en remploi du produit de l'aliénation d'un bien propre.

Lorsqu'un époux revendique la propriété d'un bien meuble, il devra apporter la preuve que ce bien lui est propre. Cette preuve sera différente selon l'origine du bien.

S'il s'agit de biens apportés en mariage, il est nécessaire d'apporter la preuve de la composition des biens et de leur apport en mariage, mais aussi de prouver que ceux qui se retrouvent dans le patrimoine sont bien ceux qui ont été apportés. Ces preuves seront faciles à fournir si dans le contrat de mariage on a eu soin d'énoncer en détail l'apport de chaque époux, avec tous les renseignements de nature à faciliter par la suite leur identification.

En ce qui concerne les biens recueillis au cours du mariage, par successions, donations ou legs, en plus des preuves exigées pour les biens apportés en mariage, l'époux doit fournir la preuve que les biens revendiqués proviennent d'une donation ou d'une succession dans laquelle il était héritier ou légataire. Les preuves sont différentes selon qu'il s'agira du mari ou de la femme.

Ces preuves seront faciles à produire lorsque l'époux a été gratifié par donations entre vifs ou aura été en concours avec d'autres héritiers dans un acte de partage successoral. Il suffira de se reporter à l'attribution qui lui aura été faite et où l'on pourra puiser tous les renseignements et précisions nécessaires.

Il n'en sera pas de même lorsqu'il s'agira d'une succession dans laquelle l'époux était seul héritier. S'il s'agit de la femme, elle pourra justifier de son droit de propriété sur les biens meubles par elle revendiqués, soit par inventaire – dressé par un notaire –, soit par titre, soit par témoins, soit même par commune renommée. En ce qui concerne le mari, la loi ne lui accorde que le seul moyen de preuve par écrit.

La séparation de biens

Sous ce régime, chacun des époux conserve la propriété, l'administration et la disposition de tous ses biens, présents et à venir. Le patrimoine de chacun des époux est bien distinct, il existe une totale démarcation d'intérêts.

Mais la vie en commun va entraîner une inévitable confusion. Pour éviter que cette confusion de certains biens meubles tels que mobilier, valeurs de Bourse au porteur ne crée de difficultés quant à la détermination de leur propriétaire au moment de la dissolution du mariage, les contrats de mariage contiennent habituellement une clause appelée « présomption de propriété », dont le but est de déterminer, par avance et par présomption, le propriétaire de ces biens lorsqu'aucune preuve de la propriété ne pourra être apportée.

Il peut notamment être stipulé que les objets mobiliers se trouvant dans les lieux habités en commun seront présumés appartenir à la femme.

L'adoption du régime de la séparation de biens, s'il semble devoir être conseillé pour les industriels et les commerçants (car en cas de revers du mari, il met le patrimoine de la femme à l'abri des poursuites des créanciers de celui-ci) peut parfois être une gêne pour le mari, car les tiers hésiteront à lui accorder du crédit, pouvant craindre qu'à la faveur de ce régime, une partie du patrimoine du mari ne passe, par le jeu des présomptions de propriété contenues dans le contrat de mariage, dans le patrimoine de la femme au cas où les affaires du mari viendraient à péricliter.

À côté de la séparation de biens par contrat, existe la séparation de biens judiciaire : elle ne peut résulter que d'une décision de justice.

Le régime de la séparation de biens pourrait être conseillé dans les cas suivants :

- lorsqu'il s'agit d'un remariage et que les époux ou l'un d'eux ont des enfants d'une précédente union ;
- lorsque l'activité professionnelle du conjoint peut exiger qu'il conserve une certaine autonomie juridique, financière et fiscale ;
- lorsque les deux époux ont chacun une situation dont les avantages sont sensiblement équivalents ;
- lorsque l'inexpérience de l'un peut faire craindre à l'autre que celui-ci ne gère mal son patrimoine ;
- lorsque les deux époux exercent chacun un commerce séparé et différent.

La communauté universelle

Sous ce régime, tous les biens des époux, présents et à venir, meubles et immeubles, tombent en communauté.

Les époux ne peuvent donc pas avoir de biens propres.

Le régime sans communauté

Ici, chaque époux conserve la propriété de tous les biens lui appartenant au jour du mariage, ainsi que ceux qu'il pourra acquérir par la suite. Le mari a l'administration et la jouissance des biens de la femme, à charge pour lui de subvenir à l'entretien du ménage.

Remarque

Les époux mariés sous le régime dotal ou sous le régime sans communauté pouvaient, par une déclaration faite devant notaire avant le 1er février 1968, se placer sous le régime de la communauté légale ou sous celui de la séparation de biens.

■ Époux mariés depuis le 1er février 1966

Les nouveaux régimes mis depuis le 1er février 1966 à la disposition des personnes qui se marient sont les suivantes :

La communauté conventionnelle

Les règles de la communauté légale, exposées plus haut, restent valables sur tous les points que les époux ne jugent pas à propos de modifier par leur contrat.

Ils peuvent notamment convenir :

- que la communauté comprendra les meubles et les acquêts, ce qui équivaudra en quelque sorte à l'ancienne communauté légale ;
- qu'il sera dérogé aux règles concernant son administration : par exemple clause de main commune instaurant la cogestion ;
- qu'il sera dérogé aux règles concernant la gestion des biens propres : par exemple l'administration des propres de la femme est confiée au mari (clause d'unité d'administration) ;
- que l'époux survivant aura la faculté de prélever certains biens moyennant indemnité, notamment un fonds de commerce exploité par des époux, à charge pour lui de tenir compte, aux héritiers du prédécédé, de la valeur de ce fonds, fixée par expert ; cette faculté peut s'appliquer tant à un fonds de commerce dépendant de la communauté qu'à un fonds de commerce appartenant en propre à l'époux prédécédé ;
- que l'époux survivant aura droit à un préciput, qui est un droit pour celui-ci de prélever sur la communauté, et avant tout partage, une somme déterminée sans avoir à en tenir compte aux héritiers. La somme ainsi prélevée échappe aux droits de mutation par décès ;
- que dans la communauté, les époux auront des parts inégales ou que le survivant recevra toute la communauté en cas de dissolution par décès ;
- qu'il y aura entre eux une communauté universelle.

La séparation de biens

La seule modification apportée au régime de la séparation de biens est contenue dans l'article 1538 nouveau du Code civil qui dispose que, tant à l'égard de son conjoint qu'à l'égard des tiers, un époux pourra prouver par tous les moyens qu'il a la propriété exclusive d'un bien et que les présomptions de propriété énoncées au contrat de mariage auront effet aussi bien dans les rapports entre époux qu'à l'égard des tiers, mais que contre ces présomptions, la preuve contraire est de droit.

Il s'agit là de la clause contenue dans les contrats de mariage de séparation de biens, appelée « présomption de propriété ». Ces présomptions n'étaient, en principe, valables qu'entre les époux ; elles n'étaient pas opposables aux tiers ; maintenant elles le sont, sauf preuve contraire bien entendu.

Le régime de participation aux acquêts

Pendant la durée du mariage, ce régime fonctionne comme si les époux étaient mariés sous le régime de la séparation de biens.

À la dissolution du mariage, chacun des époux a le droit de participer pour moitié en valeur aux acquêts nets constatés dans le patrimoine de l'autre et mesurés par la double estimation du patrimoine originaire et du patrimoine final.

Le patrimoine originaire comprend les biens qui appartenaient audit époux au jour du mariage et ceux qui lui sont advenus par succession, donation ou legs et dont la consistance devra être prouvée par un état descriptif qui pourra être sous seing privé, et pour leur valeur au jour où le régime matrimonial est dissous.

De l'actif originaire, on déduit les dettes dont il se trouvait grevé.

Le patrimoine final comprend tous les biens appartenant à l'époux au jour où le régime matrimonial a été dissous, auquel il faut ajouter ceux dont il aurait disposé par donations entre vifs sans le consentement de son conjoint et dont la consistance est prouvée par un état descriptif qui pourra être sous seing privé, et les sommes dont il pourrait être créancier à l'égard de son conjoint, les dettes, y compris celles à l'égard du conjoint, venant en déduction de l'actif final.

Les biens existants seront estimés d'après leur état et leur valeur au jour de la dissolution du régime matrimonial ; quant à ceux qui auraient été donnés, ils devront être estimés d'après leur état au jour où ils auront été donnés, et la valeur qu'ils auraient eue s'ils avaient été conservés au jour de ladite dissolution.

Si le patrimoine final d'un époux est inférieur à son patrimoine originaire, il n'y a pas d'acquêts ; si, au contraire, il lui est supérieur, l'accroissement représente les acquêts nets et donne lieu à participation de l'autre époux.

Clause d'administration commune

Les époux peuvent convenir qu'ils administreront conjointement la communauté. Dans ce cas, les actes d'administration et de disposition des biens communs sont faits sous la signature conjointe des deux époux et ils emportent de plein droit solidarité des obligations. Mais les actes conservatoires peuvent être faits séparément par chaque époux.

Régimes supprimés

Le régime dotal et le régime sans communauté ayant été supprimés par la loi du 13 juillet 1965, ils ne peuvent plus être adoptés.

Modification du régime matrimonial

L'immutabilité des conventions matrimoniales ayant été assouplie, les époux mariés avec ou sans contrat peuvent, après deux années d'application du régime matrimonial sous lequel ils sont mariés, convenir soit d'apporter des modifications à ce régime en changeant seulement certaines clauses, ou simplement de modifier certaines clauses particulières de leur contrat de mariage, soit de changer complètement de régime.

Si la modification ne porte que sur certaines clauses, celle-ci ne peut altérer les dispositions essentielles du régime sous lequel ils sont mariés.

S'il y a changement complet de régime, celui-ci a pour effet de les soumettre alors entièrement au nouveau régime adopté, tel qu'il est défini par la loi.

Le changement ou la modification n'est possible que s'il est fait dans l'intérêt de la famille, et pas seulement dans l'intérêt des époux ; il n'est admis que lorsque le régime choisi à l'origine ne répond plus aux besoins du ménage à raison, par exemple, d'une modification des fortunes respectives des époux, ou encore d'un changement de profession. Il faut en outre que ce changement ou cette modification ne soit pas de nature à porter préjudice aux tiers.

Les époux doivent demander au tribunal de grande instance d'homologuer ce changement ou cette modification ; cette homologation ne constitue pas une simple formalité car, pour rendre son jugement, le juge peut exiger toutes justifications sur les motifs invoqués afin de pouvoir les apprécier. Le tribunal doit en outre rechercher si les époux n'ont pas en réalité poursuivi un but frauduleux en cherchant notamment à léser les intérêts légitimes d'un héritier réservataire ou d'un créancier.

Si l'homologation est refusée, les époux restent soumis à leur ancien régime, et les modifications demandées ne peuvent être apportées aux clauses contenues dans le contrat de mariage.

Les époux qui, étant divorcés, se remarient, ne sont plus obligés comme autrefois, d'adopter le même régime que celui qui les régissait antérieurement. Ainsi des époux qui, avant le divorce étaient mariés sous le régime de la communauté réduite aux acquêts, peuvent, en se remariant adopter un autre régime.

Si, une fois mariés, les époux s'aperçoivent que le régime choisi s'adapte mal à leur situation et que le changement ou la modification leur soit refusée par le juge, ils n'auront guère de moyens légaux à leur disposition pour y porter remède, les moyens détournés risquant dans la majorité des cas d'être déclarés nuls.

On verra plus loin comment l'assurance vie constitue le seul correctif indiscutable à conseiller.

Régime matrimonial et assurance vie

La loi du 23 décembre 1985 a parachevé l'œuvre entreprise en 1965 en faisant de la femme l'égale de son mari, tout en préservant autant que possible leur indépendance réciproque. Aussi cette loi a-t-elle consacré l'égalité des conjoints et conforté leur indépendance ou leur liberté d'action, tout en réservant des domaines de cogestion.

■ Principe des régimes matrimoniaux

Les principes à retenir de cette réforme, qui paraît être l'aboutissement d'un long et lent mouvement législatif, peuvent être résumés comme suit :

- Certaines dispositions sont applicables à tous les époux quels que soient leur régime matrimonial et leur date de mariage. Il s'agit des articles 220, 222, 223 et 225 du Code civil.

Comme par le passé, chacun des époux peut passer seul les contrats ayant pour objet l'entretien du ménage ou l'éducation des enfants. Il oblige l'autre si une dette est contractée à cette occasion sauf en cas de dépense excessive ou inutile. Par contre, il faut le consentement des deux époux pour les achats à crédit et, ajoute la nouvelle loi, pour engager la communauté par des cautionnements et des emprunts, à moins qu'il ne s'agisse pour les emprunts de montants modestes nécessaires aux besoins de la vie courante (C. civ., art. 220).

Les articles 224 et 225 qui permettaient à chacun des époux de disposer librement de ses gains et salaires après s'être acquitté des charges du ménage ont été remplacés par un article 225 à la formule lapidaire : « *Chacun des époux administre, oblige et aliène ses biens personnels* ». Quant à l'article 223, il permet à chaque conjoint d'exercer une profession séparée et de disposer de ses gains et salaires après s'être acquitté des charges du ménage.

- La communauté légale qui est l'objet essentiel de la réforme de 1985 est, bien sûr, toujours la communauté réduite aux acquêts pour les mariages postérieurs au 31 janvier 1986. Ce n'est pas la composition de la communauté qui a été modifiée, mais sa gestion. Ainsi, ce n'est plus le mari seul qui gère la communauté. Les époux sont désormais placés sur le pied d'une stricte égalité, avec des pouvoirs identiques et parallèles sur les biens communs (C. civ., art. 1421).

Mais la loi établit un système de cogestion pour des actes importants ou dangereux, en exigeant le consentement des conjoints pour les donations entre vifs des biens de la communauté, l'aliénation des immeubles, fonds de commerce et exploitations, droits sociaux non négociables dépendant de la communauté, hypothèques, baux ruraux et commerciaux desdits biens.

Par ailleurs, en ce qui concerne le passif de la communauté légale, l'article 1413 tire les conséquences de la gestion concurrente des biens dépendant de la masse commune en précisant que : « *le paiement des dettes dont chaque époux est tenu pour quelque cause que ce soit, pendant la communauté, peut toujours être poursuivi sur les biens communs...* ». Ce principe connaît cependant deux exceptions importantes. D'une part, afin de limiter le gage des créanciers, la loi précise que « *les gains et salaires d'un époux ne peuvent être saisis par les créanciers de son conjoint que si l'obligation a été contractée pour l'entretien du ménage ou l'éducation des enfants conformément à l'article 220...* » (C. civ., art. 1414).

D'autre part, le pouvoir parallèle d'engager les biens communs ne joue pas pour des opérations de cautionnement ou d'emprunt, puisque l'article 1415 dispose que « *chacun des époux ne peut engager que ses biens propres et ses revenus, par un cautionnement ou un emprunt, à moins que ceux-ci n'aient été contractés avec le consentement exprès de l'autre conjoint qui, dans ce cas, n'engage pas ses biens propres* ».

- Reste enfin à savoir à quels ménages ces dispositions s'adressent. On retiendra essentiellement que les époux mariés sans contrat de mariage avant le 1er février 1966 (soit avant la prise d'effet de la loi du 13 juillet 1965) continuent à avoir le régime de communauté réduite aux acquêts qui reste réglé par les articles 1498 à 1501 du Code civil mais bénéficient des nouvelles règles de gestion figurant aux articles 220, 222, 223 et 225 du Code civil. Quant aux époux ayant fait un contrat avant le 1er juillet 1986, ils sont bien entendu régis par ses stipulations, mais les règles nouvelles insérées dans la loi par les articles visés ci-dessus s'imposent à eux, de même que les règles relatives à l'administration des biens communs et des biens propres.

■ Conséquences pour l'assurance vie

Il apparaît nécessaire, ces principes étant rappelés, de procéder à une confrontation entre le Code civil et le Code des assurances, qui est resté en dehors des réformes de 1965 et 1985.

Il va sans dire, et mieux en l'écrivant, que le contrat d'assurance en cas de décès souscrit par un époux à son profit sur la tête de l'autre ne pose aucun problème puisque, de toute façon, l'article L. 132-2 du Code des assurances exige le consentement de la personne sur laquelle repose le risque. Quant à l'origine des fonds avec lesquels l'époux contractant paie les primes, elle est sans intérêt puisque la présomption de l'article 222 du Code civil joue en faveur de l'assureur.

Bien entendu, les primes ne doivent pas être « manifestement exagérées » (C. assur., art. L 132-13) ce qui rejoint l'exclusion des dépenses « manifestement excessives » de l'article 220 du Code civil. D'où la prudence qu'il convient de marquer en présence de certaines affaires à prime unique.

Les articles 220 et 1421 du Code civil devraient également couvrir les primes raisonnables d'un contrat souscrit par un époux sur sa propre tête au profit de l'autre et, notamment, les adhésions normales à un contrat d'assurance de groupe.

Il paraît certain aussi que les contrats dits de rente éducation répondent aux exigences de ces textes.

Il en est de même des contrats de retraite supplémentaires normaux, uniquement destinés à assurer aux époux des ressources leur permettant de maintenir leur train de vie, avec réversion au profit du survivant.

Par ailleurs, les époux qui peuvent aujourd'hui (C. civ., art. 1832-1 modifié par l'article 50 de la loi du 23 décembre 1985) être ensemble associés d'une société, peuvent également utiliser chacun le contrat d'assurance vie pour prévoir le rachat des parts ou actions du conjoint décédé, le contrat de société contenant en même temps une clause à cet effet (Revue nationale de l'assurance vie, 1977, n° 58, p. 381 et 1982, n° 74, p. 663).

Les difficultés apparaissent avec les contrats en cas de vie, et donc les contrats mixtes, au sujet desquels on se heurte à l'imbroglio des règles du Code civil (art 220 à 225 d'une part et 1421 à 1423 d'autre part) et de celles du Code des assurances (art. L 132-1 et s.).

Deux affaires (Pelletier : 1983 ; Praslicka : 1992) permettent d'éclairer quelque peu la question... même si la jurisprudence de la Cour de cassation peut prêter à discussion. Les faits de **l'affaire Pelletier** (commentée par P. Chedeville dans l'Assurance française du 1er novembre 1986) sont les suivants.

Un époux marié sous le régime de la communauté réduite aux acquêts souscrit sur sa tête une assurance mixte, en cas de vie à son profit, en cas de décès au profit de sa femme. Un mois avant de décéder, il modifie cette désignation au profit des enfants de l'un de ses associés et demande que lui soit versée l'avance maximale prévue au contrat. Au décès du souscripteur, l'épouse s'oppose au paiement du capital et allègue la nullité du changement de bénéficiaire effectué sans son consentement par son mari.

Le tribunal de grande instance de Paris, puis la cour d'appel ont débouté la veuve de ses prétentions. Mais la première chambre civile de la Cour de cassation, dans un arrêt du 26 mai 1983 (Bulletin civil I, n° 195) qui a été l'objet de nombreuses critiques (Revue nationale de l'assurance vie 1983, 291 - commentaire de D. Martin au Dalloz 1983, 345), a fait droit à la demande de la veuve en avançant notamment que *« l'affectation par avance d'une quote-part des revenus professionnels du mari à la constitution d'un capital à son profit ou à celui de son épouse avait créé contre la compagnie d'assurances une créance de la communauté dont le mari ne pouvait disposer librement à titre gratuit».*

La cour de renvoi (Amiens, 10 décembre 1984, D. 1985, 520, M. Hervé Le Roy) donne une analyse brève et satisfaisante du contrat d'assurance mixte et du caractère alternatif des engagements de l'assureur, selon le schéma suivant :

- en vertu des articles L. 132-12 et L. 132-11 du Code des assurances, le bénéficiaire désigné d'une assurance vie mixte a un droit propre qui rétroagit au jour du contrat, le capital faisant partie de la succession de l'assuré à défaut de désignation d'un bénéficiaire ;
- en l'espèce, l'assuré ayant désigné un tiers comme bénéficiaire n'a donc jamais eu de créance à ce titre contre la compagnie d'assurances, non plus davantage son épouse, la révocation de sa désignation ayant produit effet rétroactivement ; ainsi, il n'y a pas de créance de communauté qui ait été cédée, la restriction de l'article 1422 du Code civil ne trouvant pas d'application en l'occurrence ;
- l'attribution à un tiers, à titre gratuit, du bénéfice d'une assurance en cas de décès est une libéralité ;
- certes l'assureur contracte envers l'assuré l'obligation de verser le capital promis en contrepartie du paiement des primes, mais l'assuré ne cède pas la créance ainsi acquise lorsqu'il désigne le bénéficiaire en cas de décès, peu important dès lors que cette créance soit ou non dans la communauté ;
- le consentement du conjoint n'est pas nécessaire, quel que soit le moment de la désignation, celle-ci étant un droit exclusif de l'assuré ;
- l'assuré n'ayant pas rétracté une demande d'avance sur capital, sa veuve a donc bien droit au paiement de cette somme entrée dans le patrimoine communautaire, le surplus du capital assuré revenant au bénéficiaire valablement désigné.

Dans son arrêt du 12 décembre 1986 (RGAT 1987, 254, note Aubert), l'Assemblée plénière de la Cour de cassation se rangeait à cette argumentation, consacrant ainsi l'autonomie de l'article L. 132-12 du Code des assurances. Ainsi était-il jugé qu'un mari commun en biens ayant souscrit un contrat d'assurance sur la vie, d'abord au profit de son épouse, puis au profit de deux autres bénéficiaires substitués à son épouse, et cette dernière ayant demandé que ce changement de bénéficiaires lui soit déclaré inopposable comme fait en violation des articles 224 et 1422 du Code civil, c'est à bon droit que la cour d'appel a retenu, en application de l'article L. 132-12 du Code des assurances que la créance sur la compagnie, créée en raison du décès du mari, a été acquise au seul profit des bénéficiaires désignés en dernier lieu, les articles 224 et 1422 précités ne s'appliquant pas à l'attribution du capital décès.

Dans **l'affaire Praslicka**, les faits se présentent ainsi : le contrat souscrit par le mari, et alimenté par des deniers communs, avait la nature d'une assurance mixte, et il avait produit effet, comme assurance en cas de vie au profit du souscripteur, après le divorce des époux.

Les juges du fond s'étaient opposés à la demande formulée par l'ex-épouse de récompense de la communauté, aux motifs que les primes payées par le mari n'étaient pas disproportionnées à son salaire et que le capital qu'il avait perçu n'était pas tombé dans la communauté.

Dans un arrêt du 31 mars 1992 (RGAT 1993, 136, note Aubert), la première chambre civile de la Cour de cassation prend le contre-pied, en considérant que la valeur d'un contrat d'assurance vie mixte du souscripteur, dont les primes ont été payées avec des fonds communs jusqu'à la dissolution de la communauté, fait partie de l'actif de celle-ci. Il en résulte qu'il doit en être tenu compte dans les opérations de partage de la communauté.

Statuant sur renvoi, la cour d'appel de Versailles (21 juin 1993, RGAT 1994, 202, obs. J. Maury) considère également que *« lorsqu'un époux commun en biens a souscrit sur sa propre tête une assurance en cas de vie, finançant les primes avec des fonds communs, cet époux n'a pas pu se constituer un bien propre au moyen de biens communs de sorte que la valeur du contrat acquise au jour de la dissolution de la communauté doit être prise en compte, comme tout autre acquêt de la communauté, dans les opérations de liquidation et partage. »*

En dépit de pertinentes critiques doctrinales de spécialistes du droit des assurances (J. Ripoll : Rev. Not. Ass. Vie 1992.40 - J. Bigot : « Clair-obscur sur l'assurance vie. De l'arrêt Pelletier à l'arrêt Praslicka », JCP 1993. I. 3718), nous nous rangeons volontiers aux arguments tirés du droit commun des régimes matrimoniaux (sur la controverse, voir : M. Grimaldi, « Réflexions sur l'assurance vie et le droit patrimonial de la famille », Defrénois 1994, art. 35841, p. 737 – G. Courtieu « Réflexions inconvenantes sur le droit et la valeur de rachat », Resp. civ. et ass., 1995, chron. 27).

SECTION II

LES SUCCESSIONS

Les régimes successoraux

La loi du 3 janvier 1972 en proclamant l'égalité entre tous les enfants, qu'ils soient légitimes ou naturels sans distinguer, en principe, entre enfants naturels simples, adultérins ou incestueux, a modifié la structure du groupe familial. Le principe d'égalité a conduit le législateur à reconnaître à tous les enfants les mêmes droits successoraux, la même réserve héréditaire et à supprimer les règles discriminatoires existant à l'encontre des enfants naturels en matière de libéralité. Toutefois, l'enfant adultérin subit une restriction de ses droits s'il est en concours avec le conjoint bafoué ou avec les enfants légitimes issus du mariage auquel l'adultère a porté atteinte.

La loi est applicable depuis le 1er août 1972 aux enfants nés avant son entrée en vigueur, sans néanmoins qu'elle puisse remettre en cause les successions ouvertes avant cette dernière date, ni préjudicier aux actes légalement faits sous l'empire de la législation antérieure.

Actuellement, le nouveau système successoral résultant de la loi du 3 janvier 1972 est le suivant.

■ Catégories de successions

On distingue deux catégories de successions : celles qui sont dévolues en dehors de la volonté du défunt (successions *ab intestat*) et celles qui, au contraire, sont réglées par sa volonté exprimée dans un testament (successions testamentaires).

Parmi les personnes appelées à une succession *ab intestat*, on distingue :

- *les héritiers au sens strict.* Les descendants, les ascendants, le conjoint survivant, les collatéraux jusqu'au sixième degré inclusivement. Depuis la loi du 3 janvier 1972, il n'y a plus lieu, en principe et sous réserve des exceptions que l'on verra plus bas, de distinguer selon le caractère légitime ou naturel d'un lien de filiation ou de parenté.

Tous les héritiers ont la saisine, c'est-à-dire qu'ils peuvent entrer en possession des biens qui leur sont dévolus sans avoir à remplir aucune formalité ni à demander aucune autorisation ;

- *un successeur irrégulier.* L'État, qui vient à la succession à défaut d'héritier au degré successible ou de légataire et qui, n'ayant pas la saisine, doit solliciter du tribunal l'envoi en possession à son profit des biens de la succession.

Pour hériter, il faut exister au moment de l'ouverture de la succession, c'est-à-dire à l'instant même du décès. Est considéré comme existant l'enfant qui n'est encore que conçu, à la condition qu'il naisse dans les 300 jours du décès et qu'il naisse vivant et viable. Ne remplissent pas cette condition l'enfant mort-né et celui dont le caractère monstrueux ou le développement insuffisant ne permet pas de présumer croissance et longévité. Ne peut pas hériter l'enfant frappé d'indignité.

■ Successions dévolues à des descendants dont la filiation est légalement établie (1er ordre d'héritiers)

S'il n'y a que des enfants, ils héritent par parts égales.

S'il y a des enfants et des petits-enfants venant par représentation d'un enfant prédécédé, le partage ne s'effectue plus par tête mais par souche : c'est-à-dire que les petits-enfants recueillent la part qu'aurait recueillie leur auteur ; laquelle part ils devront, ensuite se partager entre eux.

Les descendants excluent tous les autres héritiers.

■ Successions dévolues à des ascendants

Si le défunt ne laisse ni descendants, ni frère et sœur, ou descendants d'eux, mais des ascendants, qui sont les parents ou les grands-parents, sa succession est entièrement recueillie par ceux-ci. La succession se divise en deux parts (règle de la fente) : l'une pour les ascendants de la ligne paternelle, et l'autre pour les ascendants de la ligne maternelle. S'il n'existe d'ascendants que dans une ligne, ces derniers appréhendent la part revenant à l'autre ligne.

Il faut rappeler que les ascendants, quelle que soit la ligne à laquelle ils appartiennent, excluent totalement les collatéraux ordinaires, c'est-à-dire les cousins.

■ Successions dévolues à des ascendants et des frères et sœurs

Si le défunt laisse à la fois ses père et mère, et des frères et sœurs, la moitié va aux père et mère et l'autre moitié aux frères et sœurs. S'il n'y a que le père ou la mère, le parent ne recueille qu'un quart et les frères et sœurs les trois quarts. Les frères et sœurs excluent les grands-parents.

■ Successions dévolues à des collatéraux

Les collatéraux se divisent en deux catégories : les collatéraux privilégiés, qui sont les frères et sœurs et descendants d'eux (lesquels n'ont toutefois droit à aucune réserve) et les collatéraux ordinaires ; la succession se divise alors en deux : la moitié va aux collatéraux de la ligne paternelle et l'autre aux collatéraux de la ligne maternelle (ligne ou fente).

■ Droit de l'époux survivant

Les collatéraux ordinaires sont toutefois exclus de la succession lorsqu'il existe un époux survivant, la part de leur ligne étant entièrement appréhendée par cet époux.

Ledit époux appréhende également la totalité de la succession, à défaut d'héritiers au degré successible.

En présence d'autres héritiers, le conjoint survivant reçoit la moitié en usufruit, ou le quart si le défunt laisse un ou plusieurs enfants.

■ Exceptions aux règles ci-dessus

La loi du 3 janvier 1972 apporte des restrictions aux droits de l'enfant naturel d'origine adultérine s'il entre en concours avec l'une des personnes que le législateur a voulu protéger ; il en est ainsi dans les cas suivants :

Enfant adultérin et enfant légitime

Lorsque l'enfant naturel d'origine adultérine vient en concours *au moment de l'ouverture de la succession* avec des enfants légitimes de son auteur issus du mariage au cours duquel il a été conçu, la part de l'enfant naturel est égale à la moitié de celle à laquelle il aurait eu droit s'il avait été légitime. La fraction dont sa *part héréditaire* est ainsi diminuée accroît la part des seuls enfants légitimes issus du mariage au cours duquel il a été conçu.

L'enfant d'origine adultérine compte par sa présence pour le calcul de la réserve et est héritier réservataire au même titre que l'enfant légitime ; mais la part de cet enfant adultérin dans la réserve est diminuée de moitié au profit des enfants légitimes issus du mariage au cours duquel il a été conçu, lorsque au décès de son auteur, il vient en concours avec ceux-ci.

En revanche, si au décès de l'auteur de l'enfant adultérin, celui-ci vient en concours avec d'autres enfants légitimes de son auteur, mais qui ne sont pas issus du mariage au cours duquel lui-même a été conçu (hypothèse d'enfants légitimes issus d'un premier lit), la part de l'enfant adultérin dans la succession de son auteur et celle qu'il a dans la réserve ne subissent aucune atteinte.

Enfant adultérin et conjoint survivant

La présence d'un ou plusieurs enfants ne modifie pas les droits du conjoint survivant victime de l'adultère lorsque ce dernier vient à la succession en usufruit ; mais si le ou les enfants adultérins sont les seuls successibles plus proches que le conjoint bafoué survivant, celui-ci est tout de même appelé à la succession en pleine propriété, le ou les enfants adultérins quel que soit leur nombre recevant la moitié de ce qui, en leur absence, aurait été dévolu au conjoint.

Les enfants adultérins en concours avec le conjoint victime de l'adultère ou avec les enfants légitimes issus du mariage au cours duquel ils ont été conçus ne peuvent recevoir par donation ou par testament au-delà de leur part successorale telle qu'elle est déterminée par la loi.

■ Théorie des comourants

La théorie des comourants est celle qui établit un ordre de survie lorsque plusieurs personnes, respectivement appelées à la succession l'une de l'autre, périssent dans un même événement ou accident, et qu'il est impossible de reconnaître laquelle est décédée la première. Si ceux qui ont péri ensemble avaient moins de quinze ans, le plus âgé sera présumé avoir survécu.

S'ils étaient tous au-dessus de soixante ans, le moins âgé sera présumé avoir survécu.

Si les uns avaient moins de quinze ans et les autres plus de soixante ans, les premiers seront présumés avoir survécu.

Testaments
Donations entre époux
Quotité disponible

Les testaments sont de trois sortes: le testament olographe, qu'une personne rédige elle-même et qui, pour sa validité, doit être entièrement écrit, daté et signé par elle (l'absence d'une seule de ces conditions rendrait le testament nul) ; le testament authentique qui est reçu par un notaire ; le testament mystique ou secret qui tient à la fois du testament olographe et du testament authentique. Il s'agit alors de celui que le testateur écrit lui-même ou fait écrire par une autre personne et présente ensuite clos et cacheté à un notaire assisté de témoins, qui en dresse l'acte de suscription.

Les testaments sont révocables à l'instar des donations entre époux. Leur révocation peut toujours se faire par un testament olographe.

■ Quotité disponible ordinaire

La quotité de ses biens dont une personne peut disposer vis-à-vis de toute personne autre que le conjoint est de moitié quand il y a un enfant, du tiers quand il y en a deux, du quart quand il y en a trois ou un plus grand nombre (dans ce dernier calcul, ne doivent être comptés que pour un enfant les petits-enfants qui viennent en représentation d'un enfant prédécédé).

Cette même quotité est de moitié s'il existe des ascendants dans les deux lignes paternelle et maternelle, et des trois quarts s'il n'en existe que dans une ligne seulement.

Depuis la loi du 3 janvier 1972, les enfants ou parents à prendre en considération pour le calcul de la quotité disponible sont tous ceux qui ont un lien de filiation ou de parenté légalement établi avec le *de cujus* sans distinguer par conséquent selon la qualification qui peut y être attachée (naturelle, adultérine ou incestueuse).

À condition de respecter les droits des héritiers réservataires, le testateur peut attribuer des biens particuliers à chaque héritier ou légataire et même, dans certaines situations précisées par la loi, attribuer un bien à charge de le conserver au profit de bénéficiaires ultimes (petits-enfants ou neveux).

■ Quotité disponible entre époux

Il existe actuellement trois catégories de quotités disponibles entre époux :
- en présence d'enfants ou de descendants issus du mariage ayant uni l'époux survivant au défunt ;
- en présence d'ascendants légitimes ou naturels du conjoint décédé ;
- en présence uniquement d'enfants adultérins.

En fonction du nombre et de la qualité des héritiers réservataires avec lesquels le conjoint vient en concours, celui qui fait un testament peut disposer de ses biens selon les indications figurant dans le tableau reproduit ci-après.

Quotité disponible applicable aux libéralités consenties à compter du 1er août 1972

(Loi du 3 janvier 1972)

En présence	En faveur du conjoint	En faveur d'une autre personne que le conjoint
a. d'enfants légitimes ou naturels et le cas échéant d'enfants adultérins (1) : 1 enfant 2 enfants 3 enfants	En toute propriété (2) : 1/2 des biens 1/3 des biens ou 1/4 des biens — 1/4 des biens en toute propriété (2) et 3/4 des biens en usufruit — totalité des biens en usufruit	1/2 des biens 1/3 des biens 1/4 des biens en toute propriété
b. uniquement d'enfants adultérins (1)	au choix quel que soit le nombre des enfants adultérins ou 3/4 des biens en toute propriété ou 1/2 des biens en toute propriété et 1/2 en usufruit ou la totalité des biens en usufruit	La quotité disponible est la même que celle indiquée dans le cas précédent (1/2, 1/3, 1/4 en toute propriété)
d'ascendants : a. dans les deux lignes	1/2 des biens en toute propriété et 1/2 des biens en nue-propriété	1/2 des biens en pleine propriété
d'ascendants : b. dans une ligne	3/4 des biens en toute propriété et 1/4 des biens en nue-propriété	3/4 des biens en pleine propriété
de collatéraux	Totalité des biens en toute propriété	Totalité des biens en toute propriété

(1) Par enfant adultérin, il faut entendre l'enfant conçu pendant le mariage dissous par le décès et qui est en concours soit avec le conjoint survivant victime de l'adultère, soit avec les enfants légitimes issus de ce même mariage.

(2) Lorsqu'il existe des enfants d'un précédent mariage, chacun des enfants peut substituer à l'exécution de la libéralité en propriété, l'abandon de l'usufruit de la part de succession qu'il eût recueilli en l'absence du conjoint survivant.

■ Donations entre époux

Lorsque la libéralité faite au conjoint, soit en propriété et en usufruit, soit en usufruit seulement, portera sur plus de la moitié des biens, chacun des enfants pourra, mais en ce qui concerne sa part, demander que l'usufruit soit converti en une rente viagère équivalente moyennant sûretés suffisantes, et maintien de l'équivalence initiale.

Pour que cette conversion puisse être demandée, il faut :
- d'abord que la libéralité porte sur plus de la moitié des biens ;
- ensuite que l'enfant qui demande la conversion fournisse les sûretés suffisantes. La loi ne les a pas précisées ; elles peuvent être diverses ; à titre d'exemple, on peut citer une hypothèque, un nantissement de fonds de commerce ou de valeurs, l'immatriculation d'un titre de rente, la constitution d'une rente viagère auprès d'une compagnie d'assurances ou de la Caisse des

dépôts et consignations ; ces sûretés devront durer tant que durera la rente, c'est-à-dire toute la vie de l'usufruitier.

Enfin, la conversion doit comporter « garantie de l'équivalence initiale », ce qui veut dire que la rente doit être indexée. Pour cette conversion, il peut être choisi un quelconque indice, la loi du 13 juillet 1963 assimilant ces rentes viagères à des dettes d'aliments échappant aux dispositions restrictives de l'ordonnance du 30 décembre 1958.

Cette conversion est facultative et individuelle, c'est-à-dire qu'elle peut être demandée par un ou plusieurs enfants, chacun pour sa part de succession ; les enfants ne peuvent être privés de leur droit de demander la conversion ; la conversion peut être demandée à tout moment, dès lors que l'enfant n'a pas renoncé à cette faculté.

L'accord pour la conversion de l'usufruit en une rente viagère doit être constaté par un acte ; si un accord ne peut intervenir sur les sûretés à fournir à l'époux survivant, une décision de justice sera nécessaire.

L'article 1094-2 du Code civil a exclu de la possibilité de conversion l'usufruit du local d'habitation où l'époux survivant avait sa résidence principale lors du décès de son conjoint, ainsi que l'usufruit du mobilier le garnissant.

Cette faculté de conversion est toutefois refusée aux enfants adultérins en concours avec le conjoint survivant victime de l'adultère.

Remarque. Il est absolument impossible à un époux de donner à son conjoint plus que la loi ne le permet et toutes les dispositions qui pourraient être prises dans le but d'y faire échec, et sous quelque forme qu'elles puissent se présenter, sont frappées d'une nullité absolue.

À l'exception des héritiers réservataires, c'est-à-dire les descendants et les ascendants, tout bénéficiaire d'une disposition faite par testament olographe ou mystique doit se faire envoyer en possession par une ordonnance rendue par le président du tribunal de grande instance du lieu d'ouverture de la succession.

Évaluation de l'héritage

■ Déclaration de succession

Lorsqu'une personne qui décède laisse des biens, une déclaration de succession doit être souscrite au bureau de l'enregistrement du domicile du défunt dans le délai de six mois si le décès a eu lieu en France métropolitaine, un an dans les autres cas.

La déclaration de succession doit être souscrite au bureau de l'enregistrement dont dépend le domicile du défunt. Si le défunt est domicilié à l'étranger, les biens possédés en France ou imposables en France en vertu d'une convention internationale, devront faire l'objet d'une déclaration à souscrire au Centre des impôts des non-résidents, 9, rue d'Uzès - 75002 Paris.

La déclaration est souscrite en un seul exemplaire. Elle doit, toutefois, être souscrite en *double exemplaire,* lorsque l'actif successoral brut (imposable ou non) atteint 100 000 F, qu'il s'agisse de succession en ligne directe, entre collatéraux ou entre non-parents.

Les dépositaires, détenteurs ou débiteurs de *titres, sommes ou valeurs dépendant d'une succession* qu'ils sauraient ouverte doivent adresser à l'administration la liste de ces titres, sommes ou valeurs (CGI, art. 806). Toutefois, ces mêmes organismes sont *dispensés* de cette *déclaration* lorsque les sommes sont d'un montant inférieur à 10 000 F (successions dévolues à des collatéraux ou des non-parents) et 50 000 F (pour les successions en ligne directe ou entre époux).

La déclaration doit être souscrite par les héritiers, donataires ou légataires , ou par leurs représentants légaux ou conventionnels : lorsqu'il y a solidarité, s'agissant de cohéritiers, un seul d'entre eux peut la souscrire en agissant pour le compte de tous les autres.

■ Énumération et évaluation des biens

Actif

La déclaration doit mentionner tous les biens dépendant de la succession, désignés individuellement et estimés, y compris les biens exonérés de droits, ainsi que les biens qui ont fait l'objet de donations antérieures consenties à un titre et sous une forme quelconque par le défunt à une personne appelée à sa succession ; ceux dont la transmission n'a pas fait l'objet de droits de mutation à titre gratuit doivent être ajoutés à l'actif successoral. Toutefois, pour les successions ouvertes depuis le 1er janvier 1992, les donations antérieures de plus de dix ans n'ont pas à être rapportées à la succession pour la liquidation des droits. Les différents éléments de l'actif doivent être évalués comme suit :

Objets mobiliers

Leur valeur est déterminée :
- par le prix exprimé dans les actes de vente, lorsque cette vente a lieu publiquement dans les deux années du décès ;
- à défaut d'acte de vente, par l'estimation contenue dans les inventaires, s'il est dressé dans les formes prescrites par l'article 943 de l'ancien Code de procédure civile, et dans les cinq années du décès pour les meubles meublants, et par l'estimation contenue dans les inventaires et autres actes, s'il en est passé dans les mêmes délais pour les autres biens meubles ;
- à défaut de ces bases d'estimation, par les déclarations détaillées et estimatives des parties, étant observé que pour les meubles meublants, et sans que l'administration ait à en justifier l'existence, la valeur imposable ne peut être inférieure à 5 % de l'ensemble des autres valeurs mobilières et immobilières de la succession, sous réserve de la preuve contraire.

La valeur des *bijoux, objets d'art ou de collection* est constituée, sauf preuve contraire, par :
- le prix net de la vente publique, intervenue dans les deux ans du décès ;
- à défaut, l'évaluation contenue dans tout acte estimatif dressé dans les cinq ans du décès (inventaire même sous partie, délivrance de legs, partage...), sans toutefois que cette évaluation puisse être inférieure à celle faite dans un contrat d'assurance contre le vol ou l'incendie, en cours au jour du décès et conclu par le défunt, son conjoint ou ses auteurs moins de dix ans avant l'ouverture de la succession (CGI, art. 764 - II).

Valeurs mobilières

Pour celles qui sont cotées à la Bourse, c'est le cours moyen au jour du décès qui devra être pris ou, à défaut de cours à ce jour, celui le plus rapproché du jour du décès.

Pour celles qui ne sont pas cotées à une Bourse, elles devront faire l'objet d'une estimation des parties.

Parts d'intérêts dans une société

Les parts d'intérêts dans une société soit en nom collectif, soit en commandite, soit à responsabilité limitée, soit civile, doivent être portées pour l'estimation que les intéressés entendent leur donner.

Le prorata du bénéfice correspondant couru au jour du décès devra être déclaré en supplément de l'estimation ci-dessus.

Numéraire

Le numéraire, c'est-à-dire les espèces en la possession du défunt, doit être déclaré ; il ne s'agit bien entendu que du numéraire en la possession effective du défunt, et non pas des soldes de comptes en banque.

Lorsque, peu de temps avant le décès, des retraits importants ont été faits d'un compte en banque, l'administration de l'enregistrement peut demander qu'il lui soit justifié de l'emploi de ces fonds.

Compte en banque

C'est son montant au jour du décès qui devra figurer dans la déclaration, mais il y aura lieu de vérifier si tous les chèques émis par le défunt avant son décès ont bien été payés car, dans le cas contraire, il y aurait lieu de déduire du montant du compte les chèques non encore payés.

Une photocopie de ces chèques et une copie certifiée conforme du compte seront, en général, exigées.

Livret de Caisse d'épargne

C'est son montant au jour du décès, auquel il y aura lieu d'ajouter le prorata d'intérêts courus jusqu'au dit jour.

Créances

Les créances, qu'elles soient civiles ou commerciales, doivent être portées pour leur montant en principal, auquel il y a lieu d'ajouter les intérêts dus et non payés au jour du décès ainsi que le prorata d'intérêts courus à la même date.

Si toutefois le débiteur était en état de règlement judiciaire ou de liquidation des biens, la créance ne devra pas être portée pour son montant intégral, mais simplement évaluée ; toute somme ultérieurement recouvrée devra faire l'objet d'une déclaration complémentaire.

Les bons du Trésor dont les intérêts sont payés d'avance ne sont imposables que sur leur valeur réelle au jour du décès.

Rente viagère réversible

Sont exonérées des droit de mutation par décès, les réversions de rente viagère entre époux, ou entre parents en ligne directe.

Cette exonération s'applique quelle que soit la nature du contrat où la réversion a été stipulée (vente, donation ou autre contrat).

Mais les arrérages échus et non payés, ainsi que le prorata au décès, sont soumis aux droits.

Rentes

Les rentes perpétuelles et non perpétuelles, les pensions créées ou transmises par décès doivent être évaluées à leur valeur vénale par déclaration estimative des parties.

Pension, traitement ou rente viagère

Il y aura lieu de porter seulement dans la déclaration le prorata couru au jour du décès s'il y a des arrérages au décès.

Prorata de loyers et fermages

Doit figurer dans la déclaration de succession le prorata couru, au jour du décès, des loyers et fermages des immeubles dépendant de la succession.

Immeubles

C'est leur valeur vénale d'après la déclaration estimative des intéressés qui devra être portée, les immeubles situés hors de la circonscription du bureau où est déposée la déclaration de succession devant être détaillés sur un imprimé spécial pour chaque bureau de la situation des biens.

En principe, la somme figurant dans une police d'assurance contre l'incendie ne pourra être retenue pour servir de base d'estimation, pas plus que l'estimation qui résulterait d'une capitalisation des revenus produits par cet immeuble.

Néanmoins, si dans les deux ans qui auront précédé ou suivi le décès, les immeubles ont fait l'objet d'une adjudication, soit par autorité de justice, soit volontaire, l'estimation ne pourra être inférieure à ce prix d'adjudication.

Les biens recueillis en vertu d'une clause insérée dans un contrat d'acquisition en commun selon laquelle la part du ou des premiers décédés reviendra aux survivants de telle sorte que le dernier vivant sera considéré comme seul propriétaire de la totalité des biens sont, du point de vue fiscal, réputés transmis à titre gratuit à chacun des bénéficiaires de l'accroissement, cette disposition ne s'appliquant pas à l'habitation principale commune à deux acquéreurs lorsqu'elle a une valeur globale inférieure à 500 000 F.

L'administration de l'enregistrement dispose d'un délai expirant à la fin de la quatrième année civile suivant le dépôt de la déclaration de succession pour contester l'estimation qui aurait été portée dans cette déclaration et faire connaître la valeur à laquelle elle estime les immeubles.

Cheptel mort et vif – Récoltes

Le cheptel mort, c'est-à-dire les instruments agricoles servant à l'exploitation d'une ferme, ainsi que le cheptel vif qui s'y trouve, c'est-à-dire les animaux, doivent faire l'objet d'une déclaration estimative des ayants droit sous forme d'un état détaillé, avec évaluation détaillée pour chaque article ; il en est de même pour les récoltes.

Toutefois, cette façon de procéder ne devrait pas être adoptée si le défunt était en même temps propriétaire de la ferme qu'il exploite, certains éléments – tant du cheptel mort que du cheptel vif – pouvant être considérés comme immeubles par destination et être de ce fait incorporés au fonds, et par suite compris dans l'estimation des immeubles.

Fonds de commerce

L'évaluation d'un fonds de commerce doit se faire en trois parties. La première comprendra les éléments incorporels, la deuxième le matériel et la troisième les marchandises.

La valeur des éléments incorporels, c'est-à-dire le droit au bail, la clientèle et l'enseigne est, en général, fonction du chiffre d'affaires et varie suivant les commerces.

Le matériel doit faire l'objet d'un état estimatif assez détaillé, sans avoir à tenir compte de la somme pour laquelle il peut être assuré ; il en est de même des marchandises qui doivent être estimées pour leur prix de facture.

S'il a été versé des loyers d'avance, ceux-ci devront également figurer dans la déclaration de succession ; il en est de même des marchandises qui doivent être estimées à leur valeur de reprise.

Clientèle

Le droit de présentation d'un successeur dans l'exercice d'une profession civile entre dans l'actif successoral pour sa valeur.

■ Évaluation de biens transmis en usufruit ou nue-propriété

Lorsqu'un héritier donataire, légataire ou l'époux survivant recueille seulement un droit d'usufruit viager, la valeur de cet usufruit doit être évaluée d'après l'âge de l'usufruitier et conformément au tableau ci-après :

Âge de l'usufruitier	*Valeur de l'usufruit*		*Valeur de la nue-propriété*	
Moins de 20 ans révolus	7/10	de la pleine propriété	3/10	de la pleine propriété
De 20 ans révolus à 30 ans non révolus	6/10		4/10	
De 30 ans révolus à 40 ans non révolus	5/10		5/10	
De 40 ans révolus à 50 ans non révolus	4/10		6/10	
De 50 ans révolus à 60 ans non révolus	3/10		7/10	
De 60 ans révolus à 70 ans non révolus	2/10		8/10	
De 70 ans révolus et au-dessus	1/10		9/10	

L'usufruit constitué pour une durée fixe est estimé aux 2/10 de la valeur de la propriété entière pour chaque période de dix ans.

Passif déductible

Les *frais funéraires*, c'est-à-dire ceux de l'inhumation et de la cérémonie qui l'accompagne, sont déductibles dans la limite d'une somme de 3 000 F, sur production de factures ou mémoires acquittés.

Les *frais de dernière maladie* sont déductibles sans limitation, sur production de notes et factures acquittées, et dont le paiement aura été effectué après le décès.

En ce qui concerne les autres dettes, qu'elles soient civiles ou commerciales, leur déduction n'est admise que si leur existence est justifiée par des documents susceptibles de faire titre contre le défunt, c'est-à-dire d'un écrit de celui-ci, et ayant acquis date certaine avant le décès (acte notarié, jugement, acte sous signatures privées enregistré avant le décès), ou encore par un écrit ordinaire corroboré d'autres présomptions suffisamment probantes – la preuve par témoignage ou par aveu étant exclue. Dans tous les cas, il peut être réclamé une attestation du créancier.

Les impôts dus au décès sont également déductibles sur production d'un bordereau de situation les faisant connaître, délivré par le percepteur qui doit également délivrer une attestation de créancier.

Est refusée la déduction des dettes suivantes :

- les dettes reconnues par testament ;
- les dettes atteintes par la prescription ;
- les dettes consenties par le défunt au profit de ses héritiers ou de personnes interposées, sauf si elles résultent d'un acte authentique ou sous seing privé enregistré avant le décès ;
- les dettes hypothécaires garanties par une inscription périmée depuis plus de trois mois avant le décès, sauf s'il s'agit d'une dette non encore échue et que son existence soit attestée par le créancier ;
- les dettes échues depuis plus de trois mois avant le décès à moins qu'il ne soit produit une attestation du créancier en certifiant l'existence ;
- les dettes résultant de titres passés ou de jugements rendus à l'étranger et non exécutoires en France.

Les dettes contractées pour l'achat de biens compris dans la succession et exonérés de droits de mutation par décès ou se rapportant à de tels biens sont imputées par priorité sur les valeurs desdits biens.

■ Présomption de propriété

Il y a des biens qui, sauf preuve du contraire, sont réputés appartenir à la succession du défunt, savoir :

- les biens meubles et immeubles appartenant pour l'usufruit au défunt et pour la nue-propriété à l'un de ses héritiers présomptifs ou descendants d'eux, même exclu par testament, ou à ses donataires ou légataires institués, même par testament postérieur, ou à des personnes interposées, à moins qu'il n'y ait eu donation régulière. Bien entendu, si l'usufruit ainsi détenu était le résultat d'un partage ayant attribué la nue-propriété à ses héritiers présomptifs, la présomption de propriété en faveur de l'usufruitier ne jouerait pas ;
- les titres et les valeurs dont le défunt a perçu les revenus ou à raison desquels il a effectué des opérations quelconques moins d'un an avant son décès ;
- les titres au porteur trouvés en la possession du défunt ou déposés en son nom dans un établissement de crédit.

L'administration de l'enregistrement peut demander aux ayants droit des éclaircissements ainsi que toutes justifications au sujet des titres et valeurs mobilières non énoncés dans la déclaration et tombant sous ces présomptions.

■ Assurances sur la vie

On sait que, depuis 1960 au moins, la loi fiscale s'est rangée au principe de la loi civile énoncée par l'article L. 132-12 du Code des assurances : *« Le capital ou la rente stipulés payables lors du décès de l'assuré à un bénéficiaire déterminé ou à ses héritiers ne font pas partie de la succession de l'assuré... »*.

Qualifié souvent de véritable « paradis fiscal », cet avantage permit à des amateurs de « gros coups » et à leurs sociétés soucieuses de ne pas les contrarier, d'aider les héritiers sur le point de recueillir la succession d'un riche parent à échapper aux droits de succession. Ceux-ci étant nettement supérieurs au taux des commissions, il suffisait de faire signer aux vieillards, après réalisation de certains de leurs biens, un important contrat d'assurance décès sur leur propre tête, le plus souvent à prime unique.

Ces « abus de droit » n'ont pas abouti à la suppression totale de l'exonération, mais à un texte sur mesure destiné à les empêcher.

Ce fut d'abord l'article 68 de la loi de finances du 18 janvier 1980 (et décret d'application du 13 novembre 1980) qui y mit un frein en soumettant aux droits de mutation par décès les contrats remplissant en même temps plusieurs conditions, à savoir :

- le total des sommes dues par les assureurs à raison du décès dépasse 100 000 F ;
- l'assuré était âgé de 66 ans ou plus au jour de la conclusion du contrat ;
- le total des primes prévues pour les quatre premières années du contrat représente les trois quarts ou plus des capitaux assurés.

Ces dispositions ont été modifiées dans le sens d'une simplification, par la loi de finances rectificative pour 1991 (article 26). Ainsi, schématiquement, depuis le *20 novembre 1991,* la seule condition requise pour bénéficier de l'exonération est que le souscripteur soit âgé de *moins de 70 ans.* Si la personne souscriptrice a dépassé cet âge, le bénéficiaire aura le droit de recueillir 200 000 F en franchise totale. En sus, les intérêts du capital placé échapperont eux aussi à la taxation, sans limitation de montant. En revanche, les versements initiaux effectués sur le contrat seront imposés au taux normal selon le degré de parenté. Ce régime s'applique aussi aux versements effectués après 70 ans sur un contrat souscrit avant 70 ans.

En effet, selon la nouvelle rédaction des I et II de l'article 757 B du Code général des impôts : *« I – Les sommes, rentes ou valeurs quelconques dues directement ou indirectement par un assureur, à raison du décès de l'assuré, donnent ouverture aux droits de mutation par décès suivant le degré de parenté existant entre le bénéficiaire à titre gratuit et l'assuré à concurrence de la fraction des primes versées après l'âge de soixante dix ans qui excède 200 000 F.*

II – Lorsque plusieurs contrats sont conclus sur la tête d'un même assuré, il est tenu compte de l'ensemble des primes versées après le soixante dixième anniversaire de l'assuré pour l'appréciation de la limite de 200 000 F ».

Ces dispositions s'appliquent aux contrats souscrits à compter du 20 novembre 1991.

Par ailleurs, l'article 885 F du Code général des impôts dispose que *« les primes versées après l'âge de soixante dix ans au titre des contrats d'assurance non rachetables souscrits à compter du 20 novembre 1991 et la valeur de rachat des contrats d'assurance rachetables sont ajoutées au patrimoine du souscripteur ».* Cette disposition s'applique à compter de la période d'imposition s'ouvrant le 1er janvier 1992.

Droits de succession

■ Abattements

En ligne directe et entre époux

Avant de calculer les droits, on effectue un abattement de 330 000 F sur la part du conjoint survivant, et de 300 000 F sur la part de chacun des ascendants, et sur la part de chacun des enfants vivants ou représentés. Ces abattements s'appliquent aux successions ouvertes et aux donations consenties à compter du 1er janvier 1992 (loi du 29 décembre 1990, art. 92). Après abattement le tarif des droits est donné par le tableau ci-contre, observation faite que si la part du conjoint survivant n'absorbe pas la totalité de l'abattement auquel il a droit, le surplus ne se reporte pas sur la part des héritiers.

Abattement spécial en faveur des handicapés

En outre, sur la part de tout héritier, légataire ou donataire, incapable de travailler dans des conditions normales de rentabilité en raison d'une infirmité physique ou mentale, congénitale ou acquise, il est effectué un abattement de 350 000 F.

L'héritier, légataire ou donataire, qui invoque son infirmité, doit justifier par tous éléments de preuve que cette infirmité l'empêche soit de se livrer dans des conditions normales de rentabilité à toute activité professionnelle, soit, s'il est âgé de moins de 18 ans, d'acquérir une instruction ou une formation professionnelle d'un niveau normal (décret n° 70-139 du 14 février 1970).

Pour les successions ouvertes et les donations consenties à compter du 1er janvier 1992, cet abattement peut se cumuler avec les abattements de 300 000 F, 330 000 F ou de 100 000 F applicables respectivement en ligne directe, entre époux et entre frères et sœurs (loi du 29 décembre 1990, art. 92).

Pour les successions entre frères et sœurs

Avant de calculer les droits, on effectue un abattement de 100 000 F sur la part de chaque frère ou sœur, célibataire ou veuf, à la double condition :

- qu'il soit au moment de l'ouverture de la succession âgé de plus de 50 ans ou atteint d'une infirmité le mettant dans l'impossibilité de subvenir par son travail aux nécessités de l'existence ;
- qu'il ait été constamment domicilié avec le défunt pendant les cinq années ayant précédé le décès.

Pour les autres successions

À défaut d'autre abattement, un abattement de 10 000 F est opéré sur chaque part successorale.

Lorsque la part nette dévolue à un ayant droit ne permet pas à celui-ci de bénéficier de l'intégralité de l'abattement auquel il peut prétendre, il n'y a pas lieu de reporter l'excédent d'abattement sur l'émolument des autres ayants droit.

L'héritier qui a épuisé l'abattement auquel il a droit à l'occasion de donations antérieures ne peut prétendre à l'abattement lors de l'ouverture de la succession de son auteur.

■ Réductions

Charges de famille

Lorsqu'un héritier, donataire ou légataire, a trois enfants ou plus, vivants ou représentés, au moment de l'ouverture de ses droits à la succession, il bénéficiera sur les droits de succession à sa charge d'une réduction de 100 % laquelle ne peut toutefois excéder :

– 4 000 F par enfant en sus du second en ce qui concerne les successions en ligne directe et entre époux ;
– 2 000 F par enfant en sus du second dans les autres cas.

Mutilés de guerre

Les droits de mutation dus par des mutilés de guerre, frappés d'une invalidité de 50 % au minimum, sont réduits de moitié, sans que cette réduction puisse excéder 2 000 F.

■ Tarifs des droits de succession au 1er janvier 1992

Montant de la sucession	Nature de la succession				
	Entre directe (1)	Entre époux	Entre frères et sœurs	Entre parents aux 3e et 4e degrés (2)	Parents éloignés ou non-parents
Après abattement de	300 000 F	330 000 F	10 000 F ou 100 000 F selon le cas	10 000 F	10 000 F
	%	%	%	%	%
Moins de 50 000 F	5	5	35	55	60
Entre 50 000 et 75 000 F	10	10	35	55	60
Entre 75 000 et 100 000 F	15	10	35	55	60
Entre 100 000 et 150 000 F	20	15	35	55	60
Entre 150 000 et 200 000 F	20	15	45	55	60
Entre 200 000 et 3 400 000 F	20	20	45	55	60
Entre 3 400 000 et 5 600 000 F	30	30	45	55	60
Entre 5 600 000 et 11 200 000 F	35	35	45	55	60
Plus de 11 200 000 F	40	40	45	55	60

(1) Parents, enfants, petits-enfants.
(2) Tantes, oncles, neveux, nièces, cousins, cousines.

■ Régime des enfants adoptifs

Autrefois, lorsqu'une personne adoptait un enfant, les droits de mutation que celui-ci devait acquitter lors du décès de l'adoptant étaient calculés au tarif applicable aux enfants, c'est-à-dire lorsque par exemple, l'adoptant était l'oncle de l'adopté, lors du décès de l'adoptant, l'adopté payait les droits de mutation non pas d'après le tarif d'oncle à neveu, mais d'après le tarif de père à enfant.

Il n'en est plus ainsi aujourd'hui que pour le cas d'adoption plénière, et la règle actuellement applicable est la suivante en matière d'adoption simple :

Les droits de mutation exigibles sur les transmissions à titre gratuit entre l'adoptant et l'adopté sont liquidés et perçus sans tenir compte du lien de parenté résultant de l'adoption. Toutefois, cette disposition n'est pas applicable aux transmissions effectuées en faveur :

- d'enfants issus d'un premier mariage du conjoint de l'adoptant, d'enfants naturels reconnus du conjoint de l'adoptant, ou d'enfant ayant fait l'objet d'une adoption plénière par le conjoint de l'adoptant ;
- de pupilles de la nation ou de l'assistance publique, ainsi que d'orphelins d'un père mort pour la France ;
- d'adoptés qui, dans leur minorité et pendant cinq ans au moins, ou dans leur minorité et dans leur majorité et pendant dix ans au moins, auront reçu de l'adoptant des secours et ses soins non interrompus ;
- d'adoptés dont le ou les adoptants ont perdu, morts pour la France, tous leurs descendants en ligne directe ;
- d'adoptés dont les liens de parenté avec la famille naturelle ont été déclarés rompus par le Tribunal saisi de la requête en adoption sous le régime antérieur à l'entrée en vigueur de la loi du 11 juillet 1966 ;
- des successibles en ligne directe descendante des personnes ci-dessus visées ;
- d'adoptés anciens déportés politiques ou enfants de déportés n'ayant pas de famille naturelle en ligne directe.

Dans ces différents cas, les transmissions à titre gratuit de l'adoptant à l'adopté bénéficient du régime applicable aux mutations en ligne directe, ainsi qu'après le décès de l'adoptant, les transmissions à titre gratuit à l'adopté provenant des ascendants de l'adoptant.

■ Exonérations

Sont exemptes de l'impôt de mutation par décès :

- les successions des victimes de guerre ;
- les successions des victimes d'actes de terrorisme commis depuis le 1er janvier 1982 (inst. du 25 mars 1991).

Sont d'autre part notamment exonérées :

- les réversions de rentes viagères entre époux ou entre parents en ligne directe (CGI, art. 793-1-5°) ;
- les assurances en cas de décès contractées par le défunt au profit de bénéficiaires déterminés, sauf l'exception de l'article 757 B du CGI ;
- à concurrence des trois quarts de leur valeur, les bois et forêts et parts de groupements forestiers lorsqu'est pris l'engagement d'une exploitation normale pendant trente ans, ainsi que, sous certaines conditions et pour la première transmission à titre gratuit, les biens agricoles donnés à bail à long terme et les parts de groupements fonciers agricoles (mais s'agissant de parts de grou-

pements forestiers ou fonciers agricoles acquises à titre onéreux, il faut en outre qu'elles aient été détenues pendant deux ans par le donateur ou le défunt),

- le contrat de travail à salaire différé de l'exploitant agricole,
- les œuvres d'art, livres, objets de collection et documents de haute valeur artistique ou historique dont il est fait don à l'État avec son agrément.

■ Modalités de paiement

Les droits de succession sont normalement acquittés en numéraire. Toutefois, ils peuvent être payés par remise de valeurs d'État, ou d'œuvres d'art.

■ Paiement différé ou fractionné

Lorsque dans une succession une personne ne recueille que la nue-propriété, elle peut demander de différer le paiement des droits de succession lui incombant jusqu'à la cessation de l'usufruit grevant les biens dont elle ne possède que la nue-propriété.

Le bénéfice de cette disposition est subordonné au dépôt d'une demande et à la constitution d'une garantie au profit du Trésor.

Si la garantie offerte est acceptée, et le paiement différé accordé, les droits dont le paiement est différé produiront des intérêts au taux légal, payables annuellement, à moins que les droits soient liquidés sur la valeur de la propriété entière des biens concernés au jour de l'ouverture de la succession. Le taux d'intérêt, fixé pour chaque semestre civil, est de 6,60 % pour les demandes de paiement fractionné déposées au cours du deuxième semestre 1996.

Le paiement différé est également prévu en cas de réduction pour atteinte à la réserve héréditaire ou d'attribution préférentielle d'une exploitation (voir plus loin) dans la mesure où le règlement des soultes ou récompenses obéit à des délais.

Un régime de paiement fractionné des droits dans un délai de 5 ans est prévu pour les mutations par décès. Lorsqu'une succession comprend à concurrence de 50 % au moins des biens non liquides et revient au conjoint ou à des héritiers en ligne directe, les versements peuvent être étalés pendant 10 ans mais sans aucune dispense de garantie ni d'intérêts.

Les droits dus en cas de donation d'entreprise (biens affectés à l'exploitation ou majorité du capital social) peuvent donner lieu à un paiement fractionné étalé sur 10 ans quel que soit le degré de parenté du donataire.

■ Renonciation

En cas de renonciation à une succession, à un legs ou à une donation, les droits de mutation par décès exigibles sur les biens qui, par l'effet de cette renonciation, adviennent à d'autres héritiers, légataires ou donataires acceptants, ne peuvent être inférieurs à ceux qui auraient été dus par le renonçant s'il avait accepté.

Ceci veut dire que si, par suite d'une renonciation, les biens passent à un autre héritier ou autre un ayant droit, les droits qui seraient à payer ne pourraient en aucun cas être inférieurs à ceux qu'auraient dû payer le renonçant.

SECTION III

L'ASSURANCE SUR LA VIE, SOLUTIONS PRATIQUES À CERTAINES DIFFICULTÉS JURIDIQUES

L'assurance sur la vie constitue un complément au Code civil, en permettant la solution pratique, impossible autrement, de nombreux cas d'espèce, sans pour cela enfreindre la loi.

Des dispositions des articles L. 132-12, L. 132-13, L. 132-14 et L. 132-16 du Code des assurances, on peut dégager les points suivants :

- les sommes payées au décès de l'assuré à un bénéficiaire déterminé ne font pas partie de la succession de l'assuré ;
- le bénéficiaire est réputé avoir seul droit au montant de l'assurance ;
- le montant de l'assurance sur la vie n'est soumis ni aux règles du rapport à succession ni à celles pour atteinte à la réserve ;
- le bénéfice de l'assurance sur la vie contractée par un époux au profit de son conjoint constitue un propre pour celui-ci ;
- le capital assuré au profit du bénéficiaire déterminé ne peut être réclamé par les créanciers de l'assuré ;
- les primes payées ne sont pas soumises aux règles du rapport, pas plus qu'à celles des récompenses, à moins que leur montant ne soit manifestement exagéré par rapport aux facultés de l'assuré.

En vertu de ces dispositions, une assurance pourrait être utilement conseillée dans les cas suivants.

Remédier aux inégalités résultant du régime matrimonial

Le régime adopté par des époux, que ceux-ci soient mariés sous un des régimes anciens ou un des régimes nouveaux, peut risquer de rompre l'égalité entre époux.

Une donation ou un testament ne pourra réparer que très imparfaitement ce préjudice s'il existe des enfants car la quotité disponible entre époux dans ce cas est assez faible, ainsi qu'on l'a vu plus haut.

Quant aux donations déguisées, ou à personnes interposées, elles sont à déconseiller formellement, de tels actes étant frappés de nullité.

Une assurance sur la vie contractée au profit de l'époux ainsi victime, viendra compenser la perte par lui subie.

Permettre à l'époux survivant la conservation d'un fonds de commerce dépendant de la communauté ou de la succession du prémourant

Un fonds de commerce, dans la majorité des cas, constitue l'unique élément de la communauté ou de la succession ; sa conservation peut être vitale pour l'époux survivant.

Cette conservation, s'il existe des héritiers, ne pourra avoir lieu que si l'époux survivant peut les désintéresser, ce qui exigera dans certains cas la disposition de sommes importantes, car en plus de la somme à verser aux héritiers, il faudra prévoir les frais qu'une telle opération entraîne.

Le capital d'une assurance vie pourra mettre à la disposition de cet époux les sommes qui lui seront nécessaires.

Avantager son conjoint

Il n'est pas possible à un époux d'avantager son conjoint plus que la loi ne le permet d'une façon soit directe, soit indirecte.

Mais l'assurance sur la vie n'entre dans aucune des catégories d'actes interdits par la loi, au contraire, puisque le Code des assurances dispose que le bénéfice de l'assurance sur la vie contractée par un époux au profit de son conjoint constitue un propre pour celui-ci.

Conférer à un tiers ou à un enfant un avantage supérieur à celui autorisé par la loi successorale

Dans certains cas, et pour des raisons personnelles, ou de famille, une personne peut vouloir disposer de ses biens en faveur d'un étranger ou d'un enfant, plus que la loi ne l'y autorise.

Tout acte qui aurait pour objet de faire échec à la loi en cette matière serait entaché de nullité, et tout héritier réservataire dispose d'une action en réduction pour imposer le paiement d'une indemnité équivalente à la portion excessive ou même la restitution des biens qui ont fait l'objet de la libéralité.

L'assurance est le seul acte qui ne peut craindre un tel danger, puisque le capital d'un contrat d'assurance sur la vie ne fait pas partie de la succession de l'assuré, et que le bénéficiaire est réputé y avoir seul droit.

Permettre à l'époux ou à un héritier de bénéficier de l'attribution préférentielle

L'attribution préférentielle est une disposition de la loi qui permet à l'époux survivant, ou à tout autre héritier copropriétaire, de se faire attribuer en totalité, s'il remplit les conditions exigées par la loi, au cours d'un partage, et après estimation, une exploitation agricole, y compris les instruments aratoires et le cheptel vif, ou une entreprise commerciale, industrielle ou artisanale à caractère familial et non exploitée sous forme de société, à charge de verser une soulte qui, sauf accord amiable entre les copartageants, est payable comptant, la moitié pouvant toutefois être payée dans un délai de cinq ans lorsqu'il s'agit d'une exploitation agricole.

Faute par l'époux ou l'héritier de pouvoir payer cette soulte à temps, il ne pourra réclamer le bénéfice des dispositions de la loi.

Ici encore, la souscription d'un contrat d'assurance sur la vie s'impose.

Permettre au conjoint survivant de conserver des annexes à ses biens propres

La loi permet maintenant de façon générale à l'époux commun en biens qui survit de conserver à titre de biens propres tout immeuble qui, acquis au cours de la communauté, forme annexe ou dépendance d'un bien propre, à charge de verser à la communauté la valeur du bien au jour où l'attribution est demandée.

Si l'époux qui désire bénéficier de cette faculté n'a pas à sa disposition les sommes nécessaires, il devra y renoncer. Le bénéfice d'un contrat d'assurance sur la vie peut lui permettre d'éviter une telle éventualité.

Constituer un actif non soumis à l'action des créanciers et préserver ainsi la famille des rigueurs de la faillite

En vertu des dispositions de l'article 132-14 du Code des assurances, les créanciers de l'assuré ne peuvent réclamer le capital d'une assurance contractée au profit d'une autre personne.

En cas de liquidation des biens ou de règlement judiciaire du mari, ses créanciers ne pourraient revendiquer le capital d'une assurance sur la vie contractée au profit de la femme. Ils ne pourraient que réclamer le remboursement des primes payées si celles-ci se trouvaient être manifestement exagérées par rapport aux facultés du contractant, ou si l'assurance avait été contractée par le mari après la date de cessation des paiements.

Prémunir le conjoint qui n'a qu'une vocation successorale en usufruit

Il est bon de rappeler que, contrairement à ce que beaucoup de personnes croient, la femme n'est pas héritière de son mari, en dehors des cas qui ont été indiqués plus haut, et en cas d'absence d'ascendants ou de collatéraux privilégiés (frères et sœurs, neveux et nièces). En dehors de ses droits dans la communauté, s'il en existe une, elle ne peut prétendre, en l'absence de toutes dispositions (testaments ou donations) qu'à un droit d'usufruit qui n'est que partiel.

De là vient tout l'intérêt de la souscription d'un contrat d'assurance sur la vie au bénéfice de la femme, ou, mieux, réciproquement au bénéfice de chacun des conjoints.

Dans le cas d'un couple non marié avec enfants

La succession est entièrement dévolue aux enfants. Du point de vue strictement fiscal, le mariage est bien sûr préférable puisqu'il assure une protection minimale au conjoint survivant. Dans le cas d'un concubinage avec enfants, c'est l'assurance vie qui est la meilleure solution.

Dans le cas d'un couple non marié sans enfant

Certaines solutions patrimoniales peuvent être mises en œuvre (convention d'indivision, société civile immobilière, tontine). Le testament est loin d'être la solution idéale (prise en compte des droits des descendants ou ascendants et taxation à 60 %). L'assurance vie peut se révéler être la solution la mieux adaptée.

Dans le cas d'un couple homosexuel

La tontine – en ce qu'elle prévoit que, lors d'un achat en commun, le survivant en sera seul propriétaire – est souvent préconisée. Il faut toutefois savoir que le fisc taxe la part recueillie à 60 %. Ici encore, l'assurance vie est une solution intéressante.

Dans le cas d'une succession qui sera fortement imposée

Il est possible de couvrir par avance les frais et droits de succession par un contrat d'assurance vie. Le capital versé au moment du décès permettra aux héritiers de ne pas réaliser certains biens et, notamment, d'éviter la vente d'un bien qu'ils auraient souhaité conserver.

2

L'entreprise

L'entreprise et la protection sociale

L'entreprise est devenue le lieu où s'organise la protection des salariés. Cela résulte essentiellement de la *négociation collective* dont il faut connaître, au moins succinctement, les mécanismes.

La *prévoyance* (décès, maladie, incapacité, invalidité,...) constitue l'un des piliers de cette protection salariale. Elle est régie par des textes spécifiques, en particulier par une loi du 31 décembre 1989, dite « loi Évin ».

Quant aux *régimes de retraite* – dits « chapeau » ou « surcomplémentaires » – ils se développent dans les entreprises, afin de compléter les régimes de retraite obligatoires, voire de pallier éventuellement les insuffisances prévisibles des régimes de base. Or force est de constater qu'il n'existe, dans ce domaine, aucune norme juridique propre et que les seuls textes de référence sont ceux de la législation fiscale et ceux relatifs à l'assiette des cotisations de Sécurité sociale, règles contestables et souvent contestées... de telle sorte que ces régimes s'installent dans « le flou du droit ».

SECTION I

LES PRINCIPES DE LA NÉGOCIATION COLLECTIVE

La mise en place d'un régime de prévoyance et/ou de retraite « chapeau » ou « surcomplémentaires » procède plus souvent de la négociation collective que de la seule initiative patronale. Aussi bien est-il nécessaire de connaître les principes qui gouvernent les conventions collectives et d'avoir un aperçu de leur contenu. Une liste (non exhaustive) de conventions collectives figure en fin de chapitre.

Les conventions collectives

On a coutume de distinguer les *conventions collectives* qui concernent l'ensemble des conditions de travail et des garanties, les *accords collectifs* qui n'en traitent qu'une partie. En réalité, ces conventions et ces accords obéissent aux mêmes règles.

Ce sont les articles L. 131-1 à L. 132-10 du Code du travail qui déterminent les dispositions applicables à l'ensemble des conventions ou accords collectifs du travail, quel que soit le niveau de négociation et de conclusion : interprofessionnel, professionnel, de branche, de groupe, d'entreprise ou d'établissement d'une part, ou (selon le critère géographique), national, régional ou local d'autre part.

■ Parties signataires

Seuls peuvent conclure des conventions ou accords collectifs de travail :

- du côté des employeurs : les organisations syndicales patronales, les associations d'entreprises ou tout autre groupement d'employeurs, ou encore un ou plusieurs employeurs pris individuellement ;
- du côté des salariés : les syndicats « représentatifs », autrement dit, ceux qui sont reconnus représentatifs au niveau national et ceux qui leur sont affiliés, ainsi que les syndicats qui, en fonction du champ d'application de la convention ou de l'accord (groupe ou entreprise par exemple) font la preuve de leur représentativité.

■ Forme, objet et contenu

Ces conventions ou accords ont pour objet de définir les conditions de travail et d'emploi des salariés ainsi que leurs garanties sociales. En aucun cas, il ne peuvent contenir des conditions moins favorables que celles qui sont fixées par des textes hiérarchiquement supérieurs (lois, décrets).

Par ailleurs, ils doivent comporter diverses clauses obligatoires, notamment : le champ d'application, les modalités de leur révision, de leur renouvellement ou de leur dénonciation.

Il importe en outre de souligner :

- d'une part que la convention ou les accords d'entreprise ou d'établissements peuvent *adapter* les dispositions des conventions de branches ou des accords professionnels ou interprofessionnels applicables dans l'entreprise aux conditions particulières de celle-ci ou des établissements considérés (C. trav. art. L. 132-23). Mais sans que cela puisse donner lieu à des clauses moins favorables aux salariés (sauf un dispositif particulier relatif aux salaires). Le texte précise en effet que : *« la convention ou les accords peuvent comporter des dispositions nouvelles et des clauses plus favorables aux salariés »* ;
- d'autre part, que le contrat de travail ne peut, en aucun cas, contenir des dispositions moins favorables que celles de tous les textes conventionnels applicables à l'entreprise ou à l'établissement. Il en résulte par exemple qu'un employeur ne peut pas priver ses salariés d'un avantage conventionnel (Cass. soc. 8 novembre 1989), ou qu'un salarié ne saurait valablement renoncer à des garanties de prévoyance fixées par la convention (Cass. soc. 19 juin 1990).

■ Force obligatoire des conventions

La convention a fait objet d'un arrêté d'extension, pris par le ministre du Travail et publié au JO. Il en résulte que les dispositions de la convention ou de l'accord sont *obligatoires* pour tous les employeurs entrant dans leur champ d'application professionnel (ex. : industrie chimique, édition, imprimerie, etc.) ou territorial.

L'extension produit ses effets à compter de la parution de l'arrêté au JO et n'a pas d'effet rétroactif.

À noter, enfin, que les avenants et annexes ne deviennent obligatoires pour tous les employeurs qu'à compter de leur propre extension.

La convention n'a pas fait l'objet d'un arrêt d'extension. Elle ne s'applique qu'aux employeurs signataires ou membres de l'organisation signataire, ou à ceux qui, après la conclusion de l'accord, ont adhéré à la convention ou à l'organisation signataire.

Bien entendu, l'employeur, qui – parce qu'il n'adhère pas à un syndicat patronal – n'est pas soumis à la convention collective, peut volontairement en appliquer les conditions (volonté clairement exprimée, application constante, usage...).

Les conventions ou accords d'entreprise ou d'établissements, signés par l'employeur doivent être appliqués selon le champ d'application de la convention ou de l'accord considérés.

L'adhésion à une convention ou à un accord permet à une organisation (syndicale ou patronale) ou à un ou plusieurs employeurs de contresigner un accord sans en discuter le contenu. Il en résulte que l'adhérent a les mêmes droits et obligations que ceux des signataires initiaux. Si l'adhésion a pour objet de rendre la convention applicable dans un secteur territorial ou professionnel non compris dans son champ d'application, elle doit prendre les formes d'un accord collectif entre d'une part les parties intéressées et d'autre part les parties signataires de la convention (C. trav., art. L. 132-16).

■ Bénéficiaires

À partir du moment où l'employeur est lié par une convention ou un accord, leurs dispositions s'appliquent à tous les salariés.

Il peut être possible, par stipulations particulières, que certaines catégories soient soumises ou exclues de tel ou tel accord, dès lors que cela est prévu.

■ Dénonciation de la convention

Les parties signataires peuvent dénoncer une convention ou un accord collectifs. À défaut d'une clause relative au délai de préavis, la durée de celui-ci est fixée à trois mois. Les effets de la dénonciation peuvent, schématiquement, être classés selon trois situations :

- la convention est dénoncée par l'ensemble des signataires (employeurs ou salariés). À défaut de nouvel accord, la convention continue à s'appliquer pendant un an, à compter de la date d'expiration du préavis. Au-delà, le texte dénoncé cesse de s'appliquer (sauf ce qui sera dit des « avantages individuels acquis »),
- la dénonciation est le fait d'une partie des signataires employeurs ou salariés. Le texte reste en vigueur pour les parties qui demeurent signataires. Mais, quoiqu'il en soit, s'il s'agit d'une organisation syndicale de salariés, le texte continue à s'appliquer à l'ensemble des salariés ;
- la dénonciation est le fait d'une partie qui est la seule représentative dans son secteur. Il en résulte une réduction du champ d'application. Le texte continue donc de lier des signataires qui ne l'ont pas dénoncé, le champ d'application devant être modifié.

■ Démission d'une organisation patronale

L'employeur qui démissionne d'une organisation signataire reste lié par les conventions ou accords conclus avant sa démission. Il doit en informer immédiatement le personnel. Bien entendu, cet employeur n'est plus tenu de se conformer aux dispositions prises après sa démission... sauf (et la nuance est importante) si ces dernières sont des mesures d'application d'un accord conclu antérieurement (C. trav., art. L. 132-8).

■ Notion d'« avantages acquis »

Rien n'est jamais acquis... et pourtant l'article L. 132-8 du Code du travail précise que *« lorsque la convention ou l'accord qui a été dénoncé n'a pas été remplacé par une nouvelle convention ou un nouvel accord dans les délais ... les salariés des entreprises concernées conservent les avantages individuels qu'ils ont acquis, en application de la convention ou de l'accord, à l'expiration de ces délais »*. Reste à savoir ce qu'il faut – ou faudrait – entendre par « droits acquis »... Et là, sauf à entreprendre de longues dissertations doctrinales et une analyse pointilleuse de la jurisprudence, on ne peut qu'admettre que cette notion n'en est pas une ou qu'elle a tendance à être vide de sens. Exemples : ni une indemnité conventionnelle de licenciement (Cass. soc., 10 juin 1989) ni une indemnité de départ en retraite (Cass. soc., 10 octobre 1978) n'ont été considérées comme des avantages acquis.

Le contenu des conventions collectives

Il ne saurait être question d'examiner ici, en détail, le contenu des conventions collectives, et sous leurs différents aspects. Nous examinerons donc successivement, à l'aide d'exemples, les dispositions courantes relatives à la prévoyance, l'indemnité de départ en retraite et la retraite.

■ La prévoyance

Le véritable point de départ se situe sans doute en 1947 avec la création du régime de prévoyance des cadres. Puis, l'un des plus forts coups d'accélérateur donné à la prévoyance sociale date du début des années 70 avec la mise en chantier de la mensualisation de tous les secteurs de l'industrie française. L'enjeu politique et social était important, puisqu'il fallait faire en sorte que, d'abord par la négociation collective, il soit admis que le salaire soit forfaitairement mensuel, autrement dit que, sous certaines conditions définies (par exemple l'ancienneté) les salariés ne supportent pas les conséquences de leurs absences pour maladies ou accidents. Après quelques grognes patronales, on vit se développer de nombreuses négociations collectives qui aboutirent à des normes – diverses – de prise en charge des indemnités d'absence. Mais ce qui, *a priori*, ne relevait que de la branche d'industrie, puis des entreprises concernées, fut considéré – très tôt, voire immédiatement – comme une charge potentielle de l'entreprise susceptible d'être transférée et, donc, comme un risque (si possible mesurable). Et l'on vit aussi bien les entreprises que les assureurs s'intéresser à cette affaire : les premières pour se décharger, autant que faire se peut, de ce risque (et de ce que cela peut représenter dans leurs charges, voire sur leur trésorerie), les seconds pour, avec leurs techniques (en particulier l'actuariat), en évaluer « la pesée » et donc le coût.

Il en est résulté une multitude d'accords collectifs qui, au travers des quelques exemples qui vont suivre, montrent leur extrême diversité.

On comprend, dès lors, que l'assureur qui s'intéresse à cette activité doive constamment se tenir au courant de l'évolution des conventions collectives et des nombreux accords d'entreprises améliorant dans tel ou tel cas la situation de telle ou telle catégorie de salariés (ou de l'ensemble).

Il est souvent fait allusion à l'existence d'un régime de prévoyance à l'occasion du calcul des indemnités. Ainsi, par exemple, peut-on lire dans la Convention collective du caoutchouc que *« des rémunérations ainsi prévues, l'employeur déduira la valeur des prestations, dites en espèces, telles que définies par le régime général de la Sécurité sociale, ainsi que la valeur des prestations prévues par tous autres régimes de prévoyance mais, dans ce dernier cas, pour la seule quotité correspondant aux versements de l'employeur »*... ou encore, dans celle relative à l'industrie du pétrole, que *« les prestations dites en espèces auxquelles les intéressés ont droit soit au titre de la Sécurité sociale, soit de tous autres régimes particuliers de prévoyance, mais dans ce dernier cas, pour la seule quotité correspondant aux versements de l'employeur, seront déduites du salaire pendant la période de paiement à plein tarif... »*. De même la Convention de l'industrie de l'habillement précise-t-elle que les salariés percevront la différence entre leurs appointements et les indemnités journalières versées par : 1. les organismes de Sécurité sociale ; 2. un régime de prévoyance ; 3. *« ainsi que les indemnités versées par les responsables de l'accident ou leur assurance »* ; ce qui – du moins dans la formulation – est sans doute juridiquement contestable.

D'autres conventions collectives sont plus explicites. Telle celle des voyageurs, représentants et placiers (VRP) qui, dans son article 11, indique : *« Il est recommandé aux entreprises de s'efforcer de faire bénéficier leurs représentants de commerce des avantages facultatifs prévus en matière de régime complémentaire de retraite et de prévoyance par les articles 66 à 73 du texte codifié de l'avenant... »*

La Convention collective des gardiens, concierges et employés d'immeubles va plus loin. Elle fixe en effet très précisément, dans un article 30 intitulé « régime de prévoyance », les droits des salariés malades ou accidentés et indique que *« pour couvrir tout ou partie des garanties conventionnelles incapacité de travail..., les employeurs ont la possibilité de souscrire un contrat d'assurance de groupe et notamment d'adhérer au régime de prévoyance complémentaire institué par le protocole conclu entre l'UNPI et le CRI Prévoyance le 1er octobre 1981, joint pour information à la présente convention »*. On notera évidemment que l'adhésion à la CRI Prévoyance n'est pas une obligation et que les documents (figurant toutefois dans les documents officiels) ne sont fournis que « pour information », mais que cette information est proche de la recommandation ou de l'incitation... voire de l'obligation. Plusieurs accords sont de ce type, où il est difficile de faire la part des choses entre l'exemple de conventions susceptibles d'être négociées et l'obligation d'adhérer à un système monté, présenté « clés en main », et verrouillé. Le plus bel exemple, dans ce domaine, est sans doute celui du bâtiment, qui fait figure, encore, de principauté – ou de féodalité – dans le système (relativement ouvert tout de même) de la prévoyance collective.

Bien entendu les situations varient selon plusieurs facteurs, en particulier la catégorie des salariés (ouvriers, employés, Etam, cadres) et la branche d'activité concernée.

Ainsi, par exemple, la Convention collective des industries de l'habillement prévoit-elle que les cadres ayant au moins un an de présence dans l'entreprise recevront à partir du quatrième jour d'absence continue causée par une maladie ou un accident leurs appointements (sous diverses déductions) pendant :

– trente jours après un an d'ancienneté dans l'entreprise ;
– soixante jours après trois ans ;
– cent vingt jours après cinq ans ;
– cent quatre-vingts jours après neuf années.

La Convention du caoutchouc prévoit, elle, qu'après un an de présence continue dans l'entreprise, le cadre percevra ses appointements mensuels à plein tarif pendant les trois premiers mois et à demi-tarif pendant les trois mois suivants. Il est, en outre, précisé que *« chacune de ces périodes de trois mois est augmentée d'un mois par cinq années de présence, avec maximum de six mois pour chacune d'elles »*.

Quant à la Convention de l'industrie chimique, elle est plus généreuse, puisqu'elle indique que les appointements mensuels seront payés à plein tarif pendant les quatre premiers mois et à demi-tarif pendant les quatre mois suivants.

Selon la Convention collective des commerces de détail non alimentaires, en cas d'absence pour maladie ou accident... le salarié ayant au moins un an de présence dans l'entreprise bénéficie, à partir du onzième jour d'absence, de l'indemnisation suivante :

– 90 % de sa rémunération brute, déduction faite des versements de la Sécurité sociale et des régimes complémentaires de prévoyance, pendant 30 jours ;

– 70 % de cette rémunération, déduction faite également des versements de Sécurité sociale et des régimes complémentaires de prévoyance, pendant les 30 jours suivants.

À partir de sept ans d'ancienneté, les durées de maintien de la rémunération à 90 % et 70 % sont majorées.

Quant à la Convention collective du bâtiment, elle est d'une précision et d'une rigueur hors normes, voire exorbitantes, en ce sens que non seulement elle fixe, avec un luxe de détails, les droits des salariés, mais aussi qu'elle précise – du moins dans le texte de 1976 (celui qui figure à la brochure du JO) – que les entreprises *« doivent souscrire auprès d'une des sociétés mutuelles professionnelles d'assurances régies par le titre II du décret du 30 décembre 1938 et dont les statuts précisent qu'elles ne rémunèrent aucun intermédiaire pour l'acquisition des contrats »* (sic).

Il est permis de s'interroger sur la légalité de ces clauses de *« désignation exclusive »* figurant dans certaines conventions collectives (10 % des accords environ).

Cette question, qui n'a pas été envisagée par le législateur et qui ne semble pas perturber outre mesure l'administration, constitue pourtant une discrimination patente puisque, sur un plan strictement juridique, les compagnies d'assurances ne sont pas fondées à ce jour à démarcher les entreprises liées par une clause conventionnelle désignant une institution déterminée. Or ce monopole, incompatible avec un certain nombre de dispositions légales internes et européennes, nous semble être également en contradiction avec le principe de l'« égalité » des intervenants tel qu'il résulte de la loi Évin.

Pourtant, dans son avis n° 92-A-01 en date du 21 janvier 1992, le Conseil de la concurrence estime que *« les dispositions combinées du Code du travail et du Code de la Sécurité sociale... consacrent la nature contractuelle des conventions collectives. Dans ces conditions, les employeurs et les salariés auxquels est opposable la désignation par une convention collective d'un organisme de prévoyance exclusif doivent être regardés comme ayant procédé eux-mêmes à cette désignation, soit directement, soit par l'intermédiaire d'organisations représentatives. Lorsqu'ils chargent un organisme de gérer le système de prévoyance qu'ils ont mis en place ou lorsqu'ils adhèrent au régime créé par une institution de prévoyance déterminée, les partenaires sociaux exercent la liberté de choix normale du demandeur à l'égard des prestations de services offreurs... »*.

■ Indemnités de départ en retraite

On a vu, dans la partie consacrée à l'assurance de groupe, qu'il est possible pour une entreprise de mettre en place avec un assureur un fonds collectif permettant de prendre en charge les indemnités dues lors des départs en retraite.

Lors de son départ en retraite, le salarié a droit aux indemnités suivantes :

– soit l'indemnité légale de licenciement ;

– soit l'indemnité de licenciement fixée par l'article 5 de l'accord du 10 décembre 1977 étendu sur la mensualisation, si le salarié remplit les conditions pour pouvoir en bénéficier, soit :
  - moins de dix ans d'ancienneté : 1/10 de mois par année d'ancienneté,
  - à partir de dix ans d'ancienneté : 1/10 de mois par année d'ancienneté plus 1/15 de mois par année au-delà de dix ans ;

– soit l'indemnité de départ à la retraite déterminée par la convention collective ou par le contrat de travail, s'ils sont plus favorables.

Les conventions collectives sont, ici encore, très diverses. Par ailleurs, les indemnités varient souvent selon les catégories de personnel (ouvriers, employés, Etam, ingénieurs et cadres). Citons, à titre d'exemples :

– La Convention des industries de l'habillement. Elle prévoit pour les cadres :
- un mois de salaire, si le cadre a au moins cinq ans d'ancienneté dans l'entreprise ;
- deux mois, s'il a au moins dix ans ;
- deux mois et demi s'il a au moins quinze ans ;
- trois mois, s'il a au moins vingt ans ;
- quatre mois, s'il a au moins vingt-cinq ans.

Elle prévoit pour les ouvriers :
- un demi-mois de salaire, si l'ouvrier a cinq ans d'ancienneté dans l'entreprise ;
- un mois de salaire, s'il a dix ans d'ancienneté ;
- un mois et demi, s'il a quinze ans ;
- deux mois, s'il a vingt ans d'ancienneté ;
- et un demi-mois supplémentaire par tranche de dix ans d'ancienneté.

– La Convention des VRP prévoit, elle :
- 0,2 mois par année entière jusqu'à cinq ans d'ancienneté ;
- un mois après cinq ans d'ancienneté ;
- deux mois après dix ans d'ancienneté ;
- deux mois et demi après quinze ans d'ancienneté ;
- trois mois après vingt ans d'ancienneté ;
- trois mois et demi après vingt-cinq ans d'ancienneté ;
- quatre mois après trente ans d'ancienneté.

Certaines conventions, pour l'octroi de l'indemnité de départ en retraite et/ou pour son calcul, font intervenir, selon des modalités plus ou moins complexes, *l'existence d'un régime de retraite supplémentaire.*

– C'est ainsi, par exemple, que la Convention des industries du pétrole prévoit notamment que l'ouvrier, employé, agent de maîtrise ou assimilé pouvant bénéficier, dès son départ, d'une retraite dans le cadre d'un régime de retraite d'entreprise ayant fait l'objet d'un agrément ministériel, ne pourra prétendre à l'indemnité de congédiement, cette mise à la retraite ne constituant pas un licenciement.

Toutefois, si le montant du capital représentatif de la retraite correspondant aux versements patronaux était inférieur au montant de l'indemnité de congédiement telle qu'elle aurait été calculée s'il y avait eu licenciement, l'intéressé recevrait la différence entre les deux montants.

Le montant du capital représentatif de la retraite sera déterminé par les barèmes de la caisse nationale de retraite pour la vieillesse, capital aliéné.

Lors de son départ à la retraite, l'ouvrier ou employé recevra une indemnité de fin de carrière d'un montant égal à un mois de salaire.

Lors de son départ à la retraite, l'agent de maîtrise ou assimilé recevra une indemnité de fin de carrière d'un montant égal à deux mois de salaire.

Cette indemnité ne pourra se cumuler avec les avantages de même nature accordés par l'entreprise dans la limite, le cas échéant, de la part correspondant aux seuls versements patronaux.

L'ingénieur ou cadre partant à la retraite à soixante-cinq ans ou à l'âge normal fixé par le régime de retraite dans les entreprises faisant bénéficier leur personnel d'un régime particulier de retraite agréé, a droit à une indemnité de mise à la retraite égale à trois mois de ses derniers appointements.

Cette indemnité est imputée sur la part correspondant aux versements patronaux, des indemnités qui peuvent être allouées dans certaines sociétés, lors de la mise à la retraite (prime dite de fin de carrière ou indemnité différemment désignée).

Les appointements retenus pour la détermination du montant de l'indemnité de mise à la retraite sont les appointements mensuels individuels tels que pris en considération à l'article 311 *c* de la Convention des industries du pétrole.

Tout ingénieur ou cadre quittant l'entreprise sur sa demande avec l'accord de son employeur, avant l'âge normal prévu au paragraphe précédent et remplissant les conditions nécessaires pour bénéficier d'une retraite par anticipation, reçoit une indemnité de départ d'un montant égal à celui de l'indemnité de mise à la retraite prévue et calculée comme il est indiqué aux paragraphes ci-dessus.

De même, la Convention des industries chimiques précise que : *« lorsqu'une entreprise assure un régime supplémentaire de retraite au-delà des régimes obligatoirement applicables à l'ensemble des entreprises relevant de la présente convention, elle pourra tenir compte des avantages assurés par ce régime supplémentaire, à l'exclusion de la part qui résulterait des versements de l'intéressé, dans le calcul de l'indemnité prévue au présent paragraphe, en cas de congédiement entre soixante ans et l'âge normal de la retraite prévu par le régime en vigueur dans l'entreprise, suivant des modalités qui devront faire l'objet d'un accord à l'intérieur de celle-ci... »*, et détermine, avec un luxe de détails, les conditions d'imputation.

Enfin, dernier exemple, la Convention du caoutchouc dispose que *« lorsqu'une société assure bénévolement un système particulier de retraite, elle pourra tenir compte de ces avantages dans le calcul de l'indemnité de congédiement, suivant des modalités qui seront définies par avance à l'intérieur de l'entreprise.*

Les ingénieurs et cadres bénéficient de droit du régime de retraite et de prévoyance institué par la convention collective nationale du 14 mars 1947.

Il est, en outre, recommandé aux entreprises d'étudier la possibilité de faire bénéficier les ingénieurs et cadres du régime supplémentaire facultatif prévu par cette même convention ou d'étudier toutes autres modalités propres à couvrir les risques décès et invalidité et à majorer la retraite du régime obligatoire... ».

■ Les retraites

Les conventions collectives sont, sauf exceptions telles que celles de l'assurance ou de la banque par exemple, peu prolixes en matière de retraites « supplémentaires » ou, selon un autre jargon « surcomplémentaires ». En général, comme on vient de le voir, il s'agit très souvent de simples recommandations qui, si elles sont appliquées, peuvent dans certains cas et sous certaines conditions, avoir des effets sur le montant de l'indemnité de départ en retraite.

C'est ainsi que l'on peut trouver dans la convention des VRP, à l'article 11, qu'*« il est recommandé aux entreprises de s'efforcer de faire bénéficier leurs représentants de commerce des avantages facultatifs prévus en matière de régime complémentaire de retraite... »*. Ce type de recommandation se retrouve, avec plus ou moins d'insistance, dans plusieurs conventions. On a vu, par exemple, que la

Convention du caoutchouc invite également les entreprises à étudier « *la possibilité de faire bénéficier les ingénieurs et cadres du régime supplémentaire facultatif prévu par cette même convention ou étudier toutes autres modalités propres à couvrir le risque décès et invalidité et à majorer la retraite du régime obligatoire* ».

On a vu aussi que certaines conventions (pétrole, industrie chimique, par exemple) précisent les conditions d'imputation des capitaux constitutifs sur l'indemnité de départ en retraite.

Mais on verra aussi (*cf.* section III : La retraite et le flou du droit) que, à défaut d'un corps de règles juridiques établies et claires, les entreprises sont très souvent – et trop souvent – conduites à se déterminer en fonction de dispositions particulières, fiscales et d'assiette de cotisations sociales... ce qui est loin d'être satisfaisant !

Liste des principales conventions collectives

Activités	*E ou NE* *	*Date signature*	*JO*	*N° brochure JO*
Abattoirs	E	20.06.73	17.09.74	3111
Agences Générales d'assurances	E	12.03.81	23.08.81	3110
Agences de voyages	E	31.10.73	25.05.75	3061
Agences de voyages accompagnateurs	N E	10.03.66	–	3061
Alimentation (entrepôts)	E	01.02.72	21.01.73	3166
Alimentation (magasins de vente)	E	29.05.69	31.05.73	3021
Alimentation (gérants mandataires)	E	24.09.84	14.05.85	3007
Alimentaires (industries diverses)	N E	27.03.69	–	3092
Ameublement (fabrication)	E	14.01.86	28.05.86	3155
Auto-écoles	E	19.05.87	27.02.88	3043
Automobile (commerce, réparation)	E	15.01.81	03.12.81	3034
Autoroutes (concessionnaires)	N E	13.06.79	–	3055
Banques	N E	20.08.52	–	3161
Bâtiment : • - 10 salariés • + 10 salariés • etam. ing. et cadres	 E E NE	 08.10.90 08.10.90 29.05.58 23.07.56	 15.02.91 12.02.91 – –	 3193 3258 3002 3002
Bijouterie (fabrication)	E	05.06.70	22.11.73	3051
Biscuiterie	N E	28.02.69	–	3017

* E ou N E : Étendue ou Non Étendue

Activités	*E ou NE* *	*Date signature*	*JO*	*N° brochure JO*
Bois	E	28.11.55	08.04.56	3041
Bonneterie	E	13.03.69	13.12.70	3148
Boucherie	E	12.12.78	03.06.79	3101
Boulangerie (industrielle)	E	27.12.77	18.01.80	3102
Bricolage (vente en libre service)	N E	09.10.85	–	3232
Bureaux d'études	E	15.12.87	27.04.88	3018
Caoutchouc	E	06.03.53	18.06.69	3046
Carrières et matériaux : • ouvriers • etam • cadres	E	 22.04.55 12.07.55 06.12.56	 21.12.60 21.12.60 21.12.60	3081
Cartonnage	E	09.01.69	31.08.71	3135
Centres sociaux	E	04.06.83	12.02.87	3218
Céramiques	E	07.09.89	22.05.90	3238
Charbon (importation et commerce) • ouvriers • cadres	N E 28.05.58 20.12.54	 – –	 – –	
Chauffage • ouvriers et Etam • IAC	E	 27.06.68 09.10.70	 23.06.72 23.06.72	 3042 3042
Chaussure (industrie)	E	07.03.90	11.01.90	3163
Chaux (fabrication)	E	15.06.70	21.12.82	3064
Chimiques (industries)	E	30.12.52	12.12.56	3018
Chocolaterie	N E	27.02.69	–	3162
Ciment : • ingénieurs et cadres • etam • ouvriers	 E N E N E	 05.07.63 02.02.76 02.02.76	 10.05.68 – –	 3071 3070 3069
Cliniques	N E	22.01.92	–	3197
Coiffure	E	03.07.80	21.12.80	3159
Combustibles (liquides, gazeux et pétroliers) - distribution	E	20.12.85	08.08.90	3004
Commerce de gros	E	23.06.70	29.08.72	3044
Conserves	E	22.10.85	25.04.86	3127
Construction (commerce de matériaux)	E	21.03.72	20.08.72	3154
Coopératives laitières	E	07.06.84	30.11.84	3608
Coopératives de céréales	E	05.05.65	02.12.65	–

Activités	*E ou NE* *	*Date signature*	*JO*	*N° brochure JO*
Crédit immobilier (Société de)	N E	18.05.88	–	3188
Cuirs et peaux (industrie)	E	06.10.56	18.10.61	3058
Déchets	E	25.03.57	16.02.58	3156
Eaux embouteillées (production)	E	24.05.88	13.12.88	3247
Édition	E	27.07.54	18.02.55	3103
Employés de maison	E	03.06.80	27.06.82	3180
Enseignement privé	N E	27.11.84	–	3229
Enseignement à distance	E	17.03.86	11.10.86	3295
Établissements financiers	N E	21.11.68	–	3059
Expertise	E	07.12.76	31.07.77	3145
Experts-comptables	E	09.12.74	12.06.75	3020
Gardiens d'immeubles	E	11.12.79	16.05.81	3144
Grands magasins	E	08.10.82	26.08.83	3082
Habillement				
• industrie	E	17.02.58	08.08.59	3098
• commerce	E	25.11.87	18.06.88	3241
• succursales	E	30.06.72	07.01.73	3065
HLM	N E	19.06.85	–	3190
Horlogerie	E	17.12.79	08.08.80	3152
Hôtels	N E	01.07.75	–	3003
Immobilier (agences, administrateurs, etc.)	E	09.09.88	29.04.90	3090
Importation et exportation	E	18.12.52	06.11.55	3100
Imprimerie	E	29.05.56	15.12.56	3138
Jeux et jouets (industrie)	E	25.01.91	19.07.91	3130
Journalistes	E	01.11.76	13.02.88	3136
Laboratoires de tirage de films	N E	01.06.69	–	3038
Lait (industrie)	E	20.05.55	21.01.78	3124
Matières plastiques	E	01.07.60	07.06.62	3066
Métallurgie				
• ingénieurs et cadres	E	13.03.72	29.05.73	3025
Meunerie	E	23.12.55	18.07.59	3060
Miroiterie	E	09.03.88	06.08.88	3050
Nettoyage	E	17.12.81	08.06.88	3173
Œufs	E	04.05.82	20.01.83	3184
Optique	E	02.06.86	14.12.86	3084

Activités	*E ou NE* *	*Date signature*	*JO*	*N° brochure JO*
Panneaux bois	E	23.10.84	19.03.85	3113
Papier-carton (production) • ingénieurs et cadres	N E	04.12.72	–	3011
Papier-carton (transformation) • ingénieurs et cadres	N E	21.12.72	–	3068
Papier-carton (production) • ouvriers et etam	E	20.01.88	17.03.89	3242
Pâtes alimentaires (industrie)	E	21.12.56	25.04.60	3107
Pétrole (industrie)	E	03.09.85	09.08.86	3001
Pharmacie (industrie)	E	05.04.90	28.06.90	3104
Pharmacie (commerce)	N E	01.04.64	–	3052
Porcelaine (industrie)	E	01.07.77	14.12.77	3164
Presse (agences)	N E	20.01.87	–	3142
Presse périodique • cadres	N E N E	01.04.74 30.06.72	– –	3143 3143
Promotion construction	E	18.05.88	15.11.88	3248
Publicité	E	22.04.55	19.08.55	3073
Récupération	E	06.12.71	25.01.85	3228
Reprographie	E	18.12.72	19.12.76	3027
Restauration rapide	E	18.03.88	13.12.88	3245
Sucrerie	N E	01.10.86	–	3026
Textile (industrie)	E	01.02.51	20.12.51	3106
Textiles artificiels	E	09.08.51	20.12.51	1240
Transports aériens • personnel au sol • personnel navigant	 E N E	 22.05.59 19.10.84	 21.01.64 –	 3177 3230
Transports maritimes	E	30.11.50	16.11.79	79.120
Transports routiers	E	21.12.50	26.02.55	3085
Transports urbains	E	11.04.86	06.06.87	3099
Travail temporaire	E	23.01.86	18.06.86	3212
Travaux publics • ouvriers • etam • ingénieurs et cadres	E	 15.12.54 21.07.65 31.08.55	 – – –	 3005-1 3005-1 3005-1
Tuiles et briques	E	17.02.82	29.06.82	3086
Verre	E	08.06.72	10.06.73	3079
Viandes (industrie)	E	09.11.88	23.08.89	3189
VRP	E	03.10.75	26.07.77	3075

SECTION II

LE CADRE JURIDIQUE DE LA PRÉVOYANCE (ET DE L'ASSURANCE DE GROUPE)

Les lois du 31 décembre 1989

Deux lois en date du 31 décembre 1989 ont profondément modifié le cadre législatif dans lequel doivent s'exercer les opérations d'assurance de groupe.

L'une (n° 89-1014) dite « loi Bérégovoy », qui a trait à la réforme du Code des assurances, comble une lacune en créant des dispositions légales relatives à l'assurance de groupe (C. assur., art. L. 140-1 à L. 140-4). Elle définit le contrat d'assurance de groupe, précise les conditions et les conséquences de l'exclusion d'un adhérent et détermine les modalités d'information des adhérents.

L'autre (n° 89-1009) – ou « loi Évin », a trait, en réalité, aux *opérations de prévoyance collective*, essentiellement *des salariés*. Elle renforce les droits des adhérents, normalise les conditions de prise en charge de certains risques, règle la situation des anciens salariés et des ayants droit, détermine les conditions et les conséquences de l'exclusion et de la résiliation et confirme certaines dispositions d'information des adhérents. Toutes ces dispositions ne sont pas encore en application. Il en est même une (dernier alinéa de l'article 4 relatif aux tarifs) reportée au 3 janvier 1998.

Champ d'application des textes légaux

Comme on le voit, le premier texte cité jette les bases de l'assurance de groupe ; en quatre articles, il en trace les grandes lignes ; cependant que le second précise, avec parfois un luxe de détails, dans le seul domaine de la prévoyance sociale, les droits des adhérents-assurés et les obligations des organismes assureurs et celles du souscripteur.

Il en résulte, quant aux organismes d'assurances, certaines redondances (par exemple la notice d'information) et souvent des chevauchements ou recoupements hasardeux.

■ L'assurance de groupe selon les articles L. 140-1 à L. 140-4 du Code des assurances

Inscrites dans le Code des assurances, les dispositions relatives à l'assurance de groupe ne concernent bien entendu que les opérations présentées par les organismes d'assurances régis par ce code. Mais elles concernent toutes les formes d'assurance collective – aussi bien la prévoyance sociale (régie par la loi Évin) que, par exemple, des contrats groupe à objet financier ou économique (contrats de prêts) ou encore des conventions de retraite.

■ La prévoyance collective selon la loi Évin

Le domaine d'application de la loi Évin est quelque peu différent.

Quant aux organismes, d'abord. Sont en effet concernés aussi bien les sociétés d'assurance que les institutions de prévoyance relevant du Code de la Sécurité sociale (dites L 4), que les caisses mutuelles agricoles ou que les mutuelles du Code de mutualité (dites de la « mutualité 45 »).

Quand aux risques visés, ensuite. N'entrent dans le cadre de la législation Évin que :

- le risque décès ;
- ceux portant atteinte à l'intégrité physique de la personne ; ou
- liés à la maternité ; ou
- d'incapacité de travail ; ou
- d'invalidité ; ou
- de chômage.

Or, on observe que le texte propre aux sociétés d'assurance (C. assur., art. L. 140-1) se réfère aux « risques dépendant de la durée de la vie humaine » alors que la loi Évin ne vise que le « risque décès ». Autrement dit *les contrats de groupe tendant à la constitution de retraites sont exclus du champ d'application de la loi Évin* et ne sont donc régis que par les dispositions du Code des assurances.

Les parties au contrat

La formation d'un contrat d'assurance de groupe est rendue relativement complexe par la pluralité des personnes concernées. Outre l'assureur, on trouve, en effet, le souscripteur (ou contractant), l'adhérent (ou affilié ou assuré) et/ou le bénéficiaire. Il en résulte parfois un imbroglio juridique que, justement, les lois du 31 décembre 1989 ont eu pour objet de dénouer, du moins en partie.

■ Le souscripteur

C'est la personne, physique ou morale, qui conclut le contrat avec l'assureur pour le compte d'un groupe de personnes physiques ou morales.

La majeure partie des souscriptions a pour origine :

- un employeur – personne morale ou physique – pour garantir son personnel ;
- un organisme de crédit afin de se prémunir contre les conséquences du décès, de l'incapacité de travail d'un emprunteur ;
- une association, un syndicat, etc., dont les membres souhaitent bénéficier de certaines garanties ;
- une institution pour les entreprises qui y adhèrent.

En souscrivant, le contractant prend des engagements précis vis-à-vis de l'assureur. Il s'oblige à obtenir l'affiliation des assurés et à proposer à l'assurance l'adhésion des nouveaux membres du personnel ou des emprunteurs.

Cet engagement correspond à une dérogation aux principes énoncés par les articles R. 511-1 à R. 511-7 du Code des assurances, qui stipulent que les opérations pratiquées par les compagnies d'assurances ne peuvent être présentées que par des personnes habilitées : courtiers, agents généraux, salariés de compagnies d'assurances.

Or, en ce qui concerne les assurances de groupe, l'article R. 512-4 du Code des assurances autorise les souscripteurs de contrats d'assurance de groupe, leurs préposés ou mandataires à présenter eux-mêmes les opérations d'assurance de groupe. Leur présentation ne peut donner lieu à l'attribution directe ou indirecte d'aucune commission ou autre rétribution.

Le souscripteur s'engage, en outre, au paiement des primes et à l'accomplissement de diverses formalités d'ordre administratif.

On verra que les lois du 31 décembre 1989 font peser sur le souscripteur diverses obligations à l'égard de l'adhérent (informations par exemple sur le contenu de la convention).

■ L'adhérent et les assurés

Les assurés sont les personnes soumises aux risques. Ce sont bien sûr les affiliés eux-mêmes, mais également parfois, selon les différents risques couverts, le conjoint et les enfants.

L'affilié garanti en cas de décès doit, conformément à l'article L. 132-2, donner son consentement à l'assurance, sous peine de nullité du contrat.

Cette exigence tombe dans le cas de contrats salariés en particulier lorsque l'affiliation est rendue obligatoire par une convention collective ou un accord d'entreprise. Dans ce cas, les obligations et avantages qui en découlent deviennent des éléments du contrat de travail, régi donc par le droit du travail.

Les articles L. 132-3 et L. 132-4 s'appliquent également aux assurances de groupe sous réserve de certaines adaptations liées à l'hypothèse précitée.

■ Le bénéficiaire

C'est la personne appelée à recueillir les prestations en cas de réalisation du risque couvert.

Le bénéficiaire est l'assuré lui-même ou, en cas de décès, son conjoint ou ses enfants, ou toute autre personne spécialement désignée.

Dans le cadre des contrats liés aux opérations de crédit, le bénéficiaire est l'organisme prêteur. C'est lui, en effet, qui percevra les sommes dues par l'assureur.

La forme du contrat

Le contrat d'assurance de groupe comporte, comme les autres polices d'assurances, des conditions générales et particulières. Y figurent notamment :

- l'identité des parties contractantes ;
- celles des personnes assurées ;
- la nature des risques garantis ;
- le mode de calcul et de paiement des cotisations ;
- la date d'effet du contrat et les conditions d'existence ou de renouvellement ;
- les références (salaires, forfait, etc.) servant de base aux calculs des garanties et des cotisations ;
- les conditions d'admission pour être assuré (état de santé, âge, appartenance à la catégorie des cadres ou des non-cadres) ;
- la prise d'effet de l'affiliation et des garanties ;
- la cessation de l'affiliation et des garanties, et les conséquences.

Ces conditions générales sont complétées par des chapitres définissant les modalités propres à chaque garantie : le montant des garanties, les conditions d'ouverture des droits, les conditions de leur versement, etc.

Toute addition ou modification au contrat primitif doit être constatée par un avenant.

Aspects techniques

■ Capitalisation et non répartition

Toutes les opérations considérées reposent sur la technique de la capitalisation. Autrement dit, les engagements des assureurs sont couverts intégralement par les provisions techniques.

Cela concerne, depuis la loi Évin, les opérations d'assurance maladie complémentaire. Et cela vaut quel que soit l'organisme assureur : sociétés d'assurances, mutuelles, caisses mutuelles agricoles, etc. En effet, l'article 7 de cette loi dispose que l'engagement doit être couvert à tout moment, pour tous les contrats ou conventions souscrits, par des provisions représentées par des actifs équivalents.

Les normes relatives au taux de couverture et aux provisions techniques ont été fixées par le décret n° 90-768 du 30 août 1990. Une période transitoire est cependant prévue pour certains organismes qui sont dans l'impossibilité de provisionner intégralement, ce qui concerne essentiellement certains organismes mutualistes qui géraient « en répartition ». Cette période expirera le 31 décembre 1996. Par ailleurs, le décret précité prévoit des dispositions spéciales pour les organismes dont le taux de couverture est au 31 décembre 1989 inférieur à 100 %.

■ Assurance de groupe à adhésion obligatoire

Il serait vain de chercher dans le Code des assurances (C. assur., art. L. 140-1 à L. 140-5) une ou des définitions de ce qu'il est convenu d'appeler « groupe à adhésion obligatoire » et « groupe à adhésion facultative »... D'autant que les critères dits techniques – ceux notamment relatifs à l'effectif et à sa composition – ont disparu de la réglementation par abrogation des articles R. 140-2 et R. 140-3 du Code des assurances (décret n° 90-827 du 20 septembre 1990).

La définition de *l'assurance collective obligatoire,* on la trouve à l'article 2 de la « loi Évin » qui stipule : *« lorsque des salariés sont garantis collectivement, soit sur la base d'une convention ou d'un accord collectif, soit à la suite de la ratification par la majorité des intéressés d'un projet d'accord proposé par le chef d'entreprise, soit par décision unilatérale de l'employeur... ».*

Ainsi le caractère obligatoire de l'adhésion s'apprécie-t-il dans le cadre de l'entreprise, en vertu des conventions collectives ou d'un accord d'entreprise.

Le caractère obligatoire de l'adhésion renforce les droits de l'assuré : garantie des risques déjà réalisés (états pathologiques antérieurs, interdiction de toute exclusion de pathologie ou d'affection – voir pour plus de précisions « les dispositions propres à la garantie des salariés ».

Il est cependant permis de regretter que le législateur n'ait pas cru bon de limiter clairement les domaines de l'« obligatoire » et du « facultatif » et surtout, de les harmoniser avec les dispositions fiscales. Il avait pourtant tout le loisir de le faire, tant dans le cadre de la loi Évin que dans celui de la loi Bérégovoy relative à l'assurance de groupe (C. assur., art. L. 140-1 et s.). Bien plus, un décret d'application de cette loi a abrogé les articles R. 140-1 et suivants du Code des assurances qui avaient au moins le mérite de fixer les normes de l'assurance de groupe à adhésion obligatoire : 75 % de l'effectif assurable ou d'une catégorie de personnel objectivement déterminée, 25 assurés au minimum...). Sans doute ces dispositions étaient-elles dépassées et donc inadaptées, d'autant qu'elles étaient en discordance avec les dispositions fiscales ; mais il n'en demeure pas moins regrettable que le législateur ait choisi de régler la difficulté en l'occultant totalement.

En effet, le problème de la détermination – en toute certitude – du régime fiscal du contrat collectif, tant en matière de primes que de prestations, reste entier. Il aurait même, selon certains commentateurs, été accentué par la loi Évin, dans la mesure où l'article 11, qui prévoit qu'un régime mis en place par décision unilatérale de l'employeur ne saurait s'imposer aux salariés présents à la date de sa création – sauf s'il est financé intégralement par l'employeur –, écarte *de facto* l'exigence fiscale de 100 % de l'effectif assurable.

Ainsi que l'a fort bien expliqué M. Guy Bellocq dans le numéro 647 de l'Assurance française, juridiquement et pratiquement le problème se pose dans les termes suivants :

« La loi Évin dispose en son article 2 que les régimes collectifs de prévoyance peuvent être mis en place par accord collectif, par référendum sur la base d'une proposition de l'employeur ou encore par décision unilatérale du chef d'entreprise ; compte tenu des dispositions de l'article 3, qui vise les régimes mis en place par d'autres moyens, il faut comprendre que l'article 2 vise les régimes obligatoires pour les salariés (ce qui est d'ailleurs confirmé par l'article 11 évoqué plus haut).

Cette relative clarté de la définition de l'obligatoire et du facultatif en « droit de la prévoyance » proprement dit, n'a cependant qu'un intérêt mineur pour les professionnels pour qui l'essentiel est de maîtriser la situation fiscale des contrats qu'ils commercialisent, en matière de primes (déductibilité dans le cadre de l'article 83-2 du Code général des impôts) et de prestations.

Or, à ce jour, c'est toujours sur l'instruction du 5 décembre 1985 que l'administration fiscale se fonde pour considérer que le caractère obligatoire d'un régime de prévoyance implique, notamment, que 100 % de l'effectif de l'entreprise ou d'une catégorie de personnel objectivement délimitée y adhère.

Face à ces deux approches contradictoires, les professionnels sont d'autant plus perplexes que, par définition, les régimes collectifs mis en place par décision unilatérale de l'employeur pourraient théoriquement se voir systématiquement refuser la qualification fiscale d'« obligatoire », dès lors que les salariés présents antérieurement à leur création peuvent légalement refuser d'y cotiser.

Une telle incertitude, s'agissant de questions essentielles dans le cadre de la mise en place d'un régime de prévoyance et qui engagent en outre la responsabilité des professionnels de l'assurance, ne cesse pas de surprendre.

Bien que l'on ne puisse préjuger de la position qui sera finalement retenue par les administrations concernées (à supposer que la question soit jamais clairement tranchée), tout porte à croire que les services fiscaux feront plus que jamais preuve de « souplesse ».

En effet :

– bon nombre de contrats collectifs de prévoyance et de frais médicaux ne couvrent pas la totalité du personnel d'une entreprise ou d'une catégorie donnée

(conjoints de salariés bénéficiant déjà d'une « mutuelle maladie », garanties décès par définition facultatives, en application de l'article L. 132-2 du Code des assurances) ; d'ailleurs, l'administration fiscale n'a jamais, en la matière, appliqué à la lettre l'instruction de 1975 ;

– la notion de 100 % de l'effectif couvert n'a plus guère de sens, comme indiqué auparavant, pour les régimes mis en place sur décision unilatérale de l'employeur ;

– le caractère obligatoire des régimes de prévoyance, tel que défini par l'instruction de 1975, n'est qu'une interprétation administrative de l'article 83-2 du Code général des impôts, laquelle se heurte, depuis de 1er janvier 1990, à une disposition légale précise (article 11 de la loi Évin).

On peut donc raisonnablement penser, compte tenu de ce qui précède, que le fisc se rapprochera de la réalité économique et sociale de l'engagement de l'entreprise et cherchera à déterminer, dans les cas litigieux, si le régime a pour objet de compléter le statut social du personnel concerné ou bien, au contraire, d'offrir aux membres du personnel qui le souhaiteraient la possibilité d'améliorer leurs garanties contractuelles, voire d'avantager tel ou tel salarié ».

Quoi qu'il en soit, *ces dispositions ne concernent que les salariés.* Elles ne sauraient trouver application dans le cadre d'autres assurances de groupe à adhésion obligatoire. Car peuvent être rattachés à cette catégorie de contrats ceux souscrits par un organisme professionnel ou interprofessionnel en faveur de travailleurs non salariés, dont l'affiliation est rendue statutairement obligatoire. Entrent également dans cette classification, les contrats à caractère non professionnel tels que ceux souscrits par les associations ou en garantie de prêt, à partir du moment où chacun des membres de l'association ou chaque emprunteur est tenu d'adhérer de façon obligatoire.

■ Assurance de groupe à adhésion facultative individuelle ou collective

Il n'existe plus, depuis l'abrogation de l'article R. 140-3 du Code des assurances de critères d'effectifs, de quotas, etc., qui caractérisaient l'assurance dite à adhésion facultative.

Dans le cadre de la « loi Évin », toutes les opérations de prévoyance qui ne correspondent pas à l'article 2 (salariés, adhésion obligatoire) relèvent de l'article 3 qui prévoit que l'assureur peut refuser de prendre en charge les suites d'une maladie contractée antérieurement à deux conditions :

1. *« que la ou les maladies antérieures dont les suites ne sont pas prises en charge soient clairement mentionnées dans le contrat individuel ou dans le certificat d'adhésion du contrat collectif » ;*

2. *« que l'organisme apporte la preuve que la maladie était antérieure à la souscription ou à l'adhésion... »* (voir pour plus de précision les « dispositions relatives aux autres assurances collectives et aux adhésions individuelles »).

Intérêt de la distinction

Outre la différence des droits des adhérents relevant de la « loi Évin », la distinction entre les contrats dits à adhésion obligatoire ou facultative est importante tant aux plans juridique, technique que tarifaire.

Il importe de souligner, d'une part que, selon l'article L. 140-4 du Code des assurances, la faculté de dénonciation de l'adhésion en cas de modifications de la convention n'est offerte qu'aux seuls assurés dont l'adhésion est facultative.

D'autre part, le fait d'amener de façon obligatoire un ensemble de personnes au sein d'un groupe permet d'éviter l'anti-sélection résultant de l'adhésion facultative ou individuelle. L'adhésion obligatoire entraîne de plus, par le jeu des entrées et des sorties des adhérents, une homogénéité qui permet une compensation des risques au sein du groupe.

Enfin, les frais de gestion divergent également selon que l'adhésion est ou non obligatoire. Dans le premier cas, l'assureur s'adresse par tous les actes du contrat à un seul interlocuteur – le souscripteur – alors que l'adhésion individuelle facultative conduit à une gestion se rapprochant de celle des contrats individuels, d'où un coût de gestion plus élevé.

Les droits de l'adhérent

■ Le droit à l'information

Le législateur a prévu tout un dispositif d'information de l'adhérent lui permettant d'avoir connaissance des garanties et des modalités d'exercice de ses droits (la notice d'information) et des modifications envisagées.

La notice d'information

C'est, du moins à notre connaissance, à propos de l'adhésion à une assurance collective liée à une opération de crédit immobilier que l'on voit apparaître pour la première fois l'idée d'une notice d'information. En effet la loi du 13 juillet 1979 – relative à la protection et à l'information des emprunteurs dans le domaine de l'immobilier – dispose qu'au contrat de prêt doit être annexée *« une notice énumérant les risques garantis et précisant toutes les modalités de la mise en jeu de l'assurance »*.

Et c'est par le biais de la clause type que la notice s'est généralisée. L'ancien article R. 140-5 du Code des assurances disposait en effet que la police devait comporter une clause prévoyant que le souscripteur devait tenir à la disposition des assurés une notice résumant d'une manière très précise leurs droits et obligations.

Cet article réglementaire est abrogé. Le nouvel article L. 140-4 du Code des assurances précise en effet que *le souscripteur est tenu de remettre à l'adhérent une notice établie par l'assureur qui définit les garanties et leurs modalités d'entrée en vigueur ainsi que les formalités à accomplir en cas de sinistre.* Il est en outre indiqué que la charge de la preuve de la remise de la notice pèse sur le souscripteur.

Alors que le texte précédent ne prévoyait que « la mise à disposition » du document, l'article L. 140-4 – qui résulte de la loi du 31 janvier 1989 – en impose la remise à l'adhérent par le souscripteur.

De même l'article 12 de la loi Évin fait obligation au souscripteur de remettre à l'adhérent *« une notice d'information détaillée qui définit notamment les garanties prévues par la convention ou le contrat et leurs modalités d'application »*.

Informations en cours de contrat

L'adhérent doit être tenu au courant des conséquences du défaut de paiement de sa cotisation. Aussi bien le nouvel article L. 140-3 du Code des assurances prévoit-il que lors de la mise en demeure le souscripteur doit informer l'adhérent que le défaut de paiement est susceptible d'entraîner son exclusion du contrat.

Par ailleurs, le souscripteur doit également informer les adhérents des *modifications « qu'il est prévu, le cas échéant, d'apporter à leurs droits et obligations »* (C. assur., art. L. 140-4).

On trouve une disposition similaire à l'article 12 de la loi Évin qui dispose, au deuxième alinéa, que *« le souscripteur est... tenu d'informer préalablement par écrit les adhérents de toute réduction des garanties... »*.

■ Le droit – limité – de dénonciation

Modifications et conséquences

Lorsque l'adhérent a été informé des modifications apportées à ses droits et obligations, ces dernières lui sont opposables. Reste à savoir si la sanction de l'obligation d'information est l'inopposabilité de la modification ou la responsabilité civile du souscripteur ?

L'article L. 140-4 du Code des assurances ne permet pas à l'assuré à titre obligatoire de dénoncer son adhésion en cas de modifications contractuelles

Cette faculté de dénonciation est limitée aux seules assurances à adhésion libre ou facultative. Il est en effet précisé que cette possibilité n'est pas offerte à l'adhérent lorsque « le lien qui l'unit au souscripteur rend obligatoire l'adhésion au contrat ».

■ Le droit aux prestations acquises

Résiliation de la convention et exclusion d'un adhérent
Conséquences

Selon l'article L. 140-3 du Code des assurances, l'exclusion d'un adhérent du groupe assuré suppose soit la rupture du lien juridique avec le souscripteur (rupture du contrat de travail, amortissement du prêt, par exemple), soit le non-paiement de la cotisation.

L'exclusion ne peut intervenir qu'au terme d'un délai de quarante jours à compter de l'envoi, par le souscripteur, d'une lettre recommandée de mise en demeure. Cette lettre ne peut être envoyée que dix jours au plus tôt après la date à laquelle les sommes dues doivent être payées.

Le dernier alinéa précise que *« cette exclusion ne peut faire obstacle, le cas échéant, au versement des prestations acquises en contrepartie des primes ou cotisations versées antérieurement par l'assuré »*.

Cette disposition est précisée et complétée, pour ce qui concerne la prévoyance collective, par l'article 7 de la loi Évin qui prévoit que *« la résiliation ou le non-renouvellement du contrat ou de la convention est sans effet sur le versement des prestations immédiates ou différées, acquises ou nées durant son exécution »* (disposition d'application immédiate).

Il est en outre précisé que le versement des prestations se poursuit à un niveau égal à celui de la dernière prestation due ou payée avant la cessation du contrat, « sans préjudice, est-il indiqué, des révisions prévues par le contrat ». Mais de telles révisions ne peuvent pas avoir pour motif la seule résiliation ou le seul non-renouvellement.

Il en découle, très logiquement, puisque l'engagement doit être couvert à tout moment, que l'organisme assureur doit constituer les provisions correspondantes (dernier alinéa article 7). Autrement dit, ces risques doivent être gérés en capitalisation et non comme il était parfois pratiqué, en répartition (une période transitoire est prévue pour les organismes ne disposant pas de provisions suffisantes. Elle expire le 31 décembre 1996).

■ Problèmes liés à la résiliation du contrat dans le cadre de la loi Évin

Reprise intégrale des engagements par le nouvel assureur

L'article 29. V 3e alinéa de la loi Évin prévoit une indemnité à la charge de l'entreprise qui résilie un contrat de groupe. Elle correspond à la fraction des prestations acquises ou nées postérieurement au 2 janvier 1990 (pour des contrats en cours à cette date) qui n'ont pas été provisionnées.

Cette indemnité (qui n'aura plus lieu d'être à compter du 1er janvier 1997, puisque tous les assureurs seront alors censés avoir constitué les provisions nécessaires) est destinée à permettre à l'assureur de maintenir les rentes et indemnités journalières concernées au niveau atteint lors de la résiliation.

Le même article 29. V dispose que l'indemnisation de résiliation n'est pas due lorsque la nouvelle convention prévoit la reprise intégrale des engagements relatifs au contrat résilié.

Il est donc impératif que l'ancien assureur porte à la connaissance de l'entreprise (donc du nouvel assureur) la liste et le montant des prestations en cours ainsi que le montant des provisions techniques constituées pour chacune d'entre elles et ce, dans des délais raisonnables afin de permettre à l'entreprise de négocier valablement le nouveau contrat et de ne pas être bloquée par le préavis de résiliation.

Or, la loi Évin ne fixant aucun délai en la matière, on observe, de la part de certains professionnels, des réticences à fournir les informations précitées telles qu'elles s'apparentent à de l'obstruction caractérisée face à laquelle l'entreprise et le nouvel assureur n'ont aucun recours (sur la base de la loi Évin, du moins).

À cet égard, il faut noter que le rapport annuel à fournir par l'assureur en application de l'article 15 n'est d'aucun recours, puisque l'obligation vise les comptes du contrat groupe dans son ensemble et non pas le compte propre à chaque entreprise du groupe.

Les indemnités statutaires de résiliation demandées par certaines institutions de prévoyance

Certains règlements intérieurs d'institutions de prévoyance prévoient le versement d'indemnités de résiliation à la charge des entreprises adhérentes en cas de « démission ». Ces indemnités étaient, en règle générale, justifiées par des impératifs techniques et elles ne sont d'ailleurs licites que dans la mesure où elles correspondent à de tels impératifs.

Or, depuis la loi Évin, il semble que les indemnités statutaires de résiliation jusqu'alors justifiées techniquement dans le cadre de la répartition, n'aient plus de raison d'être dans la mesure où, pour l'ensemble des organismes assureurs, le principe est désormais celui de la gestion des prestations de prévoyance selon la technique de la capitalisation, pour tous les contrats postérieurs au 2 janvier 1990 (date d'application de la loi).

Pour les contrats antérieurs à cette date, la loi prévoit une indemnité de résiliation spécifique devant permettre la couverture intégrale des prestations acquises ou nées entre 2 janvier 1990 et le 31 décembre 1996 (fin de la période transitoire prévue par l'article 29. V) lorsque l'assureur initial n'a pas été en mesure de provisionner à 100 % les engagements concernés et que le nouvel assureur ne les reprend pas intégralement.

Compte tenu de ces dispositions, les demandes des institutions de prévoyance relatives au versement d'indemnités statutaires ayant le même objet que l'indemnité légale de résiliation paraissent difficilement justifiables même si, sur un plan strictement juridique, on pourrait arguer qu'en adhérant aux statuts d'une institution, l'entreprise s'est engagée sur le principe du versement de l'indemnité qu'ils prévoient en cas de démission.

Dispositions propres à la garantie des salariés

La loi n° 89-1009 du 31 décembre 1989 (loi Évin) s'est essentiellement attachée d'une part à renforcer les droits des salariés et d'autre part à normaliser certaines garanties afin d'éviter les disparités de traitements ou de pratiques existant entre les divers organismes habilités à mettre en œuvre les opérations de prévoyance collective.

Ainsi la loi dispose-t-elle que :

- il est *impossible d'exclure telle ou telle maladie* dès lors qu'elle est prise en charge par le régime général de la Sécurité sociale (art. 2-2e alinéa). Cela ne concerne que la garantie des frais *(disposition applicable aux contrats souscrits après le 3 janvier 1990) ;*
- les *suites des maladies* survenues antérieurement à la souscription ou l'adhésion doivent être garanties. *«... l'organisme qui délivre sa garantie prend en charge les suites des états pathologiques survenus antérieurement...»* (art. 2). Sous réserve, bien entendu, des sanctions – notamment de la nullité – en cas de fausse déclaration *(disposition applicable aux contrats souscrits après le 3 janvier 1990)* ;
- les *anciens salariés* (retraités, chômeurs, bénéficiaires d'une rente d'incapacité ou d'invalidité) pourront, s'ils en font la demande (dans les six mois qui suivent la rupture du contrat de travail) bénéficier du maintien des garanties sans conditions de période probatoire ni examen ou questionnaire médical et, surtout, sans condition de durée. *Cette disposition est entrée en vigueur le 3 janvier 1992. Le tarif ne peut pas être supérieur de plus de 50 % aux tarifs globaux applicables aux actifs (décret du 30 août 1990).*

Le maintien des garanties « frais de soins » aux « sortants » pose quelques problèmes. En effet, si l'on s'en tient à la lettre de l'article 4 de la loi Évin, le maintien des garanties doit s'opérer à l'identique. D'ailleurs l'article 1er du décret du 30 août 1990 limite les tarifs de ces garanties à 50 % des « tarifs globaux applicables aux salariés actifs » ; il serait donc illogique de fixer une tarification maximale pour les inactifs sur la base de prestations différentes de celles des actifs. Mais on fait remarquer que le maintien à l'identique, fût-ce en contrepartie d'une augmentation maximale de 50 %, n'est viable ni sur le plan technique (consommation médicale accrue des retraités et invalides notamment), ni sur le plan de la gestion (coût informatique engendré par le rattachement d'individus isolés), ni philosophiquement et ce pour deux raisons (*cf.* Guy Bellocq, article précité) :

- le maintien à l'identique des garanties de soins pour les « sortants » entraînerait systématiquement l'application de la tarification maximale légale, ce qui aurait pour effet dans bien des cas, de mettre à la charge des intéressés (dont les revenus sont nécessairement amoindris) une cotisation de 200 % supérieure à celle d'activité (hypothèse d'une cotisation d'activité pour 50 % à la charge du salarié). Nombre d'entre eux seraient donc contraints, à terme, de renoncer à leur couverture maladie et de se soumettre, le cas échéant, auprès d'un autre assureur, au processus des questionnaires médicaux et des délais d'attente... inutile d'insister sur l'aberration d'une telle issue, surtout dans le cadre d'une législation qui se veut réellement protectrice de l'assuré ;
- un maintien des garanties à l'identique ne satisferait pas, en termes d'équilibre technique du régime, des maxima tarifaires légaux et des augmentations conséquentes combinées au rapport « actifs - inactifs » tel qu'il est prévu pour les années à venir, et risquerait vraisemblablement d'avoir un effet dissuasif sur les chefs d'entreprise en matière de création ou d'amélioration d'un régime, ce qui, compte tenu de la philosophie de la loi, serait particulièrement choquant.

C'est pour ces différentes raisons que les organismes assureurs, dans leur majorité, ont élaboré des contrats standard à destination des inactifs quittant l'entreprise ; dans ce cadre, il est clair que tout contrôle de la majoration de 50 % des cotisations des actifs est en pratique impossible, voire dénué de toute signification.

- les *ayants-droit* de l'assuré – ou plutôt les personnes garanties du chef de l'assuré – pourront également, s'ils en font la demande (dans les 6 mois suivant le décès) bénéficier du maintien de la garantie, pour une durée minimale de douze mois à compter du décès (article 4). *Cette disposition est entrée en vigueur à compter du 3 janvier 1992. Le tarif ne peut pas être supérieur de plus de 50 % aux tarifs globaux applicables aux actifs (décret du 30 août 1990)* ;
- le *maintien des garanties* devra être possible en cas de résiliation ou de non-renouvellement du contrat. Aux termes de l'article 5, le contrat doit prévoir d'une part un délai de préavis et d'autre part les modalités et les conditions tarifaires selon lesquelles l'organisme assureur peut maintenir sa couverture *(disposition applicable à compter du 3 janvier 1992)* ;
- en outre, il est précisé (article 12) que dans le cas d'un système de garanties collectives *mis en place par décision unilatérale* de l'employeur, le salarié déjà embauché ne peut pas être contraint d'y cotiser.

On notera enfin que :

- le comité d'entreprise doit être informé et consulté préalablement à la mise en place d'un régime collectif de prévoyance ou à la modification de la couverture existante (articles 13 et 14) ;
- l'organisme assureur doit fournir chaque année au chef d'entreprise un rapport sur les comptes de la convention (sur le contenu de ce rapport, voir le décret n° 90-769 du 30 août 1990. Note sous l'article 15 de la loi du 31 décembre 1989 reproduite ci-après).

Prévoyance complémentaire

Loi n° 89-1009 du 31 décembre 1989
dite « Loi Évin »

renforçant les garanties offertes aux personnes assurées contre certains risques

Article 1er

Les dispositions du présent titre s'appliquent aux opérations ayant pour objet la prévention et la couverture du risque décès, des risques portant atteinte à l'intégrité physique de la personne ou liés à la maternité ou des risques d'incapacité de travail ou d'invalidité ou du risque de chômage.

Seuls sont habilités à mettre en œuvre les opérations de couverture visées au premier alinéa les organismes suivants :

a) Entreprises régies par le Code des assurances ;

b) Institutions relevant du titre III du livre VII du Code de la Sécurité sociale ;

c) Institutions relevant de la section 4 du chapitre II du titre II du livre VII du Code rural.

d) Mutuelles relevant du Code de la mutualité.

Article 2

Lorsque des salariés sont garantis collectivement, soit sur la base d'une convention ou d'un accord collectif, soit à la suite de la ratification par la majorité des intéressés d'un projet d'accord proposé par le chef d'entreprise, soit par décision unilatérale de l'employeur, contre le risque décès, les risques portant atteinte à l'intégrité physique de la personne ou liés à la maternité ou les risques d'incapacité de travail ou d'invalidité, l'organisme qui délivre sa garantie prend en charge les suites des états pathologiques survenus antérieurement à la souscription du contrat ou de la convention ou à l'adhésion à ceux-ci, sous réserve des sanctions prévues en cas de fausse déclaration.

Aucune pathologie ou affection qui ouvre droit au service des prestations en nature de l'assurance maladie du régime général de Sécurité sociale ne peut être exclue du champ d'application des contrats ou conventions visés au premier alinéa dans leurs dispositions relatives au remboursement ou à l'indemnisation des frais occasionnés par une maladie, une maternité ou un accident.

Article 3

Pour les opérations collectives autres que celles mentionnées à l'article 2 de la présente loi et pour les opérations individuelles, l'organisme qui a accepté une souscription ou une adhésion doit, sous réserve des sanctions prévues en cas de fausse déclaration, prendre en charge les suites d'états pathologiques survenus antérieurement à l'adhésion de l'intéressé ou à la souscription du contrat ou de la convention.

Toutefois, il peut refuser de prendre en charge les suites d'une maladie contractée antérieurement à l'adhésion de l'intéressé ou à la souscription du contrat ou de la convention à condition :

a) Que la ou les maladies antérieures dont les suites ne sont pas prises en charge soient clairement mentionnées dans le contrat individuel ou dans le certificat d'adhésion au contrat collectif ;

b) Que l'organisme apporte la preuve que la maladie était antérieure à la souscription du contrat ou à l'adhésion de l'intéressé au contrat collectif.

Dans les cas prévus à l'alinéa précédent, l'administration de la preuve s'effectue dans le respect des dispositions de l'article 378 du Code pénal relatives au secret professionnel.

Article 4

Lorsque des salariés sont garantis collectivement, dans les conditions prévues à l'article 2 de la présente loi, en vue d'obtenir le remboursement ou l'indemnisation des frais occasionnés par une maladie, une maternité ou un accident, le contrat ou la convention doit prévoir, sans condition de période probatoire ni d'examen ou de questionnaire médicaux, les modalités et les conditions tarifaires des nouveaux contrats ou conventions par lesquels l'organisme maintient cette couverture :

1° Au profit des anciens salariés bénéficiaires d'une rente d'incapacité ou d'invalidité, d'une pension de retraite ou, s'ils sont privés d'emploi, d'un revenu de remplacement, sans condition de durée, sous réserve que les intéressés en fassent la demande dans les six mois qui suivent la rupture de leur contrat de travail ;

2° Au profit des personnes garanties du chef de l'assuré décédé, pendant une durée minimale de douze mois à compter du décès, sous réserve que les intéressés en fassent la demande dans les six mois suivant le décès.

Le nouveau contrat ou la nouvelle convention doit prévoir que la garantie prend effet, au plus tard, au lendemain de la demande.

Les tarifs applicables aux personnes visées par le présent article peuvent être supérieurs aux tarifs globaux applicables aux salariés actifs dans des conditions fixées par décret.

Décret n° 90-769 du 30 août 1990 : *les tarifs applicables aux personnes visées ci-dessus ne peuvent être supérieurs de plus de 50 % aux tarifs globaux applicables aux salariés actifs.*

Article 5

Lorsque des salariés sont garantis collectivement, dans les conditions prévues par l'article 2 de la présente loi, contre le risque décès, les risques portant atteinte à l'intégrité physique de la personne ou liés à la maternité ou les risques d'incapacité de travail ou d'invalidité, le contrat ou la convention doit prévoir le délai de préavis applicable à sa résiliation ou à son non-renouvellement ainsi que les modalités et les conditions tarifaires selon lesquelles l'organisme peut maintenir la couverture, sans condition de période probatoire ni d'examen ou de questionnaire médicaux, au profit des salariés concernés, sous réserve qu'ils en fassent la demande avant la fin du délai de préavis.

Article 6

Pour les opérations collectives autres que celles mentionnées à l'article 2 de la présente loi et pour les opérations individuelles et sous réserve du paiement des primes ou cotisations et des sanctions prévues en cas de fausse déclaration, après l'expiration d'un délai de deux ans suivant l'adhésion de l'intéressé ou la souscription du contrat ou de la convention, l'organisme ne peut refuser de maintenir aux intéressés le remboursement ou l'indemnisation des frais occasionnés par une maladie, une maternité ou un accident. Les personnes visées sont celles qui sont affiliées au contrat collectif ou d'assurance de groupe ou mentionnées au contrat individuel ou à la convention tant que celles-ci le souhaitent, sans réduction des garanties souscrites, aux conditions tarifaires de la catégorie dont elles relèvent, avec maintien, le cas échéant, de la cotisation ou de la prime pour risque aggravé.

L'organisme ne peut ultérieurement augmenter le tarif d'un assuré ou d'un adhérent en se fondant sur l'évolution de l'état de santé de celui-ci.

Si l'organisme veut majorer les tarifs d'un type de garantie ou de contrat, la hausse doit être uniforme pour l'ensemble des assurés ou adhérents souscrivant ce type de garantie ou de contrat.

Les mêmes dispositions sont applicables aux garanties contre les risques d'incapacité de travail ou d'invalidité, le risque chômage et, à titre accessoire à une autre garantie, contre le risque décès tant que l'assuré n'a pas atteint l'âge minimum requis pour faire valoir ses droits à une pension de vieillesse et sous réserve des sanctions pour fausse déclaration.

Les dispositions du présent article ne sont applicables ni aux contrats ou conventions qui couvrent uniquement le risque décès, ni à la garantie ou au contrat souscrit en application du troisième alinéa de l'article 4 de la présente loi.

Article 7

Lorsque des assurés ou des adhérents sont garantis collectivement contre les risques portant atteinte à l'intégrité physique de la personne ou liés à la maternité, le risque décès ou les risques d'incapacité ou d'invalidité, la résiliation ou le non-renouvellement du contrat ou de la convention est sans effet sur le versement des prestations immédiates ou différées, acquises ou nées durant son exécution. Le versement des prestations de toute nature se poursuit à un niveau au moins égal à celui de la dernière prestation due ou payée avant la résiliation ou le non-renouvellement, sans préjudice des révisions prévues dans le contrat ou la convention. De telles révisions ne peuvent être prévues à raison de la seule résiliation ou du seul non-renouvellement.

L'engagement doit être couvert à tout moment, pour tous les contrats ou conventions souscrits, par des provisions représentées par des actifs équivalents.

Taux de couverture et provisions techniques (décret n° 90-768 du 30 août 1990, JO 1.9.1990, p. 10663)

Ces provisions techniques sont la somme :

1° – des provisions relatives au service des prestations immédiates ou différées, acquises ou nées avant le 2 janvier 1990 ;

2° – des provisions relatives au service des prestations immédiates ou différées, acquises ou nées à partir du 2 janvier 1990.

Les bases de calcul des provisions techniques sont fixées par arrêté. Jusqu'à la date de publication au JO de cet arrêté, les provisions sont au moins égales à un montant déterminé en fonction des éléments suivants :

1° – pour les différentes catégories de prestations dont le versement ne dépend que de la survie du bénéficiaire :

– table de mortalité TV 73/77 ;

– taux de l'intérêt de 5 % ;

– frais de gestion de 3 % de chaque arrérage ;

2° – pour les prestations dues au titre du risque incapacité, lorsque les versements peuvent s'échelonner sur plus de 365 jours et peuvent se poursuivre par des prestations d'invalidité :

– deux fois le montant annuel des prestations d'incapacité servies au cours de l'exercice ;

3° – pour les prestations dues au titre du risque invalidité :

– six fois le montant annuel des prestations d'invalidité servies au cours de l'exercice.

Les organismes, dont le taux global initial de couverture est, à la date du 31 décembre 1989, au moins égal à 100 %, doivent constituer ces provisions intégralement à partir de l'exercice 1989. Des dispositions spéciales concernent les organismes dont le taux de couverture est, au 31 décembre 1989, inférieur à 100 %.

La marge de solvabilité ou de sécurité est celle prévue par le Code des assurances (livre III, titre III, chapitre IV). Au 31 décembre 1989 et pour l'exercice 1990, le montant de la marge de sécurité est égal à 25 % des cotisations nettes de réassurance de l'exercice. Il ne peut pas être inférieur à un minimum égal à 10 % des cotisations brutes de réassurance.

Sur les conséquences actuarielles de la « loi Évin », voir l'article de Yves Couturier, l'Ass. Fr. n° 609, 1.6.1990).

Article 8

Pour les opérations collectives autres que celles mentionnées à l'article 2 de la présente loi, le souscripteur est, pour l'exécution du contrat ou de la convention, réputé agir à l'égard de l'assuré ou de l'adhérent pour le compte de l'organisme qui délivre sa garantie.

Article 9

Les remboursements ou les indemnisations des frais occasionnés par une maladie, une maternité ou un accident ne peuvent excéder le montant des frais restant à la charge de l'assuré ou de l'adhérent après les remboursements de toute nature auxquels il a droit.

Un décret détermine les modalités d'application du présent article en cas de pluralité d'organismes garantissant l'assuré ou l'adhérent.

Décret n° 90-769 du 30 août 1990

– Les garanties de même nature contractées auprès de plusieurs organismes assureurs produisent leurs effets dans la limite de chaque garantie quelle que soit sa date de souscription. Dans cette limite, le bénéficiaire du contrat ou de la convention peut obtenir l'indemnité en s'adressant à l'organisme de son choix.

– Dans les rapports entre organismes assureurs, la contribution de chacun d'eux est déterminée en appliquant, au montant des frais à la charge de l'assuré ou de l'adhérent, le rapport existant entre l'indemnité que chaque organisme assureur aurait versée s'il avait été seul et le montant cumulé des indemnités qui auraient été à la charge de chaque organisme assureur s'il avait été seul.

– Le premier alinéa de l'article 9 de la loi ainsi que les dispositions du 1er alinéa ci-dessus doivent être reproduits en caractères très apparents sur toute proposition, bulletin de souscription ou d'adhésion, conditions générales et note d'information remis aux assurés ou adhérents.

Article 10

Les dispositions des articles 2, 4, 7 et 9 sont des dispositions d'ordre public et s'appliquent quelle que soit la loi régissant le contrat.

Article 11

Aucun salarié employé dans une entreprise avant la mise en place, à la suite d'une décision unilatérale de l'employeur, d'un système de garanties collectives contre le risque décès, les risques portant atteinte à l'intégrité physique de la personne ou liés à la maternité ou d'invalidité ne peut être contraint à cotiser contre son gré à ce système.

Article 12

Le souscripteur d'une convention ou d'un contrat conclu avec un organisme appartenant à l'une des catégories mentionnées à l'article 1er de la présente loi, en vue d'apporter à un groupe de personnes une couverture contre le risque décès, les risques portant atteinte à l'intégrité physique de la personne ou liés à la maternité ou des risques d'incapacité de travail ou d'invalidité, est tenu de remettre à l'adhérent une notice d'information détaillée qui définit notamment les garanties prévues par la convention ou le contrat et leurs modalités d'application.

Le souscripteur est également tenu d'informer préalablement par écrit les adhérents de toute réduction des garanties visées à l'alinéa précédent.

Article 13

À la fin du deuxième alinéa de l'article L. 431-4 du Code du travail, les mots « ainsi que leurs conditions de vie dans l'entreprise » sont remplacés par les mots : « leurs conditions de vie dans l'entreprise ainsi que les conditions dans lesquelles ils bénéficient d'une couverture contre le risque décès, les risques portant atteinte à l'intégrité physique de la personne ou liés à la maternité ou les risques d'incapacité de travail ou d'invalidité ».

Article 14

L'article L. 432-3 du Code du travail est complété par un alinéa ainsi rédigé :

« Le comité d'entreprise est obligatoirement informé et consulté préalablement à la mise en place d'une couverture des salariés contre le risque décès, les risques portant atteinte à l'intégrité physique de la personne ou liés à la maternité ou les risques d'incapacité de travail ou d'invalidité ou à la modification de la couverture existante ».

Article 15

Lorsque des salariés d'une entreprise bénéficient, dans les conditions prévues à l'article 2 de la présente loi, de garanties collectives contre le risque décès, les risques portant atteinte à l'intégrité physique de la personne, ou liés à la maternité ou des risques d'incapacité de travail ou d'invalidité, l'organisme assureur est tenu de fournir chaque année au chef d'entreprise un rapport sur les comptes de la convention ou du contrat dont le contenu est fixé par décret.

Décret n° 90-769 du 30 août 1990
Le rapport doit indiquer :
a) le montant des cotisations ou primes brutes de réassurance ;
b) le montant des prestations payées brutes de réassurance ;
c) le montant des provisions techniques brutes de réassurance le 1er janvier et le 31 décembre de l'exercice considéré ;
d) la quote-part :
– des produits financiers nets,
– des commissions,
– des autres charges,
– des participations aux résultats,
– du résultat de la réassurance ;
e) le nombre de salariés garantis.

Le rapport doit être adressé au chef d'entreprise deux mois, au plus, après l'approbation des comptes et, au plus tard, le 31 août suivant la clôture de l'exercice considéré.

Article 16

Il est inséré, après l'article L. 432-3-1 du Code du travail, un article L. 432-3-2 ainsi rédigé :
« À la demande du comité d'entreprise ou, à défaut, des délégués du personnel, le chef d'entreprise leur présente chaque année le rapport mentionné à l'article 15 de la loi n° 89-1009 du 31 décembre 1989 renforçant les garanties offertes aux personnes assurées contre certains risques ».

Dispositions relatives aux autres assurances collectives et aux adhésions individuelles

Deux articles de la loi n° 89-1009 du 31 décembre 1989 ont trait aux autres assurances et aux adhésions individuelles (art. 3 et 6).

Le premier pose le principe de la prise en charge des *suites des maladies antérieures*. L'organisme qui a accepté une souscription ou une adhésion est, en principe, dans l'obligation de prendre en charge les suites d'états pathologiques antérieurs à l'adhésion ou à la souscription (sauf le cas de la fausse déclaration). Mais contrairement à ce qui se passe pour la garantie des salariés (voir ci-dessus), il est possible ici à l'organisme assureur de prévoir l'exclusion de telle ou telle affection. Ainsi l'assureur peut-il refuser la prise en charge des suites d'une maladie antérieure à l'adhésion sous deux conditions :
- *les maladies exclues doivent être clairement mentionnées* au contrat individuel ou au certificat d'adhésion ;
- l'assureur doit apporter la preuve que la maladie est antérieure à la souscription ou à l'adhésion.

Cette disposition est applicable depuis le 3 janvier 1990.

L'article 6 – dont la rédaction laisse fortement à désirer – concerne *les conditions du maintien de certaines prestations.*

Il est admis qu'*après l'expiration d'un délai de deux ans* suivant l'adhésion, l'assureur ne peut plus refuser de maintenir le remboursement des frais médicaux à ses adhérents-assurés-bénéficiaires.

Ce maintien doit s'opérer sans réduction des garanties et aux mêmes conditions tarifaires. L'assureur ne peut pas augmenter le tarif d'un assuré en se fondant sur l'évolution de son état de santé. Si l'assureur entend augmenter son tarif, la hausse doit être uniforme pour l'ensemble des assurés.

Le maintien des autres garanties (incapacité, invalidité, chômage et décès si la garantie est accessoire) est acquis jusqu'au moment où l'assuré a atteint l'âge minimum pour faire valoir ses droits à la retraite.

Compte tenu du délai de deux ans, *ces dispositions sont applicables aux contrats souscrits avant le 3 janvier 1990 lorsqu'un délai de deux ans se sera écoulé depuis la souscription (art. 29. III).*

SECTION III

LA RETRAITE ET LE FLOU DU DROIT

« Il est difficile de déterminer ce qu'est exactement un régime de retraite, car aucun critère ne semble pleinement satisfaisant... ». Cette phrase figure dans les conclusions (reproduites ci-après. Conseil d'État 9 novembre 1990, Laboratoires Nicholas) du Commissaire du Gouvernement, M. T. Arrighi de Casanova, qui poursuit : *«... Si la notion de véritable régime de retraite s'avère malaisée à définir, ou même cerner de près, il nous semble en outre que cette recherche est à la réflexion inutile... »*

Inutile ? Voire...

Car force est de constater que, pour la mise en place de régimes dits « surcomplémentaires » ou « chapeau », les entreprises se déterminent souvent en fonction de quelques dispositions fiscales ou de cotisations sociales, incertaines, discutées et discutables.

Ainsi, *en matière fiscale,* la discussion porte essentiellement sur :

- l'étendue des *« dépenses de personnel et de main-d'œuvre »* comprises comme des charges de l'entreprise afin de déterminer le bénéfice imposable (CGI, art. 39. I) ;
- les conditions de *déduction de cotisations* permettant de déterminer le revenu imposable au titre de l'IRPP (CGI, art. 82 et 83).

Or la seule disposition dont on soit sûr est celle du 5° de l'article 39. I, selon laquelle *« ne sont pas déductibles les provisions que constitue une entreprise en vue de faire face au versement d'allocations en raison du départ à la retraite ou préretraite des membres ou anciens membres de son personnel ou de ses mandataires sociaux ».*

Pareillement, *en matière sociale,* la discussion porte sur l'assiette des cotisations de Sécurité sociale et, en particulier, sur les termes très généraux de l'article L. 242-1 (dernier alinéa) du Code de la Sécurité sociale, selon lequel *« les contributions des employeurs destinées au financement des prestations complémentaires de retraite et de prévoyance sont exclues de l'assiette des cotisations mentionnées au premier alinéa ci-dessus pour la partie inférieure au montant fixé par décret ».*

Ces bribes de droit sont certainement insuffisantes (et inadaptées) pour régir le domaine des retraites, d'autant qu'elles donnent lieu – comme on va le voir *le Conseil d'État et la retraite surcomplémentaire ; les régimes de retraite et les cotisations de Sécurité sociale)* – à une jurisprudence incertaine et mal contrôlée. Il en résulte alors une insécurité juridique préjudiciable au développement de certains avantages sociaux.

Dans cette matière, on butte – ou on trébuche – sur les obstacles qui sont dressés par le Trésor public et les Urssaf, au gré de leur appétit.

On ne peut que regretter le flou du droit provenant d'une jurisprudence erratique, l'indigence du droit social face à l'imperium du droit fiscal et de la législation de Sécurité sociale et... l'absence d'une politique législative.

Le Conseil d'État et la retraite «surcomplémentaire»

Lorsque la juridiction administrative est saisie de ce sujet, c'est qu'un problème fiscal s'est posé, problème qui consiste essentiellement dans les conditions de déductibilité des cotisations ou des versements faits par les entreprises à leurs salariés, retraités ou non, directement ou pour leur compte.

Quand les sommes versées par les entreprises au bénéfice de leurs salariés sont affectées aux versements des régimes de protection sociale reconnus en droit fiscal par les articles 82 et 83 du Code général des impôts, les solutions sont à peu près établies... encore que... Mais il n'en va pas de même dans l'hypothèse où l'employeur décide de verser des cotisations ou des prestations en dehors des règles gouvernant le régime légal de protection ou l'assurance de groupe de l'entreprise.

Sur ce point, la jurisprudence du Conseil d'État est fluctuante. Jusqu'à un arrêt du 31 octobre 1975, la doctrine fiscale était libérale ; il était permis à l'entreprise de provisionner ou, plutôt, de déduire de ses revenus imposables les pensions allouées à ses salariés retraités.

En 1975, les régimes de retraite « surcomplémentaires » se multipliant, le fisc devient sourcilleux. Et le Conseil d'État restreint à deux cas seulement la possibilité de déduction des sommes affectées par l'entreprise aux régimes complémentaires de retraite.

En 1985, le Conseil d'État estime qu'un régime qui ne fonctionne ni en répartition ni en capitalisation et sans cotisations des salariés n'est pas un régime de retraite.

En 1988, la Haute Juridiction écarte la notion de régime de retraite au motif qu'il ne bénéficiait qu'à un petit nombre de salariés.

Ainsi voit-on les conditions restrictives se développer régulièrement ... jusqu'à (peut-être) une prise de conscience que semble traduire l'arrêt du 9 novembre 1990 (Ministre délégué auprès du ministre de l'Économie c/ Laboratoires Nicholas - Conc. Com. du G. M. Arrighi de Casanova) qui infléchit la doctrine fiscale.

Cet arrêt, dont on trouvera ci-dessous le considérant principal, mérite de retenir l'attention, non pas tant parce qu'il autorise l'entreprise à inscrire dans ses charges les sommes versées directement à ses anciens salariés à titre de complément de retraite, mais parce qu'il subordonne le droit fiscal aux principes du droit du travail :

« ... Considérant que la société anonyme « Laboratoires Nicholas » a conclu le 18 avril 1961 avec une compagnie d'assurances un contrat en vue de constituer un fonds collectif de réserve permettant d'assurer au personnel cadre retraité des sociétés du groupe le versement d'un complément de retraite s'ajoutant aux pensions servies par les différents régimes de retraite ; que, si ce contrat a été résilié à compter du 1er juillet 1976, les conditions dans lesquelles ce régime a été appliqué avaient créé un usage conférant aux cadres de la société qui entraînent dans son champ d'application un avantage sur le maintien duquel ils étaient en droit de compter ; qu'en l'absence de dénonciation de cet usage par l'employeur, c'est

en vertu de l'obligation juridique ainsi souscrite au profit d'une catégorie de son personnel que l'entreprise a, en 1979, versé à cinq de ses anciens cadres des compléments de pensions calculés, d'une manière non contestée par le ministre, conformément aux règles appliquées depuis 1961 ; que, contrairement à ce que soutient le ministre, la circonstance que ledit régime n'ait donné lieu à aucune cotisation de la part des salariés et ne se rattacherait ni à un système de répartition, ni à un système de capitalisation est sans incidence sur le caractère déductible des sommes ainsi versées ; que, par suite, le ministre délégué auprès du ministre de l'Économie, des Finances et de la Privatisation, chargé du budget n'est pas fondé à soutenir que c'est à tort que le tribunal administratif de Grenoble a, par le jugement attaqué, prononcé la décharge des cotisations supplémentaires à l'impôt sur les sociétés assignées à la société anonyme« Laboratoires Nicholas » et correspondant aux sommes versées en 1979 à titre de pension à cinq de ses anciens salariés ; ... ».

Dans ces conclusions, le Commissaire du Gouvernement, M. Arrighi de Casanova, expose notamment :

« .../...

A. – Les règles applicables en la matière résultent en principe des dispositions de l'article 39 du CGI, en vertu desquelles sont notamment déductibles, pour l'assiette de l'impôt sur les sociétés comme pour la détermination des BIC, les dépenses de personnel et de main-d'oeuvre pourvu, ajoute votre jurisprudence, qu'elles aient été régulièrement exposées dans l'intérêt de l'entreprise. Mais ces règles ont surtout été tracées par la décision d'Assemblée du 31 octobre 1975 (RJF n° 546), aux conclusions de Mme le président Latournerie (DF 1976 c. 52). Prenant notamment en considération le développement des régimes de retraites complémentaires, vous avez alors rompu avec une jurisprudence antérieure qui autorisait assez libéralement la déduction, par les entreprises, des sommes versées à titre de pensions à leurs anciens salariés. Vous n'avez maintenu cette possibilité que dans deux cas :

- celui, qui semble en pratique assez rare car ces régimes concernent essentiellement les cadres, où la pension, directement versée à un bénéficiaire aux ressources modestes, *correspond aux besoins* de ce dernier, c'est-à-dire présente un caractère alimentaire ;
- et celui où il s'agit de cotisations versées à un *régime de retraite*, par quoi il faut entendre, non seulement les régimes légaux ou conventionnels, mais encore tout régime « maison », pourvu qu'il s'applique statutairement à l'ensemble du personnel ou à certaines catégories de celui-ci.

Cette définition comportait une lacune, correspondant au cas où *l'employeur fait directement bénéficier* ses anciens cadres, par le versement de pensions, d'un régime de retraite répondant par ailleurs à la condition qui vient d'être exposée. Elle a été comblée par votre décision du 2 février 1983 (RJF n° 494), qui a admis cette assimilation. Elle l'a certes fait à propos de la constitution de provisions. Mais la solution vaut *a fortiori* pour la déductibilité de la charge elle-même.

Deux décisions intervenues en 1985 ont ensuite affiné ces critères :

- dans une affaire jugée le 18 mars 1985, aux conclusions de M. de Guillenschmidt (RJF n° 685 ; DF c. 1815), vous avez décidé qu'un régime créé par délibération d'un conseil d'administration mais ne reposant *ni sur un système de répartition, ni sur un système de capitalisation, fonctionnant sans cotisations* et ne concernant, enfin, qu'un *petit nombre* de salariés, ne pouvait être regardé comme un régime de retraite, au sens des règles tracées par la jurisprudence d'Assemblée ;

- par une décision du 17 juin 1985 (RJF n° 1159 concl. Racine), vous avez ajouté une condition supplémentaire, liée au *caractère non excessif des sommes versées.*

Malgré les critiques faites à certains aspects de cette jurisprudence, notamment en ce qu'elle a finalement multiplié les conditions au point d'aboutir à un dispositif assez restrictif, vos décisions les plus récentes ont, pour l'essentiel, maintenu le cap (20 juillet 1988 RJF n° 1069, 5 et 7 octobre 1988, RJF n° 1196 et 1197, 24 avril 1989 RJF n° 662).

B. – Il est temps d'en venir aux faits de l'espèce, pour déterminer si la question soulevée par le recours du ministre peut trouver une réponse indiscutable au regard de ces différents critères.

La société des Laboratoires Nicholas avait, à l'origine, passé un contrat avec une compagnie d'assurance, en vue de constituer un fonds collectif destiné au financement de pensions de retraites servies aux cadres de la société. Il s'agissait de ce qu'il est convenu d'appeler un régime « surcomplémentaire », garantissant à ceux qui étaient appelés à en bénéficier une allocation complémentaire permettant de porter le montant des sommes perçues par ailleurs, au titre des régimes de base et complémentaire, à un niveau calculé selon des modalités assez complexes. Fondé sur la capitalisation, le système reposait exclusivement sur les *cotisations de l'employeur.*

Mais le contrat, devenu trop onéreux pour la société, a été *résilié* par celle-ci en 1975. Elle a décidé de poursuivre elle-même le versement des sommes découlant de l'ancien système aux cadres qui rempliraient les conditions précédemment fixées. Le départ de six cadres en 1979 conduisit la société à verser des pensions, qu'elle inscrivit en charges déductibles de ses résultats, avec les conséquences que l'on a déjà dites en ce qui concerne les positions divergentes de l'Administration et des premiers juges quant au sort fiscal de ces sommes.

La position du service prend directement appui sur la jurisprudence d'Assemblée de 1975 : s'agissant de sommes directement versées par l'entreprise, sans passer par un véritable régime, la déduction ne peut être admise que pour les pensions susceptibles d'être regardées comme une aide correspondant aux besoins de l'ancien salarié. Tel fut le cas, aux yeux du vérificateur, de l'un des six retraités, de sorte que le litige porte sur la réintégration des sommes afférentes au versement de cinq pensions pour lesquelles la société ne soutient pas que leurs bénéficiaires seraient dans le besoin.

Les premiers juges ont, de leur côté, estimé que l'existence du régime négocié en 1961 valait *engagement* à *l'égard des cadres* de la société des Laboratoires Nicholas, c'est-à-dire d'une catégorie déterminée de son personnel, et que les versements litigieux n'étaient que la poursuite de cet engagement selon des modalités nouvelles qui n'en altéraient pas l'économie générale et, en particulier, ne remettaient pas en cause l'existence d'un véritable « régime de retraite ».

À ce raisonnement, le ministre oppose le double constat de l'absence d'accord de volonté des partenaires sociaux à l'origine du contrat de 1961 et de l'absence de cotisations des salariés. Dans un mémoire en réplique, le ministre se prévaut également des conditions qui ont été ajoutées par la jurisprudence en 1985, pour constater que le système litigieux ne repose ni sur la capitalisation, ni sur la répartition, qu'il ne concerne en outre qu'un nombre réduit de personnes et que la preuve d'un engagement général et impersonnel de la société à l'égard de ses salariés n'est pas apportée. Et le ministre d'en conclure que les sommes litigieuses ne représentent que les arrérages de rentes viagères constituées à titre gratuit, constitutives de libéralités consenties à des personnes ayant cessé toute activité professionnelle.

C. – Il nous semble que la manière dont se présente cette affaire ainsi que la nature des moyens dont le ministre vous saisit peut fournir l'occasion de *clarifier votre jurisprudence*, sans pour autant l'infléchir notablement.

Le rappel des différents éléments de cette jurisprudence – car, à la vérité, nous avouons notre incapacité à y déceler un fil conducteur unique – montre bien qu'à force de chercher à définir ce qu'est un régime de retraite au sens de l'arrêt de 1975, vous avez accumulé des critères dont nous ne sommes pas persuadés qu'ils soient tous pertinents.

Il nous semble, en vérité, que la recherche du « véritable régime de retraite », pour reprendre l'expression du considérant de principe rituellement répété dans la plupart de vos décisions à partir de 1985, n'est qu'une quête assez vaine, en ce sens que cette notion est à la fois difficile à cerner avec précision et, finalement, inutile pour décider du caractère déductible des sommes litigieuses.

1. Il est, d'abord, *difficile de déterminer ce qu'est, exactement un régime de retraite*, car aucun critère ne semble pleinement satisfaisant.

L'alternative *« capitalisation ou répartition »* nous semble, en premier lieu, *critiquable*, pour les raisons mises en lumière par J. Turot dans sa chronique à la RJF 1988, p. 655.

Elle est d'abord *contestable en fait*, car il est possible de soutenir qu'un régime « maison » où l'employeur verse directement les pensions repose sur une répartition entre actifs et retraités. Telle était d'ailleurs l'opinion émise par M. Bissara dans ses conclusions sur la décision précitée du 2 février 1983 (RJF p. 211).

Cette alternative est en outre critiquable en ce qu'elle implique, de la part du juge, une *préférence pour une gestion externe*, plutôt qu'interne, alors qu'une gestion par un organisme d'assurance peut s'avérer fragile si l'entreprise cesse de cotiser en raison de difficultés financières, faisant ainsi perdre à ses salariés tout droit à prestations.

Nous pensons en deuxième lieu que l'exigence de *versement de cotisations par les salariés* qui ne semble d'ailleurs par reprise par vos décisions précitées des 7 octobre 1988 et 24 avril 1989, *ne saurait être retenue comme critère nécessaire* d'un véritable régime de retraite. Il s'agit en effet d'une condition facultative aux termes de l'article L. 731-1 du Code de la Sécurité sociale. Et il serait d'ailleurs difficile de l'imposer à des salariés dont les droits au bénéfice du système ne sont, par définition, qu'éventuels : le régime surcomplémentaire ne présente en effet dans la plupart des cas qu'un caractère *subsidiaire* ; il ne joue que si les droits acquis par le salarié au titre des régimes légaux et complémentaires ne permettent pas aux différentes pensions qu'il perçoit d'atteindre un certain seuil.

Il nous semble en troisième lieu que l'on ne peut davantage, comme l'ont fait vos décisions du 18 mars 1985 ou du 20 juillet 1988, écarter la notion de régime de retraite au motif qu'il ne bénéficierait qu'à un *petit nombre de salariés.* La seule question est *celle du caractère général et impersonnel* des règles fixées, opposé au *caractère ponctuel d'une mesure de faveur* accordée à tel ou tel ancien salarié de l'entreprise. La circonstance qu'un seul salarié serait, en fait, en mesure d'en bénéficier n'y change rien, de même que le fait qu'un statut de fonctionnaire ne concernerait en fait qu'un seul agent est sans incidence sur son caractère réglementaire.

2. Si la notion de véritable régime de retraite s'avère ainsi malaisée à définir, ou même à cerner de près, il nous semble en outre que cette recherche, est, à la réflexion, *inutile*.

Nous pensons en effet que l'accumulation des critères au fil des ans a fait quelque peu perdre de vue l'esprit de la jurisprudence d'assemblée de 1975. Il s'agit de distinguer les *charges de personnel des libéralités*, et de refuser les montages servant à camoufler des avantages injustifiés que l'entreprise octroierait discrétionnairement à tel ou tel, et notamment aux anciens dirigeants. À travers le mécanisme de déductibilité résultant de l'article 39 du Code, l'État doit supporter une partie des véritables dépenses du personnel. Mais il n'a pas à financer les libéralités.

On peut d'ailleurs se demander si l'hypothèse, admise par la décision d'assemblée, de pensions ayant un caractère alimentaire correspond bien à l'idée de charges exposées dans l'intérêt de l'entreprise, car nous ne voyons pas en vertu de quel type d'obligation juridique un employeur peut être réputé avoir versé de telles sommes.

Or, si l'on veut éviter les risques de subjectivité inhérents à la recherche, en ce domaine, de l'intérêt de l'entreprise, le meilleur critère de distinction nous paraît être celui que proposait Mme Latournerie dans ses conclusions sur la décision d'assemblée de 1975. Selon elle « pour qualifier une dépense de personnel au sens de la loi fiscale, le juge de l'impôt doit se *référer au droit social* applicable dans l'entreprise, tel qu'il résulte d'une part, des lois, règlements et conventions collectives, et d'autre part, des contrats individuels auxquels l'entreprise est partie ainsi que des *règles générales et impersonnelles auxquelles elle entend se soumettre d'elle-même et qui, dans cette mesure, créent des droits pour son personnel* ».

S'agissant de la déductibilité de sommes versées sous forme de cotisations ou de pensions, il nous semble toutefois que l'engagement qui ne résulterait que d'un contrat individuel de travail doit être écarté, car il ne correspond pas à la ligne jurisprudentielle dégagée par la décision d'assemblée, qui consiste à s'en tenir, sauf le cas des pensions alimentaires, à des sommes versées en application de règles générales et impersonnelles à l'ensemble du personnel ou au moins à une catégorie déterminée. Si l'on veut débusquer les libéralités, il est difficile d'admettre que les seules stipulations d'un contrat individuel de travail seront génératrices de sommes déductibles lorsque ce contrat aura pris fin avec le départ en retraite du salarié.

Résumons-nous : au lieu de courir vainement après l'introuvable critère du véritable régime de retraite, vous devriez, croyons-nous, vous en tenir en la matière à l'exigence d'une *double condition* : l'existence d'un véritable *engagement juridique* opposable à l'employeur et le *caractère général* et *impersonnel* de cet engagement.

La seule difficulté concerne alors les *formes* d'un tel engagement. Nous pensons que le juge de l'impôt ne peut, à cet égard, que *se référer aux règles de droit social.* Telle est d'ailleurs, à l'égard du droit privé de façon générale, la ligne de conduite de votre jurisprudence, chaque fois qu'aucun impératif propre au droit fiscal n'impose de s'en écarter.

Il en résulte, en particulier, contrairement à ce que soutient le ministre lorsqu'il fait valoir que les cadres n'étaient pas parties à l'accord signé en 1961 avec la compagnie d'assurance, qu'un acte *unilatéral* de l'employeur peut fort bien créer, au profit de ses salariés, un engagement créant des droits à leur profit. C'est ce qu'admet d'ailleurs la jurisprudence d'assemblée de 1975. Et c'est ce que vous avez admis, encore plus explicitement, dans une décision du 31 janvier 1979 (RJF n° 126) à propos de pensions versées par une entreprise à ses anciens salariés.

C'est dire que *l'usage tel qu'il est reconnu en droit du travail* doit être regardé, au même titre que les lois et règlements ainsi que les conventions collectives, comme l'une des sources de l'obligation (en ce sens l'article « Droit du travail-sources » de l'encyclopédie Dalloz de droit du travail n° 182 et s. ou le fascicule 1-10 du Jurisclasseur travail n° 134 et s.). C'est, au demeurant, ce qu'ont déjà reconnu implicitement certaines de vos décisions (17 avril 1974 : Dupont, p. 270 ; 27 juillet 1984 : RJF n° 1128).

D. – Il reste alors à déterminer si l'entreprise établit en l'espèce, comme il lui appartient de le faire s'agissant d'une charge qu'elle entend déduire, *l'existence d'un usage qui lui ait été opposable.*

Il nous semble que l'application des règles dégagées par la Cour de cassation en la matière conduit à apporter une réponse positive à cette question. L'usage dans l'entreprise présente, selon la jurisprudence, un *double aspect* :

- un aspect matériel ou objectif, la *pratique générale et constante* ;
- un aspect intellectuel ou subjectif, le *sentiment de nécessité*. Selon la formule reprise par de nombreux arrêts, l'octroi de l'avantage doit être « de nature à persuader le personnel qu'il est versé en conformité avec un usage constant de l'entreprise et d'un accord tacite des parties liées par le contrat de travail ».

Cette jurisprudence trouve fréquemment à s'appliquer en matière d'avantages acquis. Ainsi, à propos de l'application qu'un employeur avait faite d'un accord qui, au départ, ne le liait pas, il a été jugé que cette application était constitutive d'un usage, sur le maintien duquel les intéressés « étaient en droit de compter » (Cass. soc., 16 décembre 1976, Bull V, n° 680).

Après avoir considéré qu'un employeur ne pouvait pas revenir sur une mesure sociale, dès lors qu'elle résultait d'un usage constant invariable (Cass. soc., 24 mai 1960 : JCP 1960 II 11724), la Cour de cassation considère, depuis 1981, que l'entreprise peut revenir sur un usage, mais seulement à certaines conditions touchant notamment au respect d'un certain préavis entre la décision d'y mettre fin et l'exécution de celle-ci (Cass. soc., 10 novembre 1981 : Bull. V n° 883).

S'agissant d'avantages prenant la forme de *retraites*, la cour d'appel de Grenoble statuant sur renvoi de la Cour de cassation, a décidé par un arrêt du 18 décembre 1984, dans un cas identique au nôtre, que le caractère obligatoire d'un régime de retraite résultait de la signature, par l'employeur, d'un contrat d'assurance. C'est donc la *décision unilatérale* que constitue la signature de ce contrat, auquel le personnel n'est par partie, qui crée *l'usage d'entreprise*.

Il nous semble clair que la société des Laboratoires Nicholas a créé un tel usage lorsqu'elle a souscrit, en 1961, le contrat d'assurance dont l'objet était de fournir des pensions de retraites « surcomplémentaires » à l'ensemble de ses cadres. Si seulement six d'entre eux en ont bénéficié jusqu'en 1976, cela n'est dû qu'au caractère subsidiaire du système et au nombre réduit de cadres – sur un effectif qui, au demeurant, ne semble pas très important – qui se sont trouvés en situation de bénéficier des règles fixées par le règlement annexé au contrat d'assurance.

De ce que l'obligation juridique découle de l'acte unilatéral de l'employeur, il résulte, selon nous, que la manière dont celui-ci décide de *financer l'avantage* ainsi consenti – *et qui n'est rien d'autre en réalité, qu'un salaire différé* – n'est qu'une question secondaire qui est *sans incidence* sur la portée de l'obligation et, par suite sur le caractère déductible des sommes ainsi déboursées par l'entreprise.

Peu importe donc que celle-ci ait préféré, à partir de 1976 devenir son propre assureur. Contrairement à ce que soutient le ministre, vous n'avez pas à vous demander si, ensuite, l'employeur a pris, à l'égard de son personnel une *décision* qui lui soit opposable en vue de *maintenir* cet avantage. Vous ne pouvez que constater, au contraire, que l'usage continuait, de plein droit, à produire tous ses effets juridiques, tant que l'employeur ne l'avait pas *dénoncé* dans les conditions fixées par le droit social.

Il est constant qu'en l'espèce il ne l'a pas fait et que les règles qui ont été appliquées pour le calcul des cinq pensions litigieuses sont celles-là mêmes qui avaient été définies dans le règlement annexé à l'accord de 1961, et sur le maintien desquelles les cadres de la société des Laboratoires Nicholas étaient en droit de compter.

Il ne fait donc aucun doute à nos yeux que les sommes en litige constituent bien des *dépenses de personnel* exposées par l'entreprise en vertu d'une obligation juridique à caractère général et impersonnel souscrite au profit d'une catégorie de ses cadres. C'est donc à bon droit que les premiers juges en ont admis le *caractère déductible.*

…/… »

Quelles conséquences tirer de cet arrêt du 9 novembre 1990 ?

Dans une note parue à la RGAT du 4e trimestre 1991 (p. 963), M. P. Giron le qualifie de « non-événement juridique ». Et il a sûrement raison, sauf lorsqu'il évacue, un peu rapidement, l'influence du droit social sur le droit fiscal, en écrivant : *« tous les commentateurs de la discipline savent que dans l'hypothèse où le droit fiscal n'a pas de position particulière à préserver, la référence à d'autres droits devient la règle (ou presque). Ainsi, qu'en matière d'usage dans l'entreprise, le droit social devienne un critère obligé ne doit nullement surprendre, surtout lorsque la finalité de la démonstration fiscale a besoin de l'argument du droit social ! »*. Soit ! Mais il n'empêche que, dans la réalité, le droit fiscal affiche son emprise sur la gestion de l'entreprise, contrarie souvent les projets sociaux de celle-ci et qu'il se serait souhaitable qu'il abdique ses prétentions au bénéfice de la protection sociale.

Dans cette même note, M. P. Giron met très judicieusement et très clairement en lumière les conséquences éventuelles d'une telle décision, lorsqu'il écrit :

« Puisque le droit fiscal autorise maintenant l'entreprise à déduire les sommes versées à ses anciens employés, au titre d'une cotisation de complément de retraite, on peut affirmer qu'il s'agit là, potentiellement, d'une concurrence faite aux compagnies d'assurance. Mais ce sera bien le seul point de l'arrêt qui les concernera. Désormais, les entreprises possèdent la faculté d'effectuer une « pesée », entre la facilité de recourir aux professionnels de l'assurance et le coût que cela implique, afin d'organiser un régime de retraite. Si l'entreprise détermine que son intérêt réside dans la sécurité et la facilité d'une gestion externe, les assureurs ne seront pas menacés. Mais que la notion de coût supporté devienne prépondérante, alors, il existe un risque sérieux pour les assureurs de se voir

confisquer par les entreprises, une part du marché de la retraite. Sérieusement, les dangers d'une telle réalité ne peuvent provenir que d'entreprises fortement structurées, dotées d'un important pouvoir financier et à la pérennité assurée. Constatation qui n'empêche pas les compagnies d'assurance de surveiller le poids financier des produits proposés aux entreprises. En l'absence de cette prise de conscience, des surprises, mauvaises, seraient à craindre.

Décision de circonstance, l'arrêt du 9 novembre 1990 ne fait que traduire la réponse à un besoin. Nous savons maintenant, qu'elle n'impliquera pas, en elle-même, de bouleversement juridique majeur. Seules, les compagnies d'assurance devront économiquement prendre en compte la nouvelle donne. Mais la concurrence potentielle qui leur est proposée a ses limites : celles de la compétence. Il semble difficile, voire impossible, à la majorité des entreprises dont l'objet et l'unique souci sont de développer leurs chiffre d'affaires et bénéfices, d'adjoindre à la complexité de cette ambition la redoutable charge d'assurer, quoiqu'il arrive, le versement de retraite à leurs ex-salariés. Ceci est l'affaire quasi exclusive de spécialistes.

Ainsi, le véritable intérêt de la décision du 9 novembre 1990 réside, au-delà de la faculté technique de déduire certaines charges de personnel, dans la réalité d'une œuvre commune législateur-juridictions en faveur du sauvetage financier des acquis de retraite-prévoyance ; ici la retraite. Subsidiairement, quelle position adoptera l'administration fiscale face à cette jurisprudence libérale ? L'histoire a déjà prouvé sa faculté à résister à certaines positions du Conseil d'État, en exerçant des pressions sur le législateur afin qu'il légifère. Mais, serait-ce bien raisonnable et responsable de la part de ce dernier de les accepter, après la parution du Livre blanc sur les retraites ? ».

Les régimes de retraite « chapeau » et les cotisations de Sécurité sociale

On aurait tort de croire qu'ici encore les règles du jeu soient claires et intangibles. Ainsi que l'écrit M. Gilles Briens (auteur de « L'entreprise et le droit de la protection sociale complémentaire », Litec 1990 et « Intéressement, participation, plan d'épargne » Éd. L'Assurance Française - 1992) : *« En matière sociale, la doctrine des Urssaf et de l'Acoss n'est pas fixée et il n'est pas rare de voir des organismes de recouvrement considérer les versements des entreprises comme des cotisations de retraite devant être prises en compte au titre de l'article D. 242-1 du Code de la Sécurité sociale »* (Ass. fr., n° 610, 15 au 30 juin 1990, p. 559 : « Régimes de retraite à prestations définies et cotisations de Sécurité sociale »).

Il faudra attendre plusieurs arrêts de la Cour de cassation pour que cessent les conflits et les controverses.

La difficulté provient des termes très généraux de l'article L. 242-1 du Code de la Sécurité sociale, qui, dans son dernier alinéa, indique :

« Les contributions des employeurs destinées au financement des prestations complémentaires de retraite et de prévoyance sont exclues de l'assiette des cotisations mentionnées au premier alinéa ci-dessus pour la partie inférieure à un montant fixé par décret. »

Et ces limites d'exonérations sont fixées par l'article D. 242-1 du Code de la Sécurité sociale qui prévoit :

« En application du 4e alinéa de l'article L. 242-1, les contributions des employeurs destinées au financement de toutes prestations complémentaires de retraite et de prévoyance versées aux assurés et ressortissants du régime général de la Sécurité sociale, sont exclues de l'assiette des cotisations de Sécurité sociale, propre à chaque assuré pour une fraction n'excédant pas 85 % du plafond de Sécurité sociale.

À l'intérieur de cette fraction, la part des contributions destinée au financement des prestations complémentaires de prévoyance ne peut excéder 19 % de ce même plafond. »

À s'en tenir au principe général posé par l'article L. 242-1, selon lequel *« pour le calcul des cotisations..., sont considérées comme rémunérations, toutes les sommes* versées *aux travailleurs en contrepartie ou à l'occasion du travail, notamment les salaires ou gains... »*, pour qu'un avantage ou une somme d'argent soient soumis à cotisations, il faut qu'ils aient été *versés* aux salariés.

On peut toutefois admettre que soient soumises à cotisations les sommes qui, bien que n'ayant pas été effectivement versées, sont mises à la disposition du bénéficiaire, par l'inscription à un compte personnel, par exemple. C'est ainsi qu'à propos d'un gérant de SARL et de l'inscription de sommes en compte courant, la Cour de cassation (Soc. 8 février 1990. Seban c/ Urssaf de Moselle) a estimé que :

« Les cotisations de Sécurité sociale ne pouvaient être exigées que si les rémunérations avaient été effectivement mises à la disposition de son bénéficiaire, par l'inscription à un compte personnel ou par tout autre moyen, condition nécessaire pour qu'elles puissent être considérées comme versées au sens de l'article L. 242-1 du Code de la Sécurité sociale. »

Il est clair que cette arrêt conditionne l'assujettissement d'une somme aux cotisations de Sécurité sociale à son paiement, ou, par assimilation, à sa mise à disposition par inscription à un compte personnel (dans le même sens, à propos d'« indemnités à paiement différé » versées sur un compte spécial ouvert au nom de chacun des bénéficiaires : cass. soc., 21 novembre 1991, Urssaf de Paris c/ Sté Prospection Électrique Schlumberger).

La controverse a été tranchée en 1994 par deux arrêts de la Cour de cassation.

Dans un premier arrêt, en date du 5 mai, la chambre sociale a précisé que les contributions patronales destinées à financer les contrats d'assurance vie qui comportent une clause de rachat sont à soumettre aux cotisations sociales pour l'intégralité de leur montant.

Dans un second arrêt, du 23 juin, la même chambre a opté pour le prélèvement des cotisations sociales sur les sommes versées par l'entreprise dans le cadre des régimes dits de retraite chapeau pour la fraction dépassant 85 % du plafond de la Sécurité sociale.

Ces décisions ont paru si importantes qu'elles ont fait l'objet d'un commentaire spécial – dont on trouvera ci-dessous des extraits – au Rapport annuel de la Cour de cassation pour 1994 (p. 141 et s.) :

« A. Dans son arrêt du 5 mai 1994 (Bull. n° 167), la chambre sociale, statuant dans une espèce intéressant des primes versées par un employeur en 1987, a précisé la notion de « prestations complémentaires de retraite et de prévoyance ».

Adoptant une conception stricte du texte, elle a dénié cette caractéristique à un contrat d'assurance vie qui comportait une clause de rachat laquelle permettait à son bénéficiaire de renoncer au contrat et de recevoir en contrepartie un capital.

Cette solution rendue dans une espèce où l'article 29 de la loi n° 92-685 du 16 juillet 1992 modifiant l'article L. 132-23 du Code des assurances sera-t-elle maintenue dans l'avenir ?

En effet, l'article L. 132-23 du Code des assurances modifié par la loi précitée dispose que dans les contrats d'assurance de groupe en cas de vie, la faculté de rachat ne peut intervenir que dans les cas suivants :

- *Expiration des droits de l'assuré aux allocations d'assurance chômage prévues par le Code du travail en cas de licenciement ;*
- *Cessation d'activité non salariée de l'assuré à la suite d'un jugement de liquidation judiciaire ;*
- *Invalidité de deuxième ou de troisième catégorie de l'assuré.*

En ce qu'elle concerne les contrats de groupe, seuls visés par la loi du 16 juillet 1992, la portée de cet arrêt peut donc apparaître limitée dans le temps.

Il convient de relever à cet égard que la position du ministère des Affaires sociales a évolué, une lettre ministérielle du 15 juillet 1994 adressée à l'Acoss précisant que le financement des contrats de groupe visés par l'article L. 132-23 du Code des assurances dans sa rédaction modifiée par la loi du 16 juillet 1992 entrait désormais dans le champ d'application de l'article L. 242-1 alinéa 4 du Code de la Sécurité sociale.

On peut également s'interroger sur la portée de l'arrêt rendu par la chambre sociale en matière de retraite différentielle encore dénommée retraite chapeau (Soc. 23 juin 1994, Bull. n° 212).

B. Le contrat de retraite différentielle ou de retraite chapeau a pour objet, comme son nom l'indique de « chapeauter » toutes les retraites existantes dont bénéficie une catégorie déterminée de personnel par une rente différentielle et d'assurer ainsi à ces salariés, un revenu de retraite prédéterminé, en général, égal aux trois quarts des derniers salaires d'activité.

Seuls les salariés présents dans l'entreprise à la fin de leur carrière bénéficient du versement de ces prestations différentielles, effectuées selon le mode de gestion interne ou externe du régime retenu, soit directement par l'employeur, soit par une société d'assurance ou une institution de prévoyance.

Dans l'espèce ayant abouti à l'arrêt précité, l'employeur avait adopté un mode de gestion externe du régime chapeau, un assureur s'engageant à verser, en contrepartie de cotisations versées par le seul employeur au profit d'un fonds collectif alimenté en outre par des produits financiers de placement effectués par l'assureur, à certains cadres qui avaient adhéré au contrat et qui liquident tous leurs droits à retraite dans l'entreprise, une rente différentielle permettant à ces cadres de bénéficier avec les autres pensions de retraite d'un revenu égal à 75 % du salaire perçu avant leur départ de l'entreprise.

Un tel financement entrait-il dans le champ d'application de l'article L. 242-1 alinéa 4 du Code de la Sécurité sociale ?

Pour soutenir la négative, et pour exclure du champ même de l'assiette définie à l'alinéa 1 les cotisations qu'il versait à l'assureur, l'employeur soutenait d'abord que la retraite chapeau ne constituait qu'un avantage à caractère virtuel, les salariés n'y ayant droit que sous certaines conditions (présence dans l'entreprise au jour de la retraite et insuffisance du montant de leurs autres pensions) et ensuite que l'avantage n'étant pas individualisé pour chaque salarié puisqu'il est obtenu à l'aide d'un fonds collectif alimenté par des cotisations assises sur la masse globale de toute la catégorie de cadres ayant vocation à en bénéficier.

Pour écarter cette argumentation, la chambre sociale a analysé les termes de la convention conclue entre l'employeur et l'assureur au regard des critères posés par les alinéas 1 et 4 de l'article L. 242-1 du Code de la Sécurité sociale.

Elle a d'abord considéré que le contrat de retraite chapeau conclu en l'espèce avait pour objet de procurer à la catégorie de salariés en bénéficiant, un avantage en contrepartie du travail accompli *pour l'employeur.*

Elle a ensuite considéré, écartant l'argument tiré de la virtualité de l'avantage, laquelle n'est que l'aléa inhérent à tout contrat d'assurance, et celui tiré de l'absence d'une individualisation, laquelle existe du versement des rentes, que l'avantage s'analysait bien en une prestation complémentaire de retraite, *puisque selon le contrat conclu en l'espèce, il consistait en la garantie du versement d'une pension de retraite aux cadres de direction, de nature à leur assurer un revenu égal à une fraction déterminée de leur salaire en activité.*

La chambre sociale a retenu en conséquence que la fraction des primes versées par cet employeur dépassant les limites prévues à l'article D. 242-1 du Code de la Sécurité sociale était soumise à cotisations.

La solution retenue étant fondée sur les stipulations du contrat conclu entre l'assureur et l'employeur, la portée de l'arrêt du 23 juin 1994 doit être appréciée au regard des nombreux types de contrats de « retraite chapeau », et notamment de ceux qui prévoient non comme dans l'espèce un mode de gestion externe, mais un mode gestion interne. »

Il en résulte, ainsi que le soulignait l'Assurance française (n° 714, octobre 1995), qu'il paraît dangereux et irréaliste de continuer à conseiller aux entreprises souscriptrices de ces contrats de s'abstenir de payer les cotisations sur la contribution patronale à ces régimes surcomplémentaires (voir sur le sujet : J. Martinez, Ass. fr., n° 707, mars 1995 ; M. Weinberg, Ass. fr., n° 710, juin 1995 ; M. Bareire, l'Assurance française, n° 715, novembre 1995).

3

Législation de l'assurance vie/capitalisation

Avertissement

Les textes extraits du Code des assurances publiés dans cet ouvrage intègrent les modifications apportées par la loi n° 92-665 du 16 juillet 1992 et ses textes d'application, en particulier les décrets et arrêtés du 19 mars 1993 (JO 20 mars 1993, p. 4347 et s.), ainsi que celles apportées par la loi n° 94-5 du 4 janvier 1994.

Par ailleurs, figurent également dans l'ouvrage les extraits de la loi n° 89-1009 du 31 décembre 1989 renforçant les garanties offertes aux personnes assurées contre certains risques, dite « Loi Évin » ainsi que de ses textes d'application.

Afin de faciliter l'utilisation des textes, les articles sont précédés de titres qui, n'étant pas officiels, sont dépourvus de toute valeur juridique.

SECTION I

RÈGLES COMMUNES AUX ASSURANCES DE DOMMAGES NON MARITIMES ET AUX ASSURANCES DE PERSONNES

Chapitre premier

Dispositions générales

Article L. 111-1

(modifié par la loi n° 94-5 du 4 janvier 1994)

Les titres Ier, II et III du présent livre ne concernent que les assurances terrestres. À l'exception des articles L. 111-6, L. 112-2, L. 112-4 et L. 112-7, ils ne sont applicables ni aux assurances maritimes et fluviales ni aux opérations d'assurance crédit ; les opérations de réassurance conclues entre assureurs et réassurances sont exclues de leur champ d'application.

Il n'est pas dérogé aux dispositions des lois et règlements relatifs aux sociétés à forme tontinière ; aux assurances contractées par des chefs d'entreprise, à raison de la responsabilité des accidents de travail survenus à leurs ouvriers et employés ; aux sociétés ou caisses d'assurances et de réassurances mutuelles agricoles.

Observations :

■ Les opérations d'assurance vie sont régies par le Code des assurances, d'une part au titre des règles communes aux assurances terrestres (art. L. 111-1 à L. 114-2), d'autre part selon des normes spécifiques (art. L. 131-1 à L. 160-19).

Il existe cependant des exceptions à ce principe, les unes que l'on peut qualifier *d'absolues*, en ce sens que le Code des assurances leur est inapplicable ; les autres de *relatives* en ce que les règles du Code des assurances viennent compléter les textes particuliers à certains types d'opérations ou d'entreprises d'assurance, sur tous les points non réglementés par eux.

■ Exceptions absolues.

C'est ainsi que le Code des assurances est inapplicable aux sociétés mutualistes régies par le Code de la mutualité (cass. soc., 3 mai 1974 : RGAT 75, 228).

Il en va de même pour les institutions de prévoyance relevant du décret du 8 juin 1946 pris en application de la législation de Sécurité sociale (CSS, art. L.731-1) (Cass. soc. 18 mars 1975 : RGAT 1976, 65).

Quant aux dispositions du Code de la Sécurité sociale, elles sont sans incidence sur l'application des contrats d'assurance vie (Cass. civ. I, 13 juin 1995 : Ass. fr. Cah. jur. n° 50 – Le conjoint divorcé et non remarié n'a aucun droit sur les capitaux prévus et ne peut pas invoquer les articles L.352-1 et L.732-1 du Code de la Sécurité sociale).

■ Exceptions relatives.

Elles concernent notamment :

– les sociétés à forme tontinière, réglementées essentiellement par les articles L.321-1, L.322-26-4 et R.322-129 s. du présent code.

– les sociétés ou caisse d'assurances mutuelles agricoles, dont le régime juridique était fixé depuis la loi du 4 juillet 1900. Elles sont actuellement soumises au contrôle de l'État sur les entreprises d'assurances dans les conditions prévues à l'article L.322-27 et R.322-118 à R.322-137 du présent code.

Article L. 111-2
Dispositions d'ordre public

Ne peuvent être modifiées par convention les prescriptions des titres 1er, II et III du présent livre, sauf celles qui donnent aux parties une simple faculté et qui sont contenues dans les articles L. 112-1, L. 112-5, L. 112-6, L. 113-10, L. 121-5 à L. 121-8, L. 121-12, L. 121-14, L. 122-1, L. 122-2, L. 122-6, L. 124-1, L. 124-2, L. 127-6, L. 132-1, L. 132-10, L. 132-15 et L. 132-19.

Observations :

■ Les dispositions législatives régissant le contrat d'assurance sont pour la plupart « d'ordre public ». Il est donc impossible d'y déroger et toute clause conventionnelle en modifiant la portée serait nulle.

Seuls 19 articles ouvrent aux parties une simple faculté et peuvent être modifiés par convention. Parmi eux figurent seulement quatre textes spécifiques à l'assurance vie :

– *l'article L. 132-1* : disposition générale autorisant l'opération d'assurance sur la vie,

– *l'article L. 132-10* : possibilité de mise en gage de la police,

– *l'article L. 132-15* : possibilité de transmission du bénéfice du contrat,

– *l'article L. 132-19* : substitution pour le paiement des primes.

Article L. 111-3
Réassurance

Dans tous les cas où l'assureur se réassure contre les risques qu'il a assurés, il reste seul responsable vis-à-vis de l'assuré.

Article L. 111-4
Clauses types
(loi n° 94-5 du 4 janvier 1994)

L'autorité administrative peut imposer l'usage de clauses types de contrats.

Observations :

■ L'article L. 331-4 (ancien article L. 310-7) prévoit que l'autorité administrative peut, pour les contrats d'assurance vie ou de capitalisation, fixer les règles de calcul actuariel qui leur sont applicables. Voir les articles A 335-1 et suivants.

Chapitre II

Conclusion et preuve du contrat d'assurance
Forme et transmission des polices

Articles L. 112-1

Mandat et assurance pour compte

L'assurance peut être contractée en vertu d'un mandat général ou spécial ou même sans mandat, pour le compte d'une personne déterminée. Dans ce dernier cas, l'assurance profite à la personne pour le compte de laquelle elle a été conclue, alors même que la ratification n'aurait lieu qu'après le sinistre.

L'assurance peut aussi être contractée pour le compte de qui il appartiendra. La clause vaut, tant comme assurance au profit du souscripteur du contrat que comme stipulation pour autrui au profit du bénéficiaire connu ou éventuel de ladite clause.

Le souscripteur d'une assurance contractée pour le compte de qui il appartiendra est seul tenu au paiement de la prime envers l'assureur ; les exceptions que l'assureur pourrait lui opposer sont également opposables au bénéficiaire du contrat, quel qu'il soit.

Observations :

■ Cet article a pour objet de préciser les notions de « souscripteur », d'« assuré » et de « bénéficiaire » et d'énoncer les combinaisons possibles.

Ces distinctions sont classiques en assurance vie et font l'objet de dispositions particulières telles que celles des articles L. 132-1, L. 132-2, L. 132-3, L. 132-4, L. 132-5, etc.

■ Sur la qualité de mandataire, de l'assureur, du souscripteur d'une assurance collective, *cf.* art. L.140-6.

Article L. 112-2

Proposition d'assurance, notice d'information

(modifié par la loi n° 94-5 du 4 janvier 1994)

L'assureur doit obligatoirement fournir une fiche d'information sur le prix et les garanties avant la conclusion du contrat.

Avant la conclusion du contrat, l'assureur remet à l'assuré un exemplaire du projet de contrat et de ses pièces annexes ou une notice d'information sur le contrat qui décrit précisément les garanties assorties des exclusions ainsi que les obligations de l'assuré.

Les documents remis au preneur d'assurance précisent la loi qui est applicable au contrat si celle-ci n'est pas la loi française, les modalités d'examen des réclamations qu'il peut formuler au sujet du contrat, y compris, le cas échéant, l'existence d'une instance chargée en particulier de cet examen, sans préjudice pour lui d'intenter une action en justice, ainsi que l'adresse du siège social et, le cas échéant, de la succursale qui se propose d'accorder la couverture.

Un décret en Conseil d'État [1] définit les moyens de constater la remise effective des documents mentionnés à l'alinéa précédent. Il détermine, en outre, les dérogations justifiées par la nature du contrat ou les circonstances de sa souscription.

---

1. Articles R. 112-2 et R. 112-3.

La proposition d'assurance n'engage ni l'assuré, ni l'assureur ; seule la police ou la note de couverture constate leur engagement réciproque.

Est considérée comme acceptée la proposition, faite par lettre recommandée, de prolonger ou de modifier un contrat ou de remettre en vigueur un contrat suspendu, si l'assureur ne refuse pas cette proposition dans les dix jours après qu'elle lui est parvenue.

Les dispositions de l'alinéa précédent ne sont pas applicables aux assurances sur la vie.

Observations :

■ On dit du contrat d'assurance qu'il est *« consensuel »*, autrement dit qu'il se forme dès l'échange des consentements des parties. Il en résulte notamment que le contrat est parfait dès que les parties sont tombées d'accord sur ses conditions essentielles, même en l'absence de signature de la police.

Mais il est possible de subordonner la perfection du contrat à la réalisation d'une condition, comme le paiement de la prime ou le retour par l'assuré de la police dûment signée. Ainsi, en présence d'une proposition subordonnant la conclusion du contrat à certaines conditions qui n'ont pas été remplies, le contrat n'est pas formé (TGI, Paris 23 juin 1981 : RGAT 1982. 185).

■ La proposition n'engage ni l'assuré, ni l'assureur. Il ne s'agit que d'une simple offre de contracter. Le contrat ne sera réellement formé que lors de l'acceptation de cette offre. La proposition qui généralement se présente sous la forme d'un questionnaire, contient d'une part l'énoncé de renseignements nécessaires à l'établissement de la police (nom, domicile, âge de l'assuré, bénéficiaire, etc.), et d'autre part une série de déclarations de nature à renseigner l'assureur sur certaines particularités du risque présenté par le proposant ou plus précisément sur le risque du futur assuré (voir art. L. 112-3).

Dans les assurances sans visite médicale, les déclarations de l'assuré prennent une importance beaucoup plus grande pour l'assureur, puisqu'elles permettront seules d'apprécier le risque et de conclure soit à son acceptation, soit à son refus.

■ En assurance vie, selon l'article L. 132-5-1, la proposition d'assurance doit comprendre, également, un *modèle de lettre* destiné à faciliter l'exercice du droit de renonciation dont dispose le souscripteur.

Cet article L. 112-2, dont la rédaction actuelle est due essentiellement aux lois du 31 décembre 1989 et 4 janvier 1994, outre qu'il institue la « fiche d'information », généralise la *« notice d'information »*, déjà connue des assureurs vie groupe (art. L. 140-4), et qui a été étendue à tous les contrats d'assurance sur la vie ou de capitalisation (article L. 132-5-1 modifié par les lois du 16 juillet 1992 et du 4 janvier 1994).

■ Un contrat d'assurance qui couvre à la fois le risque de décès et d'autres risques (invalidité, incapacité de travail) est un contrat « mixte » relevant du régime général des assurances. Il est donc soumis à la règle édictée par l'avant-dernier alinéa de l'article L.112-2, lequel considère comme acceptée la proposition faite par lettre recommandée de modifier le contrat, si l'assureur ne l'a pas refusé dans les dix jours (Civ. I, 3 octobre 1995 : Resp. civ. et ass., 1995, comm. 385, Ass. fr. Cah. jur. n° 51). Mais cela ne vaut que pour les garanties qui ne relèvent pas de l'assurance sur le vie.

Article L. 112-3

Preuve du contrat

Le contrat d'assurance est rédigé par écrit, en français, en caractères apparents.

Lorsque, avant la conclusion du contrat, l'assureur a posé des questions par écrit à l'assuré, notamment par un formulaire de déclaration du risque ou par tout autre moyen, il ne peut se prévaloir du fait qu'une question exprimée en termes généraux n'a reçu qu'une réponse imprécise.

Toute addition ou modification au contrat d'assurance primitif doit être constatée par un avenant signé des parties.

Les présentes dispositions ne font pas obstacle à ce que, même avant la délivrance de la police ou de l'avenant, l'assureur et l'assuré ne soient engagés l'un à l'égard de l'autre par la remise d'une note de couverture.

Observations :

■ Ainsi que l'indique l'article précédent, la police ou la note de couverture *constate* l'engagement des parties. Elle constitue *la preuve*, aussi bien de son existence que de son contenu et des obligations réciproques convenues. À cette fin elle doit être rédigée et donc faire l'objet d'un écrit.

Le texte de l'article L. 112-3 précise que la police doit être rédigée *« en caractères apparents »*, autrement dit nettement lisibles, ceci afin d'éviter certaines pratiques – heureusement anciennes – consistant à diffuser des documents aux caractères typographiques illisibles.

À cela s'ajoutent les clauses qui doivent être mentionnées en *« caractères très apparents »,* telles que celles édictant des nullités, des déchéances ou des exclusions (art. L. 112-4) ou encore celle relative à la durée du contrat (art. L. 113-15).

Article L. 112-4

Mentions obligatoires

(modifié par la loi n° 94-5 du 4 janvier 1994)

La police d'assurance est datée du jour où elle est établie. Elle indique :
- les noms et domiciles des parties contractantes,
- la chose ou la personne assurée,
- la nature des risques garantis,
- le moment à partir duquel le risque est garanti et la durée de cette garantie,
- le montant de cette garantie,
- la prime ou la cotisation de l'assurance.

La police indique en outre :
- la loi applicable au contrat lorsque ce n'est pas la loi française ;
- l'adresse du siège social de l'assureur et, le cas échéant, de la succursale qui accorde la couverture ;
- le nom et l'adresse des autorités chargées du contrôle de l'entreprise d'assurance qui accorde la couverture.

Les clauses des polices édictant des nullités, des déchéances ou des exclusions ne sont valables que si elles sont mentionnées en caractères très apparents.

Observations :

■ Il convient de se reporter à l'article L. 132-5 qui, dans sa rédaction de 1992, pose le principe général de « sécurité des parties et clarté du contrat ».

■ En réalité, la liste des mentions obligatoires établie par l'article L. 112-4 n'est pas complète.

Il convient notamment d'y ajouter,
pour l'assurance vie et le contrat de capitalisation :

- les dispositions de l'article R. 132-4, telles qu'elles résultent du décret n° 93-385 du 19 mars 1993. Elles concernent aussi bien l'assurance vie que les contrats de capitalisation. *Voir sous l'article L. 132-5* ;
- le « règlement général » relatif aux modalités de calcul de la valeur de rachat et, le cas échéant, de la valeur de réduction doit être mentionné dans la police art. L. 132-21) ;
- le contrat doit, en outre, faire référence à l'obligation d'information des valeurs de rachat et de réduction (art. L. 132-22), indiquer les frais prélevés par l'assureur (art. R. 132-3) et, lorsqu'il est en « unités de compte », énoncer celles-ci et préciser la date à laquelle les primes versées sont converties dans ces unités et, le cas échéant, les actes périodiques d'évaluation (art. R. 132-4).

■ *Dans le cas d'assurances complémentaires* contre les risques de décès accidentel et d'invalidité, l'article R. 321-5 stipule que le contrat doit préciser que ces garanties complémentaires prennent fin au plus tard en même temps que la garantie principale.

Article L. 112-5
Police à ordre ou au porteur

La police d'assurance peut être à personne dénommée, à ordre ou au porteur.

Les polices à ordre se transmettent par voie d'endossement, même en blanc.

Le présent article n'est toutefois applicable aux contrats d'assurance sur la vie que dans les conditions prévues par l'article L. 132-6.

Observations :

■ La police d'assurance sur la vie peut être à ordre. En d'autres termes, elle peut être transmise par voie d'endossement.

Mais elle ne peut pas être au porteur.

Les formalités de l'endos d'une police d'assurance sur la vie à ordre sont spécialement réglementées. L'endossement doit, sous peine de nullité, être daté, indiquer le nom du bénéficiaire de l'endossement et être signé de l'endosseur (voir l'article L. 132-6).

Article L. 112-6
Opposabilité des exceptions

L'assureur peut opposer au porteur de la police ou au tiers qui en invoque le bénéfice les exceptions opposables au souscripteur originaire.

Chapitre III

Obligations de l'assureur et de l'assuré

Article L. 113-1

Exclusions

Les pertes et les dommages occasionnés par des cas fortuits ou causés par la faute de l'assuré sont à la charge de l'assureur, sauf exclusion formelle et limitée contenue dans la police.

Toutefois, l'assureur ne répond pas des pertes et dommages provenant d'une faute intentionnelle ou dolosive de l'assuré.

Observations :

■ Les exclusions doivent être « formelles et limitées ». Il en va ainsi, par exemple, des clauses d'un contrat d'assurance contre les risques de décès et d'invalidité qui excluent de la garantie, d'une part, les accidents ou maladies dont « la première constatation médicale se place à une date antérieure au point de départ de l'assurance sur la tête de l'assuré » et, d'autre part, les « affections de l'appareil digestif » et les « affections neuropsychiques » (Cass. civ. I, 30 mai 1995 : Reps. civ. et ass. 1995, comm. 276). Mais encore faut-il – en assurance groupe – que la clause d'exclusion ait été portée à la connaissance des parties auxquelles elle est opposée (Cass. civ. I, 7 mars 1995 : Resp. civ. et ass., comm. 221).

■ Sur la faute intentionnelle voir les articles L. 132-7 (suicide) et L. 132-24 (meurtre de l'assuré par le bénéficiaire).

Article L. 113-2

Obligations de l'assuré

L'assuré est obligé :

1° (ne concerne pas l'assurance vie) ;

2° de répondre exactement aux questions posées par l'assureur, notamment dans le formulaire de déclaration du risque par lequel l'assureur l'interroge lors de la conclusion du contrat, sur les circonstances qui sont de nature à faire apprécier par l'assureur les risques qu'il prend en charge ;

3° (ne concerne pas l'assurance vie) ;

4° (ne concerne pas l'assurance vie).

Observations :

■ Déclaration du risque

À la méthode de la déclaration spontanée « de toutes les circonstances connues » de l'assuré, le législateur (loi n° 89-1009 du 31 décembre 1989) a substitué le système du questionnaire visé au 2° du présent article. Or, on se souvient qu l'article L. 112-3 stipule que : *« lorsque, avant la conclusion du contrat, l'assureur a posé des questions par écrit à l'assuré, notamment par un formulaire de déclaration du risque ou par tout autre moyen, il ne peut se prévaloir du fait qu'une question exprimée en termes généraux n'a reçu qu'une réponse imprécise »*. Il en résulte que l'assuré n'encourt pas de sanction pour une déclaration inexacte ou évasive si la question était imprécise ou si sa formulation était de nature à prêter à confusion

(Cass. civ. I, 15 octobre 1991 : Resp. civ. et ass. 1991, comm. 433 ; 21 février 1995 : Ass. fr., Cah. jur. 95, n° 45). L'imprécision d'un questionnaire ne permet donc pas à l'assureur d'invoquer la nullité, même si la sincérité de la réponse paraît suspecte (Cass. civ. I, 26 novembre 1991 : Resp. civ. et ass. 1992, comm. 76).

On verra, dans nos observations sous l'article L. 113-8, que ce sont les réponses mensongères relatives aux *antécédents du risque* qui, en règle générale, sont sanctionnées par la nullité du contrat.

■ Déclaration des assurances multiples

L'existence d'autres contrats sur la tête assurée est un élément susceptible d'influer sur l'opinion de l'assureur, en ce que cela peut traduire, selon les circonstances, des tendances morbides ou des intentions spéculatives douteuses. Selon deux arrêts des 9 novembre 1941 et 9 juin 1942 (DC 1942, 165 ; RGAT 1942, 264 ; *in* Berr et Groutel : les grands arrêts du droit des assurances, p. 98) ne pas vouloir prendre en considération la multiplication des contrats, c'est méconnaître que *« l'importance des capitaux assurés et l'accumulation des assurances peuvent déceler chez l'assuré, non pas seulement un esprit de simple prévoyance mais, au profit du bénéficiaire, une intention de spéculation de nature à accroître les probabilités de réalisation du risque »*. Cette jurisprudence paraissait si bien établie que la plupart des contrats fait obligation au souscripteur de déclarer les contrats de même nature.

Or, en 1991 (Cass. civ. I, 14 mai 1991 et 2 juillet 1991 : Resp. civ. et ass., 1991, comm. 312, obs. crit. de H. Groutel ; RGAT 1991, 623, obs. crit., J. Kullmann) cette clause fut déclarée « non écrite » au motif qu'en assurance de personnes les contrats ne sont pas soumis au principe indemnitaire et échappent donc aux dispositions de l'article L. 121-4 relatif aux assurances cumulatives. Il semble cependant, avec un arrêt du 23 juin 1993 (Resp. civ. et ass., 1993, comm. 320) que la première chambre civile revienne à l'orthodoxie, en s'en remettant à l'appréciation souveraine des juges du fond sur l'application de l'article L. 113-8 en cas de pluralité d'assurances sur une même tête.

■ Aggravation du risque

Il peut paraître surprenant qu'en assurance vie l'assuré ne soit pas obligé de déclarer les circonstances aggravantes survenues en cours de contrat. La raison en est simple. Les aggravations ne pourraient consister essentiellement que dans la survenance d'affections ou d'infirmité inexistantes au moment de la souscription ou dans l'apparition de handicaps dus au vieillissement. Or ce risque a été évalué par l'assureur. Les modifications ultérieures de l'état de santé de l'assuré constituent un aléa qui forme le risque objet du contrat.

Article L. 113-3

Paiement de la prime

La prime est payable au domicile de l'assureur ou du mandataire désigné par lui à cet effet. Toutefois, la prime peut être payable au domicile de l'assuré ou tout autre lieu convenu dans les cas et conditions limitativement fixés par décret en Conseil d'État [1].

---

1. Articles R. 113-1 et R. 113-4.

...(alinéas 2, 3, 4)...

Les dispositions des alinéas 2 à 4 du présent article ne sont pas applicables aux assurances sur la vie.

Observations :

En assurance vie *(stricto sensu)*, le paiement de la prime est facultatif (*cf.* art. L. 132-20), car le souscripteur doit pouvoir interrompre ou suspendre son acte de prévoyance ou d'épargne quand il le souhaite.

■ Les primes sont portables, c'est-à-dire payables au domicile de l'assureur ou d'un mandataire désigné par lui à cet effet.

Nous avons déjà fait allusion aux termes de l'article L. 132-20, d'après lesquels, en assurance sur la vie, l'assureur n'a pas d'action pour exiger le paiement des primes.

La question a été posée de savoir si le *prélèvement automatique* est légal. Selon l'administration, aucune disposition législative ou réglementaire ne s'oppose au prélèvement automatique : « *le recours à ce mode de collecte dans les contrats à primes périodiques présente l'avantage de permettre des économies de gestion. En outre ce système atténue les risques d'oubli de paiement. En tout état de cause le prélèvement automatique continue d'être sous le contrôle de l'assuré...* » et, par ailleurs, lorsqu'il s'agit d'un contrat d'assurance vie, le non-paiement des primes ne met pas nécessairement fin au contrat (Rép. min. JO AN, 12 février 1987, p. 211).

Au cas où le contractant cesse de verser les primes, l'article 13 de la loi du 7 janvier 1981, qui modifie l'article L. 132-20, innove en fixant une conduite propre à l'assureur sur la vie. On voudra bien se reporter à ce texte.

■ En présence d'une assurance « *mixte* », dans le sens où sont garantis, dans la même police, des risques liés à la vie humaine et d'autres risques (invalidité, maladie, maternité, opérations chirurgicales, accidents, etc.) la question s'est posée de savoir si l'assureur est fondé à poursuivre judiciairement le paiement des primes par application de l'article L. 113-3 ou s'il convient de se référer au régime propre des assurances sur la vie, c'est-à-dire à l'article L. 132-20 édictant le caractère facultatif du paiement des primes.

Dans plusieurs espèces, les tribunaux se sont déterminés en fonction du caractère principal ou accessoire des garanties souscrites. Ainsi a-t-il été jugé qu'une assurance groupe de nature mixte était soumise à l'article L. 113-3 au motif qu'elle couvrait principalement les risques autres que le décès (Paris 5 mai 1980 : RGAT 1981, 215 – *cf.* également : Cass. civ., 23 mai 1964 : RGAT 1965, 216).

Dans un arrêt du 1er décembre 1981 (RGAT 1983, 169), la Cour de cassation semble avoir posé le principe que, dès lors que l'assurance couvre, outre le risque décès, d'autres risques, elle a une nature mixte et que, en conséquence, l'article L. 132-20 doit être écarté au profit de l'article L. 113-3 qui permet à l'assureur de poursuivre le paiement des primes, c'est-à-dire de la totalité des primes. Autrement dit, peu importerait l'importance respective des garanties souscrites ; à partir du moment où l'on est en présence d'une assurance mixte (IARD et vie), le souscripteur serait tenu au paiement de la prime totale. Cet arrêt mérite de retenir l'attention, mais il ne va pas sans soulever quelques réserves... Il n'en reste pas moins que la Cour de cassation persiste en confirmant : « *Dès lors qu'il garantit non seulement le risque décès mais aussi le risque maladie, le contrat d'assurance groupe litigieux s'analyse en une assurance mixte soumise aux dispositions de l'article L. 113-3 du Code des assurances »* (Cass. civ., 11 octobre 1988, AGF c. Sté Fabrique Alsacienne de Mèches pour machines à bois). Reste que ces décisions se rapportent à diverses formes d'assurance collective. L'exception s'applique-t-elle aux assurances souscrites individuellement ? Il y aurait lieu de le penser si l'on en croit un arrêt du 20 octobre 1992 (Resp. civ. et ass. 1993, comm. 24).

Article L. 113-4
(ne concerne pas l'assurance vie)

Observations :

■ Cet article qui prévoit les dispositions en cas d'aggravation ou de diminution du risque n'est, ainsi que le précise son dernier alinéa, applicable *« ni aux assurances sur la vie ni à l'assurance maladie lorsque l'état de santé de l'assuré se trouve modifié »*.

Article L. 113-5
Obligations de l'assureur

Lors de la réalisation du risque ou à l'échéance du contrat, l'assureur doit exécuter dans le délai convenu la prestation déterminée par le contrat et ne peut être tenu au-delà.

Observations :

■ La réticence, la mauvaise foi, les procédés dilatoires, dont peut faire preuve un assureur, sont susceptibles de donner lieu à l'allocation de dommages et intérêts à la victime de tels agissements.

À noter qu'en application de l'article L. 132-21, la valeur de rachat non versée dans le délai de deux mois produit intérêt au taux légal majoré de moitié durant deux mois, puis, à l'expiration de ce délai, au double du taux légal.

Article L. 113-6
Redressement ou liquidation judiciaires

L'assurance subsiste en cas de redressement judiciaire de l'assuré. L'administrateur ou le débiteur autorisé par le juge-commissaire ou le liquidateur, selon le cas et l'assureur conservent le droit de résilier le contrat pendant un délai de trois mois à compter de la date du jugement de redressement ou de liquidation judiciaire. La portion de prime afférente au temps pendant lequel l'assureur ne couvre plus le risque est restituée au débiteur.

En cas de liquidation judiciaire d'une entreprise mentionnée à l'article L. 310-1, les contrats qu'elle détient dans son portefeuille sont soumis aux dispositions des articles L. 326-12 et L. 326-13, à compter de l'arrêté ou de la décision prononçant le retrait de l'agrément administratif.

Observations :

■ La nouvelle rédaction de cet article résulte d'une part de l'article 221 de la loi du 25 janvier 1985 (premier alinéa) et d'autre part de la loi du 31 décembre 1989.

■ Voir, en assurance vie, les observations sous l'article L. 132-14.

■ Les conséquences de la faillite de l'assureur vie sont régies par l'article L. 327-4 (voir ce texte), qui édicte des règles complémentaires à celles de l'article L. 113-6.

Article L. 113-7
(abrogé par la loi du 31 décembre 1989)

Article L. 113-8
Fausse déclaration intentionnelle

Indépendamment des causes ordinaires de nullité, et sous réserve des dispositions de l'article L. 132-26, le contrat d'assurance est nul en cas de réticence ou de fausse déclaration intentionnelle de la part de l'assuré, quand cette réticence ou cette fausse déclaration change l'objet du risque ou en diminue l'opinion pour l'assureur, alors même que le risque omis ou dénaturé par l'assuré a été sans influence sur le sinistre.

.../...

(le deuxième alinéa ne concerne pas l'assurance vie)

Observations :

■ Le contrat d'assurance est nul... pour « causes ordinaires de nullité », soit : pour erreur, violence ou dol (C. civ., art. 1117). Il l'est aussi pour absence d'aléa. Ainsi est frappée de nullité, pour absence d'aléa, l'adhésion à un contrat d'assurance de groupe, le risque d'incapacité étant déjà réalisé, s'agissant des conséquences indivisibles d'une même affection médicalement constatée lors de cette adhésion (Cass. 1re civ., 6 janvier 1994, Épx Clavel c/CNP).

■ Le contrat d'assurance est nul en cas de réticence ou de fausse déclaration intentionnelle. Il peut arriver qu'un souscripteur, afin d'obtenir la garantie ou des conditions tarifaires avantageuses, induise l'assureur en erreur sur la qualité du risque, soit en s'abstenant volontairement de fournir certains renseignements, soit en faisant une déclaration mensongère.

La bonne foi étant toujours présumée, il appartient à l'assureur de démontrer la mauvaise foi de l'assuré (Cass. soc., 9 mai 1947 : JCP 1947 II 3852 ; Cass. civ., 24 mars 1971 : D 1971, som. 201). Bien que la proposition d'assurance *« n'engage ni l'assuré ni l'assureur »* (voir l'article L. 112-2) l'examen de la proposition-questionnaire remplie et signée par l'assuré est de nature à fournir des indications intéressantes. Il en est ainsi, par exemple, du questionnaire médical.

Par ailleurs, la nullité ne peut être retenue que dans la mesure où la réticence ou la fausse déclaration a influencé l'opinion de l'assureur sur le risque (Cass. civ., 2 mars 1976 : RGAT 1977. 45). Il est évident qu'une fausse déclaration, fût-elle intentionnelle, mais portant sur un élément que l'assureur considère comme n'ayant aucune incidence sur la garantie délivrée ou sur son prix, ne saurait conduire à la nullité de la police.

■ En général ce sont les déclarations mensongères relatives aux antécédents du risque et spécialement à l'état de santé de l'assuré, qui sont causes de nullité : TGI, Nice : 28 octobre 1961 ; Gaz. Pal. 1962.I.47 ; Cass. civ., 18 novembre 1965 : RGAT 1966, 374 ; Lyon 15 janvier 1970 : D. 1970 Som. 150 ; Cass. civ., 1er juillet

1980 : Ass. fr. 1981, 189 ; Cass. civ., 14 avril 1986 : RGAT 1986, 422 (importante intervention chirurgicale non déclarée) ; 17 juillet 1990 : RGAT 1990, 880 (non déclaration d'une opération cardiaque) ; 9 juin 1993 : RGAT 1993, 856 (dissimulation d'un traitement médical) ; 8 juillet 1994 : RGAT 1994, 1198 (dépression connue de l'assuré).
Mais il a été également jugé que n'est pas de mauvaise foi l'assuré qui ignorait la nature exacte de l'affection dont il souffrait (Cass. civ., 3 mars 1982 : JCP 1982, IV, 176). Ainsi, par exemple, il a été admis qu'une cour d'appel avait pu à bon droit estimer qu'un assuré atteint de dépression n'avait pas fait, de mauvaise foi, une déclaration inexacte aux motifs que les dépressifs ne sont pas conscients d'être atteints d'une maladie et que le médecin avait déclaré l'assuré complètement guéri (Cass. civ. 25 février 1986, RGAT 1986, 210)

Plus rares mais tout autant « coupables » sont les déclarations destinées à dissimuler les activités réelles de l'assuré : assurance décès souscrite par un « directeur de sociétés »... inscrit au fichier du grand banditisme (victime d'un règlement de comptes) : Cass. 1re civ., 1er décembre 1993 : Resp. civ. et ass. mars 1994.

■ La référence à l'article L. 132-26 a trait à l'erreur sur l'âge de l'assuré qui *« n'entraîne la nullité de l'assurance que lorsque son âge véritable se trouve en dehors des limites fixées pour la conclusion des contrats par les tarifs de l'assureur »*. Ainsi a-t-il été jugé que l'assureur ne peut pas se prévaloir de la nullité du contrat dès lors qu'il a reconnu qu'un tel contrat peut être établi moyennant une prime spéciale (Cass. civ., 23 janvier 1967 : RGAT 1968, 62).

Dans les autres cas, l'erreur sur l'âge, qu'elle soit intentionnelle ou non, conduit soit à la réduction proportionnelle (prime payée inférieure à celle qui aurait dû être acquittée) soit au remboursement du trop perçu. Voir l'article L. 132-26.

■ Les conséquences de la nullité sont, en assurances vie, déterminées par l'article L. 132-18 (voir ce texte) qui précise que *« dans le cas de réticence ou fausse déclaration mentionnée à l'article L. 113-8... l'assureur verse au contractant ou, en cas de décès de l'assuré, au bénéficiaire une somme égale à la provision mathématique du contrat »*.

Article L. 113-9

Fausse déclaration non-intentionnelle

L'omission ou la déclaration inexacte de la part de l'assuré dont la mauvaise foi n'est pas établie n'entraîne pas la nullité de l'assurance.

Si elle est constatée avant tout sinistre, l'assureur a le droit de maintenir le contrat, moyennant une augmentation de prime acceptée par l'assuré, soit de résilier le contrat dix jours après notification adressée à l'assuré par lettre recommandée, en restituant la portion de la prime payée pour le temps où l'assurance ne court plus.

Dans le cas où la constatation n'a lieu qu'après un sinistre, l'indemnité est réduite en proportion du taux des primes payées par rapport au taux des primes qui auraient été dues, si les risques avaient été complètement et exactement déclarés.

Observations :

■ On a vu (note sous l'article précédent) que la déclaration ou l'omission frauduleuses pouvaient conduire à la nullité du contrat. Quid lorsque la mauvaise foi n'est pas établie ? Il manque en effet un élément essentiel permettant de calculer la réduction proportionnelle applicable à la prestation de l'assureur. Déjà dans un arrêt du 9 juin 1942 (DC 1942, 165), la Cour de cassation avait décidé que cette aggravation justifie «*quels que soient le caractère de l'assurance et les tarifs des primes, une majoration de la prime normale prévue par la police, majoration qu'il appartient aux juges du fond d'évaluer équitablement en fait* ». Dans un arrêt du 6 mai 1985 (D. 1987, som. 35, obs. Groutel), la Cour de cassation considère qu'une cour d'appel a pu, à bon droit, procéder à la réduction forfaitaire d'un capital décès (10 %) dès lors qu'elle a relevé que deux des trois contrats invoqués par la compagnie n'avaient pu influer sur son opinion du risque et que, dès lors, et, à défaut de tarif spécial correspondant à l'espèce, il lui appartenait d'évaluer, elle-même, le montant de la réduction devant sanctionner l'omission imputée à l'assuré.

Article L. 113-10
Assurances à primes variables

Dans les assurances où la prime est décomptée soit en raison des salaires, soit d'après le nombre des personnes ou des choses faisant l'objet du contrat, il peut être stipulé que, pour toute erreur ou omission dans les déclarations servant de base à la fixation de la prime, l'assuré doit payer, outre le montant de la prime, une indemnité qui ne peut en aucun cas excéder 50 % de la prime omise.

Il peut être également stipulé que lorsque les erreurs ou omissions ont, par leur nature, leur importance ou leur répétition, un caractère frauduleux, l'assureur est en droit de répéter les sinistres payés, et ce indépendamment du paiement de l'indemnité ci-dessus prévue.

Article L. 113-11
Clauses prohibées

Sont nulles :

1° toutes clauses générales frappant de déchéance l'assuré en cas de violation des lois ou des règlements, à moins que cette violation ne constitue un crime ou un délit intentionnel ;

2° toutes clauses frappant de déchéance l'assuré à raison de simple retard apporté par lui à la déclaration du sinistre aux autorités ou à des productions de pièces, sans préjudice du droit pour l'assureur de réclamer une indemnité proportionnée au dommage que ce retard lui a causé.

Article L. 113-12
(ne concerne pas l'assurance vie)

Observations :

■ Cet article concerne la durée du contrat et les conditions de résiliation d'un contrat d'assurance (droit, conditions, délais). Dans sa nouvelle rédaction (Loi n° 89-1014 du 31.12.1989), il est expressément précisé que *« les dispositions du présent article ne sont pas applicables aux assurance sur la vie »*.

Article L. 113-13
(abrogé par la loi du 31 décembre 1989)

Article L. 113-14
Résiliation par l'assuré

Dans tous les cas où l'assuré a la faculté de demander la résiliation, il peut le faire à son choix par une déclaration faite contre récépissé au siège social ou chez le représentant de l'assureur dans la localité, soit par acte extrajudiciaire, soit par lettre recommandée, soit par tout autre moyen indiqué dans la police.

Article L. 113-15
Durée du contrat

La durée du contrat doit être mentionnée en caractères très apparents dans la police.

La police doit également mentionner que la durée de la tacite reconduction ne peut en aucun cas être supérieure à une année.

Article L. 113-16
(ne concerne pas l'assurance vie)

Chapitre IV
Prescription et compétence

Prescription

Article L. 114-1
Prescription biennale ou décennale

Toutes actions dérivant d'un contrat d'assurance sont prescrites par deux ans à compter de l'événement qui y donne naissance.

Toutefois, ce délai ne court :

1° en cas de réticence, omission, déclaration fausse ou inexacte sur le risque couru, que du jour où l'assureur en a eu connaissance ;

2° en cas de sinistre, que du jour où les intéressés en ont eu connaissance, s'ils prouvent qu'ils l'ont ignoré jusque-là.

Quand l'action de l'assuré contre l'assureur a pour cause le recours d'un tiers, le délai de la prescription ne court que du jour où ce tiers a exercé une action en justice contre l'assuré ou a été indemnisé par ce dernier.

La prescription est portée à dix ans dans les contrats d'assurance sur la vie lorsque le bénéficiaire est une personne distincte du souscripteur et, dans les contrats d'assurance contre les accidents atteignant les personnes, lorsque les bénéficiaires sont les ayants droit de l'assuré décédé.

Observations :

■ *La prescription biennale* ne court que du jour où les intéressés ont eu connaissance du sinistre, s'ils prouvent qu'ils l'ont ignoré jusque là. Mais il est admis aussi qu'elle ne court pas contre le bénéficiaire tant qu'il ignore l'existence même du contrat d'assurance (Cass. civ., 6 novembre 1942 : RGAT 1943-29 ; Paris 28 octobre 1969 : JCP 1970, II, 16318).

■ Quant au remboursement de primes qui auraient été indûment payées, il est lui aussi soumis à la prescription biennale (Cass. civ., 4 mars 1986 : RGAT 1986-207).

■ L'action (« répétition de l'indu »), engagée par un assureur afin d'obtenir le remboursement d'une somme indûment payée, se prescrit par deux ans à compter du jour du paiement. Il ne pourrait en être autrement que si, à cette date, l'assureur avait été dans l'impossibilité de savoir que le paiement n'était pas dû (Cass. civ., 15 mars 1988 : RGAT 1988-528, D. 1988-485).

■ *La prescription décennale* a été créée par la loi du 31 décembre 1989. Elle concerne l'hypothèse où le bénéficiaire est une personne distincte du souscripteur. Mais le point de départ n'a pas été modifié. Ainsi la prescription court-elle du jour du décès. Il faut cependant réserver deux hypothèses tenant à l'ignorance. Ignorance du décès de l'assuré : dans ce cas, la prescription court à compter de la date où le bénéficiaire apprend le décès (Cass. civ. I., 17 février 1981 : RGAT 1982-98). Ignorance de l'existence du contrat d'assurance : la prescription court du jour de la découverte de celui-ci (Cass. civ. I. 12 mars 1991, RGAT 1991-897).

■ *Dans l'assurance sur la personne d'un emprunteur,* le point de départ de la prescription biennale fait l'objet de controverses et d'hésitations jurisprudentielles. Dans un arrêt du 24 janvier 1978 (RGAT 1979-76 note J. Bigot), la Cour de cassation (1re ch. civ.) reporte le point de départ à l'action engagée contre l'assuré par un tiers. Mais, le 10 juin 1992, la 1re chambre civile cassait un arrêt ayant fait jouer le report. Et, dans un arrêt du 4 novembre 1992, la même chambre casse une décision ayant fait courir la prescription à compter du jour où l'assuré avait eu connaissance de son état d'invalidité et reprend la motivation de 1978 (sur la question, voir les chroniques de H. Groutel dans Responsabilité Civile et assurances, 1992, chr. n° 32 et 1993 chr n° 3).

Article L. 114-2

Interruption de la prescription

La prescription est interrompue par une des causes ordinaires d'interruption de la prescription et par la désignation d'experts à la suite d'un sinistre. L'interruption de la prescription de l'action peut, en outre, résulter de l'envoi d'une lettre recommandée avec accusé de réception adressée par l'assureur à l'assuré en ce qui concerne le règlement de l'indemnité.

Compétence

Article R. 114-1

Compétence

Dans toutes les instances relatives à la fixation et au règlement des indemnités dues, le défendeur est assigné devant le tribunal du domicile de l'assuré, de quelque espèce d'assurance qu'il s'agisse, sauf en matière d'immeubles ou de meubles par nature, auquel cas le défendeur est assigné devant le tribunal de la situation des objets assurés.

SECTION II

RÈGLES RELATIVES AUX ASSURANCES DE PERSONNES

Chapitre premier
Dispositions générales

Article L. 131-1
Sommes assurées. Garanties exprimées en unités de compte

En matière d'assurance sur la vie et d'assurance contre les accidents atteignant les personnes, les sommes assurées sont fixées par le contrat.

En matière d'assurance sur la vie ou d'opération de capitalisation, le capital ou la rente garantis peuvent être exprimés en unités de compte constituées de valeurs mobilières ou d'actifs offrant une protection suffisante de l'épargne investie et figurant sur une liste dressée par décret en Conseil d'État [1]. Le contractant ou le bénéficiaire obtient le règlement en espèces ; il peut cependant opter pour la remise de titres ou de parts lorsque ceux-ci sont négociables et ne confèrent pas directement le droit de vote à l'assemblée générale des actionnaires d'une société inscrite à la côte officielle d'une Bourse de valeurs.

Observations :

■ L'assurance de personnes, à la différence de l'assurance de dommages, n'est pas un contrat d'indemnité. Elle comporte des prestations indépendantes du dommage pouvant résulter de la réalisation du risque couvert.

La prestation de l'assureur de personnes – qui est fixée par contrat – est distincte de la réparation du dommage subi par l'assuré. Parce que l'assurance de personnes n'est pas soumise au principe indemnitaire, il en découle les conséquences suivantes :

- les sommes assurées sont fixées par la police. Elles constituent la mesure de l'engagement de l'assureur ;
- il ne peut jamais y avoir ni excès d'assurance, ni cumul d'assurances, sanctionnés à ce titre ;
- l'assuré peut percevoir à la fois la prestation de l'assurance de personnes dont il bénéficie et l'indemnité qui lui est due par un tiers responsable. Ainsi, par exemple, lorsqu'une clause prévoit le versement d'un capital en cas d'accident, cette clause constitue une assurance contre les accidents corporels dont les prestations, qui ne revêtent pas un caractère indemnitaire, se cumulent, sauf convention contraire, avec les indemnités dues par l'auteur de l'accident (Cass. civ., 5 mai 1981 : RGAT 1982. 211, Ass. fr. 1982. 116).

---

1. Voir article R. 131-1 reproduit ci-après.

Les prestations dues au titre de l'assurance de personnes peuvent donc se cumuler avec les indemnités de responsabilité dues par l'auteur responsable, sans imputation sur celles-ci, ni recours de l'assureur contre l'auteur (Cass. civ., 26 novembre 1963 : D. 1964. 65).

■ L'assureur n'a pas et ne peut pas avoir de recours contre le tiers responsable du sinistre (voir l'article L. 131-2), sauf pour la partie indemnitaire des prestations. Le deuxième alinéa de l'article L 131-2, ajouté par la loi du 16 juillet 1992, précise d'ailleurs que l'assureur « peut » être subrogé pour le remboursement des prestations à caractère indemnitaire.

Contrats libellés en unités de compte

Le deuxième alinéa de cet article, dont l'actuelle rédaction résulte de la loi n° 92-655 du 16 juillet 1992, indique que le capital ou la rente garantis peuvent être exprimés en « unités de compte ». Un décret, du 6 mai 1988 avait, en créant un article R. 131-1, précisé les critères de rattachement. Cet article a été modifié par le décret n° 92-971 du 11 septembre 1992.

Article R. 131-1

Critères de rattachement

(décret du 11 septembre 1992, JO 12 septembre 1992)

Les unités de comptes visées à l'article L. 131-1 sont :

1° les actifs énumérés aux 1°, 2°, 2° bis, 3°, 4°, 5°, et 8° de l'article R. 322-2,

2° dans les conditions fixées par décret, les parts ou actions visées au 9° bis de l'article R. 322-2.

Le contrat peut se référer soit à une seule unité de compte, soit à la combinaison de plusieurs unités de compte. Dans ce dernier cas, la prime doit être ventilée entre les différentes unités de compte conformément aux dispositions du contrat.

Le contrat doit prévoir les modalités selon lesquelles, en cas de disparition d'une unité de compte, une autre unité de compte de même nature lui est substituée, par un avenant au contrat.

Il importe donc de se reporter aux différents paragraphes de l'article R. 322-2, reproduits ci-dessous :

Article R. 332-2

Liste des actifs réglementés de référence

.../...

1° Obligations et autres valeurs émises ou garanties par l'un des États membres de l'Organisation de coopération et de développement économique (OCDE) ; obligations émises ou garanties par un organisme international à caractère public dont un ou plusieurs États membres de la Communauté économique européenne font partie ; obligations émises ou garanties par les collectivités publiques territoriales d'un État membre de l'OCDE ;

2° Obligations, parts de fonds communs de créance et titres participatifs inscrits à la cote d'une bourse de valeurs d'un État membre de l'OCDE, autres que celles ou ceux visés au 1° ;

2° bis Titres de créances négociables (certificats de dépôt, billets de trésorerie, bons des institutions et des sociétés financières spécialisées) émis par des personnes morales autres que les États membres de l'OCDE, ayant leur siège social sur le territoire de ces États, à condition que ces titres soient négociés sur un marché réglementé en fonctionnement régulier d'un État membre de l'OCDE ;

3° Actions des sociétés d'investissement à capital variable et parts de fonds communs de placement dont l'objet est limité à la gestion d'un portefeuille de valeurs mentionnées aux 1°, 2° et 2° bis du présent article, dans les conditions fixées par l'article R. 332-14 ;

4° Actions et autres valeurs mobilières, inscrites à la cote d'une bourse de valeurs d'un État membre de l'OCDE, autres que celles visées aux 3°, 5°, 5° bis, 8° et 9° bis ;

5° Actions des entreprises d'assurance, de réassurance, de capitalisation ayant leur siège social sur le territoire de l'un des États membres de l'OCDE ;

.../...

8° Actions des société d'investissement à capital variable et parts des fonds communs de placement, autres que celles mentionnées aux 3° et 7°, dans les conditions fixées par l'article R. 332-14 .

.../...

9° bis Parts ou actions des sociétés à objet strictement immobilier, parts des sociétés civiles à objet strictement foncier, ayant leur siège social sur le territoire de l'un des États membres de l'OCDE, inscrites ou non inscrites à la cote d'une bourse de valeurs d'un État membre de l'OCDE, dans les conditions fixées par l'article R. 332-15.

Article R. 131-2

Parts ou actions de sociétés immobilières

(décret du 11 septembre 1992, JO 12 septembre 1992)

Dans le cas où le contrat se réfère à une part ou à une action de société immobilière non cotée, l'assureur fixe, suivant des modalités précisées par arrêté du ministre chargé de l'Économie et des Finances, la valeur de cette action ou de cette part préalablement à la commercialisation du contrat et, par la suite, au moins une fois par an pendant la durée du contrat.

Article R. 131-3

Sociétés immobilières non cotées

(décret du 11 septembre 1992, JO 12 septembre 1992)

Les sociétés non cotées à objet uniquement immobilier ou foncier visées à l'article R. 131-1 doivent répondre aux conditions suivantes :

1° les parts non cotées des sociétés civiles à objet uniquement foncier ne peuvent servir de valeur de référence unique d'un contrat.

2° le patrimoine de la société immobilière non cotée, constitutive de l'unité de compte ou de chacune des sociétés immobilières ou foncières, dans le cas où le contrat se réfère à plusieurs unités de compte, doit être composé d'au moins cinq immeubles d'une valeur minimale globale de 100 millions de francs, estimée selon les dispositions de l'article R. 131-2.

Arrêtés

Article A. 131-1

Unités de compte. Règlement en espèces

Lorsque le contractant ou le bénéficiaire choisit le règlement en espèces, la somme versée selon les dispositions contractuelles est égale à la contre-valeur en devises des unités de compte, sur la base de la valeur de rachat ou de réalisation de ces titres au lendemain de la présentation à l'assureur de la demande de la prestation.

Article A. 131-2

Sociétés non cotées

La valeur visée à l'article R 131-2 est obtenue en divisant l'actif net de la société immobilière ou foncière par le nombre d'actions ou de parts. L'actif net est celui qui ressort du dernier bilan après affectation du résultat et réévaluation des immeubles, selon la procédure définie par l'article R. 332-20-2° *(lire R. 332-20-1 ; décret n° 94-481 du 8 juin 1994).*

Observations :

■ L'article R. 332-20-1 indique au paragraphe d) que *« la valeur de réalisation des immeubles et des parts ou actions des sociétés immobilières ou foncières non inscrites à la cote d'une bourse de valeurs d'un État membre de l'OCDE est déterminée sur la base d'une expertise quinquennale effectuée par un expert accepté par la Commission de contrôle des assurances. Entre deux expertises, la valeur fait l'objet d'une estimation annuelle, certifiée par un expert accepté par la Commission de contrôle des assurances ».*

Article L. 131-2

Absence de subrogation. Exception

Dans l'assurance de personnes, l'assureur, après paiement de la somme assurée, ne peut être subrogé aux droits du contractant ou du bénéficiaire contre des tiers à raison du sinistre.

Toutefois, dans les contrats garantissant l'indemnisation des préjudices résultant d'une atteinte à la personne, l'assureur peut être subrogé dans les droits du contractant ou des ayants droit contre le tiers responsable, pour le remboursement des prestations à caractère indemnitaire prévues au contrat.

Observations :

■ Les prestations servies au titre de l'assurance de personnes ayant, en principe, un caractère forfaitaire conventionnel, l'assureur ne dispose d'aucune action récursoire contre l'auteur des dommages subis par l'assuré.

La subrogation légale est ici inapplicable. Et le texte de l'article L. 131-2 interdit même la subrogation conventionnelle. Quant aux clauses conventionnelles de cession d'action, elles sont, elles aussi, prohibées.

L'assureur ne peut davantage agir entre le tiers en invoquant un préjudice propre puisque la prestation servie est la contrepartie des primes et que l'éventualité du sinistre a été prise en compte pour le calcul de la prime.

■ Mais le second alinéa, qui a été ajouté par la loi du 16 juillet 1992, ouvre à l'assureur de personnes la faculté d'être subrogé dans les droits de la victime ou de ses ayants droit pour ce qui concerne uniquement les prestations indemnitaires. La Cour de cassation a fait de cette disposition une application très stricte, de sorte que la subrogation est exclue si les prestations servies en exécution d'un contrat d'assurance de personnes en cas d'accident ou de maladie sont calculées en fonction d'éléments prédéterminés par les parties indépendamment du préjudice subi (Cass. civ., 1re, 17 mars 1993 : RGAT 1993, 630, obs. A. Favre-Rochex. N. Candeille : « La subrogation en assurances de personnes », Ass. fr. juin 1995).

Article L. 131-3

Démarchage financier

Lorsque les opérations définies à l'article 14 de la loi n° 72-6 du 3 janvier 1972 relative au démarchage financier et à des opérations d'assurance sont associées à des opérations d'assurance de personnes, l'exercice de la faculté de dénonciation prévue à l'article 21 de la même loi entraîne, pour l'assuré, la résiliation de la garantie. L'assuré a droit, le cas échéant, au remboursement de la prime ou du prorata de prime correspondant à la période non couverte par la garantie.

Observations :

On verra avec l'article L. 132-5-1 introduit au Code des assurances par la loi du 7 janvier 1981 que le législateur a pris des dispositions propres à la souscription et au démarchage en matière d'assurance sur la vie.

La loi du 3 janvier 1972, d'où est issu l'article L. 131-3, ne concerne pas directement les opérations d'assurance. Son objet est de réglementer le démarchage financier. C'est donc par accessoire qu'ont été modifiés ou complétés certains textes relatifs aux opérations de capitalisation ou d'assurance vie. Plus spécialement, en ce qui concerne ces derniers, il s'agit de tenir compte de l'objet particulier de conventions d'assurances connexes à certaines opérations financières.

L'article 14 de la loi du 3 juillet 1972 auquel l'article L. 131-3 fait référence définit les plans d'épargne en valeurs mobilières comme des *« engagements à moyen ou long terme qui assujettissent le souscripteur, soit à un seul versement obligatoire, soit à des obligations à exécution successive ».*

Ce sont à ces plans que peuvent être associées des opérations d'assurances de personnes, sous la forme, notamment, de garanties en cas de décès du souscripteur du plan.

L'objet de l'article L. 131-3 est d'associer à la faculté de dénonciation – sous délai de 15 jours de la souscription – du plan d'épargne la faculté de résiliation de la convention d'assurance qui y est attachée.

À noter que selon l'article 2 de la loi du 3 janvier 1972, auquel renvoie l'article 14, *« constitue une activité de démarchage le fait de se rendre habituellement au domicile ou à la résidence de personnes, ou dans des lieux publics, en vue de conseiller la souscription, l'achat, l'échange ou la vente de valeurs mobilières ou une participation à des opérations sur ces valeurs ».*

L'article L. 131-3 a donc un objet très limité. Aussi bien a-t-il été jugé que la faculté de renonciation est inapplicable au cas d'une police dite « mixte investissement » qui ne se rattache pas à la souscription d'un plan d'épargne (Cass. civ., 10 mars 1982 ; Ass. fr. 1982.627).

■ Sur le démarchage, en général, voir la loi n° 92-260 du 18 janvier 1992 (JO du 21 janvier 1992) renforçant la protection des consommateurs.

Chapitre II

Les assurances sur la vie et les opérations de capitalisation

Article L. 132-1

Principes

La vie d'une personne peut être assurée par elle-même ou par un tiers.

Plusieurs personnes peuvent contracter une assurance réciproque sur la tête de chacune d'elles par un seul et même acte.

Observations :

■ Le deuxième alinéa, introduit par la loi du 7 janvier 1981 (article 3), légalise une pratique courante : celle de l'assurance réciproque dont la formule la plus répandue est celle d'une garantie « en cas de décès » reposant sur deux têtes (en général, le mari et la femme). Le bénéficiaire de ce type de police est donc le conjoint survivant.

On observera que cette disposition autorise toutes formules d'assurance réciproque, comme par exemple entre des personnes exerçant en commun une activité professionnelle.

Article L. 132-2

Consentement de l'assuré

L'assurance en cas de décès contractée par un tiers sur la tête de l'assuré est nulle, si ce dernier n'y a pas donné son consentement par écrit avec indication du capital ou de la rente initialement garantis.

Le consentement de l'assuré doit, à peine de nullité, être donné par écrit, pour toute cession ou constitution de gage et pour transfert du bénéfice du contrat souscrit sur sa tête par un tiers.

Observations :

■ On comprend aisément qu'il appartienne au seul assuré d'accepter ou de refuser que son décès puisse être l'occasion du versement d'un capital à autrui. Il doit donner son consentement par écrit. La nullité est absolue et n'est pas susceptible de confirmation (Cass. civ. I, 10 juillet 1995 : Ass. fr., Cah. jur. n° 49). C'est l'objet du premier alinéa de l'article L. 132-2.

Le second alinéa applique la même règle aux transferts de bénéfice. Le transfert sera nul si l'assuré n'y a pas donné préalablement son agrément par écrit. Ainsi l'assuré est-il constamment maître d'accepter ou de refuser la désignation de n'importe quel bénéficiaire.

■ On s'est demandé si l'article L. 132-2 était applicable à l'assurance de groupe. Selon un arrêt de la Cour de cassation du 23 mars 1982 (RGAT 1982, 497), l'assurance de groupe en cas de décès est une assurance vie soumise à la règle générale de l'article L. 132-2. Il en résulte que l'assuré ou adhérent doit donner son consentement écrit, pratiquement en signant le bulletin d'adhésion. Faute de consentement écrit, l'assureur n'est pas tenu à garantie envers le bénéficiaire (voir également : Nîmes 2 juin 1982 : RGAT 1983, 211).

■ Il a en outre été jugé que cette disposition n'est pas applicable aux assurances contre la maladie même contenue dans le même contrat qu'une assurance décès (Cass. civ., 11 décembre 1961 : RGAT 1962, 521).

Article L. 132-3

Assurance sur la tête d'un incapable

Il est défendu à toute personne de contracter une assurance en cas de décès sur la tête d'un mineur âgé de moins de douze ans, d'un majeur en tutelle, d'une personne placée dans un établissement psychiatrique d'hospitalisation.

Toute assurance contractée en violation de cette prohibition est nulle.

La nullité est prononcée sur la demande de l'assureur, du souscripteur de la police ou du représentant de l'incapable.

Les primes payées doivent être intégralement restituées.

L'assureur et le souscripteur sont en outre passibles, pour chaque assurance conclue sciemment en violation de cette interdiction, d'une amende de 360 F à 30 000 F.

Ces dispositions ne mettent point obstacle dans l'assurance en cas de décès, au remboursement des primes payées en exécution d'un contrat d'assurance en cas de vie, souscrit sur la tête d'une des personnes mentionnées au premier alinéa ci-dessus .

Observations :

■ L'interdiction posée par l'article L. 132-3 ne concerne que les combinaisons en cas de décès. Il en découle que toutes les polices jouant en cas de survie de la tête assurée sont parfaitement licites.

■ Cette interdiction, inscrite à l'article L. 132-3, c'est-à-dire sous le chapitre « des assurances sur la vie », ne s'applique pas non plus aux assurances contre les accidents comportant le versement d'un capital en cas de décès (Rép. min., JO Déb. AN 8 janvier 1966).

■ En assurance de groupe, voir la disposition spéciale de l'article L. 140-5.

Article L. 132-4

Mineur de plus de douze ans

Une assurance en cas de décès ne peut être contractée par une autre personne sur la tête d'un mineur parvenu à l'âge de douze ans sans l'autorisation de celui de ses parents qui est investi de l'autorité parentale, de son tuteur ou de son curateur.

Cette autorisation ne dispense pas du consentement personnel de l'incapable.

À défaut de cette autorisation et de ce consentement, la nullité du contrat est prononcée à la demande de tout intéressé.

Observations :

■ La validité des contrats en cas de décès sur la tête d'un tiers est subordonnée à l'acceptation de ce dernier (art. L. 132-2).

Les combinaisons sont interdites lorsqu'elles sont souscrites sur la tête d'un mineur de moins de douze ans, d'un majeur en tutelle ou d'une personne placée dans un établissement psychiatrique d'hospitalisation (art. L. 132-3).

L'article L. 132-4 vise les assurances en cas de décès souscrites sur la tête d'un mineur de plus de douze ans.

Il exige pour la validité de ces polices, outre le respect des conditions de l'article L. 132-2 (consentement écrit de la personne assurée, alinéa 2 de l'article L. 132-4), l'accord du représentant légal du mineur.

À noter que la formalité de l'autorisation du représentant légal s'applique à tout mineur de 13 à 18 ans, mais non aux mineurs émancipés, de 16 à 18 ans.

Article L. 132-5

Clauses du contrat, principes de sécurité et de clarté

Le contrat d'assurance sur la vie et le contrat de capitalisation doivent comporter des clauses tendant à définir, pour assurer la sécurité des parties et la clarté du contrat, l'objet du contrat et les obligations respectives des parties, selon des énonciations précisées par décret en Conseil d'État.

Observations :

■ Cette rédaction résulte de la loi n° 92-665 du 16 juillet 1992,

■ Sur les mentions obligatoires, voir, outre l'article L. 112-4, *l'article L. 132-21*: valeur de rachat et valeur de réduction, ainsi que *l'article R. 132-3* et *R. 132-4* reproduits ci-dessous.

■ Sur les mentions obligatoires de la proposition, voir ci-dessous l'article L. 132-5-1,

Article R. 132-3

Mention obligatoire des frais prélevés par l'entreprise d'assurance

(créé par décret n° 93-384 du 19 mars 1993)

Les contrats d'assurance en cas de vie (avec ou sans contre-assurance) ou de capitalisation doivent indiquer les frais prélevés par l'entreprise. Ces frais peuvent être libellés dans la monnaie du contrat ou calculés en pourcentage des primes, des provisions mathématiques, du capital garanti ou du rachat effectué.

Les autres contrats comportant des valeurs de rachat doivent indiquer les frais prélevés en cas de rachat.

Ne sont pas concernés par les dispositions du présent article les contrats collectifs à adhésion obligatoire.

Article R. 132-4

Mentions obligatoires

(créé par décret n° 93-385 du 19 mars 1993)

Le contrat d'assurance sur la vie doit indiquer, outre les énonciations mentionnées dans l'article L. 112-4 :

1° Les nom, prénoms et date de naissance du ou des assuré(s) ;

2° L'événement ou le terme duquel dépend l'exigibilité du capital ou de la rente garantis ;

3° Les délais et les modalités de règlement du capital ou de la rente garantis.

Le contrat de capitalisation doit indiquer :

1° Le montant du capital remboursable à l'échéance ;

2° La date de prise d'effet ainsi que la date d'échéance ;

3° Le montant et la date d'exigibilité des primes versées ;

4° Les délais et les modalités de règlement du capital.

Outre les énonciations prévues aux alinéas précédents, les seules données numériques permettant une valorisation en francs du contrat, qui peuvent être indiquées dans ce contrat, sont celles qui sont nécessaires au calcul des valeurs de rachat mentionnées à l'article L. 132-5-1 *(alinéa créé par décret n° 95-390 du 12 avril 1995).*

Lorsque les garanties d'un contrat d'assurance sur la vie ou de capitalisation sont référencées sur une ou plusieurs unités de compte, celles-ci doivent être également énoncées au contrat. Ledit contrat doit aussi préciser la date à laquelle les primes versées sont converties en ces unités de compte ainsi que, le cas échéant, les dates périodiques d'évaluation retenues pour déterminer en cours d'année les valeurs de ces dernières.

Article L. 132-5-1

Proposition d'assurance, note d'information et faculté de dénonciation

(modifié par la loi n° 94-5 du 4 janvier 1994)

Toute personne physique qui a signé une proposition d'assurance ou un contrat a la faculté d'y renoncer par lettre recommandée avec demande d'avis de réception pendant le délai de trente jours à compter du premier versement.

La proposition d'assurance ou de contrat doit comprendre un projet de lettre destiné à faciliter l'exercice de cette faculté de renonciation. Elle doit indiquer notamment, pour les contrats qui en comportent, les valeurs de rachat au terme de chacune des huit premières années au moins. L'entreprise d'assurance ou de capitalisation doit en outre remettre, contre récépissé, une note d'information sur les dispositions essentielles du contrat, comportant des indications précises d'exercice de la faculté de renonciation. Le défaut de remise des documents et informations énumérés au présent alinéa entraîne de plein droit la prorogation du délai prévu au premier alinéa jusqu'au trentième jour suivant la date de remise effective de ces documents. Un nouveau délai de trente jours court à compter de la date de réception du contrat, lorsque celui-ci apporte des réserves ou des modifications essentielles à l'offre originelle, ou à compter de l'acceptation écrite, par le souscripteur, de ces réserves ou modifications.

La renonciation entraîne la restitution par l'entreprise d'assurance ou de capitalisation de l'intégralité des sommes versées par le contractant, dans le délai maximal de trente jours à compter de la réception de la lettre recommandée. Au-delà de ce délai, les sommes non restituées produisent de plein droit intérêt au taux légal majoré de moitié durant deux mois, puis, à l'expiration de ce délai de deux mois, au double du taux légal.

Les dispositions qui précèdent ne s'appliquent pas aux contrats d'une durée maximum de deux mois. Elles sont précisées, en tant que de besoin, par arrêté ministériel.

Observations :

■ L'article L. 132-5-1, qui est issu de la loi du 7 janvier 1981, a été modifié par les lois du 11 juin 1985 *(JO 20 juin 1985)*, du 16 juillet 1992 et du 4 janvier 1994. Il institue un droit de renonciation au profit du contractant qui dispose ainsi d'un droit de dénonciation d'une durée de 30 jours dont le point de départ est fixé au 1er versement ou à la date de remise de la note d'information si elle est postérieure.

■ En ce qui concerne les garanties en cas de vie, la renonciation exercée par le contractant dans le délai de trente jours a pour effet d'annuler le contrat ou plutôt de considérer que le contrat n'a jamais existé. Il en résulte notamment que l'assureur est tenu de restituer l'intégralité de la prime perçue à ce titre, dans un délai maximal de trente jours à compter de la réception de la lettre recommandée.

Ces dispositions, telles qu'elles résultent de la loi du 11 juin 1985, sont applicables aux contrats souscrits ou transformés à compter du 1er janvier 1986.

■ La loi du 16 juillet 1992 a porté de 6 à 8 ans l'indication de la valeur de rachat dans la proposition d'assurance ou de contrat.

■ La note d'information a été normalisée par un arrêté du 21 juin 1994 (art. A. 132-4, numération résultant de l'arrêté du 28 mars 1995). Elle doit être établie sur le modèle ci-dessous :

ENTREPRISE CONTRACTANTE
(Dénomination et forme juridique)
NOM : ....
ADRESSE
(Du siège social et, le cas échéant, de la succursale et nom de l'État membre)

....

....

Note d'information

1° Nom commercial du contrat
2° Caractéristiques du contrat :
a) Définition contractuelle des garanties offertes ;
b) Durée du contrat ;
c) Modalités de versement des primes ;
d) Délai et modalités de renonciation au contrat, sort de la garantie décès en cas de renonciation ;
e) Formalités à remplir en cas de sinistre ;
f) Précisions complémentaires relatives à certaines catégories de contrats :
- *contrats en cas de vie ou de capitalisation : frais et indemnités de rachat prélevés par l'entreprise d'assurance :*
- *autres contrats comportant des valeurs de rachat : frais prélevés en cas de rachat ;*
- *capital variable : énumération des valeurs de références et nature des actifs entrant dans leur composition ;*

g) Information sur les primes relatives aux garanties principales et complémentaires lorsque de telles informations s'avèrent appropriées ;

h) Précision quant à la loi applicative au contrat lorsque celle-ci n'est pas la loi française et indications générales relatives au régime fiscal.
3° Rendement minimum garanti et participation :
a) Taux d'intérêt garanti et durée de cette garantie ;
b) Indications des garanties de fidélité, des valeurs de réduction et des valeurs de rachat ; dans le cas où celles-ci ne peuvent être établies exactement au moment de la souscription, indication du mécanisme de calcul ainsi que des valeurs minimales ;
c) Modalités de calcul et d'attribution de la participation aux bénéfices.
4° Procédure d'examen des litiges :
Modalités d'examen des réclamations pouvant être formulées au sujet du contrat. Existence, le cas échéant, d'une instance chargée en particulier de cet examen.

Article L. 132-5-2

Cet article, issu de la loi du 7 janvier 1981, a été abrogé par l'article 2 de la loi du 11 juin 1985.

Article L. 132-6

Polices à ordre ou au porteur

La police d'assurance sur la vie peut être à ordre. Elle ne peut être au porteur.

L'endossement d'une police d'assurance sur la vie à ordre doit, à peine de nullité, être daté, indiquer le nom du bénéficiaire de l'endossement et être signé de l'endosseur.

Observations :

■ Cet article complète et modifie, pour l'assurance vie, les dispositions de l'article L. 112-5 (voir ce texte).

■ Se reporter à l'article L. 132-10 qui envisage un cas particulier d'emploi des polices à ordre : sa remise à un créancier à titre de garantie.

■ Voir l'article L. 132-8 (dernier alinéa). Désignation de bénéficiaire ou substitution par voie d'endossement.

Article L. 132-7

Suicide

L'assurance en cas de décès est de nul effet si l'assuré se donne volontairement et consciemment la mort au cours des deux premières années du contrat.

Observations :

■ Cette rédaction de l'article L. 132-7 résulte de la loi du 7 janvier 1981 qui a supprimé les dispositions relatives à la charge de la preuve du suicide et de son caractère conscient ou inconscient.

C'est donc à l'assureur qu'incombe la charge de prouver d'une part le suicide et d'autre part son caractère conscient :

- Sur la preuve du suicide, voir notamment : Cass. civ., 2 mai 1955 : RGAT 1956, 406 ; Cass. civ., 21 mai 1975 : RGAT 1975, 520.
- Sur la preuve de la conscience ou de l'inconscience, voir notamment : Cass. civ., 21 mai 1975, 520 ; Grenoble, 29 juin 1970 : RGAT 1971, 199 ; Cass. civ.,

23 mars 1977 : Gaz. Pal. 1977, 2 som. 231. Mais en présence d'une clause excluant *« le suicide pendant les deux années qui suivent la souscription du contrat »*, qu'il soit ou non « volontaire et conscient », il n'y a pas lieu de rechercher si le suicide a été conscient ou inconscient. La garantie n'est donc pas acquise (Cass. 1re civ., 28 mai 1984 : RGAT 1985-98).

Peut-on assimiler *l'euthanasie* et le r*efus d'acharnement thérapeutique* au suicide ? À notre connaissance, la question n'a pas été tranchée par les juges. L'euthanasie paraît être analysée, compte tenu de l'intervention d'un tiers, comme un homicide volontaire et sa sollicitation ne semble pas, en conséquence, entrer dans les prévisions de l'article L. 132-7 du Code des assurances – le refus d'acharnement thérapeutique ne semble pas pouvoir être considéré comme le fait de se donner volontairement la mort, en l'absence d'un acte positif dont l'intervention déterminerait le processus mortel (Rép. min. 27 nov. 1986, JO Déb. Sénat, p. 1665).

L'article L. 132-7 n'est pas applicable à l'assurance accident. La preuve du caractère accidentel du décès incombe au bénéficiaire. Lorsque dans un même contrat, à une assurance décès classique est jointe une garantie complémentaire contre les accidents corporels (telle que, par exemple, le doublement du capital assuré) on est en présence de deux assurances de nature différente, d'une part d'une assurance vie soumise à toutes les règles de l'assurance vie, d'autre part d'une assurance contre les accidents corporels où, par hypothèse la garantie n'est due que si le bénéficiaire apporte la preuve du caractère accidentel de la mort de l'assuré (Cass. civ., 18 janvier 1964 : RGAT 1964, 520 ; Cass. civ., 8 juin 1994 : RGAT 1994, 833 ; Cass. civ. I, 15 février 1995, Ass. fr., Cah. jur. n° 46, juin 1995). Mais, s'il est vrai que pour obtenir le paiement de la prestation prévue en cas d'accident, le bénéficiaire de la garantie doit prouver le caractère accidentel du décès (et donc l'absence de suicide), il n'en demeure pas moins que c'est à l'assureur, qui réclame le remboursement du capital dû au titre des garanties complémentaires, au motif que le décès de l'assuré serait résulté d'un suicide, de supporter la charge de la preuve du caractère indu de son paiement (Cass. civ., 13 mai 1986 : RGAT 1986, 424).

Article L. 132-8

Bénéficiaire déterminé

Le capital ou la rente garantis peuvent être payables lors du décès de l'assuré à un ou plusieurs bénéficiaires déterminés.

Est considérée comme faite au profit de bénéficiaires déterminés la stipulation par laquelle le bénéfice de l'assurance est attribué à une ou plusieurs personnes qui, sans être nommément désignées, sont suffisamment définies dans cette stipulation pour pouvoir être identifiées au moment de l'exigibilité du capital ou de la rente garantis.

Est notamment considérée comme remplissant cette condition la désignation comme bénéficiaire des personnes suivantes :

- les enfants nés ou à naître du contractant, de l'assuré ou de toute autre personne désignée ;
- les héritiers ou ayants droit de l'assuré ou d'un bénéficiaire prédécédé.

L'assurance faite au profit du conjoint profite à la personne qui a cette qualité au moment de l'exigibilité.

Les héritiers, ainsi désignés, ont droit au bénéfice de l'assurance en proportion de leurs parts héréditaires. Ils conservent ce droit en cas de renonciation à la succession.

En l'absence de désignation d'un bénéficiaire dans la police ou à défaut d'acceptation par le bénéficiaire, le contractant a le droit de désigner un bénéficiaire ou de substituer un bénéficiaire à un autre. Cette désignation ou cette substitution ne peut être opérée, à peine de nullité, qu'avec l'accord de l'assuré, lorsque celui-ci n'est pas le contractant. Cette désignation ou cette substitution peut être réalisée soit par voie d'avenant au contrat, soit en remplissant les formalités édictées par l'article 1690 du Code civil, soit par endossement quand la police est à ordre, soit par voie testamentaire.

Observations :

■ La désignation du ou des bénéficiaires mérite une attention toute particulière. Son laconisme ou son imprécision peut être à l'origine de difficultés d'interprétation très sérieuses.

Aussi bien l'article L. 132-8 édicte-t-il des règles supplétives ou des normes d'interprétation.

Il suffit que le bénéficiaire soit déterminable au moment de l'exigibilité du capital ou de la rente garantis (Cass. com., 14 février 1972 : RGAT 1973, 49, le porteur de la grosse dans le cas d'un emprunt hypothécaire ; Cass. civ., 4 avril 1978, JCP 1978. IV. 183, légataire universel).

Ainsi la loi assimile aux bénéficiaires déterminés :

- les enfants nés ou à naître du contractant, de l'assuré ou de toute autre personne désignée ;
- les héritiers ou ayants droit de l'assuré ou d'un bénéficiaire prédécédé ;
- la personne qui a la qualité de conjoint au moment de l'exigibilité.

■ L'assurance faite au profit du conjoint bénéficie à la personne qui a cette qualité lors de l'exigibilité des prestations. Ainsi l'ex-conjoint ne dispose d'aucun droit sur le capital garanti et ne saurait, s'agissant d'un contrat d'assurance sur la vie, invoquer l'article L. 352-1 du Code de la sécurité sociale selon lequel le conjoint divorcé, non remarié, doit être assimilé à un conjoint (Cass. civ. I, 13 juin 1995 : Ass. fr., Cah. jur. n° 50).

■ Il a été jugé que si le mari commun en biens, souscripteur d'une assurance sur la vie, dont le bénéfice en cas de décès était attribué à son épouse, peut valablement, en application des articles 1096 et 1121 du Code civil et de l'article L. 132-9 du Code des assurances, révoquer la stipulation faite au profit de son épouse, il ne peut consentir l'attribution concomitante, à titre gratuit, du bénéfice du contrat à un tiers, sans le consentement de sa femme, exigé par l'article 1422 du Code civil.

En effet, l'affectation par avance d'une quote-part des revenus professionnels du mari à la constitution d'un capital à son profit ou à celui de son épouse avait créé contre la compagnie d'assurances une créance de la communauté, dont le mari ne pouvait pas disposer librement à titre gratuit (Cass. civ., 26 mai 1982 : RGAT 1983, 59 ; Sur l'assurance vie entre époux, changement de bénéficiaire et divorce, voir l'article de G. L. Beauquier, RGAT 1982, 581).

■ Le changement de bénéficiaire est opposable à l'assureur dès lors qu'il exprime d'une façon non équivoque la volonté du stipulant et que l'assureur en a eu connaissance avant de procéder au versement capital. L'établissement d'un avenant n'est pas indispensable pour modifier la désignation de bénéficiaire. Une lettre adressée par le contractant est suffisante (Cass. civ., 13 mai 1980: Ass. fr. 1980, 844).

■ La désignation de certaines personnes en qualité de bénéficiaires peut être entachée de nullité pour cause d'immoralité. Il en est ainsi en particulier lorsque l'assuré, en désignant sa maîtresse comme bénéficiaire, a entendu maintenir, reprendre ou rémunérer des relations jugées immorales ou illicites. C'est ainsi qu'ont été déclarées nulles comme contraires à l'ordre public les désignations ayant pour objet de rétribuer des relations adultères (Paris 14 juin 1955: RGAT 1956-153; Cass. civ., 3 février 1976: RGAT 1976, 524) ou encore de prolonger une liaison adultère (Cass. civ., 8 novembre 1982: RGAT 1983, 533). Mais n'est pas entachée d'immoralité la désignation de la concubine notoire et stable (Cass. civ. I, 13 décembre 1989: RGAT 1990, 180) et peu importe qu'après le décès de l'assuré la concubine se soit mariée (Paris, 28 mai 1976: RGAT 1977, 63).

Article L. 132-9

Révocation et acceptation du bénéficiaire

La stipulation en vertu de laquelle le bénéfice de l'assurance est attribué à un bénéficiaire déterminé devient irrévocable par l'acceptation expresse ou tacite du bénéficiaire.

Tant que l'acceptation n'a point eu lieu, le droit de révoquer cette stipulation n'appartient qu'au stipulant et ne peut, en conséquence, être exercé de son vivant par ses créanciers ni par ses représentants légaux.

Ce droit de révocation ne peut être exercé, après la mort du stipulant, par ses héritiers, qu'après l'exigibilité de la somme assurée et au plus tôt trois mois après que le bénéficiaire de l'assurance a été mis en demeure par acte extrajudiciaire d'avoir à déclarer s'il accepte.

L'attribution à un titre gratuit du bénéfice d'une assurance sur la vie à une personne déterminée est présumée faite sous la condition de l'existence du bénéficiaire à l'époque de l'exigibilité du capital ou de la rente garantis à moins que le contraire ne résulte des termes de la stipulation.

Observations :

■ Comme le droit de désignation, le droit de révocation est strictement personnel. Il n'appartient qu'au stipulant et ne peut être exercé, de son vivant, ni par ses représentants légaux, ni par ses créanciers (2e alinéa). C'est la raison pour laquelle on considère que le droit à la valeur de rachat est personnel au souscripteur, car donner cette possibilité à d'autres personnes reviendrait à leur permettre indirectement de révoquer la désignation du bénéficiaire qui est un droit propre au souscripteur.

Il a été jugé que la révocation de la stipulation du vivant du stipulant constitue un acte unilatéral qui doit produire effet même si elle n'est connue du promettant (l'assureur) et du tiers bénéficiaire qu'après le décès du stipulant (Cass. civ., 24 juin 1969: RGAT 1969, 522).

Ce caractère personnel conduit en principe à la même interdiction au regard des héritiers du stipulant. Toutefois ceux-ci peuvent mettre le bénéficiaire en demeure de prendre parti. Son silence dans les trois mois consécutifs à la mise en demeure est alors assimilé à un refus. Dans ce cas, le bénéfice revient aux héritiers du stipulant, à défaut de bénéficiaire subsidiaire (3e alinéa).

■ Lorsque le bénéficiaire a déclaré vouloir profiter de la stipulation, son droit devient en principe irrévocable et le stipulant ne peut plus se rétracter (1er alinéa). L'acceptation peut intervenir à tout moment et n'est soumise à aucune condition de forme.

■ Si, en principe, la désignation du bénéficiaire est irrévocable à partir du moment où le bénéficiaire a expressément ou tacitement donné son acceptation, elle peut être exceptionnellement révoquée, même après acceptation, dans deux hypothèses :

- en cas de tentative de meurtre de l'assuré par le bénéficiaire (article L. 132-24) ;
- en application des causes ordinaires de révocation des libéralités (en cas d'attribution à titre gratuit). On considère en effet que l'attribution d'une assurance vie constitue une libéralité. Il est donc généralement admis que, malgré l'acceptation du conjoint bénéficiaire, l'époux assuré est en droit de révoquer la désignation, par application de la règle de la révocabilité des donations entre époux (Nîmes, 20 décembre 1978 : RGAT 1979, 355).

Spécialement, en cas de divorce, l'époux aux torts exclusifs de qui le divorce a été prononcé perd les avantages et donations – dont le bénéfice de l'assurance vie – qui lui avaient été consentis. Il en sera de même pour le conjoint demandeur dans une procédure de divorce engagée pour rupture de la vie commune.

■ À noter que selon un arrêt de la cour d'appel de Paris (4 janvier 1983 : RGAT 1983, 530), dans l'hypothèse où le bénéficiaire à titre gratuit est décédé sans avoir accepté la stipulation à son profit, l'acceptation peut valablement être donnée par ses héritiers *« qui ont trouvé ce droit dans la succession de leur auteur, alors que les héritiers de l'assuré n'ont pas exercé le droit de révocation prévu à l'alinéa 3 de l'article L. 132-9 du Code des assurances »*.

Article L. 132-10
Mise en gage

La police d'assurance peut être donnée en gage soit par avenant, soit par endossement à titre de garantie, si elle est à ordre, soit par acte soumis aux formalités de l'article 2075 du Code civil.

Observations :

■ Un contrat d'assurance vie représente une certaine valeur. Il peut donc être utilisé comme garantie d'une dette. C'est ce que confirme l'article L. 132-10 qui autorise la mise en gage des polices d'assurance sur la vie.

La constitution du gage entre les mains du créancier doit faire l'objet de formalités dont l'objet est double : la preuve de la cession et l'information de l'assureur.

Cette mise en gage peut se faire de trois façons : par avenant (art. L. 112-3, 2e alinéa ; art. L. 132-8, 5e alinéa), endossement (art. L. 132-6, 2e alinéa ; art. L. 132-8, 5e alinéa), ou selon les modalités prévues par l'article 2075 du Code civil *« lorsque le gage s'établit sur des meubles incorporels, tels que les créances mobilières, l'acte authentique ou sous seing privé, dûment enregistré, est signifié au débiteur de la créance donnée en gage, ou accepté par lui dans un acte authentique »*.

Faute de régularisation conformément à l'article 2075 du Code civil, l'acte ne constitue qu'une promesse de gage (Cass. 1re civ., 6 janvier 1994 : Resp. civ. et ass. avril 1994).

Article L. 132-11

Bénéficiaire non désigné

Lorsque l'assurance en cas de décès a été conclue sans désignation d'un bénéficiaire, le capital ou la rente garantis font partie du patrimoine ou de la succession du contractant.

Observations :

■ En l'absence de désignation de bénéficiaire, le capital ou la rente fait partie intégrante de la succession du contractant. Cette solution s'applique dans toutes les hypothèses où la désignation du bénéficiaire n'est pas valable. Il s'ensuit notamment que celui qui recueille la succession du souscripteur doit être débouté de sa demande de dégrèvement fiscal quant aux droits de succession relatifs au capital reçu au titre de l'assurance décès (Cass. civ., 16 février 1983 : RGAT 1983, 534).

Article L. 132-12

Droit propre du bénéficiaire

Le capital ou la rente stipulés payables lors du décès de l'assuré à un bénéficiaire déterminé ou à ses héritiers ne font pas partie de la succession de l'assuré. Le bénéficiaire, quelles que soient la forme et la date de sa désignation, est réputé y avoir eu seul droit à partir du jour du contrat, même si son acceptation est postérieure à la mort de l'assuré.

Observations :

■ Le bénéficiaire déterminé acquiert contre l'assureur un droit propre et direct. Cette règle découle directement des principes juridiques de la stipulation pour autrui, confirmés par une jurisprudence ancienne et constante (voir par exemple Cass. civ., 16 janvier, 6, 8, 22 février 1888 : D. 1888. 1. 77). Il en résulte que le capital ne fait pas partie de la succession et qu'en conséquence il est exonéré des droits de mutation (voir art. L. 132-11), sauf dans le cas prévu par l'article 757 B du Code Général des Impôts qui, depuis le 2 janvier 1992, assujettit les capitaux versés aux droits de mutation par décès à concurrence de la fraction des primes versées après *l'âge de 70 ans* qui excède *200 000 francs*.

À noter que la formule désignant les « héritiers » ou les *« ayants-droit »* sans autre précision est considérée comme une désignation de bénéficiaires déterminés.

■ Ce principe qui vient de la technique juridique de la « stipulation pour autrui » – et dont l'article L. 132-12 est une application ou une illustration – a de multiples conséquences. Ainsi, par exemple, un *organisme prêteur*, bénéficiaire de l'assurance souscrite pour garantir la bonne fin de l'emprunt contracté par des époux communs en biens, a seul droit à la prestation destinée à rembourser le prêt. Il en découle que cette prestation n'a jamais fait partie du patrimoine de l'époux victime de l'accident. Et il en résulte que la dette de la communauté n'a pas été éteinte à l'aide de deniers propres à la victime, que, donc, son patrimoine ne s'est pas appauvri, de sorte que, enfin, aucun droit à récompense n'est né à son profit (Cass. civ., 1er décembre 1987 : RGAT 1988-534, note Aubert).

■ Dans un arrêt du 12 décembre 1986 (RGAT 1987, 254, note Aubert) l'Assemblée plénière de la Cour de cassation a consacré la primauté de l'article L. 132-12 sur le droit des régimes matrimoniaux, en considérant que la créance sur l'assureur, née en raison du décès du mari commun en biens, est acquise au seul profit des bénéficiaires désignés en dernier lieu, les articles 224 et 1422 du Code civil ne s'appliquant pas à l'attribution du capital décès. Sur cette affaire « Pelletier », voir dans cet ouvrage le chapitre intitulé « régime matrimonial et assurance vie ».

Article L. 132-13

Rapport à succession

Le capital ou la rente payables au décès de l'assuré à un bénéficiaire déterminé ne sont soumises ni aux règles du rapport à succession, ni à celles de la réduction pour atteinte à la réserve des héritiers du contractant.

Ces règles ne s'appliquent pas non plus aux sommes versées par le contractant à titre de primes, à moins que celles-ci n'aient été manifestement exagérées eu égard à ses facultés.

Observations :

■ Afin de procéder au partage successoral, il importe d'une part d'évaluer l'importance du patrimoine et de chiffrer le montant des dettes et des créances du défunt. Cette opération faite, il faut prendre en considération les libéralités ou les prêts dont ont pu bénéficier certains héritiers. Il est alors possible de rétablir l'équilibre entre leur situation. C'est le *« rapport à succession »*. Le capital – ou la rente – versé au titre d'un contrat d'assurance vie échappe à cette règle, comme il échappe à celle dite, de *« la réduction pour atteinte à la réserve »*. On sait en effet que la liberté de disposer de son patrimoine par testament est limitée et que certains héritiers, enfants et ascendants que le Code civil qualifie de *« réservataires »* ont droit à une certaine fraction de l'héritage.

On notera qu'il n'y a pas, non plus, lieu à rapport à succession ou réduction pour atteinte à la réserve en ce qui concerne les primes payées pour la constitution du capital ou de la rente, sauf s'il s'avère que ces primes sont *« manifestement exagérées »* eu égard aux moyens pécuniaires du contractant. Certains montages destinés à réduire la part réservataire peuvent cependant conduire le juge à requalifier l'opération et à décider le rapport de la totalité de la prime pour calculer la quotité disponible (TGI Paris, 31 mars 1995 : Resp. civ. et ass. 1996, comm. 68 ; G. Courtieu : « La prime unique en question », *ibid.*, chr. 10 ; Defrénois 1995, art. 36191, obs. M. Vion – Ass. fr., Cah. jur. n° 52, obs. M. Weinberg).

■ Sur la notion de primes exagérées, voir l'étude de la Revue notariale de l'assurance vie n° 54 (4e trim. 1975), p. 335 et n° 73 (2e trimestre 1982), p. 642.

Article L. 132-14

Droits des créanciers du contractant

Le capital ou la rente garantis au profit d'un bénéficiaire déterminé ne peuvent être réclamés par les créanciers du contractant.

Ces derniers ont seulement droit au remboursement des primes, dans le cas indiqué par l'article L. 132-13, deuxième alinéa, en vertu soit de l'article 1167 du

Code civil, soit des articles 107 et 108 de la loi n° 85-98 du 25 janvier 1985 relative au redressement et à la liquidation judiciaire des entreprises.

Observations :

■ L'article L. 132-12 pose le principe que le capital ou la rente stipulés payables à un bénéficiaire déterminé ne font pas partie de la succession de l'assuré. L'article L. 132-13 en précise la portée à l'égard des héritiers. L'article L. 132-14 confirme cette règle de l'indépendance du capital vis-à-vis des créanciers du défunt qui ne disposent d'aucune action contre le bénéficiaire.

■ Il importait cependant de veiller à sauvegarder dans une certaine mesure les intérêts des créanciers du contractant. Tel est l'objet du second alinéa de l'article L. 132-14 qui précise l'étendue des droits des créanciers et leurs conditions d'exercice :

- Les créanciers n'ont de droits que sur les primes payées et à la condition seulement qu'elle aient été « manifestement exagérées » par rapport à la situation de fortune du contractant (art. L. 132-13).

Deux cas sont alors à envisager :

- si la dette est de nature civile, les créanciers doivent exercer « l'action paulienne » de l'article 1167 du Code civil qui précise – sous réserve du respect des règles successorales – que les créanciers *« peuvent... en leur nom personnel, attaquer les actes faits par leur débiteur en fraude de leurs droits »*;
- lorsque la dette est commerciale (contrat conclu par un commerçant ou une personne morale), il y a lieu de faire application des articles 29 et 31 de la loi du 13 juillet 1967 relative au règlement judiciaire et à la liquidation des biens (ex.-faillite). Ces articles prévoient l'inopposabilité à la masse des créanciers des donations et paiements effectués à des tiers ainsi que des garanties consenties pendant la *« période suspecte »* fixée par le tribunal.

■ Les intérêts des créanciers du souscripteur sont-ils suffisamment protégés par ces dispositions ? Certains auteurs l'affirment (par ex. Th. Deschanels, « Les créanciers peuvent-ils saisir un contrat d'assurance vie ? », Ass. fr. avril 1996) et la jurisprudence dominante leur donne raison (par ex. Cass. com., 25 octobre 1994 : RGAT 149, obs. P. Rémery ; Resp. civ. et ass. 1995, comm. 144, Ass. fr., Cah. jur. n° 41), cependant que d'autres s'attachent à démontrer que certaines formules d'assurance vie, parce qu'elles sont en réalité de pures opérations d'épargne, doivent être soumises au droit commun et non relever du droit des assurances (G. Courtieu : « Propos hérétiques sur un arrêt orthodoxe », Resp. civ. et ass. 1995, chron. 18 ; « Réflexions inconvenantes sur le droit et la valeur de rachat », *ibid.,* 1995, chron. 27 ; M. Grimaldi : Defrénois 1994, art. 35841).

- À noter qu'a été jugé inopposable à la masse l'acte par lequel, pendant la période suspecte, le failli s'est engagé à verser à un créancier le montant d'une rente viagère, dont il bénéficiait au titre d'une assurance vie, jusqu'à complet remboursement du prêt qu'il lui avait consenti : Cass. com., 29 mai 1968 : RGAT 1969, 221.

Article L. 132-15
Transfert de bénéfice

Tout bénéficiaire peut, après avoir accepté la stipulation faite à son profit et si la cessibilité de ce droit a été expressément prévue ou avec le consentement du contractant et de l'assuré, transmettre lui-même le bénéfice du contrat, soit par une cession dans la forme de l'article 1690 du Code civil, soit, si la police est à ordre, par endossement.

Article L. 132-16
Époux communs en biens

Le bénéfice de l'assurance contractée par un époux commun en biens en faveur de son conjoint, constitue un propre pour celui-ci.

Aucune récompense n'est due à la communauté en raison des primes payées par elle, sauf dans les cas spécifiés dans l'article L. 132-13, deuxième alinéa.

Observations :

■ On aurait pu se demander si le capital constitué grâce à l'assurance en cas de décès souscrite par un époux sur sa tête au profit de son conjoint devait être considéré comme un bien commun ou comme un bien propre. En affirmant que le bénéfice de l'assurance constitue *« un propre »*, le législateur a fait en sorte que le capital échu au conjoint survivant échappe à la liquidation de la communauté.

■ Par ailleurs, il n'y a pas lieu à *« récompense »* en raison des primes payées par la communauté. Autrement dit lors des opérations de liquidation de la communauté, les primes payées par cette dernière au bénéficie du conjoint ne doivent pas être prises en considération dans l'établissement des comptes, sauf si elle étaient *« manifestement exagérées »*.

■ Mais, selon un arrêt du 31 mars 1992 (RGAT 1993, 136, note Aubert), la valeur d'un contrat d'assurance vie mixte du souscripteur, dont les primes ont été payées avec des fonds communs jusqu'à la dissolution de la communauté, fait partie de l'actif de celle-ci. Il en résulte qu'il doit en être tenu compte dans les opérations de partage de la communauté. (Sur renvoi : Versailles, 21 juin 1993 : RGAT 1994, 202, obs. J. Maury). Se reporter au chapitre de cet ouvrage, intitulé : « registre matrimonial et assurance vie. »

Article L. 132-17
Droits du conjoint du débiteur en liquidation de biens

Les articles 112 et 114 de la loi n° 85-98 du 25 janvier 1985 concernant les droits du conjoint du débiteur en liquidation de biens ou en règlement judiciaire sont sans application en cas d'assurance sur la vie contractée par un commerçant au profit de son conjoint.

Observations :

■ La règle énoncée par cet article est, contrairement à sa formulation, très simple : le capital souscrit au profit du conjoint d'un commerçant en faillite n'entre pas dans la masse et ne sert pas de gage aux créanciers.

Ainsi l'assurance sur la vie permet-elle à une personne exerçant une profession commerciale de mettre son conjoint à l'abri de certaines difficultés.

Article L. 132-18

Remboursement de la provision mathématique (nullité – suicide)

Dans le cas de réticence ou fausse déclaration mentionné à l'article L. 113-8, dans le cas où l'assuré s'est donné volontairement et consciemment la mort au cours du délai mentionné à l'article L. 132-7 ou lorsque le contrat exclut la garantie du décès en raison de la cause de celui-ci, l'assureur verse au contractant ou, en cas de décès de l'assuré, au bénéficiaire, une somme égale à la provision mathématique du contrat.

Observations :

■ L'article L. 132-18 envisage trois cas de remboursement de la provision mathématique :
- en cas de réticence ou fausse déclaration (art. L. 113-8). À noter que l'erreur ou la fausse déclaration sur l'âge de l'assuré n'entraîne pas la restitution de la provision mathématique (v. art. L. 132-26).
- dans le cas où l'assuré s'est donné la mort au cours des deux premières années du contrat (v. art. L. 132-7).
- lorsque le contrat exclut la garantie décès en raison de la cause de celui-ci (meurtre de l'assuré par le bénéficiaire art. L. 132-24 - exclusions contractuelles, comme par exemple celle qui frappe certaines activités sportives dangereuses).

Article L. 132-19

Substitution au paiement des primes

Tout intéressé peut se substituer au contractant pour payer les primes.

Article L. 132-20

Paiement de la prime

L'entreprise d'assurance ou de capitalisation n'a pas d'action pour exiger le paiement des primes.

Lorsqu'une prime ou fraction de prime n'est pas payée dans les dix jours de son échéance, l'assureur adresse au contractant une lettre recommandée par laquelle il l'informe qu'à l'expiration d'un délai de quarante jours à dater de l'envoi de cette lettre le défaut de paiement, à l'assureur ou au mandataire désigné par lui, de la prime ou fraction de prime échue ainsi que des primes éventuellement venues à échéance au cours dudit délai, entraîne soit la résiliation du contrat en cas d'inexistence ou d'insuffisance de la valeur de rachat, soit la réduction du contrat.

L'envoi de la lettre recommandée par l'assureur rend la prime portable dans tous les cas.

Le défaut de paiement d'une cotisation due au titre d'un contrat de capitalisation ne peut avoir pour sanction que la suspension ou la résiliation pure et simple du contrat et, dans ce dernier cas, la mise à la disposition du porteur de la valeur de rachat que ledit contrat a éventuellement acquise.

Observations :

■ Ce texte confirme et précise les dispositions des articles L. 113-2 et L. 113-3 (voir ces textes). On a vu en effet que l'assureur vie n'a pas d'action pour exiger le paiement des primes. Reste à savoir quels sont les effets du non-paiement de la prime, le texte en prévoit deux. La loi du 31 décembre 1989 a en effet supprimé la possibilité de « l'avance » par l'assureur de la prime ou fraction de prime impayée - « Les nouvelles dispositions régissant le non-paiement de la prime en assurance vie », C. Eliashberg, Ass. fr. n° 607, 1.5.90.

- la résiliation pure et simple du contrat en cas d'inexistence ou d'insuffisance de la valeur du rachat.
- la réduction des effets du contrat, c'est-à-dire la diminution du capital ou de la rente stipulé lors de la souscription.

■ En présence de contrat à caractère mixte, c'est-à-dire présentant des garanties « accident » ainsi que les garanties « vie », la question se pose de savoir si l'assureur dispose ou non d'une action en recouvrement des primes (article L. 113-2 ou article L. 132-20). Il a été jugé à plusieurs reprises, à propos notamment de contrats d'assurance-groupe, qu'il y avait lieu d'appliquer l'article L. 113-2 et donc que l'assureur est en droit d'exiger le paiement de la totalité de la prime due : Cass. civ., 23 mai 1964 : RGAT 1965. 216 ; Cass. civ., 1er décembre 1981 : RGAT 1982-169, Ass. fr. 1982.235 ; Cass. civ., 20 octobre 1992, Resp. civ. et ass. 1993. janvier).

■ Le dernier alinéa, relatif aux seuls contrats de capitalisation, a été introduit par la loi du 16 juillet 1992. Seules sanctions du non-paiement : la suspension ou la résiliation (avec, bien entendu, remise de la valeur de rachat).

Les articles L. 132-21, L. 132-22, L. 132-22-1, L. 132-23, relatifs aux valeurs de réduction et de rachat, sont reproduits dans les pages suivantes à la section III.

Article L. 132-24

Meurtre de l'assuré par le bénéficiaire

Le contrat d'assurance cesse d'avoir effet à l'égard du bénéficiaire qui a été condamné pour avoir donné volontairement la mort à l'assuré.

Le montant de la provision mathématique doit être versé par l'assureur au contractant ou à ses ayants cause à moins qu'ils ne soient condamnés comme auteurs ou complices du meurtre de l'assuré.

Si le bénéficiaire a tenté de donner la mort à l'assuré, le contractant a le droit de révoquer l'attribution du bénéfice de l'assurance, même si le bénéficiaire avait déjà accepté la stipulation faite à son profit.

Article L. 132-25

Paiement de bonne foi au bénéficiaire apparent

Lorsque l'assureur n'a pas eu connaissance de la désignation d'un bénéficiaire, par testament ou autrement, ou de l'acceptation d'un autre bénéficiaire ou de la révocation d'une désignation, le paiement du capital ou de la rente garantis fait à celui qui, sans cette désignation, cette acceptation ou cette révocation, y aurait eu droit, est libératoire pour l'assureur de bonne foi.

Article L. 132-26

Erreur sur l'âge de l'assuré

L'erreur sur l'âge de l'assuré n'entraîne la nullité de l'assurance que lorsque son âge véritable se trouve en dehors des limites fixées pour la conclusion des contrats par les tarifs de l'assureur.

Dans tout autre cas, si, par la suite d'une erreur de ce genre, la prime payée est inférieure à celle qui aurait dû être acquittée, le capital ou la rente garantis sont réduits en proportion de la prime perçue et de celle qui aurait correspondu à l'âge véritable de l'assuré. Si, au contraire, par suite d'une erreur sur l'âge, une prime trop forte a été payée, l'assureur est tenu de restituer la portion de la prime qu'il a reçue en trop sans intérêt.

Article L. 160-3

Contrats libellés en monnaie étrangère

Les personnes physiques résidant sur le territoire de la République française et les personnes morales, pour les activités se rattachant à leur établissement en France, peuvent souscrire des contrats d'assurance et de capitalisation libellés en monnaie étrangère.

SECTION III

VALEUR DE RACHAT ASSURANCE VIE ET CAPITALISATION

Partie législative

Article L. 132-21
Valeurs de réduction et de rachat

Les modalités de calcul de la valeur de rachat et, le cas échéant, de la valeur de réduction sont déterminées par un règlement général mentionné dans la police et établi par l'entreprise d'assurance ou de capitalisation.

Dès la signature du contrat, l'entreprise d'assurance ou de capitalisation informe le contractant que ce règlement général est tenu à sa disposition sur sa demande. L'entreprise d'assurance ou de capitalisation doit communiquer au contractant, sur la demande de celui-ci, le texte du règlement général.

Dans la limite de la valeur de rachat, l'assureur peut consentir des avances au contractant.

L'entreprise d'assurance ou de capitalisation doit, à la demande du contractant, verser à celui-ci la valeur de rachat du contrat dans un délai qui ne peut excéder deux mois. Au-delà de ce délai, les sommes non versées produisent de plein droit intérêt au taux légal majoré de moitié durant deux mois, puis, à l'expiration de ce délai de deux mois, au double du taux légal.

Observations :

■ La rédaction du premier alinéa résulte de la loi du 16 juillet 1992.

■ Sur la valeur de rachat, voir l'article R. 331-5 qui en précise les modalités de calcul.

■ L'article L. 132-22 ci-dessous (dans sa rédaction issue de la loi du 16 juillet 1992) fixe les modalités des informations qui doivent être fournies à l'assuré. À noter également que, selon l'article L. 132-5-1, la proposition d'assurance ou de contrat doit indiquer les valeurs de rachat au terme de chacune des huit premières années au moins.

■ L'article L. 331-2 (ancien article L. 132-22-1, loi n° 94-5 du 4 janvier 1994) dispose que, en cas de rachat, l'indemnité maximale susceptible d'être retenue par l'assureur est fixée par décret. Il s'agit de l'article R 331-5 (ancien art. R. 132-1, décret n° 94.635 du 25 juillet 1994) reproduit ci-après :

« Pour tout contrat d'assurance sur la vie comportant une valeur de rachat et pour les contrats de capitalisation, la valeur de rachat est égale à la provision

mathématique du contrat diminuée, éventuellement, d'une indemnité qui ne peut dépasser 5 % de cette provision mathématique. Cette indemnité doit être nulle à l'issue d'une période de dix ans à compter de la date d'effet du contrat.

Pour l'application du présent article, la provision mathématique ne tient pas compte des éventuelles garanties de fidélité non exigibles par l'assuré au moment du rachat. Ces garanties doivent être explicitement décrites dans le contrat et clairement distinguées de la garantie qui en est l'objet principal. »

Article L. 132-22

Information de l'assuré

Pour les contrats souscrits ou transformés depuis le 1er janvier 1982, et aussi longtemps qu'ils donnent lieu à paiement de prime, l'entreprise d'assurance ou de capitalisation doit communiquer chaque année au contractant les montants respectifs de la valeur de rachat, de la valeur de réduction, des capitaux garantis et de la prime du contrat, ainsi que, pour les contrats souscrits ou transformés depuis le 1er janvier 1992 dont les garanties sont exprimées en unités de compte, les valeurs de ces unités de compte et leur évolution annuelle à compter de la souscription du contrat.

Ces montants ne peuvent tenir compte de participations bénéficiaires qui ne seraient pas attribuées à titre définitif.

L'entreprise d'assurance ou de capitalisation doit préciser en termes précis et clairs dans cette communication ce que signifient les opérations de rachat et de réduction et quelles sont leurs conséquences légales et contractuelles.

Pour les contrats ne donnant plus lieu à paiement de prime et pour les contrats souscrits ou transformés avant le 1er janvier 1982, les informations visées ci-dessus ne sont communiquées pour une année donnée qu'au contractant qui en fait la demande.

Le contrat doit faire référence à l'obligation d'information prévue aux alinéas précédents.

Article L. 132-23

Assurances sans réduction ou rachat
Assurance de groupe liée à la cessation d'activité professionnelle

Les assurances temporaires en cas de décès ainsi que les rentes viagères immédiates ou en cours de service ne peuvent comporter ni réduction ni rachat. Les assurances de capitaux de survie et de rente de survie, les assurances en cas de vie sans contre-assurance et les rentes viagères différées sans contre-assurance ne peuvent comporter de rachat.

Les contrats d'assurance de groupe en cas de vie dont les prestations sont liées à la cessation d'activité professionnelle ne comportent pas de possibilité de rachat. Toutefois, ces contrats doivent prévoir une faculté de rachat intervenant lorsque se produisent l'un ou plusieurs des événements suivants :

- expiration des droits de l'assuré aux allocations d'assurance chômage prévues par le Code du travail en cas de licenciement ;
- cessation d'activité non salariée de l'assuré à la suite d'un jugement de liquidation judiciaire en application des dispositions de la loi n° 85-98 du 25 janvier 1985 relative au redressement et à la liquidation judiciaires des entreprises ;

– invalidité de l'assuré correspondant au classement dans les deuxième ou troisième catégories prévues à l'article L 341-4 du Code de Sécurité sociale.

Les contrats d'assurance de groupe en cas de vie dont les prestations sont liées à la cessation d'activité professionnelle doivent comporter une clause de transférabilité.

Pour les autres assurances sur la vie, l'assureur ne peut refuser la réduction ou le rachat lorsque 15 % des primes ou cotisations prévues au contrat ont été versés. En tout état de cause, le droit à rachat ou à réduction est acquis lorsque au moins deux primes annuelles ont été payées.

L'assureur peut d'office substituer le rachat à la réduction si la valeur de rachat du contrat est inférieure à un montant fixé par décret (cf art. R. 132-2, ci après).

Pour les opérations de capitalisation, l'assureur ne peut refuser le rachat lorsque 15 % des primes ou cotisations prévues au contrat ont été versées. En tout état de cause, le droit à rachat est acquis lorsqu'au moins deux primes annuelles ont été payées.

Observations :

■ Les dispositions relatives à l'assurance de groupe en cas de vie (alinéa 2 et suivants) ainsi que celles concernant les opérations de capitalisation (dernier alinéa) résultent de la loi du 16 juillet 1992.

■ On notera que le nouveau texte impose aux contrats groupe, dont les prestations sont liées à la cessation d'activité professionnelle, une *« clause de transférabilité»* Cela vise, sans doute, le cas d'un adhérent à un contrat groupe changeant d'employeur ; la provision mathématique devant être alors transférée d'un groupe à un autre. Or la loi ne donne aucune indication sur les modalités d'un tel transfert.

Art. R. 132-2

Substitution du rachat à la réduction

L'assureur peut d'office substituer le rachat à la réduction si la valeur de rachat du contrat est inférieure à la moitié du montant brut mensuel du salaire minimum de croissance applicable en métropole, calculé sur la base de la durée légale hebdomadaire du travail, en vigueur au 1er juillet précédant la date à laquelle la réduction est demandée.

SECTION IV

TAUX D'INTÉRÊT

Article A. 132-1 *(arrêté du 28 mars 1995)*
Tarif et taux pratiqués

Les tarifs pratiqués par les entreprises d'assurance sur la vie et de capitalisation doivent être établis d'après un taux au plus égal à 75 % du taux moyen des emprunts de l'État français calculé sur une base semestrielle sans pouvoir dépasser, au-delà de huit ans, le plus bas des deux taux suivants : 3,5 % ou 60 % du taux moyen indiqué ci-dessus. Pour les contrats à primes périodiques ou à capital variable, quelle que soit leur durée, ce taux ne peut excéder le plus bas des deux taux suivants : 3,5 % ou 60 % du taux moyen indiqué ci-dessus.

En ce qui concerne les contrats libellés en devises étrangères, le taux d'intérêt technique ne sera pas supérieur à 75 % du taux moyen des emprunts d'État à long terme du pays de la devise concernée calculé sur base semestrielle ou, à défaut, de la référence de taux à long terme pertinente pour la devise concernée et équivalente à la référence retenue pour le franc français.

Pour les contrats au-delà de huit ans, le taux du tarif ne pourra en outre être supérieur au plafond établi par les réglementations en vigueur dans le pays de chaque devise concernée, pour les garanties de même durée, sans pouvoir excéder 60 % du taux moyen visé à l'alinéa précédent. Il en est de même pour les contrats à primes périodiques.

Pour ce qui est des contrats libellés en écus, le taux d'intérêt technique ne doit pas être supérieur à 75 % du taux moyen des emprunts de l'État français libellés dans cette référence monétaire et calculé sur base semestrielle. Le taux du tarif ne peut en outre excéder, au-delà de huit ans, le plus bas des deux taux suivants : 3,5 % ou 60 % du taux moyen des emprunts de l'État français libellés dans cette référence monétaire, indiqué ci-dessus. Il en est de même pour les contrats à primes périodiques.

Le taux moyen des emprunts d'État à retenir est le plus élevé des deux taux suivants : taux à l'émission et taux de rendement sur le marché secondaire.

Les règles définies au présent article sont à appliquer en fonction des taux en vigueur au moment de la souscription et ne sont pas applicables aux opérations de prévoyance collective visées au chapitre premier du titre IV du livre IV du Code des assurances. Dans le cas de versements non programmés aux termes du contrat, ces règles sont à apprécier au moment de chaque versement.

Article A. 132-2 *(ancien art. A. 132-8, arrêté du 28 mars 1995)*
Taux minimum garanti

Les entreprises pratiquant les opérations d'assurance sur la vie ou de capitalisation peuvent, dans les conditions fixées par l'article A. 132-9, garantir dans leurs contrats un montant total d'intérêts techniques et de participations bénéficiaires qui, rapporté aux provisions mathématiques, ne sera pas inférieur à un taux minimum garanti.

Article A. 132-3 *(ancien art. A. 132-9, arrêté du 28 mars 1995)*
Variation du taux minimum garanti

1° Le taux minimum visé à l'article A. 132-2 peut être fixé annuellement pour l'année suivante. Il ne peut excéder alors 85 % de la moyenne des taux de rendement des actifs de l'entreprise calculés pour les deux derniers exercices.

2° Ce taux minimum garanti peut également varier annuellement en fonction d'une référence fournie par un marché réglementé et en fonctionnement régulier de valeurs mobilières ou de titres admis en représentation des engagements réglementés des entreprises d'assurance. Pour les contrats libellés en francs français, la référence peut également être fournie par le taux des premiers livrets de caisse d'épargne français. La garantie de ce minimum ne peut être donnée que pour une période maximale de huit ans. La commercialisation d'un contrat assorti d'une telle garantie de taux n'est possible que si la moyenne des taux de rendement des actifs de l'entreprise calculés pour les deux derniers exercices est au moins égale aux quatre tiers du taux minimum qu'elle propose de garantir la première année.

3° Les dispositions visées aux alinéas précédents peuvent être appliquées séparément ou conjointement.

4° Le taux de rendement des actifs est calculé conformément au I de l'article A. 132-5. Il ne tient pas compte du rendement des actifs afférents aux contrats à capital variable et aux opérations de prévoyance collective visées au chapitre premier du titre IV du livre IV du Code des assurances.

5° La provision spéciale pour aléas financiers constituée antérieurement à l'entrée en vigueur du présent article fait l'objet d'une reprise intégrale dans les comptes de l'exercice suivant cette date, pour être affectée en totalité à la provision pour participation aux excédents.

SECTION V

PARTICIPATION AUX BÉNÉFICES ASSURANCE VIE ET CAPITALISATION

Partie législative

Article L. 331-3

Participation des assurés aux bénéfices techniques et financiers

Les entreprises d'assurance sur la vie ou de la capitalisation doivent faire participer les assurés aux bénéfices techniques et financiers qu'elles réalisent, dans les conditions fixées par arrêté du ministre de l'économie et des finances.

– *Voir les articles A. 331.3 à A. 331-9-1.*

– *Ancien article L. 132-29 numéroté L. 331-3 par la loi n° 94-5 du 4 janvier 1994.*

Article A. 331-3 (rédaction de l'arrêté du 19 mars 1993. JO 93 p. 4351. Anc. art. A. 132-1).

Domaine d'application

La participation aux bénéfices techniques et financiers des entreprises d'assurance sur la vie et de capitalisation s'effectue dans les conditions fixées à la présente section.

Le montant minimal de cette participation est déterminé globalement pour les contrats individuels et collectifs de toute nature souscrits sur le territoire de la République française, à l'exception des contrats collectifs en cas de décès.

Les articles A. 331-3 à A. 331-8 ne s'appliquent pas aux contrats à capital variable.

Article A. 331-4 *(anc. art. A. 132-2)*

Compte de participations

Pour chaque entreprise, le montant minimal de la participation aux bénéfices à attribuer au titre d'un exercice est déterminé globalement à partir d'un compte de participation aux résultats.

Ce compte comporte les éléments de dépenses et de recettes qui figurent dans les colonnes 00, 08, 10, 12, 17 et 18 de l'état A 1 prévu à l'article R. 342-17 *(art. abrogé, déc. 8 juin 1994)*, à l'exclusion des sommes correspondant aux rubriques « participation aux excédents liquidée », « primes cédées aux réassureurs » et des sommes correspondant aux sous-totaux : « produits financiers nets » et « sinistres et charges incombant aux réassureurs ». Il comporte également en dépenses la participation de l'assureur aux bénéfices de la gestion technique, qui est constituée par 10 % du solde créditeur des éléments précédents.

Il est ajouté en recette du compte de participation aux résultats une part des produits financiers. Cette part est égale à 85 % du solde d'un compte financier comportant les éléments prévus à l'article A. 331-6. Le compte de participation aux résultats comporte en outre les sommes correspondant aux « soldes de réassurance cédée », calculées conformément aux dispositions de l'article A. 331-8 et, s'il y a lieu, le solde débiteur du compte de participation aux résultats de l'exercice précédent.

Article A. 331-5 *(anc. art. A. 132-3)*
Participation aux résultats et aux bénéfices

Le montant minimal annuel de la participation aux résultats est le solde créditeur du compte de participation aux résultats défini à l'article A. 331-4.

Le montant minimal annuel de la participation aux bénéfices est égal au montant défini à l'alinéa précédent diminué du montant des intérêts crédités aux provisions mathématiques.

Article A. 331-6 *(anc. art. A. 132-4)*
Établissement du compte financier

Le compte financier visé à l'article A. 331-4 est établi suivant les règles fixées à l'article A. 331-7.

Il comprend :

– en recettes :

La quote-part :

a) des produits financiers de toute nature ;

b) des prélèvements sur la réserve de capitalisation ;

c) des plus-values par estimation de valeurs.

– en dépenses :

d) la quote-part de la dotation à la réserve de capitalisation ;

e) la quote-part des moins-values par estimation de valeurs ;

f) sur autorisation du ministre de l'Économie, des Finances et du Budget, et après justifications, la quote-part des résultats que la société a dû affecter aux fonds propres pour maintenir la marge de solvabilité réglementaire.

Article A. 331-7 *(anc. art. A. 132-5)*
Établissement du compte (suite et fin)

Pour l'établissement du compte défini à l'article A. 331-6 :

I – La part des produits financiers à inscrire en recettes de ce compte est égale au produit du taux de rendement des placements de l'entreprise réalisés sur le territoire de la République française par le montant moyen au cours de l'exercice des provisions techniques brutes de cessions en réassurance des contrats considérés.

Ce taux de rendement est égal au rapport :

- du produit des placements net de charges au sens de l'état A 1 de l'article A. 344-6, augmenté des plus-values sur cessions d'éléments d'actifs, nettes des moins-values, ainsi que du montant des réévaluations d'actif effectuées dans le cadre de l'article R. 332-23, net des amortissements éventuels prévus audit article ;

– au montant moyen, au cours de l'exercice, de l'ensemble des placements, ainsi que des autres éléments d'actif pouvant être admis en représentation des provisions techniques, à l'exception des valeurs remises par les réassureurs.

Toutefois, les produits financiers afférents à des actifs transférés avec un portefeuille de contrats par une entreprise d'assurance vie ou de capitalisation et affectés du Code T dans l'état A 5 (liste détaillée des placements) sont pris en compte pour leur montant total.

II – La part des prélèvements sur la réserve de capitalisation et des dotations à celle-ci, ainsi que des plus-values ou moins-values par estimation de valeurs, est obtenue en appliquant au montant global de ces divers éléments le rapport existant entre les provisions techniques mentionnées au I, premier alinéa, et le montant des placements mentionnés au I (deuxième alinéa, deuxième tiret).

III – Les plus-values par estimation de valeurs sont celles provenant de l'annulation des moins-values comptabilisées postérieurement au 31 décembre 1974.

Article A. 331-8 *(anc. art. A. 132-6)*
Réassurance cédée

Pour l'application de l'article A. 331-4, il est prévu dans le compte de participation aux résultats, une rubrique intitulée « Solde de réassurance cédée ».

Seule est prise en compte la réassurance de risque, c'est-à-dire celle dans laquelle l'engagement des cessionnaires porte exclusivement sur tout ou partie de la différence entre le montant des capitaux en cas de décès ou d'invalidité et celui des provisions mathématiques des contrats correspondants.

Dans les traités limités à la réassurance de risque, le solde de réassurance cédée est égal à la différence entre le montant des sinistres à la charge des cessionnaires et celui des primes cédées. Il est inscrit, selon le cas, au débit ou au crédit du compte de participation aux résultats.

Dans les autres traités, le solde de réassurance cédée est établi en isolant la réassurance de risque à l'intérieur des engagements des cessionnaires. Les modalités de calcul du solde sont précisées par circulaire, par référence aux conditions normales du marché de la réassurance de risque.

Article A. 331-9 *(anc. art. A. 132-7)*
Affectation du montant des participations

Le montant des participations aux bénéfices peut être affecté directement aux provisions mathématiques ou porté, partiellement ou totalement, à la provision pour participation aux excédents mentionnée à l'article R. 331-3. Les sommes portées à cette dernière provision sont affectées à la provision mathématique ou versées aux souscripteurs au cours des huit *(arrêté du 19 mars 1993* [1]*)* exercices suivant celui au titre duquel elles ont été portées à la provision pour participation aux excédents.

---

1. Auparavant, le nombre d'exercices concernés était de cinq.

Article A. 331-9-1 *(anc. art. A. 132-11)*
Contrats réduits ou suspendus

Lorsqu'une catégorie de contrats est assortie d'une clause de participation aux résultats, la participation affectée individuellement à chaque contrat réduit ou suspendu ne peut être inférieure de plus de 25 % à celle qui serait affectée à un contrat en cours de paiement de primes de la même catégorie ayant la même provision mathématique.

SECTION VI

TITRES ÉGARÉS, DÉTRUITS OU VOLÉS

Partie législative

Article L. 160-1
Déclaration à l'assureur

Quiconque prétend avoir été dépossédé par perte, destruction ou vol d'un contrat ou police d'assurance sur la vie, ou d'un bon ou contrat de capitalisation ou d'épargne, lorsque le titre est à ordre ou au porteur, doit en faire déclaration à l'entreprise d'assurance, de capitalisation ou d'épargne, à son siège social, par lettre recommandée avec avis de réception. L'entreprise destinataire en accuse réception à l'envoyeur, en la même forme, dans les huit jours au plus tard de la remise ; elle lui notifie en même temps qu'il doit, à titre conservatoire et tous droits des parties réservés, acquitter à leur échéance les primes ou cotisations prévues, dans le cas où le tiers porteur ne les acquitterait pas, afin de conserver au contrat frappé d'opposition son plein et entier effet.

La déclaration mentionnée à l'alinéa précédent emporte opposition au paiement du capital ainsi que de tous accessoires.

Article L. 160-2
Contrat frappé d'opposition

Si le contrat frappé d'opposition vient à être présenté à l'entreprise, elle s'en saisit et en demeure séquestre jusqu'à ce qu'il ait été statué par décision de justice sur la propriété du titre ou que l'opposition soit levée.

Il est délivré récépissé du contrat saisi au tiers porteur s'il justifie de son identité et de son domicile.

À défaut de cette justification, le contrat est restitué sans formalité à l'opposant.

Partie réglementaire

Article R. 160-4
Information de l'opposant

S'il se manifeste un tiers porteur du contrat frappé d'opposition, l'entreprise en avise l'opposant dans le mois, par lettre recommandée avec avis de réception ; elle doit également en aviser, dans la même forme, le souscripteur originel du contrat, s'il est autre que l'opposant.

Cet avis mentionne l'obligation d'introduire dans le mois une action en revendication, à peine de mainlevée de l'opposition.

Article R. 160-5
Levée de l'opposition

Dans le mois qui suit la réception de la lettre prévue à l'article R. 160-4, l'opposant doit saisir de son action la juridiction compétente et notifier, par lettre recommandée avec avis de réception, à l'entreprise, l'introduction de cette demande en spécifiant la date de l'assignation et le nom de l'huissier qui l'a délivrée.

Faute par l'opposant d'avoir introduit et notifié son action dans ledit délai, l'opposition est levée de plein droit et mention de cette mainlevée est faite sur le registre des oppositions.

Toutefois, si l'opposant justifie d'une cause légitime l'ayant empêché d'agir ou en cas de fraude, il peut exercer son recours contre le tiers porteur et toute personne responsable de la fraude.

Article R. 160-6
Possibilité d'obtenir un duplicata

Lorsque se sont écoulées deux années à compter du jour de l'opposition sans qu'un tiers se soit révélé, l'opposant peut, sur production d'une simple lettre de l'entreprise attestant que l'opposition n'a pas été contredite ; demander au président du tribunal de grande instance ou du tribunal d'instance, s'il s'agit d'un titre de capitalisation ou d'épargne, l'autorisation de se faire délivrer, à ses frais, un duplicata du contrat et exercer les droits qu'il comporte.

Au regard de l'entreprise, le duplicata est substitué à l'original qui ne lui est plus opposable, le porteur dépossédé conservant à l'égard de tous autres les recours du droit commun.

SECTION VII

CONTRATS CONCLUS EN LIBERTÉ DE PRESTATION DE SERVICES

Article L. 112-7

Libre prestation de services. Information du souscripteur

Lorsqu'un contrat d'assurance est proposé en libre prestation de services au sens de l'article L 351-1 et de l'article L 353-1 [1], le souscripteur, avant la conclusion de tout engagement, est informé du nom de l'État membre des Communautés européennes où est situé l'établissement avec lequel le contrat pourrait être conclu.

Les informations mentionnées à l'alinéa précédent doivent figurer sur tous les documents remis au souscripteur ou à l'assuré.

Le contrat ou la note couverture doit indiquer l'adresse de l'établissement qui accorde la couverture, le cas échéant celle du siège social, ainsi que le nom et l'adresse du représentant mentionné à l'article L 351-6-1.

Observations :

Cet article, qui est la transposition en droit français des dispositions contenues dans les directives européennes, a été créé par la loi du 31 décembre 1989 (art. 3) et modifié par celle du 16 juillet 1992 (art. 18).

Article L. 183-1

Droit applicable au contrat

(modifié par la loi n° 94-5 du 4 janvier 1994)

Lorsque l'engagement est pris, au sens de l'article L 310-5, sur le territoire de la République française, la loi applicable au contrat est la loi française, à l'exclusion de toute autre.

Toutefois, si le souscripteur est une personne physique et est ressortissant d'un autre État membre des Communautés européennes, les parties au contrat d'assurance peuvent choisir d'appliquer soit la loi française, soit la loi de l'État dont le souscripteur est ressortissant.

■ Article créé par la loi du 16 juillet 1992 et entré en vigueur le 20 mai 1993.

---

1. L'article L. 353-1 a été abrogé par la loi n° 94-5 du 4 janvier 1994 (art. 30. III)

Article L. 183-2

Dispositions d'ordre public. Pouvoir du juge

Les dispositions de l'article L. 183-1 ne peuvent faire obstacle aux dispositions d'ordre public de la loi française applicables quelle que soit la loi régissant le contrat.

Toutefois, le juge peut donner effet sur le territoire de la République française aux dispositions d'ordre public de la loi de l'État membre de l'engagement si le droit de cet État prévoit que ces dispositions sont applicables quelle que soit la loi régissant le contrat.

■ Article créé par la loi du 16 juillet 1992 et entré en vigueur le 20 mai 1993.

Article L. 353-2

Opérations exclues de la LPS

Sont exclues de l'application du présent chapitre :

1° les opérations consistant à gérer les placement d'entreprises autres que celles qui sont mentionnées à l'article L. 310-1, qui fournissent des prestations en cas de vie, de décès ou de cessation ou de réduction d'activité.

2° les opérations définies à la Section I du Chapitre 1er du Titre IV du Livre IV.

Observations :

■ Sont exclues, au titre du 2°, certaines opérations de prévoyance collective et d'assurance (article L. 441-1 et s.), autrement dit les régimes de retraite et de prévoyance par répartition.

Article L. 353-4

Libre prestation de services dite « passive » [1]

I. – Sous la seule réserve d'en informer préalablement le ministre chargé de l'Économie et des Finances, toute entreprise d'assurance peut prendre sur le territoire de la République française des engagements en régime de libre prestation de services lorsque le souscripteur a pris l'initiative de solliciter ces engagements auprès de l'entreprise d'assurance. Un décret en Conseil d'État fixe les documents à produire à l'appui de cette information.

Le souscripteur est réputé avoir pris l'initiative lorsque l'une au moins des deux situations suivantes est réalisée :

1° Le contrat a été souscrit sans que le souscripteur ait été démarché sur le territoire de la République française, pour le compte de l'entreprise d'assurance, par un intermédiaire d'assurance ou par une personne mandatée par l'entreprise, ou sans que le souscripteur ait été informé au moyen d'une promotion commerciale qui lui aurait été adressée personnellement ; le contrat est souscrit soit par les deux parties dans l'État membre où l'entreprise est établie, soit par celle-ci dans ce même État et par le souscripteur sur le territoire de la République française ;

1. La LPS est dite « passive », lorsque c'est le souscripteur lui-même qui prend l'initiative de la conclusion du contrat.

2° Le souscripteur s'est adressé à un intermédiaire d'assurance établi en France en vue de se procurer des informations sur des contrats d'assurance offerts par des entreprises d'assurance établies dans d'autres États membres ou en vue de souscrire un contrat auprès d'une de ces entreprises.

II. – Les entreprises d'assurance ne bénéficient des dispositions du premier alinéa du I du présent article que si le souscripteur a signé, avant de souscrire le contrat, une déclaration par laquelle il reconnaît savoir que l'entreprise d'assurance concernée est soumise au régime de contrôle de l'État où elle est établie ; il signe également, le cas échéant, une déclaration analogue avant de prendre connaissance des informations mentionnées au dernier alinéa (2°) du I.

III. – Toute entreprise d'assurance prenant sur le territoire de la République française, en libre prestation de services, des engagements dans les conditions prévues au présent article est tenue, lorsque la demande lui en est faite dans le but de contrôler le respect des dispositions législatives et réglementaires applicables à ces engagements, de remettre au ministre chargé de l'Économie et des Finances les conditions générales et spéciales des polices d'assurance, les tarifs, formulaires et autres imprimés que l'entreprise utilise.

Article L. 353-5

Libre prestation de services dite « active » [1]

Toute entreprise d'assurance peut prendre, sur le territoire de la République française, des engagements en libre prestation de services qui ne sont pas souscrits selon les modalité définies à l'article L. 353-4, lorsqu'elle ne dispose pas, en France, d'un établissement ayant obtenu, pour les branches concernées, l'agrément prévu à l'article L. 321-7.

Toutefois, une telle entreprise ne peut opérer en France en libre prestation de services qu'après avoir obtenu un agrément délivré par le ministre chargé de l'Économie et des Finances dans les conditions prévues à l'article L. 321-8.

Article L. 353-6

LPS « active ». Documents à produire

Toute entreprise d'assurance prenant sur le territoire de la République française en libre prestation de services des engagements dans les conditions de l'article L. 353-5 est tenue de remettre au ministre chargé de l'Économie et des Finances tout document pouvant lui être demandé dans les mêmes conditions que pour les entreprises agréées au titre de l'article L. 321-1.

---

1. La LPS est dite « active » lorsque c'est l'assureur qui a sollicité la clientèle.

SECTION VIII

LES ASSURANCES DE GROUPE

Partie législative

Les dispositions des articles L. 140-1 à L. 140-4 sont issues de la loi n° 89-1014 du 31 décembre 1989.

Elles doivent être complétées, en ce qui concerne les régimes complémentaires de prévoyance des salariés, par l'importante loi n° 89-1009 du 31 décembre 1989 (dite Loi Évin), renforçant les garanties offertes aux personnes assurées contre certains risques.

En outre, la loi n° 94-126 du 11 février 1994 relative à l'initiative et à l'entreprise individuelle, dite « loi Madelin » prévoit à son article 41, la souscription de contrats d'assurance de groupe au bénéfice d'entrepreneurs individuels, commerçants, artisans, libéraux. Le texte de l'article 41 est reproduit après l'article L. 140-5.

Article L. 140-1

Définition de l'assurance de groupe

Est un contrat d'assurance de groupe le contrat souscrit par une personne morale ou un chef d'entreprise en vue de l'adhésion d'un ensemble de personne répondant à des conditions définies au contrat, pour la couverture des risques dépendant de la durée de la vie humaine, des risques portant atteinte à l'intégrité physique de la personne ou liés à la maternité, des risques d'incapacité de travail ou d'invalidité ou du risque de chômage.

Les adhérents doivent avoir un lien de même nature avec le souscripteur.

Observations :

■ Voir dans cet ouvrage la partie consacrée à l'assurance de groupe.

■ Les assurances de groupe, jusqu'à la loi du 31 décembre 1989, n'étaient régies que par quelques dispositions réglementaires (articles R. 140-1 à R. 140-7) aujourd'hui abrogées (décret n° 90-287 du 20 septembre 1990).

Outre la définition figurant à l'article L. 140-1 la loi du 31 décembre 1989 précise, en s'inspirant d'ailleurs de la jurisprudence, les droits et les obligations du souscripteur et de l'adhérent :

– conditions d'exclusion de l'adhérent (art. L. 140-3),
– conséquences du défaut de paiement de la cotisation (art. L. 140-3),
– possibilité de dénoncer l'adhésion en cas de modification (art. L. 140-4).

Par ailleurs la loi confirme l'obligation faite au souscripteur de délivrer à l'adhérent une notice d'information (1er alinéa de l'article L. 140-4), obligation que l'on trouve également mentionnée à l'article 12 de la loi n° 89-1009 du 31 décembre 1989, dite « Loi Évin ».

■ En outre, les textes propres à l'assurance de groupe *(art. L. 140-1 à L. 140-5)* doivent être complétés par une disposition spéciale *(art. L. 132-23)* aux contrats d'assurance de groupe en cas de vie dont les prestations sont liées à la *cessation d'activité professionnelle*. Sauf circonstances particulières (expiration des droits à chômage, cessation d'activité pour « faillite », invalidité de l'assuré), *ces contrats ne comportent pas de possibilité de rachat.*

■ L'assurance de groupe n'était pas une habituée du prétoire. Elle est peut-être en train de le devenir, du moins si l'on en juge par le nombre croissant de décisions publiées où elle est mise en cause. Le développement de ce contentieux est évidemment regrettable, mais il s'explique par différentes observations telles que, par exemple, le développement très important de la branche, et donc du nombre de personnes concernées, la mise sur le marché de produits nouveaux ou de combinaisons complexes, la pauvreté de la réglementation, l'apparition de problèmes juridiques spécifiques (voir notamment, Mme Pauffin de Saint Morel : « L'assurance de groupe », D. 1977, chron., 67) ; P. Chédeville : « L'assurance groupe », RGAT 1980, 9 ; J. Landel, Ass. fr., 1983, 81 ; Berr et Groutel : « Le prêt bancaire assorti d'une assurance vie : de quelques confusions à éviter », D. 1977, 401).

■ L'assurance de groupe est régie par les dispositions générales relatives aux assurances de personnes. Il en va ainsi par exemple en ce qui concerne :

- *Le consentement de l'assuré* (art. L. 132-2), l'assurance de groupe en cas de décès est en effet soumise à l'article L. 132-2 qui exige le consentement écrit de l'assuré. Faute d'un tel consentement, l'assureur n'est pas tenu à garantie envers le bénéficiaire (Cass. civ., 23 mars 1982 : RGAT 1982, 497 ; Nîmes, 2 juin 1982 : RGAT 1983, 211).
- *La désignation du bénéficiaire* avec ses conséquences (art. L. 132-8 et s.). À noter que la désignation faite par l'assuré dans son bulletin d'adhésion doit prévaloir sur la désignation générale prévue par la convention (Douai 5 octobre 1962 : RGAT 1963, 482).
- *La fausse déclaration*. C'est ainsi qu'a été déclarée nulle l'adhésion d'un emprunteur à l'assurance de groupe souscrite par une banque pour garantir le paiement de la dette en cas de décès ou d'invalidité permanente totale, lorsqu'au moment où il déclarait à l'assureur que son état de santé lui permettait d'exercer normalement son activité professionnelle et qu'il n'avait fait l'objet d'aucun arrêt de travail supérieur à 15 jours depuis un an, le souscripteur se trouvait en arrêt de travail pour maladie depuis un mois et était pris en charge à ce titre par la Sécurité sociale (Cass. civ., 1er juillet 1980 ; Ass. fr. 1982, 470). De même a été déclaré de mauvaise foi l'assuré qui n'avait pas, à *une époque où le contrat n'avait pas encore pris effet*, informé la compagnie qu'il allait subir une opération chirurgicale (Cass. civ., 15 avril 1986 : RGAT 1986, 422). Mais il a été jugé qu'un assuré (qui s'est suicidé) n'avait pas fait de mauvaise foi une déclaration inexacte en omettant de faire état de son état dépressif aux motifs que *« les dépressifs ne sont pas conscients d'être atteints d'une maladie et que le médecin avait déclaré l'assuré complètement guéri »* (Cass. civ., 25 février 1986 : RGAT 1986, 210).
- *La formation du contrat.* L'adhérent à un contrat d'assurance de groupe, même lorsqu'il s'agit d'une assurance dite à adhésion obligatoire, ne peut se préva-

loir de la qualité d'assuré, que s'il réunit les conditions fixées par ce contrat et si sa demande est acceptée par l'assureur (Cass. civ., 3 février 1981 : Ass. fr., 1982, 469 : RGAT 1982, 64, refus de répondre au questionnaire de santé, rejet de la demande d'adhésion. Dans le même sens : Rennes, 9 janvier 1985 : RGAT 1985, 94).

– *Le paiement de la prime* (art. L. 132-20), sous réserve cependant que le contrat groupe ne présente pas le caractère mixte qui permet dans certains cas de faire application de l'article L. 113-3. Voir ces articles et les observations.

– *La renonciation de l'assureur* à se prévaloir d'une irrégularité de l'adhésion. C'est ainsi que le paiement pendant trois ans des mensualités du prêt et l'encaissement de la prime correspondante sont réputés avoir couvert l'irrégularité résultant du défaut de transmission de l'adhésion à l'assurance de groupe (Cass. civ., 29 novembre 1977 : RGAT 1978, 378), ou encore que la garantie doit être acquise s'il apparaît que l'assureur connaissait la situation irrégulière de l'adhérent (Cass., 5 janvier 1977 : JCP 1977. IV. 50).

– *La prescription.* Voir l'article L. 114-1 et les observations.

Article L. 140-2

Cotisation d'assurance-transparence

Les sommes dues par l'adhérent au souscripteur au titre de l'assurance doivent lui être décomptées distinctement de celles qu'il peut lui devoir, par ailleurs, au titre d'un autre contrat.

Article L. 140-3

Exclusion d'un adhérent

Le souscripteur ne peut exclure un adhérent du bénéfice du contrat d'assurance de groupe que si le lien qui les unit est rompu ou si l'adhérent cesse de payer la prime.

L'exclusion ne peut intervenir qu'au terme d'un délai de quarante jours à compter de l'envoi, par le souscripteur, d'une lettre recommandée de mise en demeure. Cette lettre ne peut être envoyée que dix jours au plus tôt après la date à laquelle les sommes dues doivent être payées.

Lors de la mise en demeure, le souscripteur informe l'adhérent qu'à l'expiration du délai prévu à l'alinéa précédent, le défaut de paiement de la prime est susceptible d'entraîner son exclusion du contrat.

Cette exclusion ne peut faire obstacle, le cas échéant, au versement des prestations acquises en contrepartie des primes ou cotisations versées antérieurement par l'assuré.

Observations :

■ **L'exclusion d'un assuré**, contre son gré, est illégale. Ainsi, par exemple, a-t-il été jugé que le client d'une banque ayant adhéré au contrat groupe souscrit par celle-ci, lui garantissant en cas de décès ou d'incapacité le paiement d'un capital devant servir au paiement du découvert ne pouvait pas être rayé par la banque de l'effectif assuré. Les clauses de la lettre d'adhésion autorisant la banque, à sa seule convenance, à mettre un terme au bénéfice de l'assurance groupe et à révoquer la stipulation ont été déclarées nulles (Cass. civ., 3 avril 1973 : Ass. fr. 1982. 469).

Mais on ne saurait faire grief à l'assureur d'avoir radié d'office un assuré qui, par sa propre faute, s'était exclu de l'effectif assurable (Cass. soc., 31 mars 1981 : Ass. fr. 1982. 483).

■ **Sur le paiement de prime,** voir notamment « Les nouvelles dispositions régissant le non-paiement de la prime en assurance vie » de Constant Eliashberg (ass. fr., n° 607, 1er mai 1990). On observera qu'il appartient au souscripteur – et non à l'assureur – de mettre en œuvre la procédure en cas de non-paiement.

■ **L'intangibilité de la convention.** La question est de savoir ce qu'il advient en cas de modifications – voire de résiliation – de la convention groupe postérieures aux adhésions. Les modifications sont-elles opposables aux adhérents ? Il a été jugé que l'adhésion d'un salarié à un contrat d'assurance de groupe souscrit par son employeur auprès d'une compagnie d'assurances rend irrévocables à son égard les stipulations insérées en sa faveur sans ledit contrat. Il s'ensuit donc qu'un avenant conclu entre l'employeur et la compagnie postérieurement à l'adhésion du salarié et limitant sans son consentement l'étendue de la garantie contre les risques décès et invalidité par accident est inopposable au bénéficiaire du contrat d'assurance de groupe (Cass. civ., 26 avril 1983 : RGAT 1984, 35) – voir dans le même sens : Cass. civ., 5 décembre 1978 : D. 1979, 401 ; Ass. fr., 1982, 470 ; Cass. civ., 9 mars 1983 : RGAT 1983, 527.

Par ailleurs, il a été jugé qu'une clause aboutissant à supprimer les prestations dues au titre d'un risque qui s'est réalisé avant la réalisation de la police, doit être réputée non écrite (Cass. civ. I, 13 juin 1995 : Resp. civ. et ass. 1995, comm. n° 341).

Article L. 140-4

Information de l'adhérent

Le souscripteur est tenu :

- de remettre à l'adhérent une notice établie par l'assureur qui définit les garanties et leurs modalités d'entrée en vigueur ainsi que les formalités à accomplir en cas de sinistre ;
- d'informer par écrit les adhérents des modifications qu'il est prévu, le cas échéant, d'apporter à leurs droits et obligations.

La preuve de la remise de la notice à l'adhérent et de l'information relative aux modifications contractuelles incombe au souscripteur.

L'adhérent peut dénoncer son adhésion en raison de ces modifications.

Toutefois, la faculté de dénonciation n'est pas offerte à l'adhérent lorsque le lien qui l'unit au souscripteur rend obligatoire l'adhésion au contrat.

Les assurances de groupe ayant pour objet la garantie de remboursement d'un emprunt et qui sont régies par des lois spéciales ne sont pas soumises aux dispositions du présent article.

Observations :

■ ***Sur la notice d'information***, voir l'Assurance française, n° 704, décembre 1994. Pour l'**assurance de groupe** proprement dite, c'est la loi 89-1014 du 31 décembre 1989 qui a promu la notice d'information qui était mentionnée à l'article R 140-5 aujourd'hui abrogé. En ce qui concerne la **prévoyance complémentaire**, c'est la loi 89-1009 du 31 décembre 1989, dite « loi Évin » (voir p. 474 et s.), qui, à l'article 12, fait obligation au souscripteur de remettre à l'adhérent une notice d'information détaillée qui définit notamment les garanties prévues et leurs modalités d'application. Quant à la notice relative à l'assurance liée au **crédit immobilier**, elle a été instituée par l'article 6 de la loi du 13 juillet 1979 (voir ci-après). En pratique, ce document doit informer l'adhérent, sous peine d'inopposabilité, de toutes les dispositions du contrat qui commandent, d'une manière ou d'une autre, l'ensemble de ses droits. C'est dire l'importance que revêt une rédaction minutieuse de ce document. Ainsi la clause d'un contrat d'assurance de groupe imposant à l'assuré un délai d'un an pour apporter la preuve de son invalidité a-t-elle été jugée inopérante, au motif qu'aucune condition de temps n'était stipulée dans la notice qui lui avait été remise par le souscripteur (Cass. civ., 13 janvier 1987 : RGAT 1987, 262). Dans une affaire, cette notice était imprimée au dos du bulletin d'adhésion et elle devait être assez précise puisque les juges ont estimé qu'elle allait au-delà des obligations imposées par l'article R. 140-5 (Cass. civ., 10 juin 1981 : Ass. fr. 1982, 470 ; RGAT 1982, 335). Une rédaction rigoureuse de cette notice conduira les juges à adopter une interprétation stricte du contrat. Ainsi, en présence d'une notice mentionnant que l'invalidité absolue et définitive est celle du 3e groupe au sens de l'article 310-3° du Code de la Sécurité sociale, il n'y a pas lieu d'étendre la garantie de l'assureur à une invalidité ne correspondant pas à cette référence (Cass. civ., 13 octobre 1987 : RGAT 1988, 86). Il a été par ailleurs admis que seule cette notice est opposable aux assurés (Cass. civ., 9 décembre 1981 : Ass. fr. 1982, 276 : RGAT 1982, 336 ; Cass. civ., 13 janvier ; Cass. civ., 9 décembre 1986 : RGAT 1987, 124) et que le défaut d'information imputable au souscripteur est directement générateur du préjudice subi par l'assuré qui s'est vu refuser la garantie (Cass. civ., 12 juillet 1983 : RGAT 1984, 218 ; D. 1985 I. R. 189, obs. Berr et Groutel ; Cass. soc., 24 novembre 1992, obligations de l'employeur : RGAT 1993, 625 ; Ass. fr., 15 mai 1993) et le souscripteur engage sa responsabilité s'il remet aux adhérents une notice qui, s'apparentant à la publicité mensongère, est de nature à induire en erreur (Cass. civ., 6 mai 1985 : RGAT 1985, 563). La jurisprudence en a déduit l'existence d'un devoir d'information et de conseil à la charge du souscripteur qui doit *« faire connaître de façon très précise à l'adhérent les droits et obligations qui sont les siens »* (Cass. civ., 10 juin 1986 : RGAT 1986, 420). De même, en remettant à l'adhérent une notice ne reproduisant pas une exclusion figurant dans les conditions générales du contrat d'assurance de groupe, la banque souscriptrice engage sa responsabilité envers l'assureur condamné à garantir l'adhérent (Cass. civ. I, 9 avril 1991 : RGAT 1992, 150). Il est clair, aujourd'hui, que la notice règne sur l'ensemble des autres documents (Cass. civ. I, 9 décembre 1981 : RGAT 1982, 334 ; 9 décembre 1986 : RGAT 1987, 124 ; 27 novembre 1990 ; Resp. civ. et ass., 1991, 37) au point que sont inopposables à l'adhérent les indications qui n'y figurent pas (Cass. civ. I., 14 janvier 1992 : RGAT 1992, 343). Quant à la preuve de la remise de cette notice, elle n'est pas aisée. Ainsi a-t-il été jugé que la preuve de cette obligation ne résulte pas de la mention manuscrite « lu et approuvé » apposé par l'adhérent sur le bulletin d'adhésion (Cass. civ. I., 3 février 1993 : RGAT 1993, 334), encore que la signature sur l'offre préalable de crédit sous la mention de remise de la notice ait été jugée suffisante (Cass. civ. I, 9 décembre 1992 : RGAT 1993, 332).

Enfin on notera que, en assurance groupe, la rédaction de la notice d'information est libre, alors qu'un arrêté du 21 juin 1994 (C. assur., art. A. 132-12) en fixe le contenu pour les contrats individuels d'assurance vie et de capitalisation.

Article L. 140-5
Majeur en tutelle

Par dérogation aux dispositions des articles L. 132-2 et L. 132-3, le représentant légal d'un majeur en tutelle peut adhérer au nom de celui-ci à un contrat d'assurance de groupe en cas de décès, conclu pour l'exécution d'une convention de travail ou d'un accord d'entreprise.

Article L. 140-6
Souscripteur mandataire de l'assureur

(article 5-1 de la loi n° 94-679 du 8 août 1994)

Pour les contrats d'assurance de groupe au sens de l'article L. 140-1, autres que ceux qui sont régis par le titre 1er de la loi n° 89-1009 du 31 décembre 1989 renforçant les garanties offertes aux personnes assurées contre certains risques, et pour les contrats collectifs de capitalisation présentant les mêmes caractéristiques que les contrats de groupe au sens de l'article L. 140-1, le souscripteur est, tant pour les adhésions au contrat que pour l'exécution de celui-ci, réputé agir, à l'égard de l'adhérent, de l'assuré et du bénéficiaire, en tant que mandataire de l'entreprise d'assurance auprès de laquelle le contrat a été souscrit, à l'exception des actes dont l'adhérent a été préalablement informé, dans des conditions fixées par arrêté du ministre chargé de l'économie, que le souscripteur n'a pas pouvoir pour les accomplir.

En cas de dissolution ou de liquidation de l'organisme souscripteur, le contrat se poursuit de plein droit entre l'entreprise d'assurance et les personnes antérieurement adhérentes au contrat de groupe.

Le présent article ne s'applique pas aux contrats d'assurance en cas de vie dont les prestations sont liées à la cessation d'activité professionnelle, souscrits par une entreprise ou un groupe d'entreprises au profit de leurs salariés ou par un groupement professionnel représentatif d'entreprises au profit des salariés de celles-ci ou par une organisation représentative d'une profession non salariée ou d'agents de collectivités publiques au profit de ses membres. Il ne s'applique pas non plus aux contrats de groupe souscrits par un établissement de crédit, ayant pour objet la garantie de remboursement d'un emprunt.

Observations :

■ La portée de la règle posée par cet article, selon laquelle le souscripteur doit être considéré comme le mandataire de l'assureur, est réduite en raison des nombreuses et importantes exclusions qu'il comporte.

En effet, en sont exclus les contrats de prévoyance collective (loi n° 89-1009 du 31 décembre 1989, dite « loi Évin »), toutes formes de contrats collectifs de retraite, ainsi que les contrats souscrits dans le cadre des opérations de crédit (voir G. Courtieu : « Du mandat apparent au mandat illusoire », Ass. fr., n° 715, 48).

Loi n° 94-126 du 11 février 1994 relative à l'initiative et à l'entreprise individuelle Article 41.

Les contrats d'assurance de groupe, définis par les articles L. 140-1 à L. 140-5 du Code des assurances et l'article L. 311-3 du Code de la mutualité, peuvent être souscrits, au profit de ses membres, par un groupement comportant un nombre minimum de personnes qui exercent une activité non salariée non agricole ou ont exercé cette activité et bénéficient à ce titre d'une pension de vieillesse, sous réserve des dispositions de l'article L. 652-4 du Code de la Sécurité sociale, en vue du versement de prestations de prévoyance complémentaire, d'indemnité en cas de perte d'emploi subie ou d'une retraite complémentaire garantissant un revenu viager.

Les prestations servies au titre de ces contrats peuvent prendre la forme soit de prestations en nature, de versements de revenus de remplacement ou de rentes, soit de capitaux en cas de liquidation judiciaire ou d'invalidité dans les conditions prévues à l'article L. 132-23 du Code des assurances. Le versement des cotisations doit présenter un caractère régulier dans son montant et sa périodicité.

Un décret en Conseil d'État fixe les conditions d'application des dispositions du présent article, notamment les clauses types qui doivent obligatoirement figurer au contrat et les caractéristiques des groupes.

SECTION IX

OPÉRATIONS DE PRÉVOYANCE COLLECTIVE ET D'ASSURANCE RÉGIMES COLLECTIFS DE RETRAITE

Partie législative

Loi n° 94-5 du 4 janvier 1994

Article L. 441-1

Opérations autorisées aux sociétés d'assurance

Les entreprises d'assurance sur la vie sont autorisées à participer directement ou indirectement, notamment par la collecte de primes ou cotisations, par la constitution de capitaux payables en cas de vie, par la constitution et le service de retraites ou avantages viagers, à toute opération ayant pour objet l'acquisition ou la jouissance de droits en cas de vie dans laquelle un lien est établi entre la revalorisation des primes et celle des droits en cas de vie précédemment acquis et dont les actifs et les droits sont isolés de ceux des autres assurés et soumis aux conditions prévues au présent chapitre.

■ *Ces opérations ne peuvent pas être effectuées dans le cadre de la liberté de prestations de services (art. L. 353-2).*

■ *Les sanctions pénales sont inscrites à l'article L. 441-6.*

■ *Les articles L. 441-2 et L. 441-3 ont été abrogés par la loi du 4 janvier 1994.*

■ *L'article L. 441-7 annonce les textes d'application.*

Article L. 441-4

Tout contrat ou convention non conforme aux dispositions du présent chapitre et des décrets en Conseil d'État pris pour l'application des articles L. 441-7 et L. 441-10 est nul de plein droit.

Article L. 441-8

Comptabilités distinctes

Lorsqu'une entreprise d'assurance entend pratiquer des opérations relevant de l'article L. 441-1, elle doit, pour ces opérations, tenir des comptabilités entièrement distinctes.

L'actif correspondant à ces opérations est affecté au règlement des prestations liquidées ou non. Il est grevé à cet effet :

a) d'une hypothèse légale sur les immeubles qui prend rang à la date de son inscription ;

b) d'un privilège mobilier et d'un privilège immobilier qui priment les privilèges respectivement prévus au premier et au deuxième alinéas de l'article L. 327-2.

Partie réglementaire

Décret du 19 mars 1993 modifié par décret du 12 avril 1995

Article R. 441-1

Les entreprises d'assurance qui sont habilitées à réaliser des opérations comportant des engagements dont l'exécution dépend de la durée de la vie humaine, ne peuvent réaliser les opérations prévues à l'article L. 441-1 qu'en se conformant aux dispositions du présent chapitre.

Article R. 441-2

Le présent chapitre n'est pas applicable aux organismes relevant du Code de la mutualité ou de l'article 1052 du Code rural.

Article R. 441-3

Sanctions pénales.

Article R. 441-4

La pratique des opérations d'assurance collective prévues par l'article L. 441-1 est autorisée sous la condition que ces opérations comportent une prestation déterminée dans les conditions fixées par le présent chapitre.

Article R. 441-5

Les opérations mentionnées à l'article R. 441-4 sont réalisées en application de conventions qui doivent indiquer les modalités de fonctionnement du régime y compris dans les cas de conversion prévus aux articles R. 441-25 et R. 441-26.

Article R. 441-6 *(décret du 12 avril 1995)*

Les conditions de chargement à appliquer aux cotisations et les tables de mortalité servant au calcul de la provision mathématique théorique mentionnée à l'article R. 441-21 et à l'établissement des inventaires sont déterminées dans les conditions et limites définies par arrêté du ministre de l'Économie et des Finances [1].

Article R. 441-7 *(décret du 12 avril 1995)*

Les opérations prévues à l'article R. 441-4 comportent la constitution d'une provision technique spéciale, à laquelle sont affectées les cotisations versées, nettes de chargement et de taxes, et sur laquelle sont prélevées les prestations servies. Elle est représentée à l'actif dans les conditions et limites fixées par le chapitre II du titre II du livre III du présent code.

La provision technique spéciale est capitalisée au taux de 3,50 %.

---

1. Articles A. 441-1 à A. 441-6 non reproduits dans cet ouvrage.

Sont affectés à ladite provision, à concurrence d'au moins 85 % de leur montant, les produits générés par la gestion financière des opérations mentionnées à l'article R. 441-4.

Les valeurs mobilières figurant à l'actif du bilan en représentation de la provision technique spéciale sont évaluées conformément aux règles fixées par le chapitre II du titre III du livre III du présent code.

Article R. 441-8

Il est ouvert, pour chacun des bénéficiaires participants ou retraités, un compte individuel où sont portés les cotisations versées et le nombre d'unités de rentes correspondantes, ventilés par année. Par participant, il faut entendre toute personne versant des cotisations ou pour le compte de laquelle il en est versé.

Article R. 441-9

Il ne peut être stipulé aucun avantage gratuit pour les opérations prévues au présent chapitre.

Article R. 441-10

(Abrogé par décret du 12 avril 1995)

Article R. 441-11

(Abrogé par décret du 12 avril 1995)

Article R. 441-12

Pour les opérations mentionnées à l'article L. 441-1, il doit être tenu une comptabilité spéciale et il doit être établi, en fin d'exercice, un compte spécial des résultats. Un arrêté du ministre de l'Économie et des Finances fixe les modalités d'application du présent article.

Article R. 441-13

Les opérations collectives définies à l'article R. 441-4 donnent lieu à la souscription de conventions entre l'entreprise d'assurance et un intermédiaire, mandataire de ladite entreprise, qui peut collecter les cotisations et peut effectuer le service des prestations pour le compte de cette entreprise.

Cet intermédiaire est une personne physique ou morale admise à présenter au public les opérations collectives définies à l'article R. 441-4 entrant dans le cadre des catégories suivantes :

a) les agents généraux d'assurances, les courtiers d'assurances ;

b) les salariés des entreprises d'assurance, des agents généraux et des courtiers ;

c) les mandataires non salariés des entreprises d'assurance, des agents généraux et des courtiers ;

d) ou toute autre personne physique ou morale figurant sur une liste établie par arrêté du ministre de l'Économie et des Finances.

Les cotisations versées par les cotisants ne peuvent faire l'objet d'aucune redistribution de la part de l'intermédiaire.

Le service des prestations effectué par l'intermédiaire ne peut comporter une redistribution desdites prestations sur des bases différentes de celles fixées dans la convention mentionnée au premier alinéa du présent article.

Article R. 441-14

La convention d'opérations collectives doit définir le mode de détermination des cotisations annuelles.

Elle doit contenir, en outre, les indications relatives à la détermination du nombre d'unités de rente correspondant à ladite cotisation.

La convention est complétée par un certificat individuel de souscription comportant les mêmes indications pour chacun des adhérents et fixant l'âge d'entrée en jouissance de la retraite pour chacun des bénéficiaires.

Article R. 441-15

Le nombre de participants à une convention ne peut être inférieur à 1 000 [1] si la gestion est faite par une entreprise d'assurance, à 5 000 si elle est faite en commun par plusieurs entreprises d'assurance.

Cet effectif doit être réuni dans un délai de trois ans à partir de l'entrée en vigueur de ladite convention.

Article R. 441-16

En cas de cessation du paiement des cotisations, la convention peut prévoir la déchéance des droits acquis si le participant ne justifie pas du versement d'au moins deux [2] annuités.

Elle peut également prévoir une réduction du nombre d'unités de rente inscrites au compte d'un participant en application de l'article R. 441-18 :

- lorsque l'intéressé a payé les primes ou cotisations afférentes à plus de trois années, mais n'a pas effectué des versements réguliers jusqu'à l'âge de l'entrée en jouissance, cette réduction ne peut avoir pour effet de réduire la prestation à un montant inférieur au produit du nombre d'unités de rente inscrites avant réduction par la moyenne des valeurs de service de l'unité de rente fixées pour les années au cours desquelles il a effectué ses versements ;
- lorsqu'à l'âge de l'entrée en jouissance le participant ne peut faire état d'un nombre minimal d'années fixé par la convention depuis son adhésion ;
- lorsque le participant use de la possibilité d'obtenir une réversion prévue à titre facultatif par la convention.

La convention peut également prévoir une majoration du nombre d'unités de rente inscrites au compte du participant en application de l'article R. 441-18 précité lorsque l'intéressé ajourne la date de l'entrée en jouissance.

Article R. 441-17

Le nombre d'unités de rente, éventuellement ajusté comme il est dit à l'article R. 441-16, qui doit être inscrit chaque année au compte individuel de chacun des bénéficiaires, est égal au quotient de la cotisation, nette de chargement et taxes, par la valeur d'acquisition de l'unité de rente.

---

1. Décret du 12 avril 1995.
2. Décret du 12 avril 1995.

Article R. 441-18

Le montant de la prestation est égal, pour chaque bénéficiaire, au produit du nombre d'unités de rente inscrites à son compte par la valeur de service de l'unité déterminée pour la convention à laquelle il a adhéré.

Article R. 441-19

La valeur d'acquisition de l'unité de rente et sa valeur de service sont fixées chaque année, par l'assureur, dans les conditions prévues par la convention.

Article R. 441-20

Dans le cas d'une rente sans réversion payable à 65 ans, le quotient de la valeur de service par la valeur d'acquisition doit être au moins égal à 0,05 [1].

Dans les autres cas, il est procédé à une équivalence actuarielle dont les conditions sont déterminées par l'arrêté prévu à l'article R. 441-6 [2].

Article R. 441-21 *(décret du 12 avril 1995)*

Chaque année, l'assureur calcule le montant de la provision mathématique théorique qui serait nécessaire pour assurer le service des rentes viagères immédiates et différées sur la base de la valeur de service à la date de l'inventaire. Ce calcul est effectué à partir des règles techniques édictées par arrêté du ministre de l'Économie.

Article R. 441-22 *(décret du 12 avril 1995)*

Pour une convention donnée, le rapport de la provision technique spéciale à la provision mathématique théorique doit être au moins égal à 1.

Article R. 441-23 *(décret du 12 avril 1995)*

La valeur de service de l'unité de rente doit être déterminée chaque année de telle manière que, après service des prestations dues au titre de l'année, le rapport de la provision technique spéciale à la provision mathématique théorique ne devienne pas inférieur à 1 et que, le cas échéant, l'excédent par rapport à 1 ne diminue pas plus d'un dixième.

Article R. 441-24

(Abrogé par décret du 12 avril 1995)

Conversion de la convention. Décret du 12 avril 1995.

Article R. 441-25

Lorsque, dans le cadre d'une convention et lors de deux inventaires successifs, le rapport de la provision technique spéciale à la provision mathématique théorique

---

1. Décret du 12 avril 1995.

2. Article A. 441-3, non reproduit dans cet ouvrage.

est inférieur à 1 ou que le quotient de la valeur de service par la valeur d'acquisition de l'unité de rente est inférieur à la limite prévue au premier alinéa de l'article R. 441-20, il est procédé à la conversion de la convention.

Article R. 441-26

Lorsque le nombre de participants à une convention est ou devient inférieur à 1 000 après l'expiration du délai prévu à l'article R. 441-15, il est procédé à la conversion de la convention.

Article R. 441-27

La conversion de la convention entraîne, dans un délai d'un an, la transformation des opérations faisant l'objet de la convention en opération de rentes viagères couvertes, intégralement et à tout moment, par des provisions mathématiques.

La part des provisions revenant à chaque adhérent dans la conversion des opérations considérées détermine la prestation que comporte l'opération d'assurance de substitution.

Cette répartition est effectuée sur des bases techniques définies par arrêté du ministre de l'Économie et des Finances.

Article R. 441-28

En cas de conversion d'une ou de plusieurs conventions dans les conditions visées aux articles R. 441-25 et R. 441-26, l'actif est réparti entre les bénéficiaires de la ou des conventions considérées dans la limite du total de l'actif constitué pour chacune des conventions.

SECTION X

LES ENTREPRISES D'ASSURANCE

Dispositions générales et contrôle de l'État

Article L. 310-1

Contrôle des entreprises d'assurance et de capitalisation
(modifié par la loi n° 94-5 du 4 janvier 1994)

Le contrôle de l'État s'exerce dans l'intérêt des assurés, souscripteurs et bénéficiaires de contrats d'assurance et de capitalisation.

Sont soumises à ce contrôle :

1° Les entreprises qui contractent les engagements dont l'exécution dépend de la durée de la vie humaine, s'engagent à verser un capital en cas de mariage ou de naissance d'enfants, ou font appel à l'épargne en vue de la capitalisation et contractent à cet effet des engagements déterminés ;

2° Les entreprises qui couvrent les risques de dommages corporels liés aux accidents et à la maladie ;

3° Les entreprises qui couvrent d'autres risques y compris ceux liés à une activité d'assistance.

Les entreprises ayant exclusivement pour objet la réassurance ne sont pas soumises au contrôle de l'État.

Les mutuelles régies par le Code de la mutualité, les institutions de retraite et de prévoyance mentionnées à l'article L. 732-1 du Code de la Sécurité sociale et à l'article 1050 du Code rural ne sont pas soumises aux dispositions du présent Code.

Sont également soumises au contrôle de l'État les entreprises agréées à la date du 1er janvier 1993 qui font appel à l'épargne en vue de la capitalisation sans souscrire d'engagements déterminés.

Article L. 310-2

Formes des entreprises
(nouvelle rédaction : loi n° 94-5 du 4 janvier 1994)

Sous réserve des dispositions de l'article L. 310-10, les opérations définies à l'article L. 310-1 ne peuvent être pratiquées sur le territoire de la République française que :

1° par les entreprises ayant leur siège social en France, à partir de leur siège ou de leurs succursales régulièrement établies dans un État membre des Communautés européennes, lorsqu'elles sont agréées conformément aux dispositions de l'article L. 321-1 ;

2° par les entreprises étrangères ayant leur siège social dans un État membre des Communautés européennes, à partir de leur siège ou de leurs succursales régulièrement établies dans un État membre des Communautés européennes, dans les conditions fixées par le titre VI du présent livre ;

3° par les entreprises étrangères mentionnées à l'article L. 310-10-1, à partir de leurs succursales régulièrement établies en France, lorsqu'elles sont agréées conformément aux dispositions de l'article L. 321-7 ;

4° par les entreprises étrangères autres que celles mentionnées aux 2° et 3° ci-dessus, à partir de leurs succursales régulièrement établies en France, lorsqu'elles satisfont aux conditions fixées par l'article L. 321-9 ;

5° par les entreprises visées aux 1° et 2° ci-dessus, à partir de leurs succursales régulièrement établies dans les États parties à l'accord sur l'Espace économique européen non membres des Communautés européennes, dans les conditions fixées par le titre V du présent livre ainsi que, dans les mêmes conditions, par les entreprises mentionnées au 1° de l'article L. 310-10-1, à partir de leur siège social ou de leurs succursales régulièrement établies dans un État partie à l'accord sur l'Espace économique européen autre que la France.

Sont nuls les contrats souscrits en infraction au présent article. Toutefois, cette nullité n'est pas opposable, lorsqu'ils sont de bonne foi, aux assurés, aux souscripteurs et aux bénéficiaires.

Article L. 310-3

Définitions

(nouvelle rédaction : loi n° 94-5 du 4 janvier 1994)

Dans le présent code :

1° l'expression : « État d'origine » désigne l'État dans lequel est situé le siège social de l'entreprise d'assurance ;

2° l'expression : « État de la succursale » désigne un État dans lequel est située la succursale d'une entreprise d'assurance ;

3° l'expression : « régime d'établissement » désigne le régime sous lequel une entreprise d'assurance couvre un risque ou prend un engagement situé dans un État à partir d'une succursale établie dans cet État ;

4° l'expression : « libre prestation de services » désigne l'opération par laquelle une entreprise d'un État membre de l'Espace économique européen couvre ou prend à partir de son siège social ou d'une succursale située dans un État partie à l'accord sur l'Espace économique européen un risque ou un engagement situé dans un autre de ces États, lui-même désigné comme « État de libre prestation de services » ;

5° l'expression : « entreprise étrangère » désigne une entreprise dont le siège social n'est pas situé sur le territoire de la République française.

Article L. 310-4

Ne concerne pas les opérations d'assurances sur la vie ou de capitalisation.

Article L. 310-5

État de l'engagement. Opérations d'assurance vie ou de capitalisation

(Ancien article L. 353-3, modifié par la loi n° 94-5 du 4 janvier 1994)

Pour les opérations mentionnées au 1° et au dernier alinéa de l'article L. 310-1, est regardé comme État de l'engagement l'État où le souscripteur a sa résidence principale ou, si le souscripteur est une personne morale, l'État où est situé le siège social ou l'établissement de cette personne morale auquel le contrat se rapporte.

Article L. 310-7

Remarque : Cet article traite, depuis la loi n° 94-5 du 4 janvier 1994, des conditions de constitution des entreprises. Ses anciennes dispositions qui concernaient les clauses types et les règles de calcul actuariels ont été reprises sous le n° L. 331-4, reproduit ci-après.

Article L. 310-8

Contrôle des documents d'assurance

(Loi n° 94-5 du 4 janvier 1994)

Lorsqu'elles commercialisent pour la première fois en France un modèle de contrat d'assurance, les entreprises d'assurance ou de capitalisation en informent le ministre chargé de l'Économie et des Finances, dans des conditions fixées par arrêté de celui-ci.

Le ministre peut exiger la communication des documents à caractère contractuel ou publicitaire ayant pour objet une opération d'assurance ou de capitalisation.

S'il apparaît qu'un document est contraire aux dispositions législatives ou réglementaires, le ministre peut en exiger la modification ou en décider le retrait après avis de la Commission consultative de l'assurance. En cas d'urgence, l'avis de la Commission consultative de l'assurance n'est pas requis.

Article R. 310-1 *(arrêté du 8 août 1994)*

Fiche de renseignements

L'information visée au premier alinéa de l'article L. 310-8 prend la forme d'une fiche rédigée en langue française et comportant les informations mentionnées à l'annexe du présent article.

Annexe :

Un nouveau modèle de contrat d'assurance est soit un contrat nouveau, soit une modification, quelle qu'en soit la cause, de la nature et l'étendue des garanties déjà commercialisées, à l'exclusion des modifications relatives aux tarifs, aux bases actuarielles, aux taux de participation, aux bénéfices alloués, aux franchises, aux plafonds de garanties et aux caractéristiques des groupes d'assurés couverts.

I. – Fiche de commercialisation d'un nouveau modèle de contrat d'assurance vie

1. Nom et adresse de l'entreprise d'assurance contractante.
2. Nom commercial du contrat.
3. Caractéristiques du contrat :

a) Définition contractuelle des garanties offertes ;
b) Durée du contrat ;
c) Modalités de versement des primes ;
d) Délai et modalité de renonciation au contrat ;
e) Formalités à remplir en cas de sinistre ;

f) Précisions complémentaires relatives à certaines catégories de contrats :
- contrats en cas de vie ou de capitalisation : frais et indemnités de rachat prélevés par l'entreprise d'assurance ;
- autres contrats comportant des valeurs de rachat : frais prélevés en cas de rachat ;
- capital variable : énumération des valeurs de référence et nature des actifs entrant dans leur composition ;
- contrat groupe : formalités de résiliation et de transfert.

g) Information sur les primes relatives aux garanties principales et complémentaires.

4. Rendement minimum garanti et participation :

a) Taux d'intérêt garanti et durée de cette garantie ;

b) Existence de valeurs de rachat minimales garanties, de garantie de fidélité, de valeurs de réduction ;

c) Modalités de calcul d'attribution de la participation aux bénéfices.

5. Date de commercialisation.

Article L. 331-1
Calcul des provisions mathématiques

Les provisions mathématiques constituées par les entreprises d'assurance vie et de capitalisation sont calculées en tenant compte, dans la détermination de l'engagement de l'assuré ou du souscripteur, de la partie des primes devant versée par l'intéressé et représentative des frais d'acquisition du contrat, lorsque ces frais ont été portés en charge déductible par l'entreprise avant la fin de l'exercice de clôture duquel la provision est constituée.

Un décret fixe, en tant que de besoin, les conditions d'application du présent article.

Application :

Article R. 331-3
Provisions techniques

(Modifié par décret n° 95-153 du 7 février 1995)

Les provisions techniques correspondant aux opérations d'assurance sur la vie, d'assurance nuptialité-natalité et aux opérations de capitalisation sont les suivantes :

1° provision mathématique : différence entre les valeurs actuelles des engagements respectivement pris par l'assureur et par les assurés ;

2° provision pour participation aux excédents : montant des participations aux bénéfices attribuées aux bénéficiaires de contrats lorsque ces bénéfices ne sont pas payables immédiatement après la liquidation de l'exercice qui les a produits ;

3° réserve de capitalisation : réserve destinée à parer à la dépréciation des valeurs comprises dans l'actif de l'entreprise et à la diminution de leur revenu ;

4° provision de gestion : destinée à couvrir les charges de gestion future des contrats non couvertes par ailleurs ;

5° provision pour aléas financiers : destinée à compenser la baisse de rendement de l'actif ;

6° provisioons pour risque d'exigibilité des engagements techniques : provision destinée à faire face à une insuffisante liquidité des placements, notamment en cas de modification du rythme de règlement des sinistres, calculée dans les conditions définies au premier alinéa de l'article R. 331-5-1 ;

7° provision pour frais d'acquisition reportés : provision destinée à couvrir les charges résultant du report des frais d'acquisition constaté en application de l'article R. 332-35 ;

8° provision pour égalisation : provision destinée à faire face aux fluctuations de sinistralité afférentes aux opérations d'assurance de groupe contre le risque décès.

Un engagement ne peut être provisionné qu'au titre d'une seule des catégories mentionnées au présent article.

Article R. 331-4

Provisions mathématiques

Les provisions mathématiques des entreprises d'assurance sur la vie, d'assurance nuptialité-natalité et de capitalisation sont déterminées dans les conditions fixées par arrêté du ministre de l'Économie et des Finances [1].

Article L. 331-2

Indemnité de rachat

(Ancien article L. 132-22-1)

L'indemnité maximale, en cas de rachat, susceptible d'être retenue par l'assureur est fixée par décret [2].

Article L. 331-3

Participations aux bénéfices

(Ancien article L. 132-29)

Les entreprises d'assurance sur la vie ou de capitalisation doivent faire participer les assurés aux bénéfices techniques et financiers qu'elles réalisent, dans les conditions fixées par arrêté du ministre de l'Économie et des Finances [3].

Article L. 331-4

Tarification

(Ancien article L. 310-7)

L'autorité administrative peut, pour les contrats d'assurance vie ou de capitalisation, fixer les règles de calcul actuariel qui leur sont applicables [4].

Article L. 344-1

Placements, cantonnement, plus-values latentes

Les entreprises pratiquant des opérations d'assurance vie ou de capitalisation établissent, à la clôture de chaque exercice, un état annexé à leurs comptes retraçant la valeur comptable et la valeur de réalisation de l'ensemble des placements figurant à leur actif.

---

1. Articles A. 331-1 et A. 331-2.
2. Article R. 132-1.
3. Article A. 132-1 et suivants.
4. Article A. 335-1 et suivants.

Cet état indique, en outre, la quote-part des placements correspondant à des engagements pris envers les assurés et bénéficiaires de contrats, telle qu'elle serait constatée en cas de transfert de portefeuille de contrats.

Les règles permettant l'application des deux alinéas précédents sont fixées par décret en Conseil d'État [1].

Observations :

■ En intégrant au Code des assurances ce nouvel article L. 344-1, la loi du 31 décembre 1989 répond en partie aux demandes de clarté formulées et par des organismes de consommateurs et par certains professionnels. En effet un état spécial devra indiquer la quote-part des placements correspondant aux engagements.

■ Les règles d'application (prévues au 3e alinéa) ont été fixées par un *décret du 30 janvier 1991* (JO du 31 janvier 1991, p. 1617) relatif au calcul de la quote-part des placements correspondant à des engagements envers les assurés, *telle qu'elle serait constatée en cas de transfert de portefeuille de contrats d'assurance sur la vie.*

Ces normes de calcul sont inscrites dans un article **R. 344-1**, reproduit ci-dessous, créé par le décret du 30 janvier 1991.

Deux arrêtés du 30 janvier 1991 (JO du 31 janvier 1991, p. 1618) modifient les dispositions relatives aux états comptables et fixent les règles relatives aux actifs transférés avec un portefeuille de contrats par une entreprise d'assurance vie ou de capitalisation.

Article R. 344-1

Quote-part des actifs transférable

I) La quote-part mentionnée à l'article L. 344-1 est un pourcentage de l'ensemble des placements figurant à l'état A5, mentionné à l'article R. 342-17, évaluées à leur valeur de réalisation. Ce pourcentage est au moins égal au résultat obtenu en divisant par le montant total des placements, ainsi définis, la somme des montants suivants :

a) Actif mentionné à l'article L. 441-8, correspondant aux opérations relevant de l'article L. 441-1, évalué à sa valeur de réalisation ;

b) Placements affectés à la représentation des contrats en unités de compte mentionnés au troisième alinéa de l'article L. 131-1 ;

c) Actifs mentionnés au premier alinéa de l'article L. 324-7, évalués à leur valeur de réalisation ;

d) Montant des provisions techniques brutes de réassurance constituées au titre de l'ensemble des opérations pratiquées par l'entreprise autres que celles qui sont mentionnées aux a et b, diminué du montant des actifs mentionnés au premier alinéa de l'article L. 324-7, évalués à leur valeur comptable ;

e) 85 p. 100 de la différence entre la valeur de réalisation de l'ensemble des placements figurant à l'état A5 susmentionné autres que ceux qui sont définis aux a, b et c ci-dessus, et la valeur comptable de ces mêmes placements, le montant ainsi obtenu étant affecté du coefficient défini au II ci-après.

---

1. Voir l'article R. 344-1, ci-après.

II) Le coefficient prévu au e) du I ci-dessus est égal au quotient du montant moyen des provisions techniques brutes de réassurance constituées au titre des opérations autres que celles qui sont mentionnées à l'article L. 441-1 et au troisième alinéa de l'article L. 131-1 ou qui sont relatives à des contrats collectifs en cas de décès, diminué du montant moyen des actifs visés au premier alinéa de l'article L. 324-7, évalués à leur valeur comptable, par le montant moyen de l'ensemble des placements figurant à l'état A5 autres que ceux qui sont affectés à la représentation des opérations mentionnées à l'article L. 441-1 et au troisième alinéa de l'article L. 131-1, ou qui sont mentionnés au premier alinéa de l'article L. 324-7, évalués à leur valeur comptable.

Le montant moyen mentionné à l'alinéa précédent est obtenu en divisant par deux la somme des valeurs inscrites dans les comptes à l'ouverture et à la clôture de l'exercice.

III) Les placements et provisions mentionnés au présent article ne comprennent pas ceux qui sont constitués par l'entreprise dans le cadre des opérations effectuées par ses établissements à l'étranger.

SECTION XI

LES OPÉRATIONS DE CRÉDIT

■ ***Adhésion à une assurance collective liée à une opération de crédit immobilier***. La loi n° 79-596 du 13 juillet 1979 relative à l'information et à la protection des emprunteurs dans le domaine immobilier dispose à son article 6 :

« Lorsque le prêteur offre à l'emprunteur ou exige de lui l'adhésion à un contrat d'assurance collective qu'il a souscrit en vue de garantir en cas de survenance d'un des risques que ce contrat définit, soit le remboursement total ou partiel du montant du prêt restant dû, soit le paiement de tout ou partie des échéances dudit prêt, les dispositions suivantes sont obligatoirement appliquées :

- *au contrat de prêt est annexée une notice énumérant les risques garantie et précisant toutes les modalités de la mise en jeu de l'assurance,*
- *toute modification apportée ultérieurement à la définition des risques garantis ou aux modalités de la mise en jeu de l'assurance est inopposable à l'emprunteur qui n'y a pas donné son acceptation.*
- *lorsque l'assureur a subordonné sa garantie à l'agrément de la personne de l'assuré et que cet agrément n'est pas donné, le contrat de prêt est résolu de plein droit à la demande de l'emprunteur sans frais ni pénalité d'aucune sorte. Cette demande doit être présentée dans le délai d'un mois à compter de la notification du refus de l'agrément ».*

■ ***La garantie de prêts***. Il semble que les principales difficultés juridiques concernent les garanties liées à ces opérations et l'on observera à ce propos que les organismes prêteurs de même que les notaires peuvent voir leur responsabilité engagée pour manquements à leur devoir de conseil ou d'information.

Ainsi la responsabilité de l'organisme prêteur a-t-elle été retenue parce qu'il avait omis d'informer l'emprunteur du refus de garantie formulé par l'assureur (Rennes, 9 juillet 1975 : D. 1976. 417 ; Ass. fr. 1982, 471 ; Cass. civ., 21 mai 1990, D. 1991, Inf. Rap. 151 : assurance décès portant sur une seule tête d'un couple emprunteur), ou qu'il avait dissimulé une clause de non-garantie (Cass. civ., 20 juin 1979 : Ass. fr. 1982, 471 ; D. 1980 IR 514) ou encore, plus généralement, manqué à son devoir de conseil (Aix-en-Provence, 6 juin 1977 : Ass. fr., 1982, 471). L'organisme de crédit, souscripteur du contrat d'assurance groupe, a, vis-à-vis de l'emprunteur dont il exige qu'il adhère à ce contrat, un devoir d'information sur l'étendue et les modalités de garanties offertes en cas d'invalidité et de décès, et un devoir de conseil (Rennes, 9 janvier 1985 : RGAT 1985, 94). Le prêt consenti par une Caisse d'épargne étant garanti par une assurance de groupe, ladite caisse était tenue envers l'assuré d'un devoir de conseil qu'elle n'a pas rempli en omettant d'informer l'emprunteur du refus d'adhésion (Cass. 1re civ., 22 février 1980 : RGAT 1985, 278). De même a-t-il été jugé que le souscripteur (une banque), qui a manqué à son devoir d'information et de conseil, est responsable des conséquences qui s'attachent à une information inexacte ayant induit l'assuré en erreur sur la nature, l'étendue ou le point de départ de ses droits : Cass. civ., 10 juin 1986 : RGAT 1986, 420. Il a été également admis qu'un organisme de crédit souscripteur de la police groupe était tenu de réparer le préjudice résultant pour l'emprunteur de son défaut d'assurance contre le risque d'incapacité temporaire puisqu'il était convenu que l'organisme de crédit, seul en rapport avec l'assureur, se chargeait d'obtenir la couverture de ce risque et qu'il n'en avait rien fait (Cass. civ., 15 octobre 1985 : D. 1987, som. 34, obs. H. Groutel).

Dans un arrêt du 6 juin 1990 (Gaymard c. Crédit Lyonnais et autre, D. 1990 ; Inf. Rap. 189), la cour d'appel de Paris affirme que *« un organisme de crédit est tenu d'un devoir de conseil à l'égard de son client, dès lors qu'il exige de lui qu'il adhère à un contrat d'assurance de groupe »*. Et la cour précise qu'un tel devoir implique que la banque souscriptrice informe l'emprunteur, tant de la nature et de la portée des garanties souscrites que des conditions de leur mise en œuvre, ainsi que des modifications que peuvent subir ces garanties en vertu d'avenants acceptés par la banque. L'adhérent est donc en droit de se prévaloir de toute information, fût-elle erronée, qui lui a été fournie avant, pendant ou après la date de son adhésion, sauf au souscripteur à apporter la preuve que cette information a fait l'objet d'un démenti, au plus tard avant la date du sinistre.

À la lecture de cet arrêt, on ne peut s'empêcher de relever qu'au fil des nombreuses décisions judiciaires, ce devoir de renseignement devient de plus en plus rigoureux et que les juges veillent à son exécution avec une attention sourcilleuse. La cour d'appel de Paris note en effet que la banque a contribué, par ses négligences, à la prolongation d'une procédure engagée par l'assuré, en rendant notamment nécessaire la saisine de la juridiction d'appel – dont elle devra supporter les entiers dépens – alors qu'elle avait eu connaissance d'un avenant modificatif à la police générale et qu'elle était dans l'incapacité de prouver avoir, en temps utile, informé l'assuré des modifications apportées aux modalités de mise en oeuvre de la garantie.

De même, dans un arrêt du 21 mai 1990, la Cour de cassation (1re ch. civ., Mme Parage c/Sté Sofinauto : D. 1990 IR 152) affirme-t-elle que le souscripteur a le devoir de faire connaître de façon très précise à l'adhérent ses droits et obligations et *« qu'il est responsable des conséquences qui s'attachent à un manquement à ce devoir d'information et de conseil »*. En l'espèce, il s'agissait d'un contrat de crédit-bail portant sur une automobile souscrit par deux époux et prévoyant l'adhésion à un contrat d'assurance de groupe garantissant le paiement des loyers et le versement du prix résiduel du véhicule en cas de décès ou d'invalidité du locataire. Or, il s'est avéré après le décès du mari que la garantie n'avait été souscrite qu'au bénéfice de l'épouse.

Pour la Cour de cassation, en ne faisant assurer que l'épouse, la société financière *« a créé en dépit du devoir d'information et de conseil qui incombe au souscripteur de l'assurance de groupe envers ceux qui y adhèrent par son intermédiaire, l'illusion qu'une assurance existait aussi sur la tête du mari, ce qui est de nature à engager sa responsabilité envers l'épouse »*.

De même, dans un arrêt du 28 janvier 1992 (RGAT 1992, 341), la Cour de cassation a considéré que le banquier souscripteur d'une assurance de groupe manque à son devoir de conseil en négligeant d'attirer l'attention des emprunteurs sur le fait que seul le mari avait adhéré à l'assurance, alors que la clause du contrat de prêt aux termes de laquelle les emprunteurs donnent leur consentement à l'assurance décès-invalidité et s'engagent à régler par anticipation la prime qui leur sera réclamée, avait créé dans l'esprit des emprunteurs l'illusion qu'ils étaient l'un et l'autre assurés (voir aussi Cass. civ. I, 26 novembre 1991 : RGAT 1992, 148). Dans le même sens, le banquier, souscripteur d'une assurance de groupe, qui adresse à l'emprunteur, lors de l'octroi du crédit, un certificat d'admission à l'assurance ainsi qu'un formulaire de déclaration d'incapacité temporaire, l'acte authentique prévoyant au surplus le remboursement par l'emprunteur des primes payées par le prêteur, a créé une apparence de garantie et a donc engagé sa responsabilité (Cass. civ. I, 17 février 1993 : RGAT 1993, 862).

À la lecture de ces arrêts – et de bien d'autres – qui montrent l'incapacité (faute de formation) des banquiers à accomplir correctement leur devoir de renseignement dès lors qu'il s'agit d'assurance, il est permis de s'interroger sur l'avenir de la bancassurance.

Quant à la responsabilité du notaire, elle a été reconnue en cas de défaut d'information du client (Cass. civ., 8 mai 1973 : Bull. civ. 1 154-137 ; Cass. civ., 3 mai 1974 : RGAT 1974, 380 ; Toulouse, 25 janvier 1978 : Ass. fr., 1982, 472). Il a toutefois été admis qu'un notaire, chargé seulement d'établir l'acte de prêt, n'est tenu d'aucune obligation de conseil envers l'emprunteur en matière d'assurance (Cass. civ., 27 octobre 1981 : Ass. fr., 1982, 472).

LIVRE IV

L'ASSURANCE VIE EN EUROPE ET L'EUROPE DE L'ASSURANCE VIE

Les marchés européens

De quelques produits vendus en Europe

La distribution de l'assurance vie en Europe

Le cadre réglementaire européen et la réalité quotidienne du marché unique

Jean-Louis Bellando

1

Les marchés européens

SECTION I

LA PLACE DE L'UNION EUROPÉENNE [1] DANS LE MONDE DE L'ASSURANCE VIE

En 1994, l'encaissement mondial des entreprises d'assurances, qualifiées de privées par opposition au secteur des assurances sociales, était de 10 925 milliards de francs. En quinze ans, la part de l'assurance vie est passée de moins de 40 % à près de 60 % (58 % en 1994).

■ Primes d'assurance vie et principaux marchés

Les primes de l'assurance vie se répartissent comme suit entre les principaux marchés [2] :

En 1994	Montants en milliards de francs	% marché mondial	% Vie/Total assurance
1. Japon	2 648	42,5	79
2. Union europ.	1 447	23,2	52
3. États-Unis	1 396	22,4	42
4. Corée du Sud	193	3,1	77
5. Canada	93	1,5	49
6. Suisse	86	1,4	61
7. Afrique du Sud	70	1,1	81
8. Australie	62	1,0	49
Total	5 995	96,3	–
Total mondial	6 224	100	58

1. Le traité de Maastricht, en vigueur depuis le 1er novembre 1993, a substitué l'expression Union européenne au sigle CEE.

2. Selon les données de la revue Sigma : dollars convertis en FF.

L'Union européenne, avec ses 15 États membres et ses 380 millions d'habitants, est le deuxième marché mondial de l'assurance vie, après le Japon mais avant les États-Unis, qui comptent respectivement 125 et 250 millions d'habitants.

■ Primes par habitant

L'assurance vie est donc beaucoup mieux implantée au Japon qu'en Europe, ainsi que le montre l'indicateur de **densité** (qui rapporte les primes annuelles émises dans un pays au nombre des habitants recensés dans cet État), dont le palmarès est le suivant :

Primes par habitant (FF) (1994)

1. Japon	21 200
2. Suisse	12 250
3. Royaume-Uni	7 110
4. France	6 705
5. Pays-Bas	5 450
6. États-Unis	5 360
7. Finlande	4 940

La France est passée du 8e rang en 1991 au 4e en 1994. Avec une moyenne de 4 000 FF par habitant, l'Union européenne se situe en retrait par rapport au Japon, aux État-Unis et à la Corée du Sud (4 340 FF). En d'autres termes, l'Europe des quinze conserve **une marge de progression importante**.

■ Pénétration de l'assurance vie

La hiérarchie n'est plus la même si l'on considère la **pénétration** de l'assurance vie, qui rapporte les primes d'un pays à son produit intérieur brut (PIB). Certains États moins riches affectent à l'assurance vie une fraction relativement importante de leurs moyens :

	Affaires Vie/PIB (en %)
Afrique du Sud	10,3
Japon	10,1
Corée du Sud	9,1
Union européenne	3,7
États-Unis	3,6

Le gisement de matière assurable à exploiter reste apparemment considérable en Europe. Mais la capacité de développement de l'assurance vie varie sensiblement d'un pays à l'autre.

SECTION II

LES DIFFÉRENTS MARCHÉS NATIONAUX DE L'UNION EUROPÉENNE

■ Les 15 marchés de l'Union européenne

Le classement des quinze est le suivant, en volume, en densité, en pénétration :

Assurance vie par État membre de l'UE [1]	Classement mondial (1994)	Primes (millions d'écus) 1994	Primes par habitant (écus) 1994	Primes en % PIB 1994	Primes en % Total UE
France	3	60 546	1 045	5,4	28,2
Grande-Bretagne	4	56 093	961	6,6	26,1
Allemagne	5	43 510	534	2,5	20,3
Pays-Bas	9	12 877	836	4,6	6,0
Italie	11	9 333	163	1,1	4,3
Espagne	13	8 945	228	2,2	4,2
Suède	15	4 299	490	2,6	2,0
Belgique	16	4 120	407	2,3	1,9
Finlande	17	4 065	799	4,7	1,9
Danemark	18	3 154	606	2,6	1,5
Autriche	20	3 034	378	1,9	1,4
Irlande	23	2 205	617	5,8	1,0
Portugal	33	1 106	112	1,8	0,5
Luxembourg	36	902	2 267	10,5	0,4
Grèce	37	610	58	1,4	0,3
Total Union Européenne	2	214 798	633		100
EEE					
Norvège	21	2 296	529	2,5	
Islande		6	23	0,1	
Liechtenstein		0	–	–	
Suisse	8	13 087	1 871	6,0	

1. Chiffres du Comité européen des assurances (European insurance in figures, 1995).

Selon le CEA, la France est devenue le premier marché européen. Pour la revue Sigma, qui semble avoir pris en compte les primes *overseas* des sociétés britanniques et omis les Dom-Tom français, le Royaume-Uni reste en tête.

75 % de l'activité totale d'assurance vie en Europe est couverte par les trois principaux marchés.

En ce qui concerne les primes par habitant, la France n'est plus précédée, au sein de l'Europe des quinze, que par le Luxembourg (et la Suisse dans le cadre paneuropéen). Sur la période 1990-1994, le ratio a progressé de 673 % au Luxembourg, de 189 % au Portugal, de 148 % en Espagne, de 100 % en France.

Par habitant, la prime est 18 fois plus élevée en France qu'en Grèce. La pénétration de l'assurance vie, mesurée par rapport au PIB, est 6 fois plus intense en Grande-Bretagne qu'en Italie et 2 fois plus importante en France qu'en Allemagne fédérale. Mais la sécheresse de ces chiffres doit être corrigée par des données culturelles et économiques, sociales et techniques, propres à chaque État *(cf. infra).* En outre, le rapport des forces évolue rapidement, les pays les plus attardés commençant (grâce à l'Europe ?) à remonter la pente. La progression la plus spectaculaire est celle du Luxembourg avec une prime par habitant multipliée par huit en cinq ans grâce aux filiales locales des grands groupes européens qui se sont répandues sur les marchés voisins en libre prestation de services. Cela laisse à une distance respectable le Portugal (2,9), l'Espagne (2,5), la France (2), et la Grèce (1,8). En revanche, il y a régression en Finlande et en Suède. L'Europe du Sud progresse, celle du Nord stagne.

■ Les opérateurs

Au sein de l'Union européenne, le nombre des opérateurs varie sensiblement d'un État à l'autre, et, vue pays par pays, la pénétration étrangère y est apparemment très faible, beaucoup plus faible d'ailleurs en assurance vie qu'en assurance dommages.

Certains États interdisent les sociétés mixtes, c'est-à-dire exploitant simultanément les branches vie et non vie. D'autres les autorisent. La législation communautaire a, en 1979, condamné la création de toute nouvelle société « composite » et encouragé la spécialisation des succursales des entreprises multivalentes. La troisième directive cadre de 1992 a réaffirmé le principe de spécialisation, tout en créant une plage commune : désormais les États membres peuvent prévoir que des sociétés d'assurance vie soient agréées dans les branches accident et maladie. La France a adopté cette possibilité (loi du 4 janvier 1994).

Au total, environ 1 800 sociétés communautaires opèrent en assurance vie sur les 15 marchés de l'Union européenne.

La concentration des marchés nationaux est très variable, et les plus petits ne sont pas toujours les plus concentrés. Les cinq premières compagnies nationales réalisent plus des deux tiers des primes en Finlande, en Suède et au Luxembourg, mais environ 20 % en Autriche, en Belgique, en Espagne et au Royaume-Uni, 30 % en Allemagne, 40 % en France, 57 % aux Pays-Bas. La plus grande société couvre 32 % de l'activité au Luxembourg (Paneurolife) et en Irlande (Irish Life), 29 % en Suède (SPP), 26 % aux Pays-Bas (Nationale Nederlanden), 24 % en Grèce (Interamerican), 13 % en Allemagne (Allianz), 12 % au Portugal (Ocidental Vida), 11 % en Autriche (Generali Allgemeine), ..., 6 % en Espagne (Vida-Caixa).

Le détail par pays du nombre des sociétés est le suivant :

Au 31.12.1994[1]	Sociétés nationales			Succursales étrangères	Part des succursales dans primes (%)
	spécialisées en vie	mixtes	total		
Allemagne[2]	315	–	315	4	3
Autriche	5	34	39	1	0
Belgique	30	44	74	4	8
Danemark	84	–	84	1	1
Espagne	503	76	579	7	7
Finlande	12	–	12	0	0
France	132	–	132	6	1
Grèce	18	25	43	3	24
Irlande	20	–	20	14	23
Italie	70	24	94	6	2
Luxembourg	34	1	35	7	10
Pays-Bas	90	–	90	5	5
Portugal	15	9	24	15	6
Royaume-Uni	173	50	223	17	2
Suède	29	–	29	0	0

D'aucuns estiment que l'ouverture des frontières et la déréglementation, qui en est la cause ou l'effet, vont exacerber la concurrence, la conquête de parts de marché se faisant au détriment des équilibres fondamentaux et des fonds propres des entreprises. En réalité, certains n'ont pas attendu le 1er juillet 1994 pour adopter ce type de comportement. Quoi qu'il en soit, selon Michael Muth (Mac Kinsey, Munich), la moitié des compagnies serait de ce fait condamnée à disparaître, faute de place pour survivre entre des supermarchés multinationaux aptes à offrir une gamme très large de services financiers et des entités spécialisées techniquement (dans certains produits), commercialement (par clientèles) ou géographiquement (activité limitée à une région ou à une commune).

Pénétration étrangère

Les succursales ne donnent qu'une image incomplète de l'implantation des entreprises étrangères sur un marché donné. Il faut y ajouter les filiales et plus généralement les sociétés contrôlées par des actionnaires non résidents. Ainsi, en Irlande, près de la moitié des sociétés spécialisées en assurance vie sont sous contrôle étranger. La proportion est de 40 % en Autriche, de 20 % aux Pays-Bas. Ailleurs, les données statistiques font défaut, ce qui est regrettable parce que la voie la plus suivie aujourd'hui pour s'installer au-delà des frontières est l'acquisition d'entreprises locales. Les Français ont été des champions en ce domaine

1. Statistiques du Comité des assurances de l'OCDE.
2. Y compris 141 caisses de retraite et 58 caisses de décès.

avec les acquisition de Colonia par Victoire, de Sun Life et de la Royale Belge par l'UAP, d'Equity and Law par la Compagnie du Midi, etc.

Certaines des acquisitions transfrontières ont été chèrement payées dans une période d'euphorie. L'un des principaux acteurs, Allianz, déclare aujourd'hui bien haut qu'il est entré dans une phase de consolidation, après un programme d'expansion qui l'a conduit principalement aux États-Unis, en Grande-Bretagne, en France et en Allemagne de l'Est (achat de l'organisme étatique de l'ex-RDA). Un autre seigneur de l'Europe, Internationale Nederlanden Groep (ING), n'apparaît pas dans le palmarès des grandes opérations. Plus discret, ce groupe s'est implanté en assurance vie sur des marchés secondaires mais qui semblent prometteurs, tels que la Corée du Sud, l'Espagne ou la Hongrie.

D'autres ont multiplié les investissements moins spectaculaires, tel Guardian Royal Exchange, acquéreur de trois petites sociétés italiennes.

En acquérant 33 % du holding AMB du deuxième groupe allemand d'assurance, Aachener und Münchener, les AGF ont finalement conquis, après bien des péripéties, les droits de vote attachés à ces actions, entraînant le repli des Italiens de Fondiaria, ancien actionnaire de référence d'AMB avec 20 %. La vente au Crédit Lyonnais de la BfG (Bank für Gemeinwirtschaft), banque qui pesait lourdement dans les résultats d'AMB, a influencé favorablement le compromis final.

Il y a aussi les OPA qui échouent parce que les appétits des prédateurs sont disproportionnés à leurs moyens. Le norvégien Unistorebrand et le danois Hafnia avaient uni leurs forces pour croquer le suédois Skandia, plus gros à lui tout seul que ses deux assaillants. Ils ont acheté fort cher des actions de leur proie au prix d'un endettement considérable, atteignant ainsi 42 % de son capital. Mais le cours des actions Skandia s'est effondré au moment où les deux raiders avaient épuisé leurs liquidités. Crise immobilière aidant, ce fut la cessation de paiement pour Hafnia et Unistorebrand. Les compères scandinaves n'avaient pas reçu en héritage les richesses qui ont permis à certains de leurs homologues français de lancer des opérations plus conformes à leur amour propre qu'au réalisme économique et à l'intérêt des entreprises.

Ces grandes manœuvres ont modifié le paysage de l'assurance européenne et réduit considérablement la portée d'une statistique limitée aux succursales.

SECTION III

QUELQUES FACTEURS DÉTERMINANTS DU DÉVELOPPEMENT DE L'ASSURANCE VIE

Dans un pays déterminé, le développement de l'assurance vie est conditionné par un certain nombre de facteurs, tels que :

1. le niveau de vie et l'environnement économique ;
2. l'importance des assurances sociales ;
3. la fiscalité ;
4. la frontière entre la banque et l'assurance (la bancassurance) ;
5. les structures démographiques ;
6. les réglementations prudentielles et les organismes habilités à exploiter l'assurance vie ;
7. les particularités de certains marchés locaux.

Le niveau de vie et l'environnement économique

Le *niveau de vie* est reflété par le PIB, que le lecteur pourra conjuguer avec la densité d'assurance, en comparant par exemple le Portugal, le Luxembourg et l'Irlande. En Espagne, l'élévation rapide du niveau de vie favorise l'expansion de l'assurance vie.

Partout *l'inflation* est l'ennemi le plus redoutable de l'assurance vie. L'épargnant souscripteur d'un capital fixe représentant un pouvoir d'achat déterminé sera déçu si le taux d'érosion monétaire est supérieur au rendement servi par l'assureur.

Les participations aux bénéfices distribuées aux assurés ne sont efficaces que dans les pays à inflation modérée (RFA), à moins que les assureurs n'allouent à leur clientèle une grande partie de la valorisation latente d'un actif constitué par les placements susceptibles de dégager les meilleurs gains en capital (Royaume-Uni).

Entreprises allemandes et britanniques vendent des contrats mixtes de durée moyenne supérieure à 25 ans. Les assurés allemands dont les contrats sont venus à échéance en 1994 ont obtenu un rendement de l'ordre de 6 %, très supérieur au taux moyen de l'érosion monétaire sur la même période, soit 3,5 %. La dispersion des performances au Royaume-Uni est beaucoup plus grande sur la même période, mais les deux tiers des assureurs ont réussi à protéger leurs assurés des effets de l'inflation.

Pour atteindre cet objectif, Allemands et Britanniques ont suivi des politiques financières très différentes, les premiers recherchant le rendement, les seconds la valorisation du capital ainsi que le montre la composition respective des portefeuilles de placement des entreprises des deux pays (*cf. infra*, page 471).

Ainsi, en Allemagne, les actions ne représentent que 5 % des placements des sociétés d'assurance sur la vie ; en Grande-Bretagne, la proportion atteint 59 %. Les prêts (65 %) sont largement majoritaires en RFA.

En France, la mixte est aujourd'hui délaissée, parce que les assurés ont été déçus par un produit qui ne les a pas protégés contre la dépréciation progressive du franc. En effet, les assureurs n'ont pas pu ou pas voulu associer complètement leurs clients à la valorisation des placements acquis avec l'épargne collectée auprès d'eux. Face à l'inflation, l'imagination des assureurs s'est développée au nord et au sud de l'Europe, les principales solutions étant le raccourcissement de la durée des contrats (France, Grèce) ou la vente de produits à capitaux indexés (Royaume-Uni, France).

En Grande-Bretagne, les contrats individuels basés sur des unités de compte représentent, au gré de la conjoncture boursière, une fraction variable de la production en primes uniques : 91 % en 1988, 60 % en 1990, 38 % en 1992, 71 % en 1994.

En Grèce, les contrats peuvent être souscrits en monnaie étrangère, la couverture des engagements correspondants devant être réalisée dans la même monnaie.

La durée moyenne des contrats est reflétée par le ratio qui rapporte les provisions techniques aux primes : en Allemagne comme aux Pays-Bas, les assureurs vie ont constitué des provisions techniques représentant en moyenne 8 années de primes. En France, le ratio correspondant n'est que de 4,5. En Espagne, il est de 3,5 pour les sociétés spécialisées dans l'assurance vie.

L'importance des assurances sociales

L'importance des *assurances sociales* est déterminante dans la mesure où l'assurance vie intervient en tant que solution de rechange ou de complément, notamment en matière de *retraites, d'assurance santé ou d'assurance accident du travail.*

Chacun des États membres de l'Union européenne a construit un système de protection sociale conforme à son histoire et à sa culture. Ces systèmes diffèrent par leur esprit et leur organisation. Mais l'engagement communautaire de libre circulation des travailleurs, énoncé par le traité de Rome, a conduit à une coordination minimale sur la base de trois principes : la loi nationale applicable, l'égalité de traitement avec les nationaux, la totalisation des droits.

En fait, les efforts (timides) de la Commission de Bruxelles pour obtenir une Sécurité sociale harmonisée ont été fermement repoussés par les gouvernements et les syndicats. Des actions favorisant la connaissance mutuelle des systèmes de protection sociale de base ont, faute de mieux, été engagées. Quant à la protection complémentaire (retraite, prévoyance), elle relève plus ou moins, suivant les États membres, des directives sur l'assurance privée.

Aux *Pays-Bas,* classés au 4e rang européen en ce qui concerne les primes par habitant, la couverture offerte par les régimes publics de Sécurité sociale et de retraite, auxquels employeurs et employés sont tenus de participer, est plafonnée de telle sorte que particuliers et entreprises doivent rechercher dans le secteur privé des garanties complémentaires.

Mais, sur le terrain des retraites complémentaires liées à l'emploi, les assureurs sont très largement dépassés par des *caisses de pensions* autonomes *(Bedrijfspensionfondsen).*

Ces caisses fonctionnent en capitalisation, et leur palmarès est impressionnant (chiffres de 1994) :

Nombre de caisses		1 057
Nombre d'assurés (actifs)	en milliers	4 394
Nombre d'ayants-droit à pension	en milliers	5 579
Cotisations annuelles	en millions de florins	15 513
Prestations annuelles	id.	20 981
Provisions mathématiques au 31.12 (brutes de réassurance)	id.	493 766
Placements	id.	494 337

Les caisses de retraite comprennent, outre l'important fonds de pension des fonctionnaires (37 % des provisions mathématiques totales des fonds), environ 960 caisses d'entreprises, 80 caisses sectorielles (personnel hospitalier, métallurgie, BTP, PTT, marine marchande, etc.), et quelques caisses de retraites professionnelles (artisans, professions libérales).

Les cotisations des caisses d'entreprises et de secteurs sont en moyenne partagées entre l'employeur et l'employé dans la proportion 70-30. Dans près de 98 % des cas, l'affiliation de l'entreprise à un fonds de pension a été rendue obligatoire par une convention collective.

Le déficit des cotisations par rapport aux prestations constaté en 1994 est imputable au seul fonds de pension des fonctionnaires (ABP) qui, ayant 17 années de prestations en provision, prélève actuellement des contributions réduites.

Les placements couvrent largement les engagements. La part des immeubles (11 %) et des actions (18 %) augmente depuis 1985. Globalement, les fonds de pension complémentaire gérés en capitalisation sont les premiers investisseurs institutionnels aux Pays-Bas avec près de 500 milliards de florins placés fin 1990 contre 270 par les sociétés d'assurance vie.

L'assurance vie est également, mais à un niveau relativement modeste, un instrument supplémentaire de retraite par capitalisation : les employeurs néerlandais peuvent souscrire un plan d'assurance collective au profit de leurs salariés. 24 000 contrats de ce type courent actuellement aux Pays-Bas, conclus notamment par des PME et dans 30 % des cas auprès de Internationale Nederlanden.

Les fourmis néerlandaises contemplent avec une certaine sérénité les cigales qui les entourent.

Au *Luxembourg,* l'expansion de la branche vie est freinée sur le territoire national par la qualité du système de Sécurité sociale, qui est l'un des plus efficaces et les plus complets d'Europe. Mais les sociétés luxembourgeoises se développent rapidement dans les pays voisins grâce à la LPS.

En *Espagne,* la diminution attendue des prestations de retraite a montré la nécessité pour le public de s'intéresser aux produits d'assurance vie.

En *Italie,* la Sécurité sociale joue également un rôle important, quoique en retrait dans l'absolu par rapport à ce qui se fait ailleurs. Mais l'inadaptation et les inégalités des régimes de retraite publics, sujets à de nombreuses controverses, ont conduit les assureurs vie à proposer des compléments sous la forme de contrats individuels ou de plans professionnels. Le Parlement italien a adopté en 1995 une réforme des retraites qui doit réduire la contribution de l'État progressivement sur la période 1996-2005. Par ailleurs, il n'est plus possible de prendre sa retraite avant 52 ans, âge qui doit être encore reculé d'ici à 2008.

Au *Portugal,* les assurances sociales couvrent largement les risques chômage, maladie, retraite, laissant les autres garanties au secteur privé.

Au *Royaume-Uni,* le gouvernement a invité en 1986 les salariés à sortir du régime public de retraites complémentaires *(State Earnings Related Pension Scheme* ou *SERPS)* et à assurer leurs vieux jours auprès du secteur privé, moyennant subventions et dégrèvements. Le nombre des contrats individuels de retraite stockés par les compagnies d'assurances est passé de 8 millions en 1988 à 19 millions fin 1994, ce total réunissant les travailleurs indépendants et les salariés sortis du *SERPS* ou de leurs fonds collectifs de retraite professionnelle. Les conditions dans lesquelles cette évolution s'est effectuée sont très controversées *(cf. infra).*

Les différents cas évoqués appellent une généralisation : où se situe la frontière entre la Sécurité sociale et l'assurance privée ?

Cette question n'a pas qu'un intérêt théorique, si l'on se remémore les articles de presse ayant annoncé la fin du monopole de la Sécurité sociale française, dès la mise en application du marché unique européen, le 1er juillet 1994.

L'assurance étant une activité économique dans un marché concurrentiel, le fait que l'assurance des risques sociaux soit soustraite au marché est donc exorbitant du droit commun. En particulier, l'assurance vieillesse, qui est expressément prévue par les directives européennes sur l'assurance, doit relever de la libre concurrence, que le statut de l'organisme assureur soit public ou privé.

Les directives européennes ont exclu de leur champ d'application les assurances comprises dans un régime légal de Sécurité sociale lorsque ces activités ne sont pas gérées au propre risque de l'entreprise d'assurance, c'est-à-dire lorsque l'entreprise ne supporte pas les pertes éventuelles de sa gestion sur ses fonds propres.

Cette exclusion n'a pas évacué toutes les controverses. La Cour de justice des Communautés européennes s'est donc efforcée d'isoler les régimes nationaux de Sécurité sociale en identifiant quelques critères caractérisant les organismes assureurs et leur mode de financement :

– objet social : solidarité des risques sociaux ;
– système réglementé des cotisations ;
– système étatique ;
– concerne l'ensemble des salariés d'une catégorie.

Lorsqu'ils remplissent ces conditions, les organismes chargés de la gestion des risques sociaux ne sont pas considérés comme étant des entreprises exerçant une activité économique, ils ne sont donc pas concernés par les impératifs de libre concurrence. On notera que la notion d'entreprise est indépendante du statut juridique de l'entité considérée et de son mode de financement.

En l'état actuel des textes européens et de la jurisprudence de Luxembourg, il apparaît que :

1. Les monopoles sociaux existant en France ne sont pas remis en cause ;

2. Les États membres organisent librement leur protection sociale ; ils peuvent donc confier des risques sociaux à un monopole ;

3. Mais ce monopole doit répondre aux critères d'un régime de Sécurité sociale, c'est-à-dire exercer une activité purement sociale qui ne puisse être considérée comme une activité économique.

La fiscalité

Le rôle de la *fiscalité* est également significatif. Elle vise à la fois l'entreprise (impôt sur les bénéfices ou les revenus) et le preneur d'assurance (taxe ajoutée à la prime, déductibilité des primes, exonération des revenus).

Ces aspects très divers de la fiscalité sont traités différemment d'un pays à un autre :

a) Ainsi, dans quelques États, de moins en moins nombreux, la *prime* est majorée d'une *taxe* recouvrée au profit du Trésor public ; les taux sont de 4 % en Autriche, 4 % (ou 0 %) en Grèce, 3 % en Irlande, 2,5 % en Italie, 1,1 % au Portugal. Au Danemark et en Irlande, des taxes parafiscales sont calculées par rapport aux valeurs assurées aux taux de 1,5 % et 1 % respectivement. La France a supprimé la taxe de 5,15 % qui pénalisait les seuls contrats individuels et réduisait la rentabilité de l'épargne des assurés.

b) *La déductibilité des primes*, principe naguère communément admis en Europe dans des conditions variables d'un territoire à un autre, est aujourd'hui controversée.

- L'Irlande a supprimé cet avantage fiscal en 1992. L'Espagne le fait disparaître progressivement ; en particulier, les primes afférentes à des contrats souscrits depuis 1991 ne sont plus déductibles.
- En Belgique, les primes sont déductibles, avec plafond, si la durée minimale du contrat est de dix ans et (ou) lorsque l'assuré a atteint l'âge de la retraite lors du paiement des prestations.
- Au Danemark, les primes sont déductibles :
  - avec plafond, lorsque l'assuré est âgé d'au moins 60 ans au moment du versement du capital souscrit ;
  - lorsque les prestations sont versées sous forme de rentes à un assuré âgé d'au moins 60 ans.
- Au Luxembourg, la déductibilité des primes est également conditionnée par la durée du contrat (dix ans au moins), l'âge à la souscription (moins de 60 ans), la forme des prestations (rente viagère).
- En Allemagne :
  - sont déductibles les primes périodiques relatives à des polices souscrites pour au moins douze ans. Ne sont pas déductibles les primes uniques et les primes relatives à des contrats liés à des fonds d'investissement.
  - le plafond de déductibilité annuelle est de 6 000 DM pour un célibataire, de 12 000 DM pour un couple. Toutefois, au-delà, les primes d'assurance vie peuvent entrer dans une enveloppe globale de dépenses de prévoyance (comprenant les cotisations légales pour la retraite et le chômage, les versements à un plan d'épargne-logement, les primes d'assurance maladie, accident ou RC). Cette enveloppe sociale est de 3 915 DM pour un célibataire, du double pour un couple.
- En Grèce, comme en Italie, les primes d'assurance vie peuvent être déduites du revenu imposable de l'assuré dans la limite d'un plafond ajusté périodiquement. En Italie, en outre, la durée du contrat doit être d'au moins cinq ans, et le contrat ne doit pas être lié à un prêt.
- Aux Pays-Bas, les primes relatives à des mixtes ne sont pas déductibles, à la différence des primes afférentes à des contrats de rentes individuelles, jusqu'à un plafond déterminé.

– Au Royaume-Uni, les dégrèvements fiscaux liés aux contrats mixtes ont été supprimés en 1984. Mais la mixte hypothécaire permet à l'assuré emprunteur de bénéficier au maximum du régime favorable lié aux intérêts sur emprunts. Les primes sur contrats souscrits antérieurement au 13 mars 1984 restent déductibles. Quant aux contributions à des plans de retraite privés, elles bénéficient d'avantages fiscaux substantiels dans des limites fixées annuellement par rapport à l'indice des prix de détail. Le plafond est fonction des gains de l'assuré.

c) La fiscalité des revenus de l'assurance vie varie considérablement du nord au sud de l'espace européen.

Les prestations en cas de survie livrées sous forme de rentes n'échappent presque jamais à l'imposition normale sur le revenu, qui peut aussi prendre la forme d'une retenue à la source. En Italie, l'assiette de l'impôt est égale à 60 % des prestations. Seule la France semble prendre en compte l'âge de l'assuré. Au Portugal, et cela constitue une exception, la rente peut être exonérée si 35 % des primes ont été payées au cours de la première moitié du contrat et si aucune prestation n'a été versée avant la septième année.

Les capitaux versés en cas de survie sont tantôt exonérés (Irlande, Luxembourg), tantôt imposables (Grèce, Italie, Pays-Bas). Ailleurs l'exonération est subordonnée à certaines conditions :

– lorsque les primes n'ont pas été déduites (Belgique) ;
– dans les mêmes conditions que celles qui s'appliquent à la déductibilité des primes (Allemagne) ;
– si la durée du contrat est supérieure à huit ans (France) ;
– en fonction de l'âge de l'assuré (Danemark) ;
– s'il s'agit d'un plan privé de retraite (Royaume-Uni) ou de toute autre forme de contrat « approuvé » par l'administration (Royaume-Uni). Au Royaume-Uni, aucune police émise par un assureur non établi dans ce pays ne saurait être approuvée.

En principe, seule la partie du capital constituée par des revenus (intérêts techniques et participations aux bénéfices) est imposée. Mais cette assiette est parfois déterminée forfaitairement.

La diversité des régimes, comportant parfois des faveurs réservées aux seules polices « nationales » est un facteur de distorsion de concurrence au sein du marché unique européen.

d) Parfois, comme en Allemagne, les contrats d'assurance sur la vie entrent dans le périmètre de l'impôt sur la fortune. Et les prestations servies en cas de décès sont soumises à l'impôt sur les successions, avec une franchise de 25 000 DM pour un couple.

e) Des écarts parfois substantiels subsistent dans les taux d'imposition des bénéfices des entreprises, qui vont de 33,33 % en France à 55,64 % en Allemagne. Le résultat imposable est arrêté après déduction des participations des assurés aux bénéfices. Huit États de l'Union européenne se situent cependant dans la tranche 33-40 %. Les pays où l'IS (impôt sur les sociétés) est le plus élevé sont généralement et logiquement ceux où la TVA est la plus basse. Au sein d'un groupe multinational, ces distorsions sont de nature à orienter les allocations de fonds propres au profit des entités localisées dans les pays à fiscalité favorable.

Au Royaume-Uni, la taxation repose non pas sur le résultat mais sur les revenus, selon la règle I – E *(income minus expenses)*, du moins en ce qui concerne l'assurance vie *indoor*. Depuis la réforme de 1990, les affaires réalisées à l'étranger et les activités « retraites » sont imposées sur les bénéfices dégagés par les actionnaires. Pour le reste, le prélèvement fiscal est égal à 33 % de l'excédent des produits financiers sur les frais d'acquisition et de gestion, ainsi que sur les charges des placements. Cette retenue à la source pèse sur la rentabilité des produits. Heureusement pour les assureurs britanniques, certains revenus financiers sont détaxés. Il s'agit essentiellement des dividendes versés par des entreprises ayant leur siège social au Royaume-Uni.

Les sociétés les plus lourdement imposées dans leur pays sont handicapées dans le marché unique européen. En revanche, la disparité des fiscalités appliquées aux preneurs d'assurance ne faussera pas la concurrence, puisqu'en l'absence de toute harmonisation chaque assuré restera assujetti aux règles du pays où il réside. Un Français devrait pouvoir ainsi bénéficier de la déductibilité fiscale pour les primes d'un contrat souscrit auprès d'une compagnie britannique.

Par ailleurs, la fiscalité des primes, si elle incite l'Allemand à souscrire des contrats de longue durée, permet au Français de se satisfaire du moyen terme. Cette orientation contradictoire se lit au bilan : au 31 décembre 1990, les provisions techniques d'une société allemande couvraient en moyenne huit années de primes, celles d'une société française quatre années et demie !

La frontière entre la banque et l'assurance (bancassurance)

Qu'il s'agisse des entreprises ou des produits, *la frontière* entre *la banque* et *l'assurance* est plus ou moins nette.

■ Les produits

Le bon de capitalisation, dans lequel le capital fixé à l'avance est versé quoi qu'il arrive à l'échéance, n'est pas de l'assurance car il ne comporte pas d'aléa pour l'assureur : c'est un engagement certain.

S'agissant d'une opération d'épargne simple, la capitalisation est exclue du champ d'activité des entreprises d'assurances en Allemagne, en Belgique, au Danemark, et en Espagne. Ailleurs, les compagnies d'assurance sont habilitées à produire des bons de capitalisation, en considération d'une grande similitude avec la branche vie en ce qui concerne les techniques employées (France, Italie, Luxembourg, Portugal).

Quant à eux, les Britanniques ont une approche pragmatique du problème : si une opération est réalisée par une société d'assurance, c'est de l'assurance ! On le voit, il n'y a pas unanimité, au sein de l'Union européenne, sur la définition de l'assurance. D'ailleurs, le Code français des assurances est muet sur ce sujet.

L'assurance vie n'a donc pas partout en Europe le même périmètre, ce qui fausse les comparaisons quantitatives : ainsi, sans la capitalisation, qui représente 7 % de son chiffre d'affaires dans le secteur de l'assurance vie, la France perd la première place européenne, conquise en 1994 au détriment de la Grande-Bretagne.

Plus généralement, les pays les plus actifs en assurance vie sont aussi ceux où les assureurs vendent de l'épargne pure, empiétant sur le domaine traditionnel des banques. Au Royaume-Uni, les produits d'investissement représentent une proportion significative de l'activité des assureurs. Les Irlandais expliquent la croissance rapide de leurs assureurs vie par le succès de leurs fonds de placement.

■ Les entreprises

L'apparition et la multiplication de produits quasi exclusivement financiers dans la panoplie des assureurs est un phénomène particulièrement sensible dans les pays où les banquiers se sont intéressés de près à l'assurance vie en créant des filiales spécialisées. Cela vaut pour la France mais aussi pour la Grèce, où sept compagnies sont contrôlées par des banques d'État, qui font naturellement pression sur leurs clients pour qu'ils utilisent les services de leurs filiales. En Italie, les banques viennent d'être autorisées à prendre le contrôle de compagnies d'assurance, mais la réciproque n'est pas officialisée, ce qui n'a pas empêché quelques alliances spectaculaires. En Belgique, il est interdit à une banque de posséder une filiale d'assurance, mais un holding financier peut détenir côte à côte des participations dans un établissement de crédit et une société d'assurance. Réciproquement, les deux principales compagnies belges d'assurance ont leur banque. Au Danemark, l'ouverture européenne a suscité des restructurations sur un modèle qui se retrouve en Allemagne : autrefois, la société mère, spécialisée généralement dans l'assurance vie, portait trois filiales à 100 % couvrant respectivement les assurances de dommages, les accidents du travail et l'immobilier. Désormais, un holding financier est à la tête des principaux groupes, ce qui permet de nouer des liens entre assureurs et banquiers, établissements de crédit et entreprises opérant dans d'autres secteurs de l'économie.

Ainsi sont nés les conglomérats, devenus la hantise des autorités de contrôle responsables tant du secteur des assurances que de celui des établissements financiers. Au Danemark, comme au Canada d'ailleurs, une administration unique des affaires financières surveille à la fois les secteurs de l'assurance, de la banque et des investissements. Un groupe tripartite, rassemblant les autorités de contrôle des banques, des entreprises d'assurance et des sociétés d'investissement de divers pays et présidé par Tom de Swaan (Pays-Bas), examine les problèmes de solidité financière et de solvabilité liés à l'intégration d'une entité juridique déterminée au sein d'un conglomérat.

Les observations précédentes conduisent naturellement à s'interroger sur la bancassurance, à moins que « assurfinanz » ne soit l'expression consacrée. Employée parfois avec ostentation par des dirigeants en quête de synergies nouvelles, rejetée par d'autres qui insistent sur la spécificité de chacune des deux activités (Allianz et Axa par exemple), médiatisée par des journalistes plus attachés à la consonance des mots qu'à leur contenu, la notion de bancassurance n'est pas sortie tout droit des cerveaux des décideurs des années quatre-vingt. Sans remonter jusqu'aux banquiers lombards qui offraient des assurances aux armateurs prêts pour la « grosse » aventure, on retiendra l'intitulé originel d'une société bien connue, créée en 1922 à Berlin sous la dénomination Allianz Lebensversicherungs-bank AG (littéralement bancassurance vie) et devenue en 1940 Allianz Lebensversicherungs AG, cette transformation consacrant sans doute la nécessité d'une frontière stricte entre deux activités à complexité et spécificité accrues. Le spécialiste est en droit d'estimer que, par son approche généraliste, la bancassurance marque aujourd'hui un retour en arrière, peut-être bien utile pour masquer un défaut de compétence ou une insuffisance de capitaux. Certaines méthodes de consolidation des bilans permettent, par ailleurs, de convertir curieusement des pertes en bénéfices, transformant le vil plomb en or radieux, ce que la pierre philosophale des alchimistes n'avait jamais réussi.

Sans être aussi affirmatif, on cherchera ici non à définir la bancassurance mais à la caractériser par ses structures et ses objectifs.

Structures :

Deux types de structures sont observés : dans la première, domine l'une des activités, dans l'autre chacun des deux secteurs représente une part significative de l'ensemble. Le Crédit Agricole (avec Prédica), le Crédit Lyonnais (avec les Assurances Fédérales), les Raiffeisen et Volksbank allemandes (avec R + V Versicherung), Lloyds Bank (avec Abbey Life et Black Horse Life), Deutsche Bank, le Crédit Communal (Luxembourg) avec trois filiales d'assurances (Mega), Imperio avec 63 % de l'Uniao de Bancos Portugueses (UBP), sont des exemples du premier groupe, à dominante bancaire. En revanche, le banquier britannique TSB a cédé son groupe d'assurance Target à Axa.

De leur côté, les assureurs ne sont pas restés inactifs en Europe : Américan Int. Group (AIG) a créé une filiale bancaire à Paris. Allianz a pris 23 % de la Bayerische Hypou. Wechsel Bank. Axa a également ses établissements financiers spécialisés. Les banques captives de groupes d'assurance jouent souvent un rôle limité à quelques tâches précises (gestion de trésorerie, diffusion des émissions obligataires). En revanche, le premier assureur vie écossais, Standard Life, envisage de céder sa participation de 32 % dans la Bank of Scotland, premier banquier écossais.

De même, Aachener und Münchener, qui contrôlait la banque des syndicats allemands, Bank für Gemeinwirtschaft AG, acquise non pas pour un objet déterminé mais dans le cadre d'une intervention globale dans le groupe d'assurance des syndicats, Volksfürsorge, l'a cédée au Crédit Lyonnais, dans le cadre de son rapprochement avec les AGF.

Certaines participations restent minoritaires en attendant mieux : Aegon, troisième groupe d'assurance néerlandais, détient 12,85 % de la première banque des Pays-Bas, dont Amev et Commercial Union portent respectivement 5,7 % et 5,9 % des actions.

Les véritables conglomérats, partagés de façon équilibrée entre les deux types d'activités, sont moins nombreux, encore que certains *joint-ventures* puissent annoncer de nouveaux rapprochements. En France, Gan-CIC est dominé par l'assureur sur le plan financier et par le banquier si l'on se réfère au total du bilan (ce qui d'ailleurs ne veut strictement rien dire quant aux forces relatives des deux partenaires). Aux Pays-Bas, Internationale Nederlanden Groep (ING) est né en 1991 de la fusion du holding de Nationale Nederlanden, assureur numéro un du pays, et de NMB Post Bank, troisième banque nationale, elle-même issue du regroupement de deux établissements bancaires. ING n'a en revanche pas réussi son OPA sur la banque belge Bruxelles Lambert (BBL), cible sélectionnée parmi 150 banques européennes. Malgré cet échec, ING se situe au sixième rang européen pour les activités d'assurance et au onzième pour les opérations bancaires. ING a privilégié l'approche globale de la bancassurance (qui suppose la fusion des équipes de direction) par rapport à une association limitée à des échanges d'actions et à la vente, par chaque institution, des produits de l'autre. Amev, troisième assureur néerlandais, et VSB, ensemble de trois banques d'épargne, se sont également regroupés. Au Danemark, une société holding fusionnée couvre Trygg (assurance), Unibank (fusion en 1990 de trois banques) et Nycredit (première banque hypothécaire danoise).

Moins imbriqués entre eux, Commercial Union et Credito Italiano ont conclu une alliance, de même que Barclays et Hertie (grande surface en RFA) ; TSB Life, la CNP et Cariplo (banque d'épargne italienne) ont créé Caravita, compagnie d'assurance vie italienne.

Objectifs :

La bancassurance répond, semble-t-il, essentiellement à deux objectifs distincts, quoique parfois confondus, au sein de la même entité.

Le premier est d'ordre *financier* : plusieurs unités s'intègrent dans un ensemble plus vaste pour échapper aux convoitises des prédateurs ainsi condamnés à une mise de fonds plus substantielle : s'ils veulent acquérir l'entreprise qui les intéresse, ils doivent prendre le tout. Cette association de défense contre des appétits extérieurs non souhaités peut générer des perversions, prêts internes, participations croisées, prise en compte des mêmes capitaux pour satisfaire aux exigences réglementaires de solvabilité de plusieurs sociétés. Ainsi, chaque entité, banque ou assurance, peut satisfaire aux normes, et un bilan consolidé faire simultanément apparaître une situation moins reluisante. Seul un bilan consolidé au niveau du conglomérat peut permettre de vérifier qu'un actif couvre chacun des engagements pris par l'ensemble. Le second objectif est d'ordre *commercial* : il s'agit de mettre en commun des clientèles, des fichiers, des réseaux. L'exemple type est celui d'une succursale de banque où le guichetier est en mesure de proposer au chaland à la fois des produits d'assurance et d'investissement. Le schéma devient idéal si les contrats proposés couvrent des plages différentes dans les besoins de l'épargnant. En Allemagne, l'épargne à long terme (plus de quinze ans) est réservée aux assureurs et l'épargne sur le moyen terme est de la compétence du banquier. Le guichetier, ou ailleurs le conseiller financier, doit seulement déterminer le besoin de l'épargnant potentiel et l'orienter vers le spécialiste *ad hoc*.

Forts de ce partage qui permet de conclure des pactes de non-agression, Allianz et Dresdner Bank se sont alliés pour investir le marché de l'ex-RDA, imités par Victoria (assurance) et Bayerische Vereinsbank. L'association Allianz-Dresdner a appelé les critiques de l'Office des cartels allemand. Allianz a en conséquence réduit sa participation dans trois grandes sociétés d'assurance vie (Hamburger-Mannheimer Leben, Karlsruher Leben et Berlinische Leben) au profit de Münchener Rück, moyennant quoi l'Office des cartels a accepté le rapprochement avec Dresdner Bank. Allianz détient donc désormais 23 % du capital de la banque, et Dresdner 10 % des actions de l'assureur. L'entente Dresdner/Allianz présente des similitudes avec l'association BNP/UAP. La banque a ouvert son réseau de distribution aux contrats d'assurance vie, santé, retraite, habitation, conçus par Allianz, dont, en compensation, les agents ont été habilités à proposer des crédits.

De son côté, la Deutsche Bank a acheté Herold AG (7e assureur/vie allemand avec 2,3 milliards de DM de primes en 1994), et pris 30 % de Gerling.

Auparavant, la Deutsche Bank avait créé sa propre filiale spécialisée dans l'assurance vie, la DB Leben, devenue le 27e assureur vie allemand avec un chiffre d'affaires de 0,9 milliard de DM en 1994 ; 4 000 salariés choisis parmi le personnel de la banque sont habilités à vendre des contrats vie dans 1 400 points de vente. Les produits les plus largement diffusés par la banque ne sont pas, comme en France, des contrats d'épargne, ce sont des temporaires décès et des contrats de prévoyance.

Quant au troisième grand de la banque d'outre-Rhin, la Commerzbank, il a pris le contrôle d'une société déjà ancienne, spécialisée à l'origine dans l'assurance des fonctionnaires, la DBV (Deutsche Beamter Versicherung), qui a réalisé 1,5 milliard de DM de primes en 1994.

La bancassurance comprise sous son seul aspect commercial doublé du souci de se mettre à l'abri des raiders pourrait être résumée par le schéma suivant :

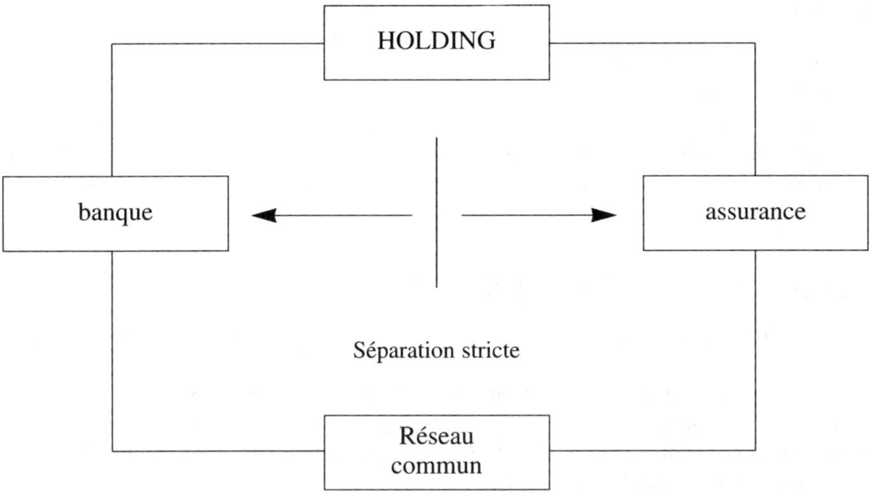

Une situation de conglomérat, telle que définie ci-dessus, pourra satisfaire aux règles prudentielles et répondre aux préoccupations des autorités de contrôle des deux secteurs, si les liaisons financières entre les deux sous-ensembles sont limitées et *transparentes*. Cette nécessité d'une transparence minimale en vue de permettre l'exercice d'un contrôle efficace de l'État auprès des différentes entités d'un conglomérat (établissements de crédit, entreprises d'assurance, entreprises d'investissement) a été sanctionnée par la directive 95/26/CE du Parlement européen et du Conseil, datée du 29 juin 1995. En particulier, un agrément ne doit être accordé que si les liens pouvant exister entre l'entreprise financière et d'autres personnes physiques ou morales ne sont pas de nature à entraver le bon exercice de la mission de surveillance de l'autorité compétente.

En résumé, la bancassurance se présente sous des formes différentes au nord et au sud de l'Europe, et cela s'explique par des considérations d'ordres juridique, économique ou réglementaire. Ainsi, en Allemagne, une collaboration étroite est de règle, soutenue par des participations croisées. Au Danemark, Hafnia, Baltica, Top, sont des groupes complexes, dans lesquels aucun secteur d'activité n'est prédominant. Jusqu'en 1990, la loi restreignait à l'assurance l'activité des entreprises d'assurance, et cette limitation était étendue aux filiales : une société d'assurance ne pouvait détenir des participations majoritaires que dans d'autres sociétés d'assurance ou des sociétés d'investissement. Depuis 1990, la liste a été étendue aux banques, et cette ouverture n'a pas été étrangère aux difficultés d'Hafnia.

En France, les principaux groupes bancaires ont développé une activité d'assurance vie à travers des filiales spécialement créées à cet effet. En Italie, où la bancassurance est un phénomène récent, la concertation entre les banquiers et les assureurs a été matérialisée le plus souvent par la constitution de captives communes. Les Néerlandais ont de leur côté fabriqué des groupes intégrés de services financiers de détail. Les Espagnols ont recensé chez eux 28 conglomérats financiers, mais ce sont les banquiers qui dominent, contrôlant des parts significatives du marché local de l'assurance vie. Au Royaume-Uni, les formules sont plus variées, la plupart des établissements bancaires et des *building societies* étant liés étroitement à des entreprises d'assurance, soit commercialement soit financièrement.

Si les alliances entre la banque et l'assurance se multiplient en Europe, elles restent généralement interdites aux États-Unis : les banques américaines n'ont pas le droit de détenir leurs propres compagnies d'assurance, et les groupes mixtes étrangers sont soumis à des règles compliquant leurs implantations outre-Atlantique.

Au Japon, les barrières sont encore plus strictes. Avant 1996, une société d'assurance vie ne pouvait avoir une filiale opérant en assurances dommages et *vice versa*.

Les structures démographiques

Les *structures démographiques* exercent une influence sur le succès de l'assurance vie.

Le vieillissement de la population est un phénomène constaté partout en Europe, qui remet en question les équilibres des régimes publics de retraite, de base et complémentaires au premier niveau, presque partout traités en technique de répartition (sauf aux Pays-Bas, *cf. supra*).

Les Britanniques ont été solennellement alertés de cette menace par leur gouvernement. En Grande-Bretagne, les personnes âgées perçoivent plusieurs prestations :

- une pension minimale, sous conditions d'âge (plus de 80 ans) et de ressources, de 26,2 £ par semaine (en 1990) ;
- une pension de base, servie à près de 10 millions de personnes. Elle est forfaitaire, et son montant maximal est réservé aux hommes ayant cotisé 44 ans ou aux femmes ayant cotisé 39 ans. Ce maximum était en 1993 de 4 329 £ par an pour un couple, de 2 700 £ pour un célibataire ;
- une pension complémentaire obligatoire proportionnelle aux revenus antérieurs du retraité. Pour la gestion, les intéressés ont le choix entre l'État *(State Earnings Related Pension Scheme* ou *SERPS)* et un régime d'entreprise confié à un fonds de pension, une entreprise d'assurance, une banque ou une *building society*. À l'origine, le *SERPS* était réservé à ceux qui n'avaient pas la possibilité d'adhérer à un fonds professionnel *(OPS, occupational pension scheme)*.

En 1985, l'État, coincé par l'évolution démographique entre l'augmentation des cotisations des actifs et la diminution des retraites, a préféré encourager les adhérents au *SERPS* à se constituer des pensions individuelles en s'adressant au secteur privé.

Pour obtenir ce résultat, une loi de 1986, suivant le *Social Security Act* de 1985, a :

- d'une part, réduit progressivement les prestations du *SERPS*, de 25 % du revenu moyen des 20 meilleures années (pour une carrière complète) à 20 % du revenu moyen de l'ensemble des années actives en 2009.
- d'autre part, accordé des facilités de gestion aux régimes de retraite complémentaire d'entreprise : le salarié membre du *SERPS* peut choisir d'y rester en

bénéficiant en outre d'une retraite complémentaire d'entreprise (ici la loi de 1986 n'a rien changé) ; il peut aussi sortir du *SERPS* et opter pour une retraite complémentaire liée à ses salaires ou capitalisée à partir de ses versements.
- enfin, ouvert à chaque cotisant du *SERPS* la possibilité d'en sortir, ainsi que du régime complémentaire d'entreprise, pour constituer un plan d'épargne retraite individuelle. Ce plan reçoit dès lors une cotisation patronale (à un taux minimal obligatoire) et des aides de l'État (jusqu'en 1993), ainsi que des contributions du salarié, qui bénéficient de dégrèvements fiscaux, représentant 17,5 % des revenus jusqu'à 50 ans et 27,5 % au-delà de 60 ans. Les versements du salarié sont libres, sous la réserve d'un minimum permettant à l'assureur de couvrir ses frais de gestion.

Pour constituer un plan individuel de retraite, le salarié peut s'adresser à une compagnie d'assurance mais aussi à une banque ou à une *building society*.

Les assureurs britanniques ont largement bénéficié de la loi de 1986 sur la privatisation des retraites : le nombre des contrats de retraite individuelle est en effet passé de 5 millions fin 1986 à 19 millions fin 1994. Aujourd'hui, 26 % des salariés auraient souscrit un plan individuel de retraite, 44 % restant affiliés au *SERPS* et les autres couverts par des régimes professionnels. En primes, l'évolution est la suivante :

En millions de £	1987	1988	1990	1992	1994
Affaires en stock : primes périodiques	1 614	2 364	3 786	4 556	5 138
Affaires nouvelles :					
• primes périodiques	414	818	992	967	898
• primes uniques	813	810	2 923	5 499	3 889
Versements incitatifs de l'État	–	417	938	477	211
Total	2 841	4 409	8 639	11 499	10 136
% activité assurance vie		20 %	22 %	27 %	24 %
% affaires nouvelles			43 %	40 %	39 %

La loi de 1986 a permis aux assureurs britanniques d'investir un nouveau secteur : ils ont pu ainsi compenser le recul important des contrats indexés à prime unique : 2,2 milliards de livres en 1990 et près de 3 milliards en 1992 après plus de 5 milliards en 1987.

Mais le succès des plans individuels de retraite ne masque pas à Londres le scandale des fonds collectifs de pension pillés par Robert Maxwell avant sa disparition. En outre, une vague de critiques s'est abattue depuis 1993 sur la privatisation des retraites. L'affaire Maxwell a été exploitée par l'opposition pour dénoncer un gouvernement qui n'a cessé, en maniant la carotte et le bâton, de promouvoir les retraites privées sans les entourer d'un cadre réglementaire approprié. L'organisation autonome chargée de surveiller la gestion des fonds de pension a été particulièrement attaquée pour son incapacité à mettre des obstacles sur la route de Maxwell malgré des signes alarmants. Le rapport d'une commission, réunissant des représentants des affaires sociales, de l'État et des conseillers privés, a estimé que les banques qui avaient reçu des actifs de fonds de pension en garantie de leurs prêts à Maxwell étaient moralement tenues de les restituer. 300 millions de livres avaient ainsi été prélevées sur divers fonds de pension, et notamment sur le fonds du *Mirror Group Newspapers*, lequel a été déclaré en faillite pour permettre la création d'un nouveau fonds recueillant les contributions de la compagnie MGN et de ses actuels salariés, au seul bénéfice de ces derniers.

Sur un plan plus général, la Commission Goode, du nom de son président, professeur à l'université d'Oxford, a proposé une série de mesures en vue de mieux protéger les salariés et les retraités : instauration de normes minimales de solvabilité ; création d'un fonds d'indemnisation couvrant les détournements et les escroqueries ; limitations des possibilités pour l'employeur de récupérer les excédents du fonds de pension ; délai maximal de six mois laissé à l'employeur pour acquitter ses contributions au fonds ; présence d'un tiers au moins de représentants des salariés dans le conseil d'administration ; renforcement des pouvoirs du médiateur des retraites ; désignation d'un contrôleur chargé de surveiller l'application des lois et des règles déontologiques par les *trustees* responsables de fonds de pension ; amélioration de l'information des bénéficiaires. Pour l'opposition, ces mesures restent timides, mais il faut rappeler que les entreprises sont libres de supprimer leurs propres fonds de pension ou de les transformer en plans d'épargne sans garantie de résultat. Un remède trop brutal risquerait d'être pire que le mal s'il entraînait la disparition de nombreux régimes de retraite d'entreprises.

Le rapport Goode a été suivi partiellement par le Parlement britannique, et une loi votée en 1995 entrera en application en 1997. La réforme comporte notamment la création d'un nouvel organisme de contrôle aux pouvoirs étendus, l'*Occupational Pensions Regulatory Authority* (Opra). En outre, les fonds de pension visés par la loi de 1995 seront désormais tenus de provisionner leurs engagements à 100 %. Par ailleurs, gérants d'une épargne considérable, les fonds de pension sont invités à participer activement aux assemblées générales des entreprises dont ils détiennent des actions, à y voter et à expliquer leurs votes à leurs membres.

Cette réforme s'efforce de neutraliser l'effet Maxwell. En attendant, le nombre des salariés britanniques adhérents d'un fonds de pension diminue : 12,2 millions en 1987, 11 millions en 1996, soit 48 % de la population active.

Cette diminution s'explique par le développement des plans individuels de retraite, considéré comme une réussite par les pouvoirs publics britanniques ; il a suscité pourtant des réactions négatives dans l'opinion : un certain nombre de personnes auraient reçu à tort le conseil de quitter leur régime professionnel. Ainsi les sorties du *SERPS* ou d'un *OPS* se sont parfois effectuées à un coût excessif pour aboutir à des prestations de retraite amputées. Des salariés du secteur public ont aussi perdu l'indexation de leur retraite sur leurs salaires. Par ailleurs, encouragés par de fortes commissions, les vendeurs ont placé des contrats de façon agressive auprès de personnes n'ayant aucun intérêt à quitter le régime de leur entreprise. L'obligation du meilleur conseil énoncée par le *Financial Services Act* de 1986 *(cf. infra)* a donc souvent été oubliée par des producteurs avides de gains.

Le SIB *(Securities and Investments Board)*, commission mixte chargée de protéger les épargnants et parmi eux les preneurs d'assurance vie, a publié un rapport portant sur un échantillon de clients ayant transféré leurs droits à retraite : il apparaît que souvent l'information confiée à l'assuré a été déficiente. Les assureurs ont répliqué qu'une procédure incomplète ne signifiait pas automatiquement un mauvais conseil.

Le débat a au moins permis de dégager plusieurs conclusions de nature à aider les présumées victimes du changement:

- Lorsqu'il est établi que le vendeur n'a pas correctement étudié le cas de son client ou l'a incité à quitter un régime manifestement plus confortable, la compagnie d'assurance concernée peut être astreinte à verser une compensation. Les entreprises d'assurance vie ont été invitées à provisionner la charge correspondante. Le coût global de cette charge a été estimé à 4 milliards de livres, dont une partie devrait être supportée par les conseillers financiers indépendants. La principale raison de la dégradation de la situation du candidat à une prestation de retraite est l'importance des frais fixes d'acquisition et de gestion, et les plus atteints sont les petits salariés.
- Certaines caisses de retraite professionnelles ont accepté de reprendre leurs salariés repentis.
- Le système de commissionnement qui rémunère seulement les contrats souscrits est contradictoire avec l'obligation du meilleur conseil imposée au conseiller-vendeur. Il semble souhaitable de dissocier la rémunération de la seule opération de vente. Une campagne de presse invite aujourd'hui le candidat à une retraite individuelle à solliciter l'avis d'un conseiller financier indépendant du producteur et de toute compagnie d'assurance.

Cela dit, la vérité en ce domaine reste relative sachant que les performances des plans de retraite d'entreprises varient considérablement d'un fonds à un autre et que la rentabilité des produits des sociétés d'assurance est très inégale. Les comparaisons effectuées par les journalistes du *Money Management* affichent des différences sensibles dans les coûts de gestion d'une part, dans le rendement des actifs d'autre part.

L'expérience acquise a conduit le SIB à publier des standards applicables aux futures sorties du *SERPS* ou d'un *OPS*.

En France, les tenants du statu quo ont cherché à exploiter les malheurs de quelques infirmières ayant succombé au charme d'un vendeur persuasif, pour condamner toute initiative visant à une privatisation partielle des retraites. Quant aux fonds de pension à la française, ils reviennent périodiquement au premier plan de l'actualité, mais leur cadre juridique et fiscal, social et commercial, technique et financier, n'est pas encore définitivement arrêté.

Les réglementations prudentielles

a) Les promoteurs du marché unique européen de l'assurance, sur une base libérale et dans un environnement autorisant une concurrence loyale, espèrent que l'ouverture des frontières entraînera le nivellement des *contraintes prudentielles sur les tarifs et les provisions techniques*, les sociétés des États, les plus stricts en normes de solvabilité ne pouvant plus supporter d'être pénalisées par des obligations qu'il leur faut répercuter sur leurs assurés.

Un exemple avant-coureur de cette évolution a été donné par la Grèce où le manque de dynamisme de l'assurance vie avant 1985 pouvait être imputé à un cadre réglementaire trop astreignant. L'entrée de la Grèce dans l'Union européenne et la transcription dans le droit national des premières directives communautaires ont éveillé les compétences locales et encouragé les assureurs étrangers à venir s'installer à Athènes.

Au Portugal, la privatisation en 1992 des plus grandes compagnies, nationalisées en 1974, a relancé un marché qui reste avec la Grèce le plus faible de l'Union européenne.

b) À côté des disparités dues à des écarts dans les règles prudentielles, d'autres différences affectent inégalement les marchés européens, des organismes exclus du périmètre légal de l'assurance sans être clairement intégrés au secteur social pouvant ici ou là fortement concurrencer les assureurs du secteur privé.

Les assureurs vie sont soit exclus du marché de la *retraite complémentaire* d'entreprise, soit concurrencés par des entités spécialisées, les fonds de pension. C'est ainsi qu'aux Pays-Bas, des fonds de pension spécifiques couvrent selon la technique de capitalisation les fonctionnaires et les principaux secteurs de l'industrie. Les fonds de pension jouent également un rôle important en Espagne et au Portugal.

En *Grande-Bretagne*, indépendamment du mouvement initié par les pouvoirs publics du collectif vers l'individuel, les fonds de retraite mis en place par les entreprises, basés sur la capitalisation de versements volontaires, restent très puissants avec des actifs représentatifs de provisions techniques dépassant 1 000 milliards de livres. On distingue :

- les fonds de pension attachés à une entreprise (British Airways, British Gas, poste, chemin de fer...) ;
- les fonds gérés par des organismes spécialisés, auxquels des entreprises confient tout ou partie de leurs caisses de retraite. Ces gestionnaires spécialisés sont souvent liés à de grands cabinets de courtage (Mercury, Schroden...) ;
- les fonds gérés par des entreprises d'assurance vie.

En *Écosse,* les fonds de retraite gérés par les institutions locales sont de l'ordre de 120 milliards de livres, dont 80 environ confiés à six entreprises d'assurance sur la vie (Standard Life : 34, Scottish windows : 21, etc.).

En *Allemagne*, la retraite sociale de base représente en moyenne de 40 à 45 % du dernier salaire brut. Il s'y ajoute éventuellement une retraite d'entreprise de l'ordre de 10 %, le salarié pouvant en outre souscrire un contrat individuel. L'employeur allemand n'est pas obligé d'offrir à ses salariés une retraite complémentaire. Les plans de retraite d'entreprise peuvent être financés de plusieurs manières :

- par la constitution, en franchise d'impôt, de *réserves au bilan* (cette solution recouvre 60 % des cas) : ces réserves, réassurées ou non, sont garanties obligatoirement contre l'insolvabilité de l'entreprise par une mutuelle spécialisée, la Pensionssicherungsverein ou PSVaG.
- à travers des *fonds de pension (Pensionskasse)* spécialisés (20 % de l'ensemble). Le fonds de pension est une entité légale, à statut de mutuelle, contrôlée comme une société d'assurance et fonctionnant suivant la technique de capitalisation. Plus de 150 *Pensionskasse* sont agréées en RFA, presque toutes créées par de grandes entreprises ou des organisations professionnelles.
- par le biais de *caisses de secours interentreprises* (Unterstützungskasse), 10 % de l'ensemble.

Ces organismes juridiquement autonomes, gérés par les entreprises adhérentes, permettent de transférer hors de l'entreprise le risque représenté par l'engagement de prévoyance. L'Unterstützungskasse n'est tenue de couvrir ce risque qu'à hauteur de ses moyens financiers, ceux-ci étant cantonnés par entreprise adhérente. En cas de défaillance de la caisse, la jurisprudence a reconnu le droit pour l'employé de se retourner contre son employeur pour obtenir la prestation initialement fixée. Il en résulte que l'entreprise doit souscrire une assurance insolvabilité auprès de PSVaG, comme dans le cas des réserves au bilan.

Cette solution présente des avantages : elle permet d'éviter la taxe sur les salaires et l'inscription au bilan d'engagements sociaux tout en autorisant la remise à la disposition de l'entreprise, sous la forme de prêts aux taux du marché, des fonds livrés par elle à la caisse ; elle permet aussi des économies de gestion en regroupant des entreprises au sein d'une même institution sans qu'elles soient tenues solidairement à l'exécution de leurs obligations.

– via des contrats d'assurances (10 %) : c'est la solution retenue par les PME.

La part des assureurs privés est donc modeste dans les régimes de retraite d'entreprise. Toutefois, ils interviennent assez couramment en tant que réassureurs.

Une évolution dans le paysage des retraites allemandes est aujourd'hui perceptible. La Deutsche Bank a créé, au sein de son groupe, un fonds de pension externe à la banque et lui a transféré 500 millions prélevés sur les 3,6 milliards de DM de provisions pour retraites figurant à son bilan. Cette initiative obéit peut-être à des préoccupations fiscales mais elle est surtout motivée par l'ambition de nourrir plus copieusement un marché des actions assez démuni si l'on considère l'insuffisance généralisée des fonds propres des entreprises allemandes et notamment des PME. La Deutsche Bank espère en outre inciter l'État allemand à favoriser le développement de produits de retraite par capitalisation à contributions définies, lesquelles viendraient compléter les pensions d'État par répartition et les retraites d'entreprise par capitalisation à prestations définies.

c) Tous les États s'accordent (en dehors des exceptions susmentionnées) pour à la fois restreindre le champ des entreprises d'assurance à des opérations d'assurance ou assimilées et limiter la pratique de l'assurance à des organismes agréés.

Le principe est clair, son application est pourtant malaisée dans un certain nombre de cas limites :

- Un exemple typique est celui de l'*universal life* qui combine une temporaire décès à un dépôt épargne. L'assuré effectue des versements dans un compte sur lequel sont prélevés les frais généraux de l'assureur et la prime temporaire décès. Le dépôt reçoit mensuellement des intérêts. L'assuré peut à tout moment retirer des fonds de ce compte et modifier le capital décès.

En cas de décès, la prestation servie comprend le capital décès et le montant atteint par le compte d'épargne ; en cas de survie au terme du contrat, l'assuré récupère le dépôt ; le contrat s'éteint aussi lorsque la somme déposée ne suffit plus à couvrir la prime décès et les frais de l'assureur.

Une variante de l'universal life est la *variable life* dans laquelle les dépôts sont placés en valeurs mobilières, au choix de l'assuré qui supporte dès lors le risque financier.

L'*universal life* est commercialisée par des assureurs néerlandais. Ailleurs, les autorités de contrôle s'interrogent sur la nature du contrat. Les Allemands l'acceptent en tant qu'opération d'assurance lorsque l'élément épargne n'est pas prédominant. Portugais et Français souhaitent un rendement minimal garanti. Belges et Danois posent une double condition, à savoir que le contrat *universal life* doit comporter un risque et présenter des propriétés le distinguant d'un simple dépôt bancaire. Britanniques et Irlandais se contenteraient d'un élément risque réduit. Le marché unique de l'assurance ne suppose heureusement pas que les Européens aient préalablement accordé leurs violons sur ce sujet.

– Dans un tout autre ordre d'idées, que faut-il penser d'un contrat de rente souscrit par des personnes âgées auprès d'un établissement thermal en vue d'obtenir une prestation représentée par un séjour annuel dans l'établissement ou une rente indexée couvrant le coût d'une cure ?

Beaucoup d'États estiment qu'il s'agit d'une opération d'assurance, donc interdite aux établissements thérapeutiques, que les prestations soient en espèces ou en nature. En revanche, Hollandais et Allemands distinguent deux cas : lorsque la prestation consiste en une rente, c'est de l'assurance ; si la prestation est en nature, ce n'en est pas, et l'achat d'un séjour dans une maison de cure n'est donc pas une opération d'assurance.

– Le juge hollandais a autorisé une association d'experts-comptables à couvrir elle-même directement ses 80 membres contre le risque décès, en argumentant que, pour un aussi petit groupe, aucun agrément n'était nécessaire.

La plupart des autres États membres de l'Union européenne rejettent une telle dispense. D'aucuns ajoutent que techniquement un petit portefeuille est ingérable de façon autonome.

Au Royaume-Uni, dans le même esprit, syndicats et organisations patronales peuvent, sans agrément, offrir à leurs membres des contrats d'assurance, de portée limitée, offrant des prestations de prévoyance ou des indemnités en cas de grève.

Les particularités de certains marchés locaux

Enfin, certains marchés présentent des *particularités* de nature à expliquer leur retard ou leur avance par rapport à la moyenne.

Ainsi, en *France* les opérations d'assurance vie sont pratiquées non seulement par des entreprises, sociétés anonymes ou mutuelles, régies par le Code des assurances mais aussi par des institutions de prévoyance à gestion paritaire employeurs-employés et par des mutuelles obéissant à une réglementation spécifique. Tous ces organismes sont soumis aux dispositions des troisièmes directives *(cf. infra)*.

Le *Luxembourg* est l'un des trois centres administratifs de l'Europe ; c'est aussi devenu une grande place financière grâce à ses options fiscales. 8 000 holdings y ont leur siège, ainsi que 900 fonds de placement. La législation de 1984 s'est efforcée de promouvoir la réassurance, avec notamment des dispositions attractives pour les sociétés captives [1]. Cette animation favorise l'éclosion d'un marché financier fort où l'assurance vie a naturellement sa place. L'UAP a ainsi participé à la constitution de Paneurolife, avec l'aide de Sun Life, de la Royale Belge et d'une banque locale. Le Gan, aidé par l'Allemand Gerling et l'Italien SAI, a de son côté créé Luxlife, dont la présentation souligne le cadre fiscal accueillant du Luxembourg pour l'assuré non résident. Mais ces sociétés visent principalement les marchés belge et allemand.

---

1. De 152 en 1991, dont 40 filiales d'entreprises françaises, 53 du Bénélux, 40 des pays scandinaves..., le nombre des captives installées au Luxembourg est passé à 170 en 1994, attirées par la possibilité de provisionner en franchise d'impôt jusqu'à vingt années de primes. Environ 80 captives ont été recensées en Irlande, chiffre modeste comparé aux Bermudes (1 200), aux Iles Caïman (350), à Guernesey (250) ou encore à l'État américain du Vermont (240).

L'assurance contribue fortement au développement économique d'un pays comme l'*Irlande*, où, contrairement à ce qui se pratique en Grande-Bretagne, une même société ne peut être simultanément agréée pour la vie et le non-vie. Le nombre des intervenants augmente rapidement avec le concours des banquiers et de certains assureurs étrangers (les Allemands de Volksfürsorge et de HDI, Hapflichtverband der Deutschen Industrie, par exemple).

Placée au cœur des institutions communautaires, la *Belgique* est caractérisée par une forte pénétration étrangère, européenne et américaine. Mais les normes de solvabilité édictées par les directives de 1973 et de 1979 ont imposé des restructurations : des fusions et des liquidations ont ramené le nombre des sociétés, toutes branches confondues, de 500 en 1975 à 275 en 1990. Les compagnies polyvalentes y sont nombreuses, et les Français, qui interdisent les multibranches sur leur sol, ont pourtant acquis plusieurs entités belges bénéficiant des deux catégories d'agréments. Les produits commercialisés présentent d'ailleurs un certain nombre de similitudes de part et d'autre du Quiévrain.

Aux *Pays-Bas*, l'industrie de l'assurance, très développée, joue un rôle essentiel dans l'économie nationale, l'épargne collectée auprès des assurés étant, comme en Allemagne, redistribuée massivement sous la forme de prêts. La gestion technique et financière est calquée sur le modèle britannique qui sera étudié plus loin [1], avec notamment la notion de fonds séparé des assurés vie et l'actualisation des engagements à un taux relié plutôt au rendement réel des actifs qu'au taux technique des contrats.

La bancassurance se développe tout particulièrement aux Pays-Bas.

Le *Danemark* a pris une certaine avance dans la réflexion des autorités de contrôle sur la surveillance des conglomérats financiers, en concentrant dans une même unité administrative la tutelle des banques et des compagnies d'assurance ; ainsi, la loi interdit les prêts et les participations internes à un groupe sans autorisation préalable de l'autorité de contrôle. Par ailleurs, *la société nationalisée*, Staatsanstalten, spécialisée dans la branche vie, a été privatisée en 1990 au profit du premier assureur local.

La presse a suffisamment parlé des difficultés des deux plus grands assureurs danois (Baltica et Hafnia) pour que ce sujet ne soit pas développé ici.

L'*Italie* et l'*Espagne* sont encore des marchés sous-développés au regard des standards de l'Europe du Nord. Les assureurs italiens, dopés par la perspective du grand marché, ont conclu de nombreux accords de partenariat avec des étrangers, principalement allemands et suisses. En Espagne, le chiffre d'affaires de l'assurance vie a suivi des mouvements erratiques, + 70 % en 1988, - 48 % en 1989, - 2 % en 1990, + 33 % en 1991, + 13 % en 1992. Ces à-coups sont dus à des variations dans la fiscalité applicable aux instruments financiers : des fonds menacés par l'impôt ont été convertis en polices à prime unique garantissant l'anonymat. Mais le fisc s'est mis à réclamer le nom des assurés, ce qui a déplacé l'épargne des contrats à primes uniques vers des contrats retraite. En effet, ceux-ci bénéficient désormais d'avantages fiscaux. La nouvelle législation en la matière a d'ailleurs suscité la création de nouvelles compagnies.

En *Grèce*, l'assurance était jusqu'à ces dernières années dominée par quelques grands groupes contrôlés par l'État, peu dynamiques. Le marché a pris un retard

---

1. *Voir page 458 et s.*

considérable qu'il s'efforce de rattraper aujourd'hui. L'objectif est de réduire l'influence de l'État et de revitaliser l'industrie locale par l'introduction de produits nouveaux et rentables, ce qui est difficile dans un milieu fortement inflationniste. Aussi l'assurance peut-elle être en Grèce librement souscrite en monnaie étrangère, les engagements correspondants devant être couverts par des actifs libellés dans la même monnaie.

Le *Portugal* a rejoint l'Union européenne le 1er janvier 1986, ouvrant ses portes aux grands Européens de l'assurance.

La révolution de 1974 avait nationalisé plus des deux tiers du secteur de l'assurance, épargnant seulement succursales étrangères et sociétés à capitaux étrangers significatifs. La libéralisation a suscité de nouvelles créations de sociétés, générant de nouveaux produits, y compris en assurance vie, laquelle ne représente encore que 34,5 % des primes totales, malgré une croissance nette d'inflation de 48 % sur la période 1991-1994. Le niveau d'assurance vie par habitant et rapporté au PIB reste le plus bas de l'Union européenne avec celui de la Grèce.

Comme l'explique un courtier lusitanien, « nous sommes différents. Nous avons toujours été au bord de l'Europe et nous ressentons beaucoup de choses différemment. Nous avons toujours été un pays pauvre, et il n'est guère aisé d'engager des dépenses pour des choses qui, pendant des décennies, n'ont pas paru indispensable ».

Le mouvement de privatisation des grandes entreprises d'assurance portugaises est achevé : Império, Mundial Confiança, Tranquilidade et Bonança ont quitté le secteur public.

En *Autriche*, les deux principaux assureurs vie (16,5 % du marché) sont filiales de deux des plus grands groupes européens, Generali et Allianz.

L'activité des entreprises d'assurance vie est double en *Finlande*, incluant d'une part l'assurance vie proprement dite (3 milliards de marks finlandais), d'autre part les retraites légales (19 milliards).

L'assurance vie *suédoise* est répartie entre des contrats individuels (60 %), des retraites collectives (30 %) et d'autres assurances de groupe. Les contrats indexés ont été introduits sur le marché suédois en 1991, ils sont apparemment appréciés par les épargnants (8 % des primes de 1993).

Conclusion

Les chiffres d'affaires donnent un classement qui n'est qu'un reflet d'une réalité complexe. En fait, le poids respectif des différents marchés de l'Union européenne tient à un certain nombre de facteurs externes et internes. Ainsi :

1. Les assurances collectives représentent 63 % des primes en France, 40 % en Suède, mais seulement 18 % au Royaume-Uni, 14 % en Italie, 6 % en Allemagne.
2. Les bons de capitalisation sont interdits aux assureurs allemands, ils entrent pour 7 % dans l'activité des assureurs français.
3. Les compagnies anglaises vendent plus ou moins de contrats individuels à capital variable d'une année sur l'autre, 71 % des primes uniques en 1994, après 38 % en 1992. Les Allemands commercialisent très peu de polices liées à des fonds d'investissement (2,4 % des affaires nouvelles de 1994).
4. La durée moyenne des contrats est supérieure à 25 ans au Royaume-Uni et en Allemagne. En France, une fraction de plus en plus grande des contrats est conclue

pour moins de dix ans. Le résultat est que les placements des sociétés d'assurance vie représentent plus de dix années de primes au Royaume-Uni, près de huit années en Allemagne, moins de cinq années en France. La moyenne européenne est de 7,6.

Ces remarques globales conduisent à l'étude des produits.

2

De quelques produits vendus en Europe

L'assurance vie remplit deux fonctions principales : elle protège contre des risques tels que le décès prématuré ou l'incapacité de travail ; elle permet de constituer une épargne, notamment en prévision de la retraite et plus généralement en concurrence avec d'autres institutions financières.

Pour répondre à ces objectifs, les assureurs européens vendent partout des temporaires décès et des vie entière, des capitaux différés et des mixtes, des rentes immédiates ou différées. En revanche, d'autres produits sont plus ou moins répandus : les contrats à capital variable n'existent pas (encore) en Grèce et au Portugal ; leur diffusion est confidentielle en Allemagne. Les bons de capitalisation sont, on l'a vu, réservés aux banquiers dans un certain nombre d'États de l'Union européenne. Les assurances collectives sont beaucoup plus développées en France qu'ailleurs.

Finalement la liste est très longue des produits diffusés sur quinze marchés très différents par leurs traditions, le niveau des assurances sociales, le taux d'inflation, la fiscalité, etc. Aussi, il a paru préférable de se concentrer sur les deux principaux concurrents de la France, la RFA et le Royaume-Uni, sans négliger pour autant de mentionner les situations observées ailleurs quand elles présentent quelques originalités.

Quelques contrats caractéristiques seront décrits selon la classification suivante :

1. contrats sans participation aux bénéfices ;
2. contrats avec participation aux bénéfices ;
3. contrats indexés ou en unités de compte ;
4. contrats retraites individuelles ;
5. contrats collectifs ;
6. contrats particuliers proposés par les assureurs vie.

SECTION I

CONTRATS SANS PARTICIPATION AUX BÉNÉFICES

Quantitativement, les contrats sans participation aux bénéfices sont limités par la concurrence (Pays-Bas) ou la législation locale (France, Allemagne).

En France, l'article L. 331-3 du Code des assurances [1] oblige les entreprises d'assurance à faire participer leurs assurés à leurs bénéfices financiers et techniques. Une enveloppe globale est définie chaque année à partir d'un montant minimal et sa répartition entre les différentes générations et catégories d'assurés est décidée par le conseil d'administration qui doit respecter en priorité les clauses contractuelles de participations. Une règle semblable est édictée en RFA. Rien de tel en revanche au Royaume-Uni, où les entreprises vendent des bons d'épargne, des mixtes, des temporaire décès ou des vie entière sans PB, ces produits représentant, suivant les années, de 25 à 30 % des affaires nouvelles sur contrats à capitaux fixes.

Les bons d'épargne

Les *bons d'épargne* vendus au Royaume-Uni sont émis pour *un* an au moins et *cinq* ans au plus. Ils garantissent conjointement (car l'un conduit à l'autre) un capital déterminé au terme et un taux d'intérêt technique annuel. C'est en fait l'équivalent d'un produit bancaire, assimilable souvent à des obligations au taux 0 et concurrent des bons proposés par les *building societies* et d'autres institutions financières. La guerre des taux entre collecteurs d'épargne d'origines différentes est particulièrement rude en Grande-Bretagne ; son âpreté explique en partie les difficultés rencontrées ces dernières années par les grands banquiers de la City.

Les assureurs britanniques sont en mesure, grâce à la fiscalité, de garantir sur ces bons des taux de rendement élevés, parfois supérieurs en apparence à leurs moyens financiers et notamment au rendement de leurs placements. En effet, la rémunération qu'ils servent aux souscripteurs contribue à diminuer l'assiette de leur impôt, laquelle repose non pas sur les bénéfices de l'entreprise mais sur ses produits financiers nets de frais de gestion et d'intérêts débiteurs.

Le bon d'épargne sert donc un revenu fixe à partir des produits des placements détenus par l'assureur, qui ne peut promettre des taux élevés que sur une courte période en raison de la très grande variabilité du rendement de ses actifs.

---

1. Anciennement article L. 132-9.

Les contrats de rente à prime unique

Les *contrats de rente à prime unique* garantissent aux preneurs d'assurance un revenu futur périodique d'un montant connu en contrepartie d'un seul versement à l'origine.

Cette formule est couramment utilisée au Royaume-Uni pour le service d'une retraite complémentaire. Les fonds épargnés individuellement par un particulier, ou obtenus en mesurant ses droits acquis vis-à-vis d'un fonds de pension professionnel au moment de son départ en retraite, sont convertis en prime unique d'une rente immédiate.

Les Britanniques utilisent cet instrument dans le cadre des deuxième et troisième piliers de la retraite, et, compte tenu de son intérêt social, préfèrent la garantie d'un taux *fixe* alloué par un contrat sans PB aux aléas des distributions de bénéfices liées aux résultats futurs de l'entreprise. La concurrence des plans individuels de retraite explique une désaffection relative du public pour ce produit : 650 millions de livres de primes en 1994 après 1 200 millions de livres en 1991.

Pour tenir les rendements élevés qu'elles proposent, les compagnies britanniques placent les primes reçues dans des valeurs à revenu fixe dont la durée est, dans la mesure du possible, choisie en concordance avec la probabilité de survie des rentiers. Le risque financier de l'assureur est donc limité. Par ailleurs, les frais de gestion, et donc les chargements sont peu élevés.

Les provisions techniques correspondantes, ainsi représentées par des valeurs à revenus fixes, sont actualisées au Royaume-Uni à un taux proche de celui mesurant le rendement des actifs de couverture. Une telle pratique n'est pas autorisée dans la plupart des autres États de l'Union européenne, qui plafonnent le taux d'actualisation des provisions mathématiques à un montant indépendant du rendement des actifs. L'application des principes continentaux au Royaume-Uni, par exemple dans le cadre d'une harmonisation des règles prudentielles, aurait donc obligé les entreprises locales à financer un provisionnement supplémentaire qui aurait alourdi les coûts et amoindri le rendement du produit sans que les assurés puissent à terme récupérer à travers des PB le bénéfice dégagé sur la liquidation des provisions. La troisième directive cadre de 1992 n'a pas imposé le principe prudentiel selon lequel le taux d'intérêt technique employé pour le calcul des provisions doit être au plus égal au taux d'intérêt du tarif. Les Britanniques pourront continuer à utiliser leurs méthodes, de même que les entreprises des autres États membres lorsqu'elles sont autorisées à évaluer leurs actifs en valeur de marché.

La temporaire décès

La *temporaire décès* n'est pas vendue isolément dans tous les pays de l'Union européenne. En général (mais pas toujours), c'est un produit sans PB, c'est-à-dire à capital garanti livré au décès sans bonus. En Allemagne, cependant, le bénéfice de mortalité réalisé par l'entreprise est répercuté sur les capitaux décès : actuellement les compagnies allouent un bonus de l'ordre de 50 % de la somme assurée.

En temporaire décès, l'élément clé du tarif est la table de mortalité, celle-ci pouvant être :

- imposée par les pouvoirs publics, comme en Allemagne, en France, en Italie ou en Grèce ;
- librement choisie par l'entreprise, comme au Royaume-Uni.

La table retenue pour l'établissement d'un tarif peut soit être basée sur des statistiques portant sur l'ensemble de la population d'un État, soit reposer sur les résultats passés d'une ou plusieurs entreprises. Ce deuxième type de table, dit table d'expérience, donne des taux de mortalité plus faibles, car les assureurs éliminent à la souscription malades et moribonds.

Au Royaume-Uni, les entreprises d'assurance utilisent des tables d'expérience qui varient d'une compagnie à l'autre ; ailleurs les tables obligatoires résultent de travaux statistiques, nationaux ou même étrangers : table ST 1986 en RFA, TD 88/90 en France, SIM 1981 en Italie, PM 60/64 en Grèce. Les Grecs emploient une vieille table française. Les chiffres indiquent tantôt l'année de publication de la table, tantôt l'année de la collecte des statistiques sur lesquelles elle s'appuie.

En prime pure, les tarifs sont différents d'un pays à l'autre. Ainsi un homme souscrivant à l'âge de 35 ans une temporaire décès de durée 25 ans paiera, pour un capital garanti de 1 000 écus, une prime pure annuelle égale à :

- 6,60 écus en Grèce,
- 6,19 écus en France (table TD 73/77),
- 5,67 écus en Allemagne,
- 5,12 écus au Danemark,
- 4,98 écus en France (table TD 88/90),
- 4,62 écus en Italie,
- 4,16 écus aux Pays-Bas,
- 2,13 écus au Royaume-Uni.

Au Royaume-Uni, le non-fumeur est rajeuni de 3 ans, la femme de 5 ans, la femme non fumeur de 8 ans. Un fumeur français de 30 ans souscrivant auprès de Prudential à Londres un contrat temporaire décès de 15 ans paiera, chargements compris, 215 F par an pour un capital garanti sans PB de 100 000 F. En France, la prime correspondante est de 390 F, du moins au titre d'un contrat individuel. L'écart est de 80 % ! D'aucuns objecteront que, chez nous, la temporaire décès ne se vend plus isolée, si ce n'est dans le cadre d'assurances collectives ouvertes, où la mortalité n'est pas facturée en fonction de la table TD 88/90 : la prime demandée se situe alors entre 260 et 290 F, soit encore un écart de 30 % par rapport à Prudential.

La réforme de 1993 a introduit en France une procédure permettant aux entreprises d'utiliser des tables d'expérience, à condition qu'elles soient certifiées par des actuaires habilités.

Contrairement à leurs homologues français, les distributeurs britanniques ne répugnent pas à vendre des contrats temporaires décès, estimant que le client doit être servi même s'il ne souhaite qu'une forme simple de garantie. Les Allemands ont un point de vue semblable : en particulier, la temporaire décès convertible ultérieurement en mixte leur permet d'acclimater les jeunes à l'assurance.

Le fait que leurs tarifs soient plus faibles explique que les compagnies britanniques soient plus particulièrement attentives au développement du Sida, qui a affecté principalement les résultats de la temporaire décès.

L'Association nationale des actuaires anglais a donc étudié les conséquencese du Sida, à partir de différentes hypothèses projetées jusqu'en 2012. Leurs travaux ont mis en évidence un accroissement de la mortalité générale de 1,5 à 2 %, avec un alourdissement beaucoup plus significatif pour les populations assurées et notamment pour les 30-50 ans, clients naguère les plus recherchés par les producteurs.

Les assureurs britanniques ont en conséquence pris un certain nombre de dispositions inspirées par les conclusions des actuaires et recommandées par les réassureurs, ainsi que par l'ABI *(Association of British Insurers)* :

1. Test sanguin obligatoire dès que la somme assurée dépasse 150 000 £ ; questionnaire détaillé sur le mode de vie à partir de 10 000 £ pour les célibataires, de 75 000 £ pour les hommes mariés.

2. Suppression des renouvellements automatiques sans examen médical. Auparavant, un assuré pouvait acheter une temporaire décès de 5 ans et la renouveler à chaque échéance sans formalité jusqu'à 75 ans.

3. Mise en place par quelques assureurs d'un double tarif, incluant ou non le SIDA parmi les causes admises de décès.

4. Relèvement des taux de primes, parfois doublés pour certains âges et certaines durées de garanties.

Mais ces propositions ont été inégalement suivies par le marché de Londres. Certaines compagnies n'ont procédé à aucun relèvement des primes ; beaucoup n'ont pas dédoublé leur tarif.

Toutes catégories de contrats confondues, les prestations servies en cas de décès sont passées de 1 113 M £ en 1986 à 2 590 M £ en 1994 (+ 133 %) progressant un peu plus que les capitaux assurés (+ 107 %). Le Sida n'a pas révolutionné l'assurance britannique.

SECTION II

CONTRATS AVEC PARTICIPATION AUX BÉNÉFICES (PB)

Les contrats avec participation aux bénéfices (PB) constituent un juste milieu entre les contrats sans PB et les contrats à capital variable.

En effet, les contrats sans PB sont techniquement condamnés à naviguer entre deux écueils :

- si le rendement garanti est faible, l'épargne de l'assuré est mal protégée contre l'inflation, dès lors que celle-ci dépasse le taux d'intérêt technique ;
- si ce taux est élevé, l'équilibre financier de l'entreprise peut être mis en danger lorsque les contrats sont souscrits pour une longue durée. Le taux de rendement des placements constitués avec l'épargne des assurés, et notamment les intérêts servis aux obligations et aux prêts, pourraient diminuer et devenir inférieurs au taux contractuel promis par l'assureur. L'assureur devrait alors disposer, pour tenir ses engagements, d'un surcroît de placements, acquis par exemple avec ses fonds propres.

Les contrats avec PB permettent de résoudre dans une large mesure cette contradiction avec :

- un capital garanti correspondant à un intérêt technique modéré ;
- des participations aux bénéfices, empruntées principalement aux excédents résultant de la différence entre le rendement réel des placements de l'entreprise et l'intérêt technique promis à l'assuré.

Ces PB peuvent être modulées en fonction de l'évolution des revenus des actifs.

En fait, le rendement finalement servi à l'assuré (intérêt technique majoré des PB) dépend, d'une part de paramètres d'environnement (taux financiers), d'autre part de contraintes réglementaires ou concurrentielles (bases techniques des tarifs, PB minimales obligatoires, alimentation de la marge de solvabilité).

Les contrats avec PB recouvrent :

- des formules traditionnelles telles que la mixte ;
- des formules modernes comme des capitaux différés à prime unique avec contre-assurance de durée maximale dix ans.

Les produits modernes se sont surtout développés en France où les assureurs ont cherché à pallier l'échec de la mixte face à l'inflation. Dans leur recherche, les créateurs français ont été :

- appuyés par des lois fiscales (déductibilité des primes et des intérêts) ;
- encouragés par des ouvertures réglementaires (contrats à taux majoré) ;
- aiguillonnés par l'arrivée sur le marché de nouveaux intervenants, les banquiers, vendeurs de produits simples à chargements réduits.

La meilleure réussite en ce domaine est sans doute le capital différé à prime unique et taux majoré de six, huit ou dix ans.

Mais la multiplication des ventes de tels produits a eu pour effet de réduire sensiblement la durée moyenne des contrats en stock dans une société française, moyenne devenue très inférieure à celle constatée tant en Allemagne qu'au Royaume-Uni.

Le phénomène français de « modernisation » ne se retrouve pas à l'étranger où la mixte a continué à fonctionner de façon satisfaisante pour les assurés, pour des raisons qui doivent être recherchées en Allemagne, en Grande-Bretagne et même ailleurs.

En France même, la réforme technique de 1993, conjuguée à la baisse générale du loyer de l'argent, condamne aujourd'hui les contrats à prime unique et à taux majoré de durée maximale huit ans, puisque le taux d'intérêt garanti est désormais plafonné à 75 pour 100 du taux moyen des emprunts d'État (TME).

En Allemagne, la mixte *« über alles »*

Le contrat le plus vendu en Allemagne (71 % du stock au 31 décembre 1994) est une mixte avec participation aux bénéfices, de durée moyenne proche de trente ans. Son objet est multiple : retraites, prêts immobiliers, défiscalisation d'une épargne tout simplement. Une formule « dynamique » de la mixte, avec revalorisations automatiques, attire de plus en plus une clientèle de tous âges, comprenant une proportion croissante de jeunes.

En Allemagne, l'assurance est longtemps restée enfermée dans un cadre législatif rigide, dont l'application était surveillée de près par l'Office fédéral de contrôle (*Bundesaufsichtsamt für das Versicherungswesen* ou BAV), dont les pouvoirs sont très étendus.

Les tarifs constituaient un élément du programme d'activité *(Geschäftsplan)* remis avec la demande d'agrément déposée par l'entreprise. Chaque modification ultérieure du tarif devait recevoir une approbation préalable. Mais cette communication systématique des tarifs avant leur mise en service est interdite depuis le 1er juillet 1994 par la troisième directive sur l'assurance vie, ce qui a obligé le BAV à substituer au contrôle *a priori* de nouvelles méthodes d'investigation.

Dans le régime actuel, le programme d'activité d'une entreprise d'assurance sur la vie doit toujours indiquer les bases de calcul des primes et des provisions mathématiques, et notamment le taux d'intérêt, les tables de probabilité (mortalité, invalidité, morbidité), les chargements.

Mais les degrés de liberté sont nombreux, tandis que sous le régime antérieur au 1er juillet 1994, les éléments du calcul des primes ne pouvaient s'écarter que sur des points mineurs d'un plan type défini par le BAV, d'où des tarifs à peu près identiques dans toutes les entreprises. Le plan type était publié dans un document officiel *(Veröffentlichungen des BAV)* comportent des orientations précises, notamment sur :

– les bases techniques du calcul des primes ;
– les modalités de calcul des provisions techniques ;
– les valeurs de rachat ;
– les participations aux bénéfices ;
– l'information des assurés.

■ Les bases techniques des tarifs

Avant 1994, tables de mortalité, taux d'intérêt, chargements d'acquisition et de gestion étaient définis strictement, les bases ci-après valant non seulement pour les mixtes mais aussi pour tous les autres contrats, assurances collectives et rentes comprises.

Tables de mortalité

Des tables « 1986 », déduites des tables établies par l'Office fédéral pour l'économie et les statistiques sur la période 1981-1983, ont été substituées à la table 1967. La statistique de base a subi divers ajustements, incluant notamment des coefficients de sécurité, vieillissant les hommes d'un an pour la garantie décès et prenant en compte l'éventualité d'écarts entre la mortalité des assurés et celle de l'ensemble de la population.

Ces tables sont restées en vigueur après le 1er juillet 1994. En particulier, les entreprises d'assurance doivent utiliser des tables différentes pour les hommes et les femmes. En moyenne, la mortalité féminine représente les deux tiers de la mortalité masculine.

La marge bénéficiaire offerte par les tables 1986 est de l'ordre de 50 % des primes décès.

Taux d'intérêt

Avant la mise en place du marché unique, le taux garanti était de 3,5 %, imposé à toutes les formules de contrats sans dérogation possible, les taux majorés étant proscrits en RFA.

Le taux unique avait été porté de 3 à 3,5 % en 1987, et cette majoration avait entraîné une diminution des primes sur contrats mixtes plus sensible que celle imputable au changement de table de mortalité.

Dans le cadre du marché unique européen qui impose de nouvelles conditions de concurrence et interdit le contrôle *a priori* des produits, les entreprises germaniques ont été autorisées à garantir un rendement de 4 %. Parallèlement, la France a baissé son taux plafond de 4,5 à 3,5 % !

Chargement d'acquisition

Le chargement d'acquisition reste traditionnellement fixé par rapport aux valeurs assurées, la référence étant 3,5 % du capital assuré (montant retenu pour la zillmérisation de la provision mathématique), plus 0,1 % par année de paiement des primes.

Avant 1994, quelques libertés avaient été laissées aux entreprises utilisant des circuits de ventes particuliers (banques, mailings) ou commercialisant essentiellement des produits spécifiques (assurance de groupe). Les chargements d'acquisition sont ainsi de l'ordre de 5 pour 1 000 pour Cosmos et Hannoversche : la première société est, au sein du groupe AMB, spécialisée dans les ventes directes ; la seconde s'adresse essentiellement aux fonctionnaires.

Le BAV a aussi autorisé un chargement réduit jusqu'à 0,1 % du capital assuré par prime annuelle. Mais une telle dérogation était accordée à titre temporaire, l'entreprise bénéficiaire de la dérogation devant tous les trois ans en justifier le bien fondé.

Entre producteurs, la pression de la concurrence est telle que la plupart des grandes entreprises allemandes consomment des frais d'acquisition supérieurs au chargement autorisé. Le dépassement, très variable d'une société à l'autre, atteint parfois 60 %.

Chargement de gestion

Le chargement de gestion comprend habituellement plusieurs éléments, quatre combinaisons ayant été autorisées par le BAV pour les contrats à primes périodiques :

$$c = g + h + \text{(éventuellement) montant fixe.}$$

	1re option	2e option	3e option	4e option
g en % primes	3 %	6 %	3 %	6 %
h en % capitaux assurés et par année de paiement des primes	3,1 ‰ (1)	2 ‰ (2)	1 ‰	–
Montant fixe	–	–	24 DM	24 DM

(1) avec un rabais possible jusqu'à 2 ‰ au-delà d'un capital assuré de 80 000 DM.
(2) rabais possible dans les mêmes conditions qu'au (1).

En fait, ces différentes options conduisent à des montants de primes commerciales très voisines. Aucune combinaison n'est systématiquement la plus favorable pour l'assuré : cela dépend de l'âge d'entrée, de la durée du contrat, du montant du capital garanti.

■ Valeur de rachat et provision mathématique

Les provisions mathématiques sont calculées au bilan sur la base autorisée par le BAV dans le programme d'activité de l'entreprise. Cette base est en général celle du tarif, ce qui n'est pas contraire à la troisième directive eruropéenne 92/96 du 10 novembre 1992.

La provision mathématique afférente à un contrat doit toujours être au moins égale à sa valeur de rachat *(Rückkaufswert)*.

Les valeurs de rachat successives sont indiquées dans le contrat, qui précise obligatoirement qu'en cas d'interruption par son fait l'assuré ne peut prétendre au remboursement total de ses primes. En effet, les conditions générales indiquent de façon explicite que l'assureur a dû prélever une partie des primes pour couvrir ses frais et la garantie décès. L'assuré a seulement droit à la provision mathématique diminuée d'une pénalité dont les modalités de calcul figurent au programme d'activité.

La valeur de rachat est majorée des bonus acquis par l'assuré au moment de l'interruption du contrat.

En Allemagne, le contrat doit garantir obligatoirement une valeur de rachat (cette obligation n'existe pas, on le verra, au Royaume-Uni), mais celle-ci est faible dans les premières années du contrat, l'assuré récupérant après dix ans environ les trois quarts de sa mise (montant garanti) et 98 % y compris des PB extrapolées au taux actuel. Certaines simulations montrent que, grâce aux bonus, l'assuré peut espérer récupérer sa mise au bout d'une dizaine d'années.

La pénalité de rachat, beaucoup plus élevée qu'en France, a un effet dissuasif et cela explique la stabilité des portefeuilles : le taux de chute annuel des contrats est, dans la plupart des compagnies, inférieur à 3 %.

La pénalité de rachat est légalement nulle dans les cinq années précédant l'échéance du contrat ou lorsque toutes les primes ont été payées ou lorsque l'assuré a atteint l'âge de 60 ans.

■ Les participations des assurés aux bénéfices

En Allemagne, le classicisme des contrats et l'uniformité des primes limitent la compétition entre les entreprises, qui sont départagées par les PB qu'elles servent à leurs assurés. Chaque contrat ouvre un droit à participation bénéficiaire *(Überschussbeteiligung),* qui restitue en quelque sorte le trop payé par l'assuré pour acheter sa sécurité dans le cadre de règles prudentielles.

Les entreprises doivent faire approuver par le BAV un plan de répartition de leurs bénéfices, qui obéit à des données précises :

a) Le bénéfice de référence est quasiment celui du compte de profits et pertes, avant dotation aux réserves libres et impôt.

b) Les assurés doivent recevoir au moins 90 % de ce bénéfice. En pratique, le taux moyen de distribution est proche de 98 %.

c) Le bénéfice s'analyse comme suit (en pourcentage des primes) selon ses origines [1] :

– bénéfice de risques (mortalité, incapacité)	9	+ 30
– bénéfice financier	24	
– coût d'acquisition	-3	
– coût de gestion	3	
– réassurance – divers (chutes, etc.)	-3	

Cette décomposition permet le partage du bénéfice global d'une entreprise entre les différentes catégories de contrats (individuels et collectifs, rentes et capitaux, risques et épargne). Le bénéfice de mortalité est ainsi attribué en fonction des capitaux assurés en cas de décès, le bénéfice financier au prorata des provisions mathématiques, etc.

La valorisation latente des placements n'est pas prise en compte (c'est ce qui distingue, entre autres, les systèmes allemand et britannique). En revanche, les bénéfices réalisés par ventes d'actifs entrent dans le bénéfice financier. Mais ils sont peu importants en Allemagne où souvent les placements sujets à valorisation représentent moins du quart des investissements des entreprises d'assurance sur la vie, qui affectent à des prêts et à des obligations l'essentiel de l'épargne collectée auprès des assurés.

---

1. Source : rapport annuel du BAV pour 1994.

Cela n'empêche pas les entreprises allemandes de disposer, sans en faire état, d'un réservoir substantiel de plus-values latentes *(die stille Reserven)*, leur permettant éventuellement de lisser leurs résultats sur le long terme.

d) Les bénéfices sont en principe d'abord virés à une provision spéciale, la RfB *(Rückstellung für Beitragsrückerstattung)*, avant d'être attribués aux assurés.

Compte de transit, la RfB comprend trois parts :

– les sommes dont a été décidée l'affectation aux assurés au cours de l'année suivante ;
– l'évaluation actuarielle des « superbonus » finaux relatifs à tous les contrats en cours ;
– le solde, provisoirement libre, plafonné à 100 % de la dernière dotation, plus 50 % de la dotation reçue au titre du résultat de l'exercice précédent.

Depuis quelques années, une fraction des bénéfices est affectée directement *(Direktgutschriften)*:

– aux provisions mathématiques, sous la forme d'une majoration des intérêts techniques, portés actuellement de 3 % ou 3,5 % à 5 % par la quasi-totalité des sociétés opérant sur le marché allemand. Cela représente un rendement supplémentaire de 2 points pour les contrats émis avant 1987, de 1,5 point pour les polices plus récentes.
– et parfois à des dépôts individualisés au profit des assurés, dépôts que ceux-ci sont libres de gérer comme de simples comptes bancaires : en particulier, ils peuvent effectuer des retraits indépendamment de la maturation de leur contrat d'assurance. Ces comptes produisent intérêt au même taux que le taux technique. Ils ne sont pas comptabilisés avec les provisions techniques mais en dettes diverses envers les assurés. À l'Allianz Leben, ils s'élevaient à 5,6 milliards de DM fin 1990, soit 6,7 % des provisions techniques.

e) Qu'elles soient affectées directement ou qu'elles transitent par la RfB, les modalités de distribution des PB sont variées : paiement immédiat à l'assuré, diminution des primes à venir (c'est-à-dire réduction de la durée du contrat), augmentation progressive de la valeur assurée, superbonus en fin de contrat, compte spécial de dépôt, etc.

f) L'objectif de la législation, et le BAV y veille, est d'obtenir une répartition *équitable* des participations bénéficiaires entre toutes les catégories et générations d'assurés.

Bien que les comptes publiés soient assez discrets sur le montant réel des PB depuis la mise en application des *Direktgutschriften*, ce principe égalitaire apparaît dans l'ensemble bien respecté.

Les Allemands ne sont pas les seuls Européens à exiger une répartition équitable des participations bénéficiaires. Ainsi, il est d'intérêt général en Norvège que toute entreprise opérant sur le territoire de cet État, que ce soit par établissement ou en libre prestation de services, attribue à ses clients locaux une fraction de bénéfices corrélée à leur contribution au résultat global de l'entreprise.

■ Le résultat pour l'assuré

Rapporté aux primes commerciales, le taux d'intérêt technique procure un rendement réel d'à peine 2 %. Mais les PB améliorent très fortement la rémunération de l'assuré.

Grâce aux PB, l'assuré qui avait souscrit une mixte de durée 30 ans en 1960 a obtenu en 1990 un rendement de 6 à 7 % suivant les compagnies, soit nettement plus que l'érosion monétaire sur cette période (3,4 % en moyenne).

L'assuré a donc été bien protégé par la mixte, et les assureurs allemands n'ont pas senti, jusqu'à l'entrée en vigueur du marché unique, la nécessité de sortir de leurs tiroirs les produits plus sophistiqués qui y dorment.

Cette certitude sereine est l'aboutissement d'un ensemble de lois et de règlements bien rodés depuis le début du siècle, avec notamment un mécanisme de participations bénéficiaires corrigeant dans l'équité les effets d'une tarification prudente. À travers des placements rentables, l'assureur vie parvient à lisser les rendements sur le long terme et à protéger les assurés contre des à-coups conjoncturels dans les produits financiers.

De telles qualités, efficacité immédiate et rentabilité, équité et sécurité, expliquent pourquoi la mixte reste bien accueillie en Allemagne par tous les publics, des salariés aux TNS, des fonctionnaires aux OS.

La modestie apparente de leurs fonds propres (1 % des provisions techniques en moyenne), comparée à ceux de leurs concurrents français par exemple (6-7 %), montre bien *a contrario* que les assureurs vie allemands ont ces dernières années bien traité leurs clients.

Mais deux interrogations, ou même deux menaces, pèsent aujourd'hui sur la mixte d'outre-Rhin :

- le marché unique européen, offrant au consommateur une gamme de nouveaux produits ;
- l'inflation, réductrice des rendements réels.

Sur le premier point, l'épargnant allemand ne semble avoir encore acquis ni la maturité ni l'esprit aventureux nécessaires pour apprécier des produits d'assurance vie plus spéculatifs importés des îles britanniques ou des contrats de courte durée à la française. Une enquête du journal *Soll und Haben* (groupe Spiegel), réalisée en 1995, a révélé que 3 % seulement des Allemands avaient confiance dans les assureurs étrangers, 36 % se fiant aux assureurs nationaux et 51 % aux banques locales pour placer leur épargne. Quant au dérapage inflationniste imputable à la mise en valeur les territoires de l'ex-RDA, il n'a pas eu l'ampleur redoutée, heureusement pour les entreprises dont les engagements à long terme sont largement couverts par des placements non revalorisables tels que les prêts (66 % des placements des sociétés vie allemandes en moyenne). Mais la mixte n'est pas en tant que telle condamnée par l'inflation, ainsi que le prouvent les assureurs d'outre-Manche.

En outre, la mixte allemande peut être « dynamisée », c'est-à-dire que primes et capitaux assurés sont périodiquement revalorisés. La majoration de la prime peut être annuelle et forfaitaire (5 % par exemple) ou alignée sur l'évolution du salaire de l'assuré (ou de ses cotisations au titre de la retraite légale).

Enfin, les meilleurs produits français (contrats courts) ou britanniques (mixtes à prime unique) ne bénéficient d'aucun avantage fiscal en Allemagne.

Au Royaume-Uni

Au Royaume-Uni, plus de la moitié des affaires nouvelles à primes périodiques sont des mixtes avec participation aux bénéfices.

Les mixtes à primes périodiques peuvent être également souscrites sous la forme de contrats à capital variable.

Leur durée moyenne est supérieure à 25 ans.

■ La liberté des tarifs

Les *tarifs* sont entièrement *libres* : table de mortalité, intérêt technique, chargements sont fixés par l'assureur en fonction des hypothèses qu'il a lui-même définies. À la différence du système allemand, la concurrence entre entreprises britanniques joue déjà sur le niveau des primes.

En fait, les tarifs sont assez voisins les uns des autres, les assureurs étant, comme en Allemagne, départagés par la qualité de leurs résultats.

Dans une mixte avec PB, l'assureur promet à l'échéance non seulement un capital garanti mais également des bonus, lesquels seront d'autant plus importants que la gestion financière sera plus performante.

À garanties équivalentes, la prime est plus élevée dans un contrat avec PB que dans un contrat sans PB : l'assuré mise en quelque sorte une « surprime » dans l'espoir de « gagner » des bonus.

Les entreprises britanniques proposent ainsi à leurs assurés toute une gamme de tarifs, comportant des espérances de PB liées quantitativement au montant des suppléments de primes qu'ils choisissent de verser : un contrat à primes annuelles de durée de vingt ans peut, par exemple pour un capital garanti de 1 000 à l'échéance, être tarifé (hors risque décès et chargement) 50 (contrat avec PB et à taux garanti 0), 32 (contrat avec PB et à taux garanti de 4 %) ou même 20 (contrat sans PB et à taux garanti de 8 %). Le tarif « 50 » donne naturellement droit à davantage de PB que le tarif « 32 ».

■ Le mécanisme des PB

Le *mécanisme des PB* est la clé du fonctionnement de l'assurance vie en Grande-Bretagne :

a) Les lois n'imposent *aucun minimum* de PB ni globalement ni par contrat. Le preneur d'un contrat avec PB n'achète aucun droit quantifié à participation bénéficiaire.

b) En revanche, les bonus qui lui ont déjà été alloués à une date donnée lui sont *définitivement acquis*, notamment en cas de rachat anticipé du contrat.

c) Le *partage des bénéfices* entre les différentes générations et classes de contrats n'obéit à aucune règle fixée par avance comme en Allemagne : la liberté totale de l'entreprise en la matière est toutefois tempérée par le rôle du *broker*, le tout-puissant courtier, qui, tenu de conseiller au mieux son client, le détournera des compagnies ne respectant pas une certaine équité dans leur répartition de bénéfices.

d) Le responsable des PB, de leur niveau et de leur affectation, est l'actuaire désigné *(appointed actuary)*. Tantôt salarié de l'entreprise, tantôt consultant externe, l'actuaire détermine les provisions mathématiques (dont il certifie publiquement le montant), examine la situation financière globale de la société et vérifie que les taux de PB sont compatibles avec les moyens de l'assureur et les droits des assurés.

e) Les actifs constitués avec l'épargne des assurés sont *cantonnés*.

Depuis 1973, les sociétés britanniques doivent isoler et gérer séparément les actifs des assurés sur la vie (ou plus exactement des titulaires de contrats à long terme).

Les entreprises « composites » agréées à la fois pour l'assurance vie et l'assurance dommages, ce qui est possible en Grande-Bretagne, sont à l'origine de cette situation, car le législateur a voulu éviter que l'épargne à long terme des assurés soit utilisée pour payer des sinistres dommages. Dans une société composite, les actifs autres que ceux figurant dans le fonds des assurés à long terme couvrent à la fois les provisions techniques des contrats non vie et les fonds propres. Si la société est spécialisée dans l'assurance sur la vie, les actifs non compris dans le fonds des assurés représentent seulement les avoirs des factionnaires. Une mutuelle spécialisée n'a pas à constituer de fonds cantonné.

f) En *termes comptables*, le fonds des assurés vie reçoit les primes et est débité des sinistres, annuités et rachats, ainsi que des frais de gestion afférents aux contrats à long terme. Au crédit sont également portés les produits des placements, identifiés, acquis avec les ressources du fonds.

La situation du fonds à un instant donné résulte de la comparaison entre ses actifs (placements comptabilisés en valeur de marché à la date de l'inventaire) et les droits acquis par les assurés calculés selon des « hypothèses actuarielles raisonnables » (provisions techniques et bonus déjà attribués) :

ACTIF	PASSIF	
Placements (en valeur vénale)	Droits acquis par les assurés	(Valeur actuelle) = provisions techniques + bonus acquis
+ créances	Réserve	(Investment Reserve)

L'excédent des placements sur les engagements acquis constitue une réserve sur laquelle pourront être imputés les futurs bonus et dividendes aux actionnaires. La réserve de placement *(investment reserve)* est tributaire de la valeur des actifs, qui peuvent varier considérablement d'un inventaire à l'autre, surtout avec une proportion de 60 % d'actions (ce qui est la moyenne du marché britannique). Mais les actuaires disposent d'une grande liberté d'action pour calculer les provisions techniques et en corriger certains éléments pour prendre en compte les fluctuations du rendement des actifs. La loi britannique indique seulement que le taux d'actualisation ne doit jamais excéder 92,5 % du rendement de l'actif existant. En outre, les hypothèses sur le revenu réel, brut d'impôt, des placements qui seront réalisés avec les versements futurs effectués par les assurés au titre des contrats à primes périodiques sont plafonnées à 7,2 %.

En outre, les actuaires doivent vérifier l'adéquation dans le temps des actifs des compagnies à leurs engagements. Cela suppose une appréciation des risques de placement, c'est-à-dire notamment des risques de baisse des taux d'intérêt et de dépréciation des actifs. Dans ce but, un *resilient-test* (test de résistance) est appliqué à différents scénarios préétablis, tels qu'une diminution de 20 % des taux d'intérêt et de 10 % des cours de bourse. La perte correspondante est comparée à l'*investment reserve* de l'entreprise.

Dans ce cadre subtil, évaluation à géométrie variable des engagements, analyse des tendances du marché financier, masse disponible sous l'intitulé *investment reserve*, options de la concurrence, appétits des actionnaires, le décideur fixe le montant des bonus et des superbonus alloués au titre d'un exercice donné, et l'actuaire désigné *(appointed actuary)* porte un jugement sur les choix effectués.

g) L'entreprise peut rémunérer ses actionnaires à partir du fonds des assurés, mais elle doit respecter une règle du type 10-90 : chaque fois que 10 sont transférés au compte des actionnaires, les assurés doivent percevoir irréversiblement sous la forme de bonus au moins 90. Cette partition n'a aucun fondement légal, elle est parfois inscrite dans les statuts de l'entreprise, qui cependant est libre d'opter pour une autre règle. En fait, la liberté des sociétés est tempérée à la fois par la concurrence et l'autorité de surveillance.

D'ailleurs, s'il ne fixe pas la relation entre les affectations aux actionnaires et celles aux assurés, l'*Insurance Act* de 1982 prescrit en revanche que, d'un exercice au suivant, la fraction des bénéfices allouée aux assurés ne doit pas diminuer de plus de 0,5 point. Toutefois, une entreprise peut décider d'aller au-delà à condition de clairement publier ses intentions dans des journaux de grande diffusion.

h) Les PB sont distribuées sous forme de *bonus* accroissant les droits acquis par les assurés, soit annuellement, soit en fin de contrat :

• *Les bonus annuels* sont soit *réguliers* soit *exceptionnels.*

Leur forme est simple (en pourcentage du capital assuré à l'origine) ou composée (par rapport au capital acquis y compris les bonus obtenus antérieurement), par analogie avec les notions d'intérêts simples et composés chères aux mathématiciens de la finance. L'assureur affiche chaque année le taux de ses bonus : pour éviter d'avoir parfois à annoncer une baisse, il préfère, les bonnes années, allouer une répartition supplémentaire, non répétitive (bonus spécial).

• *Les bonus finaux* ou *superbonus.*

Ils s'ajoutent au capital acquis à la date du règlement. Ils ne sont pas, comme en RFA, provisionnés à l'avance. L'assureur prend librement sa décision en fonction de sa situation au moment de l'échéance du contrat : en d'autres termes, l'assuré bénéficiera d'une répartition finale (c'est bien le mot qui convient ici par opposition à capitalisation) liée à la conjoncture, et il peut être plus ou moins chanceux, suivant l'époque de sa sortie.

Les actuaires s'efforcent de lisser les taux de bonus dans le temps pour ne pas être obligés de diminuer d'une année sur l'autre la rémunération de leurs assurés. Ainsi la crise boursière d'octobre 1987 n'a pas empêché les sociétés de bien servir les contrats arrivés à terme entre 1988 et 1991. En revanche, la crise immobilière, la baisse conjuguée de l'inflation et du rendement réel des actifs, ont suscité des coupes sombres dans les bonus attribués aux malheureux assurés dont les contrats sont venus à maturité en 1993. Les polices de dix ans ont été plus atteintes que celles de vingt-cinq ans, ainsi que le montrent les performances d'une grande société britannique.

Polices à primes mensuelles de 30 £. Âge d'entrée de l'assuré : 29 ans.

Somme servie à l'assuré à l'échéance (en £)	*Durée*	
	10 ans	*25 ans*
Contrat échu en 1992	7 500	60 000
Contrat échu en 1993	7 000	58 000
Écart	- 6,7 %	- 3,3 %

■ Les entreprises opérant au Royaume-Uni ne sont pas tenues de garantir contractuellement des montants de valeurs de rachat

Certes, le contrat peut stipuler les montants des valeurs de rachat acquises année après année, mais ce n'est qu'une option alors qu'en Allemagne ou en France c'est une obligation. Lorsqu'une valeur de rachat est garantie, les provisions techniques doivent prendre en compte l'éventualité où tous les assurés exerceraient simultanément leur droit, ce qui pourrait entraîner de graves difficultés de trésorerie.

Lorsqu'il n'y a pas de valeur de rachat contractuelle, l'assuré peut néanmoins prétendre récupérer une partie de sa mise lorsqu'il rompt son engagement après avoir payé au moins deux ans de primes. Mais le montant du rachat est fixé souverainement par l'actuaire qui décide en fonction d'impératifs de concurrence (surveillance du courtier) et de solvabilité (en évitant à l'entreprise de succomber à une vague de rachats en période de crise boursière). Toutefois, en début de contrat, l'assureur fournit à l'assuré une simulation de valeurs de rachats probables tout en spécifiant que ces chiffres ne l'engagent nullement et pourront être révisés si nécessaire.

■ Les résultats

Si l'on s'en tient aux contrats sortis ces dernières années, il apparaît que les assureurs britanniques ont efficacement protégé l'épargne de leurs assurés contre les effets de l'inflation, pourtant forte aux alentours de 1980 (18 % en 1980). Un certain M. Smith, âgé de 30 ans, qui aurait souscrit le 1er février 1977 une mixte de durée dix ans et versé une prime mensuelle de 100 £, devrait avoir reçu le 1er février 1987 22 000 £ pour que soient exactement compensés les effets de la dépréciation monétaire sur son épargne.

Les performances de 65 sociétés ont été recensées par la revue financière *Money Management*, qui fait apparaître que 46 d'entre elles ont, dans le cas d'un produit similaire à celui de M. Smith, servi à leurs assurés un taux de rendement supérieur au taux d'inflation. Assuré par l'une des deux grandes mutuelles écossaises spécialisées, Standard Life ou Scottish Widows, Mr Smith aurait touché 30 000 £ ; Norwich Union lui aurait versé 28 000 £, Prudential 24 000 £, etc. Des études comparables effectuées sur les contrats arrivés à maturité en 1988 et 1989 apportent des conclusions similaires.

Ce qui est remarquable dans ces résultats, c'est :

- la différence de rendement d'une entreprise à l'autre et l'efficacité des meilleures ;
- la transparence qui permet à la grande presse de publier des tableaux comparatifs précis, fiables et parfois cruels (Standard Life n'a pas hésité à reproduire le classement *Money Management* dans les documents présentant ses produits : numéro un oblige !).

L'exemple anglais montre que la mixte peut être un produit de qualité même en période d'inflation, à condition toutefois que :

- la gestion financière de l'entreprise soit axée sur des placements susceptibles de se valoriser (actions notamment) ;
- les plus-values latentes entrent dans les profits distribuables aux assurés : c'est ce que font les entreprises britanniques par le jeu de la réserve d'investissement.

■ La mixte hypothécaire *(endowment mortgage)*

• La mixte hypothécaire est le produit avec PB le plus vendu en Grande-Bretagne. Son objet est d'aider l'assuré à rembourser un emprunt immobilier. La mixte intervient dans la situation où l'emprunt est remboursé en totalité à son terme : l'emprunteur supporte une charge annuelle comprenant, jusqu'à la date de remboursement du prêt, d'une part des intérêts, d'autre part la prime du contrat mixte.

• La mixte hypothécaire avec PB est bâtie comme suit :

– capital garanti en cas de décès égal au montant de l'emprunt ;

– capital garanti en cas de survie inférieur (d'où l'adjectif *« low cost »* donné au produit), les bonus accumulés par l'assuré devant combler la différence entre la somme empruntée et le capital vie.

Le montant du capital garanti, et donc de la prime, est arrêté sur la base de simulations établies par référence aux bonus effectivement distribués par l'assureur au moment de la souscription de l'emprunt.

• Un calcul précis montre que la charge annuelle de l'emprunteur est à peu près la même, qu'il rembourse à annuités constantes ou qu'il adopte la solution de la mixte hypothécaire. Les avantages de la mixte hypothécaire sont ailleurs :

a) La législation fiscale autorise le contribuable à déduire de son revenu imposable les intérêts qu'il paie au titre d'emprunts immobiliers, dans la limite annuelle de 30 000 £. L'emprunteur a donc tout avantage à payer le maximum d'intérêts le plus longtemps possible, et c'est ce que ne permet pas le mécanisme de l'annuité constante.

b) L'assuré peut espérer obtenir des bonus supérieurs au minimum nécessaire pour le remboursement de son emprunt. Le surplus n'est pas considéré comme un revenu imposable.

Il peut également arriver que les bonus soient insuffisants. Deux solutions sont alors possibles :

– un superbonus final, si les réserves de l'assureur le permettent ;

– la souscription, en cours de contrat, d'une police complémentaire (sans examen médical).

c) Au Royaume-Uni, le taux d'intérêt peut varier en cours de contrat si le prêteur le décide, en raison de changements de pentes dans l'inflation ou de tensions sur le marché monétaire.

Si le taux diminue, l'emprunteur en bénéficie directement ; s'il augmente, la charge de l'emprunteur s'aggrave, mais, en contrepartie, l'assureur bénéficie de la hausse du loyer de l'argent et il peut en conséquence majorer ses allocations de bonus. La mixte hypothécaire permet donc une sorte de compensation entre effets favorable et défavorable d'une hausse des taux d'intérêt.

d) La mixte hypothécaire est un produit simple (l'emprunt et l'assurance sont couplés) et souple (l'emprunt et la mixte sont transférables d'un logement à un autre).

• Le succès de la mixte hypothécaire est donc dû aux avantages fiscaux réservés aux emprunteurs et à la technique du *low cost* qui limite le montant des primes à raison de la capacité des entreprises à distribuer des bonus. Et là les performances des entreprises sont très variables : sur la base des résultats constatés ces dernières années, un emprunteur âgé de 30 ans pourrait rembourser 30 000 £ dans vingt-cinq ans en souscrivant une mixte hypothécaire à prime mensuelle de 20 à

40 £ suivant l'assureur, ou plus exactement selon les rendements constatés chez les différents opérateurs du marché pour des produits de ce type. Cela dit :

– d'une part, la mixte hypothécaire est difficilement exportable dans un environnement fiscal différent ;
– d'autre part, elle est désormais concurrencée sur le marché britannique par un produit bancaire, le *PEP* (*Personal Equity Plan,* plan individuel en valeurs mobilières).

Inventé en 1987, le *PEP* veut encourager l'épargnant privé à acheter des actions de sociétés britanniques. Et le *PEP mortgage* fonctionne à peu près comme l'*endowment mortgage*, avec les mêmes avantages fiscaux et quelques attraits supplémentaires : commission plus modeste ; remboursement à tout moment de l'emprunt sans pénalité de rachat sur la mixte ; remboursement anticipé possible en cas de conjoncture boursière favorable.

Dans les autres pays de l'Union européenne

Des mixtes sont vendues selon des normes qui se rapprochent tantôt du modèle britannique (Pays-Bas, Irlande), tantôt du modèle allemand (Belgique, Danemark, Espagne, Grèce, Italie, Portugal). Les particularités propres à chaque pays concernent notamment :

– les taux techniques d'intérêt ;
– les chargements ;
– les participations aux bénéfices.

Le bilan ci-après décrit une situation au 1er juillet 1994, dont l'adaptation aux données nouvelles du marché unique européen est subordonnée à des impératifs économiques (concurrence) et juridiques (conformité à la troisième directive 92/96 du 10 novembre 1992, et notamment à son article 18).

■ Les taux d'intérêt technique

Les *taux d'intérêt technique* garantis sont plafonnés à des niveaux variables d'un pays à l'autre en fonction du taux d'érosion monétaire et du rendement des placements locaux.

Il n'y a pas de plafond en Irlande et aux Pays-Bas. Dans les autres États, les limites sont les suivantes :

Grèce	4,25 %	
Italie	4 %	
Portugal	4 %	(6 % pour les rentes)
Espagne	4 ou 6 %	(suivant les formules)
Belgique	4,75 %	
Danemark	5 %	
Luxembourg	4 %	

Dans la plupart des États, le taux plafond est fixé réglementairement ; en Italie, le taux de 4 % est seulement (mais vivement) recommandé par une circulaire ; en outre, il peut être modifié en cours de contrat.

Ces taux doivent éventuellement être adaptés aux exigences de la troisième directive communautaire, qui repose sur une double contrainte prudentielle :

– le taux retenu pour le calcul des provisions mathématiques est plafonné à 60 pour 100 du taux moyen des emprunts émis dans l'État considéré (cette règle

ne s'applique toutefois pas lorsque les placements sont inscrits au bilan pour leur valeur de marché, ce qui est le cas au Royaume-Uni) (art. 18) ;
- les primes doivent être suffisantes pour permettre la constitution de provisions techniques adéquates (art. 19).

■ Les chargements et les frais réels

1. D'une manière générale, en Europe, les frais engagés par l'assureur pour la *production* et la *gestion* des contrats d'assurance vie sont financés :
- par des chargements majorant les primes techniques et couvrant totalement ou partiellement les frais réels ;
- par un prélèvement contractuel sur l'épargne gérée ;
- par une imputation sur les produits financiers, ce qui diminue d'autant les bénéfices distribuables (on parle ici de chargements implicites).

2. Les *chargements* augmentent le coût des garanties et diminuent la rentabilité des produits.

Dans certains États (RFA), des normes prédéfinies sont imposées ; ailleurs, c'est la liberté totale avec l'obligation corollaire d'afficher les coûts (RU).

En Belgique, la réglementation fixe de façon précise les chargements de chaque type de contrat. En Italie, les tarifs doivent comporter des chargements permettant la récupération d'un montant de frais suffisant et pas trop élevé. La même règle a prévalu en France jusqu'à la réforme technique de 1993, qui a libéré totalement les modalités de calcul des chargements.

3 – Les *commissions d'acquisition* absorbent une fraction plus ou moins importante de la première prime, 60 % en France, presque 70 % en Grande-Bretagne (pour une mixte de durée vingt-cinq ans), jusqu'à 75 % en Italie. En Allemagne, la commission coûte de 2 à 3,5 % du capital assuré, en Belgique elle est de 3 %.

■ Les participations aux bénéfices

a) En *Belgique*, au-delà du taux technique de 4,75 %, les assureurs vie ne sont tenus à aucune obligation supplémentaire de rémunération. Mais l'allocation de PB est toujours possible sous l'aiguillon de la concurrence : ainsi les plus grandes compagnies belges ont pris l'habitude d'aligner les unes sur les autres leurs taux de revalorisation, et le reste du marché suit. Avant 1986, un taux de PB était fixé chaque année au titre des affaires nouvelles et ce taux continuait à être appliqué à cette génération d'assurés les années suivantes, en considération des revenus des placements acquis l'année de la souscription.

Contrairement aux règles allemandes et aux usages anglais, certains contrats peuvent être exclus du bénéfice de la PB. En outre, les PB peuvent être différenciées en fonction du capital assuré, un taux élevé étant par exemple attribué aux gros contrats (valeur assurée supérieure à 400 000 FB), un taux plus faible aux moyens contrats, un taux nul pour les petits (inférieurs à 250 000 FB).

b) En *Espagne*, les participations bénéficiaires sont contractuelles, sous la forme d'un taux garanti s'ajoutant à l'intérêt technique.

c) En *Grèce*, les PB s'efforcent de limiter les effets d'une inflation annuelle de l'ordre de 25 %.

Le taux d'intérêt technique de 4,25 % est symbolique. Il s'y ajoute une PB obligatoire, ajustée autant que faire se peut sur l'inflation et les moyens des entreprises selon la formule suivante :

$$PB = \underset{\text{provision mathématique au 1/1}}{PM} \times 0{,}9\,[r - (i + 1{,}25\,\%)]$$

i est le taux technique ; le 1,25 doit couvrir les frais de gestion de l'entreprise ; r est le rendement réel des placements sur l'année considérée.

Les placements sont essentiellement des bons d'État à 2 ou 4 ans, offrant un taux de rendement voisin du taux d'inflation.

d) En *Italie*, un texte récent a fixé un taux de rendement minimal applicable à chaque contrat.

Ce rendement minimal incorpore le taux d'intérêt technique garanti, auquel s'ajoute un « dividende » supplémentaire lié aux produits financiers de l'entreprise suivant la formule :

$$\text{Rendement minimal du contrat} = 4\,\% + 0{,}7\,[r - 4\,\%]$$

r étant le taux de rendement moyen des placements, et 4 % représentant le taux d'intérêt technique garanti.

Contrats à taux majoré

Les Français ont été jusqu'en 1993 les champions des contrats à taux majoré, qui, par dérogation à la règle générale de plafonnement à 4,5 %, promettaient un rendement supérieur. Mais cette possibilité était subordonnée à diverses conditions (prime unique, durée limitée, rendement minimal des actifs correspondants), qui n'ont pas empêché les contrats à taux majoré de constituer une part significative de la production des assureurs vie français.

Ailleurs, la situation était et reste généralement bien différente.

1. D'abord, la notion de taux majoré n'a aucun sens dans les pays où les rendements garantis sont libres, en Irlande, en Grande-Bretagne, aux Pays-Bas. Dans ces États, il y a une grande variété de taux, sans frontière stricte entre un cas général et des exceptions. Le plafond de la garantie est dicté par le rendement réel des actifs détenus par l'entreprise et des hypothèses sur les placements futurs.
2. Certains États comme l'Allemagne ont un taux unique sans aucune dérogation possible.
3. En Espagne, en Italie, au Danemark, des entreprises peuvent être autorisées au cas par cas à vendre des contrats à taux majoré.
4. Le Luxembourg a la même politique, mais limitée à des produits de durée au plus égale à dix ans.
5. Le Portugal autorise une majoration du taux garanti jusqu'à 8 % pour des contrats de dix ans au plus.
6. La Belgique envisage une certaine libération des taux pour une durée plafonnée à six ans.

Conclusion

En Allemagne et en Grande-Bretagne, les mixtes classiques à long terme (vingt-sept-vingt-huit ans) ont donné dans l'ensemble satisfaction aux assurés, qui ici et là obtiennent des résultats comparables dans des environnements juridique et économique très différents : d'un côté, un cadre réglementaire strict et une grande stabilité monétaire ; de l'autre, la liberté des taux et une inflation parfois à deux chiffres.

Cette convergence des résultats à partir de situations contrastées a été obtenue par des politiques financières adaptées aux objectifs de chacun. Le tableau ci-après, qui répartit par catégories les placements des sociétés d'assurance sur la vie, affiche les options prises par les uns et les autres :

En % total placements au 31.12.1994	*Allemagne*	*Grande-Bretagne*	*France*	*Pays-Bas*	*Finlande*
Immeubles	5	9	8	6	15
Prêts hypothécaires	15	–	–	15	–
Autres prêts	51	2	2	35	65
Actions	5	61	14	13	11
Obligations et bons	23	25	69	25	–
Court (terme et divers)	1	3	7	6	9

Sources : OCDE et FFSA

Les actions représentent 61 % des placements des assureurs vie britanniques et 5 % seulement de leurs concurrents allemands. Ceux-ci ont concentré leurs efforts sur le « revenu fixe », prêts et obligations (89 %), ceux-là sur les plus-values à long terme, actions et immeubles (70 %). Leurs choix sont beaucoup plus tranchés que ceux des pays méditerranéens, où les entreprises, sans négliger la recherche de plus-values, se sont fortement chargées en obligations. En France, la part des obligations est passée de 57 % en 1986 à 72 % en 1995.

Selon une étude de Bacon et Woodrow, portant sur quelques entreprises représentatives des principaux marchés européens, la mixte traditionnelle à primes périodiques avec participation aux bénéfices, souscrite pour une durée de vingt-cinq ans par un homme de 40 ans et échue le 31 décembre 1991, s'est avérée plus rentable en Irlande qu'en Grèce en termes de rendements réels, c'est-à-dire corrigés de l'inflation. Les rendements calculés de cette manière, et sans prise en compte des éventuels avantages fiscaux octroyés ici ou là, ressortent à 3,5 % en Irlande, 3 % en Grande-Bretagne, 2,3 % en Allemagne, - 1,2 % en France et - 6,9 % en Grèce.

SECTION III

LES CONTRATS À CAPITAL VARIABLE

Les contrats à capital variable sont aussi appelés contrats indexés ou contrats liés à des fonds d'investissement. Le législateur européen a trouvé une définition commune représentative du phénomène dans son ensemble : contrats dans lesquels le risque de placement est supporté par l'assuré.

En fait, dans ces polices, la mesure des prestations contractuelles peut reposer sur différents supports :

1. des parts d'OPCVM ou de sociétés immobilières,
2. un fonds interne de placements détenus par l'entreprise,
3. un indice externe lié à des actions (par exemple le Cac 40) ou à toute autre valeur de référence.

Les contrats indexés peuvent être des mixtes, des capitaux différés, des bons de capitalisation, etc. Leurs modalités sont les suivantes :

1. Le capital garanti est exprimé par référence à la valeur d'une unité de compte ou d'un indice ; dans un contrat multisupport, la garantie est exprimée par rapport à plusieurs unités de référence.
2. À l'échéance, ou en cas de rachat anticipé, le capital est payé selon la valeur atteinte par l'unité de compte ou l'indice : les assurés touchent la totalité des plus-values et supportent les moins-values.
3. Parfois, l'assureur vend des garanties « plancher », permettant de rendre à l'assuré son épargne cumulée même en cas de dépréciation du support. Si la garantie plancher en cas de décès n'entraîne pas un surcoût excessif pour l'assuré, en revanche les planchers en cas de survie à l'échéance et surtout en cas de rachat doivent être couverts par une surprime élevée, car ils donnent à l'assuré la possibilité d'arbitrer son contrat contre son assureur. Une garantie plancher limitée à l'échéance du contrat est parfois baptisée garantie de fidélité, laquelle peut également inclure un rendement minimal.

Il n'y a pas de contrats indexés produits au Portugal ni en Grèce. L'Espagne les autorise tout en limitant considérablement les choix du support mobilier. Les sociétés allemandes vendent quelques polices liées à des fonds d'investissement. Mais les pays où les contrats à capital variable sont rois sont les Pays-Bas, l'Irlande et surtout la Grande-Bretagne.

On retiendra seulement ici l'expérience allemande et le modèle britannique.

En Allemagne

En *Allemagne*, les assurances liées à des fonds d'investissement représentent à peine plus de 1 % des primes, 2,4 % des affaires nouvelles, et seulement 40 milliards de DM d'en-cours (1,6 %).

Quelques sociétés seulement produisent des *Fondsgebundene Lebensversicherungen* selon les modalités suivantes :

1. Ce sont des mixtes à primes périodiques (ou parfois à prime unique).
2. Les primes périodiques sont constantes en DM.
3. Elles sont versées dans un fonds d'investissement après déduction des frais d'acquisition. Ensuite, les sommes nécessaires pour couvrir le risque décès et les frais de gestion sont prélevées chaque mois sur le fonds.
4. Le tarif est calculé sur les mêmes bases que les contrats à capital fixe. En fait, le taux d'intérêt ne sert que pour le calcul de la prime de risque.
5. Dans le cadre d'un tarif donné, les assurés ont souvent le choix entre deux ou même trois fonds pour y verser leurs primes d'épargne. Ultérieurement, ils peuvent transférer des sommes d'un fonds à un autre.
6. Le fonds de référence est composé généralement de placements variés, actions, obligations, immeubles ; mis à part la faculté d'opter pour plusieurs fonds, la règle est de mettre tous les assurés d'un même tarif à égalité devant le risque de placement.
7. La prestation due en cas de survie à l'échéance est égale à la contre-valeur monétaire de la part du fonds acquise par l'assuré, qui supporte seul le risque de placement.

En revanche, le capital garanti en cas de décès avant l'échéance est constant. Il est au moins égal au cumul en DM des primes payées par l'assuré (garantie plancher).

En cas de rachat anticipé, l'assuré a droit à la valeur acquise par son épargne investie dans le fonds, moins une pénalité qui est obligatoirement nulle dès que l'assuré a payé toutes ses primes, lorsqu'il est âgé d'au moins 60 ans dans les dernières années du contrat.

8. Les contrats liés à des fonds d'investissement ont droit à des participations aux bénéfices, mais seulement au titre de la mortalité et des chargements.

Le contrat allemand lié à un fond d'investissement est techniquement bien ficelé, et pourtant il n'a pas séduit un public peu porté à la spéculation et sans doute rebuté par la discrétion qui entoure, au-delà du Rhin, la gestion financière des entreprises. En outre, les primes ne sont pas fiscalement déductibles.

Au Royaume-Uni

Au *Royaume-Uni*, les contrats indexés *(unit linked)* sont très recherchés. Ils s'adressent à tous les publics et couvrent toutes les formules classiques de l'assurance vie, y compris les mixtes hypothécaires et les plans individuels de retraite.

En ce qui concerne les contrats à prime unique, la production est tributaire de la conjoncture boursière :

Affaires nouvelles *(en millions de £)*	1988	1990	1992	1993	1994	1995 (estimation)
Primes périodiques	585	710	656	644	573	450
Primes uniques	2 765	2 696	2 849	6 588	6 624	3 879

En 1991, les contrats *unit linked* représentaient 38 % des affaires nouvelles, beaucoup moins qu'en 1987, période faste pour la Bourse... du moins jusqu'au mois d'octobre : les contrats indexés couvraient alors 98 % des primes uniques et 30 % des primes périodiques produites toutes catégories d'assurances individuelles confondues. En 1993 et 1994, les contrats indexés ont été particulièrement recherchés, mais 1995 affiche une tendance opposée, les contrats à capitaux fixes représentant 55 % des affaires nouvelles après 29 % en 1994.

La gamme des unités de référence autorisées était jusqu'à une époque récente beaucoup plus étendue à Londres qu'à Paris. Les placements qui servent de supports constituent des unités de valeurs, organisées ou informelles, c'est-à-dire :
- soit un *unit trust*, l'équivalent des fonds communs de placement français ;
- soit un *internal unitised life fund*, sous-ensemble isolé de placements au sein du fonds global des assurés de l'entreprise.

L'assuré choisit son (ses) fonds spécialisé(s) en actions, obligations, immeubles ou devises, à moins qu'il ne préfère un fonds mixte. Certaines compagnies managent des fonds à contours plus précis : Asie du Sud-Est, mines d'or, valeurs de croissance, etc. Une entreprise peut gérer jusqu'à vingt-cinq fonds, regroupés généralement en fonction d'un objectif, qui peut être le rendement ou les plus-values, à moins que l'on ne distingue les fonds de « père de famille » et les fonds spéculatifs, ces derniers plus sensibles aux aléas économiques.

L'assuré peut modifier l'affectation de son épargne en cours de contrat, non seulement en orientant différemment les primes nouvelles (opération gratuite) mais aussi en déplaçant une épargne déjà constituée (mais, dans ce cas, l'assureur prélève 0,5 % des fonds transférés). Le danger pour le gestionnaire des fonds est que les assurés désertent massivement un fonds sur la foi d'une « recommandation » externe ou d'une rumeur incontrôlée.

L'assureur dispose contractuellement d'un délai de six mois pour exécuter les ordres de transfert, mais une action volontairement ralentie serait mal ressentie par les *brokers*.

L'*unit trust* est généralement coté quotidiennement, avec deux prix distincts pour l'achat *(offer price)* et la revente *(bid price)*, la différence mesurant le chargement financier, qui est plafonné à 7 % de l'*offer price* (le taux le plus utilisé est 6 %).

Les primes versées par l'assuré sont d'abord amputées des frais d'acquisition de l'assureur et de la prime de risque. Le solde est converti en *unit trusts* selon l'*offer price* au jour de l'investissement.

Les prélèvements effectués par l'assureur pour les risques et les frais de gestion sont souvent imputés sur les premières primes : par exemple la fraction de prime investie en *unit trust* peut être de 0 la première année, 50 % la deuxième, 100 % ensuite. Dans d'autres sociétés, le prélèvement est annuel tout au long du contrat, 10 % de la prime commerciale par exemple. Une autre solution consiste à placer dans un premier temps la totalité des primes dans le fonds et à annuler ensuite régulièrement sur le compte de l'assuré un montant de titres mesurant les charges de l'assureur.

Legal and General propose une mixte à capital décès garanti et à capital survie indexé. Chez un assuré de 35 ans ayant souscrit une police de durée trente-cinq ans, la prime mensuelle est de 42,5 £ pour une garantie de base de 100 000 £. Pendant quatre ans, 40 % des primes sont retenues par l'assureur ; ensuite, la totalité des primes est convertie en *unit trusts*, ainsi qu'un bonus de 3 % alimenté par les bénéfices technique et de gestion réalisés sur les prélèvements initiaux.

Midland Bank vend à ses guichets un *growth and income bond* émis par sa filiale, la Midland Life. La prime unique est répartie en deux parts égales :

– un placement à rendement élevé ;

– un fonds de valeurs de croissance.

Les revenus de la première part sont versés chaque année à l'assuré qui récupère son capital au bout de cinq ans ; en revanche, la seconde partie de son investissement n'est protégée par aucune garantie de résultat.

En cas de décès, la prestation liée à la seconde partie représente 101 % du *bid price* des titres acquis à cette date par l'assuré.

Le contrat indexé laissant à l'assuré le risque de placement, son attrait est donc subordonné à la conjoncture financière, à moins que l'assureur n'ait les qualités requises pour réaliser des performances supérieures à la moyenne.

C'est pour cela qu'au sein des grands groupes britanniques les *unit linked* sont le plus souvent confiés à des entités juridiques spécialisées, permettant des gestions mieux adaptées aux objectifs souhaités.

SECTION IV

LES CONTRATS INDIVIDUELS DE RETRAITE

Retraites et assurance privée

Depuis vingt ans, les *dépenses publiques* pour les retraites ont augmenté plus fortement que les autres facteurs de l'économie dans la plupart des pays européens. Cette évolution s'explique par :

- un élargissement des prestations ;
- l'évolution démographique : la natalité a diminué, la durée de vie fortement augmenté, et en conséquence la pyramide des âges s'est modifiée ;
- l'avancement de l'âge de la retraite.

Quoique très différents d'un pays à un autre dans leur organisation, les systèmes de prévoyance publique sont confrontés aux mêmes problèmes. Partout l'assurance vieillesse de base est gérée en répartition, ce qui signifie le financement des prestations fournies une année donnée aux retraités par les cotisations apportées la même année par les salariés et les employeurs. L'équilibre d'un tel système est remis en cause lorsque simultanément le nombre des cotisants diminue et celui des prestataires augmente. Cette évolution est liée à la démographie mais aussi à l'évolution économique (accroissement du chômage par exemple).

Certains États ont pris des mesures en vue de décharger le budget de la Nation : augmentation du taux des cotisations, diminution des prestations, prolongement de la période d'activité, relèvement de l'âge de la retraite. Mais ces initiatives sont plus impopulaires les unes que les autres, et plusieurs gouvernements ont pris d'autres options, comme au Royaume-Uni (*cf. supra* p. 440). Au Japon, cependant, le Parlement a décidé en 1995 une augmentation progressive du prélèvement sur les salaires en vue de la retraite, de 15 % aujourd'hui à 29 % en 2018.

Chacun connaît les trois piliers de la retraite, retraite légale, retraite liée à l'emploi, retraite individuelle.

Partout dans l'Union européenne, la *retraite légale* est en dehors du domaine de l'assurance privée, mais son niveau varie considérablement d'un pays à l'autre : 20 % du salaire moyen en Grande-Bretagne, 40 à 45 % du dernier salaire brut en Allemagne.

Les *retraites liées à l'emploi* sont souvent prises en charge par un secteur public ou parapublic et gérées comme en France en répartition. Mais le gouvernement britannique encourage depuis 1986 les options individuelles et, en Allemagne, les employeurs, d'une part ne sont pas tenus de financer un régime complémentaire, d'autre part ont le choix entre plusieurs supports, parmi lesquels les entreprises d'assurance vie.

Le *troisième pilier* est en revanche le domaine de l'assurance vie, parfois en concurrence avec d'autres organismes.

Rôle de l'assurance vie dans les retraites allemandes

En *Allemagne*, les assureurs vie jouent un rôle important sur le marché des retraites d'entreprise et privées :

- en tant qu'assureurs directs des régimes d'entreprise ;
- en tant que réassureurs des caisses de retraite et de secours ;
- en tant qu'associés en consortium derrière la caisse d'insolvabilité (PSVaG), qui protège les droits à retraite inscrits au bilan de l'employeur ou portés par des caisses de secours ;
- en tant que fournisseurs de contrats individuels pour les travailleurs indépendants, ainsi que pour les salariés qui ne bénéficient pas d'un régime d'entreprise ou qui souhaitent le compléter.

■ Une prime revalorisable

Mais les contrats de retraite individuelle proposés en Allemagne ne sont pas des contrats spécifiques. La solution la plus utilisée est la *mixte dynamisée*, avec prime revalorisable dans les mêmes proportions que le salaire de l'assuré ou parallèlement à la cotisation maximale due par un salarié au titre de la retraite légale. À l'échéance, par exemple à l'âge de 65 ans pour l'assuré, le capital revalorisé, majoré en outre d'un bonus final, est converti en rente immédiate. Cette rente est elle-même dynamisée grâce à des participations bénéficiaires : actuellement, les assureurs offrent une revalorisation annuelle d'environ 4 %. En payant pendant trente-cinq ans une prime de l'ordre de 2,5 à 3 % de son salaire brut, un assuré peut espérer obtenir une retraite complémentaire de l'ordre de 10 % de son dernier revenu.

■ Une rente différée

Une autre solution allemande est la souscription directe d'une *rente différée* (5 % du chiffre d'affaires de l'assurance vie en RFA) :

a) Les primes sont périodiques.

b) Les assurés ont droit à des PB tant pendant la constitution (dans les mêmes conditions que pour des assurances de capitaux) que pendant le service des rentes, où plusieurs formules sont possibles :

- bonus permettant une revalorisation annuelle ;
- majoration immédiate de la rente, sans aucun droit ultérieur à PB (en quelque sorte, paiement anticipé de bonus à venir) ;
- versement en espèces de la PB, dont le montant diminuera année après année avec le montant résiduel du capital constitutif de la rente.

c) Plusieurs options sont offertes :

- la rente simple, s'arrêtant au décès de l'assuré ;
- le montant de la rente est fixé au début du contrat, les bonus accumulés pendant sa constitution étant versés sous la forme d'un capital au moment du départ en retraite ;
- la rente avec option de remboursement des primes payées, ainsi que des PB acquises, en cas de décès de l'assuré avant la mise en service de la retraite ;
- la rente avec garantie de paiement au-delà du décès de l'assuré, pour un nombre d'années fixé à l'avance, à moins que le cumul des prestations servies avant et après le décès ne soit plafonné par la somme des primes payées par l'assuré jusqu'à sa retraite ;
- la rente sur deux têtes, une prestation réduite étant servie au conjoint survivant.

En Espagne

En *Espagne*, sont diffusés des plans individuels de retraites sous la forme de rentes viagères différées avec double contre-assurance : au terme du différé (par exemple à 65 ans), une rente mensuelle est payée à l'assuré tant qu'il est vivant.

En outre :
- en cas de décès *avant* la fin du différé, le cumul des primes (nettes de chargements), majorées des PB déjà attribuées à cette date, est *restitué* aux ayants droit ;
- en cas de décès *après* la mise en service de la rente, la différence entre le total des primes payées par l'assuré et la somme des rentes de base déjà versées est, si elle est positive, *remboursée* aux ayants droit.

Ces mécanismes sont ceux déjà vus à titre optionnel en RFA. Les autres modalités du contrat présentent quelques particularités :
- les primes sont périodiques et payables jusqu'à la retraite. La souscription est possible dès l'âge de 14 ans ;
- les primes croissent de 5 % par an ;
- des PB sont allouées chaque année, permettant la constitution de compléments de rentes ;
- le tarif est basé sur des tables imposées, PEF 70 et PEM 70, différentes pour les femmes et les hommes ; le taux d'intérêt contractuel est de 6 % ;
- une valeur de rachat est acquise après le paiement de deux années de primes.

Pour obtenir une rente mensuelle de 1 000 pesetas à partir de 60 ans, un homme entré dans l'assurance à l'âge de 30 ans devra payer une cotisation annuelle de 933 pesetas, une femme du même âge devra acquitter 1 056 pesetas (+ 13 %).

En Grande-Bretagne

La *Grande-Bretagne* est le pays des retraites complémentaires personnelles.

La réforme de 1986 a donné la possibilité aux salariés de sortir du régime public de retraites complémentaires *(State Earnings Related Pension Scheme* ou *SERPS)*, comme du régime d'entreprise, pour constituer un plan d'épargne individuelle avec l'aide de l'État. Ce fut une aubaine pour les assureurs. Mais, sur ce nouveau terrain, ils sont en concurrence avec de nouveaux établissements autorisés, les banques et les *building societies*, qui accèdent également au marché des pensions des TNS, auparavant quasiment monopolisé par les assureurs.

Les garanties offertes par les assureurs vie et leurs concurrents s'inscrivent à côté des droits alloués par les régimes publics. Ainsi :
- pour les TNS : l'assurance vieillesse de base (publique) peut être complétée par un plan personnel souscrit auprès d'une compagnie d'assurance ;
- pour les salariés : au-delà du régime de base, le futur retraité peut rester au *SERPS* ou conclure un contrat individuel de retraite.

Les plans individuels de retraite ont été pendant quelques années la principale source de développement de l'assurance vie britannique, prenant le relais des contrats indexés à prime unique, un peu délaissés par des épargnants découragés par les soubresauts de la Bourse. Mais les nombreuses critiques des conditions dans lesquelles se sont effectuées les sorties du régime public ou professionnel au profit de plans individuels de retraite ont eu pour effet une forte diminution de ces transferts. Chez Prudential, les primes correspondantes sont revenues de 123 millions de livres au premier semestre 1994 à 15 au premier semestre 1995.

Toutes les formes techniques sont utilisées, contrats avec ou sans PB, contrats à capital fixe ou variable, primes périodiques ou annuelles. Deux types de produits méritent d'être examinés de plus près :

■ Le *Personal Pension Plan* avec PB ou « 3 P à PB »

À l'âge choisi par lui, l'assuré a droit à un capital minimal garanti qui est alors converti en rente. À ce capital de base s'ajoutent éventuellement des bonus annuels et un superbonus final. Mais l'assureur ne promet pas qu'un superbonus sera distribué à l'échéance, pas plus qu'il ne s'engage à maintenir les bonnus annuels au niveau affiché en début de contrat.

Le « 3 P à PB » indique seulement que l'assuré recevra la fraction des bénéfices de l'assureur que celui-ci décidera « d'affecter à ce genre d'affaires ». En Grande-Bretagne, rien n'impose que des PB soient *a priori* réservées à une catégorie de contrats déterminée. Seules l'équité et l'influence des vendeurs plaident pour l'assuré. Mais, pour éviter de prêter le flanc à la critique et dans une optique de protection appropriée des futurs pensionnés, un certain nombre de grands groupes britanniques ont créé des filiales spécialisées dans la couverture des retraites individuelles, ce qui permet aussi une gestion financière mieux adaptée à des produits réclamant un actif sûr et des ressources régulières.

■ Le *Personal Pension Plan* indexé ou « 3 P unit-linked »

Ici aucun capital n'est garanti. Les versements de l'assuré sont placés dans un *unit trust* (FCP) orienté sur des placements rentables à long terme (actions et immeubles essentiellement). Comme dans tout contrat *unit linked*, l'assuré peut exercer son choix entre plusieurs supports proposés par l'assureur et ultérieurement changer l'orientation de son épargne. Quant à l'assureur, il prélève sur les primes les sommes nécessaires pour couvrir ses frais.

Plusieurs options sont possibles :

- Versements *libres,* à condition de ne pas être inférieurs à un minimum raisonnable. L'assuré peut même arrêter temporairement de payer ses primes en cas de difficultés financières (chômage, arrêt de travail consécutif à une maladie ou à un accident). Plus simplement, il modulera son épargne sur ses ressources.
- Primes *revalorisables* par référence à un indice moyen des salaires *(Average Earnings Index* ou *AEI)* ou à un taux plus élevé, compte tenu des espérances de l'assuré en une augmentation de ses revenus liée à son ancienneté et à sa qualification.
- Souscription de garanties *complémentaires décès* (via une contre-assurance permettant de transmettre à ses héritiers l'épargne déjà constituée) et *incapacité* (l'assureur prélève alors les primes correspondantes sur le compte de l'assuré).

Les assureurs vie s'efforcent par ces options de capter une clientèle de jeunes (20-30 ans), même si leur aptitude à épargner est encore faible.

■ Intérêt des « 3P »

Techniquement, les « 3 P » ne sont donc pas des produits d'une grande originalité.

Leur intérêt est ailleurs :

a) *dans la fiscalité :* 1 000 £ épargnées par un contribuable assujetti au taux de base de l'impôt sur les revenus restent 1 000 £ dans un « 3 P » ; ils subissent une amputation de 25 % s'ils sont placés autrement.

Le plafond de la déductibilité est lié aux gains de l'assuré : 17,5 % jusqu'à 50 ans, ce seuil étant ensuite relevé graduellement pour atteindre 27,5 % après 60 ans. En début de contrat, l'assuré peut, en franchise d'impôt, racheter jusqu'à cinq années de cotisations.

b) *dans les participations de l'État et de l'employeur :*

Pour encourager les salariés à sortir du régime public du *SERPS* et les employeurs à alimenter les « 3 P » de leurs employés, le gouvernement britannique a pris des mesures incitatives, appliquées entre 1988 et 1993 ;

– avantages fiscaux pour l'employeur ;

– versement par l'État des *Protected Right Contributions (PRC)* dans le « 3 P ».

En fait, employé et employeur subissent le prélèvement des *NIC (National Insurance Contributions)*, qui répondent à un objet social plus large que les retraites publiques. Mais le salarié qui se place en dehors du *SERPS* (contracting out) récupère en quelque sorte dans son « 3 P » la part de ses cotisations *NIC* destinées à ce régime.

Le « 3 P » a été annuellement crédité jusqu'en 1993 de PRC pour des montants décroissant d'année en année et liés au salaire du bénéficiaire, du moins entre les limites d'une tranche intermédiaire de salaires annuels, la *band earnings* (se situant aujourd'hui approximativement entre 2 500 £ et 16 000 £). Ainsi un salarié au revenu annuel de 10 000 £ a touché en 1989 dans son « 3 P » des *PRC* de 666 £ environ.

c) *dans la souplesse du fonctionnement :*

- En changeant d'emploi, le salarié peut conserver son « 3 P » et tous les droits acquis.
- L'assuré peut faire valoir ses droits à n'importe quel âge entre 50 et 75 ans (et même plus tôt dans certaines professions), qu'il prenne effectivement sa retraite ou non. Seule une sortie avant 50 ans est pénalisée.
- À l'échéance, le capital acquis est converti en rente viagère, avec des annuités fixes (sans PB) ou indexées (avec PB ou *unit linked*) ; mais l'assuré peut aussi récupérer son épargne, quitte à la replacer immédiatement chez un concurrent (et cela sans pénalité !) : il peut normalement compter sur l'assistance d'un *broker*, qui se doit de lui indiquer l'entreprise capable de lui offrir le meilleur rendement.

Le *fair play* britannique n'est pas un vain mot.

■ Limites des « 3 P »

Les actuaires londoniens ont conseillé aux jeunes salariés de sortir du *SERPS* pour souscrire un « 3 P » ; ils ont estimé en revanche qu'à moins de 15 ans de la retraite le salarié n'avait plus intérêt à réaliser l'opération.

Fin 1992, les assureurs géraient plus de 18 millions de polices individuelles de retraite, couvrant à la fois des salariés et des TNS.

L'affaire Maxwell a soufflé la tempête sur les fonds de pension professionnels, entraînant des réactions contradictoires au sujet des retraites complémentaires individuelles, les uns soulignant la nécessité d'une intervention plus stricte de l'État en faveur d'assurés méritant une protection renforcée, les autres notant l'aspect positif de la contribution des assureurs, astreints à des règles plus sévères de solvabilité et de gestion des actifs que les caisses de retraite autonomes.

En Belgique

En *Belgique*, des retraites complémentaires individuelles sur base d'entreprises sont proposées par des organismes intermédiaires entre une compagnie d'assurance et un fonds de pension. Ce sont les *caisses communes* pratiquant la pension *extra-légale* dans des conditions très strictes :
- frais de gestion plafonnés à 5 % (légèreté des structures administratives) ;
- contraintes rigoureuses pour le placement des provisions techniques (un conseil d'administration paritaire employeurs-employés détermine la politique financière) ;
- pas de but lucratif : pas d'actionnaires à rémunérer ; les bénéfices sont intégralement distribués aux assurés.

Il y a en Belgique plus de 300 caisses de retraite et fonds de pension, gérant 200 milliards de FB de placements.

La principale de ces caisses réunit 300 entreprises et assure 50 000 salariés pour 1 milliard de FB d'encaissement annuel et 13 milliards de FB de provisions mathématiques : c'est l'Intégrale.

Les primes versées par un employeur pour le compte d'un employé sont capitalisées individuellement à 4,75 % au nom de cet employé selon la technique du capital différé.

Un homme, bénéficiaire d'un contrat souscrit par son patron en 1968 alors qu'il avait 44 ans, a reçu à 65 ans en 1989 un capital de 4 136 000 FB pour une prime annuelle de 54 000 FB, soit un rendement de 9,5 %, les PB ayant doublé le taux d'intérêt technique garanti. Ce capital a été converti en rente, à son tour gratifiée de PB.

L'Intégrale se vante de la qualité de son service en le comparant au rendement de quelques assureurs traditionnels belges qui, dans les mêmes conditions, ne retournent qu'environ 3 000 000 FB à l'échéance.

La tontine

La tontine, forme juridique particulière de société d'assurance mutuelle, n'est connue qu'en France et aux Pays-Bas.

Pour Philippe Lejeune, de la Hénin Vie, la tontine est la formule d'épargne qui se rapproche le plus de l'esprit des fonds de pensions.

Chaque année, des épargnants créent une association tontinière pour mutualiser leurs économies. Les adhérents (200 au moins) s'engagent à verser des cotisations périodiques constantes (ou une cotisation unique) sur une longue période (vingt ans par exemple) En fin de période, les adhérents *survivants* se partagent les fonds accumulés par l'association, au prorata de l'âge de chacun, de ses versements, de la durée de son investissement.

La tontine devrait séduire les personnes sans héritier, mais aussi les travailleurs indépendants qui peuvent toujours défendre leur épargne en souscrivant une contre-assurance décès.

SECTION V

LES ASSURANCES COLLECTIVES

En France

En *France* les contrats groupe sont plus développés en France que dans les autres pays de l'Union européenne : leur part dans les primes totales de l'assurance vie, plus de 60 % (au lieu de 20 % en Italie par exemple), s'explique à la fois par la multiplication de pseudo collectives dans le cadre d'associations créées spécialement à cet effet pour échapper à la taxe de 5,15 % (mais cette taxe a été supprimée) et par la grande liberté laissée aux partenaires pour fixer leurs engagements respectifs.

La suppression de la taxe n'a pas freiné l'essor des associations d'épargnants proposant à leurs membres des contrats d'épargne à versements et à retraits libres. Cette formule, qui conjugue transparence et liquidité, a largement contribué au succès de l'assurance vie depuis 1980 et continue à séduire un public désireux, en ces temps d'incertitude, d'échapper à tous les carcans. L'Afer, qui est la plus importante de ces associations, gère près de 100 milliards de francs d'actifs pour le compte exclusif de ses 500 000 adhérents. La gestion séparée de l'épargne (le mot cantonné est ici trop fort car il sous-entend un privilège spécial qui n'existe pas en cas de liquidation de l'assureur garantissant le contrat collectif) permet d'en retourner intégralement (ou presque) les profits aux assurés de l'association, qui sont ainsi préservés des déplacements de bénéfices, malheureusement trop courants en France, d'une génération de contrats à une autre, d'une catégorie de polices à une autre. Les engagements souscrits par l'Afer sont couverts en co-assurance par les compagnies l'Abeille Vie et SEV (Société d'Épargne Viagère du groupe Suez). Agipi (Axa) et Gaipare (Allianz-Via) comptent parmi les concurrents de l'Afer.

En Allemagne

En *Allemagne*, les assureurs ont une marge de manœuvre beaucoup plus réduite :
- la notion de groupe est plus restrictive qu'en France : il est obligatoirement lié à une entreprise ;
- les rabais autorisés par rapport aux tarifs individuels sont minimes : 3 % en général et même... 10 % si le groupe réunit au moins 90 % de l'effectif possible *(Sondergruppe)* ;
- chaque assuré paie la prime qui correspond à son risque. Il n'y a pas d'âge moyen du groupe pour les garanties décès.

En outre :
- il suffit de réunir 10 employés pour constituer un groupe, à condition que le cumul des capitaux décès assurés dépasse 300 000 DM ou que les rentes annuelles garanties en cas d'incapacité excèdent 30 000 DM ;

– peuvent entrer dans le même contrat collectif les employés d'une entreprise, ceux des entreprises du même conglomérat, les personnes indépendantes exerçant leur activité principale pour le compte du souscripteur, les propriétaires de l'entreprise. Le souscripteur est l'employeur, un établissement de l'entreprise, une fédération d'employeurs ou encore un organisme de prévoyance interentreprises (à condition toutefois que les deux derniers types d'institutions aient une personnalité juridique distincte) ;
– les contrats groupe couvrent des garanties temporaires décès, mixte, vie entière, incapacité professionnelle. Le paiement des primes s'arrête à 60 ou 65 ans ; la prestation, servie également à 60 ou 65 ans, est un capital ou une rente ;
– de très importants contrats, collectant au moins 1 000 000 DM de primes et garantissant pour plus de 30 000 000 DM de capitaux, peuvent être tarifés sur mesure, avec PB cantonnée et actifs souvent traités isolément (mais ce n'est pas obligatoire). La gestion personnalisée du contrat permet de pénaliser, au niveau de la PB, le souscripteur qui tarde à payer ses primes.

Sur le marché allemand de l'assurance vie, les collectives représentent environ 6 % des sommes assurées et 6 % des primes. La moitié des capitaux nouvellement assurés concerne des contrats liés à des prêts immobiliers ; les autres contrats exclusivement à risques (décès, incapacité) pèsent trois fois moins ; le solde correspond essentiellement à des retraites d'entreprise.

En fait, pour les garanties en cas de vie et les retraites complémentaires professionnelles, les employeurs ont à leur disposition d'autres solutions, y compris des contrats d'assurance individualisés, qu'ils jugent plus avantageuses.

En Grande-Bretagne

En *Grande-Bretagne*, les assurances collectives incluent aussi bien des plans de retraite complémentaire que des contrats décès-incapacité. Ces « schémas », pour utiliser l'expression *made in England*, sont souscrits par les employeurs au profit de leurs employés ; la clientèle des sociétés d'assurance est constituée principalement de PME, les grandes entreprises préférant les fonds de retraite auto-assurés comme celui du *Mirror Group Newspapers* cher au magnat de la presse Robert Maxwell. Parmi ces fonds, certains confient leur gestion à des compagnies d'assurance vie qui placent les contributions reçues selon une base indexée semblable dans son principe à un *unit trust*.

Les contrats collectifs garantissent non seulement des retraites mais aussi des prestations en cas de décès de l'employé assuré, prestations servies sous la forme d'un capital ou d'une rente au conjoint survivant et aux orphelins. Le montant de la prestation est généralement lié au salaire de l'employé au moment de son départ en retraite ou de son décès. Certains plans collectifs de retraite, cependant, garantissent des prestations calculées sur les versements effectués au profit du salarié.

Un contrat collectif d'entreprise peut être obligatoire ou ne pas l'être. S'il n'est pas obligatoire, seule l'entreprise alimente le fonds ; s'il l'est, l'employé paie une cotisation fixée en pourcentage de son salaire.

La situation financière d'un régime de retraite est mesurée par la comparaison de l'actif du fonds (placements, cotisations futures) avec son passif (droits acquis, engagements à venir). L'actuaire chargé de ce calcul prend en compte des hypothèses « raisonnables » (selon la terminologie anglaise) sur le rendement des placements, la progression des salaires, le niveau de revalorisation des retraites. Il en déduit les prestations à servir ultérieurement au personnel encore en activité, ainsi que la somme qui, placée aujourd'hui, serait suffisante pour servir toutes les rentes prévues. Ces différents résultats conduisent à la fixation du taux de cotisation nécessaire dans l'immédiat.

Les assureurs britanniques ont perçu en 1992, au titre de contrats collectifs, plus de 9 milliards de livres de primes, y compris les versements à des fonds de pension gérés. 3,6 millions d'employés sont couverts pour leurs vieux jours dans le cadre de contrats d'assurances collectives professionnels et autres ; 1,4 million de retraités en perçoivent des rentes.

Le fonctionnement des fonds de pension auto-assurés a été remis en cause par l'affaire Maxwell. L'homme d'affaires aurait en effet prélevé plus de 400 millions de livres sur les caisses de retraite de son personnel pour couvrir des pertes, soutenir le cours des actions de sa principale entreprise ou livrer des titres en garantie de prêts bancaires. D'aucuns estiment que l'État, responsable à travers le *Financial Services Act* de 1986 du laxisme qui a accompagné le système d'autoréglementation mis en place à l'époque, doit prendre en charge intégralement les pensions des 32 000 retraités du groupe Maxwell, même si une bonne partie des fonds a définitivement disparu.

Les fonds de pension Maxwell n'étaient ni gérés par une entreprise d'assurance ni garantis dans le cadre d'un contrat groupe, mais leur *déconfiture* a suscité une réaction du monde politique et de la place financière de Londres, qui pourrait avoir des répercussions sur l'avenir des fonds de ce type, y compris lorsqu'ils sont contrôlés par des assureurs.

Le constat d'échec d'une organisation trop laxiste pour protéger efficacement les droits des retraités a été à l'origine d'une nouvelle loi sur les retraites se substituant à un texte vieux de quelques décennies. Cette loi de 1995, entre autres dispositions :

- renforce les pouvoirs de l'*Occupational Pension Board* (Commission des retraites d'entreprise), qui supervise l'activité des fonds de pension ;
- définit des règles plus strictes pour la gestion des placements des fonds (mais Maxwell avait violé impunément la règle de dispersion qui limite à 10 % des actifs d'un fonds un investissement dans des sociétés appartenant à un même groupe) ;
- impose une plus grande transparence des opérations du fonds et oblige à informer les futurs bénéficiaires de la gestion financière de leurs droits ;
- responsabilise davantage les auditeurs et garantit leur indépendance.

Les auditeurs, selon la loi britannique, sont seulement responsables vis-à-vis de celui qui les engage et les paie, ici l'employeur. La jurisprudence considère d'ailleurs que les actionnaires ne peuvent rendre un cabinet d'audit responsable de négligence dans la présentation des comptes. Le flou artistique, qui outre-Manche caractérise les règles comptables en vigueur, justifie en partie cette prise de position.

En attendant les effets de cette réforme, la faillite d'un système basé sur l'autodiscipline professionnelle a placé des retraités dans une situation tragique. Pour les en sortir, il a été fait appel au bon cœur des banquiers et des autres institutions ayant tiré profit des œuvres de Maxwell, mais aucun financier au monde ne se sent obligé de faire œuvre charitable, même si, dans certains cas, il peut être accusé d'une sorte de complicité passive ou par omission.

SECTION VI

AUTRES PRODUITS VENDUS PAR LES ENTREPRISES D'ASSURANCE SUR LA VIE

En Belgique, en Italie, en Grande-Bretagne, l'assurance vie et l'assurance dommages peuvent être prises en charge par la même entité juridique. La directive du 5 mars 1979 (1re directive assurance) a cependant interdit la création de toute nouvelle société mixte au sein de la Communauté européenne. La directive du 10 novembre 1992 (3e directive) laisse en revanche ouverte la possibilité par les États membres d'autoriser les sociétés d'assurance vie à couvrir les autres assurances de personnes. Cela se pratiquait déjà en Espagne, cela est désormais permis en France.

Mais, au-delà du débat sur la spécialisation des entreprises, il existe des produits spécifiques pour lesquels tous (ou presque) s'accordent à reconnaître la compétence de l'assureur vie :

- l'assurance incapacité professionnelle ;
- l'assurance garantie de ressources ;
- l'assurance des personnes dépendantes ;
- l'assurance avec garantie « grave maladie ».

Ces contrats comportent généralement des garanties à long terme, gérées selon la technique de l'assurance vie.

L'assurance incapacité professionnelle

Les contrats d'assurance vie couvrent souvent à titre complémentaire l'incapacité professionnelle.

En *Allemagne*, les compagnies d'assurance vie produisent des contrats avec l'incapacité professionnelle pour garantie principale : en cas de sinistre, l'assuré est exonéré du paiement des primes et perçoit une rente proportionnée au taux d'incapacité qui lui est reconnu. Acquise pour la durée de l'incapacité, la rente s'arrête au plus tard au terme du contrat et, en tout état de cause, à 65 ans.

La rente garantie est majorée par des participations bénéficiaires. La rente assurable est plafonnée à 50 % du revenu attendu sur le long terme par l'assuré.

Le tarif n'est pas unique. Certaines compagnies font payer aux femmes et aux ouvriers une majoration de 30 % sur le tarif appliqué aux autres hommes. Des surprimes pénalisent les personnes employées dans les secteurs de l'économie considérés comme dangereux (distilleries, mines, industrie chimique, commerce du bétail). Enfin, la plupart des sociétés refusent de prendre en charge les artistes, les sportifs professionnels, les étudiants, les femmes au foyer, les invalides, etc.

Globalement, les contrats incapacité professionnelle représentent 2 % des affaires nouvelles et 1 % des stocks de l'assurance vie allemande.

L'assurance garantie de ressources : *permanent health insurance* (PHI)

Au Royaume-Uni, les assureurs vie proposent des contrats à long terme non liés à la mortalité de l'assuré mais gérés selon la technique de capitalisation. Le plus connu des contrats de ce type, le PHI, s'adresse aux personnes exerçant une activité professionnelle à plein temps. Si, à la suite d'une maladie ou d'un accident, l'assuré n'est plus en mesure de travailler, le PHI lui procure un revenu régulier, à compter de la fin de la période de carence et pendant vingt-quatre mois au moins. Au-delà, les prestations ne sont versées que si l'assuré est reconnu inapte à toute activité ayant un lien avec ses capacités, telles qu'elles résultent de son éducation, de sa formation et de son expérience professionnelle.

Le niveau de la garantie est calculé de telle sorte que l'assuré soit rétabli après sinistre dans une situation de ressources équivalente à celle qu'il avait avant sa maladie ou son accident. La notion d'équivalence s'entend compte tenu des prestations sociales et des prélèvements fiscaux.

La tarification prend en compte les dangers d'accident ou de maladie inhérents à la profession exercée par l'assuré.

Le délai de carence correspond à la période pendant laquelle le malade ou le blessé continue à toucher son salaire : au Royaume-Uni, cela peut être un mois comme une année.

Le contrat est souscrit pour une période minimale de dix ans. La prime est constante et son montant dépend de l'âge d'entrée de l'assuré, de son âge à l'échéance, du délai de carence, de sa profession.

Le produit se vend peu :

	1986	1990	1992	1994
Nombre de contrats (milliers)	1 435	1 368	1 288	1 279
Nombre de têtes assurées (–)	2 484	3 020	2 519	2 396
Primes (millions de livres) (1)				
– Contrats individuels	169	308	400	461
– Contrats collectifs	–	–	196	194

(1) essentiellement des primes périodiques

Malgré quelques contrats collectifs importants, le PHI représente seulement 1,5 % du chiffre d'affaires des assureurs vie. Les raisons de cet échec sont diverses :

- taux de commission relativement faible ;
- produits difficilement compris par les intermédiaires et les clients éventuels ;
- conditions de souscription (médicales et professionnelles) complexes : les propositions sont souvent refoulées par l'assureur pour plus ample information, ce qui décourage le vendeur.

L'assurance des personnes dépendantes

L'Allemagne, qui impose une triple spécialisation des compagnies d'assurance (vie, maladie, dommages), reconnaît cependant aux assureurs vie le droit de vendre des *contrats de rentes de soin (Pflegerentenversicherungen).*

Ce contrat vise la protection des personnes qui ne peuvent plus se passer de l'assistance d'un tiers à la suite d'un accident ou d'une maladie, ou tout simplement en raison de leur âge.

Une rente est servie lorsque l'état de dépendance est reconnu, c'est-à-dire lorsque l'assuré a besoin d'une assistance quotidienne.

L'état de dépendance est mesuré par points et le nombre de points attribués à l'assuré détermine le niveau de la rente payée. Les points correspondent aux actes de la vie courante :

– Se lever et aller au lit	1 point
– S'habiller et se déshabiller	1 point
– Se laver, se peigner, se raser	1 point
– Manger et boire	1 point
– Aller à la selle	1 point
– Incontinence	1 point

La rente est payée à 40 %, 70 %, 100 % en fonction du nombre de points reconnus à l'assuré, 3, 4-5 et 6. Mais le contrat type, élaboré en 1987 par l'Office de contrôle allemand (BAV), précise que doit également être pris en compte l'état mental et psychique de l'handicapé.

La rente est payée aussi longtemps que se prolonge la situation de dépendance, soit pendant une durée déterminée, soit à vie.

Une rente est en tout état de cause servie lorsque l'assuré a atteint un âge stipulé au contrat (80 ou 85 ans).

L'âge d'entrée dans le contrat est d'au moins 18 ans, de 75 ans au plus.

Le délai de carence est de cinq ans.

La tarification est différente pour les hommes et les femmes. Les primes, uniques ou périodiques, sont capitalisées à 3,5 %.

Une option permet le versement d'une rente aux ayants droit pendant les deux ou trois années qui suivent le décès de l'assuré.

L'assurance dépendance est souvent incluse dans l'assurance invalidité professionnelle, autonome ou complémentaire.

La garantie « grave maladie » *(dead disease benefit)*

Certaines compagnies britanniques ont importé des États-Unis un contrat du type décès, dans lequel la prestation est payée non au décès mais dès qu'une maladie grave, stipulée dans la police (infarctus, cancer, attaque) est diagnostiquée. L'assuré peut opter pour un capital ou une rente jusqu'au décès ; il peut aussi choisir un paiement en deux temps, à la déclaration de la maladie puis au décès.

Au Royaume-Uni, le premier produit offrant cette garantie a été diffusé par Abbey Life : c'est la *living assurance.*

Ce contrat ne doit pas être confondu avec le service offert par une société financière (britannique) qui propose aux personnes atteintes d'une maladie incurable et dont l'espérance de vie est limitée le rachat de leurs contrats d'assurance décès. Moyennant le versement à l'assuré d'une somme représentant en moyenne de

70 % à 75 % de la valeur assurée, sous forme d'un capital ou d'une rente, la société devient bénéficiaire du contrat d'assurance.

Cette société financière n'est pas une société d'assurance et le service proposé n'est pas une opération d'assurance.

Conclusion

Les assureurs sur la vie vendent une gamme très étendue de produits, et leur domaine empiète aussi bien sur la banque que sur l'assurance dommages. L'ouverture des frontières ne peut qu'accentuer la concurrence entre les classiques qui ont su servir des mixtes rentables et les modernes qui lui ont cherché des substituts plus ou moins sophistiqués.

La durée des contrats, le coût du service, le niveau des participations bénéficiaires restent des facteurs décisifs pour le choix du consommateur confronté aux offres des uns et des autres.

Le consommateur est guidé dans son choix par un intermédiaire plus ou moins surveillé et encadré selon son pays d'origine.

3

La distribution de l'assurance vie en Europe

Depuis l'ouverture des frontières européennes, les consommateurs ont le choix entre un nombre plus grand d'entreprises et de produits concurrents. Confrontés à cette diversité, ils doivent s'appuyer davantage sur des intermédiaires qualifiés.

Or, actuellement, la qualification des intermédiaires est plus ou moins surveillée : d'un pays à l'autre, les législations régissant l'accès aux activités de producteur d'assurance et l'exercice de cette profession varient beaucoup, de la liberté totale (Allemagne et Danemark) à des règles très strictes (Royaume-Uni).

L'intermédiaire d'assurance : une définition commune

■ Directive 77/92/CEE

Les Européens ont cherché à définir *l'intermédiaire* d'assurance : toute personne accédant aux activités définies par l'article 2 paragraphe 1 (a) à (c) de la directive 77/92/CEE ou les exerçant en qualité d'indépendant ou de salarié.

L'article 2 de la directive précitée énumère ainsi ces activités :

a) L'activité professionnelle des personnes qui mettent en rapport des preneurs et des entreprises d'assurance ou de réassurance *sans être tenues dans le choix* de celles-ci, en vue de la couverture de risques à assurer ou à réassurer, préparent la conclusion des contrats d'assurance et aident éventuellement à leur gestion et à leur exécution, notamment en cas de sinistre.

b) L'activité professionnelle des personnes chargées, en vertu *d'un ou de plusieurs contrats* ou de procurations, de présenter, de proposer et de préparer ou de conclure des contrats d'assurances ou d'aider à leur gestion et à leur exécution, notamment en cas de sinistre, au nom et pour le compte, ou uniquement pour le compte, *d'une* ou *de plusieurs* entreprises d'assurance.

c) Les activités des autres personnes agissant pour le compte des précédentes, et qui notamment exécutent des travaux introductifs, présentent des contrats d'assurance ou encaissent des primes, sans que ces opérations puissent comporter la prise d'engagements envers le public ou de sa part.

Le groupe a) décrit les *courtiers*, encore appelés *Versicherungsmakler* en Allemagne, *insurance brokers* au Royaume-Uni, *mediatore* en Italie, *Makelaar* aux Pays-Bas, etc.

Le groupe b) est celui des *agents généraux* (ou principaux au Luxembourg), *tied agents* au Royaume-Uni, *Versicherungsvertreter* en Allemagne, *Forsikringsagent* au Danemark, *Versekeringsagent* en Belgique...

Le groupe c) couvre les *sous-agents* (ou *sub-agents*).

Si l'on y ajoute les salariés, on retrouve les classifications de l'article R. 511-2 du Code des assurances français.

■ Recommandation 92/48/CEE

Le 18 décembre 1991, la Commission des Communautés européennes a jugé nécessaire de compléter la directive 77/92/CEE par une *recommandation* 92/48/CEE sur les intermédiaires d'assurance, visant à encourager [1] tous les États membres à introduire dans leur législation nationale :

- une définition et des critères d'indépendance ;
- un niveau minimal de connaissances professionnelles et des garanties d'honorabilité ;
- une obligation d'assurance RC professionnelle et éventuellement une capacité financière suffisante ;
- un système d'immatriculation obligatoire.

Peu d'États membres ont jusqu'à présent pris en compte ces recommandations.

Seuls la Belgique et le Portugal ont adopté des lois conformes au texte de la Commission. D'autres États membres, Royaume-Uni, Pays-Bas, France, Italie, Irlande, estiment que leur législation actuelle est suffisante.

De fait, les réglementations restent très différentes, et l'opportunité d'une directive est actuellement débattue, la Commission semblant réticente à suivre les invitations du BIPAR (Bureau International des Producteurs d'Assurances et de Réassurances), qui réclame une clarification de la situation européenne des intermédiaires.

Où en est l'harmonisation européenne ?

L'intermédiaire d'assurance : l'harmonisation européenne

La législation communautaire pour les activités des intermédiaires au sein de l'Union européenne repose sur le traité de Rome et la directive 77/92/CEE.

■ Le droit d'établissement (traité de Rome, art. 52)

Tout ressortissant d'un État membre a le droit de s'établir dans un autre État membre aux conditions définies par ce dernier pour ses propres ressortissants. Mais chaque État membre reste autorisé à réglementer l'accès à l'activité d'intermédiaire et son exercice, pour autant que ses dispositions ne sont pas discriminatoires et aussi longtemps qu'il n'y a pas de réglementation commune.

---

1. À la différence des directives, les recommandations ne sont pas contraignantes pour les États membres. Les directives n'ont par ailleurs que les États membres comme destinataires alors que les recommandations peuvent en outre être adressées aux acteurs économiques.

■ La libre prestation de services (traité de Rome, art. 59 et 60)

Un prestataire de services peut exercer son activité dans un autre État membre dans les mêmes conditions que les ressortissants de cet État. Des règles nationales restrictives peuvent toutefois être imposées aux prestataires de services, sous réserve d'être justifiées par l'« intérêt public », d'être applicables à tous et d'être *objectivement nécessaires*.

■ Une portée limitée

Le droit d'établissement et la prestation libre de services pour les activités d'intermédiaires d'assurance ont été mis en œuvre sur la base de la directive 77/92/CEE, dont la portée reste limitée : faute d'une harmonisation des réglementations nationales, elle propose un cadre transitoire :

- les États membres dans lesquels l'accès à l'activité d'intermédiaire d'assurance et son exercice sont subordonnés à la possession de connaissances générales ou professionnelles doivent accepter comme équivalente l'expérience pratique acquise par un intermédiaire étranger ;
- il en est de même pour les preuves d'honorabilité et d'absence de faillite.

■ Les lacunes de la directive

La directive 77/92/CEE n'a pas réglé les autres aspects de l'accès à la profession et de son exercice, lacunes que s'est efforcée de mettre en relief la recommandation de 1991 : garanties financières, immatriculations, etc. Pour ces exigences, la loi du pays d'accueil s'applique toujours.

■ Licence unique et contrôle

En effet, les autorités européennes n'ont accordé aux intermédiaires d'assurance aucun système de licence unique et de contrôle du pays d'origine comparable à celui dont bénéficient les entreprises d'assurance.

En définitive, il est apparu que la diversité des situations nationales, les difficultés d'application de la directive 77/92/CEE, l'importance donnée à la « protection des consommateurs » ont contribué à freiner le libre accès à l'activité d'intermédiaire. En outre, le consommateur est aujourd'hui démarché par de nouveaux intervenants, banquiers, grandes surfaces, agences de voyages, qui échappent souvent aux règles imposées aux producteurs traditionnels : la concurrence est fatalement déséquilibrée lorsque les qualifications demandées aux uns ne sont pas exigées des autres.

L'intermédiaire d'assurance : la diversité des réglementations nationales

■ Autorisation préalable

L'exercice de la profession d'intermédiaire est soumis à une *autorisation préalable* en Espagne, au Portugal, en Grèce, au Luxembourg.

Ailleurs, ils doivent seulement être enregistrés (Italie, Pays-Bas).

Au Royaume-Uni, les intermédiaires indépendants sont agréés par une organisation d'auto-réglementation (SIB ou Fimbra, *cf. infra*) ; les agents liés sont choisis sous la responsabilité exclusive de l'entreprise d'assurance mandante.

En Irlande et en France, comme en Allemagne, en Autriche et au Danemark, aucune autorisation préalable n'est nécessaire. La seule exigence française est la carte professionnelle délivrée par l'employeur ou l'inscription du courtier au registre du commerce.

Au Luxembourg, les courtiers ne sont admis que depuis 1991, et leur activité est limitée aux grands risques et à l'assurance vie.

En Grèce, la profession de courtier a été reconnue en 1993.

■ Qualités exigées

L'absence d'autorisation préalable pour exercer une activité d'intermédiaire d'assurance n'est pas contradictoire avec l'exigence de certaines qualités.

Compétence

Partout, ou presque, des conditions de capacité *professionnelle* sont requises, sur la base de diplômes ou d'une certaine connaissance du métier apprise sur le tas.

France et Espagne insistent sur les études (commerce, droit, économie) ; Belgique, Portugal, Luxembourg semblent donner la priorité à l'expérience acquise.

Origine

En principe, l'intermédiaire doit être un *ressortissant de l'Union européenne.*

Âge

La *majorité légale* est souvent exigée.

Honorabilité

Certains États demandent clairement que le *casier judiciaire* de l'intéressé soit vierge (France, Italie, Portugal, Grèce) ; d'autres se contentent apparemment d'un passé sans faillite (Pays-Bas).

Garanties financières

Plusieurs États exigent des courtiers une *garantie financière* prenant la forme d'une assurance responsabilité civile professionnelle : France, Italie, Portugal, Espagne, Royaume-Uni.

Il existe parfois un fonds de garantie pour les courtiers. L'Espagne demande en outre une affiliation à l'organisation professionnelle nationale.

En Grèce, les intermédiaires doivent attester régulièrement qu'ils n'ont pas de dettes envers des assureurs.

En Irlande, une garantie financière n'est exigée que lorsque le chiffre d'affaires de l'intermédiaire est important.

Pour le législateur européen, la protection des consommateurs suppose que les intermédiaires, d'une part assurent leur responsabilité professionnelle, d'autre part affichent une capacité financière minimale, au moins par le biais d'une garantie bancaire ou d'un cautionnement individuel. Actuellement, seul le Royaume-Uni exige un capital minimal. La généralisation à l'Europe entière de cette règle ne devrait en tout état de cause viser que les intermédiaires appelés à détenir les fonds de leurs clients.

■ Déontologie

Dans quelques pays (Belgique, Luxembourg, Grèce, Irlande, Royaume-Uni), un *manuel de déontologie* prescrit les modalités d'exercice de la profession. Au Royaume-Uni, le SIB *(cf. infra)* a énoncé des règles détaillées. Le Code de conduite irlandais souligne l'obligation pour l'intermédiaire d'agir selon une absolue bonne foi, et avec la plus parfaite intégrité, dans ses relations avec assurés et assureurs.

■ Contrôle

Les intermédiaires *ne sont pas contrôlés* en France (toutefois la Commission de contrôle des assurances peut toujours, à titre exceptionnel, missionner un commissaire contrôleur auprès d'un courtier). Ailleurs, une surveillance est exercée par l'autorité qui contrôle les entreprises d'assurance (Italie, Espagne, Portugal, Luxembourg) ou par des organisations d'auto réglementation (Irlande, Royaume-Uni).

Les conseillers en assurance ne sont, quant à eux, soumis à aucune prescription légale.

En Allemagne, l'activité d'intermédiaire n'est ni contrôlée ni réglementée. Pourtant l'ouverture des cinq nouveaux *Länder* à l'assurance *made in West* n'a pas été en période transitoire sans heurts ni malentendus si l'on se réfère aux 1 000 plaintes reçues chaque mois par l'Office fédéral de contrôle (pour 1 500 en provenance de l'ancienne RFA, quatre fois plus peuplée). En outre, 70 % de ces plaintes étaient justifiées (30 % à l'Ouest). L'assurance vie, et notamment de fausses informations sur le délai de renonciation, sont à l'origine de bien des récriminations. Fausses datations, erreurs inventées en vue d'obtenir une nouvelle signature... pour une seconde police, lettres téléguidées par un concurrent, ont témoigné de méthodes certes connues à l'Ouest, mais aggravées à l'Est par des agents insuffisamment aguerris et mal intégrés dans des organisations de vendeurs à l'arraché.

Les Allemands ont songé à mettre en place une protection accrue du preneur d'assurance saxon ou brandebourgeois, mais une telle orientation semble peu compatible avec l'ouverture européenne.

La distribution : son organisation ici et là

Deux cas extrêmes seront analysés, l'Allemagne et la Grande-Bretagne, coupés de quelques indications sommaires sur les autres marchés.

■ En Allemagne

La distribution de l'assurance vie s'opère essentiellement par trois canaux, accessoirement par quelques autres :

- Les réseaux propres à l'assureur, généralement des agents à plein temps travaillant pour une seule entreprise, mais aussi des salariés. Les « vendeurs liés » produisent 70 % de l'aliment des compagnies d'assurance vie.
- Les producteurs indépendants, courtiers, agents multiples ou sociétés de conseil financier.

– Le marketing direct par grandes surfaces, le *mailing*, la création de groupes spéciaux de clientèles, les ventes par l'entremise d'associations professionnelles.

Les ventes où coopère le réseau de l'assureur avec des succursales de banques gagnent du terrain.

L'originalité de la distribution de l'assurance vie en Allemagne réside cependant dans le concept d'*Allfinanz*, défendu principalement par des *Finanzberater* (conseillers financiers) constitués en sociétés dont le volume d'activité est parfois devenu considérable.

Allfinanz met à la disposition du consommateur, dans une structure unique, une gamme complète de produits financiers, fabriqués par des banques, des compagnies d'assurance, des caisses d'épargne logement, des sociétés d'investissement, etc. *Allfinanz* n'est rien d'autre qu'un outil de vente devant permettre de répondre aussi exactement que possible à la préoccupation du consommateur épargnant. En amont du *Finanzberater*, banquier et assureur restent concurrents et peuvent cultiver leurs différences.

Les principaux distributeurs d'*Allfinanz* réalisent des chiffres d'affaires impressionnants.

■ États de l'Union européenne exceptés l'Allemagne et le Royaume-Uni

Dans la plupart des autres États de l'Union européenne, le rôle des courtiers est très limité en assurance vie.

Au Danemark, la production est exclusivement le fait de réseaux propres aux entreprises, agents commissionnés et salariés. La même observation vaut pour l'Espagne, ce dernier pays utilisant également des guichets bancaires comme points de vente de l'assurance vie. Au Portugal, les compagnies vie emploient essentiellement des réseaux salariés.

Les courtiers italiens ont fait une apparition timide sur le marché local, de même que les banquiers (3 % des affaires nouvelles).

Le rôle des courtiers est plus net aux Pays-Bas, en Irlande et en Grande-Bretagne.

Aux Pays-Bas, les courtiers redoutent le développement des conglomérats financiers au sein desquels les compagnies d'assurance utilisent systématiquement des guichets bancaires pour diffuser leurs produits.

■ Au Royaume-Uni

La distribution obéit aux dispositions du *Financial Services Act (FSA)*, voté par le Parlement britannique le 7 novembre 1986 et progressivement entré en vigueur depuis 1988. Le *FSA* vise l'ensemble des activités d'investissement et d'épargne, y compris l'assurance sur la vie, et notamment les achats et les ventes, les conseils, etc. La loi recherche l'information et la protection du petit épargnant, en imposant un encadrement strict au démarchage financier, ce qui est étonnant dans un pays traditionnellement libéral.

Deux aspects du *FSA*, la polarisation des intermédiaires et leur contrôle, conditionnent désormais la distribution de l'assurance vie en Grande-Bretagne.

La bipolarisation

Avant le *FSA*, les producteurs d'assurance vie étaient classés au Royaume-Uni en trois catégories selon leur relation avec l'entreprise dont ils plaçaient le contrat : les courtiers indépendants, les représentants d'une compagnie (parfois autorisés à vendre les produits émis par d'autres entreprises), les intermédiaires à temps partiel ou *quasi-brokers*, indépendants par nature (*building societies*, courtiers spécialisés en assurance dommages, experts-comptables, etc.) et souvent liés à plus d'une société pour vendre accessoirement de l'assurance vie.

Pour résister à la pression des courtiers, les assureurs vie avaient conclu entre eux des accords définissant des taux de commissions uniformes ; mais quelques marginaux, pour gagner des points de vente, proposaient des rémunérations plus élevées, attirant non seulement des indépendants mais aussi des agents liés à une autre compagnie.

Le FSA a voulu moraliser le marché en limitant le choix du producteur d'assurance vie qui désormais ne peut plus opter que pour l'un des deux statuts suivants : courtier indépendant ou représentant exclusif d'une compagnie.

– *Le représentant exclusif* d'une compagnie s'interdit de vendre les contrats édités par une autre entreprise. Il opère sous la surveillance et la responsabilité de l'entreprise qui l'emploie et n'a par conséquent pas besoin de recevoir une licence spéciale.

L'exclusivité sert les compagnies, dont les vendeurs ne peuvent plus recommander des produits étrangers.

– *L'indépendant* (ou *broker*) a l'obligation du *meilleur conseil* : il doit être en mesure de proposer à son client le produit disponible sur le marché qui lui semble le mieux correspondre à ses besoins.

Le *broker* doit donc posséder une vaste compétence technique, ainsi que la capacité de mettre en relation le client avec l'entreprise dispensatrice du produit retenu. Ces exigences très sévères ont condamné les petits courtiers indépendants à disparaître, à se regrouper ou à se lier avec une seule société. Le nombre des distributeurs indépendants d'assurance vie est ainsi revenu en quelques années de 40 000 à moins de 10 000.

L'obligation du meilleur conseil, étendue à tout un marché aussi vaste et divers que celui du Royaume-Uni, est vite apparue irréalisable concrètement. Aussi il a été convenu que le courtier pouvait se contenter d'afficher une liste restreinte à une quinzaine de partenaires privilégiés, à condition de réviser périodiquement cette liste sur la base d'une étude générale du marché et des nouveaux produits. Et, pour figurer en bonne place sur les listes des grands cabinets de courtage, les compagnies d'assurance doivent donc apporter la preuve de la qualité de leurs services et de leurs produits.

La presse spécialisée publie régulièrement des fiches détaillées sur les nouveaux produits commercialisés par les entreprises, ce qui aide les courtiers dans l'actualisation de leurs choix.

La bipolarisation a obligé tous les opérateurs à choisir leur camp, et cela vaut aussi pour les banques, les *building societies*, les agences immobilières, les experts-comptables, même s'ils ne sont que des producteurs occasionnels d'assurance vie.

Le contrôle mis en place par le FSA

Une structure complexe de contrôle, sous l'autorité gouvernementale (Département du Trésor, Département du Commerce et de l'Industrie ou DTI), repose sur les trois institutions qui se partagent la surveillance des marchés monétaire et financier : *Bank of England, Building Societies Commission* (Commission pour les sociétés de crédit immobilier), *Securities and Investments Board ou* SIB (Commission pour les valeurs mobilières et les investissements).

C'est le SIB qui a en charge l'assurance vie, soit directement, soit par l'intermédiaire de deux des cinq organisations d'autocontrôle ou SRO *(Self Regulating Organisations)* qu'il coiffe :

- Le Lautro *(Life Assurance and Unit Trust Regulatory Organisation)*, qui contrôle notamment les entreprises d'assurances (et à travers elles leurs agents) ;
- Le Fimbra *(Financial Intermediaries Managers and Brokers Regulatory Association)*, qui surveille les intermédiaires financiers indépendants et parmi eux les courtiers.

Le SIB n'est pas un service public mais une institution indépendante, dirigée par des praticiens de la finance et des représentants de l'État. Le DTI *(Department of Trade and Industry)* est le gardien de la solvabilité des entreprises d'assurance, mais il a été déchargé, au profit du SIB, de la protection individuelle du consommateur. À son tour, le SIB a délégué au Lautro la surveillance de l'activité commerciale des compagnies d'assurance sur la vie et au Fimbra la supervision des courtiers (marketing et solvabilité).

Le SIB a reçu des pouvoirs très étendus : en particulier, son autorisation, ou celle d'une institution à laquelle il a délégué des pouvoirs, est nécessaire pour offrir sur le marché britannique une prestation de service financier. Cela vaut même pour les entreprises venues du continent, procédure maintenue après l'avènement du marché unique alors même que de nombreux intervenants estiment une telle politique contraire aux objectifs du traité de Rome.

Le SIB a élaboré un Code de bonne conduite, détaillant les obligations du vendeur qui doit apprendre à connaître son client et lui fournir des informations détaillées sur les produits. Le Lautro prescrit en particulier le contenu du *descriptif* du produit à remettre au consommateur. Le client doit également disposer de simulations sur les valeurs de rachat, les participations aux bénéfices, les capitaux indexés, calculés suivant diverses hypothèses, optimistes et pessimistes, d'inflation, de rendement des actifs, d'évolution des cours de Bourse, de frais de gestion du contrat, arrêtées par le Lautro , qui peut modifier à tout moment ses instructions.

Sous l'égide du Lautro , un accord interentreprises avait fixé, par type de contrat et en pourcentage des primes, les limites entre lesquelles devaient se situer les rémunérations des intermédiaires. Mais le courtier dont la commission sortait de cette norme devait seulement en afficher le montant exact. Cet accord voulait moraliser la concurrence mais il entrait en contradiction avec l'ouverture européenne. Aussi, depuis le 1er janvier 1990, le taux de commissionnement du courtage est libre, mais il doit être déclaré (en pourcentage des primes). L'agent lié n'est pas tenu à cette obligation.

Au moment de la vente d'un produit, l'intermédiaire doit préciser sa situation d'indépendant ou d'agent lié.

Le client insatisfait peut ester contre l'intermédiaire qui lui paraît avoir contrevenu aux règlements. En particulier, un courtier ne doit pas être convaincu d'avoir mis en avant un contrat parce qu'il était mieux commissionné. En fait, plutôt que de s'adresser à un tribunal, l'assuré préfère se plaindre à son assureur, puis au Lautro ou à l'*ombudsman* de l'assurance. Les réclamations portent surtout sur la publicité, la polarisation, les litiges entre compagnie et producteur.

Ainsi, Norwich Union n'a évité une condamnation pécuniaire par le Lautro qu'en dédommageant les épargnants qui avaient souscrit des contrats chez son agent, Winchester Group, alors que cet intermédiaire avait, semble-t-il, été interdit en octobre 1990, parce que ne présentant pas des garanties suffisantes.

Depuis sa création, le Lautro a infligé plusieurs millions de livres d'amendes à des entreprises d'assurance vie opérant sur le marché britannique. La plus grosse contravention a été supportée par Legal & General (180 000 livres d'amende et 220 000 à titre de dommages et intérêts). Cette compagnie a été condamnée parce que le système de contrôle de ses vendeurs n'était pas conforme aux règles en vigueur, des fautes techniques ayant par ailleurs été relevées dans le suivi des fonds des assurés. L'importance de l'amende a d'autant plus surpris que les clients de l'entreprise n'ont subi aucun préjudice du fait des manquements constatés. De son côté, Guardian Royal Exchange a dû payer une pénalité de 100 000 livres pour défaut de surveillance de deux de ses agents exclusifs condamnés par ailleurs pour détournement de primes versées par des assurés. Dans une autre société, l'incitation à racheter des contrats pour en souscrire de nouveaux a été lourdement sanctionnée.

Quant à l'enquête diligentée par le SIB sur les ventes massives de plans individuels de pension, elle a été prolongée par des interventions du Lautro , qui a ainsi infligé 160 000 livres d'amende à Interlife Assurance, dont les agents ont poussé des centaines d'infirmières à quitter leur régime professionnel de retraite pour adhérer à des contrats personnels moins protecteurs.

Ces sanctions sont publiques et commentées par la presse à grand tirage.

Pour améliorer l'efficacité de sa protection des épargnants, le SIB a installé une nouvelle structure, le *Personal Investment Authority (PIA)* qui remplace désormais le Lautro et le Fimbra dans leur mission de surveillance des intermédiaires d'assurance vie. Le PIA s'est notamment attaqué aux vendeurs de plans de retraite individuels.

La transparence des coûts

Le SIB impose désormais (depuis le 1er janvier 1995) aux entreprises d'assurance vie la publication de leurs frais et de leurs marges bénéficiaires. Cette obligation entraîne une profonde réforme du fonctionnement des réseaux. Barclays Life a dénoncé l'inflation de la paperasserie : un dépliant serait passé de quatre à vingt-trois pages ! Ailleurs, on regrette, à cause de son coût élevé, la nécessité de multiplier les visites auprès du client avant de lui faire signer un contrat.

Pour se mettre en situation d'afficher un niveau de frais « présentable », beaucoup de sociétés ont réduit drastiquement le nombre de leurs producteurs. Globalement, l'effectif des vendeurs d'assurance vie serait passé de 190 000 en 1991 à 75 000 en 1995.

Sachant qu'un vendeur doit aujourd'hui consacrer plus de trois heures à l'explication d'un contrat, la priorité n'est plus de trouver de nombreux assurés mais de sélectionner les meilleurs. En outre, au système de rémunération par commissions, désormais inadapté, se substituent fréquemment aujourd'hui des salaires, majorés éventuellement par des bonus liés aux performances réalisées.

Les surcoûts imposés par les nouvelles règles du SIB d'une part, des structures de production traditionnellement lourdes d'autre part, semblent condamner à terme un certain nombre d'entreprises et notamment les petits assureurs britanniques indépendants.

Les résultats

Les statistiques recueillies par l'*Association of British Insurers* montrent que le partage de la production entre les représentants exclusifs des entreprises et les courtiers varie avec la nature des produits commercialisés.

Les courtiers *(brokers)* dominent le secteur des assurances collectives et sont les principaux vendeurs de contrats à prime unique. Les agents liés en exclusivité à une entreprise d'assurance, qu'ils aient ou non un statut de producteurs salariés (*staff* des compagnies), sont davantage tournés vers les produits à primes périodiques et les plans de retraite individuelle.

Le détail est le suivant :

En% Affaires nouvelles souscrites en 1994	Producteurs indépendants		Agents liés à une compagnie			Autres modes de production
	Banques et Building societies	Courtiers et divers	Banques et Building societies	Staff des compagnies	Autres agents liés	
Primes périodiques						
Contrats non indexés	3	27	14	40	7	8
Contrats indexés	2	19	29	37	13	1
Retraites individuelles	2	34	11	48	5	–
Primes uniques						
Contrats non indexés	5	40	27	25	2	1
Contrats indexés	7	47	24	17	2	3
Retraites individuelles	2	57	3	34	3	1
Assurances Collectives	7	72	–	16	5	–

Sur la période 1989-1994, les banques et les *building societies* ont considérablement accru leurs parts de marché : 27 % des PU non indexées en 1994 (10 % en 1989), 24 % des PU indexées (8 %), 29 % des primes périodiques sur contrats *linked* (7 % en 1989). Les courtiers, quant à eux, sont de plus en plus impliqués dans les assurances collectives (72 % en 1994 contre 67 % en 1989) et dans les retraites individuelles à prime unique (51 % du marché en 1994 contre 37 %).

Les banques opèrent tantôt comme indépendants, tantôt comme exclusifs : ainsi National Westminster est un courtier et produit surtout des contrats à prime unique non indexés (bons d'épargne notamment). Les trois autres grands banquiers anglais ont désormais *leur* assureur (Abbey Life pour la Lloyds, Midland Life,

Barclays Life) et la Royal Bank of Scotland a créé en 1989 une filiale spécialisée dans l'assurance vie.

Les *building societies* intervenaient traditionnellement plutôt comme courtiers que comme agents exclusifs, pour diffuser essentiellement des mixtes hypothécaires. Un revirement s'est produit avec la mise en application du *FSA*, neuf sur dix des principales *building societies* étant devenues agents exclusifs de compagnies d'assurance :

- Halifax pour Standard Life ;
- Abbey National pour Friends Provident ;
- Nationwide Anglia pour Guardian Royal Exchange ;
- Woolwich Equitable pour Sun Alliance ;
- Alliance and Leicester pour Scottish Amicable, etc.

En 1994, Halifax a mis fin à son contrat d'agence pour développer une activité d'assurance vie autonome en créant sa propre compagnie (Halifax Life). En 1996, Halifax a « racheté » pour 800 millions de livres une des plus grandes mutuelles britanniques, Clerical Medical (13 milliards de livres d'en-cours) : concrètement le portefeuille de la mutuelle a été transféré à une société anonyme contrôlée à 100 % par Halifax. L'expansion de la *building society* par croissance externe s'est également concrétisée par le rachat de l'activité de Paribas au Royaume-Uni dans le secteur des prêts hypothécaires (portefeuille de 340 millions de livres).

Halifax a par ailleurs décidé en 1996 de ne pas allouer de participations aux bénéfices à ses clients titulaires de plans d'épargne retraite complémentaire. Cette résolution est liée à la « démutuellisation » de la *building society*, qui préfère réserver ses bénéfices à ses sociétaires, et ainsi augmenter l'attrait de son introduction en Bourse, ce qui a été mal reçu par les gros clients.

D'autres « démutuellisations » sont prévues, Woolwich, Alliance and Leicester, etc.

Les agences immobilières sont également des représentants exclusifs de compagnies d'assurance pour la commercialisation de mixtes hypothécaires.

Quelques grands groupes (Prudential, Sun Alliance, Royal Insurance) ont investi des sommes importantes pour conquérir des réseaux d'agences immobilières, mais les objectifs de rentabilité recherchés ont été compromis par le marasme du marché immobilier britannique, qui condamne les acquéreurs de ces réseaux à supporter des frais fixes parfois considérables.

Enfin, les experts-comptables vendent, en tant que producteurs indépendants, de 1 à 3 % des produits du marché, selon leur type.

■ Synthèse

Pour protéger le consommateur, l'Allemagne avait instauré un contrôle strict des produits et laissé en revanche une grande liberté aux intermédiaires. Les Britanniques ont adopté la démarche inverse, surveillance prioritaire des intermédiaires et accessoirement des contrats.

Ces deux solutions extrêmes sur l'échiquier européen s'effacent aujourd'hui (ou devront s'effacer) devant les exigences du marché unique : abandon en Allemagne du contrôle préalable et systématique des conditions générales des contrats et des tarifs ; reconnaissance au Royaume-Uni des producteurs venus d'ailleurs, non soumis aux règles du *Financial Services Act* et à la surveillance du *Securities and Investment Board*, à moins que les Britanniques ne prouvent que leur système, sans équivalent, est d'intérêt général pour la protection de John Bull et de sa famille. Les avatars des sorties en retraite individuelle ont cependant suscité un certain scepticisme quant à l'efficacité du *FSA* et du SIB.

Globalement la distribution de l'assurance a connu en Europe une profonde mutation, caractérisée par le recul des agents exclusifs, qui ne produisent plus que 50 % du marché après 85 % en 1970, et l'avancée remarquable des banquiers.

■ Le traitement disparate des intermédiaires étrangers dans les États membres [1]

En l'absence de licence unique et de toute solution globale européenne, chaque État membre de l'Union européenne reste libre d'imposer tout ou partie de sa législation nationale aux intermédiaires étrangers opérant sur son territoire. Ainsi :

- Les assureurs étrangers opérant au Royaume-Uni ne peuvent s'adresser qu'à des intermédiaires, britanniques ou étrangers, respectant le *FSA*. Les agents polyvalents étrangers ne peuvent donc exercer sur le marché britannique de l'assurance vie. La même règle prévaut en Irlande.
- En novembre 1994, l'autorité de contrôle allemande a adressé une circulaire à toutes les entreprises d'assurance communautaires offrant des produits en Allemagne à l'aide d'intermédiaires, soit par succursale soit en LPS. Cette lettre est motivée : « La déréglementation du marché de l'assurance rend les conseils professionnels prodigués par des intermédiaires encore plus importants que par le passé. »
- En France, l'immatriculation au registre du commerce constitue un préalable à l'exercice de l'activité de courtier. Cette obligation s'impose à tous les courtiers français ou résidant en France (C. assur., art. R. 511-2) ; elle valait aussi pour les courtiers communautaires, ce qui n'était pas compatible avec le marché unique européen, l'immatriculation en tant que courtier étant de la compétence de l'État membre d'origine.

Le décret n° 96-754 du 21 août 1996 (C. assur., art. R. 511-9) a apporté l'assouplissement nécessaire. Les courtiers communautaires non établis en France désireux d'y opérer en LPS ne sont plus tenus qu'à une formalité simplifiée : déclaration préalable auprès du tribunal de grande instance de Paris. Cette procédure doit permettre de vérifier la qualification du courtier (compétence, honorabilité, immatriculation dans le pays d'origine, garanties financières, etc.).

Le lecteur qui aura triomphé des méandres de ce chapitre sera en mesure d'apprécier si, comme l'affirme le BIPAR par la voix de son vice-président Giorgis Casagrande, « le marché unique de l'assurance reste une illusion pour les intermédiaires d'assurance ».

---

1. Voir la brochure éditée en décembre 1995 par le BIPAR : Conseils aux intermédiaires d'assurance opérant dans le marché unique.

4

Le cadre réglementaire européen et la réalité quotidienne du marché unique

SECTION I

LE MARCHÉ UNIQUE EUROPÉEN DE L'ASSURANCE VIE DANS SON CADRE RÉGLEMENTAIRE

Le marché unique européen est une réalité juridique se présentant comme un espace sans frontières intérieures dans lequel théoriquement marchandises, personnes, services et capitaux circulent librement et sans contraintes, conformément aux dispositions du traité de Rome du 25 mars 1957 et selon les termes de l'article 13 de l'Acte unique européen signé en 1986 par les douze États membres (devenus quinze) de l'Union européenne.

L'Acte unique européen de 1986 a constitué une étape décisive dans la construction de l'édifice communautaire parce qu'il a modifié le fonctionnement des institutions et changé les objectifs :

- Désormais, les décisions ne sont plus prises à l'unanimité mais à la majorité qualifiée de 54 voix sur 76 dans l'Europe des 12, de 62 sur 87 dans l'Europe des 15 [1].
- Dans le domaine des services financiers, l'objectif n'est plus l'harmonisation totale des législations et des contrôles. Le marché intérieur unifié repose seulement sur la reconnaissance mutuelle des contrôles effectués par chaque État

1. Chaque État membre dispose d'un nombre de voix proportionné à son importance dans l'Union européenne : 10 voix pour l'Allemagne, la France, l'Italie et le Royaume-Uni ; 8 pour l'Espagne ; 5 pour la Belgique, la Grèce, les Pays-Bas et le Portugal ; 4 pour l'Autriche et la Suède ; 3 pour le Danemark, la Finlande et l'Irlande ; 2 pour le Luxembourg. Ainsi deux grands pays et deux petits peuvent bloquer un texte.

sur ses propres ressortissants *(home country control)* et sur une harmonisation limitée à quelques aspects fondamentaux de chaque activité.

Trois libertés conditionnent le fonctionnement d'un marché européen des services financiers : liberté d'établissement, liberté de prestation de services et liberté des mouvements de capitaux.

L'article 52 (et les suivants) du traité de Rome définit la *liberté d'établissement* qui permet à une entreprise dont le siège social est situé dans un État membre de l'Union européenne d'ouvrir un établissement (succursale, agence, bureau) sur le territoire d'un autre État membre dans des conditions équivalentes à celles qui sont requises des entreprises du pays d'accueil. La liberté d'établissement peut même aller au-delà de ce principe de non-discrimination dans la mesure où une entreprise communautaire fonctionnant régulièrement dans son pays d'origine est habilitée à opérer sans aucune restriction dans les autres États membres.

Selon l'article 59 (et les suivants), la *liberté de prestation de services* va plus loin : c'est le droit pour une entreprise établie dans un État membre d'offrir aux consommateurs des autres États membres la possibilité de contracter sans aucune restriction due aux frontières. C'est aussi la liberté pour le client de s'adresser en vue d'une prestation à une entreprise installée dans n'importe quel autre pays de l'espace communautaire européen.

Avec l'article 67 (et les suivants) du traité, tout citoyen européen peut bénéficier de la *liberté des mouvements de capitaux* qui lui permet d'effectuer toutes les opérations financières qu'il désire sur le territoire de l'Union européenne et notamment de transférer des primes d'assurance dans un État distinct de celui dans lequel il a sa résidence.

Dans le secteur de l'assurance vie, la variété des législations, dictées par le même souci de protéger le consommateur mais organisées suivant des schémas plus ou moins contraignants selon les usages nationaux, constitue un obstacle pour la régularité de la concurrence au sein d'un marché ouvert. D'où la nécessité d'une harmonisation conjuguant défense de l'assuré et égalité des chances pour les acteurs. Le travail législatif du Conseil des ministres de l'Union européenne, matérialisé par trois directives cadres propres à l'assurance vie, venant s'ajouter à des textes plus généraux sur les mouvements de capitaux et la comptabilité, a permis de lever les barrières matérielles, réglementaires ou morales freinant la mise en œuvre d'un marché unique européen de l'assurance. Pour atteindre le niveau minimal d'harmonisation indispensable, il a fallu quinze années de négociations et d'efforts aux experts de la Commission [1] et à leurs interlocuteurs représentant les États membres.

Les étapes de cette édification seront décrites ci-après avec les obstacles levés et les objections majeures opposées à l'espace unique européen de l'assurance vie.

---

1. La Commission des Communautés européennes est en quelque sorte le gouvernement de l'Europe avec ses 20 commissaires et ses 14 000 fonctionnaires. Elle est divisée en 23 directions générales. La DGXV est chargée des institutions financières et du droit des sociétés. La Commission conçoit la législation européenne, pour la transmettre au Conseil des ministres et au Parlement de Strasbourg, qui l'adopteront ; elle est également chargée de veiller à l'application de ces lois. Le siège de la commission est à Bruxelles.

La première directive-cadre[1] de l'assurance vie, n° 79/267/CEE, du 5 mars 1979

Elle harmonise les conditions d'accès et d'exercice de l'activité d'assurance vie (de même que la directive n° 73/239/CEE pour l'assurance dommages).

L'entreprise souhaitant opérer dans un État membre doit être préalablement agréée par l'autorité compétente de cet État. La directive a harmonisé les procédures d'agrément (et notamment les renseignements à fournir à l'autorité de contrôle), ainsi que les conditions juridiques et financières imposées aux candidats. Le traitement réservé par l'administration à une demande doit être identique pour une société nationale et une entreprise venant d'un autre pays de l'Union européenne.

La directive de 1979 a également uniformisé les normes de solvabilité (montant minimum, éléments constitutifs) exigibles de toutes les entreprises agréées dans l'Union européenne pour opérer en assurance vie. En revanche, ni les conditions des contrats, ni les bases actuarielles des tarifs, ni les modalités de calcul des provisions techniques n'ont à l'époque été l'objet d'une quelconque harmonisation. Aucune règle commune ne concernait ni le choix ni l'évaluation des placements. Toutefois, la directive énonce que les provisions techniques (brutes ou nettes de réassurance selon les philosophies des uns et des autres) doivent être couvertes par des actifs équivalents (quantitativement) et congruents (libellés dans la monnaie de l'engagement).

Enfin, le législateur européen de 1979 a, sous réserve d'un réexamen dans les dix ans, posé le principe de la spécialisation entre l'assurance vie et l'assurance non vie, en interdisant la création de toute nouvelle société multibranches au sein de l'Union européenne. En revanche, les entreprises mixtes existantes ont été autorisées à poursuivre toutes leurs activités, sauf à installer de nouvelles succursales communautaires opérant dans la branche vie.

La deuxième directive-cadre de l'assurance vie, n° 90/619/CEE, du 8 novembre 1990

Elle a, onze ans après la première, instauré un régime de liberté de prestation de services à deux vitesses.

Mais cette naissance a été difficile. En assurance dommages, le débat s'est engagé en 1977 pour aboutir à un résultat partiel... en 1988.

En effet, choix fondamental offert aux entreprises par les lois communautaires, la liberté de prestation de services en matière d'assurance a été très controversée :

- D'abord, la référence aux États-Unis montre que la LPS n'existe pas entre les 50 États de l'Union Jack. Mais il n'est pas interdit de faire mieux.
- La LPS en assurance, et notamment dans la branche vie, est subordonnée à la libre circulation des capitaux. Or celle-ci n'a été acquise qu'avec la directive 88/361/CEE du 24 juin 1988, obligeant les États membres à lever toutes les restrictions aux mouvements de capitaux entre les personnes résidant dans ces

---

1. La directive et le règlement sont des textes législatifs européens. La directive doit être transposée dans chaque droit national ; le règlement est d'application immédiate.

États. Cette directive de portée générale autorise l'ouverture de comptes bancaires, les prêts, les investissements, ainsi que les transferts de primes ou de prestations au titre de contrats d'assurance vie conclus tant par des compagnies nationales avec des non-résidents que par des compagnies étrangères avec des résidents.

Les États membres opposés à la LPS y voyaient un facteur déstabilisant pour leurs marchés et surtout un moyen d'évasion pour l'épargne nationale au détriment de la stabilité de leurs monnaies.

– La spécificité de l'opération d'assurance a été avancée pour justifier le maintien d'un cloisonnement géographique. En effet, l'entreprise d'assurance vend de la sécurité, ce qui nécessite un encadrement dès sa constitution (agrément), pendant son fonctionnement (règles prudentielles pour le calcul des provisions techniques et leur représentation par des actifs sélectionnés), et surtout en cas de cessation d'activité. Certains États membres, entre autres l'Allemagne et la France, ont longtemps soutenu que l'assurance était un secteur sensible, nécessitant des restrictions à la mise en application de l'article 59 (et des suivants) du traité de Rome, qui institue la LPS. Cette position répondait au souhait de maintenir un contrôle strict préalablement à l'activité d'assurance, contrôle étendu aux contrats et aux tarifs. En revanche, le contrôle *a priori* est traditionnellement moins bien accepté par la Grande-Bretagne et les Pays-Bas, où il est remplacé par une certaine discipline corporatiste.

À plusieurs reprises, la Cour de justice des Communautés européennes [1] a affirmé que la LPS était applicable à l'assurance (arrêts de 1974 et de 1975). De son côté, la Commission des Communautés européennes a pris les mêmes orientations, obtenant de la Cour des arguments décisifs.

Le premier test en la matière a été une directive de portée limitée, la 78/473/CEE du 30 mai 1978, portant coordination des dispositions législatives, réglementaires et administratives en matière de *coassurance communautaire*. Cette directive a autorisé les assureurs communautaires à couvrir en coassurance des grands risques situés dans un État membre de l'Union européenne où ils ne sont pas agréés. La transposition de cette directive dans les législations nationales a donné lieu à des interprétations diverses, certains États membres exigeant que la compagnie apéritrice soit établie et autorisée dans le pays du risque. Considérant que ces restrictions dénaturaient la notion même de libre prestation de services, la Commission des Communautés, appuyée par les Pays-Bas et le Royaume-Uni, a engagé des recours contre les États récalcitrants. Ce contentieux a débouché sur quatre arrêts de la Cour, pris le 4 décembre 1986.

Ces arrêts ont relancé le travail législatif européen en matière d'assurance. En effet, l'économie des arrêts de 1986 est la suivante :

1. La suppression des restrictions à la LPS s'applique à *« tous les services fournis par des ressortissants des États membres dans un pays de la Communauté autre que celui du destinataire de la prestation »*. Cela vaut en particulier pour l'assurance vie.

2. La LPS peut être réalisée, même si les législations nationales ne sont pas coordonnées. Il n'y a pas lieu de subordonner l'exercice de la LPS à une harmo-

---

1. La Cour de Justice des Communautés européennes (CJCE) assure le respect du droit dans l'exécution des traités, des directives et des règlements. Son siège est à Luxembourg.

nisation des textes sur le contrat d'assurance, la fiscalité attachée à ce contrat, les procédures en cas de litiges entre assureur et assurés, la liquidation des entreprises et les privilèges des assurés (cette liste n'est pas limitative).

3. Les règles relatives aux mouvements de capitaux ne sont pas de nature à restreindre la liberté de contracter des assurances en prestation de services.

4. Néanmoins l'exercice de la LPS peut être subordonné, dans certains secteurs comme l'assurance, à des contraintes « justifiées par l'intérêt général », c'est-à-dire par la protection du consommateur et l'ordre public. Mais ces limitations ne sauraient aller jusqu'à la suppression de la LPS. En outre, elles doivent être compatibles avec le principe de non discrimination entre les ressortissants des différents États membres et la règle de proportionnalité, signifiant l'adéquation des contraintes au besoin de protection des assurés.

5. Enfin, la Cour reconnaît que « le secteur de l'assurance constitue un domaine particulièrement sensible du point de vue de la protection du consommateur en tant que preneur d'assurance et assuré ».

Cette analyse repose sur les considérations suivantes :

– la prestation de l'assureur est liée à des événements futurs incertains ;
– l'assuré sera dans une situation précaire s'il n'est pas indemnisé après un sinistre ;
– il est extrêmement difficile pour l'assuré d'apprécier les clauses du contrat et les perspectives d'évolution de la situation financière de l'assureur ;
– la sauvegarde des intérêts des tiers est essentielle, surtout dans les branches où l'assurance est devenue un phénomène de masse.

Cela dit, la Cour ajoute que tous les assurés n'ont pas le même besoin de protection et qu'il existe des situations où il n'est pas nécessaire de les protéger par l'application des règles édictées par le pays de la prestation.

Cette distinction a conditionné la suite des travaux communautaires, tant en assurance vie que dans les branches non vie, la conclusion des directives LPS étant par ailleurs facilitée par l'Acte unique. Mais le critère de protection à plusieurs vitesses s'applique plus difficilement à l'assurance vie qu'aux branches élémentaires où le législateur européen a pu distinguer les risques méritant une protection renforcée (RC auto par exemple), ceux exigeant une protection normale (risques de masse) et ceux pour lesquels l'assuré apparaît capable de discuter d'égal à égal avec l'assureur (grands risques). Une classification similaire n'a pu être effectuée en assurance vie, et la Commission s'est rabattue sur la notion de LPS *passive* ou *active* selon que le preneur d'assurance a pris ou non l'initiative de souscrire un contrat. Pour lever l'ambiguïté des termes employés, on soulignera que l'on se place du point de vue de l'assureur prestataire de services. L'initiative du preneur est interprétée comme un renoncement aux règles de protection de la législation de son pays.

La directive n° 90/619/CEE du 8 novembre 1990 couvre les assurances individuelles et les contrats collectifs. Ce n'est qu'un texte transitoire, mais son adoption a été rendue urgente par la directive du 24 juin 1988 sur les mouvements de capitaux, qui a eu notamment pour effet de libérer la commercialisation de produits financiers proches des assurances vie à dominante d'épargne. Cette libération aurait pu perturber le marché de l'assurance vie si ce secteur était resté fermé à l'Europe.

La LPS passive préfigure le régime définitif caractérisant le marché unifié. L'État membre de prestation de services ne peut subordonner l'exercice de la LPS passive sur son territoire à aucune autorisation administrative. Toutefois, l'assureur qui entend opérer de cette manière doit informer l'autorité de contrôle de son siège social et se soumettre à certaines exigences de l'État de prestation de services, telles que la fourniture d'informations et de documents (certificat de solvabilité émanant des autorités du siège, certificat attestant que ces autorités ne s'opposent pas à l'activité envisagée en LPS, indication de la nature des risques que l'entreprise se propose de garantir ainsi).

Ce régime dit du *home country control* s'oppose à celui du *risk country control*, applicable en LPS active. Tout ce qui n'est pas LPS passive nécessite une protection appropriée des preneurs, ce principe étant justifié par l'insuffisante coordination communautaire des règles prudentielles relatives à l'activité d'assurance. Dans le régime transitoire de la deuxième directive, le contrôleur restait celui de l'État d'engagement, pouvant soumettre à un agrément administratif l'exercice sur son territoire de l'activité d'assurance vie en LPS active. Les conditions de délivrance de cet agrément sont précisées par la directive : en particulier, l'entreprise doit produire un programme d'activités. De même, l'autorité compétente de l'État de l'engagement peut exiger l'approbation des conditions des contrats.

La loi applicable au contrat est dans tous les cas de figure celle du pays de résidence du preneur, sauf lorsque la loi nationale permet un autre choix ou que le preneur a sa résidence dans un État membre et est ressortissant d'un autre.

En outre, les contrats d'assurance vie conclus en prestation de services sont soumis aux impôts et taxes grevant les primes d'assurance dans l'État membre où l'engagement est pris.

Le problème clé posé par la deuxième directive cadre concernant l'assurance vie est la caractérisation du preneur pour cerner les cas de LPS passive. Tout d'abord, cette initiative doit s'inscrire géographiquement à l'intérieur de l'Union européenne ; ensuite, le preneur ne doit avoir été sollicité ni directement par l'entreprise, ni par un intermédiaire mandaté par elle, ni dans le cadre d'une promotion commerciale personnalisée.

La loi n° 92-665 du 16 juillet 1992 a adapté le Code des assurances (art. L. 353-1 à 11) à la directive du 8 novembre 1990. L'entrée en vigueur des dispositions sur la LPS a été fixée au 20 mai 1993. Mais ce régime était transitoire... jusqu'au 1er juillet 1994, date limite de la mise en application de la 3e directive cadre du 10 novembre 1992, et, les notions de LPS active et passive étant ambiguës et complexes, les utilisateurs ont été soulagés par le passage à la phase suivante.

La troisième directive-cadre de l'assurance vie, n° 92/96/CEE, du 10 novembre 1992

Elle permet à toute entreprise d'assurance implantée dans l'Union européenne de commercialiser l'ensemble de ses produits dans tout l'espace européen, en étant essentiellement soumise au contrôle du pays du siège. L'entrée en vigueur de la troisième directive a été fixée au 1er juillet 1994. En France, une loi du 4 janvier 1994 en a transposé la partie législative dans le droit national ; elle a été suivie par divers décrets.

L'adoption de cette directive a achevé la construction du Marché unique, selon les principes de la licence unique et du *home country control*. La distinction entre la LPS active et la LPS passive a donc été effacée peu après son entrée en application (20 mai 1993).

Comme son équivalent concernant l'assurance dommages, la troisième directive cadre de l'assurance vie s'efforce, à défaut d'une harmonisation complète, de réaliser la coordination minimale nécessaire au fonctionnement d'un marché européen dans des conditions qui garantissent à la fois une concurrence loyale et une protection adéquate des assurés.

La troisième directive énonce trois séries de principes essentiels concernant :

– l'agrément unique et le contrôle des activités des entreprises d'assurance ;
– le droit du contrat, les conditions d'assurance et les tarifs ;
– les provisions techniques et les actifs représentatifs de ces provisions.

■ L'agrément unique et le contrôle des activités des entreprises d'assurance

L'achèvement du marché intérieur de l'assurance vie repose sur la reconnaissance mutuelle des agréments, qui implique celle des règles prudentielles et des contrôles. C'est la généralisation du système du *home country control*, exprimé par l'article 8 de la directive : *« La surveillance financière d'une entreprise d'assurance, y compris celle des activités qu'elle exerce par le biais de succursales ou en libre prestation de services, relève de la compétence exclusive de l'État membre d'origine »*. En d'autres termes, l'agrément unique (ou si l'on préfère la licence unique) constitue également un passeport pour le droit d'établissement et la LPS. L'article 4 l'exprime clairement : *« L'agrément est valable pour l'ensemble de la Communauté. Il permet à l'entreprise d'y réaliser ses activités, soit en régime d'établissement, soit en régime de libre prestation de services »*.

Autrement dit, il n'y a plus d'agrément pour la LPS, qu'elle soit active ou passive. Seules subsistent quelques formalités, telle que l'obligation de déclaration auprès des autorités compétentes de l'État membre d'origine. La dispense d'agrément ou de contrôle *a priori* n'empêche pas un contrôle *a posteriori* de l'entreprise prestataire de services. L'État membre de prestation de services peut alerter les autorités du pays d'origine sur les manquements de l'entreprise. Si les autorités de l'État d'origine ne prennent pas les mesures appropriées (qui peuvent aller jusqu'au retrait d'agrément), celles du pays d'accueil redeviennent habilitées à sanctionner l'entreprise, la sanction, proportionnée à l'infraction, pouvant aller jusqu'à l'interdiction de conclure de nouveaux contrats d'assurance sur leur territoire.

La liberté de prestation de services constitue donc une véritable alternative à la liberté d'établissement, et leur cumul est devenu possible, étant entendu qu'un contrat présenté en LPS ne peut être véhiculé par un établissement local.

■ Le droit du contrat, les conditions d'assurance et les tarifs

Les auteurs de la directive ont renoncé à harmoniser le droit du contrat, offrant au consommateur un éventail élargi de produits protégés par les règles propres à chaque État. Ainsi, « l'État membre où le risque est situé ne peut empêcher le preneur de souscrire un contrat conforme à la réglementation de l'État membre d'origine, pour autant qu'il ne soit pas en opposition avec les dispositions légales d'intérêt général en vigueur dans l'État membre où le risque est situé » (art. 28 de la directive).

L'ouverture ainsi proclamée, et le rôle dévolu à la Cour de justice des Communautés européennes pour trancher des situations où l'État membre peut invoquer l'intérêt général pour protéger le consommateur contre l'importation de clauses contraires au droit national, ne peuvent se concevoir dans un système impliquant une approbation préalable des conditions d'assurance. L'article 39 de la troisième directive exclut donc tout contrôle *a priori* des contrats, ce qui modifie considérablement les pratiques en vigueur dans la majorité des États membres.

La troisième directive préconise la généralisation du droit à renonciation en début de contrat et la transparence à travers une information régulière de l'assuré, tant au moment de la souscription qu'en cours de contrat.

Enfin, elle maintient le principe de la territorialité fiscale.

■ Les provisions techniques et les actifs représentatifs de ces provisions

Des règles prudentielles sont imposées aux entreprises d'assurance pour le calcul des provisions techniques, le choix et l'évaluation des actifs affectés à leur représentation, et la fixation d'une marge de solvabilité minimale.

La directive de 1979 a uniformisé les règles concernant la marge de solvabilité des sociétés d'assurance vie.

La directive n° 91/674/CEE du 19 décembre 1991 sur les comptes annuels des entreprises d'assurance a fixé les règles d'évaluation des placements à l'actif des bilans, sur la base soit du prix d'acquisition, soit de la valeur vénale, au choix des États membres.

La troisième directive cadre a arrêté une liste des placements et des créances admis en représentation des provisions techniques. Il s'agit d'une liste maximale, et les États membres peuvent imposer à leurs entreprises un catalogue plus restreint.

Enfin, la même directive édicte une série de principes actuariels applicables aux provisions techniques de toutes les entreprises opérant dans l'Union européenne. Là aussi, ces principes ne vont pas au-delà d'une harmonisation minimale.

Dans la troisième directive, les pouvoirs de surveillance des entreprises d'assurance, concentrés sur le respect des règles prudentielles, sont confiés aux autorités de contrôle de l'État membre d'origine. La « surveillance financière » porte sur l'ensemble des activités de l'entreprise, dans le pays du siège et en dehors, sous forme d'établissement ou en LPS. En outre, les autorités de contrôle du pays d'origine ont également pour tâche de veiller à la bonne organisation administrative et comptable des entreprises ayant leur siège sur leur territoire. Elles examinent la qualité des procédures de contrôle interne et la répartition du capital.

La révolution de 1994 a transféré le contrôle des succursales des autorités compétentes de l'État d'accueil à celles du pays d'origine.

Lorsqu'une entreprise ne satisfait plus aux règles financières de solvabilité, elle est passible de sanctions pouvant aller jusqu'au retrait d'agrément. Sous le régime de la troisième directive, ces sanctions sont prononcées par les autorités de l'État du siège. C'est la généralisation du *home country control.*

■ Domaines non harmonisés

Le marché unique européen de l'assurance vie issu de la mise en application au 1er juillet 1994 de la troisième directive cadre laisse subsister, d'un État à l'autre, de profondes disparités dans les contrats et les méthodes de contrôle :

Faute d'une harmonisation du droit du contrat, des produits très différents dans leur conception et leurs modalités peuvent être offerts concurremment.

Or, le preneur d'assurance vie mérite une protection toute particulière, en raison de la longue durée des contrats, ce qui les distingue des produits bancaires et d'investissement. Pour cette raison, la troisième directive s'est efforcée d'obtenir une certaine transparence, matérialisée par une notice d'information devant permettre au consommateur de comparer les rendements et les coûts. Cette disposition devrait remplacer la perte de sécurité que d'aucuns redoutent à la suite de la disparition de tout contrôle préalable et systématique des polices. Mais cela suppose que le preneur soit capable de discernement.

Les fiscalités nationales subsistent avec leurs différences et leurs incitations respectives.

Le résident d'un État membre reste en principe assujetti aux taxations et aux dégrèvements locaux, ce qui permet de faire jouer équitablement la concurrence entre nationaux et étrangers.

L'exercice effectif de la LPS suppose que les procédures de liquidation soient organisées sur un modèle transfrontières

Cela implique l'adoption d'une directive spéciale : mais les experts européens du Conseil des ministres ont jusqu'à présent échoué dans leurs tentatives pour s'accorder sur une proposition de directive déposée en 1989 par la Commission.

Une harmonisation à plusieurs vitesses ?

La reconnaissance mutuelle par les États membres de l'aptitude de chaque autorité de contrôle à protéger efficacement les consommateurs assurés par les entreprises placées sous sa surveillance suppose une harmonisation minimale qui cependant pourrait laisser des divergences de nature à générer des distorsions de concurrence. Ainsi, une entreprise astreinte à respecter les règles plus contraignantes d'un État en répercutera le coût dans ses tarifs, ce qui constituera un handicap par rapport à des concurrents assujettis à des obligations moins sévères.

La notion de prudence est relative, comme dans la tête du piéton qui cherche à traverser la rue : l'un se faufile entre les voitures, un autre patiente jusqu'à ce que l'horizon soit dégagé ; un troisième fera le détour qui le conduira à un passage clouté ; le dernier ne s'engagera sur la chaussée que sous la protection d'un feu rouge. Il en va de même avec les règles prudentielles énoncées par les actuaires à Édimbourg, Berlin, Athènes ou Lisbonne. Toutes protègent les assurés, mais la marge de sécurité exigée peut varier avec la latitude.

La concurrence aidant, les assureurs soumis aux exigences les plus pesantes pourraient demander à leur « régulateur » les assouplissements nécessaires à leur alignement sur des rivaux moins grevés par des contraintes sécuritaires. De proche en proche se ferait ainsi une uniformisation vers le système le moins prudentiel.

En fait, le bon fonctionnement du marché intérieur suppose une coopération efficace entre les autorités de contrôle, allant au-delà des relations d'information mutuelle prévues par les directives.

La France a demandé l'inscription au bénéfice des troisièmes directives des institutions de prévoyance et des mutuelles

Le législateur européen a toujours donné à l'activité d'assurance sa signification la plus élargie. Une entreprise ou une institution ne saurait être exclue du périmètre des directives cadres de l'assurance vie en raison de sa forme juridique.

La France a donc fait inscrire dans les troisièmes directives la liste suivante de formes juridiques exerçant l'activité d'assurance sur le territoire national :
– la société anonyme ;
– la société d'assurance mutuelle ;
– l'institution de prévoyance régie par le Code de la Sécurité sociale ;
– l'institution de prévoyance régie par le Code rural ;
– la mutuelle régie par le Code de la mutualité.

Aux termes des troisièmes directives, les institutions de prévoyance et les mutuelles régies par le Code de la mutualité sont assimilées à des entreprises d'assurance.

Cela engage donc tous ces organismes à respecter les règles prudentielles énoncées par les trois directives cadre de 1979, 1990 et 1992, entre autres :
– marge de solvabilité ;
– catalogue des placements ;
– calcul actuariel des engagements contractuels (capitalisation) ;
– limitation de l'activité à l'assurance.

Par ailleurs, la directive du 10 novembre 1992, en autorisant une plage commune, dans le cadre du principe de spécialisation des entreprises d'assurance dommages et vie, résout le problème des mutuelles et des institutions de prévoyance qui opèrent simultanément dans les branches vie et accidents-maladie.

L'intégration européenne des institutions de prévoyance ne leur interdit pas de cultiver leurs différences, c'est-à-dire la gestion paritaire et à but non lucratif, ainsi que la spécificité des institutions désignées par convention collective pour gérer la prévoyance.

L'adhésion aux directives assurances est dans la logique de la loi Évin du 31 décembre 1989, qui a créé des obligations similaires à celles visant les entreprises d'assurance dans le domaine financier et organisé un contrôle semblable sous l'autorité d'une Commission de contrôle indépendante.

En outre, les institutions de prévoyance pourront demain nouer à l'étranger des accords de partenariat avec des organismes de même philosophie, qu'il s'agisse de coopératives ou de mutuelles.

Si la France a bien transposé dans son droit national les dispositions communautaires applicables aux institutions de prévoyance, elle n'a pas encore adopté les mesures similaires concernant les mutuelles régies par le Code de la mutualité. Ce retard est amèrement critiqué par ceux qui estiment que les mutuelles correspondantes continuent de ce fait à bénéficier d'un régime plus favorable que celui appliqué aux autres organismes d'assurance couverts par les troisièmes directives.

Institutions de retraite et fonds de pension

■ Une proposition de directive

Les institutions de retraite (dites L4) sont en France exclues du domaine des directives-cadre de l'assurance vie.

Un projet de directive visait à organiser la libre prestation de services pour les fonds de pension sous deux aspects, le choix du gestionnaire et le placement des actifs. Un troisième objectif, la liberté d'affiliation transfrontières, avait été écarté d'emblée compte tenu des problèmes liés à la fiscalité et à l'adhésion obligatoire dans certains pays à des organismes déterminés.

L'objectif de cette directive était d'adapter aux institutions de retraite les applications résultant de la directive sur la libération des mouvements de capitaux.

Le champ de la directive était limité aux *institutions de retraites*, institutions *sui generis* établies indépendamment de toute entreprise responsable en vue de financer les prestations de retraite en faveur d'un groupe de personnes unies par un lien d'emploi, professionnel ou similaire.

En attendant les fonds de pension, dont il est beaucoup question aujourd'hui, aucun établissement français ne semblait visé par la proposition de directive, car les institutions de retraite fonctionnant en répartition en avaient été écartées.

■ Une communication de la Commission européenne

La proposition de directive a été retirée en 1994 après des négociations infructueuses, la Commission européenne ayant refusé d'y apporter les modifications demandées par une majorité d'États, *« considérant que celles-ci risquaient de transformer complètement le sens de la directive et d'aller à l'encontre de ses objectifs, puisque, loin de supprimer les obstacles à la libre prestation de services et à la liberté de placement, elles les légitimaient »*.

La Commission européenne a ensuite jugé utile, par une communication 94/C/360/08 (JOCE du 17 décembre 1994), de préciser les conditions d'application des principes fondamentaux du traité de Rome aux institutions de retraite, notamment en ce qui concerne la liberté de placement des actifs. Selon la Commission, l'objectif de cette communication est de permettre aux États membres de vérifier la compatibilité de leurs règles prudentielles avec les règles instaurées par le traité de Rome.

Un recours auprès de la Cour de justice des Communautés européennes a été exercé par la France contre cette communication qui reprend exactement le contenu, mis en échec, de la proposition de directive.

■ La retraite des travailleurs expatriés

Par ailleurs, aucune solution n'a encore été apportée aux retraites des travailleurs expatriés pour un temps limité d'un État à l'autre de l'Union européenne et à la fragmentation des prestations qui en est la conséquence.

Dans l'affaire Mac Lachlan, qui possède une double nationalité, française et britannique, et qui a successivement travaillé au Royaume-Uni (treize ans) et en France (trente ans), la Cour de justice des Communautés européennes a considéré que le demandeur est *« titulaire de droits à l'égard des institutions compétentes du Royaume-Uni pour les périodes qui se sont déroulées sur le territoire de cet État et à l'égard des institutions françaises pour les périodes accomplies en France »*. (CJCE 7 juillet 1994).

En d'autres termes, des régimes distincts engendrent des créances distinctes à l'égard d'institutions distinctes contre lesquels le prestataire possède des droits directs.

Les partenariats de l'Union européenne

■ L'espace économique européen

Le traité de Porto, signé le 2 mai 1992, a créé un Espace économique européen (EEE) comprenant les 12 États de l'Union européenne et les 7 de l'Association européenne de libre-échange [1]. Ce traité a étendu les principes du traité de Rome, en matière de libre circulation des biens, services, capitaux et personnes, aux États de l'AELE. Ceux-ci ont accepté l'acquis communautaire, et notamment les trois directive-cadre de l'assurance. Cela signifie que les entreprises ayant leur siège social dans un pays de l'AELE doivent être traitées comme des entreprises communautaires, à partir du moment où ce pays a ratifié le traité, puis transposé dans son droit interne les directives assurances.

La Suisse a repoussé par référendum le traité de Porto, ce qui a eu pour effet de réanimer un accord CEE-Suisse de 1989, mais celui-ci ne concerne pas les entreprises d'assurance vie.

L'adhésion, au 1er janvier 1995, de l'Autriche, de la Finlande et de la Suède à l'Union européenne a réduit la portée du traité de Porto, qui n'intéresse plus que l'Islande, le Lichtenstein et la Norvège. Ces trois pays ont transposé les directives européennes sur l'assurance et sont devenus des associés à part entière du marché unique.

■ L'Europe centrale

Les États d'Europe centrale ne sont pas mûrs économiquement ; l'Union européenne s'est donnée pour mission de les aider à préparer leur adhésion par une profonde mutation de leurs structures. Des aides financières publiques transitant par le budget communautaire, et le retour à l'économie de marché, notamment en ce qui concerne le marché des capitaux, doivent favoriser le rattrapage nécessaire en permettant par exemple la création de filiales locales d'entreprises étrangères.

Des programmes d'assistance technique accompagnent souvent les aides financières.

Les deux grandes sociétés nées du partage de l'ancien établissement public hongrois, soit Hungaria Biztosito et Allami Biztosito, sont devenues respectivement filiales d'Allianz et de Aegon (Pays-Bas). Le Gan a créé en 1991 Europagan Biztosito, société vie et IARD.

En Pologne, les Américains d'AIG, les Britanniques de Commercial Union, les Français des AGF ont pris des participations dans des sociétés locales, vie et non vie.

Alte Leipziger, mutuelle allemande, a pris en Lituanie 50 % de Litauisch-Deutsche Versicherung AG Drauda, aux côtés du Gosstrakh, service public national.

Les capitaux étrangers restent peu attirés par la Russie, où une société entièrement contrôlée par l'État couvre plus de 60 % du marché *(Rosgosstrakh)*. Ils sont rebutés par le chômage, l'insécurité, une inflation galopante, le manque d'expérience des responsables, l'absence de toute offre en matière de placements.

Des sociétés d'assurance, de durée éphémère le plus souvent, se sont créées un peu partout, dans le plus grand désordre.

---

1. Autriche, Finlande, Islande, Liechtenstein, Norvège, Suède, Suisse.

SECTION II

LE FONCTIONNEMENT DU MARCHÉ UNIQUE DE L'ASSURANCE VIE DES PRINCIPES À LA RÉALITÉ QUOTIDIENNE

Le double objectif qui conditionne le bon fonctionnement du marché unique européen, protection du consommateur d'assurance et concurrence loyale entre les acteurs, est supposé atteint même si les législations et les contrôles nationaux ne sont que partiellement harmonisés.

Le *big bang* attendu pour le 1er juillet 1994 n'a pas eu toute la résonance expectée tant et si bien que les esprits sceptiques ont parlé de non-événement. Deux ans après, les effets du marché unique de l'assurance émergent, malgré de nombreux obstacles, diverses interrogations, des incertitudes juridiques allant parfois jusqu'à paralyser les initiatives des acteurs.

Un premier bilan du nouveau régime est présenté ci-après, avec ses avancées et ses limites.

Un nouvel ordre pour l'offre dans la diversification

Le consommateur d'assurance, tout en étant maintenu dans son cocon traditionnel, culturel et coutumier, linguistique et conceptuel, fiscal et juridique, est désormais confronté à des produits venus des quatre coins de l'Europe et obéissant à des philosophies contradictoires.

Une entreprise britannique peut approcher le marché français par trois canaux distincts : une *filiale* de droit français vendant des contrats conformes au Code des assurances ; une *succursale* établie en France sous le contrôle des autorités de Londres et habilitée à proposer des polices d'inspiration française ou anglaise ; une offre en *libre prestation de services* d'autres produits anglo-saxons, sans doute moins sophistiqués.

Mais le marché unique permet aussi une interpénétration plus subtile : ainsi la filiale londonienne d'un groupe français est en mesure de diffuser en France des contrats fabriqués sur un modèle insulaire en utilisant les réseaux de la maison mère. Et un conglomérat peut se donner les moyens de jouer partout en Europe au supermarché de la finance, avec sur ses rayons des produits financiers de toute nature et de toutes nationalités, édités à Helsinki ou à Lisbonne.

En pénétrant sur les marchés des autres États membres, les grands groupes peuvent ainsi faire coup double auprès des consommateurs locaux et d'une clientèle nationale attirée par un certain exotisme. L'UAP s'est ainsi placée partout avec Paneurolife au Luxembourg, Colonia, Sun Life, Royale Belge, etc. Les AGF, après la Belgique et la Grèce, ont approché l'Allemagne. Le Gan a acquis General

Portfolio, suivant Axa (ou plutôt les anciennes AGP) sur le marché de Londres (Equity and Law). Axa a renforcé sa présence en Allemagne et en Belgique. Le groupe utilise désormais les possibilités d'opérer en LPS offertes par les troisièmes directives en Allemagne, à partir de la France (AGIPI) et du Luxembourg, en Autriche, à partir d'un établissement allemand, et en Belgique à partir du Luxembourg. Plus généralement, même si plus de 70 entreprises françaises ont déclaré à la Commission de contrôle leur intention d'exercer en LPS sur divers marchés européens, peu d'entre elles ont jusqu'à présent réalisé une activité significative. Inversement, la France a reçu près de cinq cents notifications d'assureurs communautaires désireux d'opérer en LPS dans l'hexagone.

L'optimisme des grands assureurs français ne semble pas partagé par le courtage national, qui reste en retrait. Le premier courtier hexagonal (Gras Savoye) ne réalise que le dixième du chiffre d'affaires du premier européen (Sedgwick). Le deuxième (Faugère et Jutheau) appartient désormais à l'Américain Marsh et Mac Lennan. Plusieurs regroupements projetés n'ont pas abouti. Quant à l'entrée d'entreprises d'assurance dans le capital des grands cabinets de courtage, elle est vivement contestée par les tenants d'une véritable garantie d'indépendance pour le mandataire choisi par l'assuré afin de défendre au mieux ses intérêts.

Les ventes directes se sont inégalement développées en Europe, et leur efficacité est moindre en assurance vie qu'en assurance de dommages si l'on en juge par le volume des dépenses de mercatique rapportées aux affaires conclues par ce vecteur et à la population de chaque pays. La télémercatique est la formule la plus courante en France et aux Pays-Bas, les Espagnols préférant les encarts publicitaires et les Danois le publipostage.

Un impératif sauvegardé : la protection du demandeur

Les grandes entreprises industrielles n'ont pas attendu le 1er juillet 1994 pour s'affranchir des contraintes nationales en matière d'assurance, parfois au prix de montages juridiques et financiers complexes. Quant aux particuliers, pour qui l'avantage de proximité reste prioritaire malgré l'effacement des distances par la télématique, peu d'entre eux semblent sensibles aux avantages d'une concurrence élargie. Si bien que certains exégètes doutent de l'opportunité d'un marché unique de l'assurance et jugent donc disproportionnés les efforts développés pour le réaliser.

Il est vrai que, confronté à une offre aussi diversifiée, le preneur d'assurance, même conseillé par un intermédiaire, peut éprouver des difficultés pour exercer son choix.

Aussi la troisième directive de l'assurance vie a uniformisé le contenu de la *notice d'information* que le preneur doit recevoir avant d'avoir conclu un contrat et la liste des renseignements qui devront lui être communiqués ultérieurement.

Les informations doivent être formulées de manière claire et précise, par écrit et dans une langue officielle de l'État membre de l'engagement.

■ Avant la conclusion du contrat

Des informations sur l'entreprise d'assurance :

(1) Dénomination, forme juridique.

(2) Nom de l'État membre où est établi le siège social.

(3) Adresse du siège social (et éventuellement de la succursale auprès de laquelle le contrat sera conclu).
Des informations concernant les engagements des parties au contrat :
(4) Définition de chaque garantie et option.
(5) Durée du contrat.
(6) Modalités de résiliation du contrat.
(7) Modalités de versement des primes.
(8) Modalités de calcul et d'attribution des participations aux bénéfices.
(9) Indication des valeurs de rachat et de réduction (avec la nature des garanties y afférentes).
(10) Informations sur les primes relatives à chaque garantie.
(11) Énumération des unités de comptes (contrat à capital variable).
(12) Énumération des actifs représentatifs (contrat à capital variable).
(13) Modalités du délai de renonciation.
(14) Indications sur le régime fiscal applicable à l'engagement.
(15) Coordonnées de l'organisme habilité, dans l'État membre de l'engagement, à traiter les réclamations de l'assuré.
(16) Loi applicable au contrat.

■ Pendant la durée du contrat

- Tout changement dans la dénomination, la forme juridique, l'adresse de l'entreprise d'assurance.
- Toutes informations relatives aux engagements, en cas d'avenant au contrat ou de modification de la législation applicable.

Le législateur européen n'a pas retenu, en revanche, dans le catalogue des renseignements fournis aux assurés :

- la rémunération de l'intermédiaire ;
- la distinction entre le chargement et la prime d'épargne ;
- le rendement réel garanti du produit ;
- une simulation du rendement global qui devrait être finalement servi à l'assuré sur la base d'hypothèses raisonnables prenant en compte les derniers résultats de l'entreprise et l'évolution des rendements financiers sur le marché.

Actuellement, beaucoup d'entreprises britanniques communiquent ce type d'informations à leurs clients, mais il ne semble pas qu'un tel affichage *(disclosure)* puisse être correctement effectué partout.

Mais l'uniformisation des informations requises ne signifie pas que les règles sous-jacentes aient été harmonisées.

Le droit du contrat n'est pas harmonisé

Pour certains acteurs, le marché unique restera une illusion aussi longtemps que le droit du contrat ne sera pas harmonisé en Europe. Il serait certes commode pour tous d'obtenir cette unification. Mais les experts internationaux ont, après dix années de débats difficiles à Bruxelles, reconnu qu'une directive sur le droit du contrat relevait de l'utopie, étant donné des différences fondamentales entre systèmes juridiques nationaux. Et ils ont admis que les objectifs du traité de Rome pouvaient être atteints sans que soit inventé un système uniforme.

En d'autres termes, l'assuré devrait pouvoir être efficacement protégé, même en étant confronté à des règles juridiques différentes. Cela dit, placé en face d'un droit inconnu, il court des risques spécifiques, qui ne sont niés par personne.

Les particularismes nationaux s'opposent à toute commercialisation de produits d'assurance universellement européens : « ... *En raison des profondes différences qui opposent les systèmes juridiques de droit privé en Europe, et qui, il faut le souligner, ne peuvent pas disparaître, il n'est pas possible de prétendre que la concurrence, âme du marché, s'exerce sur des produits réellement homogènes et substituables. Chaque type de contrat présenté par un assureur aux preneurs éventuels doit donc être adapté à l'environnement juridique local (ne serait-ce que pour respecter les ordres publics locaux), de sorte que le choix des preneurs s'effectue toujours dans le cadre d'un droit national donné et non à l'échelle européenne en ce qui concerne le produit, sinon le fournisseur.* » (Claude J. Berr, mars 1996).

Tout est dit : la seconde directive relative à l'assurance vie a d'ailleurs précisé que la loi applicable au contrat était en principe celle de l'État de l'engagement.

Entre la réalité juridique qui vient d'être décrite et le rêve européen du libre accès de *tous* les consommateurs d'assurance à *tous* les produits offerts par *tous* les acteurs du marché unique, il y a un vide que l'invention de la notion d'intérêt général s'est efforcée de combler. Mais cette construction juridique destinée à lever des obstacles est aussi devenu le moyen de créer de nouvelles barrières.

Une restriction à la libre circulation des produits : l'intérêt général

■ Notion d'intérêt général

Ainsi averti par une notice d'information détaillée, le preneur d'assurance est théoriquement bien armé pour opter soit pour un contrat conforme à la réglementation de son pays de résidence, soit pour un produit régi par une autre loi. En effet, *« l'État membre de l'engagement ne peut empêcher de souscrire un contrat conclu avec une entreprise d'assurance agréée »,* dans un autre État membre, *« pour autant qu'il ne soit pas en opposition avec les dispositions légales d'intérêt général en vigueur dans l'État membre de l'engagement ».*

Les Européens ont en effet renoncé, ainsi que cela a déjà été dit, à harmoniser le droit du contrat. Certains « considérants » de la troisième directive soulignent qu'une harmonisation des règles matérielles est inopportune si l'on veut faire bénéficier les consommateurs des avantages du marché unique, qui apparaît comme une sorte de société plurielle apportant une plus-value à tous par sa diversité [1].

La notion d'intérêt général, qui permet d'éliminer un contrat sur un marché, est plus souple que celle, qui prévalait antérieurement, de règles impératives d'ordre public, *« auxquelles il ne peut être dérogé par contrat ».*

---

1. Cf. considérant 20 de la directive n° 92/96/CEE du 10 novembre 1992 : « Considérant que, dans le cadre du marché intérieur, il est dans l'intérêt du preneur d'assurance que celui-ci ait accès à la plus large gamme de produits d'assurance offerts dans la Communauté pour pouvoir choisir parmi eux celui qui convient le mieux à ses besoins ; qu'il incombe à l'État membre de l'engagement de veiller à ce qu'il n'y ait aucun obstacle sur son territoire à la commercialisation de tous les produits d'assurance offerts dans la Communauté, pour autant que ceux-ci ne soient pas contraires aux dispositions légales d'intérêt général... ».

La Cour de justice des Communautés européennes (CJCE) a pour mission de veiller à ce que les autorités de contrôle n'abusent pas de la notion d'intérêt général pour rejeter certains produits de leurs marchés nationaux. L'intérêt général est en effet dénué de fondement si l'État membre qui l'invoque ne peut pas démontrer que la clause contractuelle contestée est contraire à l'objectif de protection des assurés.

■ Critères de l'intérêt général

L'intérêt général matérialise une sorte de compromis entre la nécessité de sauvegarder un intérêt national jugé essentiel et celle de promouvoir la libre circulation des produits. Ce n'est pas une notion issue du traité de Rome, c'est une création de la CJCE, reprise par les troisièmes directives. Son objectif est de lever des obstacles protectionnistes et non d'en fabriquer.

Pour la Commission européenne, l'intérêt général ne peut donc être invoqué par les États membres que *« de manière extrêmement limitée »*. Il constitue un test communautaire destiné à établir si des règles nationales entravant l'assurance transfrontière sont justifiées.

La CJCE a énoncé un certain nombre de critères auxquels doit répondre simultanément une mesure nationale pour être considérée comme étant d'intérêt général.

Absence d'harmonisation

La restriction ne peut relever que d'un domaine non coordonné au niveau communautaire, par exemple le droit du contrat d'assurance.

Objectif d'intérêt général

Certaines raisons concernant la protection du consommateur, des travailleurs, de la santé publique, etc. peuvent justifier le recours à la notion d'intérêt général.

Nécessité

Une restriction imposée par un État membre doit être objectivement nécessaire pour atteindre le but poursuivi, ici la protection des assurés.

Pas d'alternative

La mesure restrictive ne doit pas faire double emploi avec des règles auxquelles un prestataire de services est déjà soumis du fait de la législation de son pays d'origine. Il ne doit pas exister d'alternative aussi efficace tout en étant moins contraignante.

Proportionnalité

Les conditions imposées ne doivent pas être disproportionnées à l'objectif poursuivi.

Non-discrimination

Sont prohibées toutes les discriminations, qu'elles soient fondées sur la nationalité ou sur d'autres critères.

Ces conditions sont cumulatives : le non-respect de l'une d'entre elles entraîne l'impossibilité de justifier une règle nationale par des considérations d'intérêt général. Mais c'est à la Cour de justice, non à la Commission européenne, de trancher, et ce au cas par cas.

■ L'intérêt général dans les États membres

La notion d'intérêt général a été transposée en droit national par certains États membres (Italie, Belgique, Allemagne). D'autres ne l'ont pas fait, Autriche, Luxembourg, Royaume-Uni. Ces pays considèrent que l'intérêt général est un principe de droit communautaire et que cela se suffit à soi-même.

En France, l'article L. 362-4 du Code des assurances renvoie à un décret le soin de préciser *« les obligations auxquelles sont astreintes pour des raisons d'intérêt général »* les entreprises d'assurance. Aucun décret n'a encore été pris.

Aucun État membre n'a défini formellement la notion d'intérêt général. Mais quelques-uns ont publié une liste officielle de leurs mesures d'intérêt général (Irlande). D'autres préfèrent communiquer des listes adaptées à la situation de chaque assureur désirant opérer sur leur territoire. D'autres enfin n'ont rien indiqué de façon officielle.

En l'absence de concept précis, l'intérêt général peut devenir un obstacle aux échanges, ce qui va dans le sens opposé aux objectifs des troisièmes directives.

Certains États membres estiment que l'intérêt général doit couvrir la protection du consommateur dans tous ses éléments ; d'autres veulent simplement sauvegarder quelques intérêts nationaux considérés comme essentiels. L'Autriche estime ainsi que toute sa législation est d'intérêt général. Le Royaume-Uni inclut dans ce cadre toute sa réglementation sur les intermédiaires. La France tient à la défense de sa langue. La Commission européenne s'efforce de dresser une liste exhaustive des dispositions d'intérêt général retenues par les États membres afin d'entériner éventuellement celles qui lui paraissent conformes aux principes dégagés par la Cour de justice.

De leur côté, les acteurs ressentent un flou juridique de nature à paralyser les initiatives des plus scrupuleux d'entre eux. En retenant une interprétation extensive de la notion d'intérêt général, un État peut indirectement maintenir une surveillance étroite des entreprises communautaires exerçant une activité d'assurance sur son territoire. La Commission a clairement indiqué que l'intérêt général ne pouvait servir d'alibi à toutes les dispositions impératives applicables dans un État membre. La Cour de justice des Communautés européennes devra sans doute arbitrer les conflits entre les États et les entreprises.

■ Valeurs de rachat en assurance vie

En France, selon l'article R. 331-5 du Code des assurances, pour tout contrat d'assurance sur la vie comportant une *valeur de rachat*, cette valeur de rachat est égale à la provision mathématique du contrat, diminuée, éventuellement, d'une indemnité qui ne peut dépasser 5 % de cette provision mathématique.

Or, la loi allemande, donnant la priorité à la stabilité sur la liquidité de l'épargne, autorise des pénalités beaucoup plus lourdes en début de contrat ; de même, certaines polices britanniques ne comportent aucune valeur de rachat garantie : l'actuaire en fixe le montant en considération de la situation financière de l'entreprise, ce qui la met à l'abri des effets dévastateurs d'une vague massive de demandes de rachat. L'assuré peut en effet exploiter à son avantage une conjoncture boursière difficile pour l'assureur (cela s'est produit au Royaume-Uni après le choc pétrolier de 1973).

L'autorité de contrôle française a renoncé à invoquer l'intérêt général (et plus particulièrement le facteur liquidité de l'épargne) pour empêcher la vente sur le territoire de la République de contrats moins protecteurs en termes de valeurs de rachat et donc porteurs d'une épargne moins mobilisable en phase de constitution. Cette décision est sage, car rien ne démontre que les assurés sont, tous facteurs de liquidité, de rentabilité et de sécurité confondus, moins bien défendus à Édimbourg ou à Berlin qu'à Paris.

Le preneur d'assurance français peut donc contracter une police avec une valeur de rachat garantie ou non, au choix. L'essentiel est qu'il soit exactement informé des deux mécanismes, de l'avantage de liquidité apporté par l'un, de la contrepartie de sécurité inhérente à l'autre, dont la prime est sans doute moins élevée, toutes garanties égales par ailleurs.

■ Contrats de capitalisation pure

De leur côté, les entreprises d'assurance françaises sont habilitése à vendre sur le marché allemand des contrats de capitalisation pure qui ne peuvent pas être proposés par les assureurs locaux. Les autorités de contrôle d'outre-Rhin sont aujourd'hui confrontées à un choix : essayer d'interdire ces contrats ou permettre leur production aux entreprises nationales. Mais une interdiction ne saurait se justifier par des considérations d'intérêt général, même si en Allemagne de tels produits sont, pour de bonnes raisons, de la compétence exclusive des banquiers.

■ Délai de renonciation

Les États membres ne partagent pas tous la même opinion sur le *délai de renonciation*. En France, toute personne physique qui a signé une police d'assurance a la faculté d'y renoncer pendant trente jours à compter du premier versement (C. assur., art. L. 132-5-1). La deuxième directive sur l'assurance vie enjoint aux États membres de laisser un délai de réflexion compris entre quatorze et trente jours au souscripteur d'un contrat en libre prestation de services. La troisième directive généralise cette prescription à tous les contrats d'assurance vie, malgré les objections de certains États, redoutant des coûts supplémentaires de gestion ou estimant que l'assuré n'a qu'à prendre le temps nécessaire pour bien étudier sa police avant de contracter.

■ Publicité

La troisième directive-cadre sur l'assurance vie n'empêche pas, pour préserver les chances d'une concurrence loyale, que les entreprises d'un État membre engagent des *actions publicitaires* dans les autres États de l'Union européenne, pour autant qu'elles respectent les règles locales régissant la forme et le contenu de cette publicité arrêtées pour des raisons d'intérêt général.

Certains États membres demandent une réglementation plus sévère des annonces de participation aux bénéfices, afin de réprimer des simulations trop optimistes.

En l'absence d'un texte précis, il est toutefois difficile d'interdire, au nom de l'intérêt général, des affichages légèrement présomptueux inspirés par une extrapolation avantageuse du passé.

■ Taux d'intérêt technique

La France a réglementé les *taux d'intérêt technique* que les entreprises peuvent garantir à leurs assurés. Ceux-ci sont plafonnés, en ce qui concerne les contrats libellés en francs, à 3,5 % et à 60 % du taux moyen des emprunts de l'État français. Ces limites s'appliquent à tous les contrats en francs diffusés sur le territoire français, y compris en LPS par des entreprises communautaires. Une telle restriction est dictée par la nécessité d'organiser une concurrence loyale, ce qui est d'intérêt général.

La décision de la France est contestée par certains de ses partenaires européens, qui estiment que la limitation des taux d'intérêt est une mesure d'ordre prudentiel, donc de la seule compétence des autorités de contrôle du pays d'origine.

■ Langue française

Selon l'article L. 112-3 du Code des assurances, *« le contrat d'assurance est rédigé par écrit,* en français, *en caractères apparents »,* et cette disposition a un caractère impératif contesté par la Commission européenne, émue par une décision de la Cour de cassation qui a déclaré inapplicable une annexe sur les exclusions de garantie rédigée en langue allemande et concernant un risque situé en France (24 novembre 1993).

La Cour de justice des Communautés européennes a estimé à plusieurs reprises que le traité de Rome exigeait la suppression des restrictions à la LPS de nature à gêner les activités d'un prestataire établi dans un autre État membre, où il fournit légalement une activité analogue. Et un barrage linguistique constitue indubitablement une gêne pour l'assureur obligé de traduire ses contrats dans la langue de chacun des pays où il souhaite travailler. Sur cette base, la Commission européenne estime que l'exigence linguistique imposée de façon générale et systématique constitue une mesure disproportionnée à l'objectif de protection des assurés.

Et pourtant, le législateur européen a lui-même imposé l'emploi de la langue du pays de l'engagement : la notice d'information communiquée au preneur d'assurance, prévue par la troisième directive relative à l'assurance vie, doit être fournie *« dans une langue officielle de l'État membre de l'engagement »*. La troisième directive ne s'intéresse ni à la nationalité du preneur ni à ses connaissances linguistiques.

Le législateur français a considéré que la rédaction du contrat dans la langue du pays de l'engagement était nécessaire pour la sécurité juridique des parties. Cela n'interdit pas l'emploi parallèle de traductions.

Le barrage de la langue est un véritable obstacle s'agissant de concepts nationaux parfois intraduisibles. Ainsi, dans la directive du 19 décembre 1991 sur les comptes annuels des entreprises européennes d'assurance, il a fallu employer *deux* mots, escompte et déduction, pour traduire le seul *discount* anglais ! Comment par ailleurs exprimer, sans trahison, le sens de *disclosure* ?

Le débat sur l'intérêt général, « boîte de Pandore du marché unique » selon Francis Lohéac [1], porte, comme le montrent les exemples précédents, sur des aspects concrets du fonctionnement quotidien des marchés de l'assurance.

1. Secrétaire général du CEA.

Autres obstacles au développement d'une assurance européenne

Les hésitations, le flou, certains parlent même d'insécurité juridique, qui entourent la notion d'intérêt général, ne sont pas les seules faiblesses de la troisième directive assurance et d'une harmonisation limitée au strict nécessaire pour la mise en place d'un marché unique.

Les acteurs désireux de passer les frontières sont confrontés à d'autres problèmes.

■ La démarcation entre la prestation de services et l'établissement

Elle a fait l'objet d'une jurisprudence abondante, qui n'a pas levé toutes les ambiguïtés.

La deuxième directive assimile à un établissement *« toute présence permanente d'une entreprise sur le territoire d'un État membre, même si cette présence n'a pas pris la forme d'une succursale ou agence mais s'exerce par le moyen d'un simple bureau géré par le propre personnel de l'entreprise, ou d'une personne indépendante mais mandatée pour agir en permanence pour l'entreprise comme le ferait une agence ».* Cet article 3 reprend un arrêt du 4 décembre 1986 de la CJCE.

A contrario, il n'y a pas établissement lorsque :

- la prestation est exercée sans aucune présence du prestataire dans l'État membre de la prestation ;
- le prestataire s'est rendu temporairement dans cet État ;
- le destinataire de la prestation s'est déplacé dans l'État membre où est établi le prestataire.

Si la libre prestation de services n'exclut pas toute présence du prestataire dans le pays d'accueil, elle écarte en revanche le fait que du personnel de l'entreprise d'assurance soit installé en permanence dans le pays de la prestation et y effectue des opérations d'assurance.

Le recours à des intermédiaires dans l'État membre où une entreprise opère sans personnel local n'est pas automatiquement synonyme d'établissement. Il en sera ainsi seulement si, comme l'indique la deuxième directive, cet intermédiaire est *« mandaté pour agir en permanence »* au nom de l'entreprise d'assurance *« comme le ferait une agence ».*

Le texte de la directive n'est que l'aboutissement d'une série d'arrêts de la CJCE, définissant la succursale et l'intermédiaire indépendant :

- une des caractéristiques de la succursale est la soumission à la direction et au contrôle de la maison mère (6 octobre 1976) ;
- la succursale est un prolongement de la maison mère, équipé de façon à pouvoir négocier avec des tiers, de telle façon que ceux-ci soient dispensés de s'adresser directement à la maison mère pour établir avec elle un lien de droit (22 novembre 1978) ;
- un intermédiaire indépendant ne réunit pas les caractéristiques d'une succursale pourvu que (18 mars 1981) :
  - son statut légal lui donne la liberté d'organiser son activité,
  - l'entreprise qu'il représente ne puisse lui interdire de travailler pour des concurrents,
  - son intervention se borne à transmettre des commandes à la maison mère, sans participer ni à leur règlement ni à leur exécution.
- il n'y a succursale que lorsque la société étrangère est représentée par une personne capable de l'engager envers des tiers.

Ces critères permettent de clarifier un certain nombre de situations douteuses, sans lever toutes les hésitations. Il en résulte des interprétations variables d'un pays à l'autre.

■ Les conflits de lois

Les assureurs français aimeraient pouvoir utiliser partout en Europe un contrat type soumis au droit français. Cela permettrait une approche globale et moins coûteuse et l'on pourrait vraiment parler de marché unique.

Le législateur européen en a décidé autrement, si bien qu'une entreprise française n'a pas la certitude absolue de la validité de son contrat dans un autre État membre. En cas de litige, un juge local risque d'appliquer des règles de son État.

D'une part, les entreprises françaises sont soumises au contrôle du pays d'origine ; d'autre part, les contrats vendus dans d'autres États membres peuvent échapper, en tout ou en partie, au droit français. Cette contradiction constitue un frein sérieux à l'exercice d'une activité transfrontière.

■ Autres règles

Les directives assurances ne suffisent pas à la mise en œuvre d'un marché unique de l'assurance. *D'autres règles* sont à prendre en considération, et elles sont plus ou moins harmonisées : droit du travail, droit de la concurrence, règles relatives à la publicité, aux ventes à distance, au médiateur...

En ce qui concerne le droit de la concurrence, un règlement énumère les catégories d'ententes pouvant être déclarées inapplicables : accords sur les tarifs, clauses types, coassurance, etc.

■ Distribution

L'absence de marché unique de la *distribution* de l'assurance (cf. supra) empêche les assureurs d'utiliser leurs réseaux nationaux pour commercialiser leurs produits à travers l'Europe.

■ Fiscalité

De larges disparités subsistent d'un État membre à l'autre en ce qui concerne :
- la variété des missions du représentant fiscal ;
- l'organisation matérielle de la collecte des taxes (modalités, périodicité, etc.) ;
- l'octroi des avantages fiscaux liés aux primes versées à un assureur non établi : certaines administrations nationales refusent ces avantages, si bien que la LPS vie paraît plutôt destinée aux consommateurs aisés, c'est-à-dire ayant déjà profité intégralement des déductions auxquelles ils ont droit.

■ La liquidation des entreprises

Elle continue à relever des droits nationaux.

Les directives assurances précisent seulement que tous les assurés d'une entreprise opérant dans plusieurs États membres de l'Union européenne doivent être traités de manière égale, quelles que soient les nationalités et les modalités de souscription des contrats (établissement ou LPS).

Sous cette réserve, un tribunal français pourrait se déclarer compétent pour apprécier la liquidation d'une succursale française d'une entreprise communautaire. Cette action pourrait-elle être déclenchée sans l'aval des autorités de contrôle du pays d'origine ?

La monnaie unique

Les gouvernements européens ont clairement manifesté, à Maastricht et après, leur volonté d'aboutir à une monnaie unique, l'euro, en 1999 ou en 2002.

Milton Friedman, prix Nobel d'économie, affirme pourtant qu'il n'y aura pas de monnaie unique de son vivant [1]. Je n'ai aucune information ni sur son âge, ni sur son état de santé.

Le traité de Maastricht prévoit donc l'instauration d'une monnaie unique en trois étapes à l'issue d'un processus d'union économique et monétaire (UEM) :

1. Libération totale des mouvements de capitaux dans les états membres (1990).

2. Création de l'Institut monétaire européen (1994), embryon de la future Banque centrale européenne (BCE).

Cette deuxième étape implique le respect par les États membres d'un certain nombre d'obligations : interdiction des financements monétaires des déficits, interdiction des accès privilégiés des administrations aux institutions financières, etc.

3. Mise en place du système européen des banques centrales autour de la BCE (1999 ?).

Cela suppose que la majorité des pays européens satisfassent aux conditions requises. Le Conseil européen doit désigner en 1998 les pays obéissant aux critères de congruence. Les pays non admis feront l'objet d'un nouvel examen deux ans plus tard.

Le renforcement de la stabilité monétaire en Europe, et tout ce qui y contribuera, ne peut qu'être favorable à l'assurance. Cela devrait permettre aux assureurs de représenter leurs engagements par des actifs plus variés sur un marché européen de capitaux plus liquide et plus fiable.

En assurance vie, la monnaie unique devrait favoriser la LPS et donc accroître la concurrence, le consommateur étant en mesure de comparer plus facilement les performances de contrats issus de différents États membres.

Mais le *big bang* de la monnaie unique suppose que des précautions soient prises pour assurer la continuité juridique des contrats.

Les problèmes informatiques et comptables apparaissent en outre considérables.

Stratégies et conclusions

1. Multinationales, frontaliers, travailleurs migrants sont directement intéressés par le marché unique. Les autres semblent y être moins sensibles selon l'idée assez répandue d'une Europe réservée à quelques grands de l'assurance. Scottish Widows n'envisage pas la conquête du pays de Bade, Deutscher Herold n'ira sans doute pas à Glasgow.

---

1. Interview dans Géopolitique, printemps 1996.

Le sentiment populaire est sans doute un frein pour les échanges en profondeur. Le Néerlandais est attiré par la France, pays du bien-vivre et de la bonne chair, pour ses monuments, ses paysages, son climat propice aux vacances, mais ce n'est pas l'endroit où il souhaite faire fructifier son épargne. La culture calviniste nous attribue en effet un certain manque de rigueur, traduit par le *met de Franse slag* (« c'est du travail français ») appliqué à un produit défectueux, un service bâclé, un délai de livraison non respecté. Le Français de son côté porte des jugements plutôt péjoratifs sur ses voisins belge et italien.

2. De leur côté, les acteurs souhaitent que l'harmonisation soit aussi complète que possible et étendue en profondeur à tous les domaines qui les concernent.

Tous réclament une sécurité juridique accrue, ce qui suppose des lois claires et accessibles. Le CEA s'est efforcé de coordonner les directives assurances, en attendant une codification officielle éliminant renvois, redites, contradictions. Il est vrai que l'évolution du droit européen de l'assurance a pu paraître chaotique, avec ses phases de réglementation intense et ses périodes de stagnation. Mais ces rebondissements sont justifiés par la recherche d'un compromis entre libéralisation et protection des assurés à travers une surveillance efficace des entreprises.

3. Le résultat est un marché européen unique en son genre, plus intégré que celui des États-Unis, où les entreprises d'assurance doivent obtenir un agrément dans chacun des États où elles souhaitent opérer.

Malgré cela, les acteurs européens continuent à privilégier leurs marchés nationaux pour y gagner des parts. Cette priorité n'exclut pas les interventions transfrontières par développement de succursales et surtout par acquisition de filiales permettant d'intervenir sur place tout en restant masqué (qui sait en Allemagne que Colonia est une filiale de l'UAP ?). Allianz, Generali, Commercial Union, ING, Axa, UAP ont suivi ces orientations, en cherchant des opportunités et des synergies extra-nationales. Proximité du client, avantages fiscaux, facilités de gestion des sinistres, expliquent naturellement cette tendance. Mais ces opérations de croissance externe, si elles ont été motivées par la perspective d'un marché ouvert, n'ont pas forcément été aidées par les structures réglementaires mises en place par la communauté, dont les institutions font paradoxalement la chasse à des « positions dominantes » au modeste niveau national tout en vantant par ailleurs les mérites du grand marché.

4. L'unification progressive de l'assurance en Europe, l'intégration économique des marchés européens obligent désormais les acteurs à rechercher une plus large dispersion de leurs risques pour en réaliser une meilleure compensation. Il s'agit de constituer des foyers de résultats susceptibles de servir de contrepoids au site européen. Axa s'est ainsi implanté aux États-Unis (Équitable) et dans le Pacifique (Australie, Corée, Japon).

5. *A contrario,* les détracteurs du marché unique européen de l'assurance soulignent l'absence de protection externe de ce marché, si aisément pénétrable par les assureurs des pays tiers dans le cadre des principes arrêtés par l'OMC (Organisation mondiale du commerce). La notion de réciprocité est la seule arme prévue, en vertu de laquelle l'Union européenne réclame, le cas échéant et avec une réussite aléatoire, un accès effectif au marché local comparable à celui qu'elle offre aux assureurs étrangers.

6. Le fonctionnement véritablement intégré du marché européen de l'assurance repose sur une coordination monétaire. Maastricht a consacré le principe d'une autorité unique indépendante, ayant pour objectif la défense du pouvoir d'achat de la monnaie. La monnaie unique simplifiera considérablement l'ensemble des transactions financières en Europe. Elle devrait en particulier permettre le développement de produits d'assurance vie paneuropéens et régler divers problèmes de congruence.

En attendant, toute orientation vers une maîtrise européenne des taux d'intérêt et d'inflation est propice au développement de l'assurance.

7. La LPS n'a pas eu jusqu'à présent un retentissement quantitatif considérable, si ce n'est au Luxembourg.

De nombreux groupes français y ont créé des filiales d'assurance vie pour vendre, sous couvert de diversification internationale, de haute technologie financière et de sécurité, des produits aux Français (mais aussi aux Allemands et aux Belges) ! Discrétion et neutralité fiscale y sont assurées.

8. Pour John Mogg, directeur général de la DGXV de la Commission européenne, direction chargée du marché intérieur et des services financiers, *« marché unique et marché intérieur ne signifient pas marché uniforme »*. C. J. Berr de son côté qualifie de fallacieuse la notion de marché unique de l'assurance, en signalant ses nombreux et apparents vices de construction.

Sans entrer dans un débat théorique, constatons seulement que l'épargnant, sollicité de toutes parts, a aujourd'hui de nouvelles possibilités pour gérer son patrimoine et que l'environnement libéral élaboré par le législateur, ainsi que le décloisonnement géographique et institutionnel, peuvent être accueillis favorablement sous condition d'une concurrence loyale et d'une protection efficace des assurés.

Index

Table des matières

INTRODUCTION
Données de base – Données techniques
Données sociales

LIVRE I
Les contrats individuels

PREMIÈRE PARTIE
LA VIE À ADHÉSION INDIVIDUELLE

DEUXIÈME PARTIE

LA CAPITALISATION

LIVRE II
Les contrats groupes

PREMIÈRE PARTIE
LES PRINCIPAUX RÉGIMES SOCIAUX

DEUXIÈME PARTIE

LES RÉGIMES COMPLÉMENTAIRES D'ASSURANCE DE GROUPE

Livre III
Le droit de l'assurance vie/capitalisation

Livre IV
L'assurance vie en Europe et l'Europe de l'assurance vie

Dépôt légal Publications Professionnelles Valmy – L'Assurance Française
N° édition 575 – novembre 1996
N° imprimeur 2848
Composition : DV Arts Graphiques – 28700 Francourville
Achevé d'imprimer en novembre 1996
sur les presses de l'Imprimerie Chirat
42540 ST-JUST-LA-PENDUE